# DER MENSCH
# DES ALTEN ÄGYPTEN

# DER MENSCH DES ALTEN ÄGYPTEN

*Herausgegeben von*
*Sergio Donadoni*

Magnus Verlag

Die Originalausgabe L'UOMO EGIZIANO erschien 1990 bei Editori Laterza, Rom


Die deutsche Ausgabe wurde um das Kapitel »Frauen« von Erika Feucht erweitert.


Übersetzungen: Aus dem Italienischen (Einführung, Kapitel 3, 5, 6, 7, 8 und 9) von Asa-Bettina Wuthenow; aus dem Englischen (Kapitel 1) und dem Französischen (Kapitel 2) von Linda Gränz; aus dem Russischen (Kapitel 4) von Olaf Kühl.

Dieses Buch erscheint im Rahmen eines 1985 getroffenen Abkommens zwischen der Wissenschaftsstiftung Maison des Scienes de l'Homme und dem Campus Verlag. Das Abkommen beinhaltet die Übersetzung und gemeinsame Publikation deutscher und französischer geistes- und sozialwissenschaftlicher Werke, die in enger Zusammenarbeit mit Forschungseinrichtungen beider Länder ausgewählt werden.

Cet ouvrage est publié dans le cadre d'un accord passé en 1985 entre la Fondation de la Maison des Sciences de l'Homme et le Campus Verlag. Ce accord comprend la traduction et la publication en commun d'ouvrages allemands et français dans de domaine des sciences sociales et humaines. Ils seront choisis en collaboration avec des institutions de recherche des deux pays.

Schutzumschlag: Atelier Warminski, Büdingen
Umschlagmotiv: Künstlerskizze auf Kalkstein, 24 cm hoch, um 1350 v. Chr.: »Spaziergang im Garten«, Ägyptisches Museum der Staatlichen Museen Preußischer Kulturbesitz.

Lizenzausgabe mit freundlicher Genehmigung der Campus Verlag GmbH, Frankfurt/Main



ISBN 3-88400-408-5

# Inhalt

# Chronologische Übersicht

| | | |
|---|---|---|
| Thinitenzeit | 1.–3. Dynastie | ca. 3000–2570 v. Chr. |
| Altes Reich | 4.–8. Dynastie | ca. 2570–2140 v. Chr. |
| Erste Zwischenzeit | 9.–11. Dynastie | ca. 2140–1955 v. Chr. |
| Mittleres Reich | 12. Dynastie | 1955–1750 v. Chr. |
| | 13. Dynastie | 1750–1600 v. Chr. |
| Zweite Zwischenzeit (Fremdherrschaft der Hyksos) | 14.–17. Dynastie | 1715–1540 v. Chr. |
| Neues Reich | 18. Dynastie | 1540–1293 v. Chr. |
| | 19. Dynastie | 1293–1190 v. Chr. |
| | 20. Dynastie | 1190–1070 v. Chr. |
| Dritte Zwischenzeit (Libyerherrschaft) | 21.–23. Dynastie | 1070–712 v. Chr. |
| Äthiopische Zeit | 24. Dynastie | 712–664 v. Chr. |
| Saitenzeit | 25. Dynastie | 664–525 v. Chr. |
| Perserherrschaft | 26.–30. Dynastie | 525–332 v. Chr. |
| Ptolemäerzeit | | 304–30 v. Chr. |
| Römische Herrschaft | | 30 v. Chr.–337 n. Chr. |
| Koptische Zeit | | 337–641 n. Chr. |
| Eroberung durch die Araber | | 641 n. Chr. |

Einführung

# Der Mensch des Alten Ägypten

Sergio Donadoni

Nur in seltenen Fällen haben wir einen unmittelbaren Zugang zu den Welten der fernsten Vergangenheit. Zwar entdecken wir in ihnen durchaus vertraut und leicht verständlich erscheinende Phänomene, doch liegen darunter meist solch tiefgreifende Unterschiede verborgen, daß ohne Berücksichtigung derselben jedwedes wirkliche Verständnis dieser Welten unmöglich wäre. So ist es unerläßlich, auch für das Alte Ägypten die Feststellung vorauszuschicken, daß zwischen dem Reich der Pharaonen und unserer heutigen Zeit ein tiefer Bruch liegt.

Es hat gewiß seine Gründe, daß die Fähigkeit verlorenging, die Texte zu lesen, in denen sich der hartnäckige und unbezähmbare Wunsch des Alten Ägypten manifestierte, die Summe seiner Erfahrungen und Weisheitslehren von einer Generation zur anderen weiterzugeben: Schon lange, bevor in der späten römischen Kaiserzeit die letzten Hieroglyphen in Stein gemeißelt wurden, hatte die ägyptische Kultur ihre Lebenskraft eingebüßt, kämpfte mühsam um ihr Überleben; sie entfernte sich langsam vom Hauptfluß der Geschichte und wurde zunehmend Gegenstand leerer Mythisierung und Idealisierung.

Ägypten stellte daher für uns weniger eine greifbare Realität denn einen Ort unserer Imagination dar, auf den wir unsere Phantasien projizierten; bald preisend, bald tadelnd, überzogen wir es mit Vorstellungen, die nicht die seinen waren. Einmal galt es uns als weise, einmal als grausam; ein andermal erschien es uns als reich und üppig, dann wieder als tyrannisch; wir nannten es ungläubig, abergläubisch und gelehrt, kindlich und politisch einmalig, bezeichneten es als fromm und dann wieder als zynisch. Das Ägyptenbild der Antike und seine weitere Entwicklung bis in die Epoche der Aufklärung wurde immer wieder zum Gegenstand verschiedener Betrachtungen gemacht, doch Ägypten selbst blieb dabei im Grunde unserem Verständnis verschlossen.

Gewiß hat die großartige Leistung Champollions, dem es zu Beginn der Romantik gelang, die Hieroglyphen zu entziffern, die Situation entscheidend verändert. Es war nunmehr möglich, direkt auf ägyptische Quellen und Denkmäler zurückzugreifen. Für Ägypten ergab sich damit die Chance, von jenem Interesse für fremde, nicht zum Kulturkreis der griechischen und römischen Antike gehörende Welten zu profitieren, das typisch war für jene Zeit (in diesem Zusammenhang dürfte es genügen, auf den besonders langen Brief hinzuweisen, den Champollion an Humboldt schrieb, um ihm sein System und seine ersten Ergebnisse darzulegen). Auf diese Weise wurde es möglich, die Historizität der Hochkultur am Nil zu zeigen. Schon Champollion spürte in der ersten Begegnung mit jenen Denkmälern, deren Botschaft er als erster entschlüsselte, daß es eine chronologische Abfolge gab, daß eine soziale Struktur sich zu entwickeln, eine Sprache und ein Stil sich herauszubilden begannen. So nahm er das Werk der Rekonstruktion in Angriff, an dem – und es ist zu hoffen, daß sich daran auch in Zukunft nichts ändert – auch heute noch intensiv gearbeitet wird. So scheint es, als habe sich der Riß, der sich aufgetan hatte zwischen der Welt des Alten Ägypten und unserer Möglichkeit, etwas über sie zu erfahren, der Bruch, von dem oben die Rede war, geschlossen durch die Lektüre dieser Texte, die uns zuvor unzugänglich gewesen waren, nun aber ihre Botschaft enthüllten.

Doch sobald man die Dinge ein wenig genauer betrachtet, wird deutlich, daß dem nicht so ist. Andere geschichtliche Welten, so die der griechischen und römischen Antike oder die des Mittelalters, erscheinen eingebettet in eine lange historiographische Tradition, in der die innere Geschlossenheit dieser Welten immer wieder neu geprüft worden ist, in der immer wieder Fakten und Daten, die im Hinblick auf bestimmte Fragestellungen bewußt ausgewählt wurden, neu bewertet, widerlegt, neu interpretiert worden sind – Daten und Fakten, die das gemeinsame Rüstzeug für eine Vielzahl nebeneinander bestehender, unterschiedlicher Meinungen darstellen, eine Art Grundszenarium, auf das man sich (zustimmend oder ablehnend) berufen konnte, um darauf eine bestimmte neue Untersuchung oder einen neuen Bericht zu stützen.

Dem, der sich der ägyptischen Geschichte (oder der einer anderen Region, zu der sich nur ähnlich schwer Zugang finden läßt) zuwendet, fehlt jedoch ein solches beruhigendes (und stabilisierend wirkendes) Fundament. Es gibt im Falle der ägyptischen Geschichte kein geschlossenes Bild im Hintergrund, das zwar seine Wurzeln in der Gegenwart hätte, zugleich aber einer ganzen historiographischen Tradition kontrastierend gegenübergestellt werden könnte. Unser Verständnis der ägyptischen Geschichte ist nicht im Laufe vieler Jahrhunderte allmählich herangereift; statt dessen hat es bisher nur einen ersten Versuch gegeben, Daten und Informationen, die nicht auf einer vorläufigen und bewußt getroffenen Auswahl beruhen, sondern in gewissem Sinne nur ein Produkt des Zufalls sind, in einen halbwegs plausiblen Rahmen zu bringen. Was wir über das Alte Ägypten tatsächlich wissen, wird uns – auch in einem rein physischen Sinne – von Ägypten selbst mitgeteilt: Sein archäologisch so reicher Boden ist in der Lage, zu bewahren und zu enthüllen, was in anderen Ländern undenkbar wäre, bis hin – und das ist es, was uns hier interessiert – zu schriftlichen Dokumenten, den Papyri, die in allen ihren Ausprägungen, seien es private Rechnungen, königliche Erlasse oder literarische Texte, sehr genaue und authentische Quellen darstellen.

Nicht ohne Grund haben sich Historiker, die sich mit der Welt der klassischen Antike befassen, neuen Fragestellungen zugewandt und neue Untersuchungsmethoden eingesetzt, seitdem in Ägypten Ausgrabungen durchgeführt werden und Papyri aus der Zeit der griechischen und der römischen Herrschaft entdeckt worden sind. Indem sie unter Rückgriff auf ihre langjährige Erfahrungen die Möglichkeit nutzten, die Ergebnisse dieser ersten Analyse mit den Daten der historiographischen Tradition zu vergleichen (wobei unter »Daten« hier die Berichte der Historiker ebenso wie literarische Texte und große juristische Textkorpora zu verstehen sind), haben sie den Ägyptologen gezeigt, welche Bedeutung diese Materialien für die Forschung besitzen.

Doch während hier Dokumente und Quellen miteinander verglichen und erstere unter Bezugnahme auf letztere interpretiert werden können, ist die Überlieferung der Inschriften, Papyri und figürlichen Darstellungen aus dem Ägypten der frühesten Zeit ein Produkt des Zufalls: Er allein bestimmte, was erhalten blieb und somit auch, was gefunden werden konnte. Ist ein Papyrus erhalten geblieben, so liegt dies daran, daß er in einer nicht zu feuchten Erdschicht gelagert war, daß er nicht zum Entfachen eines Feuers verwendet, nicht von einer Ziege angenagt worden ist oder daß der Archäologe, der die Ausgrabungen durchgeführt hat, geeignete Techniken zu seiner Rettung angewandt hat – und nicht etwa daran, daß er in einem Archiv aufbewahrt worden wäre. Hinter der Erhaltung eines Papyrus bis in die heutige Zeit steht keine bestimmte Absicht, nicht das Bestreben, gerade dieses Schriftstück für bestimmte dokumentarische Zwecke der Nachwelt zu überliefern. Dasselbe gilt für die Inschriften, die uns eine unendliche Menge an Informationen sowohl über den König als auch über private Einzelpersonen liefern. Es liegt auf der Hand, daß die Angaben, die diesen Inschriften entnommen werden können, unter Berücksichtigung der dahinterstehenden Ideologie bewertet werden müssen; doch allzu oft sind wir nicht in der Lage festzustellen, vor welchem Hintergrund diese Angaben zu sehen sind. In dieser unsicheren Informationslage ist es denn auch oft genug vorgekommen, daß Erzählungen über Unternehmungen des Königs oder andere Texte, die offenbar narrativen Charakters waren, von modernen Historikern für bare Münze genommen wurden, während ein ägyptischer Leser hier instinktiv – oder besser, aufgrund seines kulturellen Hintergrunds – sehr wohl gewußt hatte, daß es in diesen Berichten um Typisierungen geht, daß sie eher symbolischen Wert besitzen, während das einzelne Faktum eher nebensächlich ist und nur zur Untermauerung angeführt wird oder als bloßer Vorwand dient.

Bei all ihrer Schreibfreudigkeit verspürten die alten Ägypter nur selten – sehr selten! – den Wunsch, sich selber systematisch zu beschreiben, die gesellschaftlichen Strukturen ihres Landes theoretisch zu erörtern, ihr historisches und juristisches Erbe zusammenzutragen. Statt dessen legten sie Zeugnis von sich ab in einer nicht endenden Fülle von punktuellen, persönlichen Äußerungen, einem Sammelsurium von Einzelfakten; uns bleibt es vorbehalten, diese in einen größeren Zusammenhang einzuordnen. So kommt es, daß uns einerseits aufgrund des unmittelbaren Zugangs, den lebendige Details uns ermöglichen, das Alte Ägypten in einer Weise vertraut ist, wie es bei den anderen Welten der Antike selten der Fall ist, wir andererseits jedoch recht unsicher sind, wenn es darum geht, ein allgemeines und umfassendes Bild zu vermitteln; die blassen Konturen dieses Bildes werden im Laufe der Jahre gemäß den jeweils gültigen historischen Konventionen immer wieder neu gezeichnet.

Konsequent zu Ende gedacht, müßten die hier vorab geäußerten Vorbehalte uns von jedem Wunsch abhalten, mehr über die Nilkultur in Erfahrung zu bringen, und dazu führen, daß wir uns damit begnügen, bestenfalls – nicht zuletzt wegen ihres überzeitlichen Wertes – die künstlerischen Zeugnisse ohne ihren historischen Gehalt zu akzeptieren. Doch dies wäre zu wenig, wie jeder weiß, der auch nur über ein wenig Erfahrung in der Ägyptologie verfügt.

Zunächst einmal ist allein die Masse der von dieser Kultur erhaltenen Denkmäler so beeindruckend, daß sie für sich genommen schon bedeutungsvoll sind. Die Ereignisse von über dreitausendfünfhundert Jahren Geschichte haben ihre Spuren hinterlassen, Ereignisse, die untereinander durch einen auffindbaren roten Faden verbunden sind, der teils sehr deutlich sichtbar, teils schwer zu erkennen ist, aber doch immer wieder gefunden werden kann. Wenn wir diesem Faden folgen – oder vielleicht sollte man besser von Fäden sprechen, denn es gibt davon natürlich mehr als nur einen –, dann wird es uns auch möglich, in dieser Welt der fernen Vergangenheit so etwas wie eine Ordnung zu erkennen, ihre Seinsweisen und die Schwierigkeiten ihres Werdens zu verstehen.

Zwei Formen des Umgangs mit dieser Welt der fernen Vergangenheit haben sich herausgebildet: Zum einen hat man versucht, das, was in einer toten Sprache formuliert worden ist, für die lebendige Welt von heute, in unsere heutige Sprache zu übersetzen; zum anderen hat man darauf hingewiesen, daß selbst das, was uns offensichtlich und evident erscheint, in Wirklichkeit anders zu verstehen ist, als wir auf den ersten Blick glauben mögen. Es geht weniger darum, sich für einen dieser Erkenntniswege zu entscheiden, als vielmehr darum, von Fall zu Fall zu prüfen, zu welchen Ergebnissen die Ansätze jeweils führen, um so der Darstellung, die andernfalls nichts weiter wäre als trockene Dokumentation, die nötige Plastizität zu verleihen.

Gewiß, in vielerlei Hinsicht erscheint uns das Alte Ägypten als unglaublich modern: Anders als etwa in einer Stammesgesellschaft, wo die Blutsbande auch Individuen, die sich in keiner Weise nahestanden, zwangsläufig zu Solidarität verpflichteten, waren in Ägypten Familienstrukturen nur sehr schwach ausgeprägt (sie umfaßten im Grunde nur Eltern und Kinder). Das System der Vererbung war so gestaltet, daß die Güter im wesentlichen zu gleichen Teilen zwischen dem hinterbliebenen Ehepartner und den Kindern aufgeteilt wurden. Im Bereich des Privatrechts galt, daß eine freiwillig gemachte und schriftlich dokumentierte Willensäußerung Rechtsgültigkeit besaß und die Frau ein rechtsfähiges Subjekt war, weshalb sie auch ein Testament machen oder als Zeugin auftreten konnte, ohne einen Vormund zu bestellen. Die Vorstellung persönlicher Schadloshaltung einschließlich der Rache war den Ägyptern fremd (in der ägyptischen Sprache fehlte sogar ein entsprechender Ausdruck), und noch im Mythos werden Streitigkeiten unter den Göttern vor einem Gericht beigelegt. An allgemeineren Dingen wäre ferner zu erwähnen: Der Staat war als Territorialstaat organisiert; er hatte potentiell Weltmachtcharakter; seine streng hierarchisch gegliederte Verwaltung arbeitete mit äußerster Sorgfalt; die Bürger nahmen Anteil am öffentlichen Leben (es wurden sogar Streiks zur Verteidigung der eigenen Rechte durchgeführt). All diese Punkte verführen uns zu dem Glauben, das Alte Ägypten unmittelbar verstehen zu können, so daß wir schließlich Gefahr laufen, den Sinn für die spezifische Besonderheit dieser Merkmale zu verlieren.

Um nur ein Beispiel zu nennen: Im Zentrum der ägyptischen Gesellschaft stand der Staat; dies erklärt die potentielle Gleichstellung von Mann und Frau (und allgemein aller Bürger), das Fehlen jeglicher Stammesmentalität, die Tatsache, daß es möglich war, in gemeinschaftlicher Arbeit große Werke zu schaffen, die Organisation der landwirtschaftlichen Arbeit und Produktion auf nationaler Ebene, die Bedeutung der Gesetze für die Streitschlichtung, die sprachliche und kulturelle Einheit und anderes mehr. So entsteht der Eindruck, daß die Welt der Ägypter sich ohne weiteres auf unsere Geisteswelt übertragen ließe, doch gerade diese Annahme wäre nicht nur der Sache nicht angemessen, sondern auch schlichtweg falsch.

Doch wie könnte man dabei vergessen, daß »Staat« in Ägypten, konkret gesprochen, gleichbedeutend mit »Pharao« war, d.h. eine nicht nur rational, sondern auch mythologisch geprägte Konzeption darstellte? Bei der Beschäftigung mit dem alten Ägypten müssen diese beiden Faktoren des Staatsverständnisses, der allgemeine, rationale und der ägyptenspezifische, mythische, im Auge behalten werden. Diese Situation ist vergleichbar mit der des Übersetzers, der einen Text aus einer fremden Sprache in seine eigene überträgt: Er muß sich wohl bemühen, den konkreten Sinn dessen, was da zum Ausdruck gebracht wird, zu verstehen, um ihn in der Zielsprache wiedergeben zu können; doch zunächst einmal muß er den Ausgangstext in seiner Eigenständigkeit erfassen und erkennen, welcher Wert dem dort Gesagten in der Ausgangssprache zukommt. Ebenso haben wir hier zwei gegensätzliche Konzeptionen vor uns, die wir jedoch gleichermaßen berücksichtigen müssen, um die dahinterstehende eine Realität zu erkennen, einmal, indem wir sie von außen betrachten (hier sehen wir, was sie bedeuten kann), das andere Mal, indem wir sie von innen betrachten (hier sehen wir, was sie tatsächlich ist).

Doch neben dieser Frage nach dem Verständnis und dem Schlüssel zu diesem bleibt nach wie vor das Problem der überlieferten Quellen bestehen. Sie sind fragmentarisch, ihre Erhaltung beruht auf reinem Zufall; sie stehen in keinem übergeordneten Zusammenhang und sind disparat: So werden sie auch dem Leser erscheinen, der sich den in diesem Band gesammelten Beiträgen zuwendet. Er wird erkennen, daß manches besser, anderes schlechter dokumentiert ist, doch wird er zugleich auch verstehen, für welche Zwecke und in welchem Grade man den überlieferten Zeugnissen Glauben schenken kann.

Es liegt auf der Hand, daß es reine Willkür wäre (oder sagen wir ruhig: es *ist* reine Willkür, denn, unsere Sorgfaltspflicht verletzend, müssen wir es ja doch fortwährend tun), aus den wenigen mit Sicherheit identifizierbaren Einzelfakten die Ereignisgeschichte abzuleiten. Die Zahnschmerzen Amenophis' III., die durch die Untersuchung seiner Mumie bestätigt worden sind, die Freude des Kindkönigs Pepi II. über die bevorstehende Ankunft eines Tanzzwerges aus Afrika, die durch den erhalten gebliebenen Brief des kleinen Königs erwiesen ist – dies und die vielen anderen kleinen Merkwürdigkeiten und bemerkenswerten Einzelheiten, die uns hier und da überliefert worden sind, fügen sich, fragmentarisch, wie sie sind, nicht zu einer kohärenten Fallgeschichte zusammen, sie bleiben bloßes Stückwerk. Dasselbe ließe sich jedoch auch von den Berichten über Siege und Unternehmungen in jenen Autobiographien sagen, in denen die Autoren sich selber preisen; auch hier dient, wie bereits erwähnt, das erzählte Faktum nicht dokumentarischen, sondern völlig anderen Zwecken.

Die hier genannten Vorbehalte sollen jedoch nicht besagen, daß es uns nicht möglich wäre, eine andere Geschichte, nämlich die der Strukturen, nachzuzeichnen und zu verstehen, die sich häufig als sehr organisch präsentiert; diese Art von Geschichte erscheint den Wissenschaftlern der modernen Zeit in zunehmendem Maße als beschreibbar und rational faßbar.

So kommt es, daß die Welt des Alten Ägypten, die sich ganz aus persönlichen Äußerungen und Zeugnissen zusammensetzt, als ein einheitlicher, in sich geschlossener Komplex dargestellt wird – damit wir Historiker festen Boden unter den Füßen gewinnen. Dies ist der Preis, der zu zahlen ist, will man über die Ebene einer bloß unterhaltsamen (und bisweilen auch mitreißenden) Anekdotensammlung hinauskommen (auch wenn dies letzten Endes nie völlig gelingen kann).

Betrachtet man die Überschriften der in diesem Band zusammengestellten Beiträge, so gewinnt man den Eindruck, daß hier ein Ansatz verfolgt wird, bei dem es darum geht, klare Trennlinien zu ziehen und Typisierungen vorzunehmen. Doch bei genauerem Hinsehen stellt man fest, daß uns durch die Beiträge in ihrer Gesamtheit ein facettenreiches Bild einer einzigen Realität vermittelt wird, jener Realität, die in der ägyptischen Kultur größere Bedeutung hat als alles andere – das Staatsgefüge. Die Frage, die zu jeder der hier als Kapitelüberschrift genannten Figuren gestellt wird, lautet nicht »Wer ist sie?«, sondern »Was tut sie?«. Beamte, Bauern, Schreiber, Soldaten, Priester, Sklaven – im Grunde führt jeder von ihnen eine Tätigkeit aus, welche die der anderen in irgendeiner Weise ergänzt, jeder von ihnen erfüllt Aufgaben, die unerläßlich sind, um das Funktionieren jener gesellschaftlichen Struktur zu gewährleisten, deren Teil sie sind.

In Wirklichkeit haben wir also nichts anderes vor uns als eine historiographische Realität, was bedeutet, daß notgedrungen auch viele tiefgründige Bereiche der ägyptischen Kultur unberücksichtigt bleiben mußten. So finden die Kunst, die religiöse Spekulation oder die Ethik nur am Rande Erwähnung; im Vordergrund stehen statt dessen (wenn es denn sinnvoll ist, diese Worte in einem solchen Rahmen zu gebrauchen) das rationale und das laizistische Moment, die in der altägyptischen Gesellschaft für die Beziehungen zwischen den Menschen ausschlaggebend waren. Hier haben wir uns also eine gewisse Selbstbeschränkung auferlegt, wo mehr möglich gewesen wäre; doch wird es dadurch möglich, eine gewisse, auch im Titel dieses Bandes angekündigte Einheitlichkeit zu wahren, und dem Leser bleiben abenteuerliche Spekulationen erspart.

Es dürfte nunmehr deutlich geworden sein, worin die Zielsetzung des vorliegenden Bandes besteht: Das Alte Ägypten soll hier so gut wie möglich in seinen Bezügen zu unserer heutigen Kultur dargestellt werden, wobei jedoch so viel Abstand gewahrt wird, wie notwendig ist, um zu erkennen, daß dieses Ägypten uns verwandt und fremd zugleich ist.

Als Herausgeber muß ich dem hinzufügen, daß mit der Konzeption des Bandes auch eine subtile didaktische Absicht verbunden ist. Zur Mitarbeit an diesem Buch wurden Wissenschaftler verschiedener Provenienz und verschiedenen Alters eingeladen. Es mag sein, daß durch den unterschiedlichen Bildungshintergrund der Verfasser der einzelnen Beiträge, durch den unterschiedlichen Gebrauch, den sie von demselben Material machen, ja auch durch ihre persönlichen Vorlieben und Abneigungen ein

Bild, von dem man glaubt, daß es sich einheitlich darzustellen habe, Risse bekommt. Doch warum sollte man verhehlen, daß in unserem Fach die Forschung nicht durch die Beschränkung auf eine einzige Perspektive eingeebnet wird, daß jeder Forscher seine eigenen Vorstellungen, seine Interessensmotive, seine Leidenschaft mitbringt, die unweigerlich ihre Spuren in seinem Werk hinterlassen, mehr noch als dies in anderen Bereichen der Fall ist, wo sich aufgrund der langen Tradition eine Art Standard herausgebildet hat, der zumindest bei der Betrachtung gewisser allgemeinerer Phänomene kaum noch einen Spielraum läßt.

Nach der Lektüre dieser Aufsätze dürften die Leser und Leserinnen eine recht genaue Vorstellung von der ägyptischen Gesellschaft und ihrer Entwicklung gewonnen haben und in der Lage sein, sie als einen Komplex von Menschen zu begreifen, deren Ideal im gemeinsamen Handeln lag. Zugleich dürften sie jedoch auch einen Eindruck erhalten haben, der es ihnen ermöglicht, ihren Blick auch auf das ferne Ägypten zu lenken, um dort etwas anderes, etwas Fremdes zu entdecken. Sollte ihnen dies auch tatsächlich gelingen, so ist dies ein Beweis für lebendige Vielfalt der altägyptischen Gesellschaft. Widersprüche und Unsicherheiten sind fruchtbarer und ehrlicher als nie in Frage gestellte Sicherheiten und Stimmigkeiten – sofern wir uns bemühen, sie zu überwinden. Hierin aber liegt der Sinn unserer Arbeit.

Sergio Donadoni

i Ricorsi, September 1990

Kapitel 1

# Der Bauer

Ricardo A. Caminos

Bauern sind all jene,
die von der Bestellung des Bodens leben.
*Walter A. Raleigh*

Seit unvordenklichen Zeiten ist Ägypten in erster Linie ein Agrarland. Da der Wohlstand des Landes in allen Epochen seiner langen Geschichte vom Ertrag des Bodens abhing, bildete der Ackerbau schon immer das Rückgrat der ägyptischen Wirtschaft. Erst die Landwirtschaft, das heißt die unermüdliche, schwere, wenig beachtete, oft gering geschätzte und schlecht entlohnte Arbeit des Ackerbauers ermöglichte letzten Endes all die Errungenschaften, denen Ägypten seine führende Stellung unter den Völkern der vorklassischen Antike verdankt. Die Pyramiden von Giza, die thebanischen Syringen, die gewaltigen Statuen, die Obelisken und wuchtigen Tempel, die für die Besucher aus dem antiken Griechenland und aus Rom ebenso beeindruckend waren wie für die heutigen Touristen; die kunstvoll gearbeiteten Schmuckstücke, die feinen Leinenstoffe, die vielfältigen Möbelstücke und Kunstgegenstände; die reich und komfortabel ausgestatteten Wohnstätten der oberen Bevölkerungsschichten, die militärischen Eroberungen des Landes und seine weitläufigen Handelsbeziehungen, sein Einfluß und sein Ansehen im Ausland, ja, letztlich Ägyptens gesamtes Vermächtnis an die Menschheit hatte die Arbeit, die der Bauer im Schweiße seines Angesichts leistete, zur Grundlage.

Während der dreitausendjährigen Pharaonenherrschaft stellte der Bauer das Rückgrat des Landes dar. Und dennoch bleibt unser Wissen über ihn und sein gesellschaftliches Umfeld bruchstückhaft, unvollkommen und einseitig. Es sind uns keine direkten Zeugnisse über den Bauern überliefert, d.h. keine Quellen, die von ihm selbst stammen. Dies ist zwar bedauerlich, kann aber nicht überraschen. Da er keinerlei Bildung besaß, hinterließ er keine schriftlichen Aufzeichnungen, aus denen wir etwas Wesentliches über sein Leben und seine Person, seine Ziele und Hoffnungen und seine eigene Sicht seiner niedrigen sozialen Stellung und seines harten Schicksals erfahren könnten. Der Bauer stand auf der untersten Stufe der sozialen Hierarchie, jeder einzelne ein winziges Sandkorn unter den riesigen Menschenmassen seines Standes, die den Hauptteil der ägyptischen Bevölkerung ausmachten. Sein Leben war von Not, Entbehrung und Mühsal gekennzeichnet, und nach seinem Tode hinterließ er keine Spuren in dieser Welt; seine sterblichen Überreste überließ man der Wüste oder verscharrte sie bestenfalls in einer flachen Grube im Sand; kein noch so bescheidener Grabstein wies auf seinen Namen hin.

Unser Wissen über den ägyptischen Bauern beziehen wir daher nur aus Inschriften, literarischen und nichtliterarischen Texten und archäologischen Funden.

Bei den epigraphischen Quellen handelt es sich um bildliche Darstellungen und Schriftzeichen – Malereien, Reliefs und Textpassagen –, die zum größten Teil in den Gräbern der Lehnsherren und der Reichen aufbewahrt wurden, und zwar vom Zeitalter der Pyramiden bis zur griechisch-römischen Epoche.

Ebenfalls Erwähnung finden die Lebensumstände der Bauern in einigen Passagen mancher literarischer Werke aus der Zeit der Dynastien des Mittleren und des Neuen Reiches sowie bei den Autoren der klassischen Antike, insbesondere bei den griechischen Geschichtsschreibern Herodot, Diodor und Strabo, die in ihren Werken auf viele Einzelheiten des ländlichen Lebens an den Ufern des Nil zu sprechen kommen. Und auch wenn diese Berichte nur etwas über die Spätzeit des damals 3000 Jahre alten Pharaonenreiches aussagen, das seine Blütezeit längst hinter sich hatte und bereits seinem Ende entgegensah, so sind sie nichtsdestoweniger von beträchtlichem Wert. Auch aus nichtliterarischen, auf Papyrus niedergeschriebenen Aufzeichnungen erfahren wir vieles über Leben und Arbeit der ägyptischen Ackerbauern. Von besonderer Bedeutung sind die Papyri in demotischer und griechischer Schrift, die uns in großer Zahl erhalten geblieben sind; natürlich beziehen sich diese Quellen auf Ereignisse der Ptolemäer- und Römerzeit, doch gelten die hier gelieferten Darstellungen bäuerlichen Lebens, wie wir gleich feststellen werden, auch für frühere, ja sogar sehr weit zurückliegende Perioden der ägyptischen Geschichte.

Von ebenso großem Wert sind archäologische Funde, da hier landwirtschaftliche Werkzeuge wie Saatkörbe, Hacken, Pflüge, Sicheln und

Worfschaufeln erhalten geblieben sind, die der ägyptische Ackerbauer zur Bestellung des Bodens verwendete, ganz zu schweigen von Haushaltsutensilien wie Seilen, Körben und Sieben, über die wir in großer Vielfalt und aus verschiedenen Perioden verfügen; außerdem kleine, mit Gips überzogene und bemalte Holzmodelle, auf denen mit eigentümlichem Realismus Szenen ländlichen Lebens dargestellt waren.

Die uns zur Verfügung stehenden Quellen sind zugegebenermaßen zeitlich und örtlich sehr ungleich verteilt; dessen ungeachtet scheint es möglich, ein relativ zusammenhängendes Bild der verschiedenen Bereiche bäuerlichen Lebens zu rekonstruieren, das hoffentlich nicht allzu verfehlt ist. Der Leser sollte sich bewußt sein, daß die Ägypter insgesamt gesehen ein sehr konservatives Volk waren, und daß die Landwirtschaft und die Bauern in jeder Gesellschaft immer die konservativsten und stabilsten Elemente darstellen. In bezug auf die Landwirtschaft und die bäuerliche Bevölkerung Ägyptens ist festzustellen, daß das, was für eine geschichtliche Periode zutrifft, in vielen wesentlichen Punkten auch für andere Epochen gilt. Sogar die einfachsten landwirtschaftlichen Werkzeuge blieben, nachdem sie einmal entwickelt worden waren, über Jahrhunderte hinweg beinahe unverändert in Gebrauch; die Darstellungen bäuerlicher Arbeit aus dem Grab des Petosiris, das um 350 v. Chr. angelegt wurde, unterscheiden sich kaum von Abbildungen in Mastabas (Bankgräbern) aus der Zeit des Alten Reiches, die 2300 bis 2400 Jahre früher errichtet worden waren. Die Lebensumstände, die Härten, Mühen und täglichen Arbeiten des ägyptischen Bauern scheinen sich von Beginn bis zum Ende der dynastischen Zeit und sogar bis heute hin kaum verändert zu haben, obwohl die Einführung verbesserter Bewässerungsmethoden, die Elektrifizierung und vor allem die Fertigstellung des Hochdamms oder Saad-el-Ali bei Assuan im Jahre 1972 im ganzen Land die traditionellen landwirtschaftlichen Arbeitsweisen und -abläufe allmählich verändern. Diesem Konservatismus, ja sozusagen der Unbeweglichkeit der ägyptischen Bauernschaft ist es zu verdanken, daß unser Verständnis und unser Wissen über die ländliche Bevölkerung der Pharaonenzeit durch Berichte aus ganz verschiedenen Zeiten erweitert werden konnte: so durch die Werke arabischer Historiker wie Mowaffaq-Eddin Abd el-Latif (1162?–1231) und Taqi ed-Din el Maqrîzî (1364–1442), durch Berichte von Europäern, die Ägypten im 17., 18. und 19. Jahrhundert bereisten und, nicht zuletzt, durch Studien über Sitten und Gebräuche der modernen Ägypter, die von aufmerksamen Beobachtern angefertigt wurden, wie zum Beispiel jenen Gelehrten, die im Jahre 1798 Napoleons Expeditionscorps nach Ägypten begleiteten, sowie in jüngster Zeit durch Anthropologen und Ethnographen wie Winifred Blackman und Nessim Henry Henein.

Von der Geburt bis zum Tod war der ägyptische Bauer unentrinnbar an das von ihm bestellte Land gefesselt, unabhängig davon, in wessen Besitz es sich befand. Das Lehnssystem erfuhr von Zeit zu Zeit, je nach den politischen Wechselfällen im Lande, Veränderungen; es ist jedoch sehr zu bezweifeln, daß diese größeren Einfluß auf die Lebenssituation der Bauern oder auf die Ackerbaumethoden hatten. Ob er nun auf den königlichen Ländereien, auf Domänen im Tempelbesitz oder auf den Feldern eines großen Lehnsherrn arbeitete, bedeutete für ihn im allgemeinen keinen Unterschied – wenn man davon absieht, daß Bauern, die im Dienste gewisser Tempel standen, darauf hoffen konnten, eines Tages von der Fron freigestellt zu werden; auf diese Frage werden wir später noch zurückkommen.

Von lebenswichtiger Bedeutung für die Bauern und im Grunde für das ganze Land war die alljährliche Überschwemmung des Niltales, durch welche der Boden bewässert und fruchtbar gemacht wurde, und die mit unfehlbarer Regelmäßigkeit während der Sommermonate auftrat. Ausgelöst durch die heftigen Regenfälle in den subtropischen Regionen Afrikas und die Schneeschmelze im äthiopischen Hochland trat das Hochwasser im Juni zuerst in Assuan auf und konnte sich dann, von Dämmen und Wehren unbehindert, flußabwärts ausbreiten, bis es nach etwa drei Wochen Memphis erreichte. Das Wasser durchtränkte das kultivierbare Land zunächst unmerklich in einem langsamen Infiltrationsprozeß, wobei Vertiefungen und Marschen aufgefüllt wurden und der Boden sich von unten vollsog. Ab Mitte Juli begann dann der Pegel des Stroms rasch anzusteigen, das Wasser trat über die Ufer und bedeckte das Land bis zu einer Höhe von zwei Metern und mehr. Von Mitte August bis Mitte September war das gesamte Flußtal überflutet und bot dadurch den Anblick eines langen, schmalen, gewundenen Sees, von dem sich Dörfer und Städte abhoben, die auf höher gelegenem Grund gebaut waren. Dann begann der Pegel allmählich wieder zu sinken; Ende Oktober war das Wasser wieder verschwunden, der Boden gut durchfeuchtet und von einer Schicht aus Schlamm, Sedimentablagerungen, organischen Abfällen und Mineralsalzen bedeckt, die ebenso gute Nährstoffe darstellten wie die besten modernen Düngemittel. Außerdem blieben Wassertümpel auf den Feldern zurück, die »Bassins« oder Senken, die durch ein kompliziertes Netz von künstlich angelegten Dämmen, Schleusen und Kanälen miteinander verbunden waren. Das dadurch gebildete Bewässerungssystem, die sogenannte »Bassinbewässerung«, existierte schon in der vordynastischen Zeit und war bis in die jüngste Vergangenheit hinein, in Oberägypten sogar noch bis in die sechziger Jahre gebräuchlich.

Herodot und Diodor waren voll des Staunens über den Nil und seine segensreiche Wirkung auf die ägyptische Landwirtschaft. So meinte der Vater der Geschichtsschreibung:

Heute freilich gibt es kein Volk auf der Erde [...], wo die Früchte des Bodens so mühelos gewonnen werden wie hier. Sie haben es nicht nötig, mit dem Pfluge Furchen in den Boden zu ziehen, ihn umzugraben und die anderen Feldarbeiten zu machen, mit denen die übrigen Menschen sich abmühen. Sie warten einfach ab, bis der Fluß kommt, die Äcker bewässert und wieder abfließt. Dann besät jeder sein Feld und treibt die Schweine darauf, um die Saat einzustampfen, wartet ruhig die Erntezeit ab, drischt das Korn mit Hilfe der Schweine aus und speichert es auf. (Herodot, 2, 14; 1971, S. 104 f.)

Diodor wiederum erklärte, daß der Nil von allen Flüssen auf der Welt derjenige sei, der den Menschen das größte Wohl brächte, und erläuterte, daß das langsam heranfließende Hochwasser fruchtbaren Schlamm herantrüge und die Felder durchfeuchte, wodurch die Arbeit der Bauern leicht und ertragreich würde. Sobald sich das Wasser zurückzöge, begännen die Bauern den durch die Überflutung weichen und feuchten Boden zu bestellen; Säen und Ernten gingen mit Leichtigkeit von der Hand.

So leicht wird ihnen überhaupt durch das Wasser ihre Arbeit und so groß ihr Gewinn, daß die meisten, wenn sie das kaum abtrocknende Feld sogleich eingesäet und das Vieh hingetrieben haben, um es festzutreten, nach vier bis fünf Monaten schon die Ernte beginnen, und andere, die mit leichten Pflügen die Oberfläche des getränkten Bodens ein wenig überfuhren, noch größere Kornhaufen einsammeln, ohne viel Kosten oder Anstrengung. Bei anderen Völkern ist jede Art des Feldbaus mit großem Aufwand und vielen Beschwerden verbunden; die Ägypter allein gewinnen ihre Ernte äußerst wohlfeil und mühelos. (Diodor 1827, Bd. 1, S. 60)

Herodots und Diodors idealisierte Sicht der Landwirtschaft am Nil war falsch, aber nichtsdestoweniger verständlich. Beide stammten aus einem Land, in dem man nur mit härtester Arbeit dem steinigen Boden einen mageren Ertrag abringen konnte, und waren daher von dem sich ihnen bietenden Anblick beeindruckt: fruchtbare Felder, die von einem mächtigen Strom bewässert wurden, ein mildes Klima, überreiche Ernten, eine Vielzahl von Feldfrüchten. Für sie stellte Ägypten ein landwirtschaftliches »Paradies« dar. Doch dem war nicht so. Jeder Fellache der damaligen Zeit (und jeder heute lebende übrigens auch) hätte sie über ihren Irrtum aufklären können.

Die Nilüberschwemmung war eine Naturerscheinung, die jedes Jahr zur gleichen Zeit mit vorhersagbarer Regelmäßigkeit eintrat. Unterschiede gab es jedoch, was das Ausmaß der Überflutung, die Menge der Wassermassen betraf, die von entscheidender Bedeutung war, weil sie entweder Segen bringen oder eine Katastrophe auslösen konnte. Sowohl zuwenig Wasser, ein ›niedriger Nil‹, als auch zuviel Wasser, ein ›hoher Nil‹, brachten dem ganzen Land ein schlechtes Jahr. Wenn der Fluß nicht den erforderlichen Mindestpegel erreichte und nicht das gesamte kultivierbare Land bewässerte, so hatte dies zur Folge, daß keine ausreichenden Bodenflächen für die Ernte der nächsten Saison zur Verfügung standen. Hunger und Not, das was die Ägypter als ›Hungerjahr‹ bezeichneten, waren fast immer die unausweichliche Konsequenz. Eine zu starke Überflutung wirkte sich sogar noch katastrophaler aus, da sie die Dämme und Kanäle zerstörte, häufig viele Todesopfer forderte und Verluste an Ernte und Vieh zur Folge hatte; hinzu kam, wie Plinius der Ältere bemerkte, daß starke Hochwasser viel zu langsam zurückgingen und daher wenig oder gar keine Zeit mehr für Aussaat, Keimung und Ernte blieb, bevor die nächste Überflutung kam. Die Bauern waren sich dessen nur allzu deutlich bewußt, denn sie waren die ersten, die unter der Unberechenbarkeit des Nils zu leiden hatten. Auch wenn der Überflutungspegel optimal war (was als ›großer Nil‹ bezeichnet wurde), d. h. wenn er die Höhe erreicht hatte, die erfahrungsgemäß die besten Ernteergebnisse brachte, so konnte man doch den Ackerbau nicht dem Zufall überlassen. Wenn Hapi, die göttliche Verkörperung des Hochwasser führenden Flusses, gütig gewesen war und dem Land Segen gebracht hatte, so war es wohl recht, Lobes- und Dankeshymnen zu singen. Doch seine Güte und Gunst allein ließen die Feldfrüchte nicht wachsen. Dazu bedurfte es noch viel menschlicher Mühe und harter Arbeit auf dem Felde. *Dii facientes adjuvant.* Keiner wußte dies besser als der ägyptische Bauer; die weisen Männer im Lande konnten zwar Befehle und Anweisungen erteilen, doch war er es, der die Arbeit auszuführen hatte.

Die Wochen, die auf den Rückgang des Hochwassers folgten, stellten für die Bauern eine sehr arbeitsreiche Zeit dar. Kanäle, Gräben und Wasserschleusen, die mit Schlamm verstopft, beschädigt oder durch die Fluten fortgespült worden waren, mußten instand gesetzt oder neu angelegt werden, da sie für das Funktionieren des Bassin-Bewässerungssystems von wesentlicher Bedeutung waren. Bei dieser Arbeit mußten die Bauern sich sehr beeilen, denn sie sollte möglichst beendet sein, bevor der Boden wieder austrocknete: Die Bestellung der Felder mit Hacke und Pflug, die dann zusammen mit der Aussaat erfolgte und die erste Phase des landwirtschaftlichen Zyklus darstellte, ging viel leichter von der Hand, solange die Erde noch schlammig, weich und feucht war – und damit war es unter der heißen ägyptischen Sonne wohl recht schnell vorbei.

Der typische ägyptische Pflug bestand aus einem flachen Stück Holz, das als Pflugschar diente und quer am Ende eines hölzernen Griffs befestigt war, sowie einem Verbindungsseil; das ganze rohe Werkzeug glich von der Form her einem A mit unterschiedlich langen Schenkeln. Daneben gab es aus einem einzigen Stück Holz gefertigte Hacken, die aus einer Astgabel geschnitten waren. Der Pflug, der eine Weiterentwicklung der Hacke darstellte, war nicht weniger plump als diese, und man darf sehr wohl annehmen, daß es sich dabei ursprünglich nur um eine große Hacke handelte, die zunächst von einem Menschen an einem Seil und später dann von Ochsen durchs Erdreich gezogen wurde. Der von den ägyptischen Bauern üblicherweise verwendete Pflug, an dem während der dynastischen Periode und auch lange Zeit danach nichts Wesentliches verändert wurde, war schon zur Zeit des Alten Reiches in Gebrauch. Er bestand aus einer hölzernen, manchmal metallüberzogenen Pflugschar, die eine Furche in den Boden grub; diese war an einer langen Holzstange befestigt, die wiederum am anderen Ende an einem hölzernen Joch in Form einer Querstange angebracht war, welche mit einem Seil an den Hörnern der Ochsen festgebunden wurde. Zuweilen jedoch verrichteten auch Menschen die ermüdende Arbeit des Pflügens. Bei den zu diesem Zweck konstruierten Pflügen hatte das hintere Ende der Pflugschar manchmal einen Fortsatz, der als Handgriff diente. Häufiger jedoch besaß der Pflug zwei Griffe, die am unteren Ende der Stange befestigt waren. Diese Griffe, gleich ob es nun einer oder zwei waren, dienten offenbar eher dazu, die Pflugschar ins Erdreich zu drücken als dazu, den Pflug zu lenken.

Selten verrichtete ein Bauer die Pflügearbeit allein. Fast immer führte ein zweiter die Ochsen und trieb sie mit einem Stock oder einer Peitsche und lauten Rufen an. Gleichzeitig bereiteten andere den Boden für die Aussaat vor, indem sie die dicken Klumpen schwarzer Erde mit Hacken zerkleinerten. Auch ein Säer war meist dabei, der einen Beutel oder einen Weidenkorb über der Schulter trug und das Saatgut mit vollen Händen gleichmäßig auf den feuchten Boden ausbrachte. Sofern er vor dem Pflug herlief, wurde die Saat von den Ochsen in den Boden getreten und von der Pflugschar tiefer im Boden versenkt. Lief der Säer neben dem Pflug her oder dahinter, wurde die Saat von Schaf- oder Ziegenherden eingetreten, die über die frisch bestellten Felder getrieben wurden. Zu diesem Zweck hielt ihnen ein Bauer grünes Gras oder eine Handvoll Getreide vors Maul, während ein anderer die ganze blökende und meckernde Schar mit einer Peitsche vorwärtstrieb. Ochsen und Esel wurden nur selten für diese Arbeit eingesetzt; Herodot berichtet aber, er habe im Nildelta Schweine beim Saateintreten gesehen.

Die auf den Grabdekorationen dargestellten Szenen, die ein so lebendiges Bild der bäuerlichen Arbeit vermitteln, zeigen auch den Grabbesitzer, bei dem es sich etwa um einen Gutsverwalter im Dienste des Pharao, der die Arbeit auf den königlichen Domänen beaufsichtigte, um den Verwalter einer Domäne im Tempelbesitz oder um einen Lehnsherrn handeln konnte. Diese Person wird immer sehr viel größer dargestellt als die Menschen und Tiere, die sich vor ihren Augen abmühen. Entweder erscheint sie in würdevoller, beinahe majestätischer Haltung oder sie sitzt bequem in einem schattigen Pavillon und wird aus einer in der Nähe befindlichen Hütte, einer wohl gefüllten Vorratskammer, von einem Diener mit Speisen und Getränken versorgt. Der Mann ist, so kann man lesen, gekommen, um die Arbeit der Bauern zu inspizieren und zu überwachen, oder einfach, um zu sehen, was auf den Feldern vor sich geht. Er ist der *Grandseigneur.* Man kann sicher sein, daß er niemals im Leben einen Pflug angefaßt hat.

Die dargestellten Szenen gewinnen außerdem durch kurze Texte an Lebendigkeit, die die Äußerungen der Bauern während der Arbeit wiedergeben (oder vorgeben, dies zu tun): Anweisungen und Späße, die sie einander zurufen, Kommentare über den Zustand des Bodens und das Wetter, Drohungen und Rufe, mit denen sie die Tiere antreiben.

»Vorwärts!« schreit der Ochsentreiber die unters Joch gespannten Ochsen an, und als sie das Ende des Feldes erreicht haben, ruft er »Dreht um!« Und zum Pflüger sagt er: »Drücke den Pflug nieder, drücke ihn mit der Hand nieder!« An anderer Stelle warnt ein Pflüger seinen erschöpften Kameraden, der sich vor ihm herschleppt: »Los, auf, Ochsentreiber, treibe die Tiere an. Sieh dich vor! Denn schau, da steht unser Herr und sieht uns zu.«

Vier Männer, die direkt vor ihrem Herrn herlaufen und mit Seilen einen Pflug ziehen, beginnen, nachdem dieser sie ohne ersichtlichen Grund zu größerer Eile angetrieben hat, vor sich hin zu murren: »So seht, wir arbeiten doch. Sorgt Euch nicht um die Felder, sie sind gut!« Der junge Bauer, der hinter ihnen herläuft und die Saat ausbringt, greift diese Worte auf: »Das Jahr ist gut«, so sagt er, »frei von jeder Not, reich an allen Arten von Pflanzen und auch die Kälber könnten nicht prächtiger sein«. Der alte Pflüger äußert Zustimmung: »Was du da sagst, ist ganz richtig, mein Sohn.«

Ein Bauer, der mit seiner Hacke das Feld bearbeitet und dabei dieselbe gebückte Haltung einnimmt, die auch für seine heute lebenden Nachfahren charakteristisch ist, prahlt: »Ich werde sogar mehr arbeiten, als der Herr fordert.« Ein anderer, der neben ihm steht, ist nicht so eifrig: »Mein Freund«, so sagt er zu ihm, »beeile dich mit der Arbeit, damit wir bald nach Hause gehen können.«

Ebenso wie die heutigen Fellachen begleiteten die Bauern im alten Ägypten ihre Arbeit mit Gesängen. So stimmte eine Gruppe von Männern bei der Aussaat den Refrain eines alten Liedes an:*

Laßt für den Herrn uns mühen!
Schön ist der Tag und frisch,
Die Ochsen ziehen kräftig voran,
Der Himmel ist unseren Wünschen gewogen,
Laßt für den Herrn uns mühen!

Die Feldarbeit hatte niemals ein Ende, und die verschiedenen Phasen der Ackerbestellung, die sich in Schwierigkeitsgrad und Arbeitsaufwand unterschieden, folgten ohne Unterbrechung aufeinander.

Nach der Aussaat begannen die Feldfrüchte zu keimen und zu wachsen. Inzwischen wurde oft eine Bewässerung der weiter vom Nil entfernt gelegenen Felder erforderlich, weil der Boden auszutrocknen begann. Zu diesem Zweck wurde Wasser in natürlichen oder künstlichen Bassins aufgefangen und je nach Bedarf über Gräben und schmale Kanäle, die wiederum von größeren, von den Bassins gespeisten Kanälen abzweigten, zu den Feldern geleitet. Der Verlauf und die Menge des Wassers wurden durch Schleusen und Dämme reguliert.

---

* Zu den Reden und Rufen der Bauern auf dem Felde siehe W. Guglielmis Artikel »Reden und Rufe« in: Helck 1983, Bd. V, Spalte 193–195.

Dieses System erforderte ständige Aufmerksamkeit und harte Arbeit. Denn wenn das Wasser auch ungehindert durch die gut instand gehaltenen Kanäle rann, so konnte es doch nicht aufwärts fließen. Zur Bewässerung höher gelegener Flächen mußte der Bauer daher das kostbare Naß selbst in schweren Tonkrügen heranschaffen. Über Jahrhunderte hinweg blieb ihm diese Arbeit nicht erspart, denn erst zur Zeit des Neuen Reiches erfand man eine einfache mechanische Wasserpumpe, den Schaduf, dessen Existenz zum ersten Mal für das 15. Jahrhundert v. Chr. belegt ist und der noch heute in Ägypten benutzt wird.

Der Schaduf besteht aus zwei etwa zwei Meter hohen Pfeilern, die am oberen Ende durch einen kurzen Holzbalken miteinander verbunden sind. Über dem Balken liegt quer eine lange, dünne Stange, an deren einem Ende ein Wassergefäß hängt und an deren anderem Ende ein großer, schwerer Erdklumpen befestigt ist, der als Gegengewicht dient. Die Vorrichtung wird von einer Person bedient, die am Fluß- oder Kanalufer steht und das Gefäß ins Wasser taucht und auffüllt. Das volle Gefäß wird dann durch das Gegengewicht emporgehoben und von Menschenhand in einen Trog oder Zubringerkanal entleert, der das Wasser zu den Feldern leitet. Der Schaduf funktionierte durchaus zufriedenstellend, doch bedeutete er mühselige, unhygienische Arbeit für den Bauern. Immer wieder mußte das Gefäß heruntergezogen, hochgehoben und ausgeleert werden, von morgens bis abends, Tag für Tag, wobei der Betreffende knöcheltief im Schmutz stand und von Kopf bis Fuß mit Schlamm bespritzt wurde.

Die Noria oder das Wasserrad, auf arabisch *saqquiah*, erschien in Ägypten erst zur Ptolemäerzeit, ist aber noch heute gebräuchlich. Die *saqquiah*, die unter der Aufsicht eines Mannes oder eines Kindes von der Kraft eines Ochsen, einer Kuh oder eines Kamels angetrieben wird und sich knarrend und quietschend um die eigene Achse dreht, bietet daher immer noch einen typischen Anblick in der ägyptischen Landschaft.

Während die Ernte reifte, hatte der Bauer mit weiteren Problemen zu kämpfen. In der Bibel wird im Zusammenhang mit dem Auszug aus Ägypten von plötzlichen Gewittern und Hagelstürmen erzählt, die in diesem Land das reifende Korn zerstören würden, und von Heuschrekkenschwärmen, die diesen folgen und »alles auffressen, was der Hagel übriggelassen hatte«. Gegen die unbarmherzigen Naturgewalten und gefräßigen Insekten vermochte der Bauer nichts auszurichten, obwohl er sicher nicht oft von ihnen heimgesucht und vermutlich auch niemals mit den katastrophalen Stürmen bestraft wurde, die Jahwe dem Land des Pharao gesandt haben soll. Eine fortwährende Plage stellten allerdings die räuberischen Vögel dar, die über Feldern und Gärten kreisten und nach Samen, Körnern und Früchten, kurz, nach allem eßbaren Grünzeug Ausschau hielten. Doch zumindest ihrer konnte sich der Bauer einigermaßen erwehren. Erwachsene und Kinder mühten sich auf den Feldern und in den Gärten, die Vögel mit lautem Schreien, mit Schleudern, Stökken und Lumpen zu verscheuchen; Vögel, die sich, ob nun einzeln oder in Schwärmen, niederlassen wollten, wurden mit Springfallen und Schlingen bekämpft. Eine andere Gefahr, die den Feldern während der Reife- und Erntezeit drohte, war futtersuchendes Vieh von nahegelegenen Weiden. Ob die Tiere sich nun selbst in die Kornfelder verirrt hatten oder von einem schurkischen Hirten dort hineingetrieben worden waren, immer wurde ein Teil der Feldfrüchte zertrampelt und gefressen. Um solche Schäden zu verhindern, bewachte der Bauer sein Feld selbst, wobei er vermutlich von anderen Landarbeitern und Kindern unterstützt wurde. Diese Vorsichtsmaßnahmen waren zuweilen recht wirkungsvoll, boten aber keinen absoluten Schutz.

Wenn sich die Ähren golden färbten und die Erntezeit näherrückte, wurde der Bauer von einer weiteren Plage heimgesucht, die sicherlich nicht die letzte für diese leidgeprüfte Kreatur darstellte: es waren dies die unvermeidlichen Steuerinspektoren, die mit einem Gefolge von Schätzern, Schreibern und Dienern erschienen, um die Felder abzumessen und die voraussichtlichen Ernteerträge zu berechnen. Auf dieser Grundlage wurden dann die Steuern geschätzt, die der Bauer dem Besitzer des von ihm bewirtschafteten Landes zu zahlen hatte: dem Herrscher, einer Tempelwirtschaft oder einem Lehnsherrn.

Dann kam die Ernte, die für den Bauern die arbeitsreichste Phase des Jahres darstellte. Im Alten Ägypten wurden hauptsächlich Weizen, Spelz, Gerste und Flachs angebaut. Getreide war ein besonders wichtiges Agrarprodukt, weil es zur Herstellung von Brot und Bier benötigt wurde, die für die Ägypter Grundnahrungsmittel darstellten. Flachs wiederum lieferte Fasern und Saatgut, die vielfältige Verwendung fanden.

Die Getreidehalme wurden weit oben (direkt unter der Ähre) mit einer kurzen Sichel abgeschnitten, die ursprünglich aus Holz bestand und eine gebogene, mit kurzen, gezackten Kieselsteinen besetzte Klinge besaß, die als Schneide diente. Zur Zeit des Neuen Reiches bestand dieses Werkzeug aus Bronze, in der Spätzeit wurde es allmählich durch eiserne

Sicheln ersetzt. Bei der Ernte stand der Schnitter fast aufrecht, griff mit einer Hand die Halme, schnitt sie mit der anderen knapp unterhalb der Ähren ab und legte diese dann auf den Boden. Die Stoppeln blieben stehen und wurden wahrscheinlich später als Viehfutter und Brennmaterial, zur Ziegelherstellung und zum Korbflechten verwendet – wir sagen hier »wahrscheinlich«, denn es existieren keine Belege dafür, was wirklich damit geschah. Hinter den Schnittern liefen die Ährenleser her (auf Grabmalereien und -reliefs sind es Frauen und Kinder), die die Ähren vom Boden aufsammelten und an den Rand des Feldes trugen, wo sie in Säcken, Körben und Netzen gesammelt und sofort zur Tenne geschafft wurden. Diese Arbeit wurde entweder von den Feldarbeitern selbst erledigt oder es wurden Lastesel verwendet.

Die Tenne befand sich wahrscheinlich direkt am Rande des Dorfes. Es handelte sich dabei um ein mehr oder weniger kreisförmiges, festgestampftes Stück Erdboden, auf dem die Ähren ausgebreitet wurden. Dann ließ man Ochsen oder Esel das Getreide ausstampfen oder drosch es mit Mistgabeln oder Peitschen, um die Körner von der Schale zu trennen.

Das Worfeln, der nächste Arbeitsgang, wurde ebenfalls auf der Tenne verrichtet. Das Getreide wurde auf flache Holzschalen geschaufelt und in die Luft geschleudert; dabei fielen die Körner direkt auf den Boden, während die leichtere Spreu fortgeweht wurde.

Zu diesem Zeitpunkt erschien wieder unerbittlich der Schreiber mit Palette und Schreibtafel, um die Höhe des Ernteertrags zum Zwecke der Steuererhebung genau festzuhalten. Anschließend wurde das gereinigte Getreide in Säcken in die Kornspeicher getragen.

Der Flachsanbau stand an zweiter Stelle hinter dem Anbau von Getreidesorten wie Weizen, Gerste und Spelz. Flachs konnte zu verschiedenen Zeitpunkten geerntet werden, je nachdem, wofür er später verwendet werden sollte. Zur Herstellung von feinem Leinen eignete sich am besten die unreife, noch blühende Pflanze, deren Stengel dunkelgrün waren. In diesem Stadium waren die Fasern nämlich noch geschmeidig und weich, während die voll ausgereifte Pflanze, die eine gelblich-braune Farbe aufwies und harte Fasern hatte, eher zur Fertigung fester, grober Gewebe und für Körbe, Seile und Matten taugte.

Bei der Flachsernte wurde die Pflanze nicht abgeschnitten, sondern mitsamt den Wurzeln aus dem Boden gezogen. Diese wurden sogleich an Ort und Stelle abgehackt, die langen Stengel wurden gebündelt, zum Riffeln gebracht und je nach Verwendungszweck weiterbehandelt. Um Samen und Stengel zu trennen, wurde der Flachs durch ein gezahntes, kammähnliches Instrument gezogen. Ein Teil des Samens war für die nächste Aussaat bestimmt, der andere für Arzneizubereitungen und wahrscheinlich auch zur Gewinnung von Leinöl. Doch für den erschöpften Bauern war die Flachsverarbeitung damit noch nicht abgeschlossen. Er mußte nun, um die holzigen Teile der Fasern zu entfernen, die Stengel einweichen, klopfen, abschaben und die Fasern nochmals kämmen, bis sie sauber und geschmeidig waren und sich zum Verspinnen eigneten.

Bevor wir uns nun einem anderen Aspekt der Landwirtschaft zuwenden, wollen wir noch einmal der Stimme des Bauern lauschen, der sich zur Erntezeit auf dem Felde schindet:

Während die Schnitter sich voranarbeiteten, sangen sie für gewöhnlich einen Vers, der als »Antwortgesang« bezeichnet wird und einem Chor ähnelt.

> Schön ist der Tag, der über dem Land heraufzieht,
> Ein kühler Wind erhebt sich von Norden,
> Der Himmel entspricht unseren Wünschen,
> Mit steten Herzen wollen wir uns mühen!

Man hört die Rufe der Ochsen- und Eseltreiber, die ihre Tiere vorwärtstrieben: »Los, mach zu, so schnell du kannst!«, »Schneller, geradeaus, nicht umdrehen!«, erschallte es zur Erntezeit auf den ägyptischen Feldern – was für uns nicht eben sehr aufschlußreich ist, denn solche Kommandos waren zu allen Zeiten aus dem Munde aller Tiertreiber auf der ganzen Welt zu hören. Ein Feldarbeiter zwingt einen schwerbeladenen Esel mit lauten Rufen und wiederholten Stockhieben voran, und sein Gefährte, der eine kleine Horde Esel führt, scheint ihn mit Wohlgefallen zu betrachten und ruft aus: »He, he, was für ein tüchtiger junger Bursche, vorzüglich, vorzüglich, mein Kamerad!«

Ein älterer Bauer scheint gerade voller Eifer damit beschäftigt zu sein, Flachs zu kämmen, denn prahlerisch fordert er den jungen Mann auf, ihm ein weiteres Bündel Flachs zu bringen: »Bringe mir 11 009 Bündel, wenn du willst, ich werde sie alle kämmen!« Daraufhin antwortet der Jüngere: »Beeil dich und rede nicht so viel, du armseliger Alter!«

Wir haben bereits die Worte von Feldarbeitern vernommen, die unter der Ungerechtigkeit ihrer Herren zu leiden hatten. Hier sind noch einmal einige solcher Klagen zu hören: Einige Bauern beladen einen Lastkahn mit Gerste und Spelz, die sie in Säcken aus den Kornspeichern herbeigetragen haben. Ihr Herr, der dabeisteht und zusieht, drängt sie zur Eile. Sie beklagen sich untereinander: »Sollen wir den ganzen Tag Gerste und Spelz schleppen? Die Kornspeicher sind schon so voll, daß sie überquellen. Auch die Lastkähne sind schwer beladen und fassen das Korn kaum mehr. Und dennoch treibt er uns zur Eile an. Sind unsere Herzen denn aus Eisen?«

Nun kehren wir noch einmal zur Tenne zurück und hören dem Gesang eines Jungen zu, der die Ochsen bei ihrer Arbeit beaufsichtigt und antreibt. Seine rhythmischen Peitschenschläge geben den Takt für das schwere Stampfen der Ochsen und das Lied des jungen Treibers an:

> Drescht für euch, drescht für euch,
> ihr Rinder,
> drescht für euch.
> Das Stroh zum Futter,
> das Korn für eure Herren!
> Laßt eure Herzen nicht matt werden!
> es ist kühl und angenehm.
> (Helck 1975, Bd. 1, S. 382)

Ein melancholisches Lied, das die resignierte Haltung der Bauern angesichts ihres traurigen Schicksals verrät: denn was bleibt für den jungen Ochsentreiber übrig, wenn Korn und Stroh in dieser Weise verteilt werden?

Die überwiegende Mehrheit der ägyptischen Bauern war mit dem Anbau der als Zahlungsmittel dienenden Feldfrüchte beschäftigt, in erster Linie Getreide und Flachs. Doch gab es noch einen anderen landwirtschaftlichen Bereich, der nicht wenige Bauern beschäftigte, nämlich der Weinbau, der auf vielen Feldern, kleineren und größeren, betrieben wurde. Wein war in Ägypten seit frühester Zeit bekannt. Die wichtigsten Anbaugebiete befanden sich im Nildelta und in den westlich gelegenen Oasen Kharga und Dachla, aber auch auf kleinen Landgütern und in Gärten wurden Trauben zur Weinherstellung gepflanzt. Darstellungen der Weinlese sind oft auf Grabwänden zu finden, und hier insbesondere in Grabstätten, die aus der Zeit des Neuen Reiches stammen. Sie zeigen Bauern, die Trauben ernten, zerstampfen und auspressen, den Saft zur

Gärung in Tongefäße füllen und dann die schweren Weinkrüge in den Keller tragen.

Zur Erntezeit, im August und September, wurden die reifen Reben von Hand verlesen und in Binsenkörben zu länglichen Holz- oder Steintrögen transportiert, wo sie von fünf oder sechs Männern mit den Füßen zerstampft wurden. Der Saft floß durch Öffnungen in ein Auffanggefäß. Die im Trog verbleibenden breiigen Reste aus Schalen, Kernen und Stengeln wurden zusammengekratzt und in einen festen Sack gefüllt; dieser wurde ausgewrungen, um zuletzt den restlichen Saft herauszupressen. Dann goß man den Saft in große, offene Tongefäße, wo er gären und sich klären sollte. Danach wurde er in spitz zulaufende Krüge gefüllt. Diese wurden versiegelt, Ort und Jahr der Weinlese wurden vermerkt, und schließlich wurde der Wein gelagert, sofern er nicht zum sofortigen Verbrauch bestimmt war. Auch hier erschien übrigens wieder der verhaßte Schreiber, der bereits gezählt hatte, wieviele Körbe voller Trauben die Pflücker von den Weingärten brachten, und nun zum sprachlosen Entsetzen der Bauern notierte, wieviele Krüge Wein die Ernte hergegeben hatte.

Wir wollen nun auf einige weitere Tätigkeiten unter freiem Himmel zu sprechen kommen, denen der Bauer zur Sicherung seines Lebensunterhalts nachging.

Während Angehörige der privilegierten Schichten, der Pharao miteingeschlossen, in den sumpfigen Gebieten zum Zeitvertreib fischten und Vögel fingen, tat der notleidende Bauer in den Marschgebieten das gleiche, um sich zusätzliche, zum Überleben erforderliche Nahrung zu beschaffen und um die Speisekammer seines Herrn zu füllen. Hierzu verwendete er gelegentlich Angeln oder Harpunen; lohnender war allerdings der Fischfang mit Hilfe einer Korbfalle (ein flaschenförmiges Korbgeflecht, das mit Steinen beschwert wurde) oder mit einem kegelförmigen Netz, das an einem dreieckigen Holzrahmen befestigt war, den der Bauer mit einer Hand halten konnte. Um einen noch besseren Fang zu erzielen, verwendete man Schleppnetze, die von mehreren Männern gezogen wurden. Ein Teil des Fangs wurde sofort zum nächstgelegenen Markt transportiert, ein anderer an den Lehnsherrn abgegeben, das meiste wurde jedoch gleich an Ort und Stelle weiterverarbeitet: Die Fische wurden aufgeschnitten, ausgenommen, flachgeklopft und an Stangen zum Trocknen aufgehängt. Die gedörrten Fische wurden dann als Vorrat für die Schonzeit gelagert.

Die Wohlhabenden blickten verächtlich auf die rohen Gerätschaften der bäuerlichen Fischer, denn sie gingen nur mit dem Speer auf Fischfang. Bei der Vogeljagd, der sie sich ebenfalls nur zum Zeitvertreib widmeten, verwendeten sie ein Wurfholz oder einen Bumerang, den sie in eleganter Pose und mit unfehlbarer Treffsicherheit von einem leichten Papyrusnachen aus nach ihrer Beute schleuderten – wenn man den Darstellungen in einigen Grabstätten Glauben schenken darf. Auch hier jagte der Vogelfänger niedriger Herkunft, der die Tafel seines Herrn mit Wildgeflügel versorgen mußte, mit Hilfe weniger eleganter, aber dafür um so effizienterer Methoden. Manchmal wurden zum Vogelfang kleine Schlingen verwendet, häufiger benutzte man jedoch große Schlag- oder Zugnetze. Diese wurden in sumpfigen Gebieten, dort, wo man damit rechnen konnte, daß sich Vögel niederließen, ausgebreitet; für einen Beutezug benötigte man sechs bis sieben, bisweilen sogar auch zehn oder zwölf kräftige und geschickte Männer. Dabei ließen sich zwanzig, dreißig oder gar vierzig große Vögel, zumeist Gänse, auf einmal fangen. Die Tiere wurden einzeln aus dem Netz herausgeholt, der größte Teil von ihnen wurde in quadratische Käfige gepfercht und zum Dorfmarkt oder zum Geflügelhof des Lehnsherrn gebracht, während die übrigen sofort geschlachtet, gerupft und ins Küchenhaus des Herrn transportiert wurden.

In den feuchten Gebieten am Rande der Sümpfe, wo man den Boden unbestellt ließ, wurde Viehzucht betrieben. Diese Arbeit oblag jenen Landbewohnern, die zweifellos das härteste Los unter der bäuerlichen Bevölkerung zu tragen hatten. Es scheinen ungeschlachte, plumpe, linkische Burschen gewesen zu sein, manche sieht man kahlgeschoren, andere mit zerzausten Haaren und verfilzten Bärten dargestellt; durch Mangelernährung waren sie teils aufgedunsen, teils ausgemergelt – alle hatte die unablässige schwere Arbeit, die schlechte Ernährung und das ungesunde feuchte Klima am Rande der Sümpfe ausgezehrt. Der Hirte lebte dort zusammen mit seinem Vieh, er besaß keine feste Behausung, sondern nur einen verlassenen, armseligen Unterstand aus Schilf, der ihm nachts Schutz bot und in dem er all seine weltliche Habe aufbewahrte: eine Binsenmatte als Schlafstatt, einen tönernen Wasserkrug und einen Korb zur Aufbewahrung von Brot. So zog er mit seiner Herde umher, wobei er ständig ein äußerst wachsames Auge auf die Tiere haben mußte, denn wenn es zu irgendwelchen Verlusten kam – ein gestohlener Ochse, eine erkrankte Kuh oder ein totgeborenes Kalb –, so wurde er immer persönlich dafür verantwortlich gemacht und zur Strafe brutal geschlagen – sofern ihm nicht noch Schlimmeres widerfuhr.

Bisher haben wir uns mit dem ägyptischen Bauern ausschließlich auf der Grundlage der zu Anfang des Kapitels erwähnten epigraphischen und archäologischen Funde beschäftigt. Nun wollen wir uns den literarischen Quellen, den uns erhalten gebliebenen Werken seiner Zeitgenossen, zuwenden. Was uns diese über den Bauern und seine Lebensumstände zu erzählen haben, ist jedoch leider enttäuschend wenig. Der Leser darf hier nichts erwarten, was auch nur im Entferntesten an Hesoids *Werke und Tage* erinnerte. Die für unser Thema relevanten literarischen Quellen sind äußerst dürftig und zudem mit vielerlei Vorurteilen behaftet (mit Ausnahme einer kurzen Geschichte, die von einem verstoßenen Priester erzählt, der Bauer wird, und auf die wir später noch zurückkommen werden); sie sind dem Genre »Tendenzliteratur« zuzurechnen; d.h. es handelt es sich um Werke, die ein bestimmtes, wenn auch unausgesprochenes Interesse verfolgen. So konnte es etwa, wie im vorliegenden Fall, in der Absicht des Verfassers liegen, das Amt des Schreibers über alle Maßen zu loben und alle anderen Tätigkeiten dagegen verächtlich zu machen, mit dem Ziel, einen jungen Schüler zum fleißigen Lernen anzuspornen, damit dieser schließlich als Lohn für seine Mühen den Titel eines Schreibers erwerben konnte.

Zu diesem Genre gehört die sogenannte *Satire der Berufe**, die zur Zeit des Mittleren Reiches (ca. 2150–1750) oder möglicherweise noch früher entstand. In diesem Text ist zu lesen, wie ein gewisser Duauf oder Duauf-Cheti seinen Sohn in die Hauptstadt bringt, um ihn in eine staatliche Schule für Schreiber zu schicken. Während der Reise dorthin malt er seinem Sohn das erbärmliche Leben derer aus, die nicht Schreiber sind. Die Leiden der Landbevölkerung, die uns ja hier interessieren, schildert er seinem Sohn in folgenden Worten:

> Der Bauer ist allzeit am Klagen,
> seine Stimme ist heiser wie das Krächzen eines Raben.
> Seine Finger und Arme schwären und stinken fürchterlich.
> Er ist müde vom Stehen im Schlamm,
> seine Kleider sind Lumpen und Fetzen.
> Ihm geht es so gut wie einem, der von Löwen umzingelt ist;
> krank legt er sich auf den sumpfigen Boden.

* s. Bresciani 1969, S. 151 ff. und Lichtheim 1973, I, S. 184 ff.

Wenn er abends vom Feld nach Hause kommt,
ist er vom Fußmarsch erschöpft.
[...]
Der Vogelfänger leidet fürchterlich,
wenn er den Vögeln auflauert.
Wenn der Schwarm über ihn hinwegfliegt,
sagt er sich: »Oh, hätte ich doch ein Netz!«
Aber Gott gibt ihm keines,
und er ist sich selbst böse.
[...]
Laß mir dir auch vom Fischer erzählen,
sein Gewerbe ist von allen das schlimmste.
Er müht sich auf dem Fluß ab, von Krokodilen umgeben;
endlos sind seine Klagen.
Und doch kann er nicht sagen, »Da ist ein Krokodil!«,
denn vor lauter Furcht ist er blind.
Wenn er die rasch fließenden Fluten verläßt,
ruft er aus: »So ist der Wille Gottes!«

Dieses Bild ist gewiß überzeichnet, doch überwiegt letztlich zweifellos sein Wahrheitsgehalt; die Verse verraten deutlich Duaufs Antipathie gegen die Bauernschaft, seine unverhohlene Verachtung für diese geschundenen Kreaturen, deren unermüdliche, harte Arbeit immerhin seinen eigenen Wohlstand sowie den des Volkes und des ganzen Staates begründete. Es besteht durchaus Grund zu der Annahme, daß Duaufs mitleidlose Haltung von seinesgleichen und ebenso von Höherrangigen (Duauf gehörte der mittleren Gesellschaftsschicht an) geteilt wurde, glich doch die Situation der Bauern im Alten Ägypten der der heutigen Fellachen, die bis zum Sturz der Monarchie im Jahre 1952 von ihren Herren mißachtet wurden, nicht höher als Vieh geschätzt und dementsprechend behandelt wurden.

Es sind uns aus dem Alten Ägypten eine Anzahl Papyri mit einer zusammenhängenden Reihe von für Lehrzwecke vorgesehenen Texten erhalten, die im Neuen Reich bei der Ausbildung der Schreiber verwendet wurden. Diese Texte befassen sich mit unterschiedlichen Themen und schildern immer wieder die Vorteile des Schreiberberufs und die Nöte und Sorgen, von denen andere Berufsgruppen heimgesucht wurden. Für uns sind hier jene Ausführungen von Interesse, in denen die Schüler vor dem Elend des bäuerlichen Lebens gewarnt werden: Die Arbeit auf den Feldern sei eine harte Plackerei, Ungeziefer vernichte die Ernte, die Zugochsen stürben an Erschöpfung oder blieben im Schlamm stecken;

die Steuern würden aber dennoch unerbittlich eingetrieben. Hören wir dem alten Lehrer einmal zu:

Werde Schreiber. Dies wird dir Mühsal ersparen und dich vor jeder Arbeit bewahren. Du wirst keine Hacke in die Hand nehmen und keinen Korb tragen müssen. Du wirst kein Ruder bewegen müssen und von aller Not verschont bleiben.

Denke an die mißliche Lage, in die der Bauer gerät, wenn die Beamten kommen, um die Erntesteuer zu schätzen, und die Schlangen die Hälfte der Ernte vernichtet und die Nilpferde den Rest verschlungen haben. Die gefräßigen Spatzen bringen dem Bauern großes Unglück. Das auf dem Dreschboden verbliebene Getreide ist fort, Diebe haben es gestohlen. Was er für die gemieteten Ochsen schuldet, kann er nicht bezahlen, und die Ochsen selbst sterben ihm weg, erschöpft durch das Übermaß an Pflüge- und Drescharbeit. Und genau dann legt der Schreiber am Flußufer an, um die Erntesteuer zu schätzen. Bei sich hat er ein Gefolge von Bediensteten und von Nubiern mit Palmruten. Sie sagen: »Zeig uns das Getreide«. Aber es gibt keines, und der Bauer wird gnadenlos geschlagen. Dann wird er gebunden und mit dem Kopf voran in einen Teich getaucht, bis er fast ertrunken ist. Seine Frau wird vor seinen Augen gefesselt, und seine Kinder werden ebenfalls gebunden. Der Schreiber aber befiehlt allen. Seine Arbeit wird nicht besteuert: er hat keine Schulden zu bezahlen. Merke es dir gut.

Ein anderer Lehrer fährt im gleichen Ton fort:

Laß mich dir auch erklären, wie es dem Ackerbauern, der jene andere harte Arbeit leistet, ergeht.

Während der Zeit der Überschwemmung ist er völlig durchnäßt, aber er muß dennoch seine Gerätschaften instand halten. Den ganzen Tag verbringt er damit, Werkzeuge herzustellen und auszubessern, und die ganze Nacht über fertigt er Seile. Sogar um die Mittagszeit arbeitet er. Wenn er hinaus aufs Feld geht, rüstet er sich wie ein Krieger. Das Land liegt nun, nachdem die Überflutung zurückgegangen ist, vor ihm, und er holt sein Ochsengespann. Nach vieltägiger Suche findet er den Hirten und kann endlich sein Gespann mitnehmen. Dann geht er zurück und rodet für die Ochsen ein Stück Feld. Als er im Morgengrauen hinausgeht, um nach dem Gespann zu sehen, findet er es nicht mehr dort, wo er es verlassen hatte. Drei Tage lang sucht er nach den Ochsen, bis er sie tot im Sumpf findet; und es ist nicht mehr viel von ihnen übrig; die Schakale haben sie aufgefressen!

Er verwendet viel Zeit darauf, Getreide anzubauen, doch die Schlange folgt ihm und verschlingt die Saat, sobald er sie ausgebracht hat. Und das geschieht ihm bei drei Aussaaten mit geliehenen Körnern.*

---

* Die Ermahnung des Lehrers ist eine Zusammenfassung von drei ähnlichen Texten: s. Caminos 1954, S. 51, S. 247 u. S. 315f.; Bresciani: $_{39}$1969, S. 307. Die Passage, in der der Lehrer die Leiden der Bauern schildert, stammt aus: Caminos 1954, S. 389f., Lichtheim 1973, II, S. 170.

Obwohl diese Texte eindeutig ein tendenziösen Charakter aufweisen, können sie nicht als bloßes, völlig realitätsfernes Übungsmaterial für Schüler abgetan werden, führte doch der Bauer tatsächlich ein Leben, das von mühevoller Arbeit, Armut, Krankheit und ständiger Unsicherheit geprägt war. Er war Gewalten ausgeliefert, die er nicht kontrollieren konnte und die er noch viel weniger verstand: zu starke oder zu schwache Überschwemmungen, Invasionen, bürgerkriegsähnliche Auseinandersetzungen, politische Umschwünge; nicht zuletzt war er auf Gedeih und Verderb seinem Herrn ausgeliefert, ja schlimmer noch, dessen Bediensteten, die wie viele ihrer Klasse zu allen Zeiten dazu neigten, ihre Untergebenen zu tyrannisieren – der folgende Brief aus der Zeit des Neuen Reiches ist in dieser Hinsicht recht aufschlußreich.

Ein Gutsverwalter schreibt an seinen Herrn Amenemope, der die Oberaufsicht über mehrere königliche Ländereien hat, und berichtet ihm, wie die Erntearbeiten auf den Feldern vorangehen. Der Brief verdient es, ausführlich zitiert zu werden: Er zeigt nicht nur, wie roh ein übereifriger und böswilliger Verwalter die Bauern behandeln konnte, sondern liefert auch einige neue und willkommene Einblicke in die Arbeiten, die die Feldarbeiter auf einem großen Landgut verrichten mußten, und wie sie diese bewältigten.

Zu Beginn versichert der Verfasser des Briefes seinem Herrn seine Ergebenheit und seinen Eifer bei der Erfüllung seiner Aufgaben und erklärt im gleichen Atemzug, daß sich das gesamte Gehöft, das Haus, das Land, die Menschen und die Tiere in vortrefflichem Zustand befänden – wobei er zweifellos darauf hinweisen will, daß diese erfreuliche Lage der Dinge auf seine erfolgreiche Verwaltungstätigkeit zurückzuführen sei.

»Ich führe alle Anweisungen, die mein Herrn mir gegeben hat, mit größtem Eifer und eiserner Härte aus. Mein Herr wird nichts an mir auszusetzen haben. Im Haus meines Herrn steht alles zum Besten, seinen Dienern, dem Vieh draußen auf dem Feld und den Ochsen im Stall geht es gut; sie fressen täglich ihr Futter und die Ochsenhirten schaffen Gras herbei, um sie zu mästen. Die Gespannpferde meines Herrn sind in gutem Zustand, und ich gebe darauf acht, daß sie täglich die ihnen zustehende Menge verschiedener Körner vorgesetzt bekommen, während die Stallknechte ihnen das beste Gras aus den Sümpfen bringen. Ich lasse sie jeden Tag mit Gras versorgen und gebe den Stallknechten Salbe, damit sie sie einmal im Monat einreiben; und der Stallaufseher läßt sie alle zehn Tage traben.«

Dies ist nur der Anfang des Briefes. Der Schreiber fährt mit verhohlenem Lob auf seine eigenen Fähigkeiten fort:

»Die Ernte auf den königlichen Ländereien des Pharao, die sich unter der Aufsicht meines Herrn befinden, wird mit größtem Eifer und voller Sorgfalt eingebracht. Ich schreibe die tägliche Anzahl der Eselsladungen geschnittenen Getreides auf und werde Anweisung geben, daß das Getreide vom Feld zur Tenne gebracht wird. Die Tenne ist bereits angelegt, und ich werde eine Fläche, die 400 Eselsladungen Getreide fassen kann, vorbereiten lassen. Des Mittags, wenn das Getreide heiß ist, lasse ich alle Männer, die bei der Ernte mitarbeiten, Ähren lesen, mit Ausnahme der Schreiber und Weber, die ihren täglichen Anteil an der Nachlese vorausgegangener Tage mitnehmen.«

Und auch am Schluß des Briefes findet sich leicht durchschaubares Eigenlob:

»Ich gebe täglich allen Männern, die die Ernte einbringen, Brotfladen und dreimal im Monat Öl zum Salben. Keiner von ihnen könnte sich bei meinem Herrn über einen Mangel an Speisen oder Salbe beklagen. Dieser Brief soll meinem Herrn zur Auskunft dienen. Lebe er wohl.« (Caminos 1954, S. 307 f.)

Überflüssig zu erwähnen, daß es in jenen Tagen keine »Tarifverhandlungen« gab, um die Arbeitsbedingungen festzulegen und das Verhältnis zwischen Herrn und Arbeiter zu regeln. Der Bauer war daher auf Gedeih und Verderb seinem Herrn ausgeliefert, von dessen Gutdünken es abhing, ob er Verantwortungsbewußtsein und Humanität gegenüber seinem geringen Diener walten ließ.

Human und verantwortungsbewußt zeigte sich zum Beispiel Amenenhet, der um 1950 v. Chr. ein ganzes Jahrzehnt lang den Gau Oryx in Mittelägypten verwaltete und allen, die unter seiner Herrschaft lebten, nur Gutes tat – sofern wir seiner Botschaft an die Nachwelt trauen dürfen, die in die Wände seines Grabes in Beni Hasan eingemeißelt ist und aus der wir hier zitieren:

Ich war barmherzig, gütig und von allen geliebt, ein Herrscher, der von seinen Untertanen verehrt wurde. Keines einfachen Mannes Tochter habe ich beleidigt, keine Witwe bedrängt, keinen Bauern abgewiesen, keinen Hirten gab es, von dem ich mich abgewandt habe. Es gab keine Armen in meiner Gemeinde, niemand starb während meiner Zeit. In Hungerjahren ließ ich alle Felder in meinem Gau vollständig von Norden nach Süden pflügen, und ich erhielt die Menschen am Leben, versorgte sie mit Speisen, und niemand in meinem Gau hungerte. Ich gab der Witwe ebensoviel wie der verheirateten Frau und machte bei dem, was ich gab, keinen Unterschied zwischen den Besseren und den Geringeren. Dann kam der »große Nil«, der uns Gerste und Spelz brachte und reich an allen guten Dingen war, doch ich trieb die rückständigen Erntesteuern nicht ein (Lichtheim 1988, S. 138 f.).

Man vernimmt, wie Männer in hohen Positionen sich rühmen, »den Hungrigen Brot, den Durstigen Wasser und den Nackten Kleidung« gegeben zu haben; man hört, daß sie »der Witwe ein Bruder, der Waise ein Vater gewesen und von all ihren Untertanen geliebt worden« seien. Ein Würdenträger erklärt: »Ich setzte die ohne Boot in meinem eigenen Boot über« (Bresciani 1969, S. 131).

Aber wie glaubhaft sind solche Bekenntnisse, die uns von gütigem und wohltätigem Verhalten berichten? Wir wissen es nicht, werden es niemals wissen. Doch lassen wir hier den Grundsatz *in dubio pro reo* walten. Allerdings konnten die guten Absichten eines gewissenhaften, wohlwollenden Herrn von seinen Verwaltern und Aufsehern zunichte gemacht werden, welche sich bei ihren Herren einschmeichelten und gegenüber den ihnen Untergebenen ein despotisches Verhalten an den Tag legten. Amenemopes Gutsverwalter gehörte zu diesem Typus.

Der Bauer wurde in Naturalien ausbezahlt; die Metallwährung wurde in Ägypten erst mit dem griechischen Münzsystem eingeführt. Was er bekam, war ein Hungerlohn, reichte gerade zum Überleben: etwas Getreide, ein Almosen aus knauseriger Hand, gelegentlich auch ein wenig Öl; und wenn er einmal an einem Festtag einen Krug Bier bekam, durfte er sich bereits glücklich schätzen. »Eine kleine Garbe, das ist alles, was ich am Tag bekomme« (Lefèvre 1923, S. 13 f.), sagt ein alter Bauer, während er die langen Getreidehalme mit der Sichel schneidet. Mit solch armseligem Lohn konnte der Bauer gerade sein Existenzminimum sichern, er und seine Familie waren immer von äußerster Armut bedroht. Natürlich bestand für ihn auch keine Möglichkeit, sich Vorräte anzulegen, geschweige denn, seine erbärmliche Lebenssituation zu verbessern. Und dann wurde auch noch von ihm erwartet, daß er einen Teil des in mühsamer Arbeit produzierten Getreides als Steuer abführte. Da verwundert es nicht, daß er seinen steuerlichen Verpflichtungen oft nicht nachkommen konnte.

Die Steuereintreiber mißhandelten Bauern, die mit ihren Steuerzahlungen in Verzug geraten waren, in bösartigster Weise. Sie wurden geschlagen, eingesperrt und mit dem Kopf unter Wasser getaucht; sogar ihre Familien wurden Opfer solcher Brutalität. Die Bestrafung von Bauern, die es versäumt hatten, Steuern zu zahlen, wird immer wieder auf Grabmalereien dargestellt. Dem unglücklichen Bauern werden die Kleider vom Leib gerissen, er wird auf dem Boden ausgestreckt gefesselt oder an einen Schandpfahl gebunden und dann verprügelt und ausgepeitscht, bis er buchstäblich halb tot ist. Noch schmerzlicher wird die Szene, wenn gezeigt wird, wie seine Frau auf Knien vergeblich um Gnade bittet.

Zu welch extremem Maß an Grausamkeit die Steuereintreiber sich manchmal hinreißen ließen, wird von einem Augenzeugen aus den frühen Tagen der römischen Herrschaft in Ägypten berichtet:

So hat jüngst ein bei uns zum Steuereinnehmer bestellter Mann, als Leute, die wohl aus Armut im Rückstand waren, aus Furcht vor den unerträglichen Strafen das Weite gesucht hatten, deren Frauen, Kinder, Eltern und alle übrigen Verwandten gewaltsam fortgeschleppt, sie geschlagen, mißhandelt und schändliche Gewalttaten aller Art an ihnen verübt, damit sie entweder den Flüchtling verrieten oder dessen Rückstände bezahlten, wiewohl sie beides nicht vermochten, jenes [nicht], weil sie [seinen Aufenthalt] nicht wußten, dieses [nicht], da sie nicht minder arm waren als der Entflohene. [Der Steuereinnehmer] gab sie aber nicht eher frei, als bis er mit Folter- und Marterwerkzeugen ihre Körper gepeinigt und sie durch unerhörte Tötungsarten ums Leben gebracht hatte; einen mit Sand gefüllten Korb befestigte er an Stricken, hing ihnen diese schwere Bürde auf den Nakken und stellte sie unter freiem Himmel auf offenem Markte hin, damit sie durch den furchtbaren Druck der auf sie gehäuften Strafen, durch Wind und Sonnenbrand, durch die Schande vor den Vorübergehenden und durch die aufgebürdeten Lasten zur Verzweiflung gebracht würden, die anderen aber, die deren Bestrafung mitansehen mußten, im voraus Schmerz empfänden. Manche von den letzteren, die mit der Seele schärfer schauten als mit dem leiblichen Auge und in der Person der anderen sich selbst mißhandelt fühlten, haben zuvor durch das Schwert oder durch Gift oder den Strang ihrem Leben ein Ende bereitet, da der Tod ohne Folterqualen ihnen ein großes Glück in ihrem Unglück erschien. Die aber, die nicht zuvor Hand an sich gelegt hatten, wurden der Reihe nach, wie bei Erbschaftsprozessen, herangeholt, zuerst die Nächstverwandten und nach ihnen die Verwandten zweiten und dritten Grades bis zu den entferntesten; und als von den Verwandten keiner mehr übrig war, da schritt das Unheil noch weiter zu den Nachbarn, gelegentlich auch in [ganze] Dörfer und Städte, die bald ihre Einwohner verloren und einbüßten, weil sie fortzogen und sich dahin zerstreuten, wo sie erwarteten, unentdeckt zu bleiben. (Philo von Alexandria 1910, S. 232 f.)

Dem Verfasser, dem Alexandriner Philo Judaeus, ist hier sicherlich die Phantasie durchgegangen, doch handelt es sich bei dieser Schilderung trotz gewisser Übertreibungen nicht um reine Erfindung. Die schockierende Grausamkeit vieler Steuereintreiber gegenüber den unschuldigen und wehrlosen Familienangehörigen von Schuldnern, derer sie nicht habhaft werden konnten (zumeist Frauen, Kinder und ältere Menschen), ist in einer Vielzahl von Quellen aus der griechisch-römischen Periode belegt – obwohl man schon zur Zeit des Neuen Reiches davon wußte, wie aus dem Zitat auf S. 36 hervorgeht.

Aber damit waren die Leiden der Bauern noch nicht zu Ende, denn daneben gab es noch den Frondienst.

Der Frondienst bestand aus unbezahlter Zwangsarbeit, die die Bauern für den Staat leisten mußten (in weit geringerem Ausmaß waren auch nicht in der Landwirtschaft beschäftigte Arbeiter davon betroffen). Jederzeit konnten sie für spezielle Aufgaben wie den Bau und die Reparatur von Straßen, Kanälen, Dämmen und Schleusen herangezogen werden; ebenso für die Errichtung großer Gebäude, Tempel, Pyramiden und sogar für Heeresdienste und die Arbeit in Steinbrüchen und Minen, wenn dort zusätzliche Kräfte benötigt wurden. Der Frondienst, dessen Ursprünge sich bis zu den Anfängen der Geschichte zurückverfolgen lassen, wurde in Ägypten zu allen Zeiten praktiziert und mit unerbittlicher Härte eingefordert, bis er, zumindest theoretisch (und auch nicht aus humanitären Gründen, sondern weil es politisch opportun erschien), im Jahre 1889 v. Chr. abgeschafft wurde.

Vom Frondienst freigestellt waren nur diejenigen Bauern und übrigens auch alle anderen Handwerker und Arbeiter, die im Dienst bestimmter Tempel standen und denen durch einen königlichen Schutzbrief besondere Privilegien und Immunitäten zugebilligt worden waren; dazu gehörte, daß alle, die in ihren Diensten standen, von der Fron ausgenommen wurden.

Immunitätsdekrete dieser Art wurden von den Pharaonen des Alten Reiches (angefangen bei Snofru, der um 2600 v. Chr. die 4. Dynastie begründete), der Ersten Zwischenzeit, der Zeit des Neuen Reiches und der Spätzeit erlassen. Doch solche königlichen Schutzbriefe waren nicht selten wirkungslos, und die in ihnen enthaltenen Bestimmungen zur Befreiung der Tempelbediensteten von Steuern und Fron wurde nur allzuoft von den Beamten und Bevollmächtigten des Pharao mißachtet.

Ein von König Haremhab (um 1300 v. Chr.) erlassenes Dekret sollte dem willkürlichen, ungesetzlichen und eigenmächtigen Vorgehen einiger Beamter des Pharao und mancher Heeresführer ein Ende setzen, die im Namen des Königs zu ihrem eigenen Vorteil ungesetzlich hohe Steuern erhoben und freie Männer zum Frondienst zwangen. Es existieren aber keinerlei Hinweise darauf, inwieweit das Dekret auch angewendet wurde – nach allem, was wir wissen, wurde es möglicherweise überhaupt nie beachtet.

Wenn die Situation eines Bauern aufgrund überhöhter Steuerforderungen, ständigen Frondienstes, gnadenloser Herren, jämmerlicher Löhne und elender Lebensbedingungen unerträglich geworden war, geschah es häufig, daß er voller Verzweiflung Arbeit, Familie, Heim und Feld im Stich ließ und einfach verschwand. *Anachôrêsis** oder *secessio* – Flucht und Aufgabe der Feldarbeit – war der letzte Ausweg für den geplagten ägyptischen Bauern. Erste Belege hierfür finden sich während der frühen 12. Dynastie (um 2000 v. Chr.), und auch während des Neuen Reiches und der Spätzeit wußten sich manche Bauern, je nach den Zeitumständen mehr oder weniger häufig, nicht anders zu helfen; in der Ptolemäerzeit war dieses Phänomen noch weiter verbreitet und erreichte unter der römischen Herrschaft alarmierende Ausmaße: Damals schrumpfte die Einwohnerzahl mancher ländlicher Siedlungen bis auf einige wenige Personen, in der Hauptsache alte Menschen, Frauen und Kinder, die kaum in der Lage waren, die Geflohenen bei der Feldarbeit zu ersetzen. Manche Dörfer waren schließlich total entvölkert. Die besorgte Verwaltung bemühte sich auf nationaler sowie auf lokaler Ebene immer wieder, sowohl durch Verhandlungen als auch durch Anwendung von Gewalt die *anachôrêsis* einzudämmen, was aber oft nicht gelang. Die Sorge der Regierung war keineswegs unbegründet. Die Flucht der Bauern bedeutete einen großen Verlust an Arbeitskräften, und die verlassenen Felder, bei denen es sich um gutes, fruchtbares Land handelte, wurden nun zu brachliegenden, unproduktiven Flächen: die Wirtschaft des Landes wurde dadurch also schwer in Mitleidenschaft gezogen. Die *anachôrêsis* zeigte auch gravierende soziale Auswirkungen. Einige Flüchtlinge versteckten sich in den Sumpfgebieten und in der Wüste oder zogen von Dorf zu Dorf, um nach Brot zu betteln. Andere, und das waren nicht wenige, schlossen sich umherstreifenden Räuberbanden an, die insbesondere in dünn besiedelten Gebieten ungeschützte, einsame Dörfer überfielen oder Reisenden auflauerten. Viele zog es auch letztlich in die Städte, in der Hoffnung, dort in der riesigen Masse der Gestrauchelten und Armen untertauchen zu können, die immer in solchen urbanen Zentren zu finden waren. Dort verkamen sie meist bald zu streunenden Bettlern, deren Spur sich für uns verliert.

---

* Die *anachôrêsis* ist Thema mehrerer Studien, von denen an dieser Stelle nur drei erwähnt werden sollen: Préaux 1939, S. 500 ff. u. S. 613 unter dem Stichwort »grêve«; Rostovtzeff unter dem Stichwort »Anachôrêsis. Weitere Literaturhinweise in Caminos 1977, S. 63.

An diesem Punkt sollten wir nun einen Blick auf die Umgebung und die Menschen werfen, die ein solcher Bauer zurückließ.

Manch einer lebte wohl ähnlich wie die Hirten in einer windigen kleinen Hütte aus Zweigen, die sich am Rande des von ihm bestellten Ackerlandes befand. Wahrscheinlich ist jedoch, daß er wie die meisten anderen Feldarbeiter in einem baufälligen Haus aus Lehm oder groben, sonnengetrockneten Ziegeln wohnte, welches in einem kleinen, verwahrlosten Dorf weitab von seinem Feld stand.

Alle Bauerndörfer waren einander sehr ähnlich und unterschieden sich auch zweifellos nur wenig von heutigen ägyptischen Dörfern. Immer handelte es sich um eine Ansammlung von grauen, schäbigen, wahllos aneinandergebauten Häusern, zwischen denen ein Labyrinth von engen, gekrümmten und düsteren Wegen und Sackgassen verlief. Eigentlich ist es eine Übertreibung, hier von »Häusern« zu sprechen, denn im Grunde waren es nur elende, einstöckige, fensterlose Hütten mit finster gähnenden Türöffnungen. Darinnen befand sich meist nur ein kleiner Raum; nur selten waren es zwei direkt ineinander übergehende Zimmer. Das Dach, das aus Palmblättern und -zweigen oder aus Schilf und Rohr bestand, war so zerbrechlich und so niedrig, daß ein mittelgroßer Mann ein Loch hineinreißen konnte,wenn er sich einmal unvorsichtig aufrichtete. Die Hütten hatten keinen soliden Fußboden, sondern man hauste direkt auf der festgestampften Erde. Diese war nur selten richtig trocken und außerdem ständig verschmutzt, so daß ein widerlicher Gestank die Luft erfüllte. Dies war darauf zurückzuführen, daß nachts Männer, Frauen, Kinder und Vieh in der stickigen, schmutzigen Hütte zusammengepfercht waren – der Vater der Geschichtsschreibung zeigte sich höchst überrascht, in welch räumlicher Enge in Ägypten Menschen und Tiere miteinander lebten (s. Herodot 1971, S. 115).

In jenen zellenartigen Häusern gab es auch nichts, was man als Möbel hätte bezeichnen können, keine Stühle oder Betten und auch keine Tische, sondern ein oder zwei abgenutzte Strohmatten als Schlafstätte, ein irdener Wasserkrug, etwas rohes Steingutgeschirr und ein Korb, um Brot und Getreide sicher aufzubewahren – was jedoch häufig durch die Scharen von Mäusen und Ratten, die Häuser und Dörfer heimsuchten, vereitelt wurde: Das war alles, was der Bauer brauchte, oder sagen wir eher, alles was er sich leisten konnte. Und das war so wenig wert, daß er die Tür – sofern es überhaupt eine gab – Tag und Nacht offenstehen ließ, denn die extreme Armseligkeit seiner weltlichen Habe war ein wirksamer Schutz vor Einbrechern.

Eine Steinplatte in der hinteren Ecke des Hauses diente als Herd, durch ein Loch im Dach konnte der Rauch abziehen. Der Fußboden war mit stinkenden Abfällen, Viehmist und sogar mit menschlichen Fäkalien übersät, wenn wir Herodots Bemerkung, daß die Ägypter ihre Notdurft innerhalb des Hauses verrichteten, wörtlich nehmen; und dieser ganze widerliche, stinkende Morast zog Schwärme von Fliegen an, wobei die heutigen Fellachen unter dieser Plage wahrscheinlich nicht weniger zu leiden haben. Der geplagten Frau des Bauern blieb jedenfalls nicht immer die Zeit, neben all ihren anderen Pflichten den Boden zu säubern und den Unrat auf die schmale Gasse vor dem Haus zu kippen; tat sie es aber, dann sortierte sie vorher den vom Vieh produzierten Mist aus, der als Brennstoff Verwendung fand.

Aus eben diesem Grund sah man auch in den gewundenen und düsteren Gassen, die voll von abstoßendem Unrat, fauligen, schlammigen Wasserpfützen und Schmutzhaufen waren, nur selten einen Misthaufen. Der noch warme, feuchte, stinkende Mist von Affen, Ochsen, Kühen und Schafen wurde jeden Tag von den Kindern des Dorfes aufgesammelt. Über und über mit Kot verschmiert liefen sie durch die Straßen und lasen die Häufchen mit den Händen auf. Diese wanderten in einen Korb, den sie auf dem Kopf trugen und aus dem die Fäkalien heraustropften. Bei all dem zeigten sie große Schnelligkeit und Geschick. Ihr Anblick dürfte Herodot nicht entgangen sein und möglicherweise hatte er diese Kinder im Sinn, als er schrieb, daß die Ägypter »Mist mit den Händen auflesen« (Herdot 1971, S. 115) würden; auch heute noch sammeln Kinder in Ägypten auf der Straße auf genau die gleiche Weise Dung; sie tragen dabei sogar, wie oben beschrieben, Körbe auf dem Kopf. Die Haushaltsabfälle und der von den Kindern herbeigeschaffte Mist wurden vermischt und zu einem Brei aufgeschlagen, der dann mit den Händen zu Fladen geformt wurde. Diese ließ man in der Sonne trocknen – so beschafften sich die Bauern ihr Brennmaterial.

Es gab kein Dorf, in dem nicht ein Teich zu finden war, der typische *birkah* der heutigen ägyptischen Dörfer, ein schlammiger Tümpel mit stehendem, grau-grünem, übelriechendem und völlig verschmutztem Wasser, wo das Vieh zur Tränke kam und die Frauen Wasser holten; und ganz in der Nähe gab es immer einen Müllhaufen und andere Ansammlungen von feuchtem Abfall, der einen Anziehungspunkt für Habichte, Geier, Hunde und Schweine bildete, denn diese pickten und wühlten dort nach dem raren Futter.

Unter solchen Bedingungen, d.h. aufgrund des Fehlens der grundlegendsten sanitären Einrichtungen, wurden die Dörfer zu ekelerregenden Seuchenherden. Die vielen endemischen Krankheiten, die auch unter den wohlhabenden Schichten der Bevölkerung grassierten, forderten in der ägyptischen Landbevölkerung noch sehr viel mehr Opfer. Die Bauern waren ganz besonders anfällig für Krankheiten, weil ihr Organismus durch schwere Arbeit, Mangelernährung, bitterste Armut und ständige Angst geschwächt war; ein übriges taten der harte Überlebenskampf, die ungesunden Wohnverhältnisse und die verwahrlosten Dörfer, in denen sie lebten.

So litten weite Teile der bäuerlichen Bevölkerung unter Bindehautentzündung, die durch den feinen Sand und den Staub in der Luft, durch die gleißende Sonne, die Fliegenschwärme, den alles durchdringenden Schmutz und das Fehlen jeder körperlichen Hygiene begünstigt wurde. Die Dörfer waren voller Menschen aller Altersgruppen, die entweder schlecht sahen, ein Auge verloren hatten oder völlig blind waren, und außerdem unter entzündeten, eiternden Augenlidern litten.

Ebenfalls weit verbreitet war die Bilharziose oder Schistosomiasis, mit der sich die Bauern infizierten, wenn sie durch Sümpfe, Tümpel oder durch das träge fließende Wasser der Kanäle wateten, in denen es von bestimmten Wasserschnecken, die die Krankheitskeime übertrugen, nur so wimmelte. Die Bilharziose führt zu einer chronischen gesundheitlichen Schwächung und zu Anämie und verursacht außerdem noch eine Reihe schwerwiegender, akuter Komplikationen. In den fünfziger Jahren dieses Jahrhunderts waren 95 % aller Fellachen davon befallen, und es ist wohl kaum zu bezweifeln, daß dieser Prozentsatz zur Zeit des Pharaonenherrschaft noch höher war, weil man damals noch keine Körperhygiene und sanitären Einrichtungen kannte.

Häufig trat auch Hepatitis, also eine Leberentzündung, auf, die bei den Betroffenen schwerwiegende Mangelerscheinungen verursachte, was zu einem ständigen Erschöpfungszustand und einer Schwächung der körpereigenen Abwehrkräfte führte.

Weit verbreitet war auch die Drakunkulose oder Guineawurmkrankheit. Dieses Leiden wurde durch den Genuß von Wasser verursacht, in denen Hüpferlinge lebten, die Wurmlarven übertrugen. Aus diesen entwickelten sich dann im menschlichen Körper direkt unter der Haut bis zu 80 cm lange Würmer, die schmerzhafte Blasen und eine Vielzahl von Sekundärinfektionen hervorriefen.

Das Hauptnahrungsmittel, ja fast sogar die einzige Speise der Bauern war das Brot. Das zu seiner Herstellung verwendete Mehl war ungleichmäßig und grob gemahlen und enthielt sehr viel Staub, Sand und andere Gesteinspartikel. Der Bauer kaute sein Brot demnach nicht, sondern zermahlte es eher mit kräftigen Kieferbewegungen, ähnlich wie das Vieh. Die Verunreinigungen im Brot wirkten wie ein Schleifmittel, dem auf Dauer auch die besten Zähne nicht standhielten. Bei vielen alten Menschen waren die Zähne deshalb ähnlich wie bei Pferden bis zum Zahnfleisch abgenutzt.

Eine weitere Geißel stellte die Amöbenruhr dar, die auch heute noch sowohl die Stadt- als auch die Landbevölkerung in Ägypten quält. Darüber hinaus wurde festgestellt, daß bei den altägyptischen Bauern, die ständig barfuß liefen, häufig Verletzungen und Beschwerden an den Füßen auftraten.

Es würde den Rahmen dieses Beitrags sprengen, den ganzen düsteren Katalog von Krankheiten aufzulisten, unter denen die bäuerliche Bevölkerung litt – er wäre viel zu lang.

Gewisse Hinweise lassen vermuten, daß Arbeiterkolonnen in staatlichen Minen und Steinbrüchen manchmal von Heilern oder »Spezialisten« für die Behandlung von Skorpionbissen betreut wurden. Nichts deutete aber darauf hin, daß irgendwelche Persönlichkeiten in verantwortlicher Stellung, vom Pharao bis hin zum Häuptling der Dorfgemeinschaft auch nur im entferntesten daran gedacht hätten, den Bauern ein Mindestmaß an medizinischer Versorgung zukommen zu lassen. Und obwohl das *argumentum ex silentio* natürlich unzuverlässig und brüchig ist, so wagen wir doch zu behaupten, daß ein Feldarbeiter in dieser Hinsicht niemals Hilfe erhielt und auf sich selbst gestellt war, wenn er krank wurde oder einen Unfall erlitt. In den meisten Fällen ließ er wahrscheinlich einfach der Natur ihren Lauf. Oder er griff auf eines jener traditionellen Hausmittel unbekannten Ursprungs zurück, die damals wie heute (ebenso wie abergläubische Vorstellungen) mündlich von einer Generation an die nächste überliefert wurden. Oder, falls er die Mittel für die Zahlung eines Entgelts aufbringen konnte, wandte er sich an den örtlichen oder an einen umherziehenden Heiler – die einer wie der andere Quacksalber waren. Beide konsultierten für gewöhnlich ihr Heilbuch und verordneten dann, etwa für ein eiterndes Geschwür, eine unfehlbare Salbe mit Kümmelkörnern und Katzendung oder einen Trank, der den Urin eines Schreibers und Ochsengalle enthielt. Dem leichtgläubigen

Bauern, der ebenso wie die heutigen Fellachen von medizinischen Rezepten angetan war, versicherte er, daß die Wirksamkeit der Arznei tausendfach erprobt sei.*

Die Lasten und Leiden der bäuerlichen Bevölkerung werden knapp und prägnant in einer in Briefform gehaltenen Erzählung geschildert, die gegen Ende des Neuen Reiches, um 1100 v. Chr. entstand. Sie berichtet über die Irrungen und das wechselvolle Schicksal eines seines Amtes enthobenen Priesters namens Wermai, der erklärter Verfasser des Briefes und Held der Geschichte ist. Nachdem er seines Amtes entkleidet und aus seiner Stadt verbannt worden ist, zieht Wermai im Lande umher und läßt sich schließlich in einer abgelegenen, verarmten ländlichen Siedlung in der Großen Oase westlich des Nils nieder, wo er sein Leben durch die Beackerung eines kärglichen Stücks Land am Rande der Wüste, halb Sand, halb Erde, bestreitet. Die Ortschaft wird von einem skrupellosen Bürgermeister (in den heutigen ägyptischen Dörfern der *omdah* oder Häuptling) und seinen unbarmherzigen Gehilfen beherrscht. Die Bauern dort führen ein hartes, elendes Leben: viele von ihnen verhungern. Der Verfasser selbst hat einen ganzen Monat lang kein Getreidekorn mehr zu Gesicht bekommen. Wer sich mit einer Bitte an den Bürgermeister wendet, wird unverzüglich abgewiesen; und wenn jemand wagt, sich zu beschweren, wird er von den Leuten des Bürgermeisters mit Schmeicheleien und gutem Zureden beschwichtigt. Der Bürgermeister selbst macht bedenkenlos leere Versprechungen, um der Klagen Herr zu werden. Der Bevölkerung werden alle möglichen Einschränkungen auferlegt. Die Löhne, die in Naturalien ausbezahlt werden, sind niedrig; und die Verwalter und Aufseher beuten die Dorfbewohner weiter aus, indem sie die Getreiderationen noch sparsamer verteilen und die den Bauern zustehenden Getreidemengen mit einem falschen Maß abfüllen: Wermai berichtet von einem Maß, das auffallend »kurz« ist, d.h. es faßt ein Drittel weniger Getreide, als vorgegeben wird.

Die Steuerlast ist unerträglich drückend, und wer mit den Abgaben in Rückstand gerät, wird eingekerkert. Auch Wermai selbst gerät in Schwierigkeiten; er hatte die Steuern als viel zu hoch empfunden, und versäumt, rechtzeitig zu zahlen. Der bösartige Bürgermeister zitiert ihn daraufhin

* Einen kurzen Überblick über die erwähnten medizinischen Fragen bietet Dawson 1929, Kap. VI und Kap. VII sowie Lefèbre 1956. Ein eingehendes Studium dieser Thematik ermöglichen die zahlreichen Literaturhinweise und Querverweise in den Artikeln »Heilkunde und Heilmethoden« und »Heilmittel« von Westendorf 1983, Spalten 1097ff.

vor den örtlichen Gerichtshof und sorgt dafür, daß er wegen säumiger Steuerzahlung zu einer Bußabgabe verurteilt wird. Die Situation wird für die Bauern hoffnungslos, und in ihrer Verzweiflung lassen sie die Getreideernte stehen, geben sogar die besten anbaufähigen Flächen auf und ergreifen die Flucht. Der Bürgermeister steht dem machtlos gegenüber. Er ist unfähig, dieser Fluchtbewegung Einhalt zu gebieten und die »untätigen Hände« wieder dazu zu bewegen, zum Pflug zu greifen.

Es gab auch Zeiten sozialer Unruhen, in denen sich die Unzufriedenheit der notleidenden und seit jeher unterdrückten und vernachlässigten arbeitenden Schichten mit einem Schlag entlud und es zu gewalttätigen Ausschreitungen und Plünderungen kam, durch die das Land verwüstet wurde und sich die Situation von Arm und Reich umkehrte.

Sieh da, der Nil tritt über die Ufer, aber keiner greift zum Pflug,
jeder sagt: »Wir wissen nicht, was im Lande geschehen ist.«
Sieh da, die Herzen sind voller Gewalt, Seuchen verheeren das Land,
überall sieht man Blut, der Tod geht um.
Der kein Eigentum hatte, ist nun ein wohlhabender Mann;
der sich keine Sandalen leisten konnte, besitzt nun Reichtümer. Die Vornehmen klagen, die armen Leute sind voller Freude.
Der vorher kein Paar Ochsen besaß, verfügt nun über eine ganze Herde.
Jede Stadt sagt: »Komm, befreien wir uns von den Mächtigen unter uns.«
Sieh da, jeder hat sein Haar verloren,
und ein Mann von Stand ist nicht mehr von einem Armen zu unterscheiden.*

Wenn diese erschütternde Schilderung nicht nur eine bloße literarische Erfindung ist, wie bisweilen behauptet wurde, dann darf man mit Recht annehmen, daß die Bauernschaft sich an dem allgemeinen Aufstand beteiligte und ihr Schicksal mit dem der Rebellion verband. Wie dem auch sei, solche Ausbrüche blieben, wenn sie jemals stattfanden, wohl immer so wirkungslos wie das letzte verzweifelte Strampeln eines Ertrinkenden: Sie führten zu nichts. Über kurz oder lang herrschte ohne nennenswerte Änderungen wieder der *status quo ante*, mit all seinen fürchterlichen Grausamkeiten; und die Bauern führten weiterhin dasselbe elende Leben wie ehedem.

Nicht enden wollende schwere Arbeit, miserable Löhne, Not und

* Zu Wermais Schilderungen eines ägyptischen Bauerndorfes, dessen Bewohner unter Willkürherrschaft zu leiden haben, s. Caminos 1954, S. 70ff. Die Zitate wurden aus den *Admonitions of an Egyptian Sage* ausgewählt. S. Bresciani 1969, S. 69ff. u. Lichtheim 1973, I, S. 149ff.

Entbehrungen, Hunger, Krankheit, erbärmliche Lebensbedingungen, tyrannische Herren, drückende Steuerlasten – jeder einzelne dieser traurigen Lebensumstände, unter denen der Bauer von der Geburt bis zum Tod zu leiden hatte, war schon für sich genommen schwer genug zu ertragen. In ihrer Gesamtheit richteten sie ihn jedoch körperlich und seelisch zugrunde, bis er einem gezähmten Ochsen glich, unterwürfig, duldsam, verängstigt, teilnahmslos. Er wußte, daß er kämpfen und hart arbeiten mußte, um sein Leben zu bestreiten, und daß ihm viel Leid bestimmt war. Dies war sein Los. Er kannte nichts Besseres. Es gab für ihn keine andere Perspektive, und er suchte auch nicht danach. Hätte er es versucht, so wäre er kläglich gescheitert.

Aufgrund seines jämmerlichen Lohns hatte er niemals die Mittel (noch gab man ihm die Gelegenheit), seine Situation zu verbessern, sein Brot weniger mühsam zu verdienen und seine niedrige Stellung zu überwinden. Das Fehlen jeglicher Hoffnung auf bessere Tage, die Tatsache, daß er unausweichlich sein ganzes Leben lang am unteren Ende der gesellschaftlichen Rangordnung stand, dies war der traurigste Aspekt seiner gequälten Existenz – doch wurde er sich dessen jemals bewußt? Als Bauer geboren, blieb er als solcher bis ans Ende seiner Tage gebrandmarkt: ein Bauer, das unterwürfige, halbverhungerte Arbeitstier ohne eigenen Willen – herumkommandiert, herumgestoßen, zu Tode geprügelt – von allen verachtet, von keinem bemitleidet.

Kapitel 2

# Der Handwerker

Dominique Valbelle

## Einleitung

Die Entstehung von Handwerk und insbesondere von Kunst innerhalb einer bestimmten Kultur erschließt sich dem Archäologen anhand materieller Belegstücke. Diese liefern wiederum dem Historiker wesentliche Hinweise auf das Vorhandensein einer entsprechenden sozialen Struktur. Zuerst entdeckt man die Werke, und dann erfährt man allmählich etwas über die Menschen, die sie ersonnen und geschaffen haben. Diese Werke, die unserem Empfinden nach von besonderem künstlerischen Wert sein können, erreichten in Ägypten schon zu einem sehr frühen Zeitpunkt eine Qualität der Ausführung, welche bei denen, die sie schufen, eine hohe Spezialisierung voraussetzte. Dem Prähistoriker gelten solche künstlerischen Leistungen gemeinhin als der Beweis für eine bereits weit fortgeschrittene Arbeitsteilung in den betreffenden Gesellschaften, aufgrund derer die Menschen offenbar über das für ihre künstlerische Arbeit erforderliche beträchtliche Maß an freier Zeit verfügten – und das war in Ägypten bereits lange vor der Entstehung des Pharaonenreiches der Fall.

Aus diesen Zeiten sind uns vor allem Hinweise auf Werkstätten erhalten (Herstellung von Steinvasen, Feuersteinbearbeitung und Töpferei), und zwar in Form von Einrichtungsgegenständen, Handelswaren und Werkzeugen, die den Grabstätten von Arbeitern, ihrem jeweiligen Beruf entsprechend, beigegeben wurden. Seit den ersten Pharaonendynastien kommen dann zu diesen zahlreicher werdenden Belegen für die Existenz eines Handwerkerstands noch die Spuren großer Bauvorhaben in den Städten hinzu, durch die sich notwendigerweise eine beträchtliche Zahl von Arbeitskräften in einigen großen Zentren des Landes konzentrierte: In der Hauptstadt Memphis; in Hierakonpolis und Buto, den beiden Metropolen der alten Reiche im Süden und im Norden; in Elephantine, Edfu, El Kâb, Abydos und vielen anderen Orten. Doch sind diese Bauvorhaben, ebenso wie die Schaffung des Kanalnetzes, das von entscheidender Bedeutung für die wirtschaftliche Entwicklung des Landes sein sollte, auf die Anfänge der Geschichte zu datieren und liefern überdies nur verwischte und indirekte Spuren der Menschen, die dort arbeiteten.

Es sind die Wohnstätten von deren Nachkommen, die besonders von der 4. Dynastie an die ersten Hinweise auf Lebensweise und Lebensstandard der Pyramidenbauer liefern. Ab der 5. und 6. Dynastie veranlassen staatliche Würdenträger dann immer häufiger, daß die Wände ihrer Grabkapellen mit Darstellungen verziert werden, die die in ihren Diensten stehenden Handwerker bei der Arbeit zeigen, wobei diesen Abbildungen zuweilen auch Informationen über den sozialen und beruflichen Hintergrund dieser Personen hinzugefügt sind. Häufig lassen die gleichen Würdenträger dort auch in Stein meißeln, welche Missionen sie erfolgreich für den Pharao durchgeführt haben, und in besonders selbstgefälliger Ausführlichkeit sind architektonische Arbeiten sowie die Expeditionen zu den verschiedenen Steinbrüchen dargestellt. Von solchen Expeditionen zu Minen und Steinbrüchen innerhalb Ägyptens und in angrenzenden Wüstengebieten wissen wir zudem durch die Überreste von Abbaustätten und den dort errichteten Unterkunftshütten sowie durch Wandinschriften, die an diesen Orten hinterlassen wurden.

Für den Historiker kommen zu den bereits erwähnten Quellen in jeder Epoche neue Kategorien von Belegen hinzu. Neben den Ruinen von Denkmälern, Wohnbauten, Werkstätten, neben den in den Grabstätten von Auftraggebern dargestellten Handwerksszenen und neben Wandinschriften finden sich im Mittleren Reich nun außerdem die Archive einiger Baustellen, die Auskunft über freie Arbeitskräfte oder Fronarbeiter geben, sowie Grabstelen einfacher Arbeiter: Wo sonst die Auftraggeber die in ihrem Dienste Tätigen neben sich abbilden ließen, finden sich derartige Szenen nunmehr aus umgekehrter Perspektive dargestellt. Die Expeditionsberichte wiederum erwähnen nicht mehr nur die leitenden Persönlichkeiten, sondern auch die angelernten Arbeiter, die Hilfsarbeiter und die Verwalter. Aus der Zeit des Neuen Reiches sind noch zahlreichere und noch vielfältigere Verwaltungsdokumente, bildliche Darstellungen, Überreste fester oder temporärer Arbeitersiedlungen, ethnographische Zeugnisse und volkstümliche Devotionalien erhalten.

Daß unsere Informationsquellen sich allmählich wandeln und außerdem immer zahlreicher werden, verdanken wir zum einen glücklichen Zufällen, zum anderen ist dieser Umstand aber auch das Resultat einer gesellschaftlichen Fortentwicklung, die in Ägypten von der Mitte des 3. Jahrtausends bis zu Beginn des 1. Jahrtausends v. Chr. spürbar wurde und unter anderem in der Literatur, aber auch in den Bestattungsritualen ihren Ausdruck fand. Das deutlichste Zeichen dieser Entwicklung ist wohl, daß von der Zeit des Mittleren Reiches an in den Schriftdokumenten mit einem Mal bestimmte, früher unberücksichtigte Kategorien von Arbeitskräften Erwähnung finden und sogar in ihrer individuellen Identität dargestellt werden. Nun kann aber keine der Informationen, die uns zu einer bestimmten historischen Epoche über einen bestimmten Bereich zur Verfügung stehen, auf eine andere Epoche, für die in eben diesem Bereich Informationslücken bestehen, übertragen werden. Daher müssen wir bei der Abhandlung der wichtigsten Aspekte unseres Themas – Gesellschaft, Arbeit, Lebensweise, künstlerische Ausdrucksformen – unter anderem auch chronologische Gesichtspunkte berücksichtigen. Dennoch wiegen die institutionelle Kontinuität und die kulturellen Besonderheiten der ägyptischen Zivilisation so viel schwerer als die epochenbedingten Unterschiede, daß wir letztlich einer thematischen Darstellung den Vorzug gegeben haben. Diese hat im übrigen ihre Grenzen, die zum einen im aktuellen Forschungsstand begründet liegen und zum anderen von uns bewußt gesetzt wurden. Zwei Aspekte der gegenwärtigen Ägyptenforschung sind für unser Thema von besonderer Bedeutung: die archäologischen Ausgrabungen in den altägyptischen Arbeitersiedlungen und die Forschungen über die administrativen Strukturen der damaligen ägyptischen Gesellschaft im allgemeinen. Erstere liefern in jeder Ausgrabungssaison in verschiedener Hinsicht neue Erkenntnisse; letztere verändern Jahr um Jahr unsere äußerst unvollständige, wenn nicht gar falsche Sicht der pharaonischen Institutionen.

Bleibt noch, die drei Begriffe zu definieren, die auf den folgenden Seiten am häufigsten verwendet werden: »Arbeiter«, »Handwerker« und »Künstler«. Als »Arbeiter« ist die Mehrzahl der Männer, mit denen wir uns hier beschäftigen, zu bezeichnen; es handelt sich im allgemeinen um Personen, die manuelle Tätigkeiten, gleich welcher Art, verrichten. Der Begriff »Handwerker« unterstreicht zunächst, daß der Betreffende über eine besondere Technik oder Kunstfertigkeit verfügt, und beinhaltet erst in zweiter Linie die Ausübung einer manuellen Arbeit, die dem Zweck der Gewinnerzielung dient. Obwohl die erste Bedeutung des Wortes sich auf die Mehrzahl der als Handwerker bezeichneten Personen anwenden läßt, würden bestimmte Formen von »Schwarzarbeit« damaliger Beamter unter die zweite Bedeutung fallen. Der Begriff »Künstler« existierte, wie man weiß, nicht als solcher; die beiden Kriterien, die damaligem ägyptischen Denken entsprechend zur Definition des Begriffes dienen könnten, sind die Geschicklichkeit des Ausführenden und die Zufriedenheit des Auftraggebers. Ansonsten war die Identität desjenigen, der ein Kunstwerk schuf, nur in Ausnahmefällen bekannt, und es gab nur wenige, die vom Pharao ausgezeichnet und dadurch in einen besonderen Rang erhoben wurden.

## Mensch und Gesellschaft

Die Menschen, deren Identität und gesellschaftliches Umfeld wir hier nachzeichnen wollen, sind seit über 3000 Jahren tot. Zudem mag es als ein unsinniges Vorhaben erscheinen, ein genaues und individuelles Bild von Personen (welche im übrigen meist nur eine bescheidene gesellschaftliche Stellung innehatten) zu rekonstruieren, die in einem Land lebten, das seit der Antike ein Tummelfeld für Schatzsucher war. Nun sind es aber gerade diese »Schätze«, also Teile von Grabstätten und die den Gräbern beigegebenen Wertgegenstände, auf denen die ältesten und unmittelbarsten Zeugnisse über diese Menschen zu finden sind. Im ägyptischen Grab finden sich Hinweise auf alle wichtigen Aspekte der Person des Verstorbenen. Sein Angesicht wird durch Statuen verewigt; sein Name, sein Beruf und seine Titel sind an den Türen, den Mauern und auf den Ausstattungsgegenständen im Grab verzeichnet. Manchmal sind solche Zeugnisse über die Identität einer Person indirekt: ein Dritter, sein Auftraggeber oder ein Verwandter, dient dann als Mittler zwischen dem Verstorbenen und uns. Dieser erscheint nunmehr als der ideale Repräsentant seiner Zunft, denn meist ist nur sein Beruf und sein sozialer Status vermerkt; manchmal allerdings wird auch sein Name genannt. Handelt es sich um das Privatgrab eines bestimmten Handwerkers, so liefert uns dieses bisweilen sehr viel ausführlichere Auskünfte: in einem autobiographischen Bericht werden die berufliche Laufbahn des Betreffenden und die ihm übertragenen Aufgaben sowie seine familiäre Situation geschildert, die noch einmal gesondert auf bildlichen Darstellungen festgehalten ist.

In den Wohnstätten finden sich weniger schriftliche Zeugnisse und archäologische Funde als in den Gräbern, doch geben uns auch diese Orte beredt Auskunft darüber, welche Stellung die jeweiligen Bewohner in der ägyptischen Gesellschaft einnahmen. Nur in wenigen Häusern aber stoßen wir auf eindeutige Spuren, die auf den Beruf oder gar die Identität derer, die darin lebten, hinweisen. Wir erhalten hier also häufig nur allgemeine Hinweise auf die betreffenden Bevölkerungskreise; diese haben jedoch den Vorteil, insofern ein getreueres Abbild der Realität zu bieten, als hier nichts durch die willkürliche Themenauswahl eines Auftraggebers oder das Bestreben, sich der Nachwelt von der besten Seite zu präsentieren, verfälscht wird (zumal das unter diesen Bedingungen an die Nachwelt Gerichtete nur selten durch Vergleiche mit anderen Quellen verifiziert werden kann). Archive von Institutionen und Stiftungen sind bezüglich ihrer Angaben ebenfalls weitgehend als objektiv einzustufen, informieren aber unter einem anderen, komplementären Aspekt: sie verzeichnen, mit unterschiedlicher Genauigkeit, die geographische und soziale Herkunft der Arbeiter, ihre Identität, ihre Qualifikation, ihre Arbeitsbereiche; sie machen Angaben über die den verschiedenen Arbeitern jeweils zugewiesenen Aufgaben; halten fest, welche Entlohnung, welche Privilegien und welche Prämien in den verschiedenen Positionen gewährt wurden, und sie beschreiben die üblichen Züchtigungen. Kurz, wir wüßten alles, wenn das, was wir heute in Händen halten, nicht nur einen winzigen Teil der unzähligen Verzeichnisse darstellte, die sich Monat um Monat, Jahr um Jahr im ganzen Land in den Büros der Schreiber anhäuften. Doch wurden diese Akten schon in der Antike meist nicht länger als ein Jahrzehnt aufbewahrt. Nach Ablauf dieser Zeit wurden die Papyri abgewaschen und wiederverwendet oder zum Feuermachen benutzt, wie man an den Siegeln erkennen kann, die in großer Zahl in Ofenasche zu finden sind. Das, was heute noch erhalten ist, entkam nur durch Zufall der Zerstörung: Es sind Schriftrollen, die, kurz nachdem sie beschrieben wurden, in einer Ruine vergessen oder aus uns unbekannten Gründen dem Grab eines hohen Beamten beigegeben wurden; Kopien von Originaldokumenten, die aus privaten Gründen oder zu Verwaltungszwecken aufbewahrt wurden; Papyrusfragmente, die man auf den Abfallkippen der Städte und Tempel ablud. Glücklicherweise scheinen die Schreiber in allen möglichen Bereichen eine unermüdliche Aktivität entfaltet zu haben. Da es manchen nicht genügte, minutiös Zahlen, Arbeitskräfte und erbrachte Arbeitsleistungen aufzulisten, erstellten sie Textsammlungen, die didaktischen und enzyklopädischen Zwecken dienen sollten. In diesen *onomastica* und »ausgewählten Stücken«, die den heranwachsenden Generationen von Schreibern als Übungsmaterial vorgelegt wurden, werden Titel und Berufsgruppen in einer Weise klassifiziert, die zwar nicht rigide ist, aber dennoch das Vorhandensein gewisser Gruppierungen und Zugehörigkeiten nahelegt und damit die Existenz einer sozialen Schichtung im Alten Ägypten bestätigt.

## Das Alte Reich

Je weiter wir zeitlich zurückgehen, desto spärlicher und schwerer auffindbar werden die Zeugnisse über die uns hier interessierende Bevölkerungsgruppe. Für die Zeit vor der allmählichen Verbreitung eines einheitlichen Hieroglyphenschriftsystems während der 1. Dynastie sind Werkzeuge die einzigen zuverlässigen Hinweise, über die wir verfügen. Sofern sie charakteristisch genug sind, verraten sie uns den Beruf ihres Benutzers – Handwerker ließen sich häufig jene Werkzeuge mit ins Grab geben, die ihre soziale und berufliche Stellung zu erkennen gaben. Seit der 1. Dynastie finden sich neben dem Bankgrab (Mastaba) des Herrschers die Grabstätten jener Handwerker, die ihm vertraut waren und die er auch in der Ewigkeit um sich haben wollte. Auf diese Weise erfahren wir von Bekh, dessen Name auf zwei Kupferdexeln eingraviert ist, und von Kahotep, dessen Name auf der Klinge einer Axt erscheint: Beide Männer standen also auch noch nach ihrem Tode im Dienste von König Djer: Dieser Brauch war in den königlichen Nekropolen von Abydos und Saqqara während der gesamten Thinitenzeit weit verbreitet.

In den aus der Zeit der 2. Dynastie stammenden Gräbern in Helwân und in denen aus der folgenden Dynastie in Saqqara sind auf den verschiedenen Gegenständen der Grabausstattung ebenfalls die Namen von Handwerkern verzeichnet; doch sind diesen nun nicht mehr die Berufsbezeichnungen beigefügt, vielmehr wird ein charakteristisches Werkzeug abgebildet oder dessen Funktion erklärt. Die auf diese Weise geehrten Männer sind Bildhauer- oder Schiffsbaumeister, und als Zeichen ihres Könnens sind Stelen, Steinvasen und Statuen beigegeben. Während der Herrschaft von Pharao Djoser wurden die reichsten Privatgräber nach dem Vorbild der Mastabas der Thinitenherrscher angelegt: sie sind aus Ziegeln gebaut oder mit rohen Ziegeln verkleidet, der Oberbau ist nur in Ausnahmefällen mit Scheintüren, Stelen, Steinstatuen und Holzschildern, auf denen der Name des Toten steht, versehen. Der immer genauere Verweis auf die Identität des Verstorbenen – Name, Titel, Nachbildung des Verstorbenen, alles Attribute, die Zugang zur Ewigkeit verheißen – erscheint als Privileg, in dessen Genuß außer dem Pharao nicht nur hohe Beamte, sondern auch einige Handwerker kamen. Letztere gehörten wahrscheinlich zu den am meisten geschätzten Persönlichkeiten jener Zeit, doch ließen sie sich nun nicht mehr ausschließlich in der Nähe der königlichen Grabstätte beisetzen.

Unter der 4. Dynastie wurden besonders in den Nekropolen Giza und Saqqara immer mehr Grabstätten für Handwerker angelegt. Die dort vertretenen Handwerksberufe wurden immer zahlreicher, aber die beerdigten Personen bekleideten meist verantwortungsvolle Positionen: Bildhauermeister der Zwei Regierungen, oberster Leiter aller Arbeiten : der Waffenschmiede, der Textilwerkstatt, der Handwerker, der Grabwerkstatt, der Bergleute und der Zimmerleute. Man erfährt aber auch von einfachen Handwerkern. Doch die am meisten geschätzten unter ihnen erlangten eher durch das Produkt ihrer Arbeit Unsterblichkeit, wie zum Beispiel der Bildhauer Inkaf, der die Grabkapelle der Königin Meresanch III. und ihres Sohnes, des Wesirs Nebemakhet, ausstattete; oder auch die Maler Râhy und Smerka. Andere handwerkliche Berufe finden ohne Nennung von Namen Erwähnung. Doch diese Männer wohnten nicht in den großen, am Fuß der Pyramiden von Abusir und Giza errichteten Arbeitersiedlungen oder in den kleinen Häusern mit drei Zimmern, welche südlich der Straße zur Pyramide von Mykerinos lagen. Über die dort lebenden namenlosen Arbeiter wissen wir fast nichts.

Während der 5. und 6. Dynastie entwickelte sich die Darstellung des Handwerkers bei seiner Arbeit zu einem beliebten ikonographischen Thema und wurde auch in der Provinz üblich, wo die Nomarchen, die nun mächtiger und unabhängiger waren als während der vorausgegangenen Epochen, die in ihren Werkstätten verrichteten Arbeiten gern ausführlich darstellen ließen und außerdem bestrebt waren zu zeigen, daß sich unter ihren Arbeitern Meister befanden, die zu den Werkstätten des Pharaos gehörten. Seit der 5. Dynastie sind sowohl Auftraggebern wie Beschäftigten vielfältigere Aktivitäten nachzuweisen, die es erlauben, ihren Platz in der Gesellschaft ihrer Zeit etwas genauer zu bestimmen. So ließ sich der Höfling Wepemnefert in seinem Grab in Giza beim Verfassen seines Testaments darstellen, in dem er seinen Sohn bedenken wollte: der Szene wohnen Zeugen bei, unter denen sich zwei Ärzte, ein Verwalter, ein Polizist, zwei Priester und mehrere Handwerker und Arbeiter, die am Bau des Grabes mitgewirkt haben, befinden. Wenn wir auch nur dürftige Informationen darüber erhalten, welche Position diese Männer in dem dargestellten sozialen Kontext jeweils einnehmen, so wird doch ihre rechtliche Stellung unzweifelhaft deutlich gemacht. Es handelt sich zum größten Teil um Arbeiter im Dienste Wepemneferts, die damit beschäftigt sind, am Rande der Szene ihre gewohnten Aufgaben zu erfüllen. Auf keiner der beiden Darstellungen werden jedoch ihre Namen erwähnt!

Wir müssen uns also letztlich den Privatgräbern von Handwerkern zuwenden, um über einige dieser Männer Näheres zu erfahren. Die einfachsten unter ihnen – Maurer, Zimmerleute, Lederbereiter, Gießer, Hüttenarbeiter und Bildhauer – haben auf den verschiedensten Ausstattungsgegenständen ihrer Gräber ihre Namen verewigt, so zum Beispiel auf Opfertafeln, auf den Becken für Trankopfer und auf Statuetten. Zeitgenossen dieser Männer bezogen wahrscheinlich in den aus losen Steinen errichteten Hütten mit ein oder zwei Zimmern, die bei den Minen im Wadi Maghara gebaut worden waren, Quartier, als sie auf dem Sinai Kupfer und Türkis abbauten. Auf den Teilnehmerlisten dieser Expeditionen erscheinen diese Bergarbeiter aber nicht.

In Giza und Saqqara ließen sich die Vorsteher und Aufseher Grabstätten anlegen, die etwas größer und mit Statuen und in Stein gehauenen Reliefs geschmückt waren, auf denen nicht nur die Identität, die handwerklichen Fertigkeiten und religiösen Ämter des Verstorbenen, sondern auch die seiner Eltern und Kinder festgehalten wurden. Diese Bau- und Werkstattleiter erfüllten einerseits technische Aufgaben, hatten aber andererseits auch oft verschiedene Vertrauenspositionen inne. Obwohl sie sich gern bei der Ausübung eines handwerklichen Berufs darstellen ließen, in dem sie vermutlich die Meisterwürde erlangt hatten, waren sie doch aufgrund ihrer familiären Herkunft und ihres persönlichen Verdiensts zu hohen Aufgaben bestimmt, die sie voller Stolz auf den Wänden ihrer Grabstätten abbilden ließen. Sie gehörten zu einer vom königlichen Hof anerkannten Elite, lebten in der Nähe der Hauptstadt Memphis und ließen sich auch dort beerdigen, obwohl sie natürlich zur Leitung von Arbeiten und Expeditionen in anderen Landesteilen oder sogar ins Ausland beordert werden konnten.

## Das Mittlere Reich

Die tiefgreifenden Veränderungen, die die ägyptische Gesellschaft während der Wirren der Ersten Zwischenzeit erfuhr, sind wahrscheinlich eine der Ursachen dafür, daß sich uns von dieser Zeit an völlig neues Quellenmaterial erschließt. Gleichzeitig gehen die vorhandenen Zeugnisse nun im Gegensatz zur vorausgegangenen Epoche vornehmlich auf sozial niedriger stehende Bevölkerungsgruppen ein, insbesondere auf jene anonymen Arbeitskräfte, die das Alte Reich anscheinend keiner Erwähnung wert fand. Tatsächlich existieren keine Baustellenarchive, die weiter zurückreichen als bis zur Mitte der 12. Dynastie, weshalb wir weder über Dienstpläne noch über Lohnlisten verfügen, in denen die Arbeiter namentlich aufgeführt werden. Genau diese Informationen liefert uns aber die Papyrussammlung von Reisner. Diese besteht, so wie sie uns überliefert ist, aus vier Dokumenten: drei davon stammen aus den Verwaltungsregistern verschiedener Baustellen, insbesondere der eines Tempels; das vierte informiert über die Werkzeugreparaturwerkstatt der königlichen Werft von This in Mittelägypten. Die auf den Baustellen beschäftigten Männer stammten aus der Region von Koptos, die ungefähr 150 km entfernt lag. Viele arbeiteten in den Perioden zwischen ihrer Tätigkeit auf den verschiedenen Baustellen als Landarbeiter. Ihre Identität wird aus ihrem Namen ersichtlich, dem zum Teil der Name des Vaters und manchmal auch der des Großvaters vorangestellt ist; auch Brüder werden genannt. Sie werden mit dem Begriff *mnyw* bezeichnet, was etwa soviel bedeutet wie »Hilfsarbeiter«, oder mit dem Substantiv *ḥsbw*, wodurch ihr Status als »Erfaßter« gekennzeichnet wird. Die Höhe ihres Entgelts läßt sich nicht exakt feststellen, da dieses größtenteils in Form von Brot ausbezahlt wurde; zwar wird die Zahl der ausgegebenen Brotlaibe genannt, nicht aber deren Gewicht und Größe: die durchschnittliche Ration betrug 8 Brot-*trsst*, doch konnte sie bei jedem Arbeiter je nach Baustelle sehr unterschiedlich ausfallen.

Aus mehreren zeitgenössischen Dokumenten ist zu ersehen, welche

Lohnabstufungen auf bestimmten Baustellen bestanden; Größe und Gewicht einer Broteinheit werden auch hier nicht genauer bestimmt, aber wir erfahren die relative Höhe des jeweiligen Entgelts jedes Beschäftigten. So wurden für die Ausstattung einer Grabstätte täglich 96 Brot-*fk3* ausbezahlt, die folgendermaßen aufgeteilt wurden: Jeder Bauleiter erhielt 10 Brote, die Vorarbeiter (je nach Position) 2–5, der Zeichner 6, die Bildhauer (je nach Position) 2–3, die Steinbrecher 2 und die Hilfsarbeiter wahrscheinlich eines. Die Unterschiede sind deutlich erkennbar, sogar bei einer kleinen Gruppe von 47 Personen. Noch auffallender werden sie bei einer 18741 Männer zählenden Expedition, die aus den Steinbrüchen des Wadi Hammamat in der östlichen Wüste Material für 60 Sphingen und 150 Statuen heranschaffen sollte: Der von der Zentralregierung ernannte Expeditionsleiter erhielt täglich 200 Brote und 5 Maß Bier, seine Mitarbeiter je nach Position zwischen 30 und 100 Broten und 1 bis 3 Maß Bier, die Bildhauer 20 Brote und ein halbes Maß Bier, die einfachen Handwerker 15 Brote und ein Drittel, ein Viertel oder ein Fünftel Maß Bier und die 17000 »erfaßten« Hilfsarbeiter, also der Trupp jener Männer, die überall eingesetzt wurden, jeweils 10 Brote und ein Drittel Maß Bier. Betrachtet man den Lohn als sozialen Indikator, so spricht diese Aufstellung für sich selbst.

Ein Blick auf die Wohnbauten in der von Sesostris II. in der Nähe bei El-Lahûn im Faijûm gegründeten Pyramidenstadt bestätigt uns, welch eine Kluft zwischen Arbeitern, Handwerkern und ihren Vorarbeitern einerseits und den hohen Beamten andererseits bestand, die für die großen Bau- und Verschönerungsprojekte verantwortlich waren. Die erwähnte Siedlung war angelegt worden, um jene zu beherbergen, die mit der Errichtung des königlichen Grabkomplexes und der Leitung und Durchführung der dort stattfindenden Bestattungs- und Totendienstrituale betraut waren. Sie bestand aus zwei verschieden großen Teilen, die durch eine Mauer voneinander getrennt waren, welche ebenso dick war wie die Außenmauer der Siedlung. Im kleineren Teil – er umfaßt nur ein Viertel der Fläche des restlichen Teils – befanden sich Arbeiterwohnungen mit 5 bis 7 Zimmern, während im größeren Teil elegante Villen mit 70 Zimmern gebaut wurden, zwischen denen gepflasterte Straßen mit Rinnsteinen verliefen. Auch wenn die Kontraste zwischen diesen benachbarten und doch so unterschiedlichen Siedlungen auf den ersten Blick nicht auf einen sozialen Fortschritt hinzudeuten scheinen, so stellt allein die Tatsache, daß hier miteinander vergleichbare Phänomene vorliegen, die solche Schlüsse erlauben, im Vergleich zum Alten Reich eine wichtige gesellschaftliche Öffnung dar.

Glücklicherweise existieren noch andere Zeitzeugnisse, die uns ergänzende Informationen liefern, welche dieses etwas zu stark vereinfachende Bild der damaligen Situation der Handwerker präzisieren und lebendiger erscheinen lassen. Während vor dem Mittleren Reich Angehörige dieser Berufsgruppe nur selten Privatgräber anlegten, die überdies schmucklos waren und sich auf die bloße Grabanlage beschränkten, so ermöglichte die Demokratisierung der Bestattungs- und Totendienstrituale von nun an auch den einfachen Menschen, zur heiligen Stadt Abydos in Oberägypten zu pilgern, wo sie auf der Terrasse des Osiristempels Grabstelen oder kleine Kapellen errichteten. Diese und andere Monumente, die vielerorts in den großen Heiligtümern des Landes aufgestellt wurden, schlossen die Eltern und Verwandten des Widmenden mit ein. Schon bei oberflächlicher Betrachtung wird erkennbar, daß in einer Familie häufig über mehrere Generationen hinweg der gleiche Beruf ausgeübt wurde, gleich, um welches Metier es sich handelte. Andererseits fällt auf, daß das Maß der einem Familienmitglied obliegenden beruflichen Verantwortung sehr unterschiedlich sein konnte, und daß trotz des gehäuften Auftretens eines bestimmten Berufs in einer Familie (ein Umstand, der in dieser Hinsicht auf ein Traditionsbewußtsein hinweist) manche Familienmitglieder sich der Ausübung anderer Techniken oder Künste widmeten.

Etwa dreißig dieser Berufe werden in dem *Onomasticon* aufgeführt, das der Schreiber Amenemope gegen Ende des Neuen Reiches wahrscheinlich nach dem Vorbild eines älteren Werkes verfaßte. Diese Zusammenstellung sollte erklärtermaßen als Lehrwerk dienen und erhebt Anspruch auf Vollständigkeit. Das uns hier interessierende Kapitel zählt verschiedene gesellschaftliche Positionen und Berufe auf, die vom erhabensten Mitglied der Gesellschaft, dem König, bis zum niedrigsten, dem Bauernknecht, reichen. Die von dem Schreiber erstellte Reihenfolge ist indes für den Leser nicht immer einsichtig und die Auflistung bleibt äußerst unvollständig. Dennoch werden gewisse kohärente Gruppierungen deutlich. 31 von 162 Rubriken beschäftigen sich mit Handwerkern und Bauern. Die Aufzählung beginnt mit der königlichen Familie, dem Hof, den engsten Vertrauten des Herrschers; sie wird fortgesetzt mit der Nennung militärischer und anschließend religiöser Ämter, unter denen sich der »große Baumeister Desjenigen, der südlich der Mauern ist*«, befindet; eine Schlüsselposition unter den Handwerkern, deren Schutzpatron Ptah ist. Die nahrungsmittelproduzierenden Berufe finden vor dem Abschnitt über die Künste und Techniken Erwähnung, zu denen auch die Kleiderherstellung gezählt wird. Dieser Teil findet mit der Beschreibung des Polizistenberufes seinen Abschluß, und es folgt der letzte und allgemeinste Teil, der sich mit verschiedenen Bereichen wie Verwaltung, Landwirtschaft, Handel usw. beschäftigt. In der für uns relevanten Passage werden die verschiedenen handwerklichen Fertigkeiten nach ihrem Zusammengehörigkeitsgrad geordnet; so werden zum Beispiel Edelstein- und Lederverarbeitung, Waffen- und Schmuckherstellung, Architektur und Töpferei als zusammenhängende Gruppe betrachtet, weil in diesen Bereichen teilweise die gleichen Materialien und Fachbegriffe verwendet werden. In dieser Darstellung läßt sich kaum eine bestimmte Rangordnung unter den aufgeführten handwerklichen Berufen ausmachen. Der Gesamtaufbau des Werkes ist hingegen keinesfalls zufällig, sondern gibt recht genau den Status der uns interessierenden Berufsgruppen in der damaligen Gesellschaft wieder.

## Das Neue Reich

Die Geschichte der Arbeiterschaft wird während der 18. Dynastie durch die großen Bauvorhaben auf der thebanischen Westseite und später in Amarna bestimmt sowie, in der ramessidischen Zeit, durch die Errichtung der Totenstadt** in Theben. Diese drei Baukomplexe liefern uns eine Fülle von einander ergänzenden Informationen über die Männer, denen die Errichtung der Totentempel und Gräber der Herrscher des Neuen Reiches oblag.

Die Ostraka, die bei den beiden Gräbern von Senenmut, des Wesirs von Königin Hatschepsut, und vor den Totentempeln dieser Herrscherin und von Thutmosis III. in Deir el-Bahari gefunden wurden, geben eher Auskunft über die ausgeführten Arbeiten als über die dort tätigen Hand-

* Südlich der Mauern der Stadt Memphis liegt der Tempel des Gottes Ptah (Anm. d. Übers.).

** Die Totenstadt als Institution umfaßte das Hypogäum des jeweils regierenden Königs und die dort beschäftigten Beamten, Handwerker und Arbeiter; geographisch gehörte dazu das Tal der Könige, das Tal der Königinnen, die Talmulde von Deir el-Medina sowie wahrscheinlich einige Felder im Umland (Anm. d. Übers.).

werker. Dennoch erhalten wir hier Hinweise auf die Herkunft dieser Männer, die Rückschlüsse auf ihre soziale Stellung erlauben: die Arbeiterkontingente auf den verschiedenen Baustellenkomplexen umfaßten Beschäftigte, die entweder im Dienste des Herrschers, des Wesirs oder bestimmter Würdenträger standen, sowie Arbeitskräfte, die aus südlich von Theben gelegenen Städten (Esna, El Kâb, El Matânah und Asfun) entsendet wurden oder aus Mittelägypten (Nefruisi) stammten; außerdem wurden Arbeiter aus Nubien und Palästina beschäftigt. Die Wohnstätten dieser Männer sind zwar kaum besser erhalten als die jener ersten Arbeitersiedlung, die einige Jahrzehnte früher von Thutmosis I. in Deir el-Medineh errichtet worden war, doch stellt die in den Gräbern des Friedhofs entdeckte Grabausstattung eines der ältesten direkten Zeugnisse für den Lebensstandard dieser Kategorie von Handwerkern dar, über deren Qualifikation wir aufgrund fehlender Textbelege nichts wissen: bei den aufgefundenen Gegenständen handelt es sich um strohbespannte Stühle und Hocker, um mit Seilen oder Häuten aufgespannte Betten, um kleine runde Tische mit einem Bein, um Binsen- und Schilfmatten und um Töpfereigut. Alles ähnelt sehr stark den Hauseinrichtungen armer französischer Bauernhäuser Ende des letzten Jahrhunderts. Südlich des Totentempels von Thutmosis IV. befindet sich ein zur gleichen Zeit errichtetes, sehr geräumiges Haus, das wohl einige Jahre lang den Baumeister der ganzen Anlage und seine Familie beherbergte: Das Gebäude hat eine Grundfläche von knapp 200 $m^2$ und umfaßt einen Kernbereich von 7 Zimmern und einen darum herum verlaufenden Flur, der als Gemeinschaftsraum diente. Die ebenfalls dort aufgefundene große Menge an hochwertigem Geschirr läßt das ganze Gebäude noch komfortabler erscheinen. Aber ob diese Wohnhäuser nun unversehrt erhalten sind oder nicht, ihre genaue Lage ist auf jeden Fall bekannt: Was das Siedlungsgebiet von Theben betrifft, so ist mit Sicherheit anzunehmen, daß sie in der Nähe der jeweiligen Baustellenkomplexe errichtet wurden.

In Amarna wurden die Handwerker und Arbeiter ganz anders untergebracht. So wurde festgestellt, daß in der eigentlichen Stadt einige der luxuriösesten Wohnhäuser den Bau- und Bildhauermeistern gehörten, die im Dienste des Königs und seines Hofes standen. Diese Männer wurden wie große Künstler behandelt; sie leiteten bedeutende Werkstätten, wie zahlreiche Meisterwerke belegen, die dort entdeckt wurden; einer von ihnen wurde sogar im Kreise der bedeutenden Persönlichkeiten der Hauptstadt beerdigt. Andere, bescheidenere Häuser wurden von Handwerkern bewohnt, die wahrscheinlich in den Werkstätten des Palastes arbeiteten. An einem etwas abgelegeneren Ort jedoch, in einer wüstenartigen Talmulde, die auf halbem Wege zwischen der Stadt und den steilen Felshängen der arabischen Hochebene lag, war eine Arbeitersiedlung mitsamt Kapellen, Friedhof und Nebengebäuden errichtet worden. Ebenso wie in Theben erfahren wir aufgrund fehlender Inschriften nichts über die Qualifikation der hier lebenden Männer und über ihre täglichen Aufgaben, doch lassen die Ähnlichkeiten zwischen all diesen Siedlungen und die zahlreichen Spuren handwerklicher Arbeit in den Häusern kaum Zweifel daran, wer hier wohnte. Der regelmäßige Grundriß des Dorfes, das von einer rechteckigen Umfassungsmauer umgeben ist, und die Größe der Häuser erinnern an das Arbeiterquartier von El-Lahûn, das ebenfalls von den besseren Vierteln abgetrennt war. In der Siedlung bei Amarna wird sogar innerhalb dieses Areals, das durch eine Mauer in zwei unterschiedlich große Teile getrennt ist, die Existenz von Hierarchien unter den Bewohnern deutlich: der östliche Teil ist größer (er umfaßt 48 Häuser; der westliche Teil nur 26) und die Häuser sind geräumiger; auch standen dort das Haus des Vorarbeiters und möglicherweise einige mehrstöckige Gebäude. Außerhalb der Umfassungsmauern finden sich Spuren landwirtschaftlicher Tätigkeit (Schweinezucht und einige Felder), die auf eine regelmäßige Versorgung mit Nahrungsmitteln hinweisen: mit Fleisch, Gemüse und Getreiderationen, die der Staat jeder Familie zuteilen mußte. Etwas weiter entfernt in der Nähe der Felsen steht ein zweites, kleineres Arbeiterdorf aus Steinhäusern, das bisher noch nicht erforscht wurde. Was die nahegelegenen Alabastersteinbrüche betrifft, so finden sich hier Steinhütten mit ein oder zwei Räumen, ebenso wie an den zahlreichen anderen Flecken in der Wüste, wo nur zeitweise oder gelegentlich Bodenschätze abgebaut wurden. Auf einem Gebiet von einigen Quadratkilometern finden sich hier also vier Siedlungen, die praktisch für die Gesamtheit der Handwerkerschaft, von den einfachsten bis zur den gehobensten Kreisen, repräsentativ sind.

Zu Beginn der 19. Dynastie errichtete Haremhab die Totenstadt als Institution, um sicherzustellen, daß den Herrschern ständig eine Gruppe von Fachleuten zur Verfügung stand, die für den Bau und die Ausstattung ihrer Grabanlagen im Tal der Könige und der ihrer Angehörigen und Vertrauten im Tal der Königinnen verantwortlich waren. Erst von dieser Zeit an erhalten wir mit einem Mal eine Vielzahl von Informationen über die hier beschäftigten Männer: So erfahren wir, woher sie stammten, welchen Beschäftigungen jene Familienmitglieder dieser Männer nachgingen, die nicht im Dienste des Staates standen; welchen Lebensstandard sie genossen, welche Beziehungen sie zu den Bewohnern der Region, zu den hohen Beamten des Reiches, wenn nicht gar zum König persönlich unterhielten. Wir können sogar sehr genau mitverfolgen, wie sich ihre Lebenssituation seit dem Ende der 18. Dynastie bis zum Beginn der Dritten Zwischenzeit veränderte. Wenn wir unsere Untersuchungen bei den Wohnhäusern beginnen, die diesen Männern mit dem Antritt ihrer Beschäftigung auf der ehemaligen Stiftung Thutmosis' I. zugewiesen wurden, so werden wir nur sehr wenige Unterschiede im Vergleich zu den Arbeitersiedlungen der 18. Dynastie oder gar des Mittleren Reiches feststellen: ein in sich geschlossenes Dorf von 68 Gemeinschaftshäusern aus rohen Ziegeln oder Stein, die jeweils 2 Haupträume und 3 oder 4 Nebenräume besitzen, welche sich auf durchschnittlich 72 $m^2$ verteilen (zwischen 40 und 120 $m^2$). Über die Löhne, die aus Getreide und anderen Naturalien bestanden, sind wir durch zahlreiche Verwaltungsregister informiert, die sich schon als sehr viel aufschlußreicher als frühere Quellen erweisen, obwohl leider keine Vergleichsmöglichkeiten mit den Löhnen, die auf anderen Baukomplexen gezahlt wurden, bestehen: Ein einfacher Arbeiter erhielt monatlich 150 kg Spelz und 56 kg Gerste, d.h. 5 kg Spelz und 1,9 kg Gerste täglich. Damit war er in der Lage, seine Familie ausreichend mit Brot und Bier zu ernähren. Darüber hinaus wurde er von zusätzlichen Hilfskräften regelmäßig mit Wasser, Fisch, Gemüse, Obst, Töpferwaren und Brennmaterial versorgt. Schließlich wurden ihm von den Totentempeln auf der Westseite Thebens und vom Schatzhaus gelegentlich noch seltenere Lebensmittel zugeteilt, wie bestimmte Sorten von Brot, Kuchen, Fleisch, Wein, Honig, Öl etc. Da den Arbeitern aber dieser Lohn – den sie regelmäßig erhielten, sofern die Wirtschaft des Landes dies gestattete – nicht genügte, besserten sie ihre Einkünfte zusätzlich durch kleinere Handwerksarbeiten für private Kunden auf.

Ihr Lebensstandard hing zum Teil vom wirtschaftlichen Wohlstand des Staates ab, welcher die Voraussetzung für die regelmäßigen Zahlungen an die Beamten war. Vor der Errichtung der Totenstadt hatten die Männer für die verschiedenen Stiftungen in Theben – wie den Amuntempel in Karnak und den Totentempel von Thutmosis IV. – oder in anderen Regionen – wie Elephantine – gearbeitet. Die Aufgaben, die sie dort erfüllten, sind neben ihren neuen Arbeitsbereichen auf den Wänden ihrer Gräber oder auf anderen Privatdenkmälern dargestellt, und die Bindung, die sie sich zu ihren Herkunftsorten bewahrten, läßt sich anhand ihrer religiösen Überzeugungen erahnen. Es ist die Anfangszeit der 19. Dynastie, die den glanzvollen Höhepunkt der ramessidischen Zeit darstellt, und diese Prosperität zeigt sich auch bei den Arbeitern von Deir el-Medineh und ihren Dienstherren an gewissen äußeren Attributen des Reichtums: Sie haben mehrere Diener zu ihrer Verfügung, ihre Häuser liegen außerhalb der Stadt, sie besitzen Äcker und Vieh. Später werden solche Privilegien seltener. Dennoch gilt die Totenstadt weiterhin als Sinekure, von der die Handwerker möglichst viele ihrer Kinder profitieren lassen wollen. Diejenigen, die sie hier nicht unterbringen können, vertrauen sie anderen staatlichen Einrichtungen an oder schicken sie zur Armee. Die Siedlungsbewohner haben folglich in der ganzen Region Familienangehörige, zu denen sie rege Beziehungen unterhalten. Durch die kleinen Geschäfte, die sie auf eigene Rechnung betreiben, begegnen sie den verschiedensten Menschen, insbesondere Notabeln, die sie sich mit kleineren oder größeren Gefälligkeiten gewogen machen. Die Männer von Deir el-Medineh haben infolge ihrer Arbeit mit den höchsten Persönlichkeiten des Reiches zu tun. Für gewöhnlich ist der Wesir, der den Bau der Grabstätte des jeweils regierenden Souveräns beaufsichtigt, ihr Ansprechpartner. Zuweilen haben sie sogar Gelegenheit, den Pharao persönlich zu sehen und direkt einige Worte mit ihm zu wechseln. Sie erhalten von ihm auch Prämien oder Auszeichnungen, die sie, ob nun zu Recht oder zu Unrecht, als Zeichen eines besonders vertrauten Verhältnisses werten. Die wesentliche Rolle, die leitende Handwerker gegen Ende des Neuen Reiches in der staatlichen Verwaltung gleichsam als Ersatzbeamte einer geschwächten Zentralmacht spielten, bestätigt, welch außergewöhnliche Position diese Gruppe von Männern genoß, denen infolge günstiger Umstände anscheinend ein glücklicheres Schicksal beschieden war als vielen anderen ihrer Berufsgenossen.

## Die künstlerischen Berufe

Wie ganz unzweifelhaft aus einer Durchsicht der wichtigsten Quellen hervorgeht, existierten während aller Epochen der altägyptischen Geschichte beträchtliche Unterschiede zwischen der gesellschaftlichen Stellung jener Handwerker, die die höchsten Führungspositionen bei Bauvorhaben, in Werkstätten und bei Expeditionen bekleideten, und der Stellung der Fachhandwerker und Hilfsarbeiter. Da alle drei Gruppen aus jeweils sehr unterschiedlichen sozialen Schichten stammten, bewegten sie sich bei der Ausübung ihres Berufs immer innerhalb der Grenzen ihres sozialen Milieus. Obwohl man nicht von einem Kastensystem sprechen kann, war die Gesellschaft des Alten Ägypten zu allen Zeiten ihrer Geschichte streng hierarchisch strukturiert. Dennoch wurden die Schranken zwischen den unteren und den mittleren Bevölkerungsschichten während des Neuen Reiches immer durchlässiger: So ist eindeutig nachzuweisen, daß ehemalige Kriegsgefangene in die einheimische Bevölkerung eingegliedert wurden, und die Tatsache, daß aufgrund des jeweiligen Arbeitskräftebedarfs eine soziale Mobilität in beide Richtungen möglich wurde, ist Beweis für einen flexiblen Einsatz von Arbeitskräften, der nicht ohne einschneidende Auswirkungen auf das tägliche Leben der betroffenen Männer bleiben konnte. So scheint es, daß sie von oben durch eine allgegenwärtige und meist effiziente Verwaltung erfaßt und bei ihrer Arbeit angeleitet und kontrolliert wurden. Der Wesir Rechmire rühmt sich persönlich, während der Herrschaft Thutmosis III. erfaßt worden zu sein; alle leitenden Persönlichkeiten jedes Arbeitsbereichs tragen denselben Titel *imy-r*/*imy-r pr* »Leiter«/»Abteilungsleiter«, der in sämtlichen Lebensbereichen verwendet wurde, wobei noch die Bezeichnung für die betreffende Abteilung hinzugefügt wurde. Andere, weniger hochrangige Ämter sind der *sḥd* – »Inspektor« – *ḫrp* – »Vorsteher« – und der *rwdw* – »Kontrolleur« –, die in den verschiedensten Bereichen zu finden sind.

Im Alten Reich wird das höchste Amt im künstlerischen Bereich mit den Titeln *imy-r k3t nsw* – »Leiter der königlichen Bauvorhaben« und *mdḥ kd nsw* – »königlicher Maurermeister« bezeichnet, wobei manchmal beide Funktionen von einer Person ausgeübt wurden. Diese Persönlichkeit, die der König immer unter seinen Vertrauten auswählte, konnte auch sein Wesir sein. Der Überlieferung nach ist der Weise Imhotep, der zur Zeit der 3. Dynastie die Stufenpyramide König Djosers in Saqqara entwarf, zu dieser Sorte von Männern zu zählen, obwohl die Existenz des Titels »Wesir« für diese Epoche nicht bezeugt ist. Später, in der 5. Dynastie, finden sich immer mehr Beispiele für solche Amtsträger. So können wir zur Zeit der Herrschaft von Asosi und Unas die Laufbahn von einem der Nachfolger Imhoteps an der Regierungsspitze mitverfolgen, nämlich Sennedjem, der seine Biographie in die Wände seines eigenen Grabes in Giza meißeln ließ. Der dort vorgefundene Bericht läßt sich anhand von Archivdokumenten und aufgrund von angegebenen zeitlichen Daten verifizieren: Sennedjem wird zunächst als »Leiter der Zwei Silberschatzhäuser, des königlichen Kabinetts, der Waffenkammer, aller Büros der Residenz und der südlichen Domänen« dargestellt. Durch diese Vielzahl von wirtschaftlichen und politischen Aufgaben erlangte er eine herausragende Stellung und wird mit dem Titel »Wesir, Leiter der Büros der königlichen Schriftstücke und der königlichen Akten und königlichen Bauleiter« ausgezeichnet; in diesem höchsten Amt, dem höchsten im Staat nach dem Pharao, erlangte Sennedjem vor allem als Chefarchitekt der Prachtbauten Berühmtheit, mit deren Ausführung ihn nacheinander die beiden Monarchen beauftragen, denen zu dienen er die Ehre hat. Die Errichtung dieser Monumente nimmt in den in den sogenannten Palermostein gemeißelten königlichen Chroniken der damaligen Zeit einen wichtigen Platz ein, gleich neben siegreichen Feldzügen, Tempelstiftungen und Handelsexpeditionen, was die Bedeutung unterstreicht, die man diesen Bauvorhaben als dauerhafte Zeugnisse einer erfolgreichen Regierungszeit beimaß. Daher wurde ihre Realisierung den bedeutendsten Persönlichkeiten im Reich anvertraut.

Seit frühester Zeit wurden auch andere königliche Beamte mit der Beschaffung wertvoller und unentbehrlicher Rohstoffe beauftragt. Betrachtet man die aus dem Mittleren Reich stammenden ausführlichen Berichte über die Expeditionen zu Minen und Steinbrüchen, so stellt man fest, daß diese für gewöhnlich hohen Beamten unterstellt waren, die entweder im Dienste der zentralen Verwaltung (bei Minenexpeditionen insbesondere im Dienste der Schatzverwaltung) standen, oder für die Gauverwaltungen arbeiteten. Gegen Ende des Neuen Reiches übernahmen die Hohenpriester des Amun kurz vor ihrer Machtübernahme im Süden des Landes die Ausbeutung der Goldminen im Wadi Hammamat.

Über die großen Bauvorhaben der Pharaonen des Mittleren Reiches erfahren wir vor allem aus offiziellen Darstellungen, in denen der Herrscher sich in der ersten Person äußert; seit Beginn der 18. Dynastie allerdings wurden die Arbeiten an den königlichen Totentempeln und Grabanlagen in Theben von jenen beschrieben, die mit der Ausführung der Arbeiten betraut waren – und zwar in langen Berichten, die sie in ihren Grabkapellen hinterlassen haben. Das älteste Zeugnis dieser Art stammt von Ineni, dem Scheunenvorsteher des Amuntempels, der für die von Amenophis I. und seinen Nachfolgern angeordneten Arbeiten zur Vergrößerung des Tempels von Karnak mit verantwortlich und außerdem mit der Errichtung des Hypogäums für Thutmosis I. beauftragt war. Obwohl Ineni auch später unter Hatschepsut und Thutmosis III. weiterhin Ansehen genoß, scheinen andere Favoriten der neuen Herrscher seine Stellung eingenommen zu haben: Senenmut und Amenhotep, die für Hatschepsut die Bauvorhaben in Karnak, Hermonthis, Deir el-Bahari und Luxor durchführten, trugen die Titel »großer Verwalter der Königin«; Dschehuti war nur »Leiter der Zwei Gold-Schatzhäuser und der Zwei Silber-Schatzhäuser« und Pujemre nur »göttlicher Vater«, obwohl beide ähnliche Aufgaben wie die vorgenannten Würdenträger erfüllten. Hapuseneb hingegen war bereits Wesir, als Hatschepsut ihn mit dem Bau ihres Grabes beauftragte, eine Aufgabe, die während des ganzen Neuen Reiches dem ersten Diener des Staates vorbehalten bleiben sollte. Alle diese königlichen Beamten erhielten bei dieser Gelegenheit neue Titel: »Leiter aller Handwerkskünste (*ḫrp ḥmwt nbt*)«, »der den Handwerkern die Anweisungen erteilt (*swb3-ḥr n ḥmww r irt*)«, »der die Begabungen entdeckt (*wn-ḥr sš3 m irwt*)«, »Vorsteher/Leiter der Bauvorhaben (*ḫrp/ imy-r k3wt*)« etc. Die Aufgaben dieser Männer reichten von der Beschaffung der benötigten Rohstoffe – monolithische Steinblöcke für Obelisken; Gold, Silber und Elektron, um diese oder große Türen zu verzieren; Edelhölzer etc. – bis zur effizienten Leitung (*sšm*) und regelmäßigen Inspektion (*m33*) der Arbeiten. Und es sind auch genau jene Aufgaben, die der Wesir von Pharao Thutmosis III., Rechmire, in den Werkstätten der Domäne des Amuntempels übernimmt.

Die Baumeister – Vorarbeiter, Schreiber – stammten häufig aus der Arbeiterschicht. Doch kamen sie in vielen Fällen aus Familien, in denen solche Posten von einer Generation zur anderen weitergegeben wurden und die dadurch regelrechte »Dynastien« darstellten, welche durch die Regierungszeiten verschiedener Pharaonen fortbestanden. So waren von den 28 Vorarbeitern der Totenstadt mindestens 12 Söhne von Vorarbeitern. Was weniger langfristige Bauvorhaben wie die Grabstätten des Neuen Reiches betrifft, so existieren Hinweise, daß verantwortliche Positionen zwar nicht systematisch innerhalb einer Familie weitergegeben wurden, daß man aber lieber den Bruder oder Sohn eines wegen seiner Qualitäten geschätzten Handwerkers einstellte als einen Unbekannten.

Nur wenige Männer erlangten durch die Ausübung ihrer Handwerkskunst Berühmtheit, und in den meisten Fällen wissen wir auch nichts über ihre Herkunft und Vorgeschichte. Allein jene, die in eigenen Lebenszeugnissen berichten, wie sehr ihr Herrscher sie schätzte, jene, die von ihrem Auftraggeber durch Darstellung auf den Wänden seines Grabes geehrt wurden oder auf ihren Werken mehr oder weniger indirekt ihre Unterschrift hinterlassen haben, haben den Schleier der Anonymität zerrissen. Häufig waren diese Männer Bildhauer und Maler, zuweilen aber auch Architekten. Die Gunst, in der sie bei ihren Auftraggebern standen, brachte ihnen materielle Vorteile ein und zuweilen auch eine reich ausgestattete Grabstätte, in der sich die Gaben zufriedener Kunden häuften.

So besaß der Schreiber und Bauleiter Kha neben einer üppigen Grabausstattung, die während der 18. Dynastie für einen Mann seiner Stellung offenbar durchaus üblich war, eine Reihe von Wertgegenständen – eine goldbesetzte Elle, zwei Vasen aus Bronze und Silber, eine Schreibertafel, ein Spiel und zwei mit Gravuren verzierte Stöcke –, die alle die Namen seiner verschiedenen Auftraggeber tragen, konnten doch die Dienste eines Handwerkers ebenso verliehen werden wie die eines Hilfsarbeiters. So kam es vor, daß der Pharao einen seiner Beamten oder Vertrauten belohnte, indem er ihm einige seiner besten Handwerker schickte, oder daß Gaufürsten und hohe Beamte eine für sie tätige Gruppe von Handwerkern im Rahmen eines der königlichen Bauvorhaben einsetzten.

Neben diesen anerkannten Meistern gab es in Ägypten noch eine Vielzahl von unbekannten, aber erstklassigen Handwerkern, die mit viel Geschick jene Wunderwerke schufen, die heute der Stolz von Museen in der ganzen Welt sind. Wie wir wissen, hatten bereits die ersten ägyptischen Könige ihnen ihre Wertschätzung zum Ausdruck gebracht, indem sie ihnen gestatteten, ihre Grabstätten in unmittelbarer Nähe ihrer eigenen Gräber zu errichten, wie zum Beispiel in Abydos. Da sind zunächst die Feuersteinhauer, die Steinschleifer, die Hersteller von Vasen aus Alabaster und Breccia etc. Dann kommen die Gold- und Juwelenschmiede, die Kunstschreiner, die Fayencenhersteller; also alle, die unter der Leitung der großen Meister Stein bearbeiteten, zeichneten oder malten.

In jenen Perioden, in denen die Pharaonen in ganz Ägypten Werkstätten und Bauvorhaben unterhielten, waren sowohl bei Hofe als auch anderswo im Land Scharen von hervorragenden Handwerkern und Künstlern am Werk und auch die bescheidensten unter ihnen gaben ebenso ihr Bestes wie die großen Meister. Seit der prädynastischen Zeit schufen sie Kunstgegenstände von blendendem Raffinement, die sich durch technische Meisterschaft und große Harmonie in Form und Farbe auszeichnen. Sie sind Ausdruck einer über die Jahrhunderte fortexistierenden handwerklichen Tradition, die sich immer dann Ausdruck verschaffen konnte, wenn das Land von einem stabilen und tatkräftigen Regime beherrscht wurde. Ebenso weist eine mangelnde Finesse der Werke, die während Zeiten innerer Unruhe und Fremdherrschaft entstanden, darauf hin, daß ein starker Herrscher Voraussetzung für eine – häufig kostspielige – Blüte der Künste war.

Ob Bauleiter, Baumeister, Handwerker oder zum Frondienst Verpflichtete – sie alle hatten einen beamtenähnlichen Status inne. Doch an welchem Ort sie nun ihre Arbeitskraft einsetzten, oblag nicht der persönlichen Entscheidung des einzelnen, sondern hing von seinem Arbeitgeber ab. Über Jahrhunderte hinweg vom Alten bis zum Neuen Reich verfügten die Herrscher, die Lehnsherren, die Tempelverwalter und die Amtsträger aller Ränge je nach Bedarf über ihre Arbeitskräfte. Die großen Bauvorhaben der Pharaonen erforderten ebenso wie private Bauvorhaben monotone und langwierige Arbeiten, zuweilen fielen aber auch besondere Aufgaben an, oder es mußten Expeditionen für die Suche nach bestimmten Baumaterialien entsendet werden. All diese Leistungen waren sowohl im Rahmen langjähriger als auch kurzfristiger Projekte zu erbringen.

Während einige der Handwerker nicht nur die Sicherheit genossen, die eine dauerhafte Beschäftigung für sie und ihre Familien mit sich brachte, sondern auch über eine regelmäßige Arbeit in der Nähe ihrer Wohnsiedlung verfügten, gab es andererseits auch weniger begünstigte Familien, die um der Arbeit willen mehr oder weniger unvermeidliche und bisweilen sogar gefährliche Ortswechsel in Kauf nehmen mußten. Hiervon waren nicht nur die zum Frondienst verpflichteten Bevölkerungsgruppen betroffen, wie zum Beispiel jene Bauern, die nach dem Ende der Erntezeit zu einer 150 km von ihrem Heimatdorf entfernt liegenden Tempelbaustelle geschickt wurden. Auch die Leiter und Aufseher der Bauvorhaben und ihre besten Fachleute mußten natürlich auf allen Baustellen zugegen sein, sich aber auch dorthin begeben, wo die verschiedenen benötigten Baumaterialien und Rohstoffe zu finden waren (Roccati 1982, S. 196):

Seine Majestät sandte mich nach Ibhat, um den Sarg der Lebenden ›Herr des Lebens‹ mit seinem Deckel und dem wertvollen und erhabenen Pyramidion, der für die Pyramide ›Merenrê erscheint in (seiner) Vollendung‹ bestimmt ist, meine Königin. Seine Majestät sandte mich nach Elephantine, um die Scheintür aus Granit mitsamt der Schwelle, dem Fallgatter und dem Türsturz zu holen, und um die Grantittüren und -platten der oberen Kammer der Pyramide ›Merenrê erscheint in [seiner] Vollendung‹ zu holen, meine Königin. Ich habe sie den Nil abwärts schaffen lassen bis zur Pyramide ›Merenrê erscheint in (seiner) Vollendung‹, in sechs Kähnen, drei Booten und drei Schiffen [...], in einer einzigen Expedition [...] Ihre Majestät sandte mich nach Hatnub, um einen großen Opfertisch aus Hatnub-Alabaster zu holen [...]

erzählt uns Uni, der Ämter im königlichen Palast, in den Gauen sowie eine juristische Vertrauensposition innehatte.

Die Edelsteinschleifer begaben sich zu den Türkisminen auf dem Sinai, um dort die Bergarbeiter bei der Suche nach den besten Adern anzuleiten. An den Expeditionen zu den Steinbrüchen in Ägypten und Nubien nahmen auch Bildhauer teil, die dort selbst jene Steinblöcke aussuchten und bereits grob bearbeiteten, die sie für ihre Werke benötigten. Gelegentlich begleiteten Juwelen- und Goldschmiede die Goldsucher in den Wadi Hammamat; in Serabît el Chadîm ist an zahlreichen Gußformen, die in der Nähe der dortigen Kupfervorkommen gefunden wurden, zu erkennen, daß das Metall dort direkt nach seiner Gewinnung weiterverarbeitet wurde.

Wir haben nicht in jedem Fall die Möglichkeit, die Lebensbedingungen jener Handwerker, die zumeist an einem Ort wohnten, mit denen derjenigen zu vergleichen, die gezwungen waren, von einer Baustelle zur anderen zu ziehen. Letzteres konnte, wie wir bereits gesehen haben, Personen aus allen Bevölkerungsgruppen, gleich welchen gesellschaftlichen Ranges, betreffen. Überdies wurden Männer, die auf nie abgeschlossenen Bauvorhaben wie der Totenstadt Theben beschäftigt waren, zeitweise an andere Orte befohlen, die entweder in der Nähe von Theben oder weiter entfernt lagen, wie die Grabstele von Merenptah am Gebel el-Silsile bezeugt.

So können wir zum Beispiel noch heute die Überreste von Steinhütten und häuslichen und kultischen Ausstattungsgegenständen sehen, die sich in der Nähe zahlreicher Steinbrüche und Minen, zum Beispiel vom Wadi Maghara über den Gebel el-Scheich bis Hatnub befinden. Alle Gebäude und Einrichtungen sind sehr einfach, lassen aber ein einheitliches Grundschema erkennen. Sie waren sowohl zur Aufnahme kleinerer Gruppen als auch mehrerer hundert Personen vorgesehen, und es sind nur wenige bauliche Unterschiede zwischen den verschiedenen Unterkünften zu entdecken, die Hinweise auf die gesellschaftliche Stellung der jeweiligen Bewohner geben könnten. In der Nähe kleinerer, kurzfristiger Bauvorhaben – von einigen Wochen bis hin zu einigen Jahren – wurden zu selten Wohnstätten entdeckt, als daß sinnvolle Vergleiche hinsichtlich der Lebensbedingungen ihrer Bewohner möglich wären.

Bei längerfristigen Bauvorhaben hatten die dort Beschäftigten die Möglichkeit, ständig mit ihrer Familie zusammenzuleben. Während die in der Totenstadt tätigen Männer sich, auch wenn sie nicht jeden Abend nach Hause zurückkehrten, nur in Ausnahmefällen von ihrem Dorf entfernten, so waren die hohen Beamten, Handwerker und Arbeiter, die sich auf einer Expedition befanden, während dieser ganzen – manchmal sehr langen – Zeit von ihrer Frau und ihren Kindern getrennt. Die Ägypter mußten offenbar weit mehr im eigenen Land sowie in fremden Regionen umherreisen, als ihnen lieb war. Aus zahlreichen Briefen erfahren wir, welche Unannehmlichkeiten ihnen dies bereitete: Sie waren gezwungen, in größeren Gruppen zusammenzuleben, schliefen in Gemeinschaftsräumen oder auch zu mehreren in den zur Verfügung stehenden Hütten. Bei Bauvorhaben, die auf eine Zeit von zwei bis drei Jahren angelegt waren, wie die großen Totentempel in Theben, ließ sich der Architekt manchmal eine Villa in der Nähe des Bauorts errichten; so ist es wahrscheinlich, daß der Architekt des Tempels von Thutmosis IV. mit seiner Familie in einem Haus lebte, das südlich der Grabanlage ausgegraben wurde.

Da es relativ selten vorkam, daß Frauen irgendein Handwerk ausübten, und da die von ihnen verrichteten Tätigkeiten noch seltener in den künstlerischen Bereich fielen, waren viele Familien sehr häufig voneinander getrennt; dies galt für leitende Persönlichkeiten ebenso wie für deren Untergebene. Eine Arbeit bei langfristigen Bauvorhaben, wo sich an Ort und Stelle auch ordentlich ausgestattete Häuser für die dort Tätigen befanden, war deshalb äußerst begehrt und gab zuweilen Anlaß zu den schlimmsten Intrigen.

## Das Individuum im täglichen Leben

Nachdem wir all die Zwänge geschildert haben, denen die Handwerker aufgrund ihrer Arbeit unterworfen waren, bleibt nun noch zu klären, wie sich der Freiraum, in dem sich ihr Privatleben abspielte, gestaltete. Gewiß könnte man sich fragen, inwieweit der Begriff »Privatleben« noch auf einen Bereich zutrifft, der so durchstrukturiert und gemeinschaftsorientiert war, daß, auf den ersten Blick, jede individuelle Aktivität stark eingeschränkt erscheint. Damit würden wir jedoch die Persönlichkeit dieser Männer verkennen, deren geheimste Gedanken uns – zumindest in einem Fall – einem Wunder gleich erhalten geblieben sind. Aber auch wenn wir im allgemeinen kaum etwas über das Leben und die Gedanken jener Menschen wissen, die die von uns heute so bewunderten Werke geschaffen haben, so werden wir uns hier doch noch einmal jenen Männern zuwenden, die die Totenstadt gebaut haben: Sie sollen zwar nicht für alle anderen sprechen, uns aber dennoch einen Einblick in eine 3000 Jahre alte Realität vermitteln, die nichtsdestoweniger so lebendig wirkt, als hätten diese Menschen gestern gelebt.

Alles, was diese Männer und ihre Familien zum Leben brauchten, wurde vom Staat bereitgestellt: Unterkunft, die Erlaubnis zur Errichtung eines Privatgrabes, Lebensmittel, Arbeitskleidung etc. Doch wußten sie ihr Leben, angefangen bei der Arbeit, meist ziemlich rasch nach ihren eigenen Bedürfnissen auszurichten. Zwar wurde von ihnen erwartet, daß sie ihren Aufgaben auf der Grabbaustelle des Pharaos Vorrang einräumten, ja, ihre Arbeitskraft sogar ausschließlich für dieses Vorhaben einsetzten; doch übten sie, je nach Fertigkeit – ob nun Zeichner, Maler, Bildhauer oder Steinbrucharbeiter – noch Nebentätigkeiten aus, die ihnen zusätzliche Einkünfte sicherten: sie stellten Körbe, Möbel, Statuen, Sarkophage etc. her – und zwar füreinander, aber auch für Kunden, die nicht aus ihrer Siedlung stammten. Diese zusätzlichen Aufträge hatten einen mehr oder weniger großen Umfang, je nachdem, inwieweit sie von den Behörden, die unter Umständen auch davon profitierten, geduldet wurden.

Auch an ihren eigenen Häusern und Gräbern nahmen die Handwerker in Eigenarbeit Veränderungen vor, so daß diese allmählich einen individuellen Charakter erhielten. Die Siedlung von Deir el-Medineh, die ursprünglich einen recht regelmäßigen Grundriß aufwies, nahm während ihres Wiederaufbaus und ihrer Erweiterung zu Beginn der 19. Dynastie durch die Umbauten, die die Bewohner durchführten, nach und nach eine etwas eigenwillige Gestalt an: So wurden zwei Häuser miteinander verbunden, an einem anderen wurde ein Raum angebaut, und wieder in einem anderen Fall wurde eine Küche in die Straße hinein gebaut, etc. Auf dem Friedhof schließlich herrschte nach zweieinhalb Jahrhunderten so drangvolle Enge, daß am Ende der ramessidischen Zeit nicht einmal mehr genug Platz für die Grabgewölbe aller Gräber vorhanden war, wie uns die Berichte über die sich daraus ergebenden Rechtsstreitigkeiten zeigen.

Die Vielzahl verschiedener Lebensmittel, die in Schriftdokumenten erwähnt werden oder an Ort und Stelle gefunden wurden, zeigt, daß die Menschen Gelegenheit fanden, sich neben den üblichen Zuteilungen an Getreide, Fisch, Früchten und Gemüsen noch ganz andere Nahrungsmittel zu beschaffen, um ihren Speiseplan zu bereichern. Dennoch ernährten sie sich hauptsächlich von Brot, Fisch, Bier, Wasser und einigen anderen frischen, von Fall zu Fall verschiedenen Lebensmitteln. Die Bezeichnungen von Broten, Kuchen und anderen süßen Speisen sind uns in großer Zahl bekannt, doch ist kein eigentliches Küchenrezept, und sei es auch noch so einfach, in Deir el-Medineh oder anderswo erhalten geblieben – anders als bei den Arzneizubereitungen, für die ungefähr die gleichen Zutaten verwendet wurden.

Dennoch stellten die Mahlzeiten, wenn man nach der Bedeutung, die den Grabbanketten beigemessen wurde, urteilt, wohl ein wichtiges soziales Ereignis für die Ägypter dar. Die Handwerker der Totenstadt sind allerdings in diesem Punkt nicht auskunftsfreudiger als ihre Mitbürger. Mehr über das gesellige Leben – zwar nicht im Alltag, aber bei größeren Anlässen und insbesondere bei dörflichen Festen – erfahren wir durch die Rituale bei der Vorbereitung der Opfergaben, die bei solchen Gelegenheiten dargebracht und verspeist wurden. Die erhalten gebliebenen Möbel, Musikinstrumente und Kleidungsstücke geben uns auf ihre Weise Auskunft über die Gepflogenheiten des geselligen Lebens und verraten eine gewisse Vorliebe für gesellschaftliche Veranstaltungen, die hier und da in den schriftlichen Quellen anklingt.

Das Bedürfnis nach persönlicher Selbstdarstellung kommt auch in dem bescheidenen Besitz an Gebäuden, Land und Dienerschaft zum Ausdruck, um dessen Erwerb sich die Männer von Deir el-Medineh bemühten, falls sie diese nicht von Eltern geerbt hatten, die merklich begüterter waren als die große Masse der Arbeiter des Pharao. Neben dem Erwerb eines gewissen Wohlstands, in dessen Genuß manche zu ihren Lebzeiten kamen, galt das Streben meist dem Grab und der Grabausstattung. Ein solches Bemühen war in unterschiedlicher Ausprägung in weiten Kreisen der ägyptischen Bevölkerung verbreitet, doch die Männer von Deir el-Medineh konnten sich hier ihre besonderen Fähigkeiten und Möglichkeiten zunutze machen: Sie kannten den Wortlaut von Grabinschriften und sie scheuten sich nicht, diese an den Wänden ihrer eigenen Gräber zu kopieren; sie verfügten über das nötige fachliche Wissen, um bestimmte Arbeiten an ihren Gräbern auszuführen, und wenn sie einmal nicht selbst die erforderliche Fertigkeit hatten, so wandten sie sich an einen ihrer Kollegen oder versuchten sich selbst, so gut es ging, zu behelfen – mit sehr unterschiedlichen Resultaten.

Ein Teil ihrer Habe war für die Grabausstattung bestimmt, wobei manche Gegenstände direkt dem Grab beigegeben wurden, während aus anderen erst ein bestimmter Ausstattungsgegenstand hergestellt werden sollte. Das Übrige wurde unter die Erben verteilt, um diese in die Lage zu versetzen, ihren Pflichten gegenüber dem Verstorbenen hinreichend nachzukommen. Für jene soziale Gruppe, die diese Beschäftigten des Königs repräsentierte, schienen dieselben Rechte zu gelten wie für die Gesamtheit der ägyptischen Bevölkerung. Diese Rechte kamen nicht nur bei Verträgen, Erbschaften, Scheidungsfällen etc., sondern auch in der Rechtsprechung zum Ausdruck. Ein örtliches Gericht, das aus Männern (und in Ausnahmefällen auch Frauen) bestand, die in der Totenstadt beschäftigt waren, war zuständig für die Verhandlung von kleineren Vergehen und von Streitigkeiten unter den Beschäftigten. Zur Entscheidung schwieriger Fälle wurden die Orakel der örtlichen Statue des als Gott verehrten Königs Amenophis I. befragt.

Kultische Handlungen hatten in diesen Kreisen wahrscheinlich eine ähnlich große Bedeutung wie in anderen Teilen der Bevölkerung, doch nahmen sie hier infolge der besonderen Umgebung sowie des Berufsstands und der Herkunft der auf den Baustellen oder in den Werkstätten beschäftigten Männer spezielle und volkstümliche Formen an. Vor allem erstaunt die Vielzahl der Kulte und Feste. Neben Gottheiten wie Hathor und Meritseger, die über die Totenstadt und den sich darüber erhebenden Berg El-Korn herrschten, neben Amenophis I. und seiner Mutter Ahmose-Nofretiri, unter deren Schutz die Siedlung stand, und neben Ptah, dem Schutzpatron der Handwerker, verehrten die dort lebenden Menschen Götter aus allen Teilen Ägyptens und sogar aus fremden Ländern. Dabei wurden einige Götter aus persönlichen Gründen angebetet, andere, weil sich der Kult um sie im ganzen Land zu verbreiten begann. Die Verehrung dieser Götter, zu der noch Totenkult, Ahnenverehrung sowie Fruchtbarkeitsriten hinzukamen, zeichnete sich durch die Verwendung bildhafter Symbole aus, wie Prozessionsstatuen, Altäre für Hausgötter oder heilige Tiere, und fand auch zu Hause im täglichen Leben seinen Ausdruck. Wie in der Medizin spielte die Magie eine wesentliche Rolle, insbesondere wenn es um Buße und Fruchtbarkeit ging. Alles hing vom Wohlwollen der Götter ab.

Über die in diesem Handwerkermilieu geltenden Standespflichten erfahren wir nicht nur aus Gerichtsakten. Eine Vielzahl von Texten, die sich überall im Totenbuch finden, sowie andere Berichte, der Briefwechsel und die Stelen von Blinden etwa, die die Göttin bitten, ihnen das Augenlicht wiederzuschenken, wenn sie aufrichtig Buße tun, zeichnen ein recht genaues Bild der Gepflogenheiten. So können wir lesen, wie jemand sich über die Selbstsucht und den Geiz desjenigen beklagt, an den die folgende Botschaft gerichtet ist:

Was hat es anderes zu bedeuten als äußerste Eitelkeit, daß du dich verhältst wie du es tust, und kein Wort in dein Ohr dringt. Du bist kein menschliches Wesen. Du machst deiner Frau kein Kind wie deinesgleichen. Du bist sehr, sehr reich und gibst niemandem etwas ab, etc. (J. Černy 1973, S. 212–213)

Ein anderer prangert die zahllosen Ausschreitungen eines Mannes an, dessen Posten er, der Vorarbeiter Paneb, selbst begehrt hatte; er klagt über die Korruptheit des Wesirs, über die Entweihung der Heiligtümer und Gräber, er spricht über die Ehrlosigkeit vieler Frauen in der Siedlung, über die verschiedenen Tätlichkeiten, unter denen manche Handwerker zu leiden hatten, über Diebstähle und Unterschlagungen, Meineide und Todesdrohungen.

Aber es werden nicht nur Gefühle wie Haß und Begehrlichkeit ausgedrückt, sondern zum Beispiel auch Freundschaft:

Was ist geschehen? Welches Unrecht habe ich dir zugefügt? Bin ich denn nicht dein alter Kamerad, mit dem zusammen du dein Brot gegessen hast? [...] Was soll ich tun? Schreibe mir und lasse mir durch den Polizisten Bès übermitteln, was ich dir angetan habe. Und wenn nicht, schreibe mir auch, gleich, ob es gute oder schlechte Nachrichten sind. Oh, welch schlimme Zeiten! Ich werde nichts von dir verlangen. Es ist schön [für] einen Mann, bei seinem alten Tischgenossen zu sein. Es ist gut, manche neuen [Dinge zu haben], [aber] es ist auch gut, einen alten Tischgenossen [zu haben]. Wenn du meinen Brief erhalten hast, so laß mich durch den Polizisten Bès über deinen Gesundheitszustand wissen. Gebe mir noch heute über deinen [Gesundheits]zustand Nachricht! Lasse mir nicht ausrichten, ich solle dein Haus nicht betreten und mich nicht innerhalb seiner Mauern begeben, sondern lieber die Stadt verlassen! (Černy; Posener 1978, S. 16)

Seine Liebe zu seiner verstorbenen Gemahlin drückt der Schreiber Butehamun auf einem Ostrakon aus, das er wahrscheinlich ihrem Grab beilegte, um dadurch mit ihr Kontakt aufnehmen zu können:

Oh, verehrungswürdiger Sarg des Osiris, die Sängerin Amuns, Akhtay, die in dir ruht! Höre mir zu und überbringe [diese] Botschaft. Da du ihr nah bist, frage sie:

»Wie geht es dir? Wo bist du?« Und sage ihr: »Welch ein Schmerz, daß Akhtay nicht mehr lebt!« So spricht ihr Bruder, ihr Freund. Welch ein Schmerz, du, die so schön, so unvergleichlich ist. Man konnte nichts Häßliches an dir finden. Ich rufe die ganze Zeit nach dir, antworte [dem], der dich [ruft] (Valbelle 1988, S. 96)

## Der künstlerische Ausdruck

Zwar waren sich die Handwerker von Deir el-Medineh durchaus dessen bewußt, daß das, was sie schufen, Meisterwerke waren (so zum Beispiel, als sie das Grab von Sethos I. ausstatteten), doch äußern sie sich nicht zu diesem Punkt und auch die Herrscher nehmen keine Stellung, wenn es um eine Definition des Begriffs Kunst geht. Bisweilen entschieden sie selbst bei der Auswahl der verwendeten Materialien mit. Gern begaben sie sich auch auf die Baustellen, um sich vom Fortgang der Arbeiten zu überzeugen. Sie ließen Handwerkern und Baumeistern Belohnungen und Auszeichnungen zukommen, bezeichneten deren Talente jedoch lediglich als Geschicklichkeit, ja sogar als Ausdruck der Liebe zu ihm, dem Pharao. Darüber hinaus zeugte die Erhabenheit der Monumente nur von der Ehrfurcht vor den Göttern.

Doch wußte der Pharao seine Handwerker sehr wohl richtig einzuschätzen. Wenn er einen von ihnen auszeichnete, ihn mit einer Aufgabe betraute, die ihm besonders am Herzen lag, wenn er ihm eine besondere gesellschaftliche Position verlieh, dann machte er ihn, ohne daß es damals eine eigene Bezeichnung hierfür gegeben hätte, zum Künstler. Die Anonymität der meisten Werke ist eine der Ursachen dafür, daß der individuelle künstlerische Ausdruck in den Werkstätten, wo das Gesamtergebnis der Arbeit mehr zählte als einzelne Details, völlig an Bedeutung verlor. Dennoch gelang es denjenigen, die diese Werke schufen, zuweilen auf ihre Urheberschaft zu verweisen, sei es, daß sie direkt ihren Namenszug darauf hinterließen, sei es, daß sie an anderer Stelle in irgendeiner Form daran erinnerten. Der Name jedoch, der sich in erster Linie auf solchen Kunstwerken befindet, ist der des Auftraggebers und nicht der des Künstlers oder Handwerkers – wenn man von einigen wenigen Ausnahmen absieht. Nun ist aber bekannt, welche Bedeutung die Ägypter dem Namen eines Menschen zumaßen, denn dieser stellte ihrer Überzeugung nach das einzige Unterpfand für ein Leben nach dem Tode dar.

Es liegt hier also die bemerkenswerte soziale Konstante vor, daß der Schöpfer eines Werkes hinter dem Auftraggeber zurücktritt. Dabei ist die Kunst jedoch kein alleiniges Vorrecht des Herrschers. So wurden nicht nur seit frühester Zeit Kunstwerke auch für private Auftraggeber angefertigt, sondern die gesamte Bevölkerung betätigte sich künstlerisch. In mehr oder weniger bescheidener Form konnte jeder für sich und seine Angehörigen irgendeinen Gegenstand, ein Festgeschenk, eine Halskette oder eine Statuette fertigen. Keinem, vom Niedrigsten bis zum Reichsten, blieb diese Gnade verwehrt. Wir sind daher mit folgendem Paradox konfrontiert: Kunst ist eine der alltäglichsten Ausdrucksformen des Lebens im Alten Ägypten, doch bleiben ihre Schöpfer für die Nachwelt fast immer im Dunkeln.

Dieser Eindruck wird zudem durch die Lückenhaftigkeit der uns zur Verfügung stehenden Informationen verstärkt. Doch zumindest in einem Fall wissen wir von einem Künstler, der wie ein hoher Beamter am Hof von Amarna lebte. Der Bildhauer Thutmose besaß im Zentrum der Hauptstadt eine große Villa, die sich unmittelbar neben seiner Werkstatt befand. Dort fand man jene außergewöhnlichen Porträts, die beträchtlich zur Berühmtheit dieser erstaunlichen Epoche beigetragen haben. Zwar waren sie ebensowenig signiert wie Statuen aus anderen Perioden, doch herrscht kein Zweifel darüber, daß der Ruhm des Meisters über die Stadtgrenzen Amarnas hinausreichte. Mehr als andere sind diese Statuen Ausdruck der Persönlichkeit ihres Schöpfers wie auch ihrer Modelle. Der ägyptischen Kunst ist es im Laufe ihrer Geschichte immer wieder voller Subtilität und Eindringlichkeit gelungen, die besonderen Charakterzüge eines Individuums wiederzugeben, und der Bildhauer konnte bei dieser Gelegenheit sein ganzes Einfühlungsvermögen in seine Kunst einfließen lassen. Diese humanistischen Aspekte der Pharaonenzivilisation, die auch in den zeitgenössischen literarischen Werken zutage treten, führten offensichtlich dazu, daß die Künstler bei ihrer Arbeit eher unseren modernen Vorstellungen entsprechend vorgingen, als sich nach den damals geltenden Konventionen zu richten.

Kapitel 3

# Der Schreiber

Alessandro Roccati

»Gibt es hier einen wie Djedefhor? Oder einen zweiten wie Imhotep? Keiner unter uns ist wie Neferti oder Cheti, ihrer aller Primus. Ich nenne dir den Namen des Ptah-em-Djehuti und des Cha-cheper-Re-seneb. Gibt es etwa einen wie Ptahhotep oder wie Ka-ir-su?« (Papyrus Chester Beatty IV, vs. 3,5; Brunner 1988, S. 7)

So beginnt eine berühmte Textpassage, in der die alten ägyptischen Schriftsteller aufgelistet werden – die klassischen ägyptischen Schriftsteller, könnte man sagen, denn sie alle lebten viele Jahrhunderte, bevor der Text, in dem sie genannt werden, entstand (13. Jahrhundert v. Chr?). Sie alle bedienten sich der alten Sprache, die sich vom nun gebräuchlichen Neuägyptischen beträchtlich unterschied. Auch der anonyme Verfasser des oben zitierten Textes greift auf diese alte Sprache zurück, um zu unterstreichen, daß die Schrift dauerhafter ist als der Fels, aus dem die Pyramiden erbaut wurden, ja, daß wer mit ihr umzugehen weiß, der Nachwelt mit größerer Sicherheit erhalten bleiben wird als die in prachtvollen Gräbern eingeschlossenen Mumien.

Im letzten Viertel des 2. Jahrtausends v. Chr., der Blütezeit der verfeinerten Hofkultur in Ägypten, war dies die vorherrschende Auffassung. Doch zahlreiche Anzeichen deuten darauf hin, daß es nicht immer so gewesen war. Wer waren überhaupt jene berühmten Schriftsteller, die in dem oben zitierten Text erwähnt werden? Die meisten von ihnen sind uns als Autoren von Werken bekannt, die bis in die heutige Zeit überliefert worden sind. Djedefhor (auch »Hardedef« genannt) war ein Sohn des Cheops, der nie auf den Thron gelangte. Er gilt als Verfasser einer Lehre, die besonders während der Ramessidenzeit, aber auch danach sehr weit verbreitet war. Fragmente dieser Lehre sind auch heute noch erhalten, so daß wir uns eine recht genaue Vorstellung davon machen können. Von Imhotep hingegen, dem Wesir des in der (ersten) Stufenpyramide von Saqqara beigesetzten Pharao Netjerichet-Djoser der 3. Dynastie, ist uns nichts überliefert. Bis zum Ende (und insbesondere gegen Ende) der Pharaonenzeit genoß Imhotep einen so guten Ruf als Baumeister, Gelehrter und Arzt (die Griechen stellten ihn gar mit Äskulap auf eine Stufe), daß in Ägypten ein Kult um seine Person entstand, der große Popularität erlangte, ähnlich wie es später bei den christlichen Heiligen der Fall war.

In einer Prophezeiung über die 12. Dynastie, die Neferti, einem Magier und Hellseher der alten Zeit, zugeschrieben wird, wird vom Pharao Snofru, dem Vater des Cheops und dem Stammvater der 4. Dynastie, sogar anachronistisch behauptet, er sei in der Lage gewesen zu schreiben und die Worte Nefertis eigenhändig zu notieren. Cheti wiederum, der zu Beginn der 12. Dynastie lebte, wird eine berühmte Beschreibung der Berufe zugeschrieben (die sogenannte *Satire der Berufe*; wir werden darauf noch zurückkommen), deren vornehmliche Intention es ist, alle Tätigkeiten im Vergleich mit dem als überaus bedeutend dargestellten Beruf des Schreibers lächerlich erscheinen zu lassen. Doch in der *Lehre des Ptahhotep* (vielleicht die berühmteste und umfassendste der erhaltenen Lehren), die auf die 5. Dynastie zurückgehen soll und in verschiedenen Manuskripten aus der Zeit der 12. Dynastie und später vollständig überliefert worden ist, finden die Schreiber keinerlei Erwähnung.

Es darf nicht als ein Paradoxon erscheinen, daß im Ägypten des 3. Jahrtausends v. Chr., dem theokratischen Ägypten, das auch unter der Bezeichnung »memphitische Monarchie« oder »Pyramidenzeit« bekannt ist, die Kunst des Lesens für wichtiger gehalten wurde als die des Schreibens. Anders formuliert: Es wurden sozusagen verschiedene Ebenen der Schreibkunst unterschieden, und die durch den »Autor« oder Textverfasser repräsentierte spielte, sofern es sie überhaupt gegeben hat, eine völlig nebensächliche Rolle. Im Vordergrund stand das gesamte 3. Jahrtausend hindurch die Funktion des Schreibers als Schöpfer, Erfinder und Vervollkommner der Schrift. Sieht man einmal vom Gebrauch der Schrift in der Buchhaltung ab, die kein besonderes Geschick erforderte, so mußte die Kompetenz des Schreibers neben der Fähigkeit, einen Text zu entwerfen, auch die Fähigkeit umfassen, die graphischen Mittel überhaupt erst zu ersinnen, durch welche er wiedergegeben werden konnte. In den Pyramidentexten heißt es vom Pharao, er sei »der Schreiber des Gottesbuches, der gesagt hat, was ist [d.h. er liest] und entstehen ließ, was nicht war [d.h. er schreibt]« (1146c; Sethe, V, 1962, S.28).

Für den sachkundigen Umgang mit der Schrift war Sprachkompetenz allein nicht genügend; erforderlich war vielmehr die Kenntnis des gesamten Universums der Zeichen und Symbole, die in einem Text vorkommen konnten. Dies galt in besonderem Maße für religiöse Texte, und für diese (und nicht für Verwaltungsregister, Briefe oder Dekrete) wurde die Schrift im 3. Jahrtausend ja hauptsächlich verwendet.

Linguistisch gesprochen war der Schreiber vor allem jemand, der sich darauf verstand, das »Wirrwarr« der gesprochenen Sprache in eine einheitliche Schrift umzusetzen. Im 3. Jahrtausend v. Chr. stellte die Schrift nach Auffassung der Ägypter einen getreuen Spiegel der Wirklichkeit dar, nicht nur in bezug auf die einzelnen graphischen Symbole (die Hieroglyphen), sondern auch in bezug auf die niedergeschriebenen Wörter. Alles was aufgeschrieben wurde, entsprach notwendigerweise einer real existierenden Sache; andernfalls genügte es, etwas in Worte zu fassen, um es ins Leben zu rufen.* In dieser Hinsicht entsprach die Schrift der offiziellen Sprache des Staates (oder besser: des Tempels, von welchem sie ausging), der einzigen Sprache, die erklärtermaßen als »wahr« galt. Alle anderen Sprachen, die in diesem überaus großen und alles andere als einheitlichen Gebiet entlang des Nils gesprochen wurden, galten hingegen als »unklar«, und man ging davon aus, daß sie mit der Amtssprache nicht auf eine Stufe gestellt werden konnten – ebensowenig wie die Sprachen anderer Kulturen, die man bewußt ignorierte. In Ägypten ergab sich nicht, wie etwa in Mesopotamien, die Notwendigkeit, an die Stelle der ursprünglich gesprochenen Sprache eine andere zu setzen, die eine Schrift besaß, und beide Idiome irgendwie miteinander in Einklang zu bringen. Man kann vielmehr behaupten,daß in Ägypten zeitlich ebenso wie räumlich bedingte Veränderungen der Sprache als »nicht wahr« verdrängt wurden. Die Schrift zu besitzen bedeutete daher, die einzige existierende Sprache zu besitzen, mit der die Schrift eine unauflösliche Einheit bildete.

Sprache und Schrift, auf diese Weise miteinander verbunden, mußten überdies rituellen Erfordernissen genügen, die sich aus den religiösen Bräuchen und Tabus ergaben, die im Zusammenhang mit Bedeutung und

* Nach der Überzeugung des Ägypters wohnte dem geschriebenen Wort die Kraft inne, auf magische Weise Realitäten zu erschaffen. (Anm. d. Übers.)

Funktion der in graphische Symbole umgesetzten Entitäten bestanden. In diesem Lichte betrachtet erweist sich der unbekannte Autor der Pyramidentexte, deren Systematizität von Komplex und Komplex variiert, als ein echter Gelehrter; aus der Notwendigkeit heraus, sowohl für rituelle als auch für sprachliche Probleme eine Lösung zu finden, trug er nicht wenig dazu bei, die Vorstellung von der Schrift als Mittel der Wiedergabe des phonetischen und semantischen Gehalts der Sprache zu verbreiten. So wurden beispielsweise an der Pyramide des Teti von den graphischen Symbolen all jene Zeichen entfernt, die mit Lebewesen in Zusammenhang standen, wobei zugleich Veränderungen an der schriftlichen Wiedergabe der Wörter vorgenommen wurden, so daß diese trotz allem verständlich blieben. In anderen Fällen versuchte man, den phonetischen Gehalt komplexer Zeichen, die für sich genommen eine vollständige Vokabel darstellten, so genau wie möglich festzulegen; man pflegte damals alle möglichen »phonetischen Ergänzungen« hinzuzufügen, um jeglichen Zweifel auszuräumen. Auf diese Weise entstand im darauffolgenden Jahrtausend schließlich ein graphisches Instrument, das entwikkelt genug war, um »Botschaft«, das heißt ein vollkommenes Mittel der Kommunikation zu sein.

Natürlich wurde im 3. Jahrtausend gerade auch im Hinblick auf die spätere Lektüre besondere Sorgfalt auf die Niederschrift der Texte verwandt. Doch waren diese nicht an einen allgemeinen Leser- oder Zuhörerkreis gerichtet, sondern hatten im wesentlichen rituelle Funktion; sie dienten der Rezitation. Der hierfür verantwortliche Priester trug einen speziellen Titel, der sich wörtlich als »der mit der Festrolle« oder allgemeiner als »Ritenvollzieher« oder »Vorlesepriester« (ägypt. *ẖri-ḥb* = Cheriheb) übersetzen ließe. Er spielte eine entscheidende Rolle bei allen Gelegenheiten, bei denen die Rezitation der heiligen Texte (wie im übrigen auch der Pyramidentexte) vorgesehen war. Er war als einziger befugt, die Texte zu rezitieren; diese Befugnis wurde ihm aufgrund seiner Fähigkeit zugesprochen, sich wirksam vor den Gefahren und den schädlichen Einflüssen, die von den im Text verwendeten Schriftzeichen und Wörtern ausgehen konnten, zu schützen.

Das Amt des »Vorlesepriesters« setzte die Kompetenz eines »Schreibers« voraus, war dem Beruf des Schreibers aufgrund seiner rituellen Funktion jedoch übergeordnet. In der Biographie des Ptahwasch (5. Dynastie, ca. 2400 v. Chr.) findet ein »Oberarzt« Erwähnung, der auch »Vorlesepriester« war. In bezug auf den »Oberarzt« Nianchsachmet, berühmt wegen einer Grabkapelle, in welcher die Entscheidung des Pharao Sahure festgehalten ist, Nianchsachmet diese Kapelle zu schenken, wird niemals die Bezeichnung »Schreiber« verwendet, wenngleich er natürlich die Schrift ausgezeichnet beherrschte. Das gleiche gilt für den »Vorlesepriester« Uni, der zum Vorsteher der Pyramidenangehörigen aufstieg und damit beauftragt wurde, das Protokoll für einen Prozeß abzufassen, der den königlichen Harem betraf: Auch er nimmt für sich nirgends den Titel des »Schreibers« in Anspruch. Natürlich ist davon auszugehen, daß ein solcher Beamtentitel nicht schon an sich bedeutete, daß der Betreffende einen hohen gesellschaftlichen Rang einnahm. Auch waren hierin keineswegs alle eingeschlossen, die schreiben konnten oder sich der Schrift bedienten. Dies wird auch an den bis in die Römerzeit hinein nachweisbaren Appellen deutlich, welche die Toten in Grabinschriften an die Lebenden richteten: »Jeder *reine* Priester, jeder Schreiber, jeder Gelehrte, [...] jeder Kenner der Hieroglyphen.«

Auch im Grab des Bia, das sich in der Nähe der Pyramide des Unas befindet, wird eine Unterscheidung getroffen zwischen dem *Schreiber*, der die Inschrift lesen wird, und dem *Vorlesepriester*, der er selber ist. Die letztgenannte Funktion ist es, die es dem Grabbesitzer ermöglicht, seine Dankbarkeit zu bezeigen: »Jedem Schreiber, der in der Nähe dieses meines Grabes vorbeikommt und diese Inschrift [auf dem Architrav am Eingang] liest, werde ich vor dem Gericht des großen Gottes eine Stütze sein, denn ich bin ein fähiger, echter Vorlesepriester.« An anderen Stellen sind der Ausdruck »fähiger Vorlesepriester« (*ẖri-ḥb iqr*) und die Bezeichnung »fähiger Schreiber (der auch die Rituale kennt)« offenbar gleichwertig (so im Grab des Isi in Saqqara, das sich neben dem des Bia befindet), so daß der Grabbesitzer sich nach dem Tod als einen »fähigen Geist« bezeichnen kann, ein Geist, der sich von den gewöhnlichen Toten unterscheidet, ebenso wie sich der Schreiber im diesseitigen Leben von den gewöhnlichen Menschen unterschied. Erwähnenswert ist ferner, daß alle Expeditionsleiter, die in der Nekropole von Qubbet el-Hawa in Assuan beigesetzt worden sind, den Titel des »Vorlesepriesters« tragen, wohingegen der des Schreibers in ihren Schriften nicht erwähnt wird. Doch geht aus den amtlichen Inschriften, die bei den Expeditionen der 6. Dynastie in immer größeren Mengen in den Bergwerksgebieten zurückgelassen wurden, hervor, daß zu jedem Expeditionsteam Schreiber gehörten, die mit großer Sicherheit Regierungsbeauftragte waren. Man kann deshalb annehmen, daß diejenigen, die von Elephantine (Assuan) aus zu Expeditionen in weit entlegenere Gebiete aufbrachen, oder auch die Leiter anderer Missionen über besondere Kenntnisse des Rituals (und der Magie?) verfügen mußten, daß es also nicht genügte, mit entsprechenden administrativen Befugnissen ausgestattet zu sein (Roccati 1982, *passim*).

In der Überlieferung sollte der »Vorlesepriester« vor allem als »Magier« lebendig bleiben. Dies ist auch der Terminus, mit dem das Wort Ende des 2. Jahrtausends v. Chr. (in der Ramessidenzeit) in das Babylonische übertragen wurde (*asipu*: cfr. Edel, 1976). Berühmt ist die Figur des Magiers Djedi, der aller Wahrscheinlichkeit nach ein »Vorlesepriester« war und in einer der amüsanten Geschichten des Papyrus Westcar erscheint. In der Erzählung heißt es von Djedi, er sei »klein« (*nḏs*), wobei eine Bezeichnung aus dem ökonomisch-sozialen Bereich verwendet wird; dies macht deutlich, daß der Weise aus bescheidenen Verhältnissen kommt und nicht über eigene Mittel zur Bestreitung seines Lebensunterhalts verfügt. Nichtsdestoweniger erfreut Djedi sich ungewöhnlicher Gesundheit, und in der Abgeschiedenheit seines Dorfes ernährt er sich noch im Alter von einhundertzehn Jahren mit fünfhundert Broten, einer Ochsenkeule und einhundert Humpen Bier am Tag. Da wird er eines Tages vom Prinzen Djedefhor persönlich an den Hof gerufen, damit er mit seinen Wundern den Tyrannen Cheops, den berüchtigten Erbauer der großen Pyramide, unterhalte. Bei seiner Einschiffung für die Reise zum Palast fordert Djedi nicht nur, daß seine Söhne ihn begleiten dürfen, sondern auch, daß seine Bücher mitgenommen werden. Doch einmal abgesehen von den phantastischen Geschichten, die sich um die legendäre Gestalt des Magiers Djedi (ebenso wie um die des oben erwähnten Neferti) ranken, sind uns auch einige der Geräte erhalten geblieben, die einer der Kollegen des Djedi benutzte, der fast zu derselben Zeit lebte, in der auch die oben erwähnte Erzählung des Papyrus Westcar entstand. Die magischen Instrumente lagen in einem Kasten, der sich in einer Grabanlage aus dem 17. Jahrhundert v. Chr. an eben der Stelle befand, an welcher später das großartige Ramesseum entstehen sollte. Der Kasten enthielt eine Reihe von Schriften, die als die »Papyri Ramesseum« bekannt geworden sind; unter ihnen befand sich auch die Schriftrolle, die auf der einen Seite die Erzählung des Sinuhe und auf der anderen die Geschichte vom redekundigen Oasenmann enthält; des weiteren Rituale, Hymnen und mehr als ein Dutzend magischer Formelsammlungen, die zum Teil auch aus anderen Quellen bekannt sind. Neben diesen Schriften befanden sich in dem Kasten noch weitere Gegenstände, so vier Zauberstäbe, ein Osiris-

Amulett, eine kleine Affenstatue und die Figur einer verschleierten Frau, die in jeder Hand eine Schlange umgriffen hält und die wahrscheinlich bei den öffentlichen Auftritten des Magiers eingesetzt wurde (Gardiner 1955).

Neben dem Titel des »Vorlesepriesters« stand gleichwertig noch ein weiterer Titel, dessen ursprüngliche Bedeutung »Oberster, Führer« (*ḥri-tp*) sich zu der Bedeutung »Magier« wandelte, so daß er auch in der Bibel in dieser Bedeutung erscheint (es handelt sich um die *hartummim* des Alten Testaments; vgl. Gardiner 1938). Das Grab des Djau in Abydos (Ende der 6. Dynastie, ungefähr 2200 v. Chr.) hilft uns, verschiedene Ebenen der Kenntnis und des Gebrauchs der Schrift zu unterscheiden. Djau war Schreiber der göttlichen Schriftrollen, Leiter der Schreiber der königlichen Urkunden, Vorlesepriester und »Oberster« (*ḥri-tp*). Der erste Titel bezieht sich wahrscheinlich auf die Befugnis, die Hieroglyphen (die heilige Bilderschrift) zu benutzen, der zweite auf die Befugnis, sich der hieratischen (nicht-bildlichen) Gebrauchsschrift zu bedienen. Die Titel »Vorlesepriester« und »Oberster« leiten sich wohl von der erstgenannten Befugnis ab; sie ermächtigen Djau, die mit Hieroglyphen geschriebenen Texte zu rituellen Zwecken zu benutzen. Im Grab des Chentika in Memphis aus derselben Zeit wird ausdrücklich auf »diese geheime [oder »vertrauliche‹] Hieroglyphenschrift verwiesen, deren Gebrauch zur Tätigkeit des Vorlesepriesters gehört«, »denn er beherrscht alle Schriften des Hauses der göttlichen Schriften [der Bibliothek der hieroglyphischen Texte].«

Wenn ein Beamter wie Kaaper, der in der 5. Dynastie (ca. 2400 v. Chr.) lebte, sich mit verschiedenerlei Titeln schmückt, die sich auf seine Stellung als Schreiber beziehen (»Schreiber der Verwaltung, Schreiber der Weide der gescheckten Kühe, Schreiber der Urkundenabteilung [des Archivs?], Aufseher der staatlichen Schreiber, Schreiber der staatlichen Urkunden, Schreiber der königlichen Expeditionen [in verschiedene Länder]«), so meint er damit natürlich allein seine Fähigkeit, sich der hieratischen Schrift zu bedienen. Zur Zeit des Alten Reiches war dies die einzige Schriftform, die im administrativen Bereich verwendet wurde; sie ist auf hervorragende Weise in dem großen Archiv von Abusir dokumentiert, das auf den Pharao Asosi (Isesi) der 5. Dynastie zurückgeht. Durch dieses Archiv wird bestätigt, daß es eine Vielzahl von Schreibern gab und daß innerhalb der Berufsgruppe eine hierarchische Gliederung bestand, die sich am jeweiligen Spezialisierungsgrad orientierte; man folgte darin dem Beispiel anderer, auch weniger bedeutender Berufsgruppen. Neben der Fähigkeit, schreiben zu können, spielte dabei auch die Fähigkeit, zählen zu können, eine wichtige Rolle. Es darf nicht vergessen werden, daß zu den Schreibern vermutlich auch jene Beamten gehörten, die die Kontrolle über die Ökonomie des Landes ausübten, Gewinne verzeichneten, die Erzeugnisse sichteten und sich um die Verteilung der Ressourcen kümmerten. Doch gab es in dieser Zeit offensichtlich auch Schreiber, die im Dienst von Beamten und Priestern standen und ihre Schriftkenntnisse möglicherweise überhaupt nicht anzuwenden brauchten. Auf diese untergeordneten Schreiber wird zum Beispiel in einem der Sargtextsprüche Bezug genommen (I 14 b-c: »Ihre Großen [Beamten] stehen vor dir auf, [ihre Schreiber], die auf ihren Matten sitzen, zittern vor Dir.« Die Tätigkeit eines untergeordneten Schreibers wird auch in den Pyramidentexten (490–491) beschrieben: »Er öffnet seine Kästen [mit den Papyri], erbricht die Siegel der Dekrete, versiegelt die Schriftrollen, sendet seine unermüdlichen Boten aus« (Sethe 1935, S. 325 f). Ähnliches liest man im Spruch 992 der Sargtexte, dem Spruch, um »Archivar des Thot zu werden und seinen Urkundenbehälter zu öffnen: Ich öffne das, was unter ihm [seiner Gerichtsbarkeit] steht, ich erbreche die tönernen Siegel seiner Schriften, ich öffne den Urkundenbehälter des Gottes und reiche die Schriftrollen dar« (Schott 1954).

Die in den Papyri von Abusir genannten Titel beziehen sich offenbar ausschließlich auf Urkundenschreiber und auf den Gebrauch der hieratischen Schrift in der Verwaltung. Dies ist ein Indiz dafür, daß die Schrift gemäß einer Tradition, die sich bis auf die Gründung des Pharaonenstaates zurückverfolgen läßt, im administrativen Bereich schon seit langem verbreitet war (Posener-Kriéger 1976). Daß die Aufgaben in der Verwaltung überaus vielseitig waren, zeigen auch die Grabinschriften der großen Nekropole von Memphis, wo sich die mit der Buchhaltung betrauten Beamten des zentralistischen Staates aufhielten (Junker, *Giza*).

Man unterschied jedoch zwischen den »Archivschreibern« und den »Schreibern des Archivs der göttlichen Schriftrollen« (die wahrscheinlich mit Hieroglyphen geschrieben waren und sich somit auch inhaltlich von den übrigen Schriftrollen unterschieden). Dementsprechend gab es auch einen »Schreiber der göttlichen Schriftrollen«, d. h. einen Schreiber der Hieroglyphenschrift. Die Herrin des »Archivs der Gottesbücher« war Seschat, die Göttin der Schrift. Eine Darstellung im Tempel Sethos I. in Abydos weist in anschaulicher Weise auf die Verbindung dieser Göttin, die gerade dabei ist, »das Schicksal des Pharao« zu schreiben, mit den archaischen Werten der Hieroglyphen hin. Ihr werden folgende Worte zugeschrieben: »Meine Hand schreibt ihr langes Dasein, als das, was dem Mund des Rê entströmt [so werden Schrift und Wort eins]; die Binsen schreiben die Unendlichkeit, die Tinte die Zeit, das Tintenfaß unzählige Jubiläen.«

Schreiber der Hieroglyphenschrift wie Djati, »Vorsteher der Geheimnisse [der geheimen Schriften des Archivs]« oder Ti, »Vorsteher der Geheimnisse der geheimen Worte der Gottesworte [der Hieroglyphen]«, oder Nefer, Ptahwasch, Kaenra, Ptahhotep, »Schreiber des Gottesbuches«, waren ebenfalls alle »Vorlesepriester«; sie lebten zur Zeit der 5. Dynastie (ca. 2400–2300 v. Chr.) und waren die Vorläufer der zuvor erwähnten Vorlesepriester.

Der Vielseitigkeit der Aufgaben der Schreiber entspricht die Vielfalt der Befugnisse und Vorrechte, die ihrem Gott und Schutzpatron Thot zugeschrieben werden, welcher dadurch unweigerlich zu einem sozialen Typus wird, der aus der ägyptischen Götterwelt nicht mehr wegzudenken ist. Der Mondgott Thot wird mit allem in Verbindung gebracht, das sich auf die Sphäre des Intellekts bezieht. So gilt er als Schöpfer der Sprachen und der Schrift, vor allem der Hieroglyphen, der »Gottesworte« (*mdw-nṯr*), aber auch der hieratischen Schrift (*md't*, der »Papyrus[schrift]«), und alles dessen, was sich in Sprache und Schrift niederschlägt, so der Wissenschaft und der Magie; überdies ist er der Patron aller Ämter, die über das Wissen zugänglich sind. In der Spätzeit diente der Pavian (ein Tier, das Thot heilig war) dazu, das Wort »Schreiber« darzustellen. Thot ist der Schreiber der Götter, ein »Vorlesepriester« und Verfasser von Büchern (vor allem von magischen Büchern), doch bekleidet er auch die Würde des göttlichen Wesirs; all diese Funktionen erscheinen in charakteristischer Weise in einer bedeutenden Erzählung aus der Ramessidenzeit, in welcher Episoden aus dem »Horus und Seth«-Mythos aufgegriffen werden. Überdies spielt Thot auch im *Totenbuch* eine Rolle, und zwar in jener Szene, in der es darum geht, das Herz des Verstorbenen zu wiegen. Als sozialer Typus ist Thot der Gegenentwurf zum Gott Ptah, seit jeher Schutzpatron der Handwerker und der Künste, die in der Organisation des Staates ebenfalls ein notwendiges Element darstellten und sich ebenfalls von der Masse der arbeitenden Bevölkerung abhoben. Ausgehend von Thot kann auch für den thebanischen Gott Chons die Funktion eines Schutzpatrons der Schrift angenommen werden, denn bei Chons handelt es sich ebenfalls um einen Mondgott.

Aufgrund seiner herausragenden Bedeutung wurde der Schreiber in der memphitischen Zeit zu einem bevorzugten Gegenstand künstlerischer Darstellungen, vom Relief bis hin zur Plastik (man denke etwa an die Figur des sitzenden Schreibers). Der Beruf des Schreibers ist der einzige, der im 3. Jahrtausend zum Objekt künstlerischen Gestaltungswillens wurde. In den Darstellungen aus dieser Epoche sitzt der Schreiber im Schneidersitz auf dem Boden, mit aufrechtem Oberkörper, einem aufgerollten Papyrus auf dem Schoß und bisweilen auch mit einem Pinsel in der rechten Hand. All dies verweist zusammen mit einer Andeutung von Fettleibigkeit auf die große Bedeutung seines Amtes. Aus den Darstellungen geht außerdem hervor, daß als Schreiber tatsächlich derjenige galt, der mit Tinte Texte auf Papyrusrollen schrieb und nicht der Theoretiker der Schrift (in dem vielleicht eher ein »Vorlesepriester« zu sehen wäre) oder der Handwerker, der Inschriften (korrekt) anzubringen verstand. Belegt sind jedoch auch Fälle, in denen Schreiber das Grab »für den Vater und seine geliebte Frau« eigenhändig beschrifteten; in einem Fall wurden die Inschriften »ausgeführt von ihrem Mann, dem Schreiber der königlichen Urkunden«, der folglich sowohl das Hieratische als auch die Hieroglyphen beherrschen mußte.

Eine der Funktionen des Schreibers bestand natürlich darin, den vielen Menschen, die nicht lesen (und auch nicht schreiben) konnten, als »Dolmetscher« gemeißelter Worte zu dienen. Gegen Ende des Alten Reiches stand am Eingang mancher Grabstätten: »Vom König geliebt, geliebt auch von Osiris, dem Ersten der Westlichen, und Osiris, dem Herrn von Busiri, ist jeder Schreiber, der [vor]liest, jeder Mensch, der zuhört, jeder reine Priester, der beobachtet [oder der im Geiste liest], [während] ihr sagt: ›Du lobst Osiris und verherrlichst Anubis, der auf seinem Berge steht, Herr des heiligen Landes, Senetites, des Gerechtfertigten‹« (Kairo CG 20017).

Dies bedeutet, daß die Schrift nicht länger Selbstzweck oder ausschließlich an den Willen des »Senders« gebunden war. Vielmehr wurde sie nun im Hinblick auf einen Empfänger verwendet. Bereits gegen Ende des 3. Jahrtausends, und später vor allem im 2. Jahrtausend, war es demnach nur noch ein kleiner Schritt zu jenen einschneidenden Veränderungen, die sich im Mittleren Bereich vollzogen. Die Schicht der Gebildeten und Wohlhabenden vergrößerte sich so sehr, daß diese nun in Schulen unterrichtet wurden, wodurch der Gebrauch von Schrift und Büchern stark zunahm und die Bedeutung der Schreiber in entscheidendem Maße stieg.

Bei hochangesehenen Persönlichkeiten war es nunmehr Sitte, quasi als »letzte Wegzehrung« Särge mit in das Jenseits zu nehmen, die über und über mit Texten beschrieben waren; das Vortragen oder Rezitieren dieser Texte würde, so dachte man, dem Verstorbenen von Nutzen sein, der so in einer regelrechten Zaubertruhe lag.

Doch nicht nur religiöse Texte wurden sorgfältig redigiert und gehütet. Auch Lektüre, die dem »Zeitvertreib« oder aber in subtiler Weise der Erbauung diente, wurde vom Hof gefördert, und man ließ Weisheitslehren und Erzählungen von beachtlichem stilistischem Niveau niederschreiben. So entwickelte sich der Schreiber vom »Erfinder der Schrift« zum »Erfinder von Texten«. Die Texte ihrerseits erfuhren nun in der Schrift eine strenge Kodifizierung. Im Papyrus Prisse, der den vollständigen Text der *Lehre des Ptahhotep* enthält, oder auch im Papyrus der Ermitage Impérial à St. Petersbourg, der wohl ältesten erhaltenen literarischen Handschrift, in welcher die *Geschichte des Schiffbrüchigen* verzeichnet ist, findet sich am Ende die Bemerkung, daß der Text so kopiert worden sei, wie er »in der Schrift«, d. h. in einem anderen Papyrus, gefunden worden war; der Text war also nicht bloß (wie es zuvor noch üblich gewesen sein dürfte) aus dem Gedächtnis aufgeschrieben worden.

Von dieser Zeit an war nicht nur eine quantitative Zunahme schriftlicher Zeugnisse zu verzeichnen, sondern die Texte wiesen nunmehr auch eine größere Vielfalt auf als bisher. Es entstanden wissenschaftliche Handbücher (für Medizin, Geometrie, Astronomie, Theologie usw.) sowie illustrierte Papyri (topographische Karten, Spiele, religiöse, satirische, witzige Illustrationen). Es gibt keinen Zweifel, daß zumindest vom 2. Jahrtausend v. Chr. an die Schrift ein wesentliches Mittel zur Vertiefung wissenschaftlicher Kenntnisse darstellte, sowohl auf dem Gebiet der Theologie als auch auf jenen Gebieten, die man später als die »exakten Wissenschaften« bezeichnen sollte. In zunehmendem Maße ergänzte der Gebrauch der Schrift das mündliche Lernen, und so wurden Untersuchungsmethoden und Zusammenstellungen von Informationen möglich, die sonst undenkbar gewesen wären (Derchain 1988). In jenem in der Nähe des Ramesseums gefundenen Kasten befand sich neben den bereits erwähnten Dokumenten noch ein weiterer Papyrus, der als Vorläufer eines beachtenswerten Genres gelten kann, für das es vom Neuen Reich bis in die Spätzeit hinein zahlreiche Beispiele gibt: das *Ramesseum-Onomastikon*. Es handelt sich dabei um den ersten Versuch eines Lexikons, in welchem nicht die Wörter, sondern die Dinge, d. h. die Referenten, auf die sich die Wörter bezogen, als Kriterium für die Auflistung herangezogen wurden; diese Referenten wurden nach verschiedenen assoziativen Kriterien in Sachgruppen geordnet. Im enzyklopädischen Anspruch ist deutlich die Absicht erkennbar, durch die sprachliche Formulierung die Wirklichkeit, von der man (geistig) Besitz ergriffen hatte, gleichsam konkret faßbar zu machen.

Der Beruf des Schreibers erfreute sich nunmehr wachsender Beliebtheit und war in der Verwaltung stark gefragt. Im Laufe der Zeit erfolgte jedoch auch in dieser Berufsgruppe eine Spezialisierung und Aufteilung in verschiedene Tätigkeitsbereiche, und Schreiber zu sein hieß nun praktisch so viel wie Beamter zu sein. Wurden zur Zeit des Alten Reiches die Befehle des Königs mündlich durch Geschäftsträger (d.h. Boten) übermittelt, die mit Entscheidungsbefugnissen ausgestattet waren, so setzte man für die Abstimmung der Interessen fortan zunehmend schriftliche Botschaften ein, und sei es auch nur, um die Glaubwürdigkeit der mündlich überbrachten Botschaften zu erhöhen; überdies fand nun zweifelsohne der Gebrauch der Schrift in der zwischenmenschlichen Kommunikation weitere Verbreitung. Die Schriftkundigen kamen nun, anders als bisher, aus einer breiten Skala gesellschaftlicher Ränge, und die Kompetenz eines Schreibers entwickelte sich bisweilen zu einem schmückenden Beiwerk bei Berufen, die besonderes Prestige genossen. Um Beamter oder Priester werden zu können, war die Kenntnis der Schrift nunmehr Voraussetzung, wie aus einem in Avignon aufbewahrten Steinsarg hervorgeht, auf welchem der Beruf des Schreibers genau umgekehrt definiert wird wie in dem oben zitierten Abschnitt aus den Pyramidentexten: »O, du lebst auf der Erde! Jeder Schreiber, jeder Magistrat, jeder Priester, jeder Gelehrte, der den Pinsel halten kann [um zu schreiben], jeder Gelehrte, der lesen kann.« Der Beruf des Schreibers an sich gehört nicht zur höchsten sozialen Schicht, doch ist der Schreiber auch nicht mit einem einfachen Handwerker vergleichbar.

Obwohl er nicht über eigene Mittel zur Bestreitung seines Lebensunterhaltes verfügte, sondern Verwaltungsangestellter war, wurde ihm seinerzeit stets nachgesagt, daß er, anders als es bei allen anderen vergleichbaren Berufen der Fall war, niemandem untergeordnet sei. So zumindest lautet die These, die in einem propagandistischen Werk, nämlich der *Lehre des Cheti*, auch *Satire der Berufe* genannt, vertreten wird. Um zu erreichen, daß sein Sohn, der in die Schule gekommen war, den Beruf des Schreibers höher einschätzt als jeden anderen, stellte Cheti, der Vater, die beschwerlich oder lächerlich erscheinenden Aspekte von zwanzig anderen Berufen zusammen. Zu diesem Zweck wählte er allerdings die gesellschaftlich am wenigsten angesehenen Berufe, womit implizit auch ein Hinweis auf die bescheidene Position des Schreibers gegeben ist. Die Ausbildung zum Schreiber ging in jedem Falle einer höheren Berufslaufbahn voraus. Im übrigen handelte es sich dabei um den einzigen Beruf, zu welchem es eine Schulausbildung im eigentlichen Sinne gab (»der fähige Schreiber, gewandt mit den Händen, mit sauberen Fingern«), eine Ausbildung überdies, die anfangs nur in der Hauptstadt angeboten wurde (so bringt auch Cheti in der *Satire der Berufe* seinen Sohn von Sile nach Memphis). Die Schreiberlehre setzte im übrigen eine gewisse persönliche Reife voraus. Das Schriftsystem war so kompliziert, daß es als wenig wahrscheinlich erscheint, daß jemand bereits in jungen Jahren (im Alter von zehn Jahren etwa) beginnen konnte, es zu erlernen. Infolgedessen genügte es nicht, daß die Familien Wert auf Bildung legten: Wollten sie ihren Sohn zum Schreiber ausbilden lassen, mußten sie überdies auch über ausreichende finanzielle Mittel verfügen. Diese Voraussetzungen sowie die Tatsache, daß jemand, der zum Schreiber ausgebildet worden war, gewisse Privilegien genoß, führten dazu, daß sich überwiegend Kinder von Schreibern der Schreiberausbildung unterzogen.

Neben der Tätigkeit des Schreibers als Beruf wollen wir uns nun auch einigen Persönlichkeitsmerkmalen und intellektuellen Aspekten der Figur des Schreibers zuwenden. Wir haben bereits gesehen, daß einige von ihnen sich als Autoren bestimmter Bücher einen Namen gemacht haben. Es gibt jedoch weder stichhaltige historische Beweise dafür, daß diese angeblichen Schreiber tatsächlich gelebt haben, noch dafür, daß sie die Werke, die ihnen zugeschrieben wurden, auch wirklich verfaßt haben. Die Bezugnahme auf historische Figuren, die natürlich umso wirkungsvoller war, wenn es sich um angesehene Persönlichkeiten handelte, diente dem Zweck, die vorgelegte Erzählung realistischer und folglich auch glaubwürdiger erscheinen zu lassen oder dem angeführten Beispiel größere Wirksamkeit zu verleihen, vor allem, wenn es dabei um moralische Maximen ging. Es muß jedoch darauf hingewiesen werden, daß diese *Autoren* zunächst nicht als »Schreiber« bezeichnet wurden; ihr Prestige leitete sich vielmehr aus ihrem Adelstitel oder dem erreichten Beamtenrang ab. Erst im Neuen Reich sind Personen, die den Beruf des Schreibers ausübten, als Verfasser großer Werke bekannt, so Ani und Amenemope, von denen uns eindrucksvolle Weisheitslehren überliefert sind; des weiteren

Amennacht, von dessen Lehre bislang nur der Anfang bekannt ist. Dennoch ist es auffallend, wenn in einer weitgehend anonymen Gesellschaft, wie es die ägyptische des 3. und 2. Jahrtausends v. Chr. war, bestimmte Persönlichkeiten überhaupt namentlich erwähnt werden: zunächst die Verfasser bestimmter Werke, später (in der Ramessidenzeit) dann auch diejenigen, die diese Werke abschrieben und überlieferten.

Mit großer Sicherheit gab es auch Büchersammlungen von Privatpersonen, wohingegen die Tempel- oder Hofbibliotheken (so auch das oben erwähnte Archiv von Abusir) nicht dazu dienten, Wissen zu verbreiten, sondern dazu, es zu bewahren (ebenso war es bis zum Mittelalter auch bei uns gewesen). Im 2. Jahrtausend v. Chr. kam jedoch die Figur des Gelehrten auf, der sich als leidenschaftlicher Sammler wertvoller Werke betätigte. Hiervon legen die in den Nekropolen hinterlassenen Privatinschriften beredtes Zeugnis ab; viele von ihnen zeichnen sich nicht nur durch einen prunkvollen Stil aus, sondern orientieren sich bewußt an den renommiertesten Werken der Vergangenheit. Auf einer Stele in Abydos (Kairo CG 20538), die von Sehtepibre gestiftet wurde, der zur Regierungszeit des Pharao Amenemhat III. (ungefähr 1800 v. Chr.) starb, finden wir eine Zusammenstellung der verschiedensten Themen und Textgattungen. Die Stele, die nicht besonders groß ist, weist in etwa die Form eines Säulenstumpfes auf und ist auf allen vier Seiten mit Inschriften versehen. Das biographisch-moralische Porträt wurde im wesentlichen vom Grabmal des Wesirs Mentuhotep (Kairo CG 20539) übernommen, das sich ebenfalls in Abydos befindet und während der Herrschaft Sesostris' I. (ungefähr 1900 v. Chr.) entstand. Daneben ist ein Text erkennbar, in welchem, ebenso wie auf anderen Grabsteinen der Nekropole, die Osirisfeste beschrieben werden. Doch die eigentliche Entdeckung ist ein literarisches Werk, das auf der gegenüberliegenden Seite aufgeschrieben wurde und erst identifiziert werden konnte, als Posener vor einigen Jahren den *Lobgesang auf den König* rekonstruierte (Posener-Kriéger 1976). Auf der Stele der Sehtepibre befindet sich eine verkürzte Fassung dieses außergewöhnlichen politischen Traktats der 12. Dynastie, das in der Ramessidenzeit zu einem Klassiker für Schreiberlehrlinge werden sollte; es handelt sich hierbei zweifellos um die älteste erhaltene Abschrift des Textes.

Das Besondere an der Stele des Sehtepibre liegt darin, daß sie, soweit heute für uns erkennbar, verschiedene Werke in sich vereinigt, von denen Sehtepibre offenbar persönliche Kopien besaß, wobei allerdings eingeräumt werden muß, daß er sich wahrscheinlich, wie andere seiner Zeitgenossen auch, darauf beschränkte, Schriften moralischen und religiösen Inhalts zu zitieren, die für eine Grabanlage angemessen erschienen. Sehtepibre trug verschiedene Berufs- und Ehrentitel, doch befanden sich darunter weder der des Schreibers noch der des Vorlesepriesters. Er war ein Beamter (Oberaufseher und Schatzmeister), und deshalb dürfte er auch mit der Schrift vertraut gewesen sein. In ihm läßt sich also eindeutig die Figur des »Lesers« und Liebhabers von Büchern identifizieren.

Zwar fällt die Auswahl der Werke, die für die Dekoration der Grabsäule Sehtepibres verwendet wurden, als äußerst ungewöhnlich auf; dennoch ist sie im Zusammenhang mit zahlreichen anderen Sammlungen zu sehen, welche die Wohlhabenden zur Zeit des Mittleren Reiches mit ins Grab zu nehmen pflegten. Die Rede ist hier von den Sargtexten, so genannt, weil sie für die Ausschmückung der Innenwände des Sarges verwendet wurden, in welchen man die Mumie legte. Sie stellen eine Nachahmung der alten religiösen Texte dar, welche seit Ende der 5. Dynastie die Wände in den Kammern der Königspyramiden von Memphis schmückten. Doch während die Pyramidentexte noch einen ausgeprägt epigraphischen Charakter aufweisen, ist bei den Sargtexten der Einfluß der Papyri spürbar, von denen sie mit großer Sicherheit auch in Auszügen übernommen wurden. Sie stellen sich somit als Gebetsbücher – als Vorläufer der Totenbücher – dar, von denen man annahm, daß der Verstorbene sie las, um Mut zu schöpfen angesichts der Gefahren, die im Jenseits auf ihn lauerten. Diese Texte sind zweifellos einer sehr gebildeten Schicht zuzuordnen, deren Angehörige in der Lage waren, die Formeln selbst auszusuchen, die sie zitieren wollten, sofern die entsprechenden Manuskripte in den örtlichen Tempelbibliotheken zugänglich waren oder die Möglichkeit bestand, sie aus dem Ausland kommen zu lassen.

Tatsächlich findet sich auf den zahlreichen Särgen, die sich bisweilen in weit auseinanderliegenden Nekropolen befanden oder auch aus den verschiedensten Jahrhunderten stammten, eine unendlich große Zahl von Zitaten, was auf die große Sorgfalt hindeutet, die auf die Konservierung der wertvollen religiösen und literarischen Schriften verwendet wurde. Der Thebaner Buau, der Mitte der 12. Dynastie lebte, nahm in die Textsammlung seines Sarkophags (T 9 C) sogar einen Auszug aus der Geschichte *Der Schäfer, der eine Göttin erblickte* auf, die zusammen mit anderen literarischen Werken auf einer zeitgenössischen Schriftrolle niedergeschrieben war. Dieser Sarg wurde in einer Grabstätte in Deir el-Bahari in Theben gefunden; er wurde von einem weiter nicht bekannten Mentuhotep usurpiert, der seinen Namen jedoch lediglich auf der Außendekoration angebracht hatte. Auf denselben erlesenen Geschmack geht die große Auswahl von Hymnen – insbesondere Sonnenhymnen – zurück, die seit der Zeit des Neuen Reiches zur Dekoration der Grabkapellen von Privatpersonen verwendet wurden und eine wertvolle Ergänzung zu unserem aus den Papyri geschöpften Wissen darstellen.

Ende des 4. Jahrhunderts v. Chr. nahm, wie aus dem Kolophon hervorgeht, ein Priester und Schreiber namens Nesmin aus Theben, der zahlreiche Ämter bekleidet hatte, ohne je in die höheren Ränge aufgestiegen zu sein, als *Totenbuch* bzw. anstelle desselben eine Reihe von Büchern, die sich in seinem Besitz befanden, mit ins Grab. Zwar ist an diesen durchaus noch der religiös-rituelle Zweck erkennbar, doch handelt es sich hierbei um einzigartige, weil überaus seltene Texte. Der längste unter ihnen, »Das geheime Schatzbuch, welches niemand gesehen hat«, ist als Papyrus Bremner-Rhind bekannt und wird in London im British Museum aufbewahrt. Er enthält eine Reihe von einzelnen Büchern wie die *Klagen der Isis und Nephthys*, das *Sokar-Ritual* und das *Buch, um Apophis niederzuwerfen*; dabei handelt es sich durchweg um Texte, die mindestens bis in das Neue Reich zurückreichen. Zwei weitere Papyri, beides Palimpseste, die aus demotischen Verwaltungsurkunden herausgelesen wurden, enthalten Rituale, welche das »Talfest« und die »Verehrung des Osiris« betreffen und auch durch andere Quellen belegt sind (Heykal 1970). Nesmin war möglicherweise der Vater eines anderen Schreibers des Amun, Schepmin. Der Deckel seines prächtigen Sarges ist im Ägyptischen Museum in Turin zu bewundern; sein Charakter wird in der Grabrede eines seiner Kollegen, Herwennefer, anschaulich dargestellt: «[Er war] Vorsteher der Geheimnisse der Gottesworte [der Hieroglyphen], ein Gelehrter der [Papyrus]kästen des Lebenshauses, [...] höchster Lehrer für die Kinder der Gottesdiener [...], Schreiber der heiligen Bücher« (Habachi 1971, S. 70).

War Nesmin auch nur eine Ausnahme, so kam es doch vor, daß gelehrte Persönlichkeiten für ihr Leben nach dem Tode Werke bei sich zu haben wünschten, die als Grabbeigabe unüblich waren und bisweilen für sich genommen auch keinerlei Wert besaßen. Im völlig intakten Grab des Handwerkers Sennodjem (13. Jahrhundert v. Chr.) aus Deir el-Medineh und seiner Familie fand man ein riesiges Ostrakon, auf welchem ein großer Teil der *Sinuhe-Geschichte* niedergeschrieben war (das Stück befindet sich heute im Ägyptischen Museum in Kairo). Bei den meisten Manuskripten literarischen Inhalts ist nicht genau bekannt, wie sie überliefert und wie und wo sie schließlich gefunden wurden, doch wahrscheinlich haben sie sich nur dadurch erhalten, daß sie, wie es auch bei dem bereits erwähnten Kasten aus dem Gebiet um das Ramesseum der Fall gewesen war, mit in ein Grab genommen wurden. Aus der Saitenzeit liegt uns der Papyrus Vandier vor, der von den Mißgeschicken des Magiers Merira erzählt; der literarische Text konnte erhalten bleiben, weil man auf dessen Rückseite das *Totenbuch* geschrieben hatte. Ende des Mittleren Reiches nahm der Schreiber des großen Harems, Neferhotep, eine Schriftrolle voller Angaben zur Buchhaltung mit in sein Grab in Dra Abu'l-Naga, einem Bezirk des alten Theben; diese Rolle wurde im Jahr 1860 entdeckt (Papyrus Boulaq 18). Man nimmt an, daß aus demselben Gebiet auch der Papyrus Prisse stammt, eines der am sorgfältigsten bearbeiteten und am besten erhaltenen literarischen Manuskripte überhaupt, das die Lehre für Kagemni und die Lehre des Ptahhotep enthält.

Die altägyptischen Nekropolen mit ihren Grabstätten voller Inschriften waren nunmehr zu einem häufig konsultierten öffentlichen Archiv geworden, und so konnte auch die Figur des »Entdeckers [wertvoller] Texte« entstehen:

> Beginn der Schrift mit der Sammelhandschrift des Umherziehens der Schmerzstoffe, gefunden in alten Schriften in einem Bücherkasten unter den Füßen des Anubis in Letopolis in der Zeit des Königs von Ober- und Unterägypten *Hsp.tj* [...] [= Hesepti, 1. Dynastie], des Gerechtfertigten. [...] Dieses Buch wurde gelöst von den Füßen und gesiegelt von dem Schreiber der Gottesworte, dem Grossen der ausgezeichneten Ärzte, die den Gott befriedigen. Ein Diener des Aton ließ das Buch zur Wirkung kommen mit einem Brandopfer an Brot, Bier und Weihrauch im Namen der Isis, der Großen, des Horus Chenticheti, des Re, des Chnons, des Thot und der Götter in den Leibern. (Luft 1973, S. 110 f.)

Uns ist die Legende von den Unternehmungen eines gelehrten Erkunders solcher literarischer Texte, nämlich des Prinzen Chaemwese, überliefert, der der vierte Sohn Ramses' II. und Hoherpriester des Ptah in Memphis war (13. Jahrhundert v. Chr.). Er war derjenige, der sich um die Restauration der Pyramiden, den Wiederaufbau des Ptah-Tempels und mit Sicherheit auch um eine Bestandsaufnahme der Bibliotheken kümmerte. Ihm wurde die Entdeckung des Kapitels 167 des *Totenbuches* zugeschrieben, und die Nachwelt verehrte ihn als einen »Magier«, ebenso wie den legendären Djedi aus dem Papyrus Westcar. Chaemwese allerdings weist

Eigenschaften auf, die ihn bereits in die Nähe eines Faust rücken (Pieper 1931).

In seiner Position als Priester, der einen hohen Platz in der Tempelhierarchie einnahm, standen Chaemwese und allen anderen, die eine ähnliche Stellung hatten wie er, die Pforten zu den Archiven offen, in denen Schriften aus uralter Zeit aufbewahrt wurden, die zu verstehen es einer besonderen Bildung bedurfte. Die Früchte ihrer Forschungen werden bisweilen an der Art und Weise sichtbar, in der diese Weisen ihre eigenen Grabstätten ausschmückten. Ein Beispiel hierfür ist das Grab des »Zweiten Propheten des Amun« Pujemre (aus der Zeit Thutmosis' III., 15. Jahrhundert v. Chr.), »Vorsteher der Geheimnisse der Gottesworte [der Hieroglyphen] im Tempel des Amun [in Karnak]«, das über und über mit gelehrten Zitaten aus Schriften und Darstellungen aus der Zeit des Mittleren Reiches versehen ist. Es sind solche Persönlichkeiten wie Pujemre, die repräsentativ sind für die Kultur der Welt der Pharaonen; sie haben, vielleicht mehr als alle anderen, prägend auf das Bild gewirkt, das man sich gemeinhin von dieser Kultur macht.

Bisweilen wurde im »Lebenshaus«, das heißt in jenem Teil des Tempels, der unter anderem als Unterrichtsstätte diente und in dem Manuskripte aufbewahrt und abgeschrieben wurden (er befand sich in der Regel in der Nähe des »Bücherhauses«), die Entdeckung seltener alter Schriften vermerkt; in solchen Fällen stellte man fest, wie gut diese erhalten waren (wenn das Original beschädigt war, brachte man den Vermerk »beschädigt vorgefunden« an), fertigte gegebenenfalls Kopien für die Priester an oder paßte die alten Texte den Bedürfnissen der neuen Zeit an, ebenso wie man es bei der Restauration von Gebäuden zu tun pflegte. So zeichneten sich hier in gewisser Weise die Vorboten philologischen Arbeitens ab. Zur Ramessidenzeit war Ramsesnacht, der »Leiter der Arbeiten« (also königlicher Baumeister), zugleich auch »Schreiber der Gottesbücher, die sich im Lebenshaus befinden.« Demnach hatten auch die Baumeister Zugang zu den Tempelarchiven und waren offenbar gehalten, nach deren Vorschriften zu bauen. Als ein Vorbild für Architekturschulen galt in diesem Sinne offenbar lange Zeit das »Lebenshaus« in Heliopolis (Gasse 1981), während in der Spätzeit Bubastis, Abydos und Sais als die besten Zentren für die medizinische Ausbildung galten (Habachi 1971).

Zur Aufgabe der Schreiber, die in eine so prestigereiche Institution wie das »Lebenshaus« berufen wurden, gehörte es demnach auch, schwierige Recherchen anzustellen, und zumindest in der Ramessidenzeit mußten sie darüber befinden, ob das von den Expeditionen beschaffte Material von ritueller Bedeutung war oder nicht – eine Pflicht, die auch den »Vorlesepriestern« oblag:

Seine Majestät befahl dem Schreiber des Lebenshauses Ramses-Aschahab, dem königlichen Schreiber Hori und dem Priester des Har-Min- und Isis-Tempels in Koptos Usermaatranacht, die Bauwerke am Ort der Wahrheit [in der thebanischen Nekropole] zu untersuchen, um herauszufinden, an welchen Stellen *bechen*-Gestein [Grauwacke] verwendet wurde, denn man fand, daß es sich dabei um ausgesprochen schöne, große und wunderbare Denkmäler handelte (Gardiner 1938).

Die berühmten Gelehrten stammten nicht allein aus Adelskreisen und gehörten nicht ausschließlich der höchsten Gesellschaftsschicht an. Dies zeigt zum Beispiel der Werdegang des Amenophis, Sohn des Hapu, der uns einen Abriß seines Lebens hinterlassen hat, aus welchem hervorgeht, welche Etappen die Karriere einer »führenden Persönlichkeit« durchlief: Geboren wurde Amenophis wahrscheinlich noch zur Zeit der Herrschaft Thutmosis' III. (der um das Jahr 1450 v. Chr. starb) in Athribis. Zunächst wurde er ein »königlicher Schreiber« niedrigen Ranges; er machte sich mit dem Gottesbuch vertraut, erkannte die Macht Thots und ging sehr klug mit seinen Geheimnissen um, so daß er alle erdenklichen Probleme zu lösen und bei jeder Gelegenheit einen Rat zu erteilen vermochte. Im Alter von etwa fünfzig Jahren, zur Zeit Amenophis' III., wurde er zum »königlichen Rekrutenschreiber« mit dem Rang eines »Oberbeamten« befördert. Diese hohe Position ermöglichte es ihm, sich auch den Titel »Vorsteher aller Bauarbeiten des Königs« zuzulegen. So sorgte er für den Abbau der Bodenschätze am Gebel Ahmar bei Heliopolis, die Erbauung des Grabtempels des Pharao, die Errichtung einer Reihe von Gebäuden im heiligen Bezirk von Karnak, die Aufstellung von Königsstatuen und ließ schließlich auch einen Kultort für sich selbst einrichten. Sein Ansehen war so groß, daß er noch zur Römerzeit wie ein Heiliger verehrt wurde. Ihm schrieb man die Entdeckung des *Buches der Geheimnisse der Formen* zu, das wahrscheinlich noch im *Totenbuch*, Louvre 3248, erhalten geblieben ist (Erman 1877).

Wer eine Ausbildung zum Schreiber durchlief, konnte demnach profunde Kenntnisse erwerben und hatte Zugang zu den höchsten Ämtern. Von hier ist es nur noch ein kleiner Schritt bis zu der Vorstellung, daß die

Kenntnis der Schrift einen Indikator für den Bildungsgrad und nicht für eine bestimmte berufliche oder soziale Stellung darstellte (wie etwa bei der Bezeichnung »Doktor«, die auch als ein Synonym für Schreiber verwendet werden kann). Schriftkundige Menschen gab es im 2. Jahrtausend v. Chr. in allen Berufssparten, die oberhalb der Schicht derer anzusiedeln waren, die unmittelbar in der Produktion tätig waren (man denke an den Protagonisten der *Geschichte vom redekundigen Oasenmann*, der zwar mit einer erstaunlichen Beredsamkeit ausgestattet, dafür aber vollkommen unfähig ist, mit »Papier und Feder« umzugehen).

Gewiß war die Kenntnis der Schrift seit dem Alten Reich eine Voraussetzung für den Aufstieg in die höchsten gesellschaftlichen Positionen, doch war sie nicht unbedingt mit dem Beruf des Schreibers gleichzusetzen, ebenso wie der Weise (»der, der die Dinge kennt«) ursprünglich nicht notwendigerweise ein Literat war. Im Laufe der Zeit jedoch nahm das Standesbewußtsein derer, die zur Gruppe der Schreiber gehörten, feste Gestalt an, insbesondere wenn der Betreffende einer Familie entstammte, in der Bildung geschätzt wurde. So ergab es sich, daß das Privileg der Zugehörigkeit zu einer höheren Schicht, zumal es an die Vermittlung bestimmter Kenntnisse gebunden war, zunehmend innerhalb derselben Kreise weitergegeben wurde. Infolgedessen gibt es Familien, die über Generationen hinweg Schreiber hervorgebracht haben, oder solche, in denen der Schreiberberuf mit dem des Priesters oder dem des Beamten abwechselt. Häufig überschneiden sich jedoch die Ämter, und es ist nichts Außergewöhnliches, daß ein Priester gleichzeitig auch Tempelschreiber für die den Göttern dargebrachten Opfer ist.

Während der Schreiber zur Zeit des Mittleren Reiches nur im administrativen Bereich gesellschaftlich in Erscheinung trat, bildeten die Schreiber im Neuen Reich eine echte Intellektuellenschicht, die kulturschaffend tätig war, und dies nicht mehr nur im Auftrag des Hofes, sondern auch für ihre eigenen Bedürfnisse, die Bedürfnisse eines privilegierten Standes. Hiermit gewann der Beruf des Schreibers auch eine ganz bestimmte gesellschaftliche Dimension, und wie wir bereits gesehen haben, bezeichneten sich in dieser Zeit auch die Verfasser von Lebenslehren (Ani, Amennacht, Amenemope) als »Schreiber«. Im übrigen betont Amenemope im Prolog seines Werkes, daß seine Aufgaben als Schreiber im administrativen Bereich lagen, ebenso wie Enene und Penture, die bedeutende literarische Texte niedergeschrieben haben, Schatzhausschreiber waren oder Qhenherchopschef, Kopist und Sammler von Manuskripten, ein Schreiber, welcher der Handwerkersiedlung von Deir el-Medineh zugeteilt war. Der Schreiber durfte eine kleine Statue seines Schutzgottes Thot bei sich tragen und konnte sie mit besonderer Hingabe verehren. Als ein Zeichen des Wohlstandes ist zu werten, daß in Texten für den Schulgebrauch das allzu »studentische« Verhalten mancher Jugendlicher getadelt wird, die die Schule vernachlässigten, und auch nicht versäumt wird, darauf hinzuweisen, um wieviel angenehmer doch die Büroarbeit im Vergleich etwa zu einer militärischen Laufbahn sei, auch wenn diese in anderer Hinsicht verlockend erscheinen mag.

Es ist nicht möglich, statistisch zu bestimmen, wie groß die Zahl derer, die schreiben konnten, im Vergleich zur Masse der Bevölkerung (den Analphabeten) war, weil sich die Schreiber zumeist an den Höfen, in den an die königlichen Residenzen angeschlossenen Verwaltungszentren oder auch in den Tempeln konzentrierten. Hier dürfte die Zahl der Schriftkundigen überaus hoch gewesen sein. Hingegen war die Mehrheit der über die Weiten des Landes verteilten Bevölkerung vollkommen ungebildet. So galt noch immer der ein halbes Jahrtausend alte Spruch aus den Sargtexten, in dem es heißt: »Ich war Schreiber für die Menge«. Der Schreiber war also inzwischen mehr als nur jemand, der Grabinschriften entzifferte; er las Briefe (die nunmehr an die Stelle der mündlich übermittelten Botschaften getreten waren) und setzte selber welche auf, verfaßte Berichte und juristische Dokumente.

Die vom Schreiberstand erlangte Vorrangstellung blieb jedoch nicht unangefochten. Es ist darauf hingewiesen worden, daß sich seit Mitte der 18. Dynastie (ungefähr 14.–13. Jahrhundert v. Chr.) die Laufbahn in der Militärverwaltung größerer Beliebtheit erfreute als die in der zivilen Verwaltung. Nun standen die Schreiber, die mit ihrer Ausbildung sogar in das höchste Amt, nämlich das des Wesirs, aufsteigen konnten, oft an der Spitze des Heeres. Generäle wie Tjanuni, der Kriegsberichterstatter Thutmosis' III., Thot, Maja, Amenhotep, Paatenemhab und Nacht waren anfangs Militärschreiber gewesen (Helck 1954). Auch der Nekropolenschreiber Butehaiamun, der aus zahlreichen Schriften aus der 20. Dynastie (ungefähr 1100 v. Chr.) bekannt ist (er ist der letzte Sproß einer Familie, aus der über sieben Generationen hinweg Schreiber hervorgegangen waren), kam aus der Militärverwaltung. An einen Heeresschreiber namens Amenemope war auch der satirisch-polemische Brief gerichtet, den der Schreiber Hori in der Ramessidenzeit verfaßte. In diesem Schreiben weist Hori seinem Kollegen Unwissenheit und Unfähigkeit nach, während er sein eigenes Können in den höchsten Tönen lobt, wobei er sich in der Wortwahl allerdings weitgehend darauf beschränkt, Ausdrücke aus dem militärischen Bereich in den Bereich der Literatur und Bildung zu übertragen. Er nennt sich selbst »erfahren in den heiligen Schriften«, »*tapfer und siegreich in der Kunst der Seschat*«, bezeichnet sich als »Diener des Herrn von Hermopolis [Thot] im Hause des Schreibers«, »Lehrer im Schreibsaale«, »Fürst unter seinen Zeitgenossen« und als »*schnell* bei der Abschrift der Manuskripte.« Dies läßt auf eine Rivalität zwischen den Beamten verschiedener Verwaltungsbereiche, oder genauer gesagt, zwischen der alten, aus der zivilen Beamtenlaufbahn hervorgegangenen Schicht und jener neuen Schicht schließen, die eine Karriere in der Militärverwaltung durchlaufen hatte.

Im übrigen war die Ramessidenzeit die Epoche, in der sich das Bewußtsein einer radikalen Erneuerung der Kultur durchsetzte. Die gesprochene Sprache der Gegenwart unterschied sich nunmehr deutlich von der alten kodifizierten Sprache der Tempel oder später auch des Hofes, und im Bereich der Schrift, wo man in Anbetracht eines wesentlich größer und heterogener gewordenen Publikums mit ungewöhnlicher Toleranz die verschiedensten sprachlichen Varietäten und Stilebenen festhielt, neigte man zunehmend zu einer phonetischen Notierung. Nun, da die Gesellschaft einen tiefgreifenden Wandel durchlebte, brachte man den alten Büchern noch größere Verehrung entgegen als zuvor; sie wurden sorgfältig aufbewahrt, gelesen und kopiert, auch ohne daß man sie wirklich verstanden hatte. In Deir el-Medineh, der Stadt, in welcher die Handwerker lebten, die mit der Herrichtung der Königsgräber betraut waren, sind zahlreiche Spuren jener Sammlung von alten Schriften erhalten geblieben, die auf Papyri oder auf Scherben aus Kalkstein oder Ton (den sogenannten *Ostraka*) niedergeschrieben worden waren. Die Schreibweise einiger Schreiber, so etwa die Qhenherchopschefs, kennt man sehr gut, so daß die eigenhändig von ihm geschriebenen Dokumente ohne weiteres identifiziert werden können. Qhenherchopschef lebte zur Zeit der Herrschaft Ramses' II. und starb unter Siptah; aus seiner Familie ging noch bis zur Zeit Ramses' IX. (13.–12. Jahrhundert v. Chr.) eine Reihe von Schreibern hervor, deren entscheidendes Verdienst darin bestand, daß sie systematisch Manuskripte für den privaten Gebrauch sammelten und so eine regelrechte Bibliothek zusammentrugen, zu der auch die Papyri der Sammlung Chester Beatty mit insgesamt mindestens vierzig Bänden gehört. Einige davon sind von außerordentlichem Interesse, so die Geschichte von Horus und Seth oder das Traumbuch (Pestman 1982). Uns ist ein besorgter Brief überliefert worden, in dem jemand nach einem Platzregen empfiehlt, einige dieser Papyri zum Trocknen in die Sonne zu legen (Koenig 1981).

Wie wir bereits gesehen haben, nahmen manche Menschen anstelle eines Totenbuches die Kopie eines alten literarischen Werkes mit in ihr Grab, so auch der oben erwähnte Handwerker Sennodjem, der die Sinuhe-Geschichte, niedergeschrieben auf einem riesigen Ostrakon, bei sich haben wollte. Die zukünftige Entwicklung des Schreiberberufes war nunmehr im Mikrokosmos von Deir al-Medineh ebenso sichtbar wie im ganzen Land: Es zeichnete sich nämlich eine Trennung ab zwischen literarisch versierten Schreibern, die auf die Buchschrift spezialisiert waren, und »Handwerkern des Pinsels«, welche die Eintragungen in den Verwaltungsregistern vornahmen; diese wurden nicht in eleganter Schönschrift, sondern in Kursive und in unglaublich schnellem Tempo geschrieben, eine Tatsache, die sich an den immer deutlicher hervortretenden Unterschieden in der Linienführung ablesen läßt: Die in der Verwaltung verwendete Geschäftsschrift entwickelte sich zu einer stark vereinfachten Schnellschrift mit zahlreichen Kürzeln und besonderen Konventionen, die nur vom geübten Auge entziffert werden konnte; im Gegensatz dazu wies die in literarischen Werken verwendete Buchschrift, die ebenfalls hieratisch, also nicht bildhaft, war, sehr regelmäßige Züge auf und war leicht lesbar.

Die Abschriften literarischer Texte wurden nunmehr von den jeweiligen Schreibern signiert, wobei diese mit ihrer Unterschrift nicht allein bestätigten, daß sie die Arbeit zum Abschluß gebracht hatten. Vielmehr verbürgten sie sich mit ihrem Ansehen als Gelehrte für die Qualität der Kopie. So verbindet sich der Name zweier Schreiber, die zwischen dem 13. und dem 12. Jahrhundert v. Chr. in Memphis wirkten, Enene und Penture, mit einer Reihe wunderschöner Manuskripte. Der erste von ihnen, Schatzhausschreiber und Untergebener des Schatzhausschreibers Kageb, war derjenige, der fünf Schriftrollen mit verschiedenen Texten aus dem Bereich der Schule (den Schülerhandschriften des Papyrus Anastasi III, IV und VI) sowie das einzige noch erhaltene Manuskript mit dem *Brüdermärchen*, den Papyrus D'Orbiney, niederschrieb. Letzterem verdanken wir eine handgeschriebene Kopie des *Qadeschgedichts*, das zu Ehren Ramses' II. verfaßt worden und vor allem als Inschrift verbreitet war. Ein Schatzhausschreiber konnte durchaus sehr begütert sein, was sich zum Beispiel an Minnacht, Schreiber der beiden Schatzhäuser aus der Zeit Thutmosis' III., zeigt. Er war eine solch bedeutende Persönlichkeit, daß er Standbilder in verschiedenen Heiligtümern aufstellen lassen konnte, eine Grabstätte in Theben und ein Kenotaph in Gebel es-Silsile besaß.

In den Buchwerkstätten der Tempel (den bereits erwähnten »Lebenshäusern«) konnten Handschriften angefertigt werden, die wahre kalligraphische Meisterwerke darstellten, so die für prunkvolle Begräbnisse vorgesehenen *Totenbücher*, für deren Verfertigung, zumindest bis zum Ende des Neuen Reiches, eine gute Kenntnis der Hieroglyphen unabdingbar war. Später ging man allerdings dazu über, auch für religiöse Texte das Hieratische zu verwenden, das im Bereich der Verwaltung schon lange in Gebrauch war und wesentlich schneller geschrieben werden konnte als die Hieroglyphen. So weisen denn auch die *Totenbücher* der Dritten Zwischenzeit in den Fällen, in denen man versuchte, Hieroglyphen zu verwenden, eine äußerst ungelenke Schrift auf. Seit der Zeit des Neuen Reiches konnten sich die Schreiber aufgrund ihrer Stellung ohne weiteres Handschriften für ihre Gräber verschaffen. Tatsächlich sind mehr als fünfzig Totenbücher von Schreibern erhalten, die sich über alle Ränge verteilen, vom bereits erwähnten General Nacht bis hin zu kleinen Buchhaltern.

Das Wort, das im Ägyptischen zur Bezeichnung der Tätigkeit des Schreibers verwendet wird, ist ein Deskriptivum, das mit der primären Bedeutung der Vokabel »zeichnen« (*sš*) in Zusammenhang steht. Auch im Russischen ist das Wort »schreiben« ›*pisat'*‹, etymologisch mit »zeichnen« verwandt. Man bezeichnete mit diesem Terminus die Anbringung von Figuren oder Zeichen mit der Hand, wobei man sich zunächst nur auf das Malen oder Schreiben auf leichten Schriftträgern bezog; später wurde der Ausdruck auch auf die Anbringung von Inschriften auf Denkmälern übertragen, obgleich es hierfür den treffenderen Ausdruck »Schrift eingravieren« gab. Nunmehr war der Schreiber also mit jedem Handwerker des Pinsels, jedem Maler oder Zeichner vergleichbar. Im Mittleren Reich konnte eine Magd, die ihre Herrin schminkt, mit der Feminin-Form des Wortes für »Schreiber« bezeichnet werden (Posener 1969). Im übrigen mußte der Schreiber aufgrund der Bildhaftigkeit der altägyptischen Schrift zumindest im Hinblick auf die Inschriften nicht nur die Kunst des Schreibens beherrschen, sondern auch Erfahrung im Zeichnen und vielleicht auch im Malen mitbringen. So gesehen war die soziale Stellung des Schreibers durchaus mit der eines bezahlten Handwerkers vergleichbar.

Es muß angenommen werden, daß dem Schreiber im Neuen Reich auch die Funktion eines Vermittlers oder Dolmetschers zukam. Ägypten zeigte sich zu jener Zeit sehr offen gegenüber der syrischen und palästinensischen Kultur, die sich im mesopotamischen Gebiet herausgebildet hatte. In Tell el-Amarna gab es zur Zeit Amenophis' III. und Amenophis' IV. (14. Jahrhundert v. Chr.) nicht nur Persönlichkeiten, welche die wichtigen Sprachen – Babylonisch, Hethitisch, Hurritisch – gut beherrschten, sondern auch Schreiber, die in der Lage waren, Keilschrift zu lesen und die diplomatischen Formeln, die darin niedergeschrieben waren, mehr oder weniger zu verstehen. Zu ihnen gehörten auch jene Gelehrten, die als »Briefeschreiber« (*sš š<sup></sup>ʾt*, in Keilschrift *schachschicha*) bezeichnet wurden. In Tell el-Amarna, der Hauptstadt unter Amenophis IV., gab es auf halbem Wege zwischen dem Großen und dem Kleinen Tempel ein Gebäude, das als Archiv für die Korrespondenz diente. Durch die Entdekkung eines Fragments aus der Zeit des Gilgamesch ist erwiesen, daß man bemüht war, die Fremdsprachen durch die Lektüre überaus anspruchsvoller literarischer Werke zu erlernen, zweifellos unter der Anleitung ausländischer Lehrer. In der Folge gab es Versuche, einige fremdsprachige Textstellen in altägyptischer Schrift zu notieren. Es wäre jedoch anachronistisch, wollte man – wie teilweise noch im 1. Jahrtausend v. Chr. – annehmen, daß der Schreiber schon damals auch als »Übersetzer« tätig gewesen sei.

Ein gewisses Interesse und eine gewisse Neugier für die fremden Literaturen war zweifellos vorhanden, doch deren Inhalte gelangten allenfalls auf dem Umweg über freie Adaptionen und Bearbeitungen, durch welche die Werke an die neue Umgebung angepaßt wurden, in die altägyptische Literatur – und dies geschah ausschließlich auf mündlichem Wege, wie in anderen Ländern auch. Die Aufgabe, eine getreue oder wörtliche Übersetzung anzufertigen, stellte sich lediglich im Bereich des Völkerrechts, das heißt bei der Aufsetzung von Verträgen wie jenem, den Ramses II. mit dem Hethiterkönig Muwatalli abschloß. Auf jeden Fall ist es sehr wahrscheinlich, daß es altägyptische Schreiber gab, die sich auch in der Keilschrift gut auskannten und in der Lage waren, diese mit der eigenen Schrift zu vergleichen und gegebenenfalls Anregungen aufzugreifen. Im übrigen war bereits für die Beherrschung der ägyptischen Schrift und des ägyptischen Wortschatzes eine beträchtliche Bildung erforderlich. Es ist bezeichnend, daß die bedeutenderen Schreiber ihren Namen schmückende Beiwörter hinzufügten, durch welche ihr Können und ihre Tüchtigkeit unterstrichen wurden: »Intelligent bei der Erkundung der Dinge [oder »der Schriften« oder »des Wissens«]«, »ein Fachmann für das, was man nicht weiß.« Deutlich ist hier der Hinweis auf den geheimen und verborgenen Bedeutungsgehalt der ägyptischen Schriftzeichen erkennbar. In der Spätzeit wurde der alte Titel »Vorsteher der Geheimnisse« verwendet, um den »Eingeweihten« zu bezeichnen, der sich im Kultus und folglich auch in den Mythen und Ritualen auskannte. In ähnlicher Weise wurde der Ausdruck »Schreiber des Lebenshauses« (ebenso wie der alte Ausdruck »Vorlesepriester«) zu einer Bezeichnung für den Magier oder Weisen (auf Koptisch *sphransch*). Der »Vorlesepriester« wiederum spezialisierte sich auf die Tätigkeit des Einbalsamierers, da seine ursprüngliche Funktion als »Magier der Schrift« sinnlos geworden war.

Der Rückgriff (oder scheinbare Rückgriff) auf das Alte erreichte seinen Höhepunkt, als Mitte des 8. Jahrhunderts v. Chr. die Nubier Ägypten eroberten und die 25. Dynastie begründeten. Dieses Volk, das sich von den Ägyptern grundlegend unterschied und auch eine andere Sprache sprach, übernahm in dieser Zeit zusammen mit der altägyptischen Sprache und Literaturtradition von den Ägyptern auch die Schrift. Taharka, einer der größten nubischen Könige, der das Pharaonenreich in seiner einstigen Größe wiedererstehen lassen wollte, ließ auch einen ihm bedeutend erscheinenden Text, soweit er auf jenem alten, von Würmern zerfressenen Papyrus, auf dem er überliefert worden war, überhaupt noch erkennbar war, auf eine Basanitplatte übertragen; dies ist der Text, der heute als *Memphitische Theologie* bekannt ist.

In der Saitenzeit gewann die gelehrte Forschung wieder an Boden. Man war bestrebt, mehr über die fernere Vergangenheit Ägyptens zu erfahren, Zitate von alten Grabmälern abzuschreiben, seltene Werke zu sammeln, Vorbilder der Vergangenheit wiederaufzugreifen und es ihnen gleichzutun. Hierfür waren außergewöhnliche Sachkenntnisse nötig: Man mußte nicht nur die zeitgenössische Sprache und ihre verschiedenen Schriftformen beherrschen (auch wenn nicht unbedingt alle), sondern auch mit der alten Sprache und der zugehörigen Schrift vertraut sein. Während das Demotische, das sich zur Zeit der 26. Dynastie (7.–6. Jahrhundert v. Chr.) im ganzen Land verbreitete, bis zur Ptolemäerzeit hauptsächlich eine Schrift der Notare blieb, fand das Hieratische (eine Unzialschrift), das sich in der Ramessidenzeit zur Buchschrift entwickelt hatte, weiterhin in religiösen und literarischen Texten Verwendung. Hingegen wurde die zunehmend außer Gebrauch gekommene Hieroglyphenschrift besonders bei den Priestern gepflegt, die ihren symbolischen Gehalt zu erkunden suchten: »O all Ihr reinen Priester, die Ihr die Gottesworte [die Hieroglyphen] ergründet und Schriftexperten seid, die Klugen aus dem Lebenshaus, die Ihr die Wege der Götter kennt, und die Ihr die Archive des Bücherhauses ergründet habt, Ihr, die Ihr die Schwierigkeiten der ›Ba des Rê‹? [der heiligen Bücher] zu erklären wißt, Experten seid für die Arbeiten unserer Vorfahren und versteht, was an den Wänden steht, Ihr, die Ihr die Gräber mit Inschriften verseht und die Schwierigkeiten erläutert [...]«, so schreibt Peteharpokratis auf einer Stele, die sich heute im Louvre befindet (C 232, vgl. Gardiner 1938).

Wahrscheinlich entstand in dieser Epoche der Mythos der alten Weisen wie Imhotep und Prinz Chaemwese, auf die bereits hingewiesen wurde: ersterer wurde wie ein Gott verehrt, letzterer erschien als Held einer Reihe von Erzählungen. An dem Textrepertoire, das zur Ausschmükkung der Grabstätten herangezogen wurde, läßt sich erkennen, welch profunde Kenntnisse einige der Würdenträger besaßen und über welch umfangreiche Quellen sie verfügten. Unsere retrospektive Kenntnis der Gelehrten der Spätzeit wird durch die Erhaltung der Tradition des hieroglyphischen Schrifttums wesentlich erleichtert. Doch war diese Schrift bereits kaum mehr in Gebrauch; neuen Auftrieb erhielt sie erst durch die Erforschung alter Texte und das Studium der Sprachen der frühen Zeit.

Es kann als erwiesen gelten, daß viele Schreiber verschiedene Schriftformen gleichzeitig beherrschten, zumindest was die Hieroglyphen auf der einen und das Hieratische und Demotische auf der anderen Seite betraf, die über lange Zeit hinweg nebeneinander, wenn auch in unterschiedlichen Textarten verwendet wurden. Von den Priestern wurde eine solche mehrere Schriften umfassende Kompetenz sogar ausdrücklich gefordert. Doch obgleich in Theben bis zur 25. Dynastie (ungefähr 600 v. Chr.) das »abnorme Hieratisch« verwendet und dieses dann unter dem Einfluß der Saitendynastie durch das Demotische ersetzt wurde, ist kein einziger Schreiber bekannt, der gleichzeitig das »abnorme Hieratisch« und das Demotische beherrscht hätte.

Unter der Herrschaft der Makedonier faßte jedoch die griechische Kultur festen Fuß in Ägypten, und von da an läßt sich konstant die gegenseitige Durchdringung und Beeinflussung der beiden Kulturen, der griechischen und der einheimischen, nachweisen. Eine wichtige Rolle spielten dabei die *hierogrammatèis*, wie sich damals die Schreiber altägyptischer Urkunden nannten. Die große Bedeutung, die schriftliche Dokumente nach dem 5. Jahrhundert v. Chr. in Griechenland erlangt hatten, machte sich auch in Ägypten bemerkbar und hatte zur Folge, daß sich für alle Verwendungsweisen der einheimischen Sprache die demotische Schrift durchsetzte. Doch ebenso wichtig wie die Niederschrift von Urkunden und Werken in den beiden wichtigsten Schriften, der demotischen und der griechischen, war auch die Vermittlung des literarischen Erbes beider Sprachgruppen. Überdies mußten, und dies war keine geringe Aufgabe, zeitgemäßere Formen der Verschriftlichung der ägyptischen Sprache gefunden werden, die sich am Vorbild des griechischen Alphabets orientierten; Ergebnis dieser Bemühungen war das Koptische, das praktisch eine Abwandlung der griechischen Schrift darstellte. So blieben auch in der Spätzeit jene Aufgaben von Bedeutung, welche dem Schreiber bereits seit der frühesten Zeit oblagen, und auch die Bibliothek und das Museum von Alexandrien lassen sich als eine stattlichere »Neuauflage« der alten »Lebenshäuser« begreifen.

In Pathyris, einer südlich von Theben gelegenen Militärkolonie, liessen sich die ägyptischen Priester griechische Schriftstücke noch ins Demotische übersetzen. Der Überlieferung zufolge kostete es zum Beispiel zweieinhalb *Kite*, das griechische Dokument eines gewissen Diogenes ins Ägyptische übersetzen zu lassen (Kaplony-Heckel 1974, S. 239). Zudem gab es Griechen wie Hermapion, die ihre Freizeit dem Studium der ägyptischen Schrift widmeten. Noch zur Zeit des Kaisers Hadrian hatte der Ägypter Aschaichet in einem Haus in Tanis im Ostdelta zahlreiche hieroglyphisch, hieratisch, demotisch und griechisch geschriebene Papyri zusammengetragen, unter denen sich auch der *Zeichenpapyrus* und ein Papyrus geographischen Inhalts befanden (Griffith 1889). Zu erwähnen ist schließlich noch jener koptische Mönch aus Deir el-Medineh, der einen hieratisch geschriebenen Papyrus mit der *Lehre des Ani*, einen weiteren mit Gebeten für die zwölf Nachtstunden und einen dritten, demotisch geschriebenen Papyrus mit der Geschichte von Setne-Chaemwese mit in sein Grab nahm. Er legte all dies zusammen mit koptischen Schriften aus dem nahegelegenen Kloster in einen Holzkasten; so hatte er sich für die Ewigkeit mit allen geheimnisvollen Zeugnissen dieser Erde gewappnet, mochten sie ihm selbst auch unverständlich sein.

Auf einer Statue im Museum von Alexandria wird Hor bezeichnet als der »Mann des Vertrauens in die Ratschlüsse Gottes, der auffüllt, was [von den Inschriften] in den Tempeln zerstört vorgefunden wurde, der ihre göttlichen Ba [die heiligen Inschriften] mumifiziert.« Die Zeit war nun reif für gelehrte Abhandlungen über die Hieroglyphen, wie jene auf Griechisch geschriebene, die uns ein Ägypter mit dem vielsagenden Namen Horapollo hinterlassen hat. Nun stellte die Kenntnis der Schriften des Pharaonenreiches nicht länger ein Herrschaftsinstrument des Staates dar, sondern sie war das Ergebnis privater Forschungen und persönlichen Studiums. In einer durch den Einfluß des Hellenismus uniformierten Kultur, für die in der Zukunft verschiedene Entwicklungsmöglichkeiten denkbar waren, haftete an den kostbaren Schriften der altägyptischen Zeit nunmehr der Reiz des Exotischen und Verborgenen, hinter dem man eine verlorene Weisheit vermutete. So erfüllte sich letztlich jener gegen den Schreiber und seine Geräte gerichtete Fluch aus den Pyramidentexten (476): »Schreiber! Schreiber! Zerbrich dein Schreibzeug, zerbrich deine beiden Griffel, zerreiße deine Papyrusrollen.« (Sethe, IV, 1939, S. 235)

Kapitel 4

# Der Beamte

Oleg Berlev

## Die Geschichte des Joseph

Von dem ägyptischen Beamten und dem Beamtentum der Pharaonenzeit erfuhr die Welt, lange bevor ein genialer Franzose die Hieroglyphen entzifferte, und zwar durch die letzten Kapitel der Genesis, die eine großartige historische Erzählung aus der Epoche der XIX. Dynastie enthalten. Ihr Held ist ein ausländischer Jude, der dem bei den Ägyptern besonders verhaßten Milieu der Schafshirten entstammte, der aber dennoch, sowohl dank außergewöhnlicher Umstände als auch dank seiner außergewöhnlichen Fähigkeiten, zum Haupt der ägyptischen Verwaltung wurde, gewissermaßen der zweite Mann im Staate. Diese Karriere ist so beeindruckend, daß sie es verdient, ein Buch der Hl. Schrift zu beschließen, das gigantischen Leistungen gewidmet ist: der Erschaffung der Welt, der Schaffung des Menschen, der weltweiten Sintflut, der Bildung der Völker und Reiche, denn das Ägypten der damaligen Zeit ist nicht einfach nur einer von mehreren Staaten des Nahen Ostens, sondern sowohl seiner Macht als auch seinem Reichtum und seinen Ausmaßen nach der größte Staat. Uns interessiert diese Karriere jedoch nur für das Studium des ägyptischen Beamtentums. Dieses stellt sich als kolossale Kraft dar, die sich als fähig erwies, der unerbittlichen Naturgewalt (in Form der regelmäßigen Nilüberflutung bzw. deren Ausbleiben) zu trotzen und das Gesellschafts- und Wirtschaftssystem eines Volkes von vielen Millionen Menschen radikal umzuwandeln. Natürlich stellt der Verfasser der biblischen Erzählung dies als das Ergebnis der Taten einer außergewöhnlichen Persönlichkeit dar, aber jedem unvoreingenommenem Leser wird klar, daß hier nicht nur eine Persönlichkeit wirkt, sondern auch die Stellung dieser Persönlichkeit, ein bestimmtes Amt und seine Verbindungen und Beziehungen, d.h. ein Beamter, der sich auf eine ganze Hierarchie von Beamten stützen kann.

Der Beamte, der über solche Macht verfügt, bewahrt das Land vor der siebenjährigen, katastrophalen Hungersnot. Aber das wurde eigentlich von der ägyptischen Verwaltung, dem Beamtentum, geradezu erwartet. In einer berühmten Äußerung über die Effektivität der ägyptischen Verwaltung erörtert Strabos* den Zusammenhang zwischen dem Hochwasserstand des Nils, der jedes Jahr eigens gemessen wurde, und der Ernte – Überfluß bei hohem Nil und Hunger bei niedrigem – und stellt fest, daß unter einer guten Verwaltung (nach Strabos Bericht verkörpert vom römischen Statthalter Ägyptens, Petronius) auch bei niedrigem Nil keine Hungersnot herrscht. Was die Rolle des Beamtentums betrifft, so hielten die Ägypter die Verhältnisse, die die antiken Autoren vorfanden, selbst nicht für natürlich oder historisch gewachsen, sondern für eine Einführung von oben, für das Resultat von staatlichen Umgestaltungen. Nur datierten sie diese Umgestaltungen in eine viel ältere Epoche als die der XIX. Dynastie und schrieben sie aufgrund ihrer spezifischen Ideologie nicht den Beamten zu, wie hochgestellt diese auch sein mochten, sondern allein dem König, konkret Sesostris, das heißt dem ersten Herrscher dieses Namens am Anfang der XII. Dynastie.

Eine gute Verwaltung – hat denn irgendeine andere Beamtenhierarchie der alten Welt, und nicht nur der alten, diese Bezeichnung verdient? Offensichtlich nicht. Denn nur in Ägypten hat das Beamtentum das Volk ganz real vor dem Hunger bewahrt, hat ganz real als produktive Kraft gewirkt. Eine einfache Zusammenstellung der Informationen über die Hungerjahre (am vollständigsten bei Vandier) zeigt, daß es in den sogenannten »glücklichen« Perioden der ägyptischen Geschichte, die in Zeiten einer absoluten Zentralgewalt mit einer effizienten Verwaltung einhergingen, keine solchen Hungerjahre gab. Dem Verfasser dieser Zeilen ist es zwar gelungen, den berühmten Hunger des Jahres 25 (der Name des Königs ist nicht angegeben) mit dem Niedrigstand des Nils unter der Herrschaft von Sesostris (»Bibliotheca Orientalis«, 38, S. 318–319) zu identifizieren, aber das ist nur die Ausnahme von der Regel.

---

* Griech. Geograph, um 63 v. Chr. bis 20 n. Chr.; Verfasser einer länderkundlichen Erdbeschreibung in 17 Büchern (*Geographica*). (Anm. d. Übers.)

In Perioden einer schlechten Verwaltung, die meist mit einer geschwächten Zentralmacht einherging, mußten einzelne Administratoren es auf sich nehmen, den Naturgewalten entgegenzuwirken, und ihre Aufzeichnungen (dem »autobiographischen« Genre zuzuordnen) sind dadurch wertvoll für uns, daß sie uns ein ganzes Arsenal von Mitteln zeigen, über die eine gute Verwaltung verfügen mußte. Die Methode der Vorratshaltung, die Joseph wählte, ist nur eine von ihnen. Überhaupt kann die private Wohltätigkeit von Einzelpersonen anstelle der, sagen wir, staatlichen, wie sie in den Autobiographien der Beamten, die in ihren Grabmälern verewigt wurden, erwähnt werden, auch als ein Indiz dafür gelten, daß die betreffende Verwaltung nur unzureichend funktionierte. Man kann das etwa mit Reportagen über den persönlichen Heldenmut von Frontsoldaten vergleichen, die fehlende militärische Erfolgsmeldungen ersetzen sollen.

Dennoch birgt das Phänomen der »guten Verwaltung« eine Dialektik, die auch die Bibel zutreffend wiedergibt. Das Volk hatte an ihr, bei all ihrer segensreichen Wirkung, hart zu tragen. Dies ist einer der Gründe, weshalb trotz dieser an und für sich guten Einrichtung die Macht des Zentrums in der Folgezeit mehr und mehr erlahmte.

Tatsächlich, die gute Verwaltung, verkörpert in der Person des Joseph, bringt den Ägyptern ein großes Übel: sie rettet sie zwar vor dem Hungertod, versklavt sie dabei aber, errichtet ein Leibeigenensystem und macht das Volk zu Sklaven des Königs. Das geschärfte Wirklichkeitsempfinden, das den Verfasser der letzten Kapitel der Genesis auszeichnet, legte ihm die Möglichkeit nahe, sich der Geschichte Josephs zur Erklärung der Verhältnisse in Ägypten zu bedienen, die sich so sehr von allem unterschieden, was die Juden von zu Hause oder aus den Nachbarländern kannten; er zeigte, daß diese Verhältnisse unter Ausnahmebedingungen entstanden waren und daß die Verwaltung die Naturkatastrophe für die Interessen des Pharao nutzte. Es ist aber wohlbekannt, daß dieses System von den Ägyptern selbst geschaffen wurde, und zwar nicht nur, wie es scheinen mag, in der Folge einer Naturkatastrophe. Alles in allem unterschätzte der Verfasser also erheblich, wie fest die ägyptische Verwaltung im gesamten Staatsgefüge verankert war.

Dieses System beruhte zunächst auf dem Fehlen einer Geldwirtschaft. Es waren keine Metalle als Zahlungsmittel im Umlauf: alle einigermaßen bedeutsamen Preise wurden zwar in Silber angegeben, tatsächlich aber in Realien getilgt (in der Bibel wird dies damit erklärt, daß sämtliches Silber an die Staatskasse abgeführt worden sei); es beruhte weiterhin darauf, daß das Volk weder Vieh noch Land besaß (beides wurde in Hungerjahren an den Staat abgeführt); und schließlich auf der allgemeinen Gleichheit in Form der allgemeinen Versklavung gegenüber dem König (eine Art Selbstverkauf während der Hungerszeit).

Neben der altjüdischen, biblischen Version der Geschichte von den sieben Hungerjahren gab es auch eine ägyptische Erzählung, die unter den Ptolemäern aufgezeichnet worden ist, gleichsam in Form einer Dankschrift des Königs der III. Dynastie, Djoser, an den Nomarchen von Elephantine, über die Bereitstellung von 12 ägyptischen Meilen für den Quellgott der Nilhochwasser, Chnum. Die siebenjährige Hungersnot ist jedoch hier nicht nur bereits abgewendet, sondern eigentlich schon überlebt, und sie diente dem Pharao nur als Anlaß, sich dafür zu interessieren, welcher Gott denn eigentlich die Hochwasser regiere. Der ägyptische Joseph, Imhotep, tritt hier nicht als Beamter auf, obwohl er mit Sicherheit ein solcher war und aus diesem Grunde den Bau der berühmten Pyramide und des Pyramidenkomplexes des Königs leitete, sondern als ritueller Opferpriester, als welcher er dem Volk auch überwiegend im Gedächtnis geblieben ist. Als Vollstrecker des Rituals hat er Zugang zu den heiligen Büchern und kennt sich in ihnen aus. Er findet darin Antwort auf die Frage nach dem Hochwassergott, was durch den Traum des Pharaos vollkommen bestätigt wird: der Gott erscheint ihm und verspricht ihm seine Gunst.

Auf diese Geschichte bräuchte man hier kaum einzugehen, wäre da nicht der Adressat der Dankschrift, der Nomarch. Es geht darum, daß wir den Verwaltungsdistrikten des Landes, den sogenannten Nomen, erstmals zuverlässig bei Djoser begegnen; denn es waren ja gerade die Nomarchen – im Zeitalter Josephs eher die Regenten der Städte und großen Dörfer – die in den sieben Jahren des Überflusses für die Anlage der Vorräte Sorge tragen mußten, da die Vorräte, nach dem Text der Bibel, in den Städten gesammelt wurden. Dies ist die älteste datierte (Jahr 19 Djoser) Erwähnung der lokalen Verwaltung, wenn auch eine Erwähnung *post factum*. Jedoch sind die Titel der Nomenverwalter auf Vasen aus dem Pyramidenkomplex des Djoser bezeugt, wenn auch ohne Datum und sogar ohne den Namen des Königs.

## Das Lehrbuch der Hierarchie

Was hatte es nun mit dieser allmächtigen Verwaltung auf sich? Um diese Frage zu beantworten, werfen wir einen Blick in das entsprechende »Lehrbuch«. So betitelte Maspero sein Werk, das er vor hundert Jahren nach der einzigen Abschrift des Papyrus Hood veröffentlicht hat. Bald nach dieser Ausgabe wurde eine viel vollständigere und von allen heute bekannten die umfangreichste Abschrift entdeckt: der Papyrus Golenischev III (es wäre vorzuschlagen, die einzelnen Textteile des Papyrus Golenischev, entsprechend dem ägyptischen Usus, nach dem Namen des Entdeckers und des ersten Besitzers des Papyrus in der Reihenfolge ihrer Entdeckung oder Veröffentlichung zu benennen: I – der mathematische Papyrus, gekauft 1888, II – Unamun, IV – der Literaturpapyrus, alle drei 1891 gekauft, V – die Hymne an die Diademe); über ein halbes Jahrhundert später gab Gardiner den Text des Werkes anhand von 8 Abschriften heraus (die neunte im Britischen Museum konnte er nicht berücksichtigen); gewidmet war die Ausgabe V. S. Golenischev, der ihm den von ihm entdeckten Papyrus für die Ausgabe zur Verfügung gestellt hatte. Dieses Werk ist eine ägyptische Enzyklopädie, oder nach unseren Begriffen, ein Wörterbuch, ein Onomastikon. Ist diese Enzyklopädie auch nicht die älteste (bekannt sind Auszüge aus den Enzyklopädien aus der Zeit der XII.–XIII. Dynastien), so doch zweifellos die vollständigste, auch wenn dieses Werk nicht als Ganzes auf uns gekommen ist.

Die Enzyklopädie hat – für Ägypten ein seltener Fall – einen Autor. Es ist ein Abschreiber der heiligen Bücher mit Namen Amenope. Keine einzige Abschrift ist älter als der Anfang der XXI. Dynastie, der Ursprung des Werkes selbst wird in das Ende der XX. datiert.

In dem Lehrbuch, das die Artikel Nr. 72–229 nach Gardiners Zählung umfaßt, wird ein ganzes Spektrum von Rängen, Ämtern, Berufsbezeichnungen u. ä. dargestellt, angefangen von dem Thronfolger (davor kommen die Mitglieder der Königsfamilie als solcher, ohne Verbindung zur Verwaltung) bis hin zu den landwirtschaftlichen Arbeitern, Gärtnern, Ackerbauern, Gemüsegärtnern und dem Stallaufseher. Die eigentlichen Beamtenränge finden nur am Anfang des Lehrbuchs Platz, bis hin zu den Priesterrängen, danach folgend die handwerklichen, militärischen und landwirtschaftlichen.

Was Maspero als Lehrbuch der Hierarchie bezeichnete, ist sowohl in den Papyri Hood als auch in den Papyri Golenischev vollständig erhalten, in Teilen auch in anderen Abschriften; es ist deshalb von außerordentlichem Wert, weil es das einzige Denkmal dieser Art ist, das uns aus der Epoche der Pharaonen überliefert ist. Der Eingangsteil des Lehrbuchs, welcher die Vertreter der höchsten Hierarchie benennt, findet seine Entsprechung in dem Verzeichnis der Ränge, die Ramses II im Jahre 3 huldigten (Verzeichnis im Luxor-Tempel, an der Südwand des vorderen Hofes), einem derart ähnlichen Verzeichnis, daß man es als Vorlage des betreffenden Teils des Lehrbuchs betrachten kann.

Diese Parallelität ist so groß, daß sie es gestattet, einen schweren Fehler zu korrigieren, der sich seit den ersten Ausgaben in die Interpretation des Lehrbuchs eingeschlichen hatte: im Gegensatz zu der allgemeinen Regel der Enzyklopädie, einem Terminus jeweils einen Artikel zuzuordnen, besteht hier der Titel des Thronfolgers aus fünf einfachen Artikeln, Nr. 72–76, die jedoch als Teile des Gesamttitels aufgefaßt werden müssen. Das entlastet den Verfasser der Enzyklopädie sowohl von dem Vorwurf, einige Titel zu wiederholen und veraltete, nicht eigenständig gebräuchliche Titel in das Nachschlagewerk aufgenommen zu haben (tatsächlich gehören die einen wie die anderen zum Titel des Thronfolgers), als auch von dem Vorwurf, er habe die Titel nicht streng dem Rang nach angeordnet, und die Beamtentitel stünden »über« dem Rang des Thronfolgers (in Wirklichkeit führen sie dessen Titulatur an).

Man kann sich des Eindrucks nicht erwehren, daß dieser gesamte große Abschnitt der Titel, Ränge und Berufe ein Ganzes darstellt, von dem die Beamten nur einen Teil bilden. Und tatsächlich, nach dem Lehrbuch der Hierarchie beginnen zwei völlig neue Abschnitte, denen nachträglich, ausgehend von der Kenntnis des Kontextes und des ägyptischen Lebens, die Überschriften »Die Leute« und »Der Mensch« zugeordnet wurden. Zu dem Abschnitt »Die Leute« gehören sowohl das entsprechende Kollektivum, »Das Volk« (Nr. 230), als auch die traditionellen Bezeichnungen des ägyptischen Volkes und die Namen der benachbarten Völker und Länder (Nr. 231–294). In dem Abschnitt »Der Mensch« (Nr. 295–311) folgen die Bezeichnungen des Menschen nach Geschlecht und Alter, um mit den Begriffen »Sklave« und »Sklavin«, der absoluten Grenze alles Menschlichen, dem völligen *nec plus ultra* zu enden.

Aber wenn die Abschnitte »Die Leute« und »Der Mensch« sich so deutlich aus der Enzyklopädie herausheben, welche Rückschlüsse läßt dies dann auf das zu, was Maspero als »Lehrbuch der Hierarchie« bezeichnet hat? Es kann sich dabei offenbar nur um das »Haus des Königs«

handeln, jene geheimnisvolle Institution, von der die Texte voll sind, aber immer in derartig gleichförmigen und in der Regel undurchdringlichen Kontexten, daß es schwer ist, sich allein aufgrund ihrer eine Vorstellung zu machen: es handelt sich dabei sowohl um den Palast des Königs, als auch die Königswirtschaft, um alle Würdenträger, die den Staat repräsentieren sowie um den staatlich geordneten Teil der Wirtschaft, und manchmal sogar um den »Staat«.

Hier ist nun eines wesentlich: der ganze Abschnitt über das Haus des Königs steht den Abschnitten »Die Leute« und »Der Mensch« in einer einander derart ausschließenden Weise gegenüber, daß dies die Schlußfolgerung nahelegt, daß es sich bei den Mitgliedern des Königshauses nach ägyptischem Verständnis offenbar nicht um Menschen handelt. Dies kann auch gar nicht verwundern, gilt doch der ägyptische König nicht als ein Mensch, sondern als Gott. In diesem Sinne sind auch die Kontingente des Königshauses, als materiellen Ausdruck seiner göttlichen Macht, in ihrer Gesamtheit vorzustellen, als Körper des Gottkönigs, ähnlich wie die Ägypter ihren ganzen Pantheon als eine Einheit denken konnten, als Körper des einen Gottes, der Sonne.

Ein Abglanz dieser göttlichen Eigenschaft des Königs fällt auch auf die Privilegierten, die in seinem Hause lebten und arbeiteten: die Bediensteten des Königshauses waren mehr als gewöhnliche Menschen, das heißt als jene, die nicht zu diesem Haus gehörten.

Auf der untersten Stufe der ägyptischen Gesellschaft stehen die Sklaven. Die Begriffe »Sklave« und »Sklavin« treten im Abschnitt »Der Mensch« auf, und zwar nicht nur deshalb, weil sie zu den Kategorien gehören, die den Begriff »Mensch« charakterisieren. Übrigens stellt die Enzyklopädie den Begriff »Sklave« nicht einem irgendwie gearteten Begriff des »Freien« gegenüber, wie immer dieser auch repräsentiert sein mag. Er steht im Kontrast zu dem Konzept des »Menschen« jedoch als »Nicht-Mensch«, als eine im Grunde negative Kategorie. »Sklave« und »Sklavin« gehören zum Abschnitt »Der Mensch« auch als Komponenten der menschlichen Wirtschaft, das heißt, der Privatwirtschaft. Interessant ist, daß dieser Abschnitt auch diejenigen Berufe umfaßt, die mit dem charakteristischen Produktionszweig der Privatwirtschaft in Ägypten verbunden sind. Gemeint ist die Herstellung von Booten, verständlich in einem Land, in dem Fluß und Kanäle die Hauptverkehrswege darstellten, wenn man wenigstens ein Papyrusboot besaß, und andererseits das Haupthindernis, zudem ein praktisch unüberwindbares (vor allem wegen der Raub- und Gifttiere im Wasser), wenn man kein solches zur Verfügung hatte.

Im ägyptischen Königshaus, der Institution, die jedem Privathaus ebenso wie der privaten Wirtschaft entgegengesetzt war, gibt es sowohl Beamte als auch Krieger, Opferpriester wie Handwerker und landwirtschaftliche Arbeiter.

Wir haben also eine Art Stellenplan des Königshauses vor uns, in dem die Gruppe der Beamten ungefähr ein Drittel belegt. Der Anteil der Beamtenschaft ist natürlich nicht proportional zu den übrigen vier Klassen, die das Königshaus ausmachen: den Kriegern, Opferpriestern, Handwerkern und den in der Landwirtschaft beschäftigten »Sklaven des Königs« (nicht zu verwechseln mit den einfachen »Sklaven«, von denen oben die Rede war; alle vier Klassen werden in der Grabinschrift des Militärschreibers Tjaneni unter Thutmosis IV. aufgezählt, der gerade um ihrer Vervollständigung willen abgebildet ist). Aber die Enzyklopädie hat auch nicht zum Ziel, den Maßstab zwischen ihnen zu wahren. Ihre Bestimmung ist es, die Terminologie, die Bezeichnung der Ämter zu geben. Selbst diese kann sie nicht vollständig liefern, aber die wichtigsten muß sie erfassen. Außerdem ist darauf hinzuweisen, daß die höchsten Priesterämter der drei Hauptgötter des Landes, Amun, Re und Ptah, in der Klasse der Beamten erwähnt werden, also mit Sicherheit als Beamtenfunktionen betrachtet wurden.

## Die Götterbeamten

Jeder Mensch konnte im Alten Ägypten nach seinem Tod zu Gott (Osiris) werden. Imhotep war ein Gott jener besonderen Art, zu denen die hochgestellten ägyptischen Beamten nach ihrem Ableben wurden. Besonders zur Zeit der alten Dynastien waren die Besitzer von Grabmälern vorwiegend Beamte.

Nach der Vorstellung der Ägypter war der Verstorbene dank der Darstellungen seiner Person in deren Verkörperung in der Lage zu sehen, vor allem sein Grabmal selbst (eigentlich den Kultraum, auf dessen Wänden die Darstellungen und Texte abgebildet waren); er konnte die auf seinen Wänden geschriebenen Texte, biographische Informationen und detaillierte Verzeichnisse seiner Titel, lesen und sich auf diese Weise erinnern, wer er war und welchen Rang er innehatte. Ein solcher Grabmalbesitzer wird »hell« (ägyptisch »*'ikh*«), das heißt sehend, vernünftig, und er kommt in die Lage, mit den Menschen Kontakt aufzunehmen (in der Regel schriftlich, in der für den Beamten üblichen Form). Dank seiner hohen Stellung zu Lebzeiten, die ihm in der jenseitigen Welt erhalten bleibt, ist der Beamte befähigt, den Menschen zu helfen. Es gab unter diesen »Hellen« besonders tatkräftige, Wundertäter geradezu, die wirkliche Verehrung erfuhren. Die Ägypter bezeichneten sie als Götter, aber als eine besondere Art von Göttern. Denn auch die Götter wurden bei ihnen in Klassen eingeteilt. Aus der allgemeinen Schar wurden der »ältere Gott« (wörtlich »der Große«), Schöpfer der Welt/Ägyptens, die Sonne, der Vater, und der »schöne Gott«, das heißt der junge, jüngere, Sohn, König von Ägypten/der Welt hervorgehoben. Die Wundertäter aus den Grabmälern wurden von den Ägyptern zur Klasse der »lebenden«, das heißt der aktiven, tätigen Götter gerechnet.

Da nun alle Wundertäter ohne Ausnahme zu Lebzeiten Beamte waren (wobei sie zugleich auch Priesterämter ausüben konnten), liegt die Vermutung nahe, daß diese ganze Vorstellung von den wundertätigen Seelen der verstorbenen Beamten mit der Vorstellung von der Göttlichkeit des Königshauses zusammenhing, in das sie nach ihrem Ableben auf ewig, genauer gesagt, solange das Grabmal stand, aufgenommen wurden. Es stellt sich auch die Frage, ob nicht das Bestreben, die eigenen Ämter im Königshaus, natürlich vorwiegend Beamtenfunktionen, in den Grabmälern zu verewigen (das heißt, der Grabmalskult in seinem Wesen), aus dieser Erwartung, nach dem Tode zu einem Wundertäter werden zu können, hervorgeht.

Besonders populäre Wundertäter, wie Imhotep, deren Ruhm die Jahrhunderte überdauerte, konnten auch zu Söhnen ihrer ihre Beamtenfunktion repräsentierenden Gottheiten erklärt werden. Manche Beamte nannten sich auch selbst so, solange niemand sie daran hinderte. Hier sehen wir also die Göttlichkeit des Amtes.

Solche Titel konnten in die Tradition eingehen. So wurde der Nomarch des VIII. Noms von Oberägypten, Chui, der zur Zeit der frühen VI. Dynastie lebte, als seine Tochter bei dem minderjährigen König Phiops II. zur Königsregentin wurde, dadurch gepriesen, daß seiner rein amtsmäßigen Titulatur eine spezifische Verwandtschaftsbezeichnung eingefügt wurde, die die ehelichen Beziehungen einer Frau mit der Sonne beschreibt; die Sonne vereinigt sich nämlich dadurch mit einer Frau, daß sie in den Körper ihres Gatten schlüpft. Bei der Geburt des Gottkönigs ist die Abstammung aus einer heiligen Ehe offenbar. Im Falle einer regierenden Königin oder einer Königsregentin aber wird, sobald diese ihr Amt antritt, diese Herkunft nachträglich geschlußfolgert. Der Terminus »Vater Gottes« kommt als Bezeichnung eines Menschen auf, der in Wirklichkeit nicht Vater eines Gottes ist, aber dessen Körper die Sonne dazu benutzt hat, um den König Ägyptens im Schoß seiner Frau zu zeugen. Im Fall des Nomarchen Chui jedoch, einem tatsächlich ungewöhnlichen und dem ältesten Fall der Benutzung dieser spezifischen Verwandtschaftsbezeichnung, schien dies nicht auszureichen, um die Göttlichkeit seiner Tochter zu begründen. Man erachtete es für notwendig, die göttliche Titulatur auch der Mutter der Regentin, Nebet, zu verleihen. Wie war das zu machen? Die weibliche Entsprechung »Mutter Gottes« wurde praktisch doch nicht eingeführt. Erst in der Epoche der XXII–XXIII. Dynastien wurde sie zweimal (Stele von Harpson) als Titel der Ahnherrin der XXII. Dynastie gebraucht. In der VI. Dynastie verfuhr man anders: Man nahm den Titel des Ehemannes, Orpajis (den Titel des Herrschers eines Landes, insbesondere des Wesirs, oder eines Gebietes, des Nomarchen), Topajis (zur Zeit der VI. Dynastien in der Regel der Titel des Vorstehers eines Gebietes oder einer Stadt; diese beiden Titel können jedoch auch die Titulatur eines hochgestellten Beamten eröffnen, eines solchen Wesir zum Beispiel) und Wesir, bildete aus ihnen das weibliche Korrelat vom Typ »Generalsfrau«, »Ministergattin« u. ä., und verband sie mit Vorstellungen aus der Götterwelt. Auf diese Weise entstand die folgende Titulatur »Frau-Orpajis, Tochter des Geb«, denn Geb war der Orpajis in der Welt der Götter; oder »Frau-Topajis, Tochter des Merhu«, denn dieser Gott der Herden in der Götterwelt war vergleichbar mit dem Nomarchen, der die Herden des Nom regierte, und schließlich »Frau-Wesir, Tochter des Thot«, denn Thot entsprach in der Götterwelt dem Wesir.

In der Folgezeit jedoch, als sich das Bild der Ehegattin Amuns, die von ihrem Gott-Mann zur Absicherung, als eine Art Mitgift (ägyptisch sansch/schansch), Oberägypten erhalten hatte, im ägyptischen Pantheon endgültig festigte, benutzt man die Titulatur der Nebet als Standardtitulatur für die Ehegattin eines Gottes (zum Beispiel auf der Statue der Gattin von Amun, Anchnesneferibr, XXVI. Dynastie).

Wenn wir vom Status des lebenden Gottes, das heißt des Beamten, sprechen, der nach seinem Tode zum wundertätigen Heiligen wurde, ist anzumerken, daß auf diese seine Rolle etwa der Selbstmord des Beamten keinen Einfluß hatte. So setzt Manetho zufolge, einem Geschichtsschreiber in der ptolemäischen Zeit, der Berater des letzten Königs der guten Periode, Amenophis (zweifellos des Dritten) und dessen Namensvetter, seinem Leben selbst ein Ende. Grund ist die Machtergreifung der Krüppel/Aussätzigen (bei Manetho *lelobemenoi*, ägyptisch *shlket*, übereinstimmend in den *Apophthegmata Patrum Aegyptiorum*) am Ende der XVIII. Dynastie, gemeint sind natürlich Achenaten und seine Spießgesellen, die in der neuen, armanaischen Kunst so dargestellt werden, als litten sie alle an schweren körperlichen Krankheiten. Dabei handelt es sich natürlich um den berühmten Amenophis Paapij (d.h. der Sohn des Apij), dessen Kult bis in die griechisch-römische Zeit hinein überdauert hat. Ebenso wie der Imhotep-Kult ist er über die Verehrung im Grabmal hinausgewachsen und hat sich in ganz Ägypten verbreitet. In Theben wurde ihm ein Tempel errichtet, dessen Versorgung durch ein besonderes Dekret im Namen Amenophis III. gesichert wurde, der aber mit Sicherheit erst viel später geweiht wurde. Das Datum des Dekrets (Jahr 31) zeigt, daß der König ihm den Tempel – eine ganz persönliche Gunstbezeigung – zu Lebzeiten errichtet hat, denn Amenophis verstarb im Jahre 34.

## Die Bildung

Den einzigen ernsthaften Irrtum begeht der Autor der historischen Erzählung am Ende der Genesis in bezug auf die Bildung des Joseph, richtiger, indem er das Fehlen einer solchen unterstellt. Keine noch so großen Erfolge bei der Traumdeutung hätten sie ersetzen können. Der Beamte mußte gut lesen und schreiben können, er mußte zählen können und die mathematischen Operationen beherrschen, mußte Flächen und Volumen berechnen können und gewisse technische Kenntnisse besitzen. Er mußte praktisch jeden beliebigen Auftrag ausführen, und zwar gut, andernfalls drohten ernsthafte, manchmal katastrophale Folgen.

Die spezielle Richtung der Didaktik, die die Beamtenlaufbahn pries und insbesondere unter der XIX. Dynastie einen Aufschwung nahm, setzt praktisch ein Gleichheitszeichen zwischen Bildung und Beamtentum. Man muß sich bilden – dann ist die Beamtenlaufbahn gesichert. Tatsächlich aber war die Bildung auch in anderen Bereichen erforderlich. Man denke nur an die Schreibhandwerker (die die Konturen der Inschriften für den Bildhauer auf den Stein auftrugen und die Hieroglyphen ausmalten) und die Opferpriester, besonders jene, die die Rituale ausübten und mit deren Beruf auch der Beruf des Abschreibers der heiligen Bücher zusammenhing.

Im Beamtenmilieu konnte das Kind die Grundausbildung auch zu Hause erhalten, wobei auf die Stele der XIII. Dynastie in Wien (Nr. 71) zu verweisen ist, wo neben der Beamtenfamilie der »Hausdiener, der Schreiblehrer« verewigt ist.

Spätestens seit der IV. Dynastie ist die Möglichkeit, im »Hause der Königssprößlinge« am Hof erzogen zu werden, recht wahrscheinlich. Offensichtlich handelte es sich dabei um eine Hofschule (natürlich nur für Jungen), an der die Kinder hochgestellter Beamte gemeinsam mit den Königssöhnen erzogen und ausgebildet werden konnten. An der Hofschule, die bis in die X. Dynastie hinein Erwähnung findet, lernten die Schüler schreiben, sie »sangen« die Schriften im Chor und lernten außerdem schwimmen, was sehr wichtig war in einem flußnahen Land, das zudem von einem Netz von Kanälen überzogen war.

Der Besuch der Hofschule garantierte nicht nur ein gewisses Bildungsniveau und einen erfolgreicheren Start der individuellen Karriere, sondern konnte das ganze Schicksal entscheiden bzw. positiv beeinflussen. Bekanntlich suchten dieses Haus die Könige auf, denen einzelne Schüler auffallen konnten. In einem Falle war das Ergebnis die Heirat eines Schülers mit einer Königstochter (IV. Dynastie), die den Lebensweg des Glückspilzes so gut wie entschied: er wurde später einer der beiden Hohenpriester des Handwerksgottes Ptah, des wichtigsten Gottes der Hauptstadt.

Der gemeinsame Schulbesuch mit dem Prinzen, der später zum König werden sollte, konnte seinen Klassenkameraden unglaubliche Möglichkeiten eröffnen, er konnte sogar das Leben retten. König Achtoi rät seinem Sohn, nicht die zu töten, mit denen er gemeinsam die Schriften gesungen hat. Auf diese Weise bildete sich auf der Schule eine Kameradschaft fürs Leben.

Die Hofschule wurde also von den künftigen Königen Ägyptens besucht, und an dieser Schule lernte man nicht nur Schreiben, Lesen, Rechnen und Schwimmen, es konnte sich auch der Geschmack an Literatur,

Beredsamkeit und einem reichen, ausdrucksstarken, bildhaften literarischen Stil entwickeln. Ein Beleg dafür ist die Geschichte des redegewandten Oasenbewohners, dessen Handlung der Autor in der Epoche der IX. Dynastie ansiedelt. König Achtoi Nubkara teilt die Leidenschaft für den literarischen Stil des euphuistischen Typs mit seinem Minister Rensi, der das Verdienst hat, das ungewöhnliche literarische Talent des Oasenbewohners entdeckt zu haben. Indem er die Anerkennung dieses offenkundigen Talents absichtlich hinauszögert, zwingt er den unbekannten Schreiber dazu, immer neue Klagereden hervorzubringen, bis es neun an der Zahl sind. Auf diese Weise entsteht ein in sich geschlossenes literarisches Werk, ein Zyklus.

Wenn wir von der Hofschule sprechen, müssen wir auch auf die Ausbildung eines minderjährigen Königs wie Phiops II. eingehen, der den Thron mit sechs Jahren besteigen sollte. 2–3 Jahre danach (das Datierungssystem unter der IV.–VIII. Dynastie zeichnete sich durch eine gewisse Doppeldeutigkeit aus; um diese Doppeldeutigkeit zu vermeiden, mußte man auf Hilfsmittel zur zeitlichen Datierung der einzelnen Herrscher zurückgreifen, wie etwa die Chronik des Steins von Palermo), als Junge von acht oder neun Jahren, war er schon in der Lage, einen vortrefflichen Brief an den Nomarchen des I. Noms von Oberägypten, Hufhor, zu schreiben oder mindestens zu diktieren. Es ist wohl kaum anzunehmen, daß irgendjemand den Brief eines Königs, sei es auch eines minderjährigen, redigiert oder überarbeitet hat.

Man muß davon ausgehen, daß die Hofschule den Bedarf des Landes an gebildeten Menschen nicht befriedigen konnte. Auch in den Provinzen muß es Schulen gegeben haben, die offenbar eine einheitliche Ausbildung gewährleisteten: Im ganzen Land galt ein bestimmter Standard der Schnellschrift, der Jahrtausende gültig war, bis zur Revolution des Jahres 19 Ramses' XI., als die getrennte Entwicklung von Unter- und Oberägypten einsetzte, die etwa ein halbes Jahrtausend andauerte. Erst die persische Eroberung, die der Institution der »Mitgift Amuns« ein Ende setzte, unifizierte das Land und die Schrift wieder. Zur einzigen Schriftform wurde nun die sogenannte Demotika erhoben, ein seiner Natur nach nördlicher Typ der Geschäftsschrift, der den südlichen Typ, die sogenannte »anormale Hieratika« verdrängt hatte.

Am Ende der VIII. Dynastie beendet Manetho zufolge die Revolution die alte, »seit Erschaffung der Welt« bestehende (ihrer Abstammung nach) neolithische Monarchie. Da jedoch die Übergänge von einer Dynastie zur anderen so schmerzlos erfolgten, liegt der Schluß nahe, daß die Macht innerhalb eines einzigen Königsgeschlechts verblieb. Dabei gibt es keinen Grund zu der Annahme, daß Menes der Ahnherr dieser Königslinie gewesen wäre; möglicherweise reichen ihre Wurzeln in die frühen Phasen des Eneoliths oder gar des Neoliths zurück.

Diese Revolution hat dem alten Beamtentum, wenn sie es denn nicht vernichtete, doch auf jeden Fall erheblichen Schaden zugefügt. Wer aber vom alten Beamtentum überlebt hatte, betrachtete sich fortan als Elite, die neuen Beamten dagegen als »Urin«.

Diese Abwertung des neuen Beamtentums ist historisch von höchster Bedeutung, weil er beweist, daß die Revolution, die die VIII. Dynastie gestürzt hatte, die erste in der Geschichte Ägyptens war, die erste postneolithische, sagen wir, obgleich sie für die Ägypter die erste seit der Erschaffung der Welt durch die Sonne war; sie erschütterte den Glauben sowohl an die Vollkommenheit der Schöpfung, als auch an die Allmacht der Sonne selbst. Der Urin, von dem die Beamten der IX.–X. Dynastien schreiben, ist natürlich ein Ausfluß aus der Sonne, waren doch alle vernunftbegabten Wesen in der Welt als flüssige Absonderungen aus dem Sonnenkörper entstanden: die Götter, darunter der Himmel und die Erde, aus dem Sperma; die Menschen aus den Tränen; Geschmack und Wahrnehmung aus zwei Tropfen Blut aus einer Schnittwunde. Aus dem Urin gingen demnach zweitklassige Menschen hervor, und waren es überhaupt Menschen? Eher wohl Gesindel!

Um die Jahrhunderte andauernde Krise zu überwinden, waren die ersten Könige der XII. Dynastie, die Restauratoren des alten Regimes, gezwungen, Maßnahmen zur Wiederherstellung des alten Beamtentums zu ergreifen. In dieser Zeit nun hören wir zum ersten Mal von einer speziellen Beamtenschule, bei der es sich wohl um mehr als eine Grundschule handelte.

Es war gewiß keine Hofschule, die überwiegend von Prinzen besucht wurde, sondern eine Schule für die Kinder der Beamten. Und diese Schüler waren beileibe keine kleinen Kinder, keine ABC-Schützen, sondern Halbwüchsige, die bereits urteilsfähig waren und an die man ausgedehnte Belehrungen richten konnte. Diese Schule befand sich in der Hauptstadt, zu jener Zeit gewiß in der Stadt Itschu – eine Abkürzung aus Itschu-taui »Der sich beider Länder (d.h. Ägyptens) bemächtigt«, was wiederum eine Abkürzung aus »Ammenemes-Itschu-taui« ist und soviel heißt wie »Ammenemes, der sich beider Länder bemächtigt«. Das war ein befestigter Regierungssitz, beim heutigen Lischt, im Zeitalter des Römischen Reiches war dies die ägyptische Bezeichnung für Rom.

Interessant ist, daß seit dieser Zeit von Hofschulen nichts mehr zu hören ist. Wenn aber die Titel »Zögling des Königs« und »Schüler des Königs« wörtlich verstanden wurden, dann müßte es neben der außerhöfischen, hauptstädtischen Bildungseinrichtung eine Hofschule gegeben haben.

Am Anfang der XII. Dynastie machte sich jedenfalls ein Bedürfnis bemerkbar, das die neolithische Monarchie, oder, nach ägyptischem Verständnis, die erste nach der Erschaffung der Welt überhaupt nicht gekannt hatte: das Bedürfnis nach einem Beamtentum oder vielmehr die Feststellung eines Mangels in dieser Hinsicht. Da es ohne Bildung keinen Beamten geben konnte, beleuchtete das Schrifttum der damaligen Zeit die Vorzüge der Bildung, ihre attraktiven Seiten und die Karriere, die sie jedem jungen Menschen eröffnete.

Etwas Vergleichbares hatte man schon unter der IX.–X. Dynastie (Lehrschrift des Kemit) versucht, aber dies in die vollkommene Form einer ausführlichen Lehre, einer Art Ideologie zu kleiden, gelang erst einem gewissen Achtoi. Wenn es sich bei ihm um den in dem berühmten literarischen Passus des Papyrus Chester-Beatty IV erwähnten Verfasser eines anderen großen didaktischen Werkes der Epoche, der Lehrschrift des Königs Ammenemes I., handelt, das – wie aus dem Chester-Beatty-Papyrus hervorgeht – noch unter dem Sohn des Königs, Sesostris, geschrieben worden ist, dann ist es folgerichtig anzunehmen, daß der Auftrag, die Königslehre zu schreiben, aufgrund der literarischen Errungenschaften dieses Achtoi in der Vergangenheit erging. In diesem Falle muß das didaktische Werk, das das Beamtentum und die Bildung pries, noch unter Ammenemes I. verfaßt worden sein. Allein die Aufnahme dieses Namens in die literarische Passage des Papyrus Chester-Beatty und in ein ebenso prestigeträchtiges Denkmal der Schriftsteller und Dichter Ägyptens, das sogenannte Daresi-Denkmal (XIX. Dynastie), läßt auf eine bedeutendere Autorenvergangenheit schließen, als es die Mitarbeit als Ghostwriter in einer Lehrschrift im Namen des Königs ist.

In seiner Lehrschrift unterstreicht Achtoi die Offenheit der hauptstädtischen Schule sowohl für Schüler aus anderen Städten, als auch für Kinder, die in sozialer Hinsicht nicht dem Beamtenstand entstammten. Sein eigener Titel, in der Lehrschrift angegeben, soll dies betonen. Leider kennen wir die Lehrschrift nur aus Abschriften der XIX.–XX. Dynastien, als dieser Titel bereits schwer verständlich geworden war. Dem Archetyp liegt offensichtlich ein militärischer Titel zugrunde, sehr geeignet für einen Schriftsteller, nach dem bekannten Wort des Don Quichotte, daß wohl der Speer, niemals jedoch die Feder abstumpft; ein Titel, der in der Epoche der XIX.–XX. Dynastie als Hinweis darauf verstanden werden konnte, daß sein Träger aus dem fernsten Osten Ägyptens stammte.

Natürlich haben wir nicht die Absicht, hier im einzelnen das komplizierte Bildungssystem im Alten Ägypten, das sich im Laufe der Jahrtausende natürlich stark gewandelt hat, darzustellen (die ausführlichste Darstellung finden wir bei Brunner). Hingewiesen sei jedoch darauf, daß wir unter der XIX. Dynastie ein wiederauflebendes Interesse an der Professionalität, an der Beamtendidaktik beobachten. Es wird nicht nur die alte Lehrschrift des Achtoi wieder gelesen und abgeschrieben, sondern es entstehen auch originale Werke, gewöhnlich eingebunden in jenes unglaublich bunte Sammelsurium, das so charakteristisch für die Zeit der XIX.–XX. Dynastien war. Die Ursache dieses Wiederauflebens in diesem System didaktischer Kontraste ist die Gegenüberstellung von Beamten- und Militärlaufbahn, letztere verständlicherweise sehr verlockend in einer Zeit der unaufhörlichen, siegreichen Feldzüge, die Gefahr und Entbehrungen mit sich brachten, aber auch leichte Beute verhießen.

Erst die Revolution des Jahres 19 Ramses' XI. setzt diesem vielfältigen und gleichzeitig weitgehend vereinheitlichten Bildungssystem ein Ende.

Seit der Zeit der XIX.–XX. Dynastien sind auch Tempelschulen (z. B. im Tempel der Herrscherin des Himmels in Karnak) und auch eine Schule für Schreibhandwerker bekannt, die die Grabmäler der Könige bemalten; die Schreibarbeiten ihrer Schüler sind uns in großer Zahl bekannt.

## Die Krise des Beamtentums

Die Darstellung der Geschichte des ägyptischen Beamtentums muß hier auf einen knappen Umriß beschränkt bleiben. Aber natürlich müssen wir auch auf die Krisenzeit in dieser Geschichte eingehen. Gemeint ist hier nicht die erste ägyptische Revolution unter der VIII. Dynastie, auch nicht die Periode der ausländischen Herrschaft in der Epoche der XV.

und XXVII. Dynastien oder die Zeit der einzigen Revolution von oben, die Ägypten kannte (Perepelkin bezeichnet sie als »Umwälzung«), unter Achenaten, die das Leben der Ägypter in jeder Hinsicht bis in die Grundfeste erschütterte. Wie sehr diese Erschütterungen dem Beamtentum auch schadeten, es restaurierte seine Kräfte immer wieder recht schnell. Jedenfalls stand in diesen Perioden eine Ablösung des Beamtentums nicht einmal zur Diskussion. Anders war dies bei der Revolution des Jahres 19 Ramses' XI., die zur Schaffung eines Staates neuen Typs geführt hat, wie ihn das alte Ägypten bisher nicht gekannt hatte. Ramses XI. wurde nicht hinweggefegt und konnte sogar in Oberägypten, das seiner Kontrolle längst entglitten war, bis zu seinem Tode in den Daten erwähnt werden (die Daten dieser Zeit aus Unterägypten sind nicht überliefert). Dabei war er in einem Maße angesehen, daß man sich noch ein Jahrhundert später der Verwandtschaft mit ihm rühmte. Politisch und ideologisch jedoch war die Monarchie im Jahre 19 zusammengebrochen, nachdem das neue Regime so unwiderleglich Realität geworden war, daß es zweckmäßig wurde, unverhohlen mit dieser Monarchie zu brechen und das Neue anzuerkennen. Dies geschah durch die Einführung einer neuer Zeitrechnung, der Ära nach dem Revolutionsjahr, der Ära der »Wiedergeburt« (eigentlich »des wiedergeboren Werdenden«), gemeint ist natürlich das ursprüngliche, am Anfang der Welt erschaffene Reich des Amun. Diese Zeitrechnung benutzte man in Oberägypten parallel zu den Jahren des Ramses XI. oder auch ausschließlich. In jedem Falle hatte sich das neue Regime zum Jahre 5 der neuen Ära bereits etabliert: Das Land war in zwei Teile geteilt, die beide, wenngleich in unterschiedlichem Maße, Amun als König anerkannten. Der faktisch vollberechtigte Herrscher Oberägyptens hielt sich selbst nur für den Hohenpriester des Gottkönigs und schrieb sogar, als er sich zur Usurpation der Königstitulatur entschlossen hatte, diesen Priestertitel in seine Kartusche.

Wie sich in dieser Zeit, d.h. bis zum Tode Ramses XI., der ebenso vollberechtigte Herrscher Unterägyptens, Smendes, verhielt, wissen wir nicht. Bemerkenswert ist nur, daß er – jedenfalls im Jahre 5 – schon eine Residenz in Tanis besaß und daß Tanis und seine Gründung – offensichtlich als Hauptstadt – bei den Juden mit der Gründung Hebrons verglichen wurde (Numeri, 13, 22). Hier wurde ein weiterer Gottesstaat errichtet. Die Ära der »Wiedergeburt« scheint somit zugleich auch die Ära von Tanis zu sein. Mehr noch, sowohl Smendes als auch seine Gattin Taamun nannten sich in dieser Zeit die »Schöpfer der Erde (d.h. der Welt), denen

Amun den Norden seines Landes (d. h. Ägyptens) gegeben hat« (Papyrus Golenischev III, 2,35). Seine Königstitulatur hat Smendes, wie man vermutet, erst nach dem Tode Ramses XI. angenommen. Auf jeden Fall fügte er dem Königstitel nicht seinen Priestertitel hinzu, selbst wenn er einen solchen vor der Annahme der Königswürde besessen hat. Von seinen Nachfolgern tat dies nur Psusennes I., und auch er nicht sehr regelmäßig.

Im Süden erhob man ebenfalls Ansprüche auf die Königstitulatur. Schon Herihor hat sich darin schuldig gemacht, später auch Pinudem I., der einfach den Königstitel annahm. Seine Nachkommen taten dies nicht mehr, auch wenn sein Sohn Mencheperrê nach den Königskartuschen trachtete, jedoch ohne die Königstitel. Da die Nachfolger des Smendes alle den Königstitel trugen und die Nachfolger des Herihor nur den Priestertitel, folgert man, daß das Südreich die Vorherrschaft des nördlichen Königs anerkannte, zumal die Ära der »Wiedergeburt«, offenbar auch im Zusammenhang mit dem Ende von Ramses XI., aufgegeben wurde und ganz Ägypten die Jahre wieder nach den Regeln der einzelnen Könige zählte, nunmehr der von Tanis, der Könige der XXI. Dynastie. Man kann diesen Umstand aber auch dahingehend interpretieren, daß die Idee des Gottesstaates im Süden weniger konsequent umgesetzt worden war als im Norden, wo man das Prinzip des Pontifikats nicht durchhielt und auf die für Ägypten traditionelle Monarchie mit der gewohnten Datierung nach den Herrschaftsjahren zurückkam. Im Süden dagegen, mit seinem tausendjährigen Zentrum des Amunkultes in Theben, erwies sich die Idee des Amun-Staates als stärker. Die Datierung nach den nördlichen Königen mag da einfach ein Eponymat gewesen sein.

Die Revolution des Jahres 19 hatte jedenfalls zur Folge, daß der König, wenn auch formal nicht entmachtet und weiter im uneingeschränkten Besitz der göttlich-königlichen Titulatur, offiziell nicht mehr als Gott galt, sondern nur noch als Mensch, auch wenn er den höchsten Rang im Staate einnahm.

In dem berühmten Bericht des Unamun über die Reise nach Byblos wird dies ohne Umschweife gesagt (Papyrus Golenischev II, 2, 53). Überhaupt ist der Bericht, welches immer der unmittelbare Zweck seiner Abfassung gewesen sein mag, zweifellos als Manifest der neuen Ideologie angelegt. So wird betont, daß Unamun Gott und nicht dem Menschen dient, daß der König von Byblos, Sakarbaal (vgl. AEB Nr. 72071) verpflichtet ist, alles zu tun, was Unamun verlangt, denn er ist nicht der Gesandte eines Menschen, sondern eines Gottes, ein Gesandter Amuns, genauer gesagt, ein menschlicher Gesandter Amuns, der den wirklichen Botschafter, einen Gott, nur begleitet – nämlich die Statuette Amuns in ihrer Hypostase »Amun der Reise«.

Dabei ist dieser Gesandte, wie zu erwarten, kein Beamter, denn sonst wäre er ja ein Vertreter des machtlosen Menschen-Königs, sondern er trägt den Titel eines Tempeldieners, etwa in der Art des Tempelschließers in Karnak. Allein dieser Titel zeugt schon davon, daß Ägypten eine Revolution durchgemacht hat, daß das Land von gestern und das Land von heute überhaupt nicht miteinander zu vergleichen sind. Etwas Unerhörtes geht vor. Der Schließer eines Tempels tritt in diplomatischer Funktion auf. Das ist in den ägyptischen Texten beispiellos. Vor der Revolution des Jahres 19 wäre so etwas einfach undenkbar gewesen. Sakarbaal berichtet, daß die früheren Könige Ägyptens Botschafter zu seinen Vorgängern auf dem Thron von Byblos gesandt hätten, weil sie Holz brauchten, und sie bekamen Holz geschickt, und zwar für Geld, viel Geld. Es kann wohl kein Zweifel daran bestehen, daß sie Beamte, Heerführer oder Hofbedienstete als Botschafter schickten, und keine Tempelschließer.

Bald nach der Reise des Unamun stabilisierte sich die Lage in Ägypten wieder einigermaßen, und die Monarchie blieb äußerlich erhalten, jedenfalls im Norden des Landes, so daß es durchaus denkbar ist, daß schon unter der XXI. Dynastie, das heißt, nach dem Tode Ramses XI., so etwas wieder unmöglich war. Wir sehen aber, daß die Idee des Gottesstaates in dem Bericht des Unamun ziemlich konsequent durchgeführt ist: in einem menschlichen, nicht göttlichen Staat, wie Ägypten es war, wirkte der König durch seine Diener, die Beamten, in einem Gottesstaat mußten diese durch Diener Gottes ersetzt werden. Unamun ist nun so einer. Er handelt aufgrund eines persönlichen Erlasses von Amun, der allem Anschein nach durch ein Orakel gegeben wurde, und eines Schreibens des Hohenpriesters dieses Gottes, das diesen Erlaß bekräftigte.

Die in dem Bericht beschriebene Situation bringt noch einen weiteren interessanten Aspekt: die Botschaft des Unamun, das heißt eine göttliche Botschaft, wird nur deshalb gesandt, weil die vorhergehende Botschaft, die mit gleichem Ziel (nämlich Holz für das heilige Schiff des Amun zu besorgen), aber im Namen des Königs geschickt worden war, zu einer Zeit, als die Monarchie noch existierte, erfolglos geblieben war – nämlich deshalb, wie für Unamun ganz klar ist, weil es eine menschliche, von einem Menschen-König geschickte war, den natürlich niemand ernstnehmen mußte, zumal er nicht in der Lage war, soviel zu zahlen, wie gefordert wurde. Unamun nennt den König einfach beim Namen, zudem in abgekürzter Form, Chamois, und dieser Name wird in dem Bericht ohne Königskartusche geschrieben. Darin lag jedoch keine Geringschätzung des Königs. Die Könige wurden seit Achenates Zeit, und vielleicht schon früher, nicht selten mit deminuitiven Namen bezeichnet, und diese Namen waren in der Regel nicht in der Kartusche enthalten: Uaenra (Achenaten), Mehi (Haremhab), Sesu (Rames II.), Mesu (Amenemses), Sesu und Heqaiunu (Ramses III.), Hekamaat (Ramses IV.), Chaomis (Ramses XI.). Genau genommen war es ein Indiz für ihre Position als souveräne Herrscher, daß die Herrscher des Nord- und des Südstaates in dem Bericht bei ihren Namen genannt wurden (ohne Kartusche): Smendes und Herichor. Schließlich besaß im ganzen Land nur eine Person einen Namen, der absolut keiner Erläuterung bedurfte, weder Titel, Vatersname noch den Herkunfts- oder Wohnort.

Die Botschafter, die Chamois nach Byblos gesandt hatte, wurden von Sakarbaal ergriffen und schmachteten 17 Jahre im Kerker. Dort starben sie, und ihre Gräber wollte man Unamun zeigen. Überhaupt demonstriert gerade die Gegenüberstellung der Botschafter des Chamois und des göttlichen Botschafters, daß das Ziel ein und dasselbe gewesen ist, auch wenn das Ziel der ersten Botschaft nicht ausdrücklich genannt wird. Die Sorge um das Holz, und gerade das Holz für das heilige Schiff des Amun, oblag nicht irgendjemandem, sondern dem König. Vergleiche z.B. die Darstellung dieses Schiffes auf dem Papyrus Brooklyn Nr. 47.218.3 aus dem Jahre 14 Psametik I; das Schiff ist mit den Namen des Vorgängers von Psametik, des äthiopischen Pharao Tacharka, beschrieben.

Die Situation stellt sich folgendermaßen dar: solange die Botschafter der ersten Mission noch lebten, war es unmöglich, eine zweite zu schikken. Die zweite Botschaft wurde auf die Reise geschickt, sobald die Nachricht vom Ableben der ersten Botschafter eingetroffen war. Aus der Zeit von 17 Jahren, die sie in Byblos schmachteten, kann man folglich das Datum ihrer Botschaft errechnen – es ist das Jahr 7 oder sogar das Jahr 6 Ramses' XI. Dieses Ereignis ist also in die Kette der Ereignisse in Ägypten einzuordnen, die der Einführung der »Wiedergeburts«-Ära vorausgingen: die Unterdrückung des Hohenpriesters von Amun, Amenhope, der Einfall des Prinzen Kusch Paneshi, und schließlich das Erscheinen des Herihor und die Ausrufung der Ära der »Wiedergeburt« im Jahre 19. Im Norden taucht, offenbar ebenfalls vom Jahr 19 an, Smendes mit seiner

Hauptstadt Tanis auf: ihre erste Erwähnung stammt aus dem Jahr 24. Denn der respektlose Umgang Sakarbaalas mit dem königlichen Boten zeugte ja nicht allein von der Schwäche Ägyptens, sondern von viel mehr. Der König war nicht imstande, das Holz für das Schiff des Amun zu besorgen, folglich konnte er Amun nicht genehm sein, der mit Hilfe des Orakels für das Leben und den Wohlstand praktisch jedes Menschen, sei er auch noch so niedriger Abkunft, sorgen konnte und alle möglichen Dinge, bis hin zu alltäglichen Kleinigkeiten, für sie erledigte.

Der König konnte es nicht, Unamun aber, der Gesandte Amuns, hat es vermocht. Natürlich, er bezahlte für das Holz, aber er erhielt es letztlich nur dank des ständigen Hinweises darauf, daß er der Bote eines Gottes sei und daß der König von Byblos, wenn er ihn zurückweise, diesen Gott beleidige; mit der ersten Gesandtschaft habe er nur abrechnen können, weil sie von einem König kam, der selbst nur ein Mensch ist: ein in der gesamten Literatur, richtiger: dem gesamten Schrifttum des Alten Ägypten einmaliges Eingeständnis. Es war nur als Ergebnis der Revolution möglich.

Die Botschaft des Unamun ist vielleicht auch deshalb einmalig, weil nach dem Tode von Ramses XI. die Monarchie wieder restauriert wurde, jedenfalls im Norden, und auch das unabhängige, zeitweilig zumindest recht selbständige südliche Reich des Amun umfaßte. Trotz alledem hatte der Gottesstaat das Prestige des Beamtentums arg in Mitleidenschaft gezogen und das Priestertum in den Vordergrund gehoben, diese unbestrittene Aristokratie aus der Epoche der letzten zehn ägyptischen Dynastien. Die Priesterschaft unterstreicht mit allen Mitteln das Alter der individuellen Stammeslinien, in denen die Priesterwürde von Generation zu Generation weitergegeben wird. Der Drang nach den einträglichen Priesterämtern, das dem Beamtentum zu allen Zeiten eigen war, wird nun modifiziert: die Erbbeamten halten sich vor allem für Erbpriester. So leitet in dem bereits erwähnten Stammbaum der Hohenpriester des Ptah, zu dem auch hochgestellte Beamten gehören, der Vertreter jeder Generation seine Titulatur mit dem Priestertitel »Vater Gottes« ein. Natürlich konnte man von jedem von ihnen sagen »Vater Gottes soundso«, während es sich tatsächlich um den Wesir, das Haupt der ägyptischen Verwaltung, den Nomarchen von Memphis oder irgendeinen anderen bedeutenden Beamten handelte. So muß der »Vater Gottes Ankhsheshonq«, Verfasser einer berühmten Lehrschrift, der laut der Präambel zu seinen *Maximen* in eine Verschwörung gegen den Pharao hineingezogen wurde, keineswegs ausschließlich Opferpriester gewesen sein. Ein Beamter ist als Teilnehmer einer Verschwörung gegen den König wohl wahrscheinlicher.

## Die Kontingente der Beamtenschaft

Der Verfasser der Geschichte des Joseph betont mit Absicht, wie klein dieser einst angefangen hat, damit der Leser angesichts der von ihm erreichten Höhe zu schätzen weiß, was für eine außergewöhnliche Leistung der so zurückgelegte Weg sei. Gleichwohl war hieran aus ägyptischer Sicht gar nichts ungewöhnlich. Mehr noch, die Ägypter besaßen eine ausgesprochene Vorliebe dafür, Talente (und Joseph scheint zweifellos begabt gewesen zu sein) an den unmöglichsten Orten zu entdecken. So sagt Ptahhotpe, Verfasser eines bekannten didaktischen Werkes, Wesir in der zweiten Hälfte der V. Dynastie, daß ein treffendes Wort wertvoller sei als ein Smaragd, und dennoch könne man es bei einer Sklavin am Mühlstein finden. Das ist auch der Grundgedanke der »Klagen des beredten Oasenbewohners«, eines Werkes, das wir bereits erwähnten: ein ungebildeter Mensch, der fast alle Tage in der Wüste fern von den Menschen verbringt und zudem aus einem Gebiet stammt, dessen Einwohner, wie Herodot berichtet, sogar das Orakel befragten, ob sie sich für Ägypter halten durften, beweist eine derartige Redegewandtheit, daß kulturell hochstehende Menschen – nämlich der König von Ägypten und seine Minister – den größten Genuß an seinen Reden haben, sie aufschreiben lassen und der Nachwelt überliefern. Dieselbe ägyptische Einstellung, die besondere Begabung eines Menschen zu würdigen, finden wir auch in den Überlieferungen über den Pharao Amasis. Sein außergewöhnliches Herrschertalent wird durch seine niedrige Herkunft, seine Neigung zur Trunksucht und sogar Mißachtung fremden Eigentums nur noch unterstrichen.

Die Abstammung war also kein Hindernis für die Beamtenlaufbahn, jedenfalls in der Theorie nicht. Auch in der Praxis sehen wir übrigens, daß auch Nichtbeamte ihre Kinder auf die Schreibschulen schicken konnten, die von den Beamtenkindern besucht wurden, was durchaus nicht als ungewöhnlich galt.

Der König von Ägypten war der Herr in seinem Hause, und er konnte deshalb jede Position im Königshaus, angefangen von dem Thronfolger bis hin zum Stallaufseher (Nr. 72–76 und 229 des Onomastikons des Amenope) nach eigenem Gutdünken besetzen. Nichtsdestoweniger war in allen Perioden der ägyptischen Geschichte, außer der ganz frühen, der verbreitetste Glückwunsch: »Mögen Sie Ihre Ämter Ihren Kindern hinterlassen«, in allen denkbaren Varianten. Ein Widerspruch besteht hier natürlich nicht. Der Normalfall war die Vererbung, aber davon konnte durchaus abgewichen werden: Der Amtsinhaber verstarb ohne Erben, er beging ein Verbrechen, verscherzte es sich bei jemandem, fiel beim König in Ungnade, oder anderes mehr.

Dennoch war man offensichtlich bemüht, den regulären Gang der Dinge zu wahren. Mit Sicherheit von der XII. Dynastie an, vielleicht auch schon früher, und bis Ende der XX. Dynastie, herrschte in Ägypten ein System der »Musterungen« oder der »Verlustermittlung«, das es erlaubte, einerseits die Personalmängel oder Fehlbesetzungen auf allen Ebenen und an allen Punkten dieser einmaligen Institution des Königshauses festzustellen, und andererseits die junge Generation männlichen Geschlechts nach bestimmten Alterskategorien, wie sie in dem Abschnitt »Der Mensch« des Onomastikons von Amenope aufgezählt sind, zur Arbeit anzustellen. Die Abschnitte »Der Mensch« und »Das Königshaus« entsprechen sich insofern, als die Alterskategorien und darüber hinaus die Kategorien, die die Arbeitsfähigkeit eines Menschen negativ charakterisieren – blind, Krüppel (im Onomastikon nicht aufgeführt) – bei den Musterungen in Bezug zu den beruflich-sozialen Kategorien gesetzt wurden, von denen es insgesamt fünf gab: Krieger, Opferpriester, Handwerker, Sklaven des Königs (alle diese Kategorien zählt der Militärschreiber Tjaneni, XVIII. Dynastie, auf) und außerdem Beamte. Der Zweck dieser teils lokalen, teils landesweiten Musterungen konnte sich im Personalersatz erschöpfen, so daß es praktisch Volkszählungen waren, sie konnten aber auch mit der Mobilisierung von Armee- und Arbeitskontingenten für die sogenannten Königsarbeiten zusammenhängen, also Mobilisierungscharakter tragen.

Die Beamten fügten sich nicht so »geradlinig« in dieses System wie die Sklaven des Königs, die Hauptbevölkerung des alten Ägypten, oder die Krieger, im Grunde die gesamte wehrfähige Jugend, die man einziehen konnte, ohne die vier anderen Klassen, im Grunde eben diese Sklaven des Königs, auszubluten. Nicht von ungefähr erwähnt und beschreibt daher der Militärschreiber Tjaneni, wenn er die gesamtägyptische Musterung schildert, nur vier Klassen und übergeht völlig die fünfte, das Beamtentum. Nicht von ungefähr stammen auch alle mehr oder weniger informativen Berichte über Musterungen aus der kriegerischen Epoche der XVIII.–XIX. Dynastien und hängen mit der Aushebung für die Armee zusammen. In den uns überlieferten Berichten über Revisionsmusterungen werden die Beamten nur ein einziges Mal erwähnt (Musterbrief zum Abschreiben für Schüler, Papyrus Anastasi IV 4, 8–9; bekannt sind auch andere Abschriften), und das bei einer rein lokalen Zählung. Die Mobilisierungsmusterungen, die das Beamtentum auf diese oder jene Weise betreffen mochten, hingen mit eher kurzfristigen Aufgaben zusammen und interessieren uns hier nicht. Der Beamte ist aus dem System der Musterung faktisch ausgenommen. Das folgt schon aus dem Wesen der Berufsdidaktik: den Erwerb von Bildung betrachten Achtoi und seine Epigonen (XIX. Dynastie) als vollständige Befreiung vom Wehrdienst und der Zuteilung zu den Handwerkern und den landwirtschaftlichen Arbeitern, d. h. zu den Sklaven des Königs. Interessant ist, daß die Berufsdidaktik zu den unerwünschten vier Klassen auch die Opferpriester zählt, vor allem mit der Begründung, daß sie eng mit der Getreideproduktion im Lande zu tun hatten.

Die besondere Lage der Beamtenschaft im System der Musterungen erklärte sich natürlich auch aus ihrer Berufsausbildung, die sie in gewissem Maße mit der Priesterschaft und jenen Handwerkern gemeinsam hatten, die auf die Verewigung der Inschriften spezialisiert waren, und schließlich auch durch den elitären Charakter der Beamtenfunktionen und ihrer, verglichen mit den Ämtern der anderen Kategorien, geringen Zahl.

Die Musterung mit Volkszählungscharakter sollte offensichtlich nur die vollständige Besetzung der entsprechenden Ämter bestätigen. Ernennungen und Amtsenthebungen konnten, wenn sie notwendig waren, auch während einer Musterung vorgenommen werden, aber in den Quellen ist von Beamtenernennungen immer nur ohne jeden Zusammenhang mit Musterungen die Rede. Auch die Aufnahme der Jugend in die Reihen der Beamten, wie sie etwa in der Lehrschrift des Achtoi beschrieben ist, steht in keinem Zusammenhang mit den Musterungen. Auch die Beamtenkarrieren werden ohne Erwähnung dieser Musterungen geschildert. Die Vererbung der Ämter steht gleichfalls faktisch außerhalb dieses Systems, auch wenn es ihm als Prinzip nicht widerspricht und mit ihm abgestimmt gewesen sein mag.

Im Laufe von Jahrtausenden blieb die Weitergabe der Ämter vom Vater auf den Sohn oder gar vom Verwandten auf einen Verwandten (was auch vorkam) äußerst stabil, weil dies dem Beamten auch eine Möglichkeit bot, seinen Lebensabend abzusichern. Genau so wurde diese Institution im ägyptischen Recht auch genannt: »Altersstütze«. Gleichwohl ist diese Kontinuität in einigen Perioden ausgeprägter als in anderen. Das mag seinen Grund sowohl in bestimmten Eigenarten mancher Epochen als auch in unserem ungleichen Zugang zum Quellenmaterial dieser Epochen haben.

Der klassische Fall der Übergabe des Amtes vom Vater auf den Sohn ist natürlich das Geschlecht der Hohenpriester des Ptah, das so einen großen Eindruck auf Hekatäus von Milet und Herodot gemacht hat. Dieses Geschlecht zieht sich in gerader Linie von Imhotep unter König Djoser (und vielleicht auch unter Tosortasis, wenn Wildungs Lesart des Graffito auf dem Denkmal dieses Königs zutreffend ist) hin zu Psenptah, der am Tag des Einmarsches der Truppen des Augustus in Alexandria verstarb (getötet wurde?); danach taucht eine Seitenlinie auf, die allem Anschein nach nicht lange Bestand hat.

Dieses Geschlecht begleitet somit die gesamte Monarchie der Pharaonen und erlischt zeitgleich mit ihr, denn die Ptolemäer, die es nicht überlebte, waren doch immerhin Pharaonen, und dies mit größerem Recht als die heidnischen römischen Imperatoren. Laut Hekatäus und Herodot war dies eine direkte Linie vom Vater auf den Sohn über mehr als dreihundert Generationen, und alle waren Hohepriester des Ptah. Ein interessanter Kontrast ist, daß die Pharaonen sich einer derart kontinuierlichen, stabilen Aufeinanderfolge nicht rühmen konnten. Auch sie zählten mehr als dreihundert, aber sie gehörten unterschiedlichen Geschlechtern an, die in Einzelfällen miteinander verwandt gewesen sein mögen. Mehr noch, manche Geschlechter regierten gleichzeitig, und von einer geraden Linie im engeren Sinne kann nicht einmal innerhalb eines Geschlechtes, einer Dynastie, die Rede sein. Die Ahnenfolge der Priester des Ptah ist somit verläßlicher als die Chronologie der Pharaonen. In unserem thematischen Zusammenhang sei jedoch darauf hingewiesen, daß nach dem Lehrbuch der Hierarchie die Hohenpriester der höchsten Gottheiten Ägyptens zum Beamtenteil des Stellenplanes im Königshaus zählten.

Borchardts Entdeckung und Herausgabe der berühmten Berliner Ahnentafel bestätigte Hekatäus' und Herodots Beschreibungen. Die

Ahnentafel besteht tatsächlich aus Darstellungen von Vertretern des Geschlechts der Hohenpriester des Ptah, von denen ein jeder der Sohn des anderen ist. Jeder begann seine Titulatur mit dem Priestertitel »Vater Gottes«, der, wie wir oben sahen, ein Verwandtschaftsterminus im Bereich der heiligen Ehe war, durch welche die Sonne die Pharaonen erzeugte. Wie gesagt, bezeichnete dieser Terminus in der heiligen Ehe den Gatten der Mutter des künftigen Königs, dessen Leib die Sonne benutzte, um jene zu befruchten. Wenn das ein König war, der Vater des auf ihn folgenden Königs, und jemand mußte ihn bezeichnen, dann wurde er gemeinhin »König soundso« genannt, und der Terminus »Vater Gottes« war überflüssig. Handelte es sich jedoch um den Vater eines Königs, der selbst kein König war, so war dieser Verwandtschaftsterminus der höchste Rang, den ein Mensch, d.h. ein Untertan des Königs, erreichen konnte. So verwandelte sich eine Verwandtschaftsbezeichnung in den spezifischen Titel des Ahnherrn einer Königsdynastie, den Ahnherrn von Göttern. Dieser Titel wies unmißverständlich darauf hin, daß der Vater des Gottes, des Königs, selbst kein Gott, sondern ein Mensch war. Aber genau so, nämlich als »Mensch, der Sohn eines Menschen«, übersetzten die Ägypter Hekatäus die Erläuterungen zu den Abbildungen, die den Erläuterungen auf den Wänden der Kapelle entsprechen und lauten: »Vater Gottes (+ Amtsbezeichnung) und Name«; »Vater Gottes (+ Amtsbezeichnung) und Name, des Sohnes« und so weiter, Dutzende Male. Wir erfahren dies aus dem Bericht des Herodot, der auch das entsprechende ägyptische Wort – »Piromi«, »Mensch« anführt (natürlich in der gräzisierten Form »Piromis«).

Auf dem Denkmal in Berlin sind zahlreiche Vertreter dieses Geschlechts dargestellt, aber das Geschlecht ist keineswegs vollständig festgehalten. Es reicht hier längst nicht bis zum Einmarsch der Truppen des Augustus in Alexandria, ja nicht einmal bis zur Zeit der Reisen Hekatäus' und Herodots nach Ägypten in der ersten Hälfte der XXVII. Dynastie zurück. Die Ahnentafel ist nur bis zur Epoche der XXII. Dynastie geführt. Damit nicht genug, sie ist nur auf einer Wand des Kapellenmodells erhalten, auf der die Mitglieder dieses unschlagbar alten Geschlechtes in mehreren Spalten dargestellt sind. Die Generationen sind von oben nach unten und von rechts nach links angeordnet, beginnend mit dem Errichter des Denkmals, in aufsteigender Geschlechterlinie zurück in die Jahrhunderte, wobei die Spalten auf mindestens eine weitere, nicht erhaltene Wand übergehen. Deshalb ist es unmöglich, die Anzahl der Generationen auf diesem Denkmal zu ermitteln. Gewiß ist nur, daß es weit weniger waren als auf dem Denkmal, das Hekatäus und Herodot beschreiben.

Weiterhin weicht es darin von den Angaben der griechischen Autoren ab, daß zwar viele, aber nicht alle Vertreter dieses Geschlechts Hohepriester des Ptah waren. Unter ihnen waren sowohl Wesire als auch Verwalter von Memphis und andere bedeutende Beamte und Priester. Dennoch waren das Hohepriesteramt des Ptah und das Wesirat die charakteristischsten Ämter in diesem Geschlecht. Die hohen Ämter (besonders das des Hohenpriesters des Ptah) gingen zwar bisweilen aus ihrem Geschlecht verloren, vielleicht auch nur aus dieser geraden Linie, kehrten aber immer wieder zurück, so als wären die Vertreter des Geschlechts bemüht, sie bei der erstbesten Möglichkeit wieder an sich zu ziehen.

Nicht ausgeschlossen ist natürlich, daß die Reinheit oder Geradheit der Linie stellenweise beschönigt ist. Längst nicht alles stimmt mit den parallelen Genealogien dieses Geschlechts und mit den Angaben der Denkmäler überein. Dennoch muß die Existenz eines Beamtengeschlechts, das die höchsten Ämter im Lande über drei Jahrtausende hinweg innehatte, beeindruckend wirken.

Wir wissen nicht, auf welchen Ursprung jener Mann sein Geschlecht zurückführt, der diese Kapelle errichtet hat, aber der Wesir Rahotpe, der dort dargestellt ist und unter Ramses II. lebte, führte dieses Geschlecht gewiß auf Imhotep (III. Dynastie) zurück. In späterer Zeit galt Imhotep bereits ganz unstreitig als Sohn des Ptah, und dieser Umstand setzte der Ahnentafel eine obere Grenze. Aber hat die Ahnentafel in der Kapelle ihre Form in so tiefer Vorzeit erhalten, wie es die XXII. Dynastie im Vergleich zu der ptolemäischen und römischen Zeit war? Reichte das Geschlecht nicht weiter zurück, in die Zeit der frühen Dynastien?

Dieses Geschlecht ist natürlich eine Ausnahmeerscheinung, gleichwohl sind Genealogien aber auch von anderen Geschlechtern überliefert, von Beamten- und besonders von Priestergeschlechtern (diese in der Regel aus der Epoche der letzten zehn Dynastien). Zehn, zwanzig Generationen sind überhaupt keine Seltenheit. Aus der Frühzeit gibt es verständlicherweise wenig Genealogien, aber anhand der Denkmäler und Dokumente der Epochen läßt sich vieles rekonstruieren. In diesem kurzen Abriß können wir nicht auf alle eingehen, aber die bemerkenswerte Geschichte des Geschlechts der Nomarchen des XVI. Noms von Oberägypten, die im Namen des Nomarchen Chnumhotpe (Mitte der XII. Dynastie) verfaßt wurde, muß hier doch erwähnt werden. Es ist keine lange Geschichte, sie dauert nur gut ein Jahrhundert, aber sie ist großartig erzählt. Es ist die einzige Geschlechtergeschichte, die wir vom Alten Ägypten besitzen, und sie läßt sich nur zum Teil vergleichen mit der Geschichte der Beamten- und Priesterfamilie aus Tudjoi, XXVI.–XXVII. Dynastie, die in einer Gerichtsklage niedergelegt ist (Papyrus Rylands IX). Das Nomarchenamt wird in diesem Geschlecht nicht nur in männlicher, sondern auch in weiblicher Linie weitergegeben. Erwähnt werden muß auch die Ahnengalerie in der Grabstätte des Nomarchen des XIV. Noms von Oberägypten, Uhhotep, der unter Ammenemes II. lebte: Ungefähr 60 Porträts von Männern im Topajis-Rang (zu jener Zeit der Titel eines Nomarchen oder Stadtvorstehers) und ihrer Gattinnen, ohne Angabe der Verwandtschaft, weder untereinander, noch zu dem Besitzer der Grabstätte. Da es in jenen Zeiten nicht üblich war, die Verwandtschaft des Besitzers auf dem Grabmal darzustellen, muß es sich um Vorfahren gehandelt haben, natürlich nicht unbedingt in gerader Linie.

Seit der Epoche der XIII.–XVII. Dynastien, ungeachtet der insgesamt komplizierten Situation dieser Periode, in deren Verlauf nicht viel weniger Könige an die Macht kamen als in allen übrigen fünfundzwanzig Dynastien zusammen, läßt sich aufgrund von Denkmälern die Ahnentafel einer Beamtenfamilie rekonstruieren, die zwei Königinnen, mehrere Wesire und die Nomarchenlinie Elkâb (III. Nom von Oberägypten) hervorgebracht hat. Das Nomarchenamt war in dieser Familie so regelmäßig vererbt worden, daß man bereits einen Besitztitel darauf zu haben meinte und es gegen 60 Deben Gold (bezahlt natürlich in Realien) an einen Vertreter desselben Geschlechts verkaufte.

In der gesamten Geschichte der Pharaonen ist dies zwar der einzige uns bekannte Fall des Verkaufs eines nichtpriesterlichen Amtes, aber die häufigen Hinweise in Biographien von Beamten darauf, daß sie ihre Karriere sehr früh begonnen hätten, als sie noch ellengroße Kinder waren und an der mütterlichen Brust sogen, ist doch recht aufschlußreich. Solche Erklärungen werden nur aus einer Erblichkeit des Amtes verständlich. Dabei ist wichtig zu sehen, daß der neue Beamte nicht erst das Freiwerden einer Stelle abwarten mußte: er konnte auch zum Gehilfen des Vaters oder eines anderen Verwandten, der dieses Amt innehatte, ernannt werden. So erbittet unter Psametik I. Petese, der als Inhaber des Amtes, das einst Joseph innehatte, verantwortlich für die Ernte des Landes und außerdem »Leiter der Schiffstransporte« ist, vom Pharao, seinen Verwandten und Namensvetter zum Gehilfen, aber mit dem gleichen

Titel, zu ernennen; dieser wird das Amt auch tatsächlich ausüben und ihm als seinem Vorsitzenden Berichte schicken. Eine große Zahl ähnlicher Fälle – zwei oder mehr Personen in einem Amt – zwang dazu, die Amtsinhaber und jene, die es tatsächlich ausübten, voneinander zu unterscheiden, entweder, in machen Epochen (VI.–VIII. Dynastie), durch Hinzufügen des Beiworts »tatsächlicher« zur Amtsbezeichnung oder durch den Hinweis, daß der tatsächliche Amtsausüber nur als Vertreter wirkte.

Ihren Höhepunkt fand diese Einstellung zu den Ämtern als etwas eigenem, letztlich als persönlichen Besitz aber in dem Konzept des »im persönlichen Besitz befindlichen Amtes«. Es wird nur ein einziges Mal erwähnt (Stele Br. Mus. 101), aber in einem solchen Zusammenhang, daß klar ist: Die Rede ist von einem im ganzen Land verbreiteten Phänomen. In der auf den Inschriften in Grabmälern, auf Wüstenfelsen, Stelen und später auch Statuen sehr gebräuchlichen Anrede an die Lebenden mit der Bitte, dem Besitzer des Denkmals Gutes zu wünschen, werden die Belohnungen aufgezählt, die den, der diese Wünsche äußert, erwarten, darunter auch die Weitergabe des Amtes an die Kinder. Die Anrede ist in erster Linie an Priester und Beamte gerichtet. So ist es in allen Zeiten, angefangen mit der V. Dynastie. Die Variante des »persönlichen, auf die Kinder übertragbaren Amtes« auf der oben erwähnten Stele ist, so gesehen, ein allgemeiner Fall.

Untersuchungen über den Terminus »Eigentum« zeigen allerdings, daß die Ägypter ihn in einem viel weiteren Sinne verstanden als wir und daß sie zu diesem Begriff auch Dinge zählten, die eigentlich nicht dazugehören sollten; so galten zum Beispiel kleine Beamte, die zusätzlich bei einem höhergestellten Beamten Dienst taten oder beim König in der Gunst standen, als »Menscheneigentum« ihres Herren.

Es bedarf wohl keiner Erwähnung, daß alle diese »Rechte« auf ein Amt augenblicklich erloschen, wenn eine andere Entscheidung im Interesse des Königs lag. So hatte das Geschlecht der Hohenpriester des Ptah selbstverständlich zu verzichten, als Amenophis III. ihr Erbamt für den Prinzen Thutmosis, und die Könige Ramses I. und III. es für ihre Söhne brauchten, die beide den Namen Chamois trugen. Oder wenn der König mit einem Beamten unzufrieden war und ihn ablöste, wird er schwerlich dessen Sohn zu diesem Posten ernannt haben. So hielt Ammenemes III., als er den ihm unliebsamen Wesir Achtoi abgelöst hatte, es für erforderlich, dem Neuernannten eine ganze Reihe von Instruktionen mitzugeben, wie er sich in diesem Amt zu verhalten habe. Das wäre undenkbar gewesen, hätte es sich bei diesem Neuling um den Sohn oder einen Verwandten von Achtoi gehandelt. Eine Rüge des Pharao, selbst in milder Form, klang erschreckend für jeden Untertanen, zumal die Könige normalerweise mit Liebenswürdigkeiten nicht zurückhielten. Interessant ist jedoch, daß diese Belehrung die einzige in den ersten achtzehn Dynastien geblieben ist; anders wäre schwer zu verstehen, weshalb die Wesire der XVIII. Dynastie sie in ihren Grabmälern als das höchstmaßgeblichste Dokument reproduzierten, von dem sie sich bei ihrer Tätigkeit leiten ließen.

Aber daß Wesire in Ungnade fielen, gab es auch vor Achtoi. Gerade in dieser Zeit der III.–VI. Dynastien, als noch das »erste Gefäß« existierte, also die direkten Nachfahren der von Chnum, dem Gott der Schaffenskräfte, gekneteten Urmenschen (und nicht der »Urin« des Sonnengottes, der sie unter der IX.–X. Dynastie ablöste, siehe oben), der unbestrittene Adel und zudem eindeutig ein Beamtenadel, der die höchsten Ämter in der Hauptstadt und den Nomen innehatte, waren alle Amtssiegel namenlos. In der Folgezeit verschwinden die Siegel mit Angabe des Amtes entweder bis auf wenige Ausnahmen überhaupt (an ihre Stelle können Siegel mit bestimmten Ornamenten oder den Namen des regierenden Pharao treten), oder, wie das in der Zeit der späten XII. und besonders der XIII. Dynastie der Fall war, es tauchen Personensiegel auf, damals in der Form von Skarabäen, auf denen nicht nur das Amt, sondern auch der Name des Amtsinhabers angegeben ist, so als sei die Bindung an das Amt damals schon als etwas Beständigeres empfunden worden. Personensiegel tauchen dann wieder unter der XXV.–XXVI. Dynastie auf, gleichsam in Wiederbelebung einer Eigenart dieser alten Epoche.

Hinweise auf Degradierungen und Bestrafungen der Beamten finden wir in königlichen Befehlen und in den Inschriften der Beamten selbst allerorten. Diese Gefahr drohte immer – Gericht, Prügelstrafe, Verstümmelung oder Hinrichtung. Oft begegnen wir auch der Drohung mit sozialer Erniedrigung für Beamte, die sich etwas hatten zuschulden kommen lassen – der Versetzung in den Ackerbauernstand. Jedoch ist die tatsächliche Vollstreckung dieser Strafe, und zwar nicht bei einem Beamten, sondern einem Priester, wegen eines Verbrechens nur in dem bekannten Papyrus Golenischev IV erwähnt (dem sogenannten »literarischen Brief«, der erst von Korostovcev und dann, mustergültig, von Caminos herausgegeben wurde). Die in dem Papyrus beschriebenen Ereignisse werden ins Ende der XX. Dynastie datiert (Fecht 1962).

## Die Versorgung der Beamten

Daß der Beamte, der im Königshaus diente, auch vom Königshaus versorgt werden mußte, ist einleuchtend, aber Nachweise dafür im engeren Sinne sind uns nicht erhalten. Hinweise auf eine mehr oder weniger regelmäßige Ausgabe von Getreide aus der Kornkammer, Kleidung und Utensilien aus der Schatzkammer oder Fleisch direkt aus dem Palast finden sich in den Texten der V.–VI. Dynastien und anderer Epochen. In der Lehrschrift des Achtoi (XII. Dynastie) heißt es, jeder beliebige Beamte könne sich an jedem »Ort« (etwa in dem Sinne wie unser »Amt« oder »Behörde«) versorgen, der von der Hauptstadt, hier natürlich im Sinne des »Königshauses«, nicht des »Hauptstadtareals«, abhängt. Nur in der Hauptstadt lebende Beamte, die in besonders hoher Gunst standen, und offenbar auch hochbetagte Beamte (Sinuhe, der Verfasser der nach ihm benannten berühmten Erzählung, XII. Dynastie; Ineni, Nomarch und Bauherr, XVIII. Dynastie) bekamen Speisen direkt vom Hof ins Haus geliefert.

Achenaten spricht offen davon, daß er den Beamten ihren Lebensunterhalt gewährt, geht aber nicht darauf ein, auf welche Weise er dies tut. Indes gab es neben der ständigen Verpflegung, die bisher recht unsicher belegt ist, auch die Praxis einmaliger, wenn auch wenig umfangreicher, Ausgaben aus den königlichen »shenu« (dem Ort, an dem die Nahrung zubereitet und aufbewahrt wurde; die Bedeutung ist von Perepelkin ermittelt), in den Hauptstädten oder bei Reisen des Königshofes über Land. Ein paar Brote und Gefäße Bier (das normale Verhältnis war 10 zu 1) waren sogar für einen Wesir eine große Ehre. Einmalige Lieferungen direkt aus dem Königspalast sind gut dokumentiert, zumindest durch ein ausführliches Dokument, den Papyrus Bulak 18 (frühe XIII. Dynastie).

Insgesamt aber gewährte der König den Beamten doch mehr, als einmalige Lebensmittelrationen oder sogar die Spende einer Apanage. Zur Zeit der IV.–VIII. Dynastien sehen wir in den Grabmälern hochgestellter Beamter oder Personen, die in des Königs Gunst standen, ausgedehnte »eigene Wirtschaften« abgebildet, die aus vielen Dörfern mit zahlreichem leibeigenen Gesinde und tausenden Stück Vieh bestanden.

Nach der Revolution, unter der VIII. Dynastie, verschwinden derartig große Wirtschaften, sie leben aber offenbar unter der XI. und besonders der XII. Dynastie, wieder auf, wenn auch wohl in geringerem Umfang als früher. Bemerkenswert ist ein Unterschied: es gibt keine Dörfer mehr in Privathand. Dafür heißt es jetzt ganz direkt, daß der Beamte die Privatwirtschaft vom König übereignet bekommt. Dies ist also eine Art Arbeitsentgelt für den Beamten. In der Lehrschrift des treuen Untertanen (frühe XII. Dynastie) wird festgestellt, daß der König Treue und effektiven Dienst mit Leuten, mit Arbeitssklaven entlohnt, während die Ungnade des Königs dem Menschen, will zweifellos sagen, vor allem dem Beamten, die Leute raubt, d. h. ihm seine Versorgung nimmt.

Eine nicht unerhebliche Rolle in der privaten Wirtschaft spielen die Brüder des Besitzers. Wegen der Uneindeutigkeit des Terminus »Bruder« sind damit womöglich überhaupt die männlichen Verwandten des Besitzers gemeint. Sie können sowohl die Wirtschaft ihres Verwandten leiten, seine Buchhaltung führen, als auch diese oder jenen Wirtschaftszweig kontrollieren. So werden sie auch mit dem Terminus »eigener Bruder«, oder abgekürzt »Eigbruder« (Perepelkin 1986) bezeichnet. Bedeutsam ist, daß dieser Terminus schon von den Stelen aus Helwân, die in die Epoche der II. Dynastie datiert werden, bekannt ist. Daher ist es sehr wahrscheinlich, daß die private Großwirtschaft schon viel früher als in der IV. Dynastie entsteht.

In der XII. Dynastie zerfällt die »eigene Wirtschaft« des hohen Beamten ganz deutlich in zwei Teile: das Amtsvermögen und den Erbhof. Wenn es bei den Ägyptern heißt, das eigene Vermögen werde vom König zugeeignet, dann ist darunter nichts anderes als das Amtsvermögen zu verstehen. Diese Einteilung begegnet schon weitaus früher als unter der XII. Dynastie, und zwar ganz sicher unter der V., womöglich geht sie auf die Entstehungszeit der »eigenen Wirtschaft« zurück, die nicht später als in der II. Dynastie anzusiedeln ist. Dabei ist nur der Begriff »Erbhof« einigermaßen mit unseren Begriffen des »privaten« oder auch »persönlichen« Eigentums zu vergleichen, obwohl die Ägypter auch das Amtsvermögen dem Begriff »eigenes Haus/Wirtschaft« zuordneten.

Bemerkenswert ist, daß zu dem Erbhof auch Priesterämter gehören; ihre Inhaber hatten offensichtlich mehr Anspruch darauf, als auf eine Beamtenstelle, obwohl auch diese als jemandes Eigentum galt. Die Könige verfügten über eine gewisse Reserve an Priesterämtern, die sie den Beamten zur Belohnung für ihren Dienst verleihen konnten. Jemand konnte sehr viele Priesterämter, unter der IV.–VI. Dynastie auch Ämter im Stellenplan der Pyramiden, in einer Hand vereinen, wobei diese Vielzahl von Ämtern alle tatsächlich auch ausgeübt werden mußten, wie die Papyri von Abusîr aus der Zeit der V.–VI. Dynastie zeigen (die von Cenival und Posener-Kriéger sehr schön ediert und von Posener-Kriéger erforscht worden sind). Selbst wenn man berücksichtigt, daß die Ausübung von Priesterämtern nur drei Monate im Jahr in Anspruch nahm, ist doch schwer begreiflich, wie manch einer, der ganze Kataloge solcher Ämter innehatte, dies bewältigen konnte, wenn man nicht eine Institution von Stellvertretern annimmt, in Form der Familienhilfe zum Beispiel.

## Die Beamten und die Kultur Ägyptens

Der materielle Beitrag dieses soziologischen Standes zur ägyptischen Kultur kommt am anschaulichsten natürlich in den heute noch erhaltenen, monumentalen Denkmälern des alten Ägypten zum Ausdruck, deren Errichtung sie geleitet haben müssen. Die künstlerische Ausführung dieser Denkmäler kann man schwerlich den Beamten zuschreiben, selbst wenn manchmal einer von ihnen unverhohlen erklärt, niemand anders als er habe dieses oder jenes Objekt gebaut, wie es z. B. bei dem Tempel von Khentamenti (Osiris) in Abydos, während des ersten Baus, unter Sesostris, der Fall war. Die Arbeiten leitete zweifellos der Wesir bzw. Leiter der Staatskasse (so wurde in jener Zeit der Kommandant des Königspalastes oder, eher noch, der Minister des Königshofes genannt), Mentuhotep. Die »Urheberschaft« nimmt aber auch ein gewisser Meru, dem Titel nach zu urteilen, ein Baufachmann, für sich in Anspruch. Gewiß lag die architektonische Seite in des letzteren Hand. Ebenso gewiß ist aber auch, daß die organisatorische Seite (Arbeiter, Werkzeug, Verpflegung, Transport, schließlich das Recht zu verantwortlichen Entscheidungen) in der Kompetenz des Staatskassenleiters lag.

Es waren nicht die Beamten, die an den Abbauorten der wertvollen Gesteinsarten – Alabaster, Grauwacke – Obelisken und Statuen von Königen und hochgestellten Beamten meißelten, aber dennoch lastete die Versorgung der Arbeiter und der Transport der Monumente natürlich auf ihnen.

In der Literatur verdanken ganze Genres dem Beamtentum ihr Entstehen: die Autobiographien und die Didaktik. Das erste Genre ging aus der Aufzählung der zahlreichen Titel einzelner Beamten hervor, mit der diese in ihren Grabstätten im Jenseits ihren Adel kundtun und die Aufmerksamkeit der Grabstättenbesucher im Diesseits auf sich als nachahmenswerte Persönlichkeit lenken wollten. Im zweiten Genre geben eben diese Persönlichkeiten aufgrund eigener Lebenserfahrung der jungen Generation Ratschläge und verkündet dort jene Prinzipien, deren Realisierung in den Autobiographien beschrieben wird. Manchmal ist sogar schwer zu sagen, mit welchem der beiden Genres wir es überhaupt zu tun haben, jedoch sind die unstreitig didaktischen Kompositionen, von den Ägyptern besonders geschätzt, ein Jahrtausend lang fast ausschließlich von Wesiren geschrieben worden. In der Tat waren sowohl Imhotep, offenbar der Begründer des Genres, als auch der Vater des Wesirs Kagemni (Ende der III. Dynastie), der berühmte Ptahhotep (V. Dynastie), und Mentuhotep (Anfang der XII. Dynastie) Wesire. In einer Reihe mit den Wesiren steht, nicht weniger maßgeblich, Prinz Djedefhor (der Thamphthis von Manethon; die Identität geht unwiderlegbar aus einem Vergleich des Verzeichnisses der Prinzen in Wadi Hammamat mit dem des Manethon hervor; der Prinz ist offenbar irrtümlich in die Liste der Könige eingetragen worden). Zwar wird Imhotep auf dem Denkmal oder den Denkmälern – zählt man zu der Inschrift auf der Statue des Königs Djoser noch den Graffito aus dem Pyramidenkomplex des Königs Tosortasis – seiner Zeit nicht als Wesir bezeichnet, aber er gilt traditionsgemäß als ein solcher. Die Vasen aus der Tosortros-Pyramide zeigen, daß es diesen Titel damals schon gegeben hat. Allerdings wird auf den Vasen nicht Imhotep als Wesir genannt, sondern ein gewisser Menka, offenbar sein Vorgänger. Was den Wesir Mentuhotep betrifft, den letzten Verfasser didaktischer Werke unter den Wesiren, so ist diesem die Urheberschaft der »Lehrschrift eines treuen Untertanen« zuzuschreiben, obwohl sein Name in den bekannten Abschriften des Werkes nicht erhalten ist. Überliefert sind lediglich Teile der Titulatur, aber von allen Wesiren der XII. Dynastie stimmt nur seine Titulatur vollständig mit allen diesen Teilen überein.

Die spätere Didaktik wird merklich bescheidener – unter ihren Autoren finden wir weder mehr Wesire noch Prinzen. Dennoch waren sowohl Api als auch Amenope (in seiner Lehrschrift fällt die Nähe zu den Weisheiten des Salomon ins Auge) hervorragende Beamte.

Selbstverständlich haben wir den Beamten auch das älteste wissenschaftliche Buch der Welt (Mathematik) zu verdanken – den Papyrus Golenivschev I, aber auch den Papyrus Rhind (XV. Dynastie), die Kopie eines anderen, ebenso alten Mathematikbuches. Der Name des Kopierers des Papyrus Rhind, des Schreibers Jachmes, ist der älteste Name in der Geschichte der Mathematik. In einer Zeit mit Jachmes lebte auch der Erfinder der Wasseruhr, der das Problem des gleichmäßigen Abflusses der Wassersäule aus einem Gefäß gelöst hat, ebenfalls ein Beamter. Dieser Name – Amenemhê – ist der älteste in der Geschichte der Physik.

Es ist natürlich unmöglich, sämtliche Leistungen der ägyptischen Verwalter aufzuzählen, aber eine muß noch erwähnt werden: die Messung der Länge Ägyptens von Süden nach Norden mit 106 sogenannten Flußmeilen. Diese Zahlen waren schon Sesostris im XX. Jahrhundert vor Christi Geburt bekannt. Eratosthenes aber hat erstmals den Erdumfang mit Hilfe der Ausdehnung Ägyptens gemessen.

Kapitel 5

# Der Priester

Sergio Pernigotti

Als Herodot um das Jahr 450 v. Chr. Ägypten bereiste, um das Material zusammenzutragen, das er später zur Abfassung des zweiten und teilweise auch des dritten Buches seiner *Historien* verwenden sollte, stand das Land nach der langen und glanzvollen Periode der 26. Dynastie erneut unter dem Joch einer Fremdherrschaft: Seit langem schon (seit fast einem Jahrhundert) stellte Ägypten eine Satrapie des riesigen Perserreiches dar, weshalb es auch in die großen militärischen Auseinandersetzungen verwickelt war, die zwischen dem persischen Großkönig und der hellenischen Welt ausgetragen wurden. Zum ersten Mal in der ägyptischen Geschichte spielten so die Beziehungen zu Griechenland und den anderen Ländern des östlichen Mittelmeerraumes eine größere Rolle als die zu Afrika und zum Nahen Osten, die traditionell im Vordergrund gestanden hatten.

Doch waren trotz Fremdherrschaft und der Tatsache, daß sich für das Land sowohl politisch als auch kulturell neue Horizonte aufgetan hatten, die staatlichen Strukturen, die in der Saitenzeit wieder aufgebaut und fest konsolidiert worden waren, im wesentlichen unverändert geblieben, und auch die wirtschaftliche und soziale Entwicklung verlief weiterhin in denselben, seit gut zwei Jahrtausenden bewährten Bahnen. Das Land wurde von einem Satrapen regiert, und die wichtigsten Entscheidungen wurden weit weg vom Niltal, am Hofe des Großkönigs getroffen. Doch davon abgesehen schien sich, nach der stürmischen Zeit der Eroberung durch Kambyses und seiner kurzen Herrschaft, im ägyptischen Alltag nicht viel geändert zu haben. Die Tempel waren geöffnet, der Götterkult konnte ungestört fortgesetzt werden, und auch das intellektuelle Leben nahm seinen gewohnten Lauf (auch wenn direkte Belege hierfür fehlen, so deuten doch viele Anzeichen darauf hin). Im übrigen können wir an einer Reihe wunderschöner Rundplastiken ablesen, daß die ägyptische Kunst nur geringfügig und auch nur in bezug auf einige unwesentliche Einzelheiten von der Gegenwart der Fremden beeinflußt worden war.

Dies ist es auch, was die Darstellung Herodots, zumindest insofern sie solche Fakten betrifft, von denen er durch persönliche Anschauung Kenntnis erlangt hat, so wertvoll für uns macht: Der Blick eines so aufmerksamen und gebildeten fremden Besuchers wie des Geschichtsschreibers aus Halikarnaß ermöglicht es uns, Tatsachen und Gegebenheiten zu erkennen (und bisweilen sogar zu beurteilen), die in den ägyptischen Quellen aus der vorangegangenen Zeit oftmals gar nicht ausdrücklich erwähnt werden, da sie so selbstverständlich waren, daß es als unnötig schien, überhaupt davon zu sprechen – es war davon auszugehen, daß sie dem Zuhörer schon längst bekannt waren.

In den Abschnitten, die Herodot der Schilderung Ägyptens widmet, räumt er Religion und Priestertum breiten Raum ein. Dies mag zwar durch die Interessen des Verfassers begründet sein, doch ausschlaggebend war vor allem die Tatsache, daß beide Faktoren in der Geschichte des Landes eine bedeutende Rolle gespielt haben, wie der Besucher aus Griechenland mit scharfem Blick erkannte. Zu den Beobachtungen und Urteilen Herodots traten in der Folgezeit Bemerkungen anderer griechischer Geschichtsschreiber, die sich in ihren Darstellungen über Ägypten zu diesem Thema äußerten, bis schließlich ein in mancherlei Hinsicht übertriebenes und einseitiges Bild der Frömmigkeit der Ägypter und ihrer Geistlichen entstand.

Doch die Ausführungen der Schriftsteller der klassischen Antike sind für uns um so wertvoller, als die ägyptischen Quellen sich in bezug auf diese Fragen als wenig aufschlußreich erweisen. Der stark konservative Zug der ägyptischen Gesellschaft läßt es zudem als wahrscheinlich erscheinen, daß Gegebenheiten und Verhaltensweisen, die für die Spätzeit bis hin zur Ptolemäerzeit und die Zeit der römischen Herrschaft dokumentiert sind, uns in gewisser Weise auch Aufschluß geben können über Gegebenheiten und Verhaltensweisen sehr viel weiter zurückliegender Epochen.

»[Die Ägypter] sind höchst gottesfürchtig, mehr als alle anderen Völker«, schreibt Herodot (2, 37; 1959, S. 115), und etwas später fügt er, das Thema noch einmal aufgreifend, hinzu: »Die religiösen Sitten der Ägypter sind [...] sehr genau geregelt« (Herodot 2, 65; 1959, S. 128); die Einschätzung, die in anderen Quellen der klassischen Antike gegeben wird, stimmt mit dem Urteil Herodots vollkommen überein. Im übrigen bleibt auch heute noch kein Besucher Ägyptens unbeeindruckt von der großen Zahl und den riesigen Ausmaßen der Kultstätten, die auf uns gekommen sind und die von einer Kultur zu zeugen scheinen, die zutiefst von religiösen Werten durchdrungen war. Im Gegensatz zu den aus Lehmziegeln errichteten Gebäuden der profanen Architektur sind die aus Stein erbauten religiösen Bauwerke dank der größeren Festigkeit des verwendeten Materials erhalten geblieben, doch ist das, was sich erhalten hat, nur ein recht kleiner Bruchteil der unzähligen religiösen Bauwerke des alten Ägypten, die Herodot bei seinem Besuch bewundern konnte, der zu einer Zeit erfolgte, als die Tempel der Ptolemäischen und Römischen Zeit, die heute zu den größten und besterhaltenen zählen, noch nicht erbaut worden waren.

In einem Land mit so zahlreichen und so bedeutenden Kultstätten – es gab im unendlich großen Pantheon der Ägypter keine Gottheit, die nicht einen eigenen Tempel oder eine eigene Kapelle im Innern eines anderen Göttern geweihten Tempels gehabt hätte – muß es auch eine entsprechend große Zahl von Menschen gegeben haben, die sich der Pflege des Götterkultes widmeten. So kann man sich leicht vorstellen, daß es eine große Zahl von Priestern gegeben haben dürfte, die über das ganze Land verteilt waren und eine nicht unbedeutende Rolle in der ägyptischen Gesellschaft spielten, auch wenn die dürftige Quellenlage diesbezüglich zu gewisser Vorsicht mahnt, insbesondere, was die früheste Zeit betrifft.

Die Tatsache schließlich, daß die Tempel einen bedeutenden Wirtschaftsfaktor und einen wichtigen Bezugspunkt für das kulturelle Leben des Landes darstellten, hatte zur Folge, daß die Priesterschaft auch auf das öffentliche Leben und die Moralvorstellungen der Ägypter großen Einfluß ausübte. Der tiefe Respekt, den die antiken Schriftsteller den ägyptischen Priestern entgegenbrachten, mag, soweit er die ihnen zugeschriebenen Verdienste betraf, sicherlich übertrieben gewesen sein, doch war er eine Folge bestimmter historischer Begebenheiten sowie des Ansehens, das sie im Laufe mehrerer Jahrhunderte erworben hatten und dessen Wurzeln in einer fernen Vergangenheit lagen.

In seinen Ausführungen über den ägyptischen Priester legt Herodot den Schwerpunkt im wesentlichen auf die Schilderung der Sitten und Gebräuche:

> Die Priester schneiden alle zwei Tage ihre sämtlichen Körperhaare ab, damit sich bei den Dienern der Götter keine Laus oder anderes Ungeziefer festsetzen kann. Als Kleidung tragen die Priester nur ein leinenes Gewand und aus der Byblosstaude gefertigte Schuhe; andere Kleider, anderes Schuhwerk dürfen sie nicht tragen. Zweimal am Tage und zweimal des Nachts baden sie in kaltem Wasser und halten noch andere, geradezu unzählig viele Gebräuche inne. Freilich genießen sie auch nicht geringe Vorteile. Sie brauchen ihr Privatvermögen nicht zu verzehren, sondern bekommen von dem heiligen Brot, und eine Menge Rindfleisch und Gänsefleisch wird ihnen jeden Tag geliefert, ebenso Traubenwein. Dagegen dürfen sie Fische nicht essen [...]. Die Priester ertragen nicht einmal den Anblick von Bohnen, weil sie sie für unreine Früchte halten. Jeder Gott hat übrigens dort nicht einen, sondern viele Priester, von denen einer der Oberpriester ist. Stirbt ein Priester, so tritt sein Sohn in die Priesterschaft ein. (2, 37, 2–5; 1959, S. 115 f.)

Porphyrius hingegen hat ausschließlich die geistigen Werte des ägyptischen Priesters im Blick, wenn er, viele Jahrhunderte nach Herodot, ein Bild dieser Gestalt zeichnet, in dem vor allem ihr hohes geistiges Niveau in den Mittelpunkt gerückt wird:

> Durch Kontemplation gelangen sie [= die Priester] zu Respekt, seelischer Ausgeglichenheit und Frömmigkeit, durch Reflexion zur Wissenschaft, und durch beides zur Ausübung esoterischer Bräuche, die denen vergangener Zeiten in nichts nachstehen. Denn durch die ständige Berührung mit der Wissenschaft und der göttlichen Eingebung wird die Habgier ausgeschlossen, werden die Leidenschaften unterdrückt und die Lebenskraft und die Intelligenz angeregt. Sie leben einfach und kleiden sich schlicht, sie üben Enthaltsamkeit, Strenge, Gerechtigkeit und Uneigennützigkeit. Ihre Schritte sind wohlbedacht, ihr Blick ist bescheiden und fest und irrt nicht überall herum. Lachen sieht man sie nur selten, und es ist nie mehr als ein Lächeln; ihre Hände halten sie immer unter dem Gewand versteckt [...]. Was den Wein angeht, so trinken einige gar keinen, andere nur wenig, denn es heißt, der Wein sei schädlich für die Venen, und indem er den Kopf verwirre, lenke er ihn von Denken ab. (Porphyrius, *De Abst.*, 4, 6–8)

Porphyrius zeichnet somit das Bild eines Priesters, dem es gelingt, ein bewundernswertes Gleichgewicht herzustellen zwischen innerer Ruhe, die aus der ständigen Berührung mit der Welt des Göttlichen und der Beschäftigung mit der Wissenschaft entspringt, und äußerer Würde, die sich in einer maßvollen Lebensführung, einer schlichten Lebensweise, Aufrichtigkeit und Takt in den Beziehungen zu anderen Menschen äußert.

Es gibt keinen Anlaß zu bezweifeln, daß dieses Bild möglicherweise sogar in hohem Grade der Realität entsprach, zumindest was die Epoche betrifft, in der es gezeichnet wurde. Durch einige uns zur Verfügung stehende Quellen wird bestätigt, daß es in Ägypten auch in früheren Epochen Priester gegeben hat, die ein hohes moralisches Ansehen genossen und so dem von Porphyrius gezeichneten Idealbild sehr nahe kamen. Doch gibt es auch Dokumente, die belegen, daß der ägyptische Priester oftmals ein Leben führte, in dem von der Beherrschung der Leidenschaften und dem ständigen Dialog mit dem Göttlichen, von denen oben die Rede war, nicht viel zu spüren war.

Tatsächlich war die Figur des Priesters so tief in den politischen und sozialen Gegebenheiten des Landes verwurzelt, daß sie zu einem getreuen Spiegel der Laster und Tugenden der Gesellschaft ihrer Zeit wurde; so fällt es oftmals schwer, diese Laster und Tugenden gerade mit der Zugehörigkeit des Betreffenden zum Priesterstand oder dessen besondere Ehrbarkeit zu erklären. Tatsächlich war zu dem Zeitpunkt, als die Autoren der klassischen Antike ihre große Bewunderung für den ägyptischen Priester zum Ausdruck brachten, bereits das Spätstadium einer Entwicklung erreicht, im Zuge derer die religiöse Überlieferung immer normativer wurde und in einem reinen Formalismus zu erstarren drohte. Durch die Überbetonung des Rituals sollte verdeckt werden, daß sich die Priesterschaft zunehmend von tiefergehenden religiösen Motivationen entfernt hatte und nur noch an einer Reihe rein äußerlicher Verhaltensweisen festhielt, die, obgleich sie mit der Aura des Geheimnisvollen umgeben waren, nur von der inneren Leere des mehrtausendjährigen religiösen Brauchtums zeugten, das sich nunmehr überlebt hatte und dem Druck neuer Bedürfnisse und neuer, differenzierterer und lebendigerer religiöser Vorstellungen nicht mehr lange würde standhalten können.

Es gab jedoch auch Äußerungen, die sich nicht in den Chor der lobenden und bewundernden Stimmen einreihten. Stellvertretend für alle sei an dieser Stelle nur Juvenal genannt, der sich in seiner fünfzehnten Satire in verächtlichem Tone über die ägyptischen Kulte und deren Anhänger äußert:

> Wer weiß es nicht, mein Volusius Bithynicus, was für ein Zeugs von
> Göttern so dumm Ägypten verehrt? Krokodile vergöttert
> der, ein andrer erbebt vor dem schlangengemästeten Ibis.
> Golden erglänzet das Bild vom heiligen Cercopithecus,
> wo an des Memnon Säul hell tönen die magischen Saiten
> und wo Theben, so alt, mit den hundert Toren zerstört liegt.
> Katzen verehren sie dort, hier Fische des Flusses, und ganze

Städte verehren woanders den Hund, kein einz'ger Diana.
Zwiebel und Lauch mit dem Zahn zu entweihn, ist Frevel und Sünde:
wahrlich, ein heiliges Volk, dem so in den Gärten die Götter wachsen!
(Krenkel 1976, S. 478 f.)

Hier findet man das genaue Gegenteil von jenem Ton ehrfürchtiger Bewunderung, der in den Ausführungen Herodots zu spüren war. Zweifellos ist dies in nicht geringem Maße darauf zurückzuführen, daß den Römern das Wesen der ägyptischen Kultur im Grunde unverständlich blieb.

Bei der Untersuchung der ägyptischen Quellen aus der Zeit der Pharaonen stellt man überrascht fest, daß der Schilderung der Figur des Priesters nur sehr geringer Raum gewidmet wird. Es ist nicht etwa so, daß es an Belegen mangelte; im Gegenteil, es läßt sich behaupten, daß diese in gewisser Hinsicht sogar extrem zahlreich sind. So existieren Tausende und Abertausende von Inschriften, die auf Statuen und Stelen angebracht, auf Grabwände und Sarkophage gemalt oder gemeißelt und in Dokumenten verschiedenster Art überliefert worden sind, Inschriften, in denen in der Titulatur des jeweiligen Eigentümers priesterliche Ämter Erwähnung finden. In einigen der Fälle handelt es sich lediglich um einen Titel, der belegt, daß der Betreffende zu der Priesterschaft eines bestimmten Gottes gehörte. In zahlreichen anderen Fällen jedoch begegnen wir einer langen Liste von Titeln, die von den einzelnen Etappen der religiösen Karriere des Betreffenden oder auch von der gleichzeitigen Zugehörigkeit zu den Priesterschaften mehrerer Gottheiten zeugen, die zwar an demselben Ort, jedoch nicht in demselben Tempel verehrt wurden, und in wieder anderen Fällen beziehen sich die Titel auf den Kult mehrerer Gottheiten, die an verschiedenen Orten verehrt wurden und bisweilen durch ein Netz religiöser Beziehungen miteinander verbunden waren, die nicht selten weit zurückreichende Wurzeln hatten.

Schließlich können religiöse Ämter auch in Verbindung mit weltlichen oder gar militärischen genannt werden, wobei die Ämter meist einfach hintereinander aufgezählt werden, so daß es nicht möglich ist zu beurteilen, welche Beziehungen zwischen den einen und den anderen bestehen: Handelt es sich um eine chronologische Auflistung? Spiegelt die Anordnung eine ganz bestimmte Laufbahn wider, in der die Reihenfolge der religiösen und weltlichen Ämter genau festgelegt war? Oder ist die Reihenfolge etwa willkürlich?

Sehen wir uns im folgenden einige dieser Titelfolgen, die aus verschiedenen Epochen der ägyptischen Geschichte stammen, einmal näher an, um das Problem zu verdeutlichen. Hapuseneb, eine bedeutende Persönlichkeit, die zur Zeit der Königin Hatschepsut (1479–1458 v. Chr.) lebte, trug die Titel »Fürst und Graf, Kanzler des Königs von Unterägypten, Erster Prophet des Amun«; auf einer im Louvre aufbewahrten Statue wird außerdem noch das Amt des »Wesirs« angegeben: Die Verbindung von einem sehr hohen religiösen Amt (»Erster Prophet des Amun«) mit dem wichtigsten weltlichen Amt (»Wesir«) deutet darauf hin, daß hier große weltliche und religiöse Macht in den Händen ein und derselben Person vereinigt waren, so daß diese eine recht bedeutende Rolle im politischen Leben Ägyptens gespielt haben dürfte. Es ist anzunehmen, daß entweder eine Politik verfolgt wurde, die darauf ausgerichtet war, eine Art direkte weltliche Kontrolle über die mächtige Amun-Priesterschaft zu errichten, oder daß sich im Gegenteil die Priesterschaft in die weltlichen Belange des Staates einmischte. Eine genaue Schlußfolgerung zu ziehen bleibt uns jedoch verwehrt, da uns nichts darüber bekannt ist, in welcher Beziehung diese beiden hohen Ämter des Hapuseneb zueinander standen.

Einige Jahrhunderte später, in der Zeit des Übergangs von der 25. zur 26. Dynastie, begegnet uns ein Mann namens Montemhet, der in Theben nahezu dieselben Machtbefugnisse hatte wie der König. Zu seiner Titulatur gehören einige Titel, auf die wir bereits bei Hapuseneb gestoßen sind und die historisch betrachtet von geringem Interesse sind, wie etwa »Fürst und Graf, Kanzler des Königs von Unterägypten, einziger geliebter Freund«; darüber hinaus werden jedoch regelmäßig noch zwei weitere genannt, nämlich »Vierter Prophet des Amun und Fürst der Stadt« – ersterer ist ein religiöser, letzterer ein weltlicher Titel. Das Überraschende an dieser Titulatur ist, daß eine Persönlichkeit vom Range des Montemhet ein so niedriges religiöses Amt wie das des »Vierten Propheten des Amun« innehatte. Man könnte annehmen, daß die religiösen Ämter zu dieser Zeit so unbedeutend waren, daß der »Fürst der Stadt« keinerlei Interesse daran hatte, sich mit einem hohen religiösen Amt zu schmücken; doch ebensogut könnte es sein, daß er *zunächst* »Vierter Prophet des Amun« gewesen und *später* »Fürst der Stadt« geworden ist. In diesem Fall wäre der erstgenannte Titel lediglich ein Hinweis auf die Anfänge seiner Laufbahn als Geistlicher, auf die er dann seine weltliche Karriere gründete, obwohl er erstere, möglicherweise aus Gründen politischer Opportunität, niemals völlig aufgab. Im übrigen hatte derselbe Montemhet auch das Amt des »Vorstehers der Propheten aller Götter Oberägyptens« inne, das ihm die Befugnis zur Kontrolle aller Priesterschaften Südägyptens verlieh.

Das nun folgende Beispiel zeigt, wie kompliziert und hochtrabend formuliert die Titulatur eines Priesters sein konnte, die unweigerlich auch weltliche Ämter und Fragmente einer Idealautobiographie enthielt; es handelt sich um die Titulatur eines Ägypters namens Padineith, der zur Zeit der 30. Dynastie (380–342 v. Chr.) lebte und dessen Grab man in Saqqara fand. In den Inschriften auf seinem Sarkophag beschreibt er sich wie folgt:

Der Geehrte bei Ptah-Sokar-Osiris, dem großen Gott, der im Verborgenen wohnt [und bei] Osiris, der dem Westen vorsteht, Gott, großer Herr von Rosetau, Fürst und Graf, einziger Freund, der Geliebte, der, der großes Wissen hat, der seine Gedanken nicht offenbart, der ohne Wankelmut ist, der die Bitten derer hört, die Bitten stellen, der mehr als jeder andere seiner Mitmenschen seine Worte bedachtsam wählt, der gegenüber seinen Adligen und seinen Großen keine Nachsicht übt, der von den Göttern gelobt wird, der mit einem schönen Namen im Tempel verewigt ist, der die Dinge für jeden nützlich macht, der, der mit seinem Lob den führt, der gehorcht, der Vorsteher der Güter, der Große der Fünf, der Vorsteher der Befriedung des gesamten Landes, der über die fremden Länder ebenso wie über Ägypten urteilt, die Augen des Königs von Oberägypten, die Ohren des Königs von Unterägypten, Vertrauter des Horus in seinem Palast, göttlicher Vater und geliebt von dem Gotte, *Sem*-Priester, Prophet des Ptah und *wer-wagety*-Diener des Horus, *Web*-Priester der Götter [...], *menech-ib*-Prophet des Horus, Prophet der Bastet, Herrin Anch-tauis [Memphis] aus Hutka-Ptah, Prophet des [...], der Schen-su vorsteht, *mer-it-ef*-Prophet des [Osiris] im Tempel der Hathor, Herrin von Mefkat, *res-udja*-Prophet des Osiris und der Seschat, der Großen, die der Kapelle von Pe und Dep vorsteht, Prophet der Statuen des Amasis, des Sohnes des Rê, in Pe und Dep, der Große des Monats der ersten und dritten Phyle von Pe und Dep, Prophet des Aton, der Mer vorsteht, Hilfsprophet des Horus von Pe und Dep, des Wadjet und der Götter von Pe und Dep, großer Statthalter von Neteret und Prophet des Horus von Pe, Statthalter der Stadt, Richter des Tores und Wesir Padineith [...].

Titelfolgen von dieser Länge waren in der Spätzeit keinesfalls eine Seltenheit; sie zeigen, daß die politische Karriere gewisser Persönlichkeiten (so auch die des Padineith, der es bis zum Wesir brachte) ihre Grundlage in einer vorausgegangenen religiösen Karriere hatte, von der sie offenbar ihren Ausgang nahm, auch wenn die Beziehungen, die zwischen der einen und der anderen bestanden, im Grunde nach wie vor unklar sind.

Die Titulaturen von Priestern sowie von Beamten, die auch religiöse Ämter bekleideten, leisten uns, wie wir gesehen haben, wertvolle Hilfe bei dem Versuch, die Hierarchien in der Priesterschaft und in der zivilen Verwaltung zu rekonstruieren und in Umrissen eine religiöse Topographie bestimmter Regionen des alten Ägypten zu zeichnen. In anderer Hinsicht jedoch sind diese Quellen unzulänglich und enttäuschend: Sie liefern uns lediglich einen äußeren Rahmen, der unausgefüllt bleibt; es fehlen jene biographischen Angaben, die allein es gestatten würden, den gesellschaftlichen Status des Priesters zu rekonstruieren und so auch zu prüfen, inwiefern die Vorstellungen, die sich die Schriftsteller der klassischen Antike von der ägyptischen Priesterschaft machten, auf die historische Realität der vorangegangenen Epochen übertragbar waren.

An Autobiographien fehlt es uns zwar nicht (es ist ja bekannt, daß die Autobiographie als literarisches Genre in allen Epochen der ägyptischen Geschichte gepflegt wurde). Doch wie alle literarischen Gattungen hatte auch die Autobiographie ihre Regeln und Konventionen und wurde weitgehend in einer formalisierten Sprache abgefaßt, in der sich die Moralvorstellungen und die Weltsicht der jeweiligen historischen Epoche spiegelten, in der das Werk entstand. Diese Sprache ließ nur wenig Raum für persönliche Erlebnisses oder den geistigen Werdegang dessen, der sein Leben erzählte. Im günstigsten Fall entstand auf diese Weise ein stark idealisiertes Porträt der betreffenden Person, das mit Hilfe von Topoi gezeichnet war, die sich in den Biographien Tausender Zeitgenossen ebenfalls fanden; im schlimmsten Fall hingegen handelte es sich lediglich um eine Sammlung leerer Formeln, die allenfalls von dem Bestreben zeugten, den allgemein akzeptierten Wertvorstellungen gerecht zu werden.

Religiöse und weltliche Ämter waren so eng miteinander verflochten, daß es uns nicht möglich ist zu entscheiden, welche Angaben dieser Autobiographien, in denen der Verfasser ein Loblied auf sich selber singt, auf erstere und welche auf letztere bezogen sind. Es ist sehr wahrscheinlich, daß dies in den meisten Fällen für die Ägypter nicht von Belang war und daß für sie, anders als für uns, die Unterscheidung zwischen beiden keineswegs selbstverständlich war, zumindest insofern nicht, als erst in der Endphase der altägyptischen Kultur eine Trennung zwischen dem religiösen und dem weltlichen Bereich gemacht wurde.

Bei diesem Stand der Dinge kann die Figur des Priesters nur durch eine Schilderung der Funktionen, die dieser in den religiösen Institutionen erfüllte, genaue historische Konturen gewinnen; hierzu beitragen können darüber hinaus die nicht sehr zahlreichen literarischen und nichtliterarischen Quellen, in denen von Priestern berichtet wird, die konkret handelnd in die Zeitgeschichte eingreifen. Zudem ist darauf hinzuweisen, daß die uns zur Verfügung stehenden Quellen es uns sehr schwer machen, die historische Entwicklung des Priestertums in Ägypten nachzuzeichnen, weshalb in der Regel so getan wird, als sei es, von einigen geringfügigen Veränderungen abgesehen, im Laufe der Jahrtausende im wesentlichen gleich geblieben. Selbst wenn man in Anbetracht des Konservativismus der ägyptischen Gesellschaft (der, wie immer er auch zu verstehen sein mag, ein erwiesenes Faktum ist) einräumt, daß sich im Laufe der Jahrtausende vielleicht nur wenig verändert hat, so besteht doch kein Zweifel darüber, daß diese Sichtweise in nicht unbedeutendem Maße von der Tatsache bestimmt wird, daß die uns zur Verfügung stehenden Quellen diesbezüglich nur wenig aufschlußreich sind.

Als ein Beispiel ließe sich der oben zitierte Passus aus dem Werk Herodots anführen, der eindeutig von der Vererbbarkeit der priesterlichen Ämter im alten Ägypten spricht: »Stirbt ein Priester«, so heißt es da, »so tritt sein Sohn in die Priesterschaft ein.« So wie sie uns überliefert worden ist, ist diese Angabe vielleicht korrekt für die Zeit, in der Herodot das Land besuchte; überdies ist die Erblichkeit religiöser Ämter für die griechisch-römische Zeit allgemein ein gesichertes Faktum, so daß die in anderer Hinsicht ganz sicher unzutreffende Vorstellung, daß die ägyptische Gesellschaft in deutlich voneinander abgegrenzte Schichten unterteilt gewesen sei, bis zu einem gewissen Grade gerechtfertigt erscheinen kann. Die Frage ist jedoch, wie sich die Situation in vorausgegangenen Epochen darstellte und wann die zunehmende Erstarrung der sozialen Strukturen eingesetzt hat, die schließlich zur Erblichkeit des Priesteramtes führte.

Sicher ist, daß der Eintritt in die Priesterschaft theoretisch nur auf dem Weg über die Ernennung durch den König (oder einen königlichen Bevollmächtigten) möglich war und daß im übrigen in der ägyptischen Gesellschaft schon immer die Tendenz bestanden hatte, religiöse wie nichtreligiöse Ämter erblich zu machen. In den Autobiographien von Priestern und Beamten findet sich häufig der Wunsch, daß der Sohn später einmal den Platz des Vaters einnehmen möge, wenn dieser aus seinem

Amt scheidet. Zweifellos konnte dieses Bestreben, die Ämter *de facto* erblich werden zu lassen, indem man sie innerhalb der Familie zu halten versuchte, durch das persönliche Eingreifen des Königs zunichte gemacht werden, der sich tatsächlich in einigen Fällen das Recht zur Ernennung von Priestern vorbehielt (in der Regel bei Priestern sehr hohen Ranges). Dies konnte entweder aus praktischen Gründen geschehen, etwa, um einen ergebenen Beamten mit reichen Einkünften zu belohnen, oder aus allgemein politischen Gründen, etwa, weil es notwendig war, die Priester eines besonders wichtigen Tempels unter Kontrolle zu halten.

Dieses nach außen hin so schlüssige Bild wird jedoch durch die ebenfalls erwiesene Tatsache kompliziert, daß in bestimmten Fällen die Erben ihren Anspruch auf Priesterämter geltend machen konnten (und sie taten dies auch tatsächlich), die von ihrem Vater oder anderen Vorfahren wahrgenommen und ihnen unrechtmäßigerweise von Personen abspenstig gemacht worden waren, die keinen Anspruch auf das Erbe erheben konnten. All dies zeigt, daß in einem bestimmten historischen Moment aus einer Situation, in der die Erblichkeit der Ämter *de facto* gegeben war und ihre einzige Beschränkung in einem korrigierenden Eingriff seitens des Königs fand, eine Situation entstanden war, in der die Erblichkeit *de iure* garantiert war und der Pharao nur noch die Möglichkeit hatte, als Richter einzuschreiten, um als letzte Instanz die verletzten Rechte der rechtmäßigen Erben wiederherzustellen. Doch ebensowenig wie sie uns hilft, eine plausible chronologische Abfolge zu rekonstruieren, erlaubt es uns die Quellenlage, diese Darstellung als gesichert zu betrachten, die sich allein auf indirekte Beweise stützt und sich, zumindest was die Zeit vor der griechischen und römischen Herrschaft betrifft, praktisch außerhalb eines zuverlässigen chronologischen Rahmens bewegt.

Um die Rolle und die Funktionen zu verstehen, die der Priester in der ägyptischen Gesellschaft innehatte, ist es notwendig, sich einige allgemeine Wesensmerkmale der ägyptischen Religion sowie die Position zu vergegenwärtigen, die dem König sowohl in dieser Religion als auch in der Struktur des Staates zukam.

Mit seiner Feststellung, daß es in Ägypten für einen Gott nicht nur einen einzigen Priester, sondern im Gegenteil sehr viele gab, von denen einer der Oberpriester war, erfaßte Herodot sehr genau eines der wesentlichen Strukturmerkmale der Priesterschaft des alten Ägypten, durch das diese sich auch auffällig von den Gegegenheiten in der hellenischen Welt abhob.

In dem Augenblick, in dem er sich dem Dienst für eine Gottheit verschrieb, wurde der ägyptische Priester Teil einer streng hierarchischen Struktur, an deren Spitze ein »Oberpriester« stand; die Bezeichnung für dieses Amt konnte zwar je nach Ort und Gottheit variieren, doch stellte es in jedem Falle die Spitze der Stufenleiter dar. Die Laufbahn des Priesters konnte auf jeder beliebigen Stufe dieser Leiter beginnen: So konnte der Betreffende etwa auf der untersten Stufe anfangen und dann allmählich über die mittleren Stufen bis zur Spitze aufsteigen, doch er konnte ebensogut irgendwo in der Mitte oder auch gleich mit dem höchsten Amte beginnen.

Wie immer auch das Schicksal des einzelnen Priesters ausgesehen haben mag, der sich in diese hierarchische Struktur eingliederte – ob er nun alle Stufen durchlief, bis er endlich an die Spitze gelangte oder ob er sein Leben lang auf den unteren oder mittleren Rängen der Hierarchie verharrte –, Tatsache ist, daß das ägyptische Priestertum von außen betrachtet als eine in sich geschlossene und von allen übrigen Institutionen unabhängige Erscheinung wirkte. So stellte jeder Tempel, ob klein oder groß, vom organisatorischen Standpunkt her gesehen eine Art selbständige Kultstätte dar, die in keiner Weise irgendeiner anderen Priesterschaft untergeordnet war, es sei denn, daß dies ausdrücklich vorgesehen und sozusagen kodifiziert war.

Infolgedessen kann man keinesfalls von *der Priesterschaft* des alten Ägypten sprechen, sondern man muß davon ausgehen, daß es eine Vielzahl von *Priesterschaften* gegeben hat, die alle völlig unabhängig voneinander waren. Demnach ergibt es weder religionsgeschichtlich noch von den politischen Verhältnissen her betrachtet einen Sinn, die ägyptische Priesterschaft als eine von der weltlichen Macht völlig getrennte und ihr entgegengesetzte Kraft darzustellen; allenfalls kann man von Einzelfällen sprechen, in denen sich ein bestimmter Teil der Priesterschaft in einem Gegensatz – oder auch im Einverständnis – mit der weltlichen Macht befand. Mit anderen Worten: Im alten Ägypten hat es niemals etwas gegeben, das mit einer Kirche im modernen Sinne des Wortes vergleichbar gewesen wäre, und infolgedessen auch nichts, was mit den Konflikten zwischen der Kirche und den Natioanlstaaten hätte verglichen werden können, zu denen es im Verlauf der Geschichte der westlichen Welt immer wieder gekommen ist; ebensowenig hat es in Ägypten einen theokratischen Staat gegeben, in dem eine religiöse Doktrin unter Rückgriff auf staatliche Strukturen zu einer politischen Praxis oder gar zur Regierungspolitik erhoben worden wäre.

In Ägypten diente ein Priester immer einer Gottheit, die in einem bestimmten Tempel, der sich an einem bestimmten Ort befand, zum Gegenstand kultischer Verehrung gemacht worden war. Dies erklärt auch, weshalb in den ägyptischen Quellen das Priesteramt stets durch die Angabe des Gottes spezifiziert wurde, auf den es sich bezog; allgemeine Angaben wie »Priester« ohne jeglichen Zusatz waren hingegen überaus selten. Zwar konnte man auch Priester mehrerer Gottheiten zugleich sein (wobei es sich auch um Götter handeln konnte, die in verschiedenen Orten verehrt wurden), doch bedeutete dies nichts anderes, als daß ein und dieselbe Person gleichzeitig mehreren vergleichbaren Priesterorganisationen angehörte. Dies wird durch die Tatsache bestätigt, daß der Rang, den der betreffende Priester in der Hierarchie einnahm, bei jeder Gottheit ein anderer sein konnte, selbst wenn diese Gottheiten in ein und demselben Tempel verehrt wurden.

In dieser Situation spiegeln sich sehr deutlich die ursprünglichen Merkmale der ägyptischen Religion sowie die Art und Weise, in der sie sich historisch entwickelte. Im alten Ägypten waren die Götter nicht in ein kohärentes hierarchisches System eingegliedert. Jede Ortschaft von einer gewissen Bedeutung hatte ihre eigenen Gottheiten, die zu den Gottheiten anderer Ortschaften in keinerlei Beziehung standen; erst in späterer Zeit kam es zu einem gewissen Synkretismus sowie zur Festlegung eines Über- und Unterordnungsverhältnisses, das oftmals nur die jeweils herrschende politische Situation widerspiegelte. Die Gottheiten des alten Ägypten sind die gesamte lange Geschichte des Landes hindurch stets Ortsgottheiten gewesen, insofern als jeder Ort – ganz gleich, ob Stadt oder Dorf – seine eigenen Götter hatte, deren Kult sich in vielen Fällen bis in Zeiten der Vor- oder Urgeschichte zurückverfolgen ließ und sich in ähnlicher Weise entwickelt hatte wie der der Gottheiten anderer Ortschaften der näheren Umgebung.

Der Prozeß des territorialen Zusammenschlusses, der sich in mehreren Phasen vollzog, führte im Laufe der Jahrhunderte zu immer komplexeren Formen staatlicher Organisation, bis schließlich in der historischen Zeit, um das Jahr 3000 v. Chr., die Einheit des ganzen Landes erreicht war. Während dieser Jahrhunderte bildete sich zwischen den Göttern jener Orte, die im Prozeß der Verwirklichung der nationalen Einheit allmählich die Vorherrschaft gewannen, und den übrigen Ortsgottheiten kein Über- und Unterordnungsverhältns heraus; vielmehr blieben beide Gruppen völlig unabhänig voneinander. Auf diese Weise entstand ein polyzentrisches System, was eine plausible Erklärung für den extremen Polytheismus der ägyptischen Religion darstellt. Diese erscheint letzten Endes nicht als kohärentes Modell der Erklärung des Universums im Namen eines gestalterischen Prinzips, sondern wie die Summe einer ungewöhnlich großen Zahl nebeneinander bestehender Religionen, ein Zustand, der nur geringfügig gemildert wurde durch die Anordnung der Gottheiten in Familien (in der Regel in Triaden, bestehend aus Vater, Mutter und Sohn oder Tochter des Götterpaares), durch die Entwicklung synkretistischen Gedankengutes in den großen Zentren der religiösen Kultur und durch die Tatsache, daß die dynastischen Gottheiten *de facto* im ganzen Land eine herausgehobene Stellung hatten.

Die große Zahl der religiösen Zentren hatte natürlich zur Folge, daß es auch eine große Zahl verschiedener Priesterschaften gab. Die Tatsache, daß auch »imperiale« Gottheiten existierten, d.h. solche, die in einem bestimmten historischen Moment, nicht zuletzt durch eine geringfügige Korrektur des Systems in synkretistischem Sinne, zu panägyptischen Gottheiten wurden (ein in diesem Zusammenhang paradigmatischer Fall ist der des Amun-Rê ab der 18. Dynastie), änderte nichts Grundlegendes an der oben geschilderten Situation, da dieser Umstand nicht zur Bildung von »nationalen« oder »landesweiten« Priesterschaften führte, sondern lediglich zur Folge hatte, daß die Priesterschaft einer bestimmten Ortschaft – im oben angeführten Fall die thebanische – zeitweise enorm an Bedeutung gewann; dieser Vorgang wurde gegebenenfalls begleitet von der Ausbreitung des Kultes der betreffenden Gottheit in anderen Ortschaften, der Schaffung neuer, spezifisch lokaler Kulte und der Entstehung neuer Priesterschaften, die jedoch unabhängig von der »Mutterorganisation« waren und gleichberechtigt neben ihr existierten.

Aufgehoben wurde diese extreme Form der Zersplitterung in der Person des Pharao. Schon in der frühesten Epoche der ägyptischen Geschichte vereinigte der Pharao in sich die beiden Titel des »Königs von Oberägypten« und des »Königs von Unterägypten«; der Prozeß der Einigung von Nord- und Südägypten hatte so zu Beginn des 3. Jahrtausends v. Chr. in einer Art Personalunion jener beiden Staaten geendet, die während der vordynastischen Zeit in Ägypten bestanden hatten. Die Vereinigung wurde zwar durch einen militärischen Sieg des Südens über den Norden erreicht, doch der erste Herrscher der dynastischen Zeit – sowohl in der klassischen Überlieferung als auch in den ägyptischen Quellen Menes genannt – hatte den Norden nicht etwa dem Süden einverleibt, sondern beide Königskronen in seiner Person vereinigt und war so als der Herrscher aufgetreten, in dem beide Königswürden, die des Nordens und die des Südens, zusammenflossen.

Die Unauflöslichkeit des Bandes zwischen den beiden Reichen wurde noch dadurch unterstrichen, daß man die Figur des Königs von dieser Welt in die Welt der Götter versetzte. Zwar sind immer wieder durchaus fundiert scheinende Zweifel an der Göttlichkeit des pharaonischen Königtums angemeldet worden, doch scheint festzustehen, daß der Pharao, zumindest soweit es das Dogma betraf, als eine Gottheit betrachtet wurde, die *vorübergehend* mit der Aufgabe betraut war, Ägypten zu regieren, und die nach dem Tode in den Himmel zurückkehren würde, von dem sie herabgestiegen war, um sich dort wieder ihren Brudergottheiten zuzugesellen; man glaubte, daß sie zu einem unvergänglichen Stern würde und so ihrer Bestimmung als Sternengottheit folgte.

Da der König an der Natur der Götter teilhatte, ja selber ein Gott war, besaß er ein privilegiertes, wenn nicht gar exklusives Verhältnis zu den Gottheiten. Ihm oblag es, die Harmonie zwischen der Ordnung des Universums und jenem Teil der Schöpfung zu sichern, über welchen ihm die Herrschaftsgewalt anvertraut worden war (Ägypten); die Ägypter nannten diese Harmonie *Maat* – ein Wort mit vielen Bedeutungen, das in diesem Fall das Gleichgewicht zwischen der sichtbaren Welt und der überirdischen Welt bezeichnete, in der die Götter herrschten.

Den Kern dieser Übereinkunft bildete das Wohlwollen, das die zahlreichen Götter Ägypten entgegenbrachten: Es war die Aufgabe des Herrschers, dem Land, über das er regierte, dieses Wohlwollen durch Kulthandlungen und durch die Darbringung von Opfergaben in den Tempeln zu sichern. Da er sowohl der Welt der Menschen als auch der Welt der Götter angehörte, war der König als einziger befugt, jene heikle, sowohl weltliche als auch religiöse Aufgabe zu übernehmen, die darin bestand, die Beziehungen zu den Göttern zu pflegen und dem Lande ihren Schutz zu sichern. Er war somit der einzige echte Priester, über den das Land verfügte, der einzige, der den Priestertitel wirklich zu recht zu tragen schien. Seiner Natur gemäß war er der oberste Priester einer jeden Gottheit, und ebenso wie sich in seiner Person die Würde des Königs des Südens und die des Königs des Nordens vereinigte, trafen in ihm auch die vielen verschiedenen Kulte des Reiches zusammen. An der Spitze einer jeden Priesterschaft stand der Pharao. Tatsächlich delegierte der Herrscher seine Funktion jedoch an den Oberpriester einer jeden Tempelanlage; dieser war somit in Wirklichkeit nichts weiter als ein einfacher Stellvertreter des Königs. Dies erklärt auch, weshalb der Herrscher die Priester nicht nur ernennen konnte, sondern auch die Befugnis hatte, die Personen, die er für das Amt bestimmt hatte, wieder abzusetzen und so vielleicht auch der Ämtervererbung vom Vater auf den Sohn ein Ende zu setzen.

Im übrigen zeigen auch die in die Grabwände eingravierten oder gemeißelten Darstellungen, daß der Kultus ein Vorrecht des Königs war. In diesen Darstellungen erscheint fast ausschließlich der König als derjenige, der mit der Pflege der Beziehungen zwischen der Welt der Götter und der der Menschen betraut ist; in sehr viel geringerem Ausmaß werden auch andere Mitglieder der königlichen Familie beteiligt, und hier vor allem die Königin. Auf diesen Bildern, die sich mit nur geringen Variationen in fast allen Ortschaften und Tempeln befinden, ist es der König, der die Kulthandlungen vor den Göttern ausführt, der ihnen die verschiedensten Opfergaben darbringt und dafür von ihnen Wohlwollen und Schutz erhält, die auf ganz Ägypten ausstrahlen.

In der Amarnazeit (1353–1336 v. Chr.) wurde die exklusive Stellung des Königs als des einzigen Vermittlers zwischen der Götter- und der Menschenwelt noch gestärkt, indem man auch von privaten Denkmälern wie Stelen oder figürlichen Darstellungen in den Gräbern alle Kultszenen entfernen ließ, in denen nicht der König und die Mitglieder seiner Familie im Mittelpunkt standen. So setzte sich auch auf dem Gebiet der Kunst mit Macht der Grundsatz durch, daß das Priesteramt ein königliches Vorrecht sei.

Die Tatsache, daß der Pharao den Schnittpunkt zwischen der Welt der Menschen und der der Götter bildete, wurde gewissermaßen künstlerisch sublimiert in den Darstellungen des Tempels von Abu Simbel: Hier sieht man Ramses II. (1279–1213), wie er sich selber als einem Gott Opfer darbringt; der König erscheint dabei als vierter Gott neben der Triade, der das Gebäude geweiht worden war.

Aus den uns zur Verfügung stehenden Informationen geht also hervor, daß die Ausübung des Priesteramtes ein Privileg des Herrschers und eine der Aufgaben des Königs war; seine andere Aufgabe bestand darin, Ägypten zu regieren, und beide Funktionen waren ebenso untrennbar aufeinander bezogen wie die zwei Seiten einer Medaille. Das Prinzip der Delegierung der königlichen Kultaufgaben an die Priester bedeutet, daß sich die Geistlichen von den übrigen Staatsbeamten im Grunde nur dadurch unterschieden, daß ihre Aufgaben auf einen ganz spezifischen Bereich beschränkt waren. Auch ihr Dienst erschien in vielerlei Hinsicht als ein Dienst für die Gesellschaft, denn er wurde für den Staat und vom Staat ausgeführt, zu dessen Struktur auch sie in ihrer Rolle als Spezialisten letzten Endes gehörten. Dies erklärt auch, weshalb der König zu gewissen Zeiten den Tempeln wichtige wirtschaftliche Aufgaben übertrug. Es handelte sich in diesen Fällen nicht um eine Übertragung staatlicher Befugnisse auf eine dem Staat unabhängig gegenüberstehende Einheit, sondern lediglich um eine Neuverteilung von Aufgaben innerhalb der staatlichen Strukturen.

Erst als die Priesterschaft (oder besser: als *eine* Priesterschaft) sich der königlichen Macht widersetzte und versuchte, dieser einen Teil ihrer Vorrechte zu entziehen, kam es zu einer Krise des Systems, die zur Zeit Amenophis' IV. (d.h. Echnatons; 1353–1336 v. Chr.) zu einem offenen Konflikt zwischen dem König und der Priesterschaft des Amun-Tempels in Theben führte – ein Konflikt, der nach wechselvollem Verlauf schließlich damit endete, daß am Ende der 20. Dynastie (1188–1069 v. Chr.) Herihor, Erster Prophet des Amun, den Thron bestieg.

Aber so bedeutend dieser Machtkampf auch gewesen sein mag, er stellte lediglich eine kurze Episode in der mehrtausendjährigen Geschichte des Pharaonenreiches dar, in deren Verlauf das Exklusivrecht des Königs, die Beziehungen zur Götterwelt zu pflegen, nie ernsthaft in Frage gestellt wurde.

Der bevorzugte Ort zur Ausübung priesterlicher Funktionen war der Tempel. Nur im Tempel trat der Priester als das auf, was er war: Bevollmächtigter des Königs und Fachmann für die Beziehungen zu den Göttern. Offenbar wurde von ihm außerhalb des Tempels keine besondere Lebensführung erwartet oder verlangt, daß er irgendwelche Beschränkungen im Hinblick auf Wohnung oder Kleidung auf sich nahm. Auch bedeutete die Zugehörigkeit zu einer bestimmten Priesterschaft nicht notwendigerweise, daß er eine besondere theologische Ausbildung erhalten oder sich zum Zwecke allmählicher moralischer Läuterung einem Noviziat unterzogen hätte.

Da das Priestertum in Ägypten als ein *Dienst* begriffen wurde, durften jene, die sich ihm widmeten, keine Tätigkeiten ausführen, die nicht in unmittelbarem Zusammenhang damit standen. Die Priester standen in dem Ruf, eine raffinierte und in gewisser Hinsicht auch geheimnisvolle Wissenschaft zu beherrschen und eine vollkommene Kontrolle über ihre Leidenschaften erlangt zu haben, was sich auch in ihrem würdevollen äußeren Auftreten zu zeigen schien, über das sich die Schriftsteller der klassischen Antike mit höchster Bewunderung äußerten. Dies spiegelte jedoch nur die Verhältnisse der Spätzeit wider, wie sie sich in den letzten Jahren der pharaonischen Herrschaft und in der Ptolemäer- und Römerzeit herausgebildet hatten und traf nicht, zumindest soweit sich dies anhand der uns zur Verfügung stehenden Quellen beurteilen läßt, auf die Situation der vorausgegangenen Epochen zu: Zu jener Zeit konnte ein Priester durchaus hohes moralisches Prestige genießen und sich in erhabenen theologischen Spekulationen ergehen, ohne daß dies notwendig in irgendeinem Zusammenhang mit dem Dienst stand, den er für eine bestimmte Gottheit zu leisten hatte.

Da die Priesterämter zumindest teilweise zeitlich befristet waren und da darüber hinaus jemand, der ein Priesteramt bekleidete, zugleich auch Ämter in der zivilen Verwaltung innehaben konnte, war der Priester nicht gezwungen, abgesondert von allen anderen Ägyptern zu leben. Modern ausgedrückt könnte man es so formulieren, daß weder die Zugehörigkeit zum Priesterstand noch die zum Laienstand endgültig und unumkehrbar waren, so daß man ohne jede Schwierigkeit vom einen in den anderen überwechseln konnte. Wenn der ägyptische Priester sein Amt und seinen Dienst beendete und in das zivile Alltagsleben zurückkehrte, sollte er sich in nichts mehr von den vielen anderen mehr oder weniger einflußreichen Beamten mehr oder weniger hohen Ranges unterscheiden.

So war es also seine innerhalb des Tempels ausgeführte Tätigkeit, die den Priester als das auswies, was er war, und für die Art der im Tempel ausgeführten Kulthandlungen waren in gewisser Weise auch die Struktur und die Beschaffenheit der Kultstätten ausschlaggebend.

Der ägyptische Tempel, wie er uns vom 2. Jahrtausend bis in die Ptolemäer- und Römerzeit begegnete, wies eine Art Standardstruktur auf, die von seiner Größe weitgehend unabhängig war: Sowohl in den großen (und zuweilen wirklich riesigen) als auch in den kleinen Tempeln fanden sich stets dieselben Elemente, die gemäß einem Schema angeordnet waren, das nur geringe Variationsmöglichkeiten bot. Der Tempel befand sich in einem riesigen Areal, das oftmals von einer Mauer umgeben war, die aus Lehmziegeln von beeindruckendem Umfang erbaut war. Auf dem Areal befanden sich noch weitere, weniger bedeutende Kultstätten sowie eine Reihe anderer Lehmziegelbauten, welche die »sanitären Anlagen« beherbergten, die Lager und die Häuser der Priester sowie anderer für die Kulthandlungen verantwortlicher Personen, der Wächter und des Verwaltungspersonals.

Der eigentliche Tempel bestand in einem langgezogenen Gebäude, dessen Struktur mit der eines Fernrohrs vergleichbar war. Durchschritt man die einzelnen Abschnitte des Gebäudes, so stellte man fest, daß die Decke zunehmend niedriger wurde, während gleichzeitig der Fußboden leicht, aber doch spürbar anstieg, bis man sich schließlich vor der Kapelle mit dem Schrein befand, in welchem das Bild des Gottes aufbewahrt wurde, dem der Tempel geweiht war. Das Heiligtum war so angelegt, daß der Priester, der es betrat, zunächst durch das monumentale Eingangstor des Ersten Pylons schritt, dann über den nicht überdachten, sonnenbeschienenen Hof in das Halbdunkel des Säulensaales gelangte und von dort aus in immer größere Finsternis vordrang, bis er schließlich in völlig lichtlosen Räumen auf das Allerheiligste stieß.

So, wie diese Anlage beschaffen war, konnte sie nur für einen Kultus gedacht sein, der allein den Priestern vorbehalten war, einen Kultus, von dem die Gläubigen weitgehend ausgeschlossen blieben. Der Tempel war das Haus, in dem das Bildnis aufbewahrt wurde, in welchem ein bestimmter Gott sich manifestierte, und war nicht dafür gedacht, Menschen Einlaß zu gewähren, die nicht unmittelbar an den Kulthandlungen für diesen Gott beteiligt waren. Von außen betrachtet, hatte der ägyptische Tempel, der von einer mächtigen Umfriedungsmauer umgeben war und vor dem in regelmäßigen Abständen die Pylone, jene riesigen Tore mit den flankierenden Steintürmen, aufgestellt waren, vieles mit einer Festung gemein. Im Innern dieser Anlage weilte die Gottheit, welcher der Tempel geweiht war; sie wohnte dort zusammen mit ihrer Familie. Auf diese Weise war sie sowohl vor feindlichen Kräften geschützt, die sie möglicherweise angriffen, als auch vor den indiskreten Blicken derer, die nicht mit dem Gottesdienst betraut waren. Der Tempel war also das Haus des Gottes, und nicht das seiner Gläubigen, die in der Regel das Bildnis der Gottheit nicht zu Gesicht bekommen durften. Zu besonderen Anlässen, etwa an den Festen oder den in regelmäßigen Abständen durchgeführten Prozessionen, verließ der Gott nach Auffassung der Gläubigen seinen Sitz vorübergehend und zeigte sich ihnen.

Es liegt auf der Hand, daß unter derlei Umständen der Zugang zum Tempel ausschließlich dem mit dem Kult des betreffenden Gottes betrauten Dienstpersonal vorbehalten war, das heißt den Priestern und denen, die Hilfsdienste im Tempel leisteten. Allen anderen war es, abgesehen von einigen wenigen Ausnahmesituationen, strengstens untersagt, den heiligen Bezirk zu betreten. Selbst der Priester durfte den Dienst für die Gottheit nur unter bestimmten Bedingungen durchführen: Er durfte das Allerheiligste erst betreten, nachdem er eine Reihe ritueller Vorschriften erfüllt hatte, deren wichtigste die Auflage war, sich vor Beginn der Kulthandlungen zu reinigen.

Der traditionelle ägyptische Tempel wurde also als Wohnung der Gottheit begriffen, und er war so konstruiert, daß man vom hellen Tageslicht in immer tieferes Dunkel schritt, das die Gegenwart der Gottheit ankündigte. Ausnahmen hierzu bildeten die Sonnenheiligtümer, also jene Tempel, in denen man die Sonne verehrte, und zwar in ihrer physischen Entität als ein hoch am Himmel leuchtendes Gestirn. Es ist offensichtlich, daß es keinerlei Sinn gehabt hätte, die Sonne in einem Tempel traditioneller Bauart, wie er oben beschrieben wurde, zu verehren, denn in diesem war es ja gerade die Finsternis, welche die Begegnung zwischen denen, die den Gottesdienst zelebrierten, und ihrem Gott ermöglichte. Der Sonnengott hingegen durchmaß den Himmel jeden Tag, und alle Menschen, nicht nur die Priester, die sich dem Sonnenkult widmeten, konnten ihn sehen. Er offenbarte sich den Menschen bei vollem Tageslicht, und zwar jeden Tag:

> [...] du erscheinst schön
> im Lichtland des Himmels,
> du lebende Sonne, die Leben zuweist!
> Du bist aufgegangen im östlichen Lichtland,
> du hast jedes Land erfüllt mit deiner Schönheit.
> Du bist schön, gewaltig und funkelnd,
> du bist hoch über jedem Land.
> (Assmann 1975, S. 216)

So besang der Pharao Amenophis IV. (Echnaton) seinen Gott Aton, der nichts anderes war als eine der Formen, die die Sonne in den Augen der Ägypter annehmen konnte: die Sonnenscheibe, die als ein auf dem Gipfelpunkt seiner himmlischen Bahn hoch im Himmel strahlendes Gestirn verehrt wurde. Der Sonnentempel mußte notgedrungen ganz anders angelegt sein als die Kultstätten für die übrigen Götter: Das Sonnenheiligtum hatte meist einen nicht überdachten großen Hof, in dessen Mitte sich ein Altar befand, auf dem die Opfergaben für die Gottheit niedergelegt wurden und auf dem zuweilen auch ein Sonnensymbol wie der Obelisk stehen konnte.

Ein wunderschönes Beispiel für ein Heiligtum dieser Art ist uns aus Achet-Aton (wörtlich: »Horizont des Aton«), der Residenz des Echnaton, bekannt, die im heutigen Tell el-Amarna errichtet wurde. Der Atontempel von Amarna weist den oben geschildeten Grundriß auf, jedoch ohne den Obelisken, der hingegen in den Sonnenheiligtümern der 5. Dynastie in Abu Gurâb, in der Nähe von Saqqara, zu finden ist. Auf manchen Darstellungen können wir sehen, wie der König eigenhändig die Kulthandlungen vollzieht – eine feierliche Untermalung der Tatsache, daß das Priestertum in erster Linie dem König vorbehalten war. Doch auch Amenophis IV./Echnaton mußte im Falle von Tempeln, die außerhalb der Königsstadt errichtet wurden, seine Funktionen auf Priester übertragen, von denen er jeweils einen als Oberpriester des betreffenden Heiligtums einsetzte.

Priester einer bestimmten Gottheit zu werden, bedeutete, wie wir oben gesehen haben, sich in eine Hierarchie einzufügen, deren Struktur, zumindest was die bedeutenderen Tempel betrifft, verhältnismäßig gut bekannt ist. Was die übrigen, kleineren Tempel anbelangt, so deuten verschiedene Indizien, insbesondere die Titulaturen der Personen, die Priesterämter innehatten, darauf hin, daß sie in ähnlicher Weise organisiert waren wie die großen Tempel; von diesen unterschieden sie sich also nicht in bezug auf die Struktur der Priesterschaft, sondern lediglich in bezug auf die Zahl der dazugehörigen Personen.

Unter den zahlreichen Personen, die in einem Tempel Dienst leisteten, muß zunächst einmal unterschieden werden zwischen denen, die zur geistlichen Hierarchie im eigentlichen Sinne gehörten, nämlich den »Priestern«, und denen, die das Verwaltungs- und das technische Personal des Tempels bildeten, das ihrerseits eine ähnliche hierarchische Ordnung aufwies wie die Priesterschaft. Soweit sich dies anhand der vorliegenden Quellen feststellen läßt, handelte es sich in beiden Fällen um offene Strukturen, und zwar »offen« in dem Sinne, daß die Zugehörigkeit zur einen die Zugehörigkeit zur anderen Gruppe keineswegs ausschloß. Mit anderen Worten, ein und dieselbe Person konnte zugleich Priester und Verwaltungsbeamter sein. Der Wechsel von der einen Laufbahn zur anderen scheint jedenfalls üblich gewesen zu sein, nicht zuletzt, weil die Unterscheidung, die wir heute zwischen beiden zu treffen pflegen, in gewisser Weise eine künstliche ist. Denn in beiden Fällen handelte es sich um einen Dienst, der für die Gottheit geleistet wurde, einmal im Bereich des religiösen Rituals, das andere Mal im Bereich der Verwaltung der Güter, die sich im Besitz der Gottheit befanden und durch die das Funktionieren ihres Heiligtums gewährleistet wurde.

Innerhalb der eigentlichen Priesterschaft läßt sich eine klare Unterscheidung treffen zwischen den Geistlichen hohen Ranges, die für den Vollzug des Kultes verantwortlich waren und leitende Funktionen und Aufsichtsfunktionen ausübten, und denen niedrigen Ranges, die lediglich Hilfsaufgaben übernahmen. Die einen wie die anderen hatten sich der rituellen Reinigung zu unterziehen und galten als *web* (*w'b*), d.h. »rein«; dies war das eigentliche Merkmal, der gemeinsame Nenner aller geistlichen Ämter. Es ist kein Zufall, daß im Koptischen das Wort *oueb*, das derselben Wurzel entstammt, die Bezeichnung für den christlichen Priester darstellte.

An der Spitze der Priesterschaft eines Tempels stand der »Erste Prophet«, dessen Bedeutung proportional war zu der seines Gottes: Der Erste Prophet einer Gottheit wie Amun, Ptah oder Rê war eine Persönlichkeit sehr hohen Ranges, die, zumindest in gewissen historischen Epochen, nicht nur über das aus dem religiösen Amt erwachsende Prestige, sondern darüber hinaus auch über immensen politischen Einfluß verfügte, der, wie sich am Beispiel des Hohenpriesters des Amun-Rê in Theben zeigt, soweit gehen konnte, daß er eine Art Gegenpol zu der durch den König verkörperten politischen Macht darstellte. Die Bezeichnung »Erster Prophet«, die sich aus der nicht ganz korrekten griechischen Terminologie herleitet, ist eine Übersetzung des ägyptischen Ausdrucks *ḥm-nṯr tpy*, »Erster Gottesdiener«; durch die ägyptische Bezeichnung kommt viel besser zum Ausdruck, daß es sich, wie bereits mehrfach erwähnt, beim ägyptischen Priestertum um einen *Dienst* handelte. Die von uns verwendete Bezeichnung »Oberpriester« stellt zwar auch keine genaue Übertragung des ägyptischen Terminus dar, doch kommt sie den realen Verhältnissen immerhin etwas näher.

Den Ersten Propheten bestimmter Gottheiten bezeichnete man mit besonderen Ausdrücken, die nicht so sehr seine Position innerhalb der Hierarchie widerspiegelten als vielmehr die Funktion, die er, nicht selten in ferner Vergangenheit, im Rahmen des Kultus für den Gott ausgeübt hatte. Während das mächtige Oberhaupt der Amun-Priester von Theben sich mit dem einfachen Titel »Erster Prophet des Amun« schmückte, führte der Hohepriester von Heliopolis den Titel »der im Schauen Große«, der sich darauf bezog, daß er das Vorrecht genoß, Rê, den Gott, unmittelbar schauen zu dürfen. Der Hohepriester des Ptah in Memphis hingegen, der in seinem Rang wie in seiner religionsgeschichtlichen Bedeutung dem Hohenpriester von Heliopolis in nichts nachstand, führte den merkwürdigen Titel »Oberleiter der Handwerkerschaft«, was damit zusammenhing, daß die Künste und das Handwerk dem Schutz des Gottes und Weltschöpfers Ptah unterstellt waren und sein Tempel als eine Art Werkstatt betrachtet wurde, in der die Priester die »Handwerker« und der Oberpriester das Oberhaupt der Handwerker darstellten. In wieder anderen Fällen trug der Oberpriester einen Beinamen der Gottheit, deren Diener er war, d.h. der Beiname ging von dem Gott auf dessen Priester über. Ein Beispiel dafür ist der berühmte Potasymt von Pharbaitos (Horbeit), ein bedeutender General, der zur Zeit der Herrschaft Psammetichs II. (595–589 v.Chr.) wirkte: Er trug den Priestertitel »großer Kämpfer, Herr des Triumphes«, der ursprünglich nichts weiter war als ein Beiname des Gottes Harmerti, einer spezifischen Gottheit seiner Heimatstadt.

Verfolgt man die Rangordnung von oben nach unten, so stößt man unter dem Ersten Propheten auf den Zweiten, den Dritten und den Vierten Propheten. Uns ist nicht genau bekannt, worin sich ihre Funktionen von denen des Oberpriesters unterschieden; anzunehmen ist jedoch, daß der Zweite Prophet Stellvertreter des Ersten war. Fest steht, daß jedes dieser Ämter nur an eine einzige Person vergeben wurde; es handelte sich also um ein individuelles Priestertum, nicht um Kollegien. Wahrscheinlich übten der Zweite, Dritte und Vierte Prophet leitende Funktionen aus, mit denen sie den Ersten Propheten in seinen Aufgaben unterstützten. Selbst der niedrigste dieser Ränge, der des »Vierten Propheten«, muß eine gewisse Bedeutung gehabt haben, denn sonst hätte sich nicht der berühmte Montemhet, der, wie wir bereits gesehen haben, in der 15. und 16. Dynastie in der Thebais Funktionen ausübte, die sich von denen des Königs nicht sehr unterschieden, mit dem Titel »Vierter Prophet des Amun und Fürst der Stadt [= Theben]« geschmückt. Diese einzigartige Verbindung von einem Priestertitel, der nur auf der vierten Stufe der Tempelhierarchie angesiedelt ist, und einem solch bedeutenden weltlichen Amt ist einerseits ein Anzeichen dafür, daß, wie bereits oben ausgeführt, die Amun-Priesterschaft einen großen Teil ihres Einflusses an die

Träger der politischen Macht verloren hatte, doch bestätigt sie andererseits auch, daß selbst dem Rang des Vierten Propheten noch ein gewisses Prestige zukam, denn es ist kaum vorstellbar, daß sich eine Persönlichkeit vom Range eines Montemhet mit einem allzu bescheidenen religiösen Amt zufriedengegeben hätte.

Unterhalb dieser Ränge gab es die Gruppe der gewöhnlichen Priester, auf Ägyptisch *ḥmw-nṯr*, die »Gottesdiener«, deren Zahl verhältnismäßig groß sein konnte; sie variierte vermutlich je nach der Größe und Bedeutung des Tempels. Diese Priester waren in Kleingruppen organisiert, die mit dem griechischen Terminus *phylài* bezeichnet werden; bis in die Ptolemäerzeit umfaßten die Phylen vier Miglieder, dann trat ein fünfter hinzu. Im Gegensatz zu den Gottesdienern der höheren Ränge leisteten sie immer nur zeitweise Dienst; sie dienten jeweils einen Monat lang und wurden dann abgelöst. Bedenkt man, daß die *phylài* aus je vier Personen bestanden, so mußte jedes Mitglied der Gruppe im Jahr nur für drei Monate Tempeldienst tun. Es ist zu vermuten, daß eine allgemeine Umstrukturierung dieses Systems erfolgte, als die Phylen auf fünf Mitglieder aufgestockt wurden,wahrscheinlich dergestalt, daß sich die Dienstzeit des einzelnen verkürzte.

An der Spitze dieser Priestergruppe stand der »Vorsteher der Propheten«, der offensichtlich leitende Funktionen ausübte. Uns ist nicht bekannt, in welchem Verhältnis er zum Ersten Propheten stand. Ihm zur Seite standen ein »Aufseher der Propheten«, dessen Funktionen sich bereits eindeutig aus seinem Titel ergeben, und ein »Hilfsprophet«, der offensichtlich Vertretungsfunktionen übernahm und immer dann einsprang, wenn der jeweilige Amtsträger verhindert war. Auch in den einzelnen Phylen gab es ein Oberhaupt, einen »Großen der Phyle«, oder »Phylenvorsteher«.

Unmittelbar unter den Propheten gab es eine Gruppe von Priestern, die als »Gottesväter« bezeichnet wurden und deren Funktionen sich nur schwer bestimmen lassen. Die einzige gesicherte Angabe, die gemacht werden kann, ist, daß auch diese Gruppe den höheren Rängen der ägyptischen Geistlichkeit angehörte. Dies geht aus zahlreichen religiösen Titelfolgen hervor, in denen die »Gottesväter« regelmäßig nach den Propheten genannt werden. Auch der Titel »Vorsteher der Geheimnisse« deutete auf einen Priester hohen Ranges hin, doch wie auch im zuvor genannten Fall ist uns nicht bekannt, welche Funktion er in der Priesterhierarchie ausübte. Eine der in diesem Zusammenhang vorgebrachten Hypothesen lautet, daß er für Zeremonien verantwortlich gewesen sei, die vor kleinen Gruppen von Priestern oder gar in Anwesenheit des Königs durchgeführt wurden, wenn dieser einem Tempel einen Besuch abstattete und auch an den dort vollzogenen Riten teilnahm.

Darüber hinaus gab es die große Gruppe der Priester niedrigen Ranges. Die meisten von ihnen waren sogenannte »*Web*-Priester«, d.h. »reine Priester«. Sie zeichneten sich allein dadurch aus, daß sie sich der rituellen Reinigung unterzogen hatten. Wie die Propheten waren auch sie, sofern sie hierfür zahlreich genug waren, in vier Phylen organisiert. Auch unter ihnen dürfte eine gewisse Hierarchie bestanden haben. Sie wurden mit einer ganzen Reihe von Aufgaben betraut, die nicht in den kultischen Bereich im engeren Sinne fielen und die verschiedensten Tätigkeiten umfassen konnten; oft handelte es sich dabei um ganz konkrete, körperliche Arbeiten, für die jedoch eine gewisse Kenntnis des Rituals erforderlich war, wie das Tragen der Götterbarke während der Prozessionen.

Daneben ist noch die Gruppe der »Vorlesepriester« zu erwähnen, deren Aufgabe es war, während der religiösen Zeremonien die heiligen Texte zu rezitieren. Bisweilen führten diese Priester neben dem Titel des »Vorlesepriesters« auch den des »Zauberers« (auf Ägyptisch *ḥry-tp*), was auf die enge Verbindung hinweist, die zwischen beiden Funktionen bestand. Als »Vorlesepriester und Zauberer« kam ihnen demnach eine nicht unbedeutenden Rolle zu. Um zu verstehen, zu welch großer Bedeutung ein »Vorlesepriester und Zauberer« in der ägyptischen Gesellschaft gelangen konnte, braucht man sich nur daran zu erinnern, daß das größte Grab der thebanischen Nekropole für einen gewissen Petamenophis erbaut worden war, der zu Beginn der 26. Dynastie (664–525 v. Chr.) am Hofe des Pharao das Amt des Vorlesepriesters bekleidete.

Zu den Trägern niedrigerer Ämter gehörten des weiteren Priester, deren Funktionen sich nicht immer eindeutig bestimmen lassen, so zum Beispiel jene, die auf Griechisch *pastophòroi* hießen (sie mußten die für den Kultus erforderlichen Gegenstände tragen), jene, denen es oblag, die für die Opferung bestimmten Tiere auszuwählen und zu schlachten oder schließlich die *onirocrítai*, deren Aufgabe es war, die Träume auszulegen.

Am Ende dieser bunten Schar dürfen auch die sogenannten Stundenpriester nicht vergessen werden, denen möglicherweise die Aufgabe oblag, durch die Beobachtung der Gestirne den genauen Zeitpunkt festzulegen, zu dem die Kulthandlungen beginnen sollten, und die *horoskò-*

*poi*, deren Aufgabe es war, mit Hilfe des Kalenders die glücklichen und die unheilvollen Tage zu bestimmen.

Bisher haben wir ausschließlich über männliche Priester gehandelt. Es ist jedoch erwiesen, daß es in Ägypten schon seit Beginn der historischen Zeit auch Priesterinnen gegeben hat. Allerdings erreichten diese, abgesehen von einzelnen Ausnahmen, nie die Bedeutung, die die männlichen Geistlichen erlangten, und uns liegen über sie auch wesentlich weniger Informationen vor. Allgemein könnte man sagen, daß die in den ägyptischen Tempeln beschäftigten Frauen Funktionen ausübten, die im großen und ganzen mit denen von spezialisiertem Dienstpersonal vergleichbar waren: Entweder übernahmen sie typisch weibliche Rollen oder sie führten Aufgaben aus, für welche eine spezielle Ausbildung erforderlich war.

Als Beispiel für ersteres ließe sich die Rolle der »Gottesgemahlin« anführen. Dieser Ausdruck bezeichnete eine Priesterin, die dazu ausersehen war, eine Verbindung mit der – offensichtlich männlichen – Gottheit einzugehen, die den Tempel bewohnte. Die »Gottesgemahlin« in Theben hatte in der Spätzeit eine Bedeutung, die der des »Ersten Propheten des Amun« gleichkam oder diese zeitweise sogar übertraf, weshalb das Amt den Königstöchtern vorbehalten war: Als im Jahr 656 v. Chr. die Tochter Psammetichs I., Nitokris, mit einer Vielzahl saitischer Beamter in ihrem Gefolge in Theben eintraf, wo sie als Nachfolgerin der amtierenden Priesterin Schepenupet II. eingesetzt werden sollte, stellte dies eines der denkwürdigsten Ereignisse der ägyptischen Geschichte aus der Zeit der 26. Dynastie dar. Die Funktion der »Gottesgemahlin« erschöpfte sich demnach keineswegs darin, eine mystische Vereinigung mit ihrem Gotte einzugehen, sondern es spielten auch ganz konkrete politische und ökonomische Interessen eine Rolle, wie sich an der großen Schar von Beamten ablesen läßt, die im Dienste dieser Prinzessinnen standen.

In einem Tempel konnte es neben der »Gottesgemahlin« auch einen Harem geben, der sich aus den »Konkubinen« des Gottes zusammensetzte. In diesem Punkt läßt sich eindeutig eine Parallelität zwischen den Strukturen des Tempels und denen des königlichen Palastes erkennen: Auch der Pharao hatte eine Gemahlin und einen Harem. Es muß jedoch darauf hingewiesen werden, daß so etwas wie religiöse Prostitution im alten Ägypten unbekannt war. Das Verhältnis zwischen der Gottesgemahlin und den Konkubinen einerseits und dem Gott andererseits war rein spiritueller Art, denn der Vollzug sexueller Akte war in den Tempeln strengstens untersagt, und es wurden keinerlei Übertretungen der Regel geduldet, wie auch durch die Schilderung Herodots bestätigt wird: »Auch dort [= in Theben] schläft ein Weib [= die Gottesgemahlin] im Tempel des Zeus von Theben. Es heißt, [...] [sie hätte] niemals mit einem sterblichen Manne Umgang.« (1, 182; 1971, S. 182)

Weitgehend den Frauen vorbehalten waren offenbar die Aufgaben im Bereich der Musik, die eine große Rolle bei den religiösen Zeremonien spielte: Tänzerinnen, Sängerinnen und Musikerinnen sind für alle Epochen der ägyptischen Geschichte belegt, und zu ihnen gehörten nicht wenige Damen aus den höheren Gesellschaftsschichten, Ehefrauen bedeutender Priester oder hoher Beamter.

Stellten die Priesterschaften der einzelnen Tempel auch selbständige Organisationen dar, die unabhängig voneinander waren, so gibt es doch Anzeichen dafür, daß Formen der Zusammenarbeit zwischen verschiedenen Priestergruppen durchaus nicht unbekannt waren und daß es zumindest andeutungsweise so etwas wie eine »nationale« Organisationsstruktur gegeben haben muß, durch welche die Aktivitäten der Priester koordiniert wurden. Tatsächlich ist uns bekannt, daß die Priesterschaft eines Tempels bei bestimmten Anlässen Versammlungen abhielt, und größere Versammlungen, an denen die Priesterschaften mehrerer (wenn auch nicht aller) ägyptischen Tempel teilnahmen, sind ebenfalls belegt.

Überdies deutet auch die Tatsache, daß es das Amt eines »Vorstehers der Propheten aller Götter des Südens« und das eines »Vorstehers der Propheten des Nordens und des Südens« gab, darauf hin, daß in Ägypten so etwas wie ein Ministerium für Anlegenheiten des Kultes existierte, auch wenn uns seine tatsächliche Bedeutung verborgen bleibt.

Der ägyptische Tempel stellte auch ein bedeutendes Zentrum ökonomischer Aktivitäten dar. Das mindeste, über das ein Tempel verfügen mußte, waren die Mittel, die notwendig waren, um sein Funktionieren zu gewährleisten. Hierfür gab es eine Art Stiftung, die aus ausgedehntem Grundbesitz bestand; von dem, was diese Ländereien abwarfen, wurden vor allem die Kosten für das Personal bestritten. Man muß in der Tat bedenken, daß der Priesterdienst keineswegs umsonst geleistet wurde, sondern mit Einkünften verbunden war, die ihn offenbar als recht verlokkend erscheinen ließen, denn man bemühte sich, sie erblich zu machen und führte um ihretwillen unzählige Prozesse.

Hinzu kamen die Ausgaben für die religiösen Zeremonien – so zum Beispiel für die (pflanzlichen wie tierischen) Opfergaben, die der Gottheit dargebracht wurden – sowie für die Instandhaltung des Tempels, wozu etwa die Reinigung und Restaurierung der Gebäude im Tempelbezirk gehörten oder der Erwerb beziehungsweise Ersatz von Geräten und Gegenständen, die für den Kult benötigt wurden.

All diese Tätigkeiten, und insbesondere die Verwaltung der Tempelgüter, erforderten ein regelrechtes Heer von Beamten, die in eine strenge Hierarchie eingebunden waren und eine ungeheure Menge von Dokumenten der Verwaltung und Buchhaltung produzierten: Sie stellten das nichtreligiöse Personal des Tempels dar, das zwar grundsätzlich von allen priesterlichen Funktionen ausgeschlossen war, aber dennoch, aufgrund der delikaten Aufgaben, mit denen es betraut war (inbesondere in den Tempeln, in denen große Reichtümer zu verwalten waren), beträchtlichen Einfluß auf die Regelung religiöser Angelegenheiten ausüben konnte.

Die grundlegende Aufgabe des ägyptischen Priesters bestand also im Gottesdienst. Um hierzu zugelassen zu werden, mußte der Priester jedoch die Bedingungen ritueller Reinheit erfüllen, was durch Waschungen im heiligen See und durch die Enthaarung des ganzen Körpers geschah. Des weiteren mußte sich der Priester in leinene Gewänder kleiden (Wolle war strengstens verboten), Sandalen an den Füßen tragen und im Bereich der Sexualität und der Nahrung bestimmte Tabus einhalten. In diesem Zusammenhang ist darauf hinzuweisen, daß es sehr wahrscheinlich keine Tabus gab, die allgemein, für ganz Ägypten, gültig waren. Gewiß mußten die Priester darauf verzichten, das Fleisch bestimmter Tiere und auch bestimmte Pflanzen zu sich zu nehmen. Man denke an die höhnischen Worte, mit denen Juvenal den Ägyptern vorwarf, sie beteten nicht nur die Tiere an, sondern verzichteten aus religiösen Gründen sogar darauf, in eine Stange Lauch oder eine Zwiebel zu beißen. Solche Nahrungstabus bestanden tatsächlich, doch waren sie auf die Tiere und Pflanzen beschränkt, in denen sich eine bestimmte Gottheit manifestierte, das heißt, sie waren lediglich für die Gläubigen und die Priesterschaft dieser Gottheit bindend. Ihr Gültigkeitsbereich war infolgedessen lokal begrenzt, sie galten nicht außerhalb der Stadt oder des Verwaltungsbezirks, in dem der betreffende Gott verehrt wurde. Nur in der Person des Königs, des Oberpriesters, in den letztendlich alle Priesterschaften mündeten, kamen wahrscheinlich auch alle Tabus und Verbote im Ernährungsbereich zusammen: Seine Reinheit mußte absolut sein und alle Kulte des Landes umfassen.

Wie bereits erwähnt, war der Tempel das Wohnhaus des Gottes, dessen Gegenwart als ein reines Faktum empfunden wurde; sie manifestierte sich, so glaubte man, in der Götterstatue, die im Allerheiligsten aufgestellt wurde. Aus diesem Grunde bestand der Kultus im wesentlichen aus einer Reihe von Handlungen, mit denen man dem Standbild physische Fürsorge angedeihen ließ.

Das tägliche Ritual des Kultes für die Gottheit umfaßte mehrere Phasen, die gleichermaßen für alle ägyptischen Tempel galten. Unterschiede bestanden lediglich in der Menge der Opfergaben, die der Gottheit dargebracht wurden, und in der Zahl der beteiligten Personen, und somit letzten Endes im Ausmaß des Gepränges, das die Zeremonie umgab. In der ersten Phase des morgendlichen Kultes mußten die tierischen und pflanzlichen Opfergaben vorbereitet werden, die der Gottheit dargereicht werden sollten; diese mußten in einer Art Prozession, die von den Priestern gebildet wurde, welche an dem betreffenden Tag Dienst hatten, in das Tempelinnere getragen werden: Sie hatten zu diesem Zeitpunkt die Waschungen bereits vollzogen, durch welche gewährleistet werden sollte, daß sie über die für die Durchführung der Zeremonie erforderliche Reinheit verfügten.

Nachdem die Opfergaben auf den Altären niedergelegt und vorschriftsgemäß gereinigt worden waren, öffnete der Priester höchsten Ranges genau in dem Augenblick, in dem die Sonne am Horizont erschien, die Tore des Heiligtums, ein Akt, der von Gesängen begleitet wurde, die dazu dienten, die Gottheit, die im Innern des Tempels wohnte, zu wecken. Dann begann die wichtigste und feierlichste Phase des Rituals: Der Priester betrat die Finsternis des Allerheiligsten, das durch das Licht der Fackeln nur schwach erleuchtet wurde, und öffnete die Türen des Schreins, in dem sich die Kultstatue der Gottheit befand, die sich so vor den Augen des amtierenden Priesters enthüllte; dieser genoß also das Privileg, das Bildnis betrachten zu dürfen, in dem sein Gott sich zu offenbaren geruhte.

Nachdem der Priester der Statue seine Hände aufgelegt und einige Gebete gesprochen hatte, folgte die Speisung des Gottes. Das göttliche Mahl wurde zusammengestellt aus den Speisen, die zuvor auf den Altären angeordnet worden waren, und deren tatsächlicher Verzehr dann den Priestern und dem übrigen Tempelpersonal überlassen wurde, die damit ihre täglichen Mahlzeiten bestritten (die Ägypter nannten dies »Umlauf«). Die Gottheit nahm nur einen kleinen Teil der Speisen zu sich, der von den menschlichen Sinnen nicht wahrgenommen werden konnte. Das, was übrigblieb, hatte eine greifbare physische Realität und war für die Menschen bestimmt.

Die nächste Phase galt der Pflege des Körpers der Gottheit, das heißt ihres Standbildes, das behandelt wurde wie ein lebendes Wesen. Es wurde gewaschen, geschminkt und neu bekleidet, die Gewänder des Vortages wurden abgenommen. An dieser Stelle muß auch darauf hingewiesen werden, daß es für jede dieser Kulthandlungen genaue rituelle Vorschriften gab, so zum Beispiel jene, die besagte, daß der Gottheit vier Streifen feinsten Leinens in vier verschiedenen Farben geopfert werden mußten, weiß, blau, grün und rot. Bei manchen Anlässen wurde die Gottheit mit Schmuck und anderen symbolischen Gegenständen, die zu ihren Attributen gehörten, ausgestattet. Schließlich wurde die Kultstatue von dem Priester, der den Naos geöffnet hatte, gesalbt, und man opferte ihr Salz und Weihrauch. Damit war die Zeremonie beendet; nun wurde der Schrein erneut geschlossen und versiegelt, das Siegel wurde erst am darauffolgenden Morgen wieder erbrochen. Während abschließende Weihrauch- und Wasserspenden dargebracht wurden, versank der Naos, in dem das Kultbild des Gottes aufbewahrt wurde, erneut in Finsternis.

Ohne Zweifel war dies der wichtigste Teil des täglichen Rituals, doch waren die Priester auch im weiteren Verlauf des Tages durchaus nicht untätig. Ihre nächste Kulthandlung mußten sie zur Mittagszeit ausführen. Dabei handelte es sich jedoch um einen Ritus, der wesentlich einfacher war als der, welcher am Morgen vollzogen wurde: Er beschränkte sich auf die Darbringung von Trankopfern und Weihrauchspenden. Dieselbe Prozedur wurde in etwas komplizierterer Form am Abend noch einmal wiederholt. Der Schrein jedoch wurde zu diesen Anlässen nicht wieder geöffnet; er blieb bis zum nächsten Morgen verschlossen. Wenn die Nacht hereinbrach, wurde das Heiligtum geschlossen und lag verlassen da; allein die Astronomen und diejenigen, die mit der Berechnung der Zeit betraut waren, hielten sich möglicherweise noch auf dem Tempeldach auf und gingen ihrer Tätigkeit nach.

Die »Arbeit« der ägyptischen Priester erschöpfte sich jedoch nicht im Vollzug der Zeremonien des alltäglichen Kultes. Sie mußten zum Beispiel auch bei jenen Anlässen tätig werden, bei denen die Gottheit den Tempel verließ (und dies geschah in regelmäßigen Abständen): Bei diesen Gelegenheiten wurde die Statue des Gottes auf eine verkleinerte Nachbildung der heiligen Barke gestellt und von ihren Dienern durch die Straßen der umliegenden Dörfer getragen. In sehr viel selteneren Fällen, nämlich anläßlich der großen religiösen Feste, wurde das Kultbild des Gottes in einer echten Barke durch die Straßen geführt, die dann, einer zuweilen recht langen und rituell streng vorgschriebenen Route folgend, den Nil entlangfuhr.

Abgesehen davon, daß es immer eine Art Volksfest darstellte, wenn die Gottheit ihr Wohnhaus verließ, war die Prozession auch insofern wichtig, als sie die Möglichkeit einer Begegnung zwischen den Gläubigen und ihrem Gott schuf. Dies war somit der Moment, in dem nicht mehr nur der Priester allein in Verbindung mit der Gottheit stand, sondern in dem auch diejenigen, die von dem heiligen Bereich, in dem sich die Wohnung des Gottes befand, normalerweise ausgeschlossen waren, einen unmittelbaren Kontakt zu ihrer Gottheit aufnehmen konnten. Allerdings bedeutete dies keine Aufhebung der Sonderstellung des Priesters: Während der Prozession hatten die Gläubigen nicht nur Gelegenheit, ihren Gott zu sehen, sondern sie konnten ihn auch über größere und kleinere Probleme ihres Alltagslebens befragen. Die Verkündung des Orakels erfolgte notwendigerweise durch die Priester, so daß diese in ihrer Rolle als Vermittler zwischen den Gläubigen und ihrem Gott, dessen einzige Diener sie waren, nicht vertretbar waren; sie hatten somit eine bevorzugte, ja unersetzliche Stellung in der Gemeinde inne.

Doch die Aufgaben des Priesters waren hiermit noch lange nicht erschöpft; sie erstreckten sich auf weitere Bereiche, deren Grenzen sich jedoch oft nicht genau bestimmen lassen. So ist beispielsweise erwiesen, daß die sogenannte Rechtsprechung »an den Tempeltoren« in den Kompetenzbereich des Priesters fiel; nicht bekannt ist jedoch, wie weit die richterliche Funktion des Priesters tatsächlich reichte. Die Streitenden begaben sich, möglicherweise weil es sich um eine Angelegenhiet von geringer Bedeutung handelte, an das Tempeltor, wo ein oder mehrere Priester den Streitfall schnell lösten; auf diese Weise erübrigte es sich, diesen vor ein normales Gericht zu bringen. Wahrscheinlich stand dieser Aspekt der Tätigkeit des Priesters in Zusammenhang mit seinen Aufgaben im Bereich des Orakelwesens und der Traumdeutung, für welche eine direkte Beziehung zu dem Gotte erforderlich war.

Die ägyptischen Priester erfüllten zuweilen jedoch noch bedeutendere Funktionen als die, die wir bis jetzt beschrieben haben. Wenn sie bei fremden Völkern in dem Ruf standen, Weise und Gelehrte zu sein, wie es bisweilen in den Quellen des klassischen Altertums heißt, so hing dies damit zusammen, daß einige von ihnen dem »Lebenshaus« angehörten, einer kulturellen und religiösen Einrichtung, in der auch der Priesternachwuchs ausgebildet wurde. Das »Lebenshaus« war dem Tempel angeschlossen und diente zugleich als Schreibstube und als höhere Bildungseinrichtung; von seiner Bedeutung und von den dort gelehrten Inhalten her gesehen war es durchaus mit den heutigen Hochschulen vergleichbar. Die Priester, die Mitglieder der »Lebenshäuser« waren, trugen den Titel »Schreiber des Gottesbuches« und hatten die Aufgabe, das ihnen anvertraute kulturelle Erbe, das in den Tempelbibliotheken gehütet wurde, zu bewahren und zu tradieren, indem sie Kopien von Büchern religiösen Inhalts, aber auch von wissenschaftlichen Werken und solchen über Astronomie, Mathematik, Medizin und Magie anfertigten. Die Tatsache, daß hier alte Texte »kopiert« wurden – eine Tätigkeit, die in der Schule und für die Schule durchgeführt wurde –, brachte es natürlich mit sich, daß die Tempel und die Lebenshäuser zu kulturellen Zentren wurden, in denen auch Priester verkehrten, die, modern ausgedrückt, Intellektuelle waren und neue, eigene Werke verfaßten; diese Priester waren darüber hinaus als Lehrer tätig und vermittelten ihren Schülern die aus der Vergangenheit überlieferte Kultur und damit unweigerlich auch die Ideologie der herrschenden Schicht. Doch nicht nur das: Sie vermittelten zudem auch »weltliche« Kultur, denn in den Schulen wurden nicht nur religiöse, sondern auch profane Texte gelesen, die »Klassiker« der ägyptischen Literaturtradition, die die Grundlage der Bildung der Jugend darstellten.

Schließlich ist noch eine weitere Gruppe von Priestern zu erwähnen, die jedoch völlig andere Aufgaben zu erfüllen hatten als die bisher genannten: Es sind dies die Priester, die für die Begräbniszeremonien verantwortlich waren. Um die eigentliche Bedeutung ihrer Rolle zu verstehen, muß man sich vor Augen halten, daß im alten Ägypten für die Begräbnisriten ein beträchtliches Vermögen ausgegeben wurde, weshalb diese für den Priester und indirekt auch für den Tempel eine bedeutende Einnahmequelle darstellten.

Mit den Bestattungen waren nicht die gewöhnlichen Priester, die »Gottesdiener«, betraut, sondern besondere Priester, die »Diener des *Ka*«, das heißt, grob gesagt, die »Diener der Seele« des Verstorbenen. Sie kümmerten sich um das eigentliche Begräbnis, um den Ritus der Bestattung und um den Totenkult; zu diesem Zwecke konnte ein kleine Stiftung für den Priester eingerichtet werden, der die Aufgabe übernahm sicherzustellen, daß dem Verstorbenen die Totenopfer dargebracht und die übrigen Zeremonien vollzogen wurden, die für sein Weiterleben im Jenseits notwendig waren. Um die Errichtung der Grabanlagen, die Zusammenstellung der Grabbeigaben, die Mumifizierung und die Bestattung blühten die Geschäfte, und es ist verständlich, daß sich die Priester die Gelegenheit nicht entgehen ließen, einen beträchtlichen Teil des Umsatzes für sich zu sichern.

Es fällt nicht sonderlich schwer, die Aufgaben der ägyptischen Priester aufzuzählen, ihre Titel zu nennen und ihre Abstammung zu bestimmen; sehr viel schwieriger ist es jedoch, dieses magere Gerüst mit Lebensgeschichten auszufüllen, die der abstrakt (oder vom rein bürokratischen Standpunkt aus) betrachteten Funktion des Priesters eine menschliche Dimension verleihen. In den uns zur Verfügung stehenden Quellen, die weder sehr zahlreich noch gleichmäßig über die verschiedenen Epochen der ägyptischen Geschichte verteilt sind, stoßen wir notgedrungen auf Extremfälle in der einen oder der anderen Richtung: Priester, die ein extrem verwerfliches Leben geführt haben und solche, deren Leben so vorbildlich war, daß ihre Geschichten an die Biographien der Heiligen aus der christlichen Tradition erinnern. Worüber wir gerne etwas erfahren hätten, was sich unserer Kenntnis jedoch völlig entzieht, ist das Alltagsleben der Priester, ihre Beziehungen zum Tempel, ihr Verhältnis zu den Gläubigen und den Einwohnern des Dorfes oder der Stadt, zu der der Tempel gehörte.

Dem ägyptischen Priester oblag nicht die Pflicht, einen Glauben zu verbreiten oder zu predigen, daß sich die Gläubigen an bestimmte moralische Vorschriften zu halten hätten, von denen er selber Zeugnis hätte ablegen müssen, indem er vor allem ein tadellosen Verhalten an den Tag legte, das den Gläubigen der Gottheit, in deren Dienst er stand, als Vorbild hätte dienen können. Da in Ägypten die Priester vollen Anteil am Leben ihrer Zeit hatten, gab es unter ihnen sowohl solche, die ein moralisch vorbildliches Leben führten, als auch solche, die im Gegenteil eher ein abschreckendes Beispiel darstellten – genauso, wie es auch in anderen Bereichen des staatlichen Lebens vorbildliche und unredliche Beamte gab.

So hat es auch nicht den Anschein, als bringe in den etwas aufschlußreicheren Quellen, in denen von Priestern die Rede ist, die in Skandale aller Art verwickelt waren, der Erzähler eine besondere Mißbilligung darüber zum Ausdruck, daß gewisse nicht gerade ehrbare Handlungen gerade von Vertretern der Geistlichkeit begangen worden sind. Doch auch wenn der ägyptische Priester kein Ausbund an Tugend war, so wurde er doch in den letzten Jahren des Pharaonenreiches und in der Ptolemäer- und Römerzeit zunehmend als jemand gesehen, der ein moralisch vorbildliches Leben führte, was möglicherweise damit zusammenhing, daß die Geistlichen ein stärkeres Bewußtsein für ethische Werke entwickelten und daß die Vorstellung der »Reinheit« sich nun über den engen kultischen Bereich hinaus sogar auf Verhaltensweisen des täglichen Lebens erstreckte.

Doch auch in der Spätzeit war dies keineswegs immer der Fall, wie aus jenem eindrucksvollen Dokument hervorgeht, das unter Ägyptologen als die »Bittschrift des Peteese« bekannt ist (es ist enthalten im Papyrus Rylands IX, der in Manchester aufbewahrt wird). Bei diesem bedeutenden, demotisch geschriebenen Text handelt es sich um einen Bericht, der auf die Zeit zu Beginn der ersten Perserherrschaft datiert werden kann (27. Dynastie: 525–404 v. Chr.) und den ein gewisser Peteese (er entstammte einer thebanischen Priesterfamilie, welche zur Zeit Psammetichs I. (664–610 v. Chr.) nach Teuzoi, das heutige el-Hibe in Mittelägypten, übergesiedelt war) den Behörden seines Verwaltungsbezirks vorlegte. Peteese erzählt darin von einem Rechtsstreit, der bereits seit über hundert Jahren zwischen seiner Familie und den Priestern eines örtlichen Amun-Tempels schwelte und bei dem es um eine Präbende ging, die seinen Vorfahren zur Nutznießung überlassen worden war. Es ist uns leider nicht möglich, diesen Rechtsstreit mit all seinen juristischen Spitzfindigkeiten, die ihn wie einen Abenteuerroman erscheinen lassen, bis in alle Einzelheiten zu verfolgen. Es sei lediglich darauf hingewiesen, daß in dem endlosen Streit zwischen der Familie des Peteese und den Priestern des Amun-Tempels letztere alle nur erdenklichen, legalen wie illegalen Mittel einsetzten, um ihre Ansprüche durchzusetzen, vom Mord über den bewaffneten Überfall bis hin zur Brandstiftung, wobei sie auch nicht vor dem Wunsch zurückschreckten, bedeutende Figuren der örtlichen wie der Zentralregierung auf ihre Seite zu bringen. Es darf jedoch nicht vergessen werden, daß uns lediglich jene Version vorliegt, die von Peteese, dem letzten uns bekannten Abkömmling dieser Familie, stammt, wohingegen wir die Darstellung der Amun-Priester nicht kennen. So ist nicht auszuschließen, daß auch sie eine lange Liste von Beschuldigungen gegen Peteese und seine Familie vorzubringen gehabt hätten.

Daß derartige gewalttätige und illegale Methoden keine Neuheit der Saiten- und der Perserzeit waren, sondern im Gegenteil bereits eine lange Tradition hatten, zeigt der Skandal, der sich unter den Pharaonen Ramses IV. und Ramses V. (1156–1145 v. Chr.) zur Zeit der 20. Dynastie in Elephantine ereignete, als ein Teil der Priester der Ortsgottheit Chnum unter der Führung eines Mannes namens Pen-Anuket eine regelrechte kriminelle Vereinigung gegründet hatte: Diebstahl von Tempelgütern, Körperverletzung, Bestechung von Staatsbeamten – dies sind nur einige der zahlreichen Vergehen, derer sich diese Verbrecherbande schuldig gemacht hatte.

Es ist schwer zu sagen, ob Fälle dieser Art häufig auftraten oder nicht: Vermutlich war dies jedoch nicht der Fall, und es ist tröstlich zu wissen, daß Pen-Anuket und seine Bande schließlich gefaßt und vor Gericht gestellt wurden, und daß Peteese zumindest die Bittschrift hat verfassen können, in der er nach Gerechtigkeit verlangt, auch wenn keineswegs sicher ist, daß ihm diese schließlich zuteil wurde. Vielleicht ist dies ein Beweis dafür, daß die ägyptische Gesellschaft, und in unserem spezifischen Falle die ägyptische Priesterschaft, im Kern »gesund« war, denn sie verstand es, auf diese Verbrechen (die umso schwerwiegender waren, als sie von Personen begangen wurden, die sich in den Dienst einer Gottheit gestellt hatten) angemessen zu reagieren.

Am genau entgegengesetzten Pol steht Petosiris, ein Hoherpriester des Gottes Thot in Hermopolis, dessen Autobiographie an den Wänden seines in der Nekropole von Tuna el-Gebel in Form eines kleines Tempels errichteten Grabbaus zu lesen ist, der zu Beginn der griechischen Herrschaft in Ägypten unter Philippos Arrhidaios (323–316 v. Chr.) entstand. Petosiris beschreibt sich darin als einen Heiligen, der sich entschlossen hat, sich sein ganzes Leben lang dem Willen Gottes zu unterwerfen und das göttliche Moralgesetz zu befolgen. In den Tod fügt er sich in der festen Überzeugung, daß Gott diejenigen belohnen werde, die es vermocht haben, unter Einhaltung seiner Gebote zu leben, indem sie Gutes taten und jedwede schlechte Handlung mieden. Der Tod gilt ihm als notwendiges Übel: Doch der Gerechte wisse, so Petosiris, daß ihn im Jenseits eine Belohnung erwarte, die den Abschied vom Leben leichter erträglich mache.

Diese Konzeption des Lebens und des Schicksals, das die Menschen nach dem Tod erwartet, inspirierte Petosiris zu Ausführungen von hohem moralischem Anspruch, die uns ein lebendiges Bild von dieser Zeit des Untergangs der ägyptischen Kultur überliefern, einer Zeit, in der die Geschicke des einzelnen oftmals untrennbar mit denen des Landes verwoben waren, das erneut unter dem Joch einer Fremdherrschaft stand:

»Ihr Lebenden«, schreibt Petosiris »ich werde [dafür] sorgen, daß ihr über Gottes Willen unterrichtet werdet, ich werde euch auf den Weg des Lebens führen. Wer Gott gehorcht, geht einen guten Weg, glücklich, dessen Herz ihn auf ihn [auf diesen Weg] führt. Wes Herz unbeirrt auf Gottes Straße zieht, dessen Dasein auf Erden ist gesichert. Wer in seiner Seele große Gottesfurcht trägt, dessen Glück ist groß auf Erden.« (Freiherr v. Bissing 1955, S. 147)

In der großen autobiographischen Inschrift des Petosiris wird dieses Thema erneut aufgegriffen und nun auch näher ausgeführt; im folgenden sei ein längeres Zitat daraus angeführt:

O jeder Prophet, jeder Web-Priester, jeder Gelehrte, die in diese Nekropole eintreten und dieses Grab sehen werden! Preist Gott für seinen Besitzer! [...] Denn ich war ein Ehrwürdiger seines Vaters, ein Gelobter seiner Mutter, ein Freundlicher zu seinen Brüdern. [...] Der Westen [= das Reich der Toten] ist die Stadt dessen, der keinen Fehler hat. Man lobt Gott wegen eines Mannes, der ihn erreicht hat. Keiner gelangt zu ihm, wenn nicht sein Herz aufrichtig war dadurch, daß er Gerechtigkeit übte. Es wird doch nicht der Geringe vom Höheren unterschieden, außer wenn einer fehlerlos befunden wird, wenn die Waage und die beiden Gewichte vor dem Herrn der Ewigkeit stehen. [...]

Ich wandelte auf dem Wasser des Herrn von Hermopolis seit meiner Geburt. Alle seine Planung war in meinem Herzen. Er wählte mich aus zum Leiter seines Tempels, da er die Furcht vor ihm in meinem Herzen kannte. (Otto 1954, S. 181)

Kennzeichnend für die Worte des Petosiris ist die in ihnen zum Ausdruck kommende feste Überzeugung, die richtige moralische Entscheidung getroffen zu haben, die für ihn nunmehr unumkehrbar ist. Seiner Auffassung zufolge erschöpfen sich die Aufgaben des Priesters nicht in der pünktlichen Ausübung des Gottesdienstes oder der korrekten Verwaltung des Tempelvermögens, sondern die Pflicht des Priesters ist es, moralisches Vorbild zu sein, an dem sich jene orientieren können und müssen, die vom Leben im Tempel ausgeschlossen sind und nicht die Möglichkeit haben, jeden Tag in Kontakt mit der Gottheit zu treten; denn sie alle erwartete in der Zukunft ein Leben, in dem arm und reich ohne jeden Unterschied für ihr von Sünden freies Dasein auf der Erde belohnt werden würden. So war der Tod letztendlich der Ort, an dem das unfehlbare Gesetz Gottes seine Erfüllung fand, und es war kein Zufall, daß das Grab des Petosiris die Form eines Tempels hatte.

Einen solch hohen moralischen Anspruch, hier formuliert im Predigerton, vertraten die Ägypter, als ihre neuen Herren, die Griechen, im Zuge der Eroberung durch Alexander den Großen in das Niltal kamen. Die Charakteristika des ägyptischen Priestertums, die in den darauffolgenden Jahrhunderten bis zum Ende des Heidentums festzustellen sind, entsprechen genau dem Bild des ägyptischen Priesters, das sich anhand der Autobiographie des Petosiris rekonstruieren läßt.

Kapitel 6

# Der Soldat

Sheikh 'Ibada al-Nubi

Die ältesten bildlichen Darstellungen in Ägypten, die protodynastischen Paletten, zeigen Kriegshandlungen oder deuten doch zumindest auf solche hin. Auf der Fassade aller ägyptischen Tempel erscheint der siegreiche Pharao, und Schlachtfeldszenen bilden das Thema der großen historischen Reliefs des Neuen Reiches. Doch die hier zur Schau gestellte Kriegslust ist weder Ausdruck einer besonders kriegerischen Gesinnung noch findet sie eine Entsprechung in den Schilderungen der zahlreichen ägyptischen Autobiographien, die nicht gerade von außergewöhnlichen Kriegserlebnissen zeugen. Zwar finden sich auch im vorliegenden Band immer wieder Hinweise auf die militärische Organisation der Ägypter, so etwa dort, wo vom Bauern, vom Schreiber, vom Beamten, vom Fremden, vom Sklaven oder auch vom Herrscher gehandelt wird. Doch der Krieger an sich, die militärischen Tugenden als solche, gehören nicht in das offizielle Bild, das die ägyptische Gesellschaft von sich selbst überliefert haben möchte. Vielleicht ist in diesem Zusammenhang von Bedeutung, daß es im Ägyptischen zwar unzählige Ausdrücke zur Bezeichnung des »Feindes« und auch einige Wörter für »Schlacht« und »Handgemenge« gibt, aber keinen exakten, spezifischen Terminus zur Bezeichnung des Krieges als solchem, d.h. des Krieges im Sinne einer juristischen, politischen, sozialen und ökonomischen Ausnahmesituation.

Für die oben aufgezeigten Widersprüche lassen sich präzise Gründe anführen. Das Alte Ägypten war ein Land mit »insularem Charakter«, dessen Grenzen durch Wüsten und Meere genau festgelegt waren, womit es zu den sichersten Ländern seiner Zeit zählte. Es drängt sich einem das Bild von einer in sich geschlossenen, wirtschaftlich autarken

Ökumene auf. Eine Notwendigkeit zu Auseinandersetzungen mit »anderen« bestand so lange nicht, wie nicht durch äußere Einflüsse, die auf tiefgreifende soziale (und in der Folge auch historische) Veränderungsprozesse im Nahen Osten zurückzuführen waren, die Unantastbarkeit dieser »Ökumene« plötzlich in Frage gestellt wurde. In friedlichen Zeiten waren die »anderen« eher diejenigen, deren Platz sich am Rande des ägyptischen Kosmos befand, die Nomaden, die Einwohner der angrenzenden Regionen, die den Ägyptern besondere Mineralien oder andere Erzeugnisse lieferten; es handelte sich nicht um Staatsgebilde, sondern um ethnische Gruppen, die für die Ägypter nur als Handelspartner oder aber im Falle einer (von ägyptischer oder von feindlicher Seite durchgeführten) Razzia von Belang waren. Diese Völkerschaften stellten die Störenfriede im ansonsten ruhigen Ablauf des ägyptischen Alltags dar, und so hatte auch der König als Repräsentant und Personifikation des ägyptischen Kosmos die Pflicht, sie in Schach zu halten. Die gegen sie durchgeführten Gewaltaktionen galten den Ägyptern deshalb stets als berechtigte Maßnahmen gegen »Rebellen« oder unorganisierte Gegner, welche die Ordnung – konkret gesprochen, die ägyptische Ordnung – spürbar störten und infolgedessen nicht geduldet werden durften. Der König als Garant des Götterkultes, der den einzelnen von der Pflicht des Kultvollzugs entband, hatte auch die Aufgabe, das Land zu schützen. Ebenso wie er seine rituellen Funktionen an eine Priesterschaft delegierte, delegierte er auch seine militärischen Funktionen, doch blieb er dabei nominell stets der einzige, der zur Ausübung des Kultes und zur Durchführung kriegerischer Unternehmungen berechtigt war. Kult und Krieg waren deshalb Themen, die fast ausschließlich in konventionellen Darstellungen, die sich auf den Ritus oder auf den Königshof bezogen, vorkamen.

Diese allgemeinen und abstrakten Vorstellungen konnten in vielfältiger Weise in den verschiedenen historischen Entwicklungsstadien der ägyptischen Gesellschaft den jeweils vorherrschenden Bedürfnissen angepaßt werden. Daher lassen sie sich nicht nur in ihren verschiedenen Ausprägungen verfolgen, sondern es wird überdies erkennbar, daß der militärische Faktor im Laufe der ägyptischen Geschichte immer größere Bedeutung erlangte. Vor diesem Hintergrund wird es auch möglich zu bestimmen, welche Rolle der soziale Typus des Soldaten, der in der ägyptischen Gesellschaft kaum je in besonderer Weise hervorgehoben wurde, tatsächlich spielte.

Hinweise auf militärische Siege finden sich in einigen Graffiti (insbesondere im Sinai), in denen an die Ankunft ägyptischer Expeditionen erinnert wird, die auf der Suche nach wertvollen Mineralien wie Türkis oder Malachit waren. Daneben liegt uns eine Reihe von Informationen vor, die uns Aufschluß über die militärischen Aktivitäten der Pyramidenzeit geben. Es drängt sich der Gedanke auf, daß die Ägypter jener Zeit gerade durch die organisatorischen Probleme, die mit dem Einsatz großer Massen von Arbeitskräften verbunden waren, deren Tätigkeit ja notwendig aufeinander abgestimmt werden mußte, lernten, wie man disziplinierte Gruppen bildete, deren Bestand sicherte und deren Funktionen festlegte. Hiermit waren die Voraussetzungen für jene hervorragende Logistik geschaffen, die später ein Charakteristikum aller ägyptischen Heere sein sollte. Dieser gewissermaßen »zivile« Aspekt ist im übrigen in Zusammenhang mit der Beschaffenheit und der Funktion des Heeres in jener Zeit zu sehen: Der Militärdienst war damals einer der zahlreichen Frondienste, welche der Ägypter zu leisten hatte; es gab kein Berufssoldatentum. Bewaffnete Männer wurden im allgemeinen für Missionen außerhalb (oder an den Grenzen) des ägyptischen Territoriums eingesetzt, deren Ziel es war, wertvolle Rohstoffe und Waren ins Land zu schaffen. Dabei war es Aufgabe der Truppen, die Arbeiter vor den Angriffen der Nomaden zu schützen und gegebenenfalls auch an technischen Operationen mitzuwirken. Sie hatten also keine offensiven Aufgaben, sondern dienten eher der Abschreckung.

Wie allerdings aus einer Reihe von zahlenmäßig zwar geringen, dafür aber umso aufschlußreicheren Quellen (darunter auch bildliche Darstellungen) hervorgeht, war dies nicht die einzige Möglichkeit, waffentragende Männer einzusetzen. Eine Darstellung aus der 5. Dynastie aus dem Grab des Kaemhesit in Saqqara und eine weitere aus derselben Epoche, die sich in der Provinz, und zwar in Deschasche, in der Grabanlage eines Mannes namens Inti befindet, sind die zwei frühesten bildlichen Darstellungen einer im Gange befindlichen militärischen Aktion. In beiden Fällen wird gezeigt, wie Ägypter eine Festung belagern, die kurz vor der Kapitulation steht. Auf der Darstellung aus Saqqara sieht man ein befestigtes Lager, in dem sich Männer, Frauen, Kinder und Vieh befinden. Die Mauern des Lagers werden von Saboteuren bearbeitet, die mit einer Hacke an den Fundamenten graben. Mit wesentlich größerem Elan jedoch geht eine Gruppe von Soldaten vor, die, nur mit einer Axt bewaffnet, eine an die Mauer gelehnte Leiter besteigen, die auf Rädern herbeigerollt wurde (allgemein war das Rad in Ägypten erst seit dem Neuen

Reich in Gebrauch; die hier dargestellten Räder lassen sich deshalb eindeutig als Kriegsgerät identifizieren). Noch lebendiger und genauer ist die Darstellung auf dem Relief von Deschasche, in welcher erneut das Leitermotiv (hier jedoch eine Leiter ohne Räder) und das Motiv der Saboteure auftaucht. Mit großer Lebendigkeit wird geschildert, was in der Festung vor sich geht: Manche lauschen dem unheimlichen Geräusch, das von den Angreifern verursacht wird; die draußen versuchen, die Mauer zum Einsturz zu bringen; Frauen machen sich bei den Verwundeten zu schaffen, der Anführer ist verzweifelt. Außerhalb der Festungsmauern finden sich die Darstellungen der verschiedenen Phasen des Kampfes sowie der Nahkämpfe zwischen den mit Streitäxten bewaffneten Ägyptern und ihren Feinden, die an ihrer Tracht eindeutig als Asiaten erkennbar sind. Diese sind im Fernkampf bereits von ägyptischen Pfeilen durchbohrt worden. In der untersten Reihe des Bildes wird der lange Zug der mit einem Seil aneinandergefesselten Gefangenen gezeigt. Ihnen folgt ein bewaffneter ägyptischer Soldat, der ein junges Mädchen auf dem Rücken trägt (ein Thema, das zu einem sehr viel späteren Zeitpunkt in leicht humoristischer Weise wieder aufgegriffen werden sollte). Es ist kaum denkbar, daß solch herausragende Darstellungen sich nicht auf ganz bestimmte Vorfälle beziehen. Abgesehen davon stellen sie jedoch auch wertvolles Belegmaterial dar, das von der Durchführung militärischer Aktionen außerhalb der ägyptischen Grenzen und von der Anwendung einfacher, aber bewährter Belagerungstechniken zeugt.

Die aufschlußreichste und wohl auch bedeutendste Quelle stellt jedoch ein autobiographischer Text von ungewöhnlicher Länge dar, in dem ein Beamter namens Uni erzählt, wie er aufgrund seiner vielseitigen Begabungen alle Stufen einer im Hinblick auf ihre Aufgaben und Befugnisse ungeheuer abwechslungsreichen Karriere durchlief. Uni war Verwalter und Beamter, Höfling, Reeder und Fachmann für Transporte, Richter in äußerst heiklen Prozessen und schließlich General:

Seine Majestät bekriegte die asiatischen Sandbewohner und sammelte ein Heer von vielen Zehntausenden aus ganz Oberägypten, südlich von Elephantine und nördlich von Aphroditopolis an, aus Unterägypten überall auf beiden Seiten [...], aus der Befestigung [...] und aus dem Innern der Festungen [...], aus den Erzet-Nubiern, den Meza-Nubiern, den Jam-Nubiern, den Wawat-Nubiern, den Ka'u-Nubiern und aus dem Lande der Libyer.

Seine Majestät entsandte mich an die Spitze dieses Heeres, während die Fürsten, die Oberschatzmeister, die »einzigen Freunde« des Palastes, die [Gau-]

Oberhäupter und Stadtherrscher von Ober- und Unterägypten, die Freunde und Kapitäne, die Vorsteher der Dolmetscher, die Vorsteher der Priester von Ober- und Unterägypten und die Vorsteher des Krongutes [...] [jeder] an der Spitze einer Truppe von Ober- und Unterägypten standen und [an der Spitze] der Städte und Ortschaften, über die sie herrschten, und der Nubier aus jenen Ländern.

Ich aber war es, der die Leitung über sie hatte, obgleich mein Rang doch [nur] der eines Domänenvorstehers des Pharao war, damit alles seine Richtigkeit hatte, damit nicht einer von ihnen an die Stelle eines Kameraden gesetzt werde, damit keiner von ihnen Brotteig stahl oder Sandalen von einem Wanderer, damit keiner von ihnen irgend jemandem eine Ziege wegnahm.

Ich führte sie durch die Nordinsel, das Tor des Imhotep, das Gebiet des Horus Nebmaat [= Snofru], als ich das Amt des [...] innehatte. Ich nahm jedem dieser Regimenter die Parade ab, während zuvor kein Diener ihnen die Parade abgenommen hatte.

Dieses Heer kehrte in Frieden zurück,
nachdem es das Land der Wüstenbewohner zerstört hatte.
Dieses Heer kehrte in Frieden zurück,
nachdem es das Land der Wüstenbewohner geplündert hatte.
Dieses Heer kehrte in Frieden zurück,
nachdem es ihre Befestigungen zerstört hatte.
Dieses Heer kehrte in Frieden zurück,
nachdem es ihre Feigen und Weinstöcke abgeschnitten hatte.
Dieses Heer kehrte in Frieden zurück,
nachdem es an den Häusern aller Menschen dort Feuer gelegt hatte.
Dieses Heer kehrte in Frieden zurück,
nachdem es dort Truppen zu Zehntausenden abgeschlachtet hatte.
Dieses Heer kehrte in Frieden zurück,
nachdem es sehr viele Truppen von dort als Gefangene mitgebracht hatte.

Hierfür lobte mich Seine Majestät mehr als für alles andere. Fünfmal sandte mich Seine Majestät aus, dieses Heer zu führen, um das Land der Wüstenbewohner zu bezwingen, bei jedem ihrer Aufstände, mit diesen Regimentern.

Ich handelte so, daß Seine Majestät mich hierfür mehr lobte als für alles andere. Es wurde berichtet, daß es unter diesen Ausländern, [die] in der »Gazellennase« [leben], Leute gab, die sich gegen irgendetwas auflehnten. Nachdem ich, zusammen mit diesen Truppen, in Transportschiffen gefahren war, legte ich hinter den Höhen des Berges an, nördlich der Wüstenbewohner, während die Hälfte dieses Heeres auf der Straße war.

Ich kehrte zurück, nachdem ich sie allesamt gefaßt hatte, nachdem jeder Rebell, der unter ihnen war, in Stücke gerissen worden war. (Erman 1923, S. 623)

Dieser Kriegsbericht allein liefert uns bereits alle wesentlichen Informationen zur Figur des Soldaten im Alten Reich. Zu konstatieren ist zunächst einmal ein Faktum, das für das ägyptische Heer zu allen Zeiten kennzeichnend war, nämlich die Tatsache, daß sowohl Ägypter als auch Fremde in seinen Reihen zu finden waren. Libyer und Nubier werden hier genannt, wobei das Herkunftsgebiet der letzteren genauestens bestimmt wird (ein Beweis dafür, daß Ägypten zu jener Zeit dauerhafte und gute Beziehungen zu den nubischen Völkern unterhielt). Die Anghörigen dieser Völker, die sich seit jeher als Söldner verdingten, stehen unter der Führung eines »Vorstehers der Dolmetscher«, einer jener ägyptischen Beamten, die für die Pflege der Beziehungen mit den Fremden zuständig waren. Auch die Ägypter stehen unter der Führung von zivilen Verwaltern und Bediensteten der Tempel: Jede Persönlichkeit von Rang, die in die Struktur des Heeres einbezogen wird, übernimmt automatisch auch eine Führungsrolle, so daß der Eindruck entsteht, daß es in diesem bunt zusammengewürfelten Heer im Grunde nur auf das Organisationstalent ankam. Uni, der das Oberkommando übernimmt, erzählt von den Verdiensten, die er sich als Anführer dieser Soldateska erworben hat (die sicherlich, trotz aller anderslautender Beteuerungen, manches Gewand und manche Ziege geraubt haben dürfte), wobei jener Teil des Berichts, der den eigentlichen Krieg betrifft, als ein Hymnus mit ausgeprägt literarischem Charakter erscheint. Der Text ist so gestaltet, daß dieser Hymnus den Höhepunkt der Darstellung bildet, auch wenn er der Griffigkeit und Exaktheit eines nüchternen Berichts entbehrt.

Daß Uni in der Kriegführung kein bloßer Dilettant war, geht aus dem anschließenden Bericht über den Plan hervor, mit welchem die Bewohner der »Gazellennase« geschlagen werden sollten. Diese werden schon bei der ersten, wenn auch vagen, Nachricht, daß Gefahr im Verzug sei (»daß es [...] Leute gab, die sich gegen irgendetwas auflehnten«), nach einem überaus komplizierten Plan angegriffen, demzufolge ein Teil des Heeres auf dem Landweg und ein anderer über den Seeweg in einer weitausholenden Zangenbewegung vorrücken sollte. Auch hier werden militärische Taktiken vorweggenommen, die erst zur Zeit des Neuen Reiches voll zur Entfaltung kommen sollten. So wird deutlich, daß die Anfänge der traditionellen ägyptischen »Kriegskunst« in diese frühe Zeit zurückreichen.

Daß es außerhalb des ägyptischen Territoriums ägyptische Festungen gegeben hat, ist seit der frühesten Zeit belegt. In Elephantine, jener Nilinsel gegenüber dem 1. Katarakt, die sich (und dies galt umso mehr für die ältere Zeit) bereits auf nubischem Boden befand, zeugt eine Festung mit dem Namen Huni (es handelt sich um den Namen eines Königs der 3. Dynastie) von der Präsenz der Ägypter. Festungen aus der Zeit des Alten Reiches liegen in Nubien versteckt unter anderen aus späterer Zeit (so in Buhen, am 2. Katarakt). Für diese Fakten sind unterschiedliche Erklärungen denkbar; doch vielleicht besagen sie nichts weiter, als daß es in Nubien feste ägyptische Stützpunkte für den umfangreichen Warenaustausch und die zahlreichen Handelsmissionen in diese Region gegeben hat. Auf diese Kontakte geht die Gewohnheit der Ägypter zurück, Soldaten aus diesen Ländern in das Heer aufzunehmen und sie in Ägypten zu stationieren. Sie gehörten, wie wir oben gesehen haben, zu dem bunt zusammengewürfelten Heer des Uni, doch finden sie auch anderswo Erwähnung. Man wendet auf sie die Bezeichnung »befriedete (d.h. »unterworfene«) Nubier« an oder den Völkernamen Medjai (was dem heutigen »Bedja« entspricht).

Die in Ägypten stationierten Truppen hatten im allgemeinen die Aufgabe, die öffentliche Ordnung aufrechtzuerhalten, und sie erfüllten deshalb in vielen Fällen lediglich polizeiliche Funktionen. Mit der Zeit jedoch wurden die Nubier zu einem festen Bestandteil der ägyptischen Gesellschaft. Hieraus gewinnt auch jener Vers über die Nubier aus den *Mahnworten des Weisen Ipuwer*, einer Klage über den Niedergang der memphitischen Monarchie, seinen Sinn. Angesichts der Umwertung aller Werte, die das Grundthema dieser Klage darstellt, drängt sich die Frage auf: »Wie wäre wohl ein Mann, der seinen Bruder ermordete? Der Nachwuchs, den wir für uns ausgehoben hatten, ist zum Bogenvolk [konventionelle Bezeichnung für den Feind, s. die »Neun Bogen«] geworden, das vernichten will, worin es entstanden ist [...].« (Freiherr v. Bissing 1955, S. 138)

Daß diese Truppen der Medjai oder Meza-Nubier nun zu »vernichten« begonnen hatten, kam einem Brudermord gleich und war ein Beweis für die allgemeine Umkehrung der Werte.

Diese gegen Ende der memphitischen Zeit erfolgte Umkehrung aller Werte, die für die gesamte weitere Entwicklung der ägyptischen Kultur bestimmend sein sollte, war auch in militärischer Hinsicht von Bedeutung. Im Zuge des Niedergangs der Zentralgewalt und der Herausbildung verschiedener, autonomer Machtzentren, die auch zu einem wirtschaftlichen Chaos führte, kam es sowohl zu Gewaltausbrüchen bei Privatpersonen (Es ist doch so: mit dem Schild geht man zum Pflügen aus«; »die Habe des Mächtigen raubt der Elende«; »Aber wenn drei Männer auf demselben Weg gehen, so findet man nur noch zwei; die mehreren sind es, die die wenigeren ermorden«; Freiherr v. Bissing, 1955, S. 138) als auch zu Gewaltanwendung seitens des Staates, die gleichwohl in ihren Ausdrucksformen weniger roh erschien. Der König mußte sich gegenüber aufständischen Fürsten behaupten, die sich ihrerseits untereinander bekriegten. In dieser Zeit entstanden jene Formeln, in denen die Erbarmungslosigkeit dieser kriegslustigen Fürsten gepriesen wurde und die von der darauffolgenden Epoche an auch auf die Könige angewandt und dann schließlich nur noch für diese verwendet wurden.

»Ich war stark mit dem Bogen, mächtig mit meinem Arm, einer, der bei seinen Nachbarn sehr gefürchtet war«, sagt Cheti, ein Gaufürst aus Assiût. »Ich bin ein Tapferer, wie es seinesgleichen nicht gibt«, sagt Anchtifi, der Herrscher von Hefat, und führt diese Worte wie einen Refrain am Ende aller Texte an, welche sein Grab in Mo'alla schmücken. All diese Fürsten erzählen von ihren Taten in äußerst eindrucksvollen Bildern und Texten:

Der Führer des Heeres von Armant sprach: »Siehe, o Tapferer, gehe stromabwärts bis zur Festung [von Armant].« So bin ich denn stromabwärts gegangen, in das Gebiet, das westlich von Armant gelegen ist, und ich habe gesehen, daß Theben und Koptos in ihrer Gesamtheit die Festungen von Armant in den »Bergen von Semechsen« [angegriffen hatten]. Dies war der Grund, weshalb man zu mir gekommen war [?]. Nun, [meine Arme] waren stark, [sie waren] dort [gegen sie] wie eine Harpune in den Nüstern eines fliehenden Flußpferds. Daraufhin ging ich wieder stromaufwärts, um ihre Festungen mit dem tapferen Heer von Hefat zu zerstören. Denn ich bin ein Tapferer, wie es seinesgleichen nicht gibt.

In diesem in der ersten Person gehaltenen Bericht von den Ereignissen wird das Bild eines behenden und tatkräftigen Feldherrn gezeichnet, was genau dem Geschmack jener Zeit entsprach; denn damals stellte man in den Autobiographien mit Vorliebe die eigene Tüchtigkeit und den eigenen Erfolg heraus. In einer anderen Inschrift derselben Grabanlage wird dasselbe Gefecht mit größerer Objektivität oder doch zumindest mit einer genaueren Darstellung der militärischen Operationen einschließlich ihres komplizierten Verlaufs und des persönlichen Einsatzes der Kämpfenden geschildert:

Nachdem ich mit meinen tapferen und treuen Kämpfern stromabwärts gezogen war, legte ich am rechten Ufer des thebanischen Verwaltungsbezirks an, während sich die Spitze der Flotte [auf der Höhe] der »Berge von Semechsen« und das Ende der Flotte [auf der Höhe] des »Gutes von Tjemi« befand. Meine treuen

Kämpfer suchten den Kampf in dem Gebiet westlich des theanischen Verwaltungsbezirks, doch aus Furcht vor ihnen wagte sich niemand hinaus.

Da fuhr ich weiter stromabwärts und legte am Ostufer des thebanischen Verwaltungsbezirks an, während sich die Spitze der Flotte auf der Höhe des Imbi-Grabes und das Ende der Flotte [auf der Höhe] der »Wiese von Sega« befand. Ihre Mauern wurden belagert, nachdem sie aus Furcht vor ihr die Tore geschlossen hatten. Da verwandelten sich diese tapferen Kämpfer in Kundschafter, die sich über den Westen und den Osten des thebanischen Verwaltungsbezirks verteilten, in dem Wunsch, den Kampf zu suchen, doch aus Furcht vor ihnen wagte sich niemand hinaus. Denn ich bin ein Tapferer, wie es seinesgleichen nicht gibt.

Doch abgesehen von diesen Abenteuern außerhalb des eigenen Gaus hatten die lokalen Heere eher alltägliche, friedliche Aufgaben zu erfüllen: »Wenn es Nacht wurde, dankte mir der, der nachts unterwegs war, denn die Furcht vor meinen Soldaten schützte ihn wie einen, der bei sich zu Hause ist«, sagt ein Fürst von Assiût (Griffith 1909, III, 1.10).

Aus der Grabanlage eines Nomarchen aus Assiût stammen auch zwei beeindruckende, auf einem Holzsockel befestigte Statuengruppen, von denen jede ein Regiment bewaffneter und marschierender Soldaten darstellt. Sie sind fein säuberlich in vier Reihen zu je zehn Soldaten angeordnet und bilden vermutlich eine taktische Einheit. Bei der einen Statuengruppe handelt es sich um eine Darstellung von Ägyptern, die mit einem einfachen Lendenschurz bekleidet sind. In der rechten Hand halten sie eine Lanze, deren Griff die Form eines Lorbeerblattes hat, in der linken einen mit Leder überzogenen Holzschild, der an der oberen Seite in einem Spitzbogen endet. Bei der anderen Gruppe handelt es sich um Soldaten, die lediglich mit einem Bogen bewaffnet und als Nubier gekennzeichnet sind. Mit Truppen dieser Art wurden zahlreiche Bürgerkriege ausgetragen, was zur Folge hatte, daß die Tätigkeit des Soldaten große Popularität erlangte und sich im ganzen Land verbreitete. In den Fürstengräbern finden sich Darstellungen von sportlichen Übungen, Kriegstänzen und Angriffen auf Festungen, bei denen sowohl auf seiten der Angreifer als auch auf seiten der Verteidiger Ägypter und Nubier zu finden sind. Die Festungen sind mit Zinnen und geböschten Wällen versehen, und für den Sturm auf die Mauer bedient man sich komplizierterer Angriffsmethoden als in der Vergangenheit: Die Angreifer führen mobile Unterstände mit sich, die ihnen Deckung bieten; in deren Schutz nähern sie sich, um mit schweren Balken die Mauern einzustoßen. Auch wenn davon auszugehen ist, daß es sich bei dem Dienst im Heer immer noch um einen Frondienst handelte, so ist doch ohne Zweifel auch bereits eine Entwicklung in Richtung auf ein »Berufssoldatentum« erkennbar. Dies gilt insbesondere für die nubischen Truppen. Abgesehen von ihrem sporadischen Erscheinen an verschiedenen Orten in Ägypten erinnert in Gebelein, etwas südlich von Theben, eine große Zahl von Grabstelen daran, daß sich die Nubier hier zu einer organisierten Gruppe zusammengeschlossen hatten. Der Stil der Darstellung ist recht ungeschliffen; die Nubier erscheinen mit Pfeil und Bogen in der Hand und in Begleitung ihrer Hunde. Die Darstellung folgt somit Konventionen, die völlig anders sind als die ägyptischen. Es handelte sich hierbei um eine echte ethnische Enklave auf ägyptischem Gebiet, um eine Gruppe, die innerhalb des ägyptischen Kontextes agierte, aber dennoch ihren eigenen Charakter bewahrte. Sie stellte einen Präzedenzfall dar, der im weiteren Verlauf der ägyptischen Geschichte große Bedeutung erlangen sollte.

Die Könige standen in dieser unruhigen Zeit der Feudalherrschaft eher im Hintergrund. Aber obwohl sie in ihren Handlungsmöglichkeiten bereits eingeschränkt waren, konnte man sie doch nicht einfach übergehen. Unter den Gaufürsten gab es durchaus noch einige, die sich dem König unterordneten und ihre Waffen in seine Dienste stellten (»Ich hatte eine schöne Flotte [...], sie war der Liebling des Königs, wenn er in den Süden kam«, sagt ein Fürst von Assiût). Andere hingegen boten ihm die Stirn (»Ich habe meine Stadt am Tag der Plünderung vor den Schrecken des Königshauses bewahrt«, sagt hochmütig und prahlerisch ein Fürst aus Hermopolis) (Hatnub 23.24).

Die Politik des Königshauses und die Rolle, welche die Monarchie zum damaligen Zeitpunkt in Ägypten spielte, waren vor allem im Zusammenhang mit der Tatsache zu sehen, daß der Pharao sich fortwährend mit Truppen von Bewaffneten konfrontiert sah: Ganz gleich, ob sie sich als loyale Untertanen oder als Aufständische bezeichneten – solange sie bewaffnet waren, stellten sie auf jeden Fall einen gewissen Machtfaktor dar.

Die Autorität des Souveräns konnte offensichtlich vor allem im nördlichen Teil des Landes, in dem Gebiet zwischen Memphis und Herakleopolis im Delta, weiter aufrechterhalten werden. In einer als Testament eines Königs ausgegebenen Schrift aus derselben Epoche, der *Lehre für Merikare*, als deren Verfasser der Vater des Merikare gilt, ist deutlich beschrieben, wie wichtig die Streitkräfte für das Königshaus waren: »Mache deine Beamten reich und sorge für deine Krieger [*'3yw*]. Gib den Rekruten [*ḏ3mw*] aus deinem Gefolge reichlich« (Merikare XXII). Und kurz vor diesem Abschnitt steht: »Hebe deine Rekruten [*ḏ3mw*] aus, dann wird dich die Residenz lieben [...]. 20 Jahre lang haben die jungen Leute unbeschwert ihren Wünschen folgen können. Die Veteranen gehen heim zu (ihren) Kindern... An ihrer Stelle treten die Wehrpflichtigen [*s'gyw*] in den Dienst ein, die zur Ausbildung einberufen werden.«*

Aus diesem Text geht eindeutig hervor, daß sich eine Schicht von speziell in der Stadt ausgebildeten Berufssoldaten herauszubilden begann.

Neben den blutigen Kämpfen, in denen der König für die Aufrechterhaltung seiner Vorherrschaft über die Gaufürsten focht – ganz gleich, ob diese offiziell als Anhänger oder Gegner auftraten – gab es ein weiteres Problem, das nach einer Lösung verlangte: Die fruchtbaren Böden, das Weideland, die ägyptischen Gewässer mußten vor den Übergriffen der an der Grenze zu Ägypten lebenden Nomaden geschützt werden. Der König machte es sich zur Aufgabe, diesen Fremden den Weg zu versperren. In der bereits erwähnten *Lehre für Merikare* ist davon die Rede, daß in Festungen Unterägyptens ägyptische Siedler untergebracht wurden, die »Bürger« und zugleich auch Soldaten waren, »die mit Waffen umzugehen wußten«. Der »Horusweg« (Horus ist der im König verköperte Gott) bestand aus einer Reihe von Festungen, mit welchen man von der Landenge von Suez aus die Wasserwege durch die Wüste bis nach Minia in Mittelägypten kontrollieren konnte. Diese bewachte Grenze zu überschreiten war schwierig, wie aus der *Erzählung des Sinuhe* hervorgeht, die in einer Zeit spielt, welche nur wenig später liegt als jene Epoche, von der hier die Rede ist. In dieser Geschichte wird von der gefährlichen Grenzüberschreitung unter den Augen der Wachen berichtet, die von oben, aus den Festungen, jede Bewegung registrierten. In einem pseudoprophetischen Text, in welchem Amenemhat I., der Begründer der 12. Dynastie, gefeiert wird, unter dem die Feudalzeit ein Ende fand und die zweite große Blütezeit Ägyptens begann, wird die Situation folgendermaßen beschrieben:

> [...] die auf Böses sinnen und Aufstand planen,
> denen soll es die Sprache verschlagen aus Furcht vor ihm!
> Die Asiaten werden durch sein Schwert gefällt
> und die Libyer durch seine Flamme,
> die Rebellen durch seine Wut,
> die Verschwörer durch seine Macht [...].
> Man wird die »Mauern des Herrschers« bauen,

* Zit. unter Berücksichtigung von: »Die Lehre für Merikare«, in: Brunner 1988, S. 145. (Anm. d. Übers.)

> um die Asiaten nicht nach Ägypten hineinzulassen;
> demütig sollen sie um Wasser flehen,
> um ihre Herden zu tränken.
> (Hornung 1990, S. 110f.)

Mit dieser Vision einer gewaltsam aufgezwungenen Ordnung fand die Feudalzeit ihr Ende. Für die Mentalität der Ägypter und ihre militärische Tradition (ebenso wie für andere Aspekte der ägyptischen Kultur) waren die vielfältigen Erfahrungen dieser Epoche von grundlegender Bedeutung. Tapferkeit und Mut auf dem Schlachtfeld gehörten fortan zu den positiv beurteilten Persönlichkeitsmerkmalen, und die militärische Lage im Lande wurde nunmehr von spezifischen Gruppen wie den bewaffneten Siedlern des Deltas oder den Truppen der Fürsten bestimmt. In der Haltung gegenüber den Nichtägyptern läßt sich eine klare Polarisierung erkennen: Einerseits wurden sie als militärische Kontingente, die sogar über feste Stützpunkte verfügten (wie die Nubier in Gebelein), in die Streitkräfte eingegliedert (jedoch nicht assimiliert!), andererseits betrachtete man sie als Barbaren (in der *Lehre für Merikare* findet sich eine hervorragende Übersicht über all die Gründe, weshalb die Asiaten anders sind als die Ägypter) und glaubte, daß sie um jeden Preis mit Hilfe staatlicher Kontrollmechanismen ferngehalten werden *mußten*. Der Soldat wurde nun zu einer Figur, deren Qualitäten man rühmen durfte, deren Funktionen von grundlegender Bedeutung waren, um, wie es in der *Prophezeiung des Neferti für Amenemhat I.* heißt, zu erreichen, daß »die Gerechtigkeit an ihren Platz« zurückkehrt und »das Unrecht [...] hinausgeworfen« wird.*

Nach der Wiedervereinigung Ägyptens unter der 11. und 12. Dynastie, die durch einen Krieg erreicht wurde, in welchem auch Ägypter unter den zu besiegenden Feinden waren, wurden die militärischen Gepflogenheiten der vorausgegangenen Epoche nunmehr als selbstverständlich hingenommen. Aus der Sprache der Feudalzeit, mit welcher die Tapferkeit der Gaufürsten und die Tüchtigkeit ihrer Soldaten gepriesen worden war, fand eine Reihe stereotyper Wendungen Eingang in den offiziellen Sprachgebrauch, in denen der König als unbesiegbarer Held erschien. So preist Sinuhe seinen König zu Beginn der 12. Dynastie auf folgende Weise:

---

* Vgl. Hornung 1990, S. 111. (Anm. d. Übers.)

Ein Held ist er, der mit seinem Arm wirkt,
ein Kämfer, dem niemand gleichkommt.
Man erblickt ihn, wie er auf die Bogenvölker herabfährt
und zum Angriff schreitet.
Er ist es, der das Horn niederbeugt und die Hände schlaff macht,
seine Feinde können die Schlachtreihen nicht ordnen.
Er ist es, der den Mut kühlt und die Scheitel spaltet,
man kann nicht standhalten in seiner Nähe.
Er ist es, der weit ausschreitet, damit er den Fliehenden vernichtet;
wer ihm den Rücken kehrt, kommt nicht ans Ziel.
Er ist einer mit standhaftem Herzen im Augenblick des Angriffs,
einer, der sich zuwendet und seinen Rücken nicht zeigt.
Er ist einer mit festem Herzen, wenn er die Massen erblickt,
er gönnt seinem Herzen keine Ruhe [...].
Er ist einer, der Blicke schleudert, wenn er das Gewühl [...] erblickt;
er freut sich, wenn er gegen die Bogenvölker losstürmt.
Wenn er seinen Schild ergreift, tritt er (schon) nieder,
er muß nicht zweimal zuschlagen, um zu töten.
Niemand kann seinen Pfeil entfernen, niemand seinen Bogen spannen.
Die Bogenvölker fliehen vor ihm,
wie vor der Macht der Kronenschlange.
Er kämpft, ohne ein Ende zu kennen,
er wartet nicht und läßt nichts übrig [...].
(Hornung 1978, S. 26 f.)

Dem fügt er – und dies ist sehr wichtig – hinzu: »(Auch) ein Liebenswürdiger ist er, mit großer Huld, der durch Liebe erobert hat.« (Hornung 1978, S. 27)

In ähnlich übersteigerter Weise heißt es in einer zu Ehren Sesostris' III. geschriebenen Hymne, die zu Lebzeiten des Herrschers entstand, als Ägypten einen Höhepunkt seines militärischen Ruhmes erreicht hatte: »Der die Bogenvölker tötet ohne einen Stockschlag,/der den Pfeil schießt ohne die Bogensehne zu spannen.« Und etwas weiter unten lesen wir: »Die Zunge Seiner Majestät ist es, die Nubien einschüchtert,/seine Aussprüche, sie schlagen die Asiaten in die Flucht.« (Assmann 1975, S. 476 f.)

Die auf die Feudalzeit folgende Monarchie war gezwungen, soviel eigene Stärke und Macht zu entwickeln, daß sie den Gaufürsten die Stirn bieten konnte. Charakteristisch für diese Epoche war die systematische Erweiterung der Landesgrenzen in Richtung auf den südlichen Nachbarn, ein Land, das zahlreiche wertvolle Erzeugnisse zu liefern vermochte. Die Pflicht, das Reich vor den »Barbaren« zu schützen, oblag, wie auch schon zur Zeit des Uni und später dann zur Zeit des Verfassers der *Lehre für Merikare*, dem König. Doch nun wurden Wege gefunden, wie der König dieser Aufgabe besser gerecht werden konnte: Man schuf spezifische Ämter wie das des »Vorstehers der östlichen Wüsten« oder das des »Vorstehers der westlichen Wüsten« und delegierte die Verantwortung an die jeweiligen Amtsinhaber. Einer der »Vorsteher der westlichen Wüsten« berichtet folgendermaßen von seiner Arbeit: »Ich bin zur westlichen Oase gelangt, habe alle ihre Wege durchsucht und den Flüchtling zurückgebracht, den ich in ihr fand; die Truppe blieb wohlbehalten, und es gab bei ihr keinen Verlust.« (Anthes, *ZÄS*, 65, S. 109)

Einer der »Vorsteher der östlichen Wüsten« hingegen läßt in seinem Grab die Ankunft und Überwachung von »37 asiatischen Beduinen« darstellen, die Geschenke mitgebracht haben und nun nach Ägypten gelassen werden. Eine ähnliche Schutzfunktion übten die »Vorsteher der Jäger« aus, die die Karawanen begleiteten und schützten (es handelte sich hierbei in der Regel um Menschen, die in der Wüste lebten, d.h. um Mitglieder von Nomadenstämmen, die sich in ägyptische Dienste stellten). Diesen Überwachungs- und Schutzfunktionen sollte schließlich auch die »Herrschermauer« dienen, die am Ostrand des Deltas errichtet wurde.

Anders als bei den Asiaten beschränkte man sich bei den Nubiern nicht bloß auf Überwachung; angestrebt wurde vielmehr die »Erweiterung der Grenzen«. Ägypten hatte sich im Laufe der Jahrhunderte immer weiter nach Süden ausgedehnt und die südlichen Grenzorte einen nach dem anderen seinem Staatsgebiet einverleibt, bis es schließlich im 1. Katarakt eine natürliche Grenze fand. Dieser sich allmählich vollziehende, friedliche Assimilationsprozeß schlug nun um in ein aggressives Bestreben nach territorialer Erweiterung: Seit der Zeit Amenemhats I. wurde in Nubien gekämpft; so konnte das ägyptische Staatsgebiet bis zur Regierungszeit Sesostris' III. bis zum 2. Katarakt (bei Wadi Halfa) ausgedehnt werden.

»Ich machte meine Grenze, indem ich weiter stromauf zog als meine Väter, und fügte dem, was sie mir vererbt hatten, noch etwas hinzu. Ich bin ein König, der nicht nur redet, sondern auch handelt.« Bei allem Stolz, der aus den Worten dieser berühmten Grenzstele in Semna spricht: Tatsächlich werden hier nur Worte wieder aufgegriffen, mit denen in der Feudalzeit Persönlichkeiten aus sehr viel bescheideneren Verhältnissen von ihren wirtschaftlichen Erfolgen berichteten, etwa davon, daß es ihnen gelungen sei, die Herden, die sie geerbt hatten, zu vergrößern, davon, daß sie mit Kraft und Geist gehandelt hätten. Diese Analogie zwischen Texten aus weit auseinanderliegenden Epochen läßt, auch wenn dies nicht beabsichtigt war, deutlich werden, daß die Gebietserweiterung ökonomisch motiviert war: Die Kontrolle über die Provinz Nubien – ebenso wie später über die trockengelegten Gebiete des Faijûm – gab dem Herrscherhaus zunehmende Handlungsfreiheit gegenüber dem lokalen Adel. Bei genauerem Hinsehen stellt man jedoch fest, daß diese Kontrolle vor allem auf der Verfügbarkeit von Truppen beruhte. »Wie jubeln deine Jungmannschaften der Aushebung [*ḏ3mw*]: du hast sie wachsen lassen! Wie jubeln deine ehrwürdigen (Greise): du hast sie jung werden lassen!« heißt es in der bereits zitierten Hymne auf Sesostris III. (Assmann 1975, S. 478). Die Soldaten leisteten ihren Dienst zum Teil in den einzelnen Städten ab, zum Teil hielten sie sich in den Lagern in der Nähe des Königshofes auf.

In einer Inschrift seines Grabes in Beni Hasan erzählt der Nomarch des XVI. Gaues zu Beginn der 12. Dynastie von seiner Teilnahme am Nubien-Feldzug Amenemhats I. Aus seinem Bericht geht hervor, daß zu dieser Zeit noch das System der Kontingente praktziert wurde, das durch die Inschrift des Uni bereits für das Alte Reich belegt ist; es sah vor, daß die Truppenkontingente von den für die Aushebung in den einzelnen Gebieten verantwortlichen Personen bereitgestellt wurden. Uns ist überliefert, daß kurze Zeit später ein »erster Königssohn« in seiner Eigenschaft als »Heeresschreiber« in Tine eine Aushebung im Verhältnis von 1 zu 100 vornahm (*ZÄS*, 38, S. 44);* in den Inschriften dieser Zeit taucht immer häufiger die scheinbar vage Bezeichnung »Bürger« (*'nḫ n niwt*) auf, in welcher Berlev jedoch den Berufssoldaten erkannt hat. Darüber hinaus gab es in der Fachterminologie die »Krieger« (*'ḥ,wty*) und die »Kameraden« (*šmsw*), d. h. die Mitglieder jener Streitkräfte, die dem König direkt unterstellt waren. Es handelte sich hierbei um ausgesuchte Berufssoldaten, die anschaulich von den militärischen Aktivitäten, die ihre einzige Lebensgrundlage darstellten, zu erzählen wußten.

Einer dieser »Kameraden« berichtet wie folgt von seinen Erfolgen:

Es ließ mich Seine Majestät Militärdienst [...] tun neben Seiner Majestät mit 6 Mann des Palastes. Dann ließ mich Seine Majestät einsetzen zum »Kameraden

---

* Vgl. *ZÄS* 38, 1900, S. 44: «Ein Opfer, das der König giebt... für den *K3* des ersten (großen?) Königssohnes [...], der 1 von je 100 männlichen Personen seinem Herrn, dem Herrn des Schwerts, gegeben hat, als er geschickt wurde, um eine Compagnie [...] Vorkämpfer [...] auszuheben.« [Anm. d. Übers.]

des Fürsten« und gab mir 60 Köpfe [= Personal] [...]. Dann fällte ich den Nubier von [...] neben meiner Stadt [...]. Dann setzte er mich zum »Aufseher der Kameraden« ein und gab mir 100 Köpfe als Geschenk. (Lesest. 83).*

Nicht alle Berufsoffiziere werden so eine glänzende Karriere gemacht haben wie dieser Mann namens Chusobek. Doch in den ägyptischen Garnisonen gab es Platz für viele – in den Grenzorten und den zahlreichen Festungen, die sich in Nubien an den wichtigsten Übergängen entlang des Nils befanden. Die Depeschen, die der Kommandant von Semna, einer dieser Festungen an der Südgrenze des Reiches, an den königlichen Hof sandte, sind teilweise erhalten geblieben und geben uns einen Einblick in die träge Alltagsroutine der Garnison, die nichts anderes zu tun hatte, als die Menschen zu kontrollieren, die die Grenze überschritten – so nämlich lautete, wie aus einer anderen erhaltenen Inschrift hervorgeht, die Vorschrift.

Der militärische Geist der Ägypter fand jedoch auch andernorts seinen Ausdruck: in der Literatur. Man denke etwa an den nach Syrien geflüchteten Sinuhe, der von seiner erfolgreichen Karriere unter der Protektion des örtlichen Fürsten erzählt, bei dem er Zuflucht gesucht hatte:

> Die Asiaten, die sich aufzulehnen begannen,
> um die Oberhoheit der Fremdherrscher abzuschütteln –
> deren Vorgehen beriet ich.
> Der erwähnte Herrscher von Retenu veranlaßte,
> daß ich viele Aufträge von ihm ausführte
> als Befehlshaber seiner Truppen.
> Jedes Land, gegen das ich zog, bezwang ich,
> so daß es von seinen Weideplätzen und Brunnen vertrieben war.
> Ich erbeutete seine Herden, holte seine Leute fort in Gefangenschaft.
> Ich raubte seine Lebensmittel und tötete Leute in ihm
> durch meinen starken Arm, durch meinen Bogen,
> durch mein Dahinziehen, durch meine tüchtige Planung.
> Vortrefflich war es für sein Herz,
> und er liebte mich, denn er kannte meine Tapferkeit.
> Er setzte mich an die Spitze seiner Kinder,
> nachdem er die Kraft meiner Arme gesehen hatte.
> (Hornung 1978, S. 29)

Was wir hier vor uns sehen, ist noch die Sprache der privaten Autobiographien der Feudalzeit, in welchen die eigenen Erfolge mit Hilfe formel-

* Zit. in Anlehnung an: Helck, Ott, Westendorf 1982, Sp. 131, *s.v.* »Militär«.

hafter Wendungen gepriesen wurden – Formeln, die in Ägypten nunmehr allein den Unternehmungen des Herrschers vorbehalten waren. Doch spielten sich die hier geschilderten Ereignisse ja auch außerhalb des Niltals ab. Sinuhe, der Ägypter, Repräsentant der ägyptischen Kultur in der Fremde, ist in seiner Schilderung vor allem darauf bedacht, seine herausragenden militärischen Fähigkeiten hervortreten zu lassen. Dies wird auch in der Beschreibung des Duells deutlich, das auf die barbarische Herausforderung durch einen »Helden« von Retenu folgt, ein Duell, aus dem der Ägypter, der verächtliche Gelassenheit wahrt, als Sieger hervorgeht:

> Es kam ein Held von Retenu,
> damit er mich herausfordere in meinem Zeltlager.
> Er war ein Draufgänger ohne Beispiel,
> das ganze (Land) hatte er (schon) bezwungen.
> Er sagte, er wolle mit mir kämpfen,
> (denn) er nahm an, er werde mich besiegen,
> und er hatte die Absicht, all mein Vieh zu rauben
> auf den Rat seines Stammes.
> Jener Herrscher (von Retenu) beriet sich mit mir,
> nachdem ich erklärt hatte: »Ich kenne ihn nicht,
> ich bin ja nicht sein Genosse, der in seinem Zelt ein- und ausgeht.
> Habe ich mir etwa Zutritt zu seinem Lager [...] verschafft
> und seine Umzäunung aufgebrochen?
> (Nur) Eifersucht ist es, weil er sieht, daß ich deine Aufträge ausführe.
> Siehe, ich bin wie der Stier inmitten einer fremden Herde –
> der Herdenstier stößt ihn, der langhornige Bulle greift ihn an [...]«
> Nachts spannte ich meinen Bogen, ordnete meine Pfeile,
> schärfte meinen Dolch und brachte meine (übrigen) Waffen in Ordnung.
> Als es tagte, war Retenu schon da,
> nachdem er seine Stämme gesammelt, die Länder seiner beiden Hälften
> zusammengefaßt hatte.
> Er war begierig auf diesen Kampf, jedes Herz brannte für mich.
> Frauen und Männer schrien durcheinander,
> jedes Herz bangte um mich [...].
> Nun lagen sein Schild, sein Kriegsbeil und sein Bündel von Speeren
> am Boden, nachdem ich ihn seine Waffen hatte verschießen lassen,
> (denn) ich ließ seine Pfeile an mir vorbeifliegen, allesamt,
> einer folgte dicht auf den anderen.
> Als er (dann) auf mich losstürmte, schoß ich auf ihn,
> und mein Pfeil blieb in seinem Nacken stecken.

Er brüllte auf, und dann fiel er auf seine Nase.
Ich erschlug ihn mit meinem Kriegsbeil.
Ich stieß einen Siegesschrei aus auf seinem Rücken,
und jeder Asiat brüllte.
Ich gab den Lobpreis dem (Kriegsgott) Month,
seine Leute aber feierten ein Trauerfest wegen ihm.
Der erwähnte Herrscher Ammunenschi schloß mich in seine Arme.
Dann holte ich seinen Besitz und nahm seine Herden an mich.
Was er mir antun wollte, das tat ich (nun) gegen ihn.
(Hornung 1978, S. 29 f.)

Zu Beginn des Mittleren Reiches also konnte Sinuhe seine militärischen Heldentaten in Syrien vollbringen und den »Fürsten der Fremdländer« (*ḥq3w ḫ3swt*) Ratschläge erteilen. Einer dieser Fürsten jedoch ist uns bereits in einer Darstellung auf den Wänden einer Grabkammer in Beni Hasan begegnet: Dort sieht man ihn, wie er sein Vieh und die Erzeugnisse seines Landes, alle pflichtgemäß registriert, nach Ägypten bringt – eines der zahlreichen Beispiele für die nun einsetzende, vermehrte Einwanderung von Asiaten in das Reich der Pharaonen. Diese Einwanderer, die sich als geschlossene Gruppe in Ägypten niederließen, sind uns aus der Literatur und seit jüngerer Zeit auch aus der Archäologie gut bekannt: Die Rede ist von den Hyksos – der griechische Ausdruck für die ägyptische Bezeichnung *ḥq3w ḫ3swt*.

Die Ausgrabungen, die in den letzten Jahren durch die österreichische Mission unter Bietak in der Hyksossiedlung im Delta durchgeführt wurden, haben gezeigt, daß es dort eine beträchtliche Zahl von Asiaten gegeben hat, die Materialien und Organisationsstrukturen nach Ägypten brachten, die für das Syrien der mittleren Bronzezeit kennzeichnend waren. Wenn wir uns die Nubier in Gebelein in Erinnerung rufen, die ihre Eigenheiten ja in hohem Maße bewahrten, erkennen wir die Parallelität beider Fälle, und es wird deutlich, warum es in der ansonsten homogenen ägyptischen Gesellschaft diese Ausnahmen geben konnte: Es handelte sich in beiden Fällen um ausländische Soldaten, die sich, einer alten Tradition folgend, in die Dienste eines Landes gestellt hatten, das vor allem vom Bauerntum geprägt war und in dem der Soldat allenfalls ausnahmsweise und nur vorübergehend eine Rolle spielen konnte.

Als die Zentralgewalt gegen Ende des Mittleren Reiches erste strukturelle Schwächen aufzuweisen begann, konnten sich diese organisierten Gruppen bewaffneter Männer, die ihre eigene Kultur mitgebracht hatten, zu den neuen Führern des Landes aufschwingen. Einer von ihnen nahm sogar die Bezeichnung »General« (*mr-mš*') als Königsnamen an, was wohl keines weiteren Kommentars bedarf. Diese von ehemaligen Soldaten gebildete Regierung paßte sich, soweit wir dies beurteilen können, in zunehmendem Maße ägyptischen Gepflogenheiten an, auch wenn in der Propaganda der späteren Epochen ihre barbarische Grausamkeit in den düstersten Farben geschildert wurde. Es würde zu weit führen, an dieser Stelle auf die weitere Entwicklung dieser Regierung einzugehen; so sei lediglich darauf hingewiesen, daß ihre Macht durch ein südliches Fürstenhaus eingeschränkt wurde, das seinen Sitz in Theben hatte und einen großen Teil Oberägyptens beherrschte. Auch dieses verfügte über eigene Soldaten und nubische Söldner. Aus eben dieser Zeit stammen auch die in Oberägypten an mehreren Orten gefundenen, charakteristischen nubischen Grabstätten, die gleichzeitig auch im eigentlichen Nubien errichtet wurden: die sogenannten *Pangraves* (»Pfannengräber«).

Für eine gewisse Zeit führten beide Herrscher eine friedliche Koexistenz, die wahrscheinlich durch eheliche Bindungen zwischen den beiden Fürstenhäusern sowie durch die gegenseitige Anerkennung ökonomischer Interessen und Eigentumsrechte außerhalb des eigentlichen Hoheitsgebietes ermöglicht wurde. Als dieses Gleichgewicht jedoch zusammenbrach und die thebanischen Fürsten sich anschickten, die Einheit Ägyptens unter eigener Führung wiederherzustellen, nahm die ägyptische Militärgeschichte eine völlig neue Gestalt an und erlangte eine bislang nicht dagewesene Bedeutung.

Aus dem Befreiungskrieg wurde sehr schnell ein Eroberungs- oder doch zumindest ein Unterwerfungskrieg, in welchem die Hyksos auch außerhalb der ägyptischen Grenzen bis nach Palästina hinein verfolgt wurden. So entstand ein Imperium, das auf dem Höhepunkt seiner Macht vom Euphrat bis zum 4. Katarakt, mitten im heutigen Sudan, reichte. Es liegt auf der Hand, daß die Beherrschung eines derart großen Territoriums nur mit Hilfe der Armee möglich war. Den Soldaten oblagen daher auch die Gestaltung und Erhaltung der neuen Gesellschaft, die durch einen großen Zustrom an Tributen und Sklaven gekennzeichnet war, was zu tiefgreifenden Veränderungen sowohl in der Wirtschaft des Landes als auch in der Gesellschaftsstruktur führte.

Charakteristischer Ausdruck des gesellschaftlichen Wandels war die neue Art, den König darzustellen. In der memphitischen Epoche erschien er als einsamer Vollzieher des rituellen Opfers, der den Göttern die fremdländischen Gefangenen als Opfergabe darbrachte, und zur Zeit des Mittleren Reiches feierte man ihn wegen seiner schrecklichen Unbesiegbarkeit. Nun wurden den traditionellen Attributen, die sich auf die offizielle Titulatur beschränkten, noch solche hinzugefügt, die den König als Kämpfer auf dem Schlachtfeld auswiesen: Der siegreiche König wurde zu einem Kämpfer-König, der nun auch von den verschiedenen Stadien seiner militärischen Ausbildung berichtete. Amenophis II. zum Beispiel erzählt in einer Stele (der sogenannten Sphinxstele), wie er als Jugendlicher die Pferde des königlichen Gestüts trainierte:

Als er noch ein junger Prinz war, liebte er seine Pferde und freute sich über sie. Er war festen Herzens, wenn er sie abrichtete, und er kannte den Charakter eines jeden. Er war kundig in ihrem Training und vertiefte sich in diese Sache.

Man hörte davon im Königshaus durch seinen Vater [...] Thutmosis III. Das Herz Seiner Majestät freute sich, als er dies hörte, er jubelte über das, was von seinem ältesten Sohn gesagt worden war [...]. Da sagte Seine Majestät zu denen, die bei ihm waren: »Man soll ihm ein sehr schönes Gespann geben aus dem Stall Seiner Majestät in Memphis; ihr sollt zu ihm sagen: ›Behüte sie, trage Sorge für sie, lasse sie traben und beruhige sie, wenn sie widerspenstig(?) sind‹«.

Darauf wurde der Königssohn damit beauftragt, die Pferde des königlichen Stalles abzurichten. Da tat er das, was ihm aufgetragen war. Reschef und Astarte [zwei kriegerisch gesinnte semitische Gottheiten] freuten sich über ihn, als er alles das tat, was sein Herz wünschte. Er trainierte Pferde, derengleichen es nicht gab: Sie ermüdeten nicht, wenn er die Zügel anzog, sie trieften nicht von Schweiß beim Galopp. Er schirrte in Memphis heimlich an und hielt am Ruheplatz der Sphinx. (Decker 1987, S. 56 f.)

Im Grab eines hohen Beamten jener Zeit findet sich eine Darstellung, in der gezeigt wird, wie der zukünftige König von diesem Beamten im Gebrauch des Bogens unterwiesen wird. Widersprach die Vorstellung, einen König (der ja »seit der Geburt« das war, was er war) zu unterweisen, auch der ägyptischen Tradition, so sollte sich doch in diesem Fall der Schüler später der Geschicklichkeit rühmen, die er auf diese Weise erwarb:

Er bespannte 3000 starke Bogen, um die Arbeit ihrer Hersteller zu vergleichen und den Nichtskönner vom Fachmann zu unterscheiden. Er kam und sagte: »Man möge tun, was ich euch aufgetragen habe.« Er betrat seinen nördlichen Schießplatz und fand, daß für ihn vier Schießscheiben aus asiatischem Kupfer aufgestellt waren von einer Handbreit Dicke. Zwanzig Ellen [ca. 10 m] betrug der Abstand von einem Pfahl zum nächsten. Seine Majestät erschien zu Wagen wie Month [der Kriegsgott] in seiner Kraft. Er faßte seinen Bogen und ergriff vier Pfeile auf einmal. So fuhr er los und schoß sie wie Month in seinem Kampfschmuck, und seine Pfeile kamen auf der Rückseite heraus. Dann nahm er einen anderen Pfahl in Angriff.

Es war eine Tat, die noch nie getan worden war, nie hat man davon in einem Bericht gehört: Ein Pfeil wurde auf eine Scheibe aus Kupfer geschossen, der aus ihr wieder herauskam und zu Boden fiel – außer vom König, mächtig an Glanz, den [Amun] stark gemacht hat, dem König von Ober- und Unterägypten, Aaacheperure [= Amenophis II.], heldenhaft wie Month! (Decker 1987, S. 45)

In dieser Epoche hatte der Erbprinz als zukünftiger Herrscher das Kommando über die Truppen; auf diese Weise bereitete er sich auf seine zukünftige Rolle vor.

Am Kriegsschauplatz war es der König, der den Kriegsrat einberief und sich mit seinen Generälen besprach (wie aus einem häufig wiederkehrenden Topos hervorgeht, kamen dabei die kühnen Vorschläge vom König, die vorsichtigen hingegen von den Generälen). So verhandelte zum Beispiel Kamose zu Beginn des Befreiungskrieges gegen die Hyksos wie folgt mit seinen Beratern:

Die Mitglieder dieses Rates sagten: »Siehe, die Asiaten sind bis nach Kus [vorgedrungen] [...]. Doch wir begnügen uns mit unserem [Teil] Ägyptens [...]. Für uns bestellen sie ihre besten Felder [...], sie schicken den Spelz für unsere Schweine und unser Vieh wird nicht weggenommen [...]. Er hat das Land der Asiaten, wir haben Ägypten [...].« Doch das Herz Seiner Majestät erfreute sich nicht an ihnen: »Was unseren Rat betrifft [...], [so ist er feig. Siehe, ich werde kämpfen] gegen die Asiaten. Wir werden Erfolg haben. Wenn ich [sie besiegt habe], wird das ganze Land [mir zujubeln, dem mächtigen König] in Theben. Kamose, der Beschützer Ägyptens.«

Die Kühnheit des Königs bildete den Gegenpol zu der Zaghaftigkeit seiner Berater. Dies war auch der Grund dafür, daß die daraufhin durchgeführte Unternehmung, die zu einem Sieg führte, so enthusiastisch gefeiert wurde.

Mit sehr viel mehr Gelassenheit und viel genaueren Vorstellungen von der bestehenden Situation erzählt Thutmosis III. die Vorgeschichte zu der Schlacht von Megiddo:

Jahr 23, erster Monat der Sommerzeit, Tag 16 bei der Stadt Jehem. Seine Majestät befahl einen Kriegsrat mit seinem siegreichen Heere und sprach: »Jener elende Feind von Kadesch ist gekommen und in Megiddo eingerückt. In diesem Augenblick ist er dort. Er hat die Fürsten aller Fremdländer um sich versammelt, die Ägypten untertan waren [...], ihre Pferde, ihre Truppen und ihre Leute; denn er sagt – so wird es berichtet –: ›Ich werde hier in Megiddo warten (gegen Seine Majestät zu kämpfen).‹ Sagt mir, was ihr meint!«

Da sagten sie zu Seiner Majestät: »Was soll es, auf diesem Wege zu marschieren, der so eng wird? Es ist berichtet worden, die Feinde dort warten draußen und werden immer zahlreicher. Wird nicht Pferd hinter Pferd gehen müssen und die Truppen und Leute desgleichen? Soll unsere Vorhut kämpfen, während die Nachhut hier in Aruna wartet, ohne kämpfen zu können? Nun gibt es zwei (andere) Wege hier. Der eine Weg, siehe, er verläuft (östlich) von uns und kommt bei Taanach heraus. Der andere, siehe, er verläuft zur Nordseite von Djefti, und wir kommen nördlich von Megiddo heraus. Möchte doch unser siegreicher Herr auf dem von ihnen (beiden) vorrücken, der ihm zusagt, aber laß uns nicht auf jenem schwierigen Wege gehen.«

Da wurden Botschaften über jenen elenden Feind gebracht (und es wurde abermals beraten) über jenen Plan, über den sie vorher gesprochen hatten. Das, was gesagt wurde in der Majestät des Hofes – er lebe, sei heil und gesund –: »Ich schwöre, so wahr Rê mich liebt, so wahr mich mein Vater Amun lobt, so wahr meine Nase sich verjüngt mit Leben und Heil! Meine Majestät wird auf diesem Wege von Aruna vorrücken. Laß den von euch, der will, auf jenen Wegen gehen, die ihr sagt. Laß den von euch, der will, in der Gefolgschaft Meiner Majestät kommen. Siehe, sie werden denken, diese Feinde, der Abscheu des Rê: Ist Seine Majestät auf einem andern Weg gezogen, weil er Furcht vor uns bekommen hat? So werden sie denken.«

Da sagten sie zu Seiner Majestät: »Möge dein Vater Amun, der Herr der Throne der beiden Länder, der Erste von Karnak, deinem Wunsche gemäß handeln. Siehe, wir sind in der Gefolgschaft deiner Majestät an jedem Ort, wohin deine Majestät geht. Der Diener soll hinter seinem Herrn sein.« (Eggebrecht 1984, S. 192)

Schließlich läßt der Kämpfer-König Thutmosis wissen, er sei in den Kampf gezogen, nachdem er die Unternehmung selber geplant habe.

Gleich nach der Tagung des Kriegsrats von Megiddo übernahm Thutmosis persönlich die Führung und wählte für sein Heer den gefährlichen und mutigen Weg (der ihn ja auch zum Sieg führte). Sein Sohn Amenophis II. erzählt, wie der König am Ende eines Kriegstages, nur mit einer Streitaxt bewaffnet, die ganze Nacht hindurch ein ganzes Kriegsgefangenenlager allein bewachte.

Auch in der darauffolgenden Dynastie blieb der Topos des kämpfenden Königs bestehen.

Die Darstellung, die Ramses II. von der Schlacht bei Qadesch liefert, bei der er aufgrund einer Unvorsichtigkeit von seinem eigenen Heer weitgehend abgeschnitten und von hethitischen Kämpfern umzingelt wurde, ist ganz offensichtlich alles andere als objektiv. Doch auch wenn man ihm nicht Wort für Wort glauben darf, so ist dieser Text insofern aufschlußreich, als er deutlich und unverfälscht widerspiegelt, was man sich von einem König im Krieg erwartete:

Was haben sie bitte schön gemacht, meine Fürsten, mein Heer, meine Kavallerie? Sie sind am Kampf vorbeigegangen! Wächst ein Mann denn etwa nicht, wenn er sich hinstellt und sich vor seinem Herrn tapfer verhält? Der Name dessen, der kämpft, ist schön, seit alters achtet man einen Mann wegen seiner Tapferkeit [...]. Konntet ihr euch nicht in eurem Herzen sagen, daß ich eure eiserne Mauer bin? [...] Die Fürsten, die Offiziere, die Soldaten der Truppe kamen nicht, um mir zu helfen, als ich kämpfte. Ich habe Millionen von Ländern alleine besiegt, auf meinen prächtigen Pferden namens »Sieg in Theben« und »Mut ist zufrieden«: Sie haben mir geholfen, als ich alleine gegen zahlreiche Länder kämpfen mußte. Ich werde anordnen, daß ich ihnen selber das Futter gebe, daß sie täglich in meiner Gegenwart fressen, wenn ich im Palast bin.

Konkret gesagt, handelte diese neue Herrscherfigur unter Zuhilfenahme eines bestimmten Instruments, des Heeres, das nun (wobei es zwischen der 18. und 19. Dynastie noch zu Veränderungen kommen sollte) eindeutig eine hierarchische Gliederung aufwies. Über dem Soldaten (*w'w*) stand der »Führer der 50«, bei dem es sich vermutlich um eine Untereinheit jener taktischen Einheit handelte, welche 250 Männer unter dem Kommando eines »Standartenträgers« (*ṯ3y srjt*) umfaßte. Sodann gab es die höheren Offiziere (*ḥry-pdt*), die eine Festung befehligten, und die Generäle, so der *mr mš'* (»General«), der *mr ssmt* (»General der Kavallerie«), und der »Heeresschreiber« (*sš mš'*), der möglicherweise auch *sš nfrw*, »Rekrutenschreiber«, war. Allen übergeordnet war der Oberste Truppenführer oder Generalissimus (*mr mš' wr*), der in der Regel aus dem Königshaus stammte. Außerhalb dieses Systems standen die Befehlshaber der Garnisonen in den von den Ägyptern besetzten oder kontrollierten Gebieten und die zahlreichen Kontingente fremdländischer Soldaten – Söldner oder Kriegsgefangene, die ägyptisiert und für militärische Zwecke eingesetzt wurden. Die Armeekorps zählten 5000 Personen; in der 18. Dynastie waren es 2000, dann 3000 und in der Ramessidenzeit schließlich 4000. Zu ihnen gehörten zwei »Truppengattungen«, die Infanterie und die Streitwagenführer. Für spezifische Aufgaben gab es noch die Flotte, die Spezialschiffe einsetzte und auch bewaffnet war, doch ist nicht bekannt, daß sie je eine echte Seeschlacht hätte führen müssen. Sie wurde vielmehr im Rahmen umfassender strategischer Planungen, welche den differenzierten Einsatz von Bogenschützen, Fußsoldaten und Streitwagen vorsahen, für den Truppentransport in Anspruch genommen. Von einer Reihe ägyptischer Schlachten liegen uns quasi technische Berichte vor, die auf den »Tagebüchern« von speziell damit beauftragten Gesandten beruhen. So rühmt sich zum Beispiel der königliche Schreiber Tjanuni in den Inschriften seines Grabes, er habe die Heldentaten Seiner Majestät [Thutmosis' III.] aufgeschrieben, die dieser »in jedem Fremdland getan hatte; sie wurden so aufgeschrieben, wie sie getan wurden« (*Urk.* IV 662). So hat man den Verlauf der unter der Führung Thutmosis' III. geschlagenen Schlacht von Megiddo rekonstruiert (Yeivin) und festgestellt, daß der Ausgang der Schlacht nicht nur auf die Tapferkeit der einzelnen Kämpfer, sondern vor allem auch auf einen vorher ersonnenen Plan zurückzuführen war, den man (zumindest so weit wie möglich) verwirklichte.

Unsere Aufgabe besteht jedoch nicht darin, die Struktur des ägyptischen Militärs zu beschreiben oder die Geschichte der militärischen Eroberungen außerhalb der ägyptischen Grenzen nachzuzeichnen; uns geht es vielmehr darum (zumindest soweit wir über diesbezügliche Quellen verfügen) zu untersuchen, welchen Einfluß diese neue Atmosphäre auf einzelne Menschen ausübte, und zu zeigen, daß diese Einzelfälle letztlich für die gesamte Epoche kennzeichnend waren.

Wichtige Anhaltspunkte für eine solche Untersuchung können uns einige Autobiographien geben, die zu Beginn der 18. Dynastie entstanden. An ihnen wird deutlich, wie stark in dieser Zeit der einzelne Bürger das Gefühl hatte, die Geschichte des Landes mitbestimmen zu können, und wie eng die Einzelschicksale mit den Geschicken der Nation verwoben waren. Erkennbar ist dies zum Beispiel an der Autobiographie des Ahmose, Sohn des Iben:

Ich spreche zu euch, all ihr Männer, denn ihr sollt wissen, welche Gunst mir zuteil wurde. Ich wurde sieben Mal vor dem ganzen Land mit Gold belohnt, desgleichen mit Sklaven und Sklavinnen, und ich habe zahlreiche Felder erhalten. Der Ruf des Tapferen liegt in dem, was er getan hat, und vergeht nicht in diesem Land, ewiglich. [...]

Er spricht:

Ich war im Dorf Necheb auf die Welt gekommen, und mein Vater war ein Soldat [*w'w*] des Königs von Ober- und Unterägypten Seqenenre des Gerechtfertigten, Baba mit Namen, Sohn der Ra-inet. Ich zog aus zur Zeit des Herrn der beiden Länder Nebpehtire, um an seiner Stelle als Soldat auf dem Schiff »Wilder Stier« zu kämpfen; ich war noch jung, hatte noch keine Frau und schlief in einer Hängematte [...]. Doch als ich eine Familie gegründet hatte, wurde ich eingezogen auf das Schiff »Nord«, weil ich ein tapferer Mann war. Ich begleitete den König – er lebe, sei heil und gesund – auf meinen Füßen [d. h. unberitten] bei seinen Spazierfahrten auf seinem Wagen. Als die Stadt Auaris belagert wurde, war ich tapfer auf meinen Füßten [d. h. unberitten] vor Seiner Majestät. Danach wurde ich dem [Schiff] »Das in Memphis erscheint« zugewiesen, und wir führten eine Schlacht zu Wasser, im Kanal von Auaris. Ich machte Beute und holte mir eine Hand; dies wurde dem König gemeldet, und man gab mir erneut Gold der Tapferkeit. (*Urk.* IV, 1 ff.).*

Ähnlich im Ton ist die Autobiographie eines gewissen Amenemheb, der die Orte in Syrien und Palästina, wo die Schlachten, an denen er beteiligt war, stattfanden, mit exakten geographischen Bezeichnungen aufführt, und jedes Mal angibt, was er erbeutete und was er als Belohnung erhielt. So brachte er aus Aleppo dreizehn Asiaten als Kriegsgefangene mit, »13 Mann, 70 lebende Esel, 13 Bronzeäxte, Bronze, beschlagen mit Gold.« Weitere Gefangene, die er dem König übergab, brachte er aus Karkemisch, Qadesch und anderen Orten mit: »Da gab mir mein König Gold der Gunst. Liste: zwei Halsketten, vier Armringe, zwei Fliegen, ein Löwe [die Fliege und der Löwe stellen militärische Auszeichnungen dar], eine Sklavin und ein Sklave« (*Urk.* IV, 890 ff.).**

Doch es werden noch genauere Details aufgeführt: Als der Fürst von Qadesch ein Stutfohlen freiließ, um die von Hengsten gezogenen ägyptischen Streitwagen durcheinanderzubringen, verfolgte Amenemheb es zu Fuß und tötete es. Als der König im Lande Nij – in Syrien – auf Elefantenjagd ging und der größte aus der Herde ihn angriff, stürzte Amenemheb sich auf das Tier und schnitt ihm den Rüssel ab: »Da belohnte mich mein Herr mit Gold; er gab mir [...] und drei Gewänder zum Wechseln.«

Was in diesen Texten erkennbar wird, ist der Stolz der Veteranen, ihre Befriedigung darüber, sozusagen mitten im Geschehen, im Fluß der Geschichte, gewesen zu sein, ihre Freude über die Ehrungen, durch welche der Herrscher die Kämpfer an seinem nun nicht mehr einsam genossenen Ruhm teilhaben ließ, indem er ihnen Auszeichnungen verlieh, die ihre Tapferkeit bezeugten. Es fehlte auch nicht der diskrete Hinweis auf eine direkte Bezeihung zum Herrscher, so wie sie zwischen zwei Waffenbrüdern bestand: Amenophis II. begegnete Amenemheb während des Opetfestes nach seiner Krönung; Amenemheb ruderte sein Boot. Der König

* Zit. unter Berücksichtigung von: Sethe 1914, S. 1 f. (Anm. d. Übers.)
** Zit. in Anlehnung an: Blumenthal u. a. 1984, S. 311. (Anm. d. Übers.)

erkannte ihn und rief ihn an den Hof: »Ich kenne dich seit der Zeit, als ich noch in der Wiege lag, Du warst damals ein Kamerad meines Vaters. Ich ernenne dich nun zum Führer des Heeres, und von nun an wirst du die königliche Leibgarde befehligen.« (*Urk.* IV, 900).

Auf das hier beschriebene vertrauliche Verhältnis zwischen dem Herrscher und den Offizieren werden wir später noch einmal zu sprechen kommen. Wichtiger erscheint es uns an dieser Stelle, auf einen allgemeineren Sachverhalt hinzuweisen: Wenn man den zitierten Texten Glauben schenken darf, so war der Status des Soldaten erblich und wurde vom Vater an den Sohn weitergegeben. Die Soldaten wurden in Listen eingetragen, die ständig auf den neuesten Stand gebracht wurden; wenn einer seinen Abschied nahm, trat der Sohn an seiner Stelle in die Armee ein und kam so in den Genuß aller damit verbundenen Vorteile. Zu diesen gehörte zum Beispiel auch die Möglichkeit der Nutzung eines Stück Landes, das sich in der Regel in bestimmten begrenzten Gebieten befand, so daß sich mit der Zeit regelrechte Soldatensiedlungen herausbildeten, deren Einwohner über ein Feld und einige Sklaven verfügten, die sich nach ihren Einsätzen als Lohn für ihre Tapferkeit erhalten hatten. Sie waren, zumindest bis zur 19. Dynastie, nicht eigentlich Eigentümer des Bodens, doch stellten sie eine gesellschaftliche Gruppe dar, die davon leben konnte, daß sie andere den Boden bearbeiten ließ; so entstand im Laufe der Zeit eine Schicht, die zwischen der der Herrschenden und der der Arbeiter, die nicht über eigene Produktionsmittel verfügten, anzusiedeln war. Auf diese Gruppe von Menschen, die von der täglichen Arbeit befreit waren und einen bescheidenen, wenn auch keinesfalls geringen Wohlstand genossen, war zum Teil auch die Entstehung eines gewissen »bürgerlichen« Bewußtseins in der 18. Dynastie zurückzuführen, das sich in der Wertschätzung von Gegenständen guter Qualität, einem oberflächlichen »guten Geschmack« und einem allgemeinen Hang zur Ausgelassenheit manifestierte.

Außerdem gibt es Texte, in denen die Herrscher (Ramses II., Ramses III.) sich dessen rühmen, ihren Soldaten mit der Kraft der göttlichen Vorsehung Glück gebracht zu haben. Daß diese Aussagen trotz der üblichen Übertreibungen im Kern wahr sein dürften, wird durch die zahlreichen Stelen bestätigt, welche Soldaten für Ramses II. stifteten, den sie wie einen Gott verehrten, oder seinen zu Göttern erhobenen Statuen widmeten (es handelt sich um die sogenannten Horbeit-Stelen, die tatsächlich jedoch aus Pi-Ramesse [Ramsesstadt] stammten).

So führte die Existenz eines regulären Heeres schließlich zu tiefgreifenden Veränderungen in der ökonomischen Struktur des Landes, da hierdurch längerfristig gesehen die Herausbildung von kleinem und mittlerem Grundbesitz neben den Ländereien des Pharao, denen der Fürsten und insbesondere denen der Tempel begünstigt wurde. Die wirtschaftliche Situation der Angehörigen des Militärs war natürlich um so besser, je höher ihr militärischer Rang war. Am genauesten ist uns die Situation der Offiziere bekannt, da sie noch am ehesten schriftliche Dokumente hinterließen, in denen sie ihre Tätigkeiten und Probleme schilderten. Sie trugen die Verantwortung für den Fortbestand und die Effizienz des Heeres. Es lassen sich zwei große Gruppen von Offizieren unterscheiden: die Truppen- oder Frontoffiziere und die Verwaltungsoffiziere. Auch wenn zu bezweifeln ist, daß alle Angehörigen des Militärs systematisch auf diese zwei Aufgabenbereiche verteilt wurden, so ist doch nicht zu übersehen, daß die ägyptische Armee organisatorischen Fragen große Bedeutung zumaß und auf diese besondere Sorgfalt verwandte. So wurden etwa die Entfernungen zwischen den Städten gemessen und Häfen angelegt, in denen die Truppen landen sollten; die Rationen, die Lasten, die Zahl der benötigen Waffen wurden genau berechnet, die Aufgaben jedes einzelnen Soldaten genau festgelegt. Auf der Darstellung eines ägyptischen Feldlagers (sie zeigt eine Szene in Qadesch vor der Schlacht Ramses' II.) sieht man einen Wall, auf dem die Schilde abgelegt wurden, und im Innern der Umfriedung Zelte mit Schemeln und Tischen, Geschirr und Gerätschaften. Jemand verrichtet Putzarbeiten, verspritzt Wasser, ein anderer nimmt einem Esel die Lasten vom Rücken. Es ist eine keine, wohlgeordnete Stadt, in der ein ruhiges Alltagsleben seinen Gang nimmt. Doch die Tatsache, daß das »zivile« Leben in vollem Umfang aufrechterhalten wird, obwohl gerade ein gefährlicher militärischer Feldzug im Gange ist, kann nur bedeuten, daß die Hilfsdienste mit wesentlich größerem Einsatz und wesentlich größerer Wachsamkeit tätig sind als gewöhnlich.

Einem Übungstext aus der Schule, in den der Verfasser vermutlich mit dem größten Vergnügen so viele Fachwörter wie nur irgend möglich eingefügt hat (Termini, deren Bedeutung wir zum Teil gar nicht mehr exakt zu bestimmen in der Lage sind), um seinem Werk größere rhetorische Wirkung zu verleihen, können wir entnehmen, was es bedeutete, die Oberaufsicht über eine Expedition nach Syrien zu führen:

Sie waren damit beschäftigt, die Schlachtrosse der Mannschaft bereit zu machen, die zusammen mit den Aufsehern der Ställe und den Reitknechten nach Charu [Syrien] [geschickt] werden sollten; ihre Lederbeutel waren mit Proviant und fein gemahlenem Stroh gefüllt; ihre Quersäcke waren mit *kyllestis* [-Brot] gefüllt; jeder Esel wurde von zwei Männern bewacht; ihre aus *brry*-Holz gefertigten Wagen waren beladen mit Kriegsgerät aller Art: Köcher mit achtzig Pfeilen, die *ḥmyt*, die Lanze, das *ḥrp*-Schwert, das *qwt*-Schwert; das *sk-hm*, die aus *tjaga*-Holz gefertigte, mit Schnüren versehene Peitsche, die Stange für den Wagen, der Stock für den Aufseher, der Speer aus Hatti [dem Land der Hethiter], Pferdegeschirr mit Aufsätzen, die aus einer sechsfachen Kupferlegierung gefertigt und in die mit einer Punze Muster eingestanzt worden waren [...]. Sie hatten ihre Rüstungen angelegt, ihre Bogen [...] waren bespannt. Man hat das Holz dieser Bogen geprüft, indem man sie gespannt hat; ihr *mšy*-Leder ist sauber [?], ihre Deichsel ist aus mit Leder überzogenem *tjaga*-Holz, das gesäubert, geschmirgelt, eingefettet und poliert wurde.

Ein klassisches Beispiel für dieses stark ausgeprägte Interesse an organisatorischen Fragen findet sich in einem berühmten literarischen Text, dem polemischen Brief des Heeresschreibers Hori, der damit auf einen Kollegen namens Amenemone antwortet, der ihm in einer Art und Weise geschrieben hatte, die er als beleidigend empfand. In seinem – nicht ohne Hintergedanken – mit ausgesuchter Höflichkeit formulierten Antwortschreiben führt Hori eine Reihe von Fragen an, mit denen er er die berufliche Kompetenz seines Widersachers auf die Probe stellen möchte: Es sind Fragen zur Geographie und zur Buchhaltung, Fragen zur Einschätzung des Arbeitskräftebedarfs und zur Zuteilung der Rationen. Hori, der Verfasser, ist Schöngeist und Beamter, darüber hinaus aber auch Soldat. Auf letzteres legt er besonderen Wert, was daraus ersichtlich ist, daß er sich, um seinen Brief aufzusetzen, zu den Pferden begibt, die ein typisches Kennzeichen des Soldatenstatus waren. Ein Zitat aus diesem Brief läßt deutlich werden, welch bedeutende Rolle diese Offiziere spielten:

O vortrefflicher Schreiber mit verständigem Herzen, der alles weiß, der die Lampe ist in der Finsternis vor den Soldaten und ihnen leuchtet! Du wirst zu einer Expedition in das Land der Phönizier geschickt [(?)...]. Die Truppen, die du vor dir hast, umfassen 1900 Mann, 520 Scherden, 1600 Qeheq, [100] Maschwasch, 880 Nubier, im ganzen 5000, die Offiziere nicht mit eingeschlossen. Die Zahl der Männer ist zu hoch für dich, und der Proviant für sie reicht nicht [...]. Die Soldaten sind zahlreich und der Proviant ist gering [...]. Das Heer ist bereit. Registriere sie schnell, einen jeden in seiner Schar. Die Beduinen werfen dir verstohlene Blicke zu: »Was für ein weiser Schreiber!« sagen sie [im Text auf

Syrisch]. Es ist Mittag geworden, und im Lager ist es sengend heiß. Sie sagen: »Es ist Zeit aufzubrechen. Sei nicht zornig, du Befehlshaber der Truppe! Wir haben noch einen langen Marsch vor uns!« Wir sagen: Warum ist denn nicht genug Brot da? Unser Nachtlager ist noch weit entfernt. Weshalb werden wir so schlecht behandelt, mein Herr? Du bist doch ein kluger Schreiber [...].*

Aus allen überlieferten Quellen geht hervor, daß organisatorischen und verwaltungstechnischen Fragen dieser Art große Bedeutung beigemessen wurde. In offiziellen Musterbriefen, die in der Ramessidenzeit den Schülern im Unterricht vorgelegt wurden und wie eine aus authentischem Material zusammengestellte Anthologie anmuten, ist von irrtümlich vorgenommenen Einberufungen und falschen Eintragungen die Rede, die rückgängig gemacht werden mußten: Junge Männer, die als Priester Dienst tun sollten, wurden als Soldaten eingezogen. Veteranen wurden in Bauernlisten eingetragen (Pap. Bologna 1094); es gab nachdrückliche Aufforderungen, die Kompetenzen der verschiedenen Offiziere zu respektieren (Pap. Anastasi V. v. 25.2 ff.) und Register von Grenzposten (Pap. Anastasi III v. 6.1), in denen festgehalten wurde, wie oft Boten die Grenze überschritten, welche den Garnisonen, die in den von den Ägyptern kontrollierten Gebieten stationiert waren, die Befehle aus Ägypten überbrachten. Diese Garnisonen bestanden aus kleinen Gruppen von Soldaten, die von einem ägyptischen Offizier befehligt wurden, und waren formal den Gaufürsten unterstellt: Ihre Autorität sollte untermauert werden, solange hierdurch ihre Loyalität gesichert werden konnte. Offiziere des Streitwagenkorps wurden im übrigen häufig für zivile Aufgaben eingesetzt oder als Gesandte nach Syrien geschickt – das Land, in dem sie auch als Soldaten tätig gewesen waren und das sie deshalb sehr gut kannten.

Als einen besonders vielsagenden Hinweis auf die große Bedeutung, die Verwaltungsfragen beigemessen wurde, läßt sich die Tatsache werten, daß in der Hierarchie des Militärs der »Rekrutenschreiber« (oder »Heeresschreiber«) gleich hinter dem General rangierte. Der Rekrutenschreiber war derjenige, der ein ganzes System miteinander verknüpfter Listen verwaltete, in denen zum Beispiel festgelegt war, daß die Söhne der Berufssoldaten an die Stelle ihres Vaters treten mußten oder daß die einzelnen Dörfer dem Heer »entsprechend ihrer [Einwohner]zahl« (*Urk.* IV 1007) Helfer verschiedenster Art zur Verfügung zu stellen hatten. Diese

* Für eine deutsche Übersetzung des *Satirischen Briefs* des Hori s.: Erman 1923. (Anm. d. Übers.)

Listen wurden ständig auf den neuesten Stand gebracht; in ihnen waren auch die Kriegsgefangenen verzeichnet, die diversen Verwaltungen als Sklaven zugewiesen wurden und von diesen angefordert werden konnten.

Die Namen einiger dieser Rekrutenschreiber sind uns bekannt, und es muß darauf hingewiesen werden, daß uns unter diesem Titel einige recht außergewöhnliche Persönlichkeiten begegnen.

Einer von ihnen ist der »Rekrutenschreiber« Amenophis' III., Amenophis, Sohn des Hapu. Da das Heer nicht nur für militärische Operationen, sondern auch für zivile Aufgaben eingesetzt werden konnte, für die viele Arbeitskräfte benötigt wurden, tauchen die »Rekrutenschreiber« im Zusammenhang mit Bauvorhaben verschiedenster Art auf (so wurden zum Beispiel Soldaten in den Steinbrüchen eingesetzt, und in dem oben zitierten Brief des Hori ist davon die Rede, daß sie Obelsiken aufrichteten). So war Amenophis, Sohn des Hapu, »Vorsteher aller Bauarbeiten des Königs« und »Vorsteher der Bauarbeiten am Berg des Quarzit [am Gebel el-Ahmar bei Kairo]«; er war somit verantwortlich für die eindrucksvolle Bautätigkeit, die für die Regierungszeit Amenophis' III. kennzeichnend ist (in dieser Zeit entstanden unter anderem der Tempel von Luxor, die [aus Quarzit gebauten] Memnonskolosse und die gesamte Königsstadt von Malkata). Amenophis, Sohn des Hapu, wurde von seinem König so sehr geschätzt, daß dieser ihm das Recht zusprach, seinen eigenen Grabtempel neben den königlichen Grabstätten in Theben-West errichten zu lassen, und schon bald wurde er zu einem Gott erhoben; unter dem gräzisierten Namen Amenothes Paapis wurde der Kult dieser Gottheit noch bis in die Römerzeit fortgesetzt.

Noch komplizierter und noch glänzender war die Karriere des »Heeresschreibers« Haremhab, der Ende der 18. Dynastie eine solche Machtfülle auf sich vereinigte, daß er, als die herrschende Dynastie ohne Erben blieb, selber den königlichen Thron besteigen konnte.

Läßt man solche offenkundigen Ausnahmefälle einmal außer acht, so läßt sich feststellen, daß der Aufstieg der Offiziere in Führungspositionen des ägyptischen Staatswesens in der Regel über zivile Aufgaben führte, die ihnen anvertraut wurden, wenn sie ihren Abschied vom Militär nahmen. Parenen, »Vorsteher der königlichen Ställe«, war »Schreiber des Lebenshauses der beiden Länder« und hatte die Aufgabe, die Feste des Gottes Osiris zu organisieren (Wien 906.51). Haremhab, Offizier unter Thutmosis III. und Amenophis II., stieg unter dem Sohn des letzteren, Thutmosis IV., zum »Vorsteher aller Priester Ober- und Unterägyptens« auf. Unter Thutmosis III. wurde Mai »Fürst und Führer der Propheten des 10. oberägyptischen Gaus«, »Kamerad Seiner Majestät Thutmosis' IV. in allen Fremdländern von Nubien bis Syrien [Nahrina]« und »Stalloberster«, Amenhotep oberster Onuris-Priester in Tine. Die Generäle wurden häufig damit beauftragt, Ländereien des Pharao und der Frauen des Königshauses sowie Besitzungen königlicher Grabtempel zu verwalten. Die »Rekrutenschreiber« wurden zu »Generalverwaltern« (*mr-pr wr*) ernannt, und in der Autobiographie des Haremhab, die auf einer in Turin aufbewahrten Statue des Königs niedergeschrieben ist, ist ausdrücklich von Offizieren die Rede, die nach der häretischen Zeit der Atonverehrung für eine Wiedereinsetzung der althergebrachten Priesterschaft sorgten.

Ziviler und militärischer Bereich durchdrangen sich also gegenseitig, was sich in vielen Fällen auch an den Titeln hochstehender Persönlichkeiten ablesen läßt. Doch ist anzunehmen, daß solche Fälle sehr viel zahlreicher waren, als wir auf den ersten Blick vermuten, da hohe Beamte oftmals dazu neigten, bei Aufzählungen ihrer Titel die Stationen ihrer militärischen Karriere zu unterschlagen und statt dessen ihre zivile Laufbahn hervorzuheben. So wissen wir in zahlreichen Fällen nur durch Zufall von den Tätigkeiten der Betroffenen im militärischen Bereich. Dies ist ein deutliches Anzeichen dafür, daß in Ägypten selbst zu den Zeiten der größten territorialen Ausdehnung des Reiches die zivile Verwaltung größeres Ansehen genoß als das Militär.

Doch die Verdienste, die dem Heer zuzuschreiben waren, erschöpften sich nicht darin, die »Grenzen Ägyptens erweitert« oder die Entstehung eines Stadtbürgertums ermöglicht zu haben. Aus prosopographischen Studien geht zwar hervor, daß es hohe Offiziere gab, die mit dem Pharao durch eine »Milchbruderschaft« verbunden waren, doch in anderen Fällen verweist der Stammbaum auf Personen, deren Eltern keine oder nur sehr niedrige Titel besaßen. Die Karriere dieser Leute führte über einen Einsatz im Krieg oder doch zumindest über Militäraktionen, die vor den Augen des Pharao durchgeführt wurden. Bewährten sich die betreffenden Personen, wurden sie vom König befördert, der auf diese Weise dafür sorgte, daß die traditionelle Führungsschicht durch erprobte Kräfte bereichert wurde, die ihre Stellung einer erbrachten Leistung und nicht mehr ihrer Herkunft verdankten. Dieser Prozeß, der sich die gesamte 18. Dynastie hindurch verfolgen läßt, fand seinen gewissermaßen symbolischen Höhepunkt am Ende dieser Epoche, als die drei Generäle Haremhab, Ramses I. und Sethos I. nacheinander den Thron bestiegen. Der Wechsel vom Militär in die Zivilverwaltung war also nichts Außergewöhnliches mehr, und dem Pharao war damit eine Möglichkeit gegeben, bei der Ämterverteilung das übliche System der Erblichkeit zu durchbrechen.

Die Ramessidenzeit erscheint als die Epoche, in welcher der in der 18. Dynastie einsetzende Prozeß der Entstehung einer »bürgerlichen« Schicht zum Abschluß gelangte; nun offenbarte sich die ganze Vielfalt der sozialen und kulturellen Möglichkeiten der aus Beamten und Angehörigen des Militärs bestehenden Mittelschicht. Die Karriere der Schreiber und die der Soldaten führte über ähnliche Stationen und wies ähnliche Aufstiegschancen auf, und auf der obersten Sprosse der Karriereleiter liefen beide Laufbahnen schließlich zusammen. Doch zahlreiche Details weisen darauf hin, daß zwischen beiden Gruppen Spannungen offenbar unvermeidlich waren. Diese fanden ihren literarischen Ausdruck in einer Reihe von Texten, welche die Schreiber mit Vorliebe als Übungstexte benutzten. In ihnen wird ein alter Topos der kulturellen Tradition des Schreibers thematisiert, die Vorstellung nämlich, daß derjenige, der mit der Feder umzugehen weiß, den Vertretern aller anderen Berufe überlegen sei. Dies ist auch das Thema der *Satire der Berufe*, die gegen Ende der Feudalzeit entstand, als die Verwaltung wieder zentralisiert und zu einem Machtinstrument des Herrschers wurde. In diesem Text, in dem die Berufe der ägyptischen Gesellschaft vorgestellt werden, wird lebendig und schwungvoll geschildert, welch großen Mühen sich die Menschen bei der Arbeit unterziehen mußten.

Bezeichnenderweise fehlt in dieser Aufzählung der Berufe eine Schilderung der Tätigkeit des Soldaten, obgleich dieser in der Feudalzeit (und auch später) ein wesentliches Element der ägyptischen Gesellschaft darstellte.

So wurde zwar auch in der Ramessidenzeit an den Schulen noch die *Satire der Berufe* gelesen, doch verwendete man nun außerdem eine Reihe von Texten, durch welche das Manko der *Satire* wieder ausgeglichen wurde: Texte, die ähnlich gestaltet waren wie die *Satire der Berufe*, in denen jedoch mit boshaftem Vergnügen die Mühen, die Gefahren und die Enttäuschungen des Soldatenlebens geschildert werden. Ein Beispiel dafür ist der folgende:

Komm, ich schildere dir die Übel, denen ein Soldat ausgesetzt ist, denn er hat viele Vorgesetzte: den General, den Obersten der Bogenschützen, den *Seket*-Offizier, der vor ihnen steht, den Bannerträger, den Leutnant, den [Militär-]schreiber, den Befehlshaber der Fünfzig, den Führer der Garnison. Sie gehen im Saal des Königspalastes ein und aus und sagen: »Auf daß gut arbeiten sei!«

Um ein Uhr morgens wird er geweckt. Man rückt ihm auf die Pelle wie [einem] Esel, und er arbeitet bis zum Sonnenuntergang, der das Dunkel der Nacht bringt. Er ist hungrig, sein Körper ist gepeinigt, er ist schon zu Lebzeiten tot. Wenn er aus seiner Pflicht entlassen wird, erhält er seine Getreideration, doch wenn das Getreide gemahlen wird, stellt sich heraus, daß es nicht gut ist.

Er wird wieder nach Syrien gerufen, dabei hat er sich noch gar nicht ausgeruht. Die Kriegswaffen sind in der Festung Tjalu zusammengezogen worden.

Die Märsche über die Berge sind lang, und alle drei Tage trinkt er Wasser, das stinkt und nach Salz schmeckt. Sein Körper ist durch die Ruhr zugrundegerichtet. Der Feind kommt und umzingelt ihn mit Pfeilen. Das Leben ist weit weg von ihm. Sie sagen: »Komm, tapferer Soldat, erwirb dir einen ruhmreichen Namen!« Aber er weiß nicht mehr, wer er ist. Sein Körper ist schwach und ihm zittern die Knie vor dem [Feind]. Der Sieg wird errungen. Die Beute für Ägypten wird Seiner Majestät übergeben. Die fremdländische [Gefangene] wird während des Marsches ohnmächtig und wird dem Soldaten auf den Rücken geladen. Er verliert seinen Quersack, und andere nehmen ihn an sich, weil er mit der Gefangenen bepackt ist. Seine Frau und seine Kinder sind in ihrem Dorf, aber er stirbt und erreicht sie nicht.

Wenn er es überlebt, ist er durch die Märsche zu Tode erschöpft. Ob er nun in einem Lager einquartiert oder auf einem Feldzug ist, er ist unzufrieden. Wenn er wegläuft und sich den Deserteuren anschließt, wird seine ganze Familie ins Gefängnis gesteckt.

Wenn er an der Grenze zur Wüste stirbt, ist niemand da, der seinen Namen der Nachwelt überliefert. Tod und Leben sind für ihn [gleichermaßen] schmerzhaft. Bringt man ihm den aufgehängten Sack, weiß er nicht mehr, wo sein Platz zum Ausruhen ist.

Werde Schreiber, auf daß du davor bewahrt wirst, Soldat zu werden, auf daß du rufen kannst, und einer antwortet: »Hier bin ich, Herr!«, auf daß du von Qualen frei sein kannst. Jeder versucht, ihn zu erhöhen: Dies merke dir!

Unübersehbar ist die Neigung des Verfassers zu Übertreibung und Groteske. Das Genrebild verdichtet sich zum Ausdruck der Verachtung dessen, was offiziell hohe Wertschätzung genoß (der Ruhm des Tapferen, der, wie wir gesehen haben, bereits in der 18. Dynastie gefeiert wurde). So erscheint etwa die femdländische Gefangene nicht (wie etwa noch in dem bereits erwähnten Relief von Deschasche aus der Zeit des Alten Reiches, einer der ältesten Darstellungen militärischer Sachverhalte) als begehrte Beute, sondern als unangenehme und hinderliche Last.

Der Verfasser dieses Textes knüpft mit seiner Schilderung jedoch durchaus an gängige Topoi an. Dies wird deutlich, wenn man sich noch einmal den oben zitierten Abschnitt aus dem polemischen Brief des Hori ins Gedächtnis zurückruft, in dem die Zuteilung der Rationen geschildert wird (mit den Beduinen, die im Hintergrund lauern): Es handelt sich hierbei um die Mitteilung eines Offiziers an einen anderen; dennoch schreibt der Verfasser ganz offen und unverblümt, mit der Respektlosigkeit des Literaten, der die Dinge von außen, von einer sicheren Position aus, beobachtet.

Doch neben diesen an die Jugendlichen gerichteten Warnungen, sich nicht durch den Reiz der Pferde und Waffen verführen zu lassen, gab es in dieser Epoche auch eine überaus wirksame Kriegspropaganda, die an das ganze Volk gerichtet war: Auf den Außenwänden und in den Innenhöfen der Tempel erschienen großflächige Darstellungen der militärischen Unternehmungen des Königs, der nun nicht mehr einsam beim Vollzug des rituellen Opfers vor den Göttern, d.h. beim Töten der Gefangenen, sondern als oberster Befehlshaber seiner Truppen gezeigt wurde. Diese Darstellungen wurden an verschiedenen Orten immer wieder kopiert. So gibt es etwa von der Darstellung der Schlacht bei Qadesch unter Ramses II. eine Reihe von Nachbildungen, die alle auf dieselbe Vorlage zurückzuführen sind (da sie sich alle gleichen, ist zu vermuten, daß es sich um offizielle Darstellungen handelt); durch diese Darstellungen wurden den Menschen im ganzen Land die dramatischen Einzelheiten der Schlacht nahegebracht – die Soldaten, die Aufstellung genommen haben, die Gefallenen, die Orte, an denen sich die Vorgänge abspielten. Auf diese Weise wurden die Syrien-Feldzüge Sethos' I. in Karnak und die Feldzüge Ramses' III. gegen die Seevölker in seinem Grabtempel in Medinet Habu verherrlicht. Dabei wurde der Sieg (oder das, was man dafür ausgab) nicht nur als selbstverständliche Tatsache hingestellt, sondern man war bestrebt, ihn in seiner ganzen Tragweite deutlich zu machen, indem man, wenngleich keine essentiellen, so doch charakteristische Details anführte, die dem Betrachter die Überlegenheit des ägyptischen Heeres plastisch vor Augen führten (so zeigte man etwa, wie Hirten der feindlichen Länder eilig ihre Herden vom Schlachtfeld wegtreiben). Gewiß, diese Darstellungen leisteten keine historische Einordnung der Kriegsgeschehnisse, sondern ähnelten eher einer Kriegserzählung, die

die Phantasie des Betrachters beflügelte. Tatsächlich wurde in dieser Epoche von militärischen Angelegenheiten nicht mehr in der trockenen Sprache der *Annalen* Thutmosis' III. berichtet. Von dem Bericht über die Schlacht bei Qadesch etwa existierten zahlreiche Versionen mit mehr oder minder stark ausgeprägten literarischen Qualitäten, vom nüchternen »Bulletin« bis hin zum »Gedicht«; diese Schilderungen der Qadesch-Schlacht wurden (neben den antimilitaristischen Texten!) zur Pflichtlektüre an den Schulen.

Läßt man die offiziellen Darstellungen einmal beiseite, fällt auf, daß in den zahlreichen Werken der Unterhaltungsliteratur jener Zeit häufig historische Persönlichkeiten der Vergangenheit auftreten, die dem Militär angehörten. Zu ihnen zählt natürlich General Sisenes, mit dem König Phiops II. eine zweifelhafte Beziehung unterhielt, aber auch Thutmosis III., der als Held von Feldzügen längst vergangener Zeiten gefeiert wird, sowie der General dieses Königs, Djehuti, dessen brillante militärische Karriere durch die überlieferten Denkmäler hinreichend belegt ist. Von Djehuti wird erzählt, er habe die Stadt Joppe (das heutige Jaffa in Palästina) erobert, indem er dort heimlich – durch Anwendung einer List, auf die später auch Ali Baba zurückgreifen sollte – ägyptische Soldaten einschleuste. Alles, was mit dem Militär zusammenhing, beflügelte in dieser Zeit offenbar die Phantasie der Ägypter.

Aus den Erzählungen über die dramatischen Ereignisse der Libyerkriege des Merenptah oder aus der Schilderung der Schlachten Ramses' III. gegen die Seevölker geht hervor, daß im östlichen (und vielleicht nicht nur im östlichen) Mittelmeerraum neue, bedrohliche Kräfte ihren Einfluß geltend machten. Völkerschaften, die sich auf die Suche nach neuen Siedlungsmöglichkeiten begaben, zerstörten das Kräftegleichgewicht zwischen den verschiedenen Reichen der Region und bewirkten tiefgreifende Veränderungen in der politischen Ordnung.

Angekündigt hatten sich diese Umwälzungen bereits einige Jahre zuvor. In Ägypten gab es bereits seit längerem Soldaten, die diesen Seevölkern angehörten und sich auch in ihren Nationaltrachten zeigten. Die großen, entscheidenden Schlachten, durch welche der Einfall der fremdländischen Heere abgewehrt werden konnte, verschafften Ägypten eine gewaltige Zahl von Gefangenen, deren Los in einem Text Ramses' III. geschidert wird: Ihnen wurde ein Brandzeichen aufgedrückt, so wie man es beim Vieh zu tun pflegte. Dann steckte man sie in eine Festung. Dort wurde ihre Sprache »umgekehrt«, sie wurden ägyptisiert. Dann machte man, unter Ausnutzung ihrer militärischen Erfahrungen und ihrer Kampfbereitschaft, Soldaten aus ihnen. So kam es, daß für eine bestimmte Zeit ein Teil dieser Volksgruppen wie die Scherden oder die Maschwasch als Soldaten im Dienste Ägyptens für die Erweiterung und Verteidigung der Grenzen des Pharaonenreiches kämpften, während ein anderer Teil auf der Seite der Angreifer und Feinde Ägyptens stand, gegen die das Pharaonenreich mit Entschlossenheit vorging.

Den ägyptischen Gepflogenheiten entsprechend wurden diese Fremden in besonderen Lagern untergebracht, doch wurde ihnen gestattet, gewisse Eigenheiten zu wahren, ähnlich wie man in der modernen Zeit den Kontingenten der kolonialisierten Völker innerhalb der europäischen Heere gewisse ethnische Eigenheiten zugestand. Die Regel besagte, daß das Kommando über diese Truppeneinheiten auf jeden Fall von Ägyptern geführt werden müsse (ebenso wie das Kommando über die Kolonialtruppen immer Offizieren des Mutterlandes anvertraut wurde). Allerdings gab es auch Ausnahmen, so bei den Einheiten der »Jäger«, die in der Wüste patroullierten: Sie setzten sich aus Angehörigen der Nomadenstämme zusammen, die mit der Wüste gut vertraut waren, und wurden auch von einem der ihren befehligt.

Was zunächst eine Ausnahme war, wurde in der Epoche, die auf die Ramessidenzeit folgte, schließlich zur Regel. Als an die Stelle der Gefangenen libysche Söldner traten, die als Soldaten nach Ägypten kamen, wurden diese von libyschen Fürsten befehligt. Sie wandelten ihre Namen nicht (wie es Fremde, die in der neuen Heimat einflußreich geworden waren, früher zu tun pflegten) in ägyptische Namen um, und auf ihrem Haupte trugen sie stolz eine Straußenfeder, den charakteristischen Schmuck ihres Volkes. Angesichts einer immer schwächer werdenden Monarchie und Verwaltung gelangte die wirkliche Macht schließlich in die Hände dieser Generäle, deren Garnisonen über das ganze Land verteilt waren. So wurden sie Fürsten und offizielle Priester der Ortsgötter – kurzum, sie eigneten sich alle Vorrechte an, die eigentlich der Monarchie zustanden, bis schließlich einer von ihnen tatsächlich den Königsthron bestieg: Scheschonq I., der Begründer der sogenannten »libyschen« Dynastie. Die Analogie zur Usurpation des ägyptischen Thrones durch die Hyksos ist offensichtlich. Hatten schon die Hyksos ihre eigene Kultur zugunsten der ägyptischen aufgegeben, so fiel diese Anpassung den Libyern noch leichter, denn ihre Kultur war nicht so komplex wie die syrische, sondern beschränkte sich eher auf den Bereich der traditionellen Sitten und Gebräuche. Tatsächlich war das »libysche« Zeitalter eine Epoche, die sich durch anspruchsvolle kulturelle Errungenschaften auszeichnete, was durch die Anknüpfung an die Erfahrungen der Ramessidenzeit und deren Nutzbarmachung möglich wurde. Da die neuen Strukturen dieser Epoche militärischen Ursprungs waren und darauf beruhten, daß eine Gruppe von Garnisonsführern, die alle auf derselben Rangstufe standen, die Macht erlangte, sah sich Ägypten mit einem neuen Modell politischer Ordnung konfrontiert: Es gab nun eine Vielzahl von »Königen«, und die einzelnen Städte entwickelten sich zu eigenständigen Machtzentren. Damit war das Ende jener politischen Homogenität besiegelt, die bis dahin vielleicht zeitweilig einmal gestört, als Ideal jedoch niemals aus den Augen verloren worden war, und die das Charakteristikum und die Stärke des Pharaonenstaates ausmachten.

Die künstlerischen Errungenschaften dieser Epoche zeugen von Reichtum und Bildung; von Dekadenz kann gewiß keine Rede sein. In einer Zeit, in der sich nach dem Einfall der Seevölker im gesamten östlichen Mittelmeerraum die Krise der imperialen Ideologie bemerkbar machte, hätte diese friedliche Auflösung des in sich geschlossenen ägyptischen Kosmos, seine Aufgliederung in ein differenziertes System von Stadtstaaten sogar eine innovative, dem Zeitgeist entsprechende Wirkung auf das althergebrachte System ausüben können, das unbestreitbar Gefahr lief, den Anschluß an die umliegende Welt zu verlieren. Diesem Prozeß wurde jedoch durch das Eindringen der Äthiopier aus dem Süden ein Ende gesetzt, die das ganze Niltal (vom Zusammenfluß des Weißen und des Blauen Nils bis zum Meer) unter ihrer Herrschaft im Zeichen einer völlig anderen Ideologie vereinigten. Diese äthiopischen Könige wurden dann von den Assyrern bezwungen, wodurch Ägypten zum ersten Mal in seiner Geschichte zur Provinz eines fremden Reiches wurde.

Doch damit ist die Geschichte Ägyptens noch nicht zu Ende. Denn bald schon mußte die assyrische Herrschaft erneut einer libyschen Dynastie weichen, jenen von Herodot belächelten »zwölf Königen«, die dem griechischen Geschichtsschreiber wie eine perverse Vervielfachung eines monarchischen Ideals erschienen, das er nicht zu teilen vermochte. So feierten die »Libyer« ihr politisches »Comeback«, und alsbald mußte sich in Ägypten jeder dem entschlossenen und ehrgeizigen Fürsten Psammetich aus dem Geschlecht der Stadtherrscher von Sais beugen.

Auch in diesem Fall waren es wieder Soldaten, die der ägyptischen Geschichte die entscheidende Wendung gaben. Nach altbewährtem Brauch hatte Psammetich fremde Krieger als Söldner nach Ägypten gerufen, wobei es sich dieses Mal vor allem um griechische und karische Söldner handelte. Mit ihrer Hilfe gelang es ihm, sich als alleiniger Herrscher zu behaupten und seinen Nachfolgern einen Thron zu übergeben, auf dem eine solche Machtfülle vereinigt war, daß Ägypten zu einer neuen Blüte gelangen konnte. Die griechischen Soldaten begegnen uns in der ältesten bekannten Inschrift in ionischer Schrift, die am Fuße einer der Kolosse von Abu Simbel angebracht wurde: Hier haben sie sich verewigt, haben festgehalten, im Dienste welchen Königs sie standen und wer der Befehlshaber ihres »anderssprachigen« Kontingents war: ein Ägypter. Bekannt ist überdies, wo sich ihr Lager im Delta befand, nämlich in Daphne, das noch heute den Namen Tell Daphanna trägt.

Diese Griechen erscheinen in gewisser Weise als die Nachfolger der Nubier in Gebelein und der Hyksos in Tell ed-Daba. Kürzlich wurde die in Ägypten hergestellte Statue eines dieser Griechen gefunden, die in seine Heimatstadt in Kleinasien gebracht worden war. Auf dieser Statue ist in griechischer Sprache festgehalten, welche Auszeichnungen und welche Belohnungen dieser Soldat in Ägypten erhalten hatte (ausgezeichnet wurde er mit dem »Gold der Tapferkeit« der Kämpfer aus der Zeit des ägyptischen Weltreichs, belohnt wurde er mit einer »Stadt«, was immer dieser Ausdruck im einzelnen bedeuten mag). Doch neben vielen Gemeinsamkeiten zwischen diesen Ereignissen und den Vorgängen der früheren Epochen lassen sich auch einige grundlegende Unterschiede ausmachen. Der eine betrifft unsere Informationsquellen: Unsere Kenntnisse über die bisherige Zeit haben wir aus ägyptischen Quellen bezogen. Fortan müssen wir jedoch hauptsächlich auf griechisches Material zurückgreifen, von Herodot über Thukydides bis hin zu Plutarch, womit natürlich ein Perspektivwechsel, aber auch eine Zunahme von Detailinformationen verbunden ist.

Bedeutsamer ist jedoch ein anderer Unterschied: Die ägyptischen Soldaten der alten Zeit, seien es nun einheimische oder fremdstämmige, erhielten ein Stück Land zugeteilt, das sie bewirtschaften konnten (dies waren die »Kleruchien« der Ptolemäerzeit). So wurde Ägypten zu ihrem eigenen Land. Die Verteidigung seiner Grenzen lag in ihrem eigenen Interesse, und das bestehende politische System sicherte ihre Position. Die griechischen Söldner hingegen hatten kein Interesse an Land, sie wollten mit Geld bezahlt werden. Für sie ließ schließlich auch in Ägypten ein Herrscher Münzgeld prägen. Doch auch unabhängig davon wurde es notwendig, Geld zur Verfügung zu haben, und zu diesem Zweck mußte der Handel aufgebaut werden (so entstand im Delta auch eine griechische Handelsstadt, Naukratis, die eine eigene Verfassung und eigene Gesetze besaß, welche sich allerdings im Rahmen gewisser, ihnen von den Ägyptern auferlegter Bestimmungen bewegen mußten).

Wenn die griechischen Söldner ihren Sold erst einmal erhalten hatten, verband sie nichts mehr mit dem Land, für das sie gekämpft hatten. Für ihren Dienst wurden sie mit Reichtümern entlohnt, die sie schließlich außer Landes brachten. Die Erträge der Felder der Kleruchen hingegen verblieben im Land und wurden besteuert. So konnte der griechische Söldner ohne weiteres von einem Lager in das andere überwechseln: Der General, der die Verteidigung des Isthmus vor den anrückenden Persern vorbereitete, wechselte zu Beginn des Kampfes auf die Seite des Feindes über und wies den Eindringlingen den Weg. Doch auch zuvor war es bereits zu Spannungen zwischen einheimischen und ausländischen Soldaten gekommen, die zur Ablösung des Apries durch Amasis geführt hatten.

Die Eroberung Ägyptens durch die Perser bedeutete den Beginn einer völlig neuen Epoche mit einer bis dahin unbekannten Situation: Ägypten war nun eine Satrapie, die gemäß persischen Interessen verwaltet wurde. Wiederholt kam es jedoch auch zu Aufständen gegen das fremde Joch, unter der Führung einheimischer Herrscher, von denen einige keinen bleibenden Eindruck hinterließen, andere hingegen (so zum Beispiel die beiden Nektanebos) das Reich zu neuer Größe führten. Auch in dieser Epoche stellte das Militär ein wesentliches Element des sozialen und politischen Lebens dar. Die Soldaten waren nicht selten die Protagonisten des Geschehens, sei es auf der Seite der Besatzungstruppen, sei es als Kämpfer für die Unabhängigkeit des Landes. Die persische Regierung richtete in den klassischen Militärlagern entlang der ägyptischen Grenze eigene Garnisonen ein, von denen die in Elephantine, an der Südgrenze zu Nubien, am bekanntesten war (hier fand man aramäische Papyri, die das Leben einer jüdischen Militärkolonie belegen – ein seltenes direktes Zeugnis einer Welt, die uns im allgemeinen nur durch die biblische Überlieferung bekannt ist). Als Untertanen der Perser sandten die Ägypter ihrerseits Truppen zur Unterstützung der Feldzüge des Großkönigs ins Ausland, und manch einem gelang es, im persischen Heer Karriere zu machen, so etwa Glos, der Admiral jener Flotte, die Evagora von Zypern bezwang (381 v. Chr.).

Noch komplizierter war jedoch die Situation zu den Zeiten, in denen Ägypten unabhängig war und sich potentiell im Krieg mit Susa befand. Das verbindende Element zwischen den ägyptischen und den griechischen Interessen und der ägyptischen und der griechischen Politik war die gemeinsame Gegnerschaft zu Persien. Schon in der Saitenzeit waren Soldaten aus Griechenland gekommen, um auf der Seite des ägyptischen Heeres zu kämpfen, doch nun hatte die griechische Präsenz einen völlig anderen Charakter: Es handelte sich um amtlich gewährte Hilfen, d. h. es wurden Truppen entsandt, die von hochstehenden Persönlichkeiten angeführt wurden, so von dem Spartaner Agesilaos (einem spartanischen König) oder dem Athener Cabrias. Diese Truppen handelten in Ägypten formal nach Maßgabe der örtlichen Herrscher, doch in Wirklichkeit folgten sie dem Kurs, der ihnen die wechselvolle Politik ihrer jeweiligen Heimatstaaten gegenüber den Persern diktierte. Da die ägyptischen Herrscher in vielen Fällen nur dank der griechischen Militärpräsenz und dank des griechischen Beistandes überleben konnten, bestimmten die griechischen Generäle die Bedingungen ihres Handelns selbst und mischten sich in interne Angelegenheiten Ägyptens ein. Cabrias war derjenige, der durchsetzte, daß die Monarchie auf die Tempelschätze zurückgriff, um die Verteidigung des Landes zu finanzieren, wodurch er, was vorauszusehen war, die Feindschaft der Ägypter auf sich zog. Doch als er von Athen aufgefordert wurde, in die Heimat zurückzukehren, zögerte er keinen Augenblick, das Land zu verlassen, in dem er fast ebensoviel Einfluß ausübte wie ein *Sirdar* (so wurde in der Kolonialzeit der britische Regierungsvertreter bezeichnet, der die ägyptische Monarchie »beriet«). Auch nach der Eroberung durch die Griechen, in der Ptolemäer- und schließlich in der Römerzeit, spielten in Ägypten die Soldaten eine wichtige Rolle im sozialen Leben: In den ptolemäischen Kleruchien wurde das alte Modell der in Agrarkolonien stationierten Soldaten wieder eingeführt. Die Teilnahme ägyptischer Soldaten an der Schlacht von Rapheia war der erste Anstoß für das Erstarken der einheimischen Kräfte im ptolemäischen Ägypten; und zur Zeit der römischen Herrschaft spielten die Veteranen aufgrund der Tatsache, daß sie im kaiserlichen Heer gedient hatten, nach der Rückkehr in ihr Land in ihren Heimatorten eine besondere Rolle, nicht zuletzt als Verbindungsglieder zum Rest des Römischen Reiches. Dies sind jedoch Fragen, die unter Heranziehung völlig anderer Quellen und auch in einem viel weiter gefaßten Rahmen zu behandeln wären, so daß es nicht angebracht erscheint, sich ihnen an dieser Stelle zuzuwenden.

Im vorliegenden Beitrag haben wir versucht, in groben Zügen die soziale und kulturelle Bedeutung des Soldaten in verschiedenen Epochen der ägyptischen Geschichte zu umreißen. Gewiß wurde damit das Thema nicht erschöpfend behandelt, doch dürfte deutlich geworden sein, daß der Soldat, obwohl er im Rahmen der überaus vielfältigen ägyptischen Kultur keine sehr auffällige Erscheinung darstellt, in Wahrheit doch ein wesentliches Element derselben ausmachte: Wir haben gesehen, daß die Soldaten, wenn auch in jeweils unterschiedlichen Rollen, die ägyptische Geschichte in Zeiten der Krise auf entscheidende Weise mitbestimmten. Es ist jedoch charakteristisch für die ägyptische Kultur, daß sie nicht zögerte, die Bedeutung der Waffen (und die Bedeutung von Waffenbesitz) Idealen wie innerer Ordnung und friedlichem Zusammenleben unterzuordnen, und daß sie – obwohl Mut und Tapferkeit durchaus auch als Tugenden gepriesen wurden – eher die Bedeutung von Klugheit und Gerechtigkeit herauszustellen bestrebt war.

Kapitel 7

# Der Sklave

Antonio Loprieno

## Einleitung

Der Ägyptologe empfindet unweigerlich ein gewisses Unbehagen, wenn er von der Figur des Sklaven im alten Ägypten handeln soll, denn die Annahme, es habe im Niltal eine Form der Sklaverei im klassischen Sinne gegeben, ist im Kreise der Wirtschafts- und Sozialhistoriker nach wie vor umstritten. Zwar galt Ägypten im Okzident schon seit biblischen Zeiten als *bêt 'ăbādîm* (»Haus der Knechtschaft«), als eine Kultur, deren Reichtum auf Zwangsarbeit gegründet war; doch kann der Ägyptologe es nicht als bloßen Zufall betrachten, daß in einer Gesellschaft wie der des pharaonischen Ägypten, in welcher schriftliche Dokumente sowohl im Bereich des privaten als auch im Bereich der öffentlichen Kommunikation eine so große Rolle spielten, der Status des »Sklaven« juristisch nicht kodizifiziert war. Die Überfülle der schriftlichen Belege – der Inschriften und Papyri, der literarischen und administrativen, religiösen und profanen Texte –, die uns die ägyptische Kultur überliefert hat, steht in krassem Gegensatz zu dem Mangel an Informationen über die (im weitesten Sinne des Wortes) anthropologische Situation des Sklaven. Daß viele der in königlichen Erlassen oder Verwaltungsurkunden beschriebenen sozialen Gruppen verschiedene Einschränkungen ihrer persönlichen Freiheit hinnehmen mußten, ist, wie wir noch sehen werden, eine erwiesene Tatsache; doch welche dieser Gruppen (die als *mrj.t* [»Abhängige, »Untergebene«], *ḏ.t* [»Hörige«], *ḥsb.w* [»Zwangsarbeiter«], *b3k.w* [»Arbeiter«], *ḥm.w* [»Diener«], *ḥm.w-nzw* [»königliche Diener«], *sqr.w-'nḫ* [»Kriegsgefangene«], *'3mw.w* [»Asiaten«] usw. in Erscheinung treten) nun als die der »Sklaven« im eigentlichen Sinne zu bezeichnen wäre, ist eine schwer zu beantwortende Frage, deren Klärung ein genaues Quellenstudium erfordert.

Zum Teil handelt es sich hierbei um ein rein terminologisches und insofern zumindest potentiell unerhebliches Problem. Mißt man die sozialen Strukturen oder kulturellen Fakten einer Zivilisation an Paradigmen (auch linguistischen Paradigmen), die von einer anderen Kultur entwikkelt worden sind, so führt dies, hermeneutisch gesehen, immer zu gewissen Verzerrungen; doch in der Praxis der interkulturellen Analyse ist es unvermeidlich, daß der Wissenschaftler im Lichte seiner eigenen historischen Erfahrungen arbeitet. Kann man in bezug auf das pharaonische Ägypten überhaupt von »Stadt« sprechen? Dies ist ganz sicher zu bejahen, denn der Gegensatz von *n'.tj* (»Stadtbewohner«, »Bürger«, d.h. Ägypter) und *'3mw* (»Beduine«, d.h. Asiat) stellt einen in der klassischen ägyptischen Literatur häufig wiederkehrenden Topos dar. Man denke etwa an die berühmte Stelle in der *Prophezeiung des Neferti* (29–33):

> Ein fremder Vogel wird in den Sümpfen des Deltas nisten,
> nachdem er sein Nest [...] [bei den Stadtbewohnern] gebaut hat
> und aus Not (sogar) die Menschen heranläßt.
> Dann gehen jene schönen Dinge zugrunde,
> die Fischteiche mit den Fischreihern,
> überquellend von Fischen und Vögeln.
> Alles Glück ist dahin,
> die Welt ist ins Elend gestoßen
> durch jene, die sich mästen,
> die Asiaten [= die Beduinen], die das Land durchziehen,
> Aufruhr ist im Osten entstanden,
> die Asiaten sind nach Ägypten hinabgestiegen!
> (Hornung 1990, S. 108)*

Doch dürfte es selbst in Memphis oder Theben schwierig sein, eine *agorà* von der Art der athenischen nachzuweisen. Gibt es eine ägyptische Philosophie? Gewiß, so muß man antworten, wenn man in Betracht zieht, daß sich zur Zeit des Mittleren Reiches in der Klageliteratur das Motiv der »geistigen Suche« (oder auch der »Suche nach dem Herzen«: *ḥḥj nj jb*) durchsetzte: Cha-cheper-Re-seneb überschreibt seine literarische Komposition mit den Worten *Die Sammlung von Worten, die (Blüten-)Lese*

* Für eine weitere Übersetzung ins Deutsche s.: Helck 1970 (Anm. d. Übers.).

*von Formulierungen, das Sinnen auf eine Klage bei der Suche nach dem Herzen, die der Priester aus Heliopolis Cha-cheper-Re-seneb, genannt Anchu, der Sohn des Seni, verfaßt hat* (Brunner 1988, S. 379). Nicht nur schwierig, sondern geradezu unmöglich ist es, in Ägypten eine metalinguistische Analyse der *sophia*, das heißt eine *philo-sophia* im griechischen Sinne, nachzuweisen. Von Beispielen dieser Art ließen sich noch viele aufzählen.

Die Frage, auf die es ankommt, ist jedoch eine andere, nämlich: Wie ist die innere Struktur der ägyptischen Gesellschaft zu analysieren, und welche historischen Entwicklungen lassen sich feststellen? Häufig neigt der Forscher oder der moderne Leser dazu, die ägyptische Kultur als einen statischen Block aufzufassen und so zu tun, als habe es in der dreitausendjährigen Geschichte des Pharaonenreiches keine grundlegenden Veränderungen gegeben. Wenn wir uns mit der Sklaverei befassen, werden wir jedoch feststellen, daß die Verwaltungsurkunden des alten Ägypten es uns gestatten, deutliche Veränderungen sowohl in der Konzeption als auch in der Praxis der Sklaverei zu erkennen, und daß das, was wir durch sie erfahren, weitgehend mit dem übereinstimmt, was uns die literarischen Quellen über die Ideengeschichte des Pharaonenreiches verraten. Die Dichotomie zwischen »Verwaltungstexten« und »literarischen Quellen« darf nicht überraschen, denn die Ägypter haben in ausgeprägterer Form als andere Kulturen des alten Orients eine Reihe von formalen Elementen entwickelt, die den literarischen Diskurs im eigentlichen Sinne von den Dokumenten pragmatischer Art unterscheiden: Die Literatur im engen Sinne, und insbesondere ihre beiden repräsentativsten Gattungen, nämlich die »Lehre« und die »Erzählung«, zeichnen sich aus durch die strenge Einhaltung metrischer, prosodischer und stilistischer Konventionen, häufig auch durch ein anderes sprachliches Register und vor allem durch eine andere Darstellung des Status und der Psychologie sowohl der Individuen als auch der sozialen Gruppen. Diese beiden Gattungen befassen sich mit der Dimension des »Schönen« (*nfr*), während es in den religiösen (und zum Teil auch in den politischen) Texten um das »Wahre« (*m3ʼ*) und in den Verwaltungstexten um das »Wirkliche« geht. Man wird daher nicht darauf verzichten können, das uns überlieferte ägyptische Schrifttum im Lichte verschiedener interpretatorischer Ansätze zu prüfen, die sich jeweils aus der Art der herangezogenen Quellen ergeben müssen.

Das Bild, das uns Texte pragmatischer Art von Gott, vom Pharao oder auch vom Fremden vermitteln, stimmt nicht immer mit den literarischen Fiktionen dieser Gestalten überein. Dies wird deutlich, wenn man sich vor Augen hält, mit welcher Ironie der Osiris-Mythos in der aus der Ramessidenzeit stammenden Erzählung über den *Streit zwischen Horus und Seth um das Erbe des Osiris* behandelt wird, oder wenn man bedenkt, daß dem Pharao in theologischen Texten zwar ein göttlicher Status eingeräumt wird, andererseits jedoch das anrüchige Verhältnis zwischen dem König Neferkare (Phiops [Pepi] II. von der 6. Dynastie) und seinem General Sisenet ohne weiteres zum Thema der fragmentarisch überlieferten Erzählung *Sisenet und Phiops II.* werden kann; man bedenke des weiteren, wie klug sich das Oberhaupt der Beduinen von Retenu und der Herrscher von Mitanni in Nahrina verhalten, die den Flüchtlingen aus Ägypten (bei ersterem handelte es sich um Sinuhe, bei letzterem um den verwunschenen Prinzen) eine Behandlung angedeihen lassen, die sich von den barbarischen Praktiken, die man den Asiaten gewöhnlich nachsagte, stark unterscheidet. Es ist symptomatisch, daß in der abendländischen Kulturtradition seit den Zeiten Herodots weniger das theologisch geprägte als vielmehr das in den literarischen Texten gezeichnete Bild des »ägyptischen Menschen« rezipiert wurde. Erinnert sei an dieser Stelle an Herodots Schilderung der Boshaftigkeit des Cheops (2, 124 ff.). Die negative Beurteilung des ägyptischen Herrschers dürfte nicht zuletzt darauf zurückzuführen sein, daß der griechische Geschichtsschreiber, zutiefst überrascht von der majestätischen Pracht der Pyramiden, in ihr unweigerlich das Wirken eines starken, autoritativen Zentralismus vermutete. Doch war sie zugleich auch auf die heimische Literaturtradition gegründet, in der man dazu neigte, in Cheops den Prototyp des niederträchtigen Königs zu sehen; dies läßt sich zum Beispiel den Erzählungen des Papyrus Westcar entnehmen, deren Entstehungszeit ungefähr ein Jahrtausend später anzusetzen ist als die Epoche, in der sich die erzählten Ereignisse abspielten. Man denke schließlich an Gestalten wie Pheros (2, 111), den »Pharao« *par excellence* (wahrscheinlich Ramses II.), und Rhampsinitos (2, 121 ff.; wahrscheinlich Ramses III.), die als Protagonisten volkstümlicher Erzählungen auftauchten und als solche später auch in andere Literaturen des Nahen Ostens Eingang fanden.

## Der Sklave und die Literatur

Schon an dieser Stelle wird ein wesentlicher Unterschied zwischen dem Sklaven und den übrigen sozialen Typen des alten Ägypten erkennbar: Der Sklave nämlich findet bereits in den ältesten, im engeren Sinne literarischen Texten der ägyptischen Kultur Erwähnung, so zum Beispiel in den *Mahnworten des Weisen Ipuwer* aus dem Mittleren Reich. In diesem Werk werden die Veränderungen, die sich im Übergang von der memphitischen Zeit zur Feudalzeit auf kulturellem Gebiet in Ägypten vollzogen, in überaus negativem Licht gesehen: Der goldenen Vergangenheit (der Zeit des Alten Reiches) wird die tragische Gegenwart (die Erste Zwischenzeit) gegenübergestellt. »Es ist doch so: Heutzutage sprechen sogar die Sklavinnen [*ḥm.wt*] ohne jede Zurückhaltung,/und wenn die Herrin einen Befehl gibt, dann werden die Diener [*b3k.w*] unduldsam« (*Admonitions of an Egyptian Sage* 4, 13).*

In keinem literarischen Werk wird jedoch von der *conditio humana* des Sklaven (*ḥm oder b3k*) erzählt. In der *Satire der Berufe*, einem echten Klassiker der Literatur des Mittleren Reiches, der auch unter der Bezeichnung *Lehre des Cheti* bekannt ist, wird dargestellt, welche Vorteile der Schreiberberuf im Vergleich zu allen anderen Tätigkeiten aufweist. Die Schilderungen sind vor dem Hintergrund der Tatsache zu sehen, daß in Ägypten die verschiedenen Berufe jeweils bestimmten Lebensbedingungen des Menschen gleichkamen, da sich die Ägypter mehr als andere Völker mit ihrem Beruf identifizierten. Im Mittleren Reich war der Schreiber Träger der Werte der Führungsschicht – einer Führungsschicht, die hin- und hergerissen war zwischen der Loyalität gegenüber den in der Person des Königs konzentrierten staatlichen Institutionen und dem Wunsch nach Behauptung der eigenen Individualität, der durch beruflichen Erfolg genährt wurde; in den Augen des Schreibers war der Mensch bei allen in der *Satire der Berufe* genannten Tätigkeiten in einem solchen Maße von seiner Arbeit abhängig, daß diese nicht so sehr als eine Form des bloßen »Dienens«, sondern vielmehr als eine Form der »Sklaverei« erschien.**

Die antithetischen Schilderungen dieses Textes bestimmten maßgeb-

* Für eine deutsche Übersetzung s. »Mahnworte eines ägyptischen Weisen, des Ipuwer«, in: Freiherr von Bissing 1955, S. 132. (Anm. d. Übers.)

** Deutsche Übersetzungen der *Lehre des Cheti* finden sich in: 1) Freiherr von Bissing 1955, S. 57–60. 2) Brunner 1988, S. 155–168. (Anm. d. Übers.)

lich die Auffassung von abhängiger Arbeit, die sich im weiteren Verlauf der ägyptischen Kulturgeschichte entwickeln sollte. Noch gut sechshundert Jahre später wird in einem der berühmtesten Schultexte der Ramessidenzeit (13. Jahrhundert v. Chr.) Cheti als der bedeutendste der großen Weisen der Vergangenheit genannt:

> Gibt es hier einen wie Djedefhor?
> Oder einen zweiten wie Imhotep?
> Keiner unter uns ist wie Neferti
> oder Cheti, ihrer aller Primus.
> Ich nennen dir den Namen des Ptah-em-Djehuti
> und des Cha-cheper-Re-seneb.
> Gibt es etwa einen wie Ptahhotep,
> oder wie Ka-ir-su?
> (Papyrus Chester Beatty IV 2,5v–3,11;
> Brunner 1988, S. 225)

Doch ist der eigentliche Grund dafür, daß in der *Satire der Berufe* die Lebensbedingungen der Sklaven nicht ausführlicher beschrieben werden, meines Erachtens darin zu sehen, daß die Sklaverei in der ägyptischen Gesellschaft nie als eine festgelegte Bedingung des Menschen, als ein einer bestimmten autonomen sozialen Gruppe zukommender Status begriffen wurde. Vielmehr gab es in Ägypten in allen Berufsgruppen ein breites Spektrum der Unterordnung auf den verschiedensten Ebenen, und die *Satire der Berufe* liefert uns dafür den philologischen Beweis: Die Erwähnung der Tatsache, daß man bei der Arbeit »geprügelt« wird (*nḥm.w ḥr b3k=f*) oder daß man »zur Arbeit auf den Feldern verpflichtet ist« (*mnj.tj*), oder der Hinweis darauf, daß es für den Zimmermann nicht möglich sei, seinen Kindern den Lohn für seine Arbeit zukommen zu lassen (*nn pnq ẖrd.w=f*), daß der Weber für einen Tag der Abwesenheit von der Arbeit mit fünfzig Peitschenhieben bestraft werde (*ḥwj.tw=f m šsm 50*), oder daß der Gärtner ein Joch zu tragen habe (*k3r.y ḥr jnj.t m3wḏ.*), stellen die literarische Verarbeitung verschiedener Formen der Zwangsarbeit dar. Daß es sich dabei jedoch nicht um Sklaverei im eigentliche Sinne handelte, wird daran erkennbar, daß in derselben Epoche in einem anderen literarischen Text, nämlich den *Erzählungen* des Papyrus Westcar (7, 9–16), die auf das Ende des Mittleren Reichs zu datieren sind, zwei Figuren auftauchen, auf die der Terminus *ḥm* angewendet wird, der gewöhnlich mit dem Ausdruck »Sklave« übersetzt wird (im folgenden Zitat übersetzt als »Diener«):

Da rüstete man Schiffe für den Prinzen Har-dedef aus, und er reiste stromauf nach Ded-snefru. Als dann die Schiffe an dem Uferdamm gelandet waren, reiste er zu Lande weiter und saß in einem Tragsessel aus Ebenholz, dessen Tragstangen aus Sesenemholz waren und beschlagen mit Gold.

Als er dann zu Djedi hingekommen war, wurde der Tragsessel hingesetzt; er stand auf, um ihn zu begrüßen, und fand ihn, wie er auf einer Matte lag auf der Schwelle seines Hauses, und ein Diener hielt seinen Kopf und rieb [ihn] ihm [mit Salbe ein] und ein anderer rieb seine Füße.*

Doch erst seit dem Neuen Reich gehört der Sklave, wenn auch auf sehr indirekte Weise, zu den typischen Figuren der Weisheitsliteratur. Ani empfiehlt in seiner Lehre, die vermutlich in der zweiten Hälfte der 13. Dynastie (1570–1293 v. Chr.) entstand: »Stelle nicht den Sklaven (*ḥm*) eines anderen ein, wenn er einen schlechten Ruf hat« (V, 15).** So entwikkelte sich die Sklaverei zu einem festen Bestandteil der ägyptischen Gedankenwelt, und es ist bekannt, daß ideologische Faktoren in der pharaonischen Kultur sowohl im Hinblick auf die soziale Kohäsion (man denke etwa an die Vorstellung der »Maat«, die die Grundlage des religiösen und politischen Lebens in der pharaonischen Gesellschaft bildete) als auch für den einzelnen eine nicht unbedeutende Rolle spielten (in diesem Zusammenhang sei auf die strengen Vorschriften hingewiesen, die in den Texten der Weisheitsliteratur erwähnt werden, um das Weiterleben des »Ka« zu sichern, das heißt jenes Teiles der Seele des Individuums, der auch nach dem Tod des Betreffenden unter den Lebenden weilt und Gegenstand des Totenkultes ist).

Wie Posener als erster festgestellt hat, wurde im Laufe der langen Geschichte der ägyptischen Kultur häufig gerade die Literatur als das bevorzugte Instrument zur Vermittlung ideologischer Werte eingesetzt. Soll nun die hermeneutische Aporie, die sich daraus ergibt, daß die Sklaverei zum einen seit der Zeit des Mittleren Reiches indirekt erwähnt wird, zum anderen aber keinerlei ideologische Bewertung erfährt, überwunden und ein Verständnis der anthropologischen Situation des Sklaven in Ägypten gewonnen werden, so müssen wir das Feld der literarischen Quellen verlassen und uns Texten historischen Inhalts und Verwaltungsurkunden zuwenden.

---

* Zitiert in Anlehnung an: Erman 1923, S. 70. Der hier erwähnte Har-defef ist identisch mit Djedefhor, der in dem Zitat aus dem Papyrus Chester Beatty (s. o., S. 227) genannt wird. Eine dritte Schreibweise ist »Hardjedef«. (Anm. d. Übers.)

** Eine deutsche Übersetzung der Lehre des Ani findet sich in: Brunner 1988, S. 196–214. (Anm. d. Übers.)

Während man sich bei der Lektüre der sogenannten historischen Texte (Autobiographien, Dekrete, Annalen etc.) stets vor Augen halten muß, daß es im Falle Ägyptens nicht ohne weiteres möglich ist, die ideologische »Wahrheit« [*m3'.t*] von der zugrundeliegenden historischen »Realität« zu trennen, sind bezüglich der Verwaltungsurkunden, die für die Rekonstruktion des Alltagslebens im alten Ägypten von grundlegender Bedeutung sind, zwei Bemerkungen vorauszuschicken: (a) Quantität und Qualität der Quellen aus dem administrativen Bereich weisen je nach Epoche und archäologischem Fundort beträchtliche Unterschiede auf. So ist etwa aus dem Alten Reich nur eine geringe Zahl von Quellen erhalten, bei denen es sich um einige wenige königliche Dekrete handelt, die allesamt aus dem Archiv von Abusir stammen. Etwas besser sieht die Lage für das Mittlere Reich aus. Hier steht uns durch die Briefe des Heqanacht und die Kahun-Papyri sowie durch eine Reihe wichtiger Verwaltungsurkunden wie den Papyrus Brooklyn reiches Quellenmaterial zur Verfügung. Überaus groß ist die Zahl der Quellen aus dem Neuen Reich, wobei die meisten aus dem Gebiet um Deir el-Medineh stammen, der Stadt der thebanischen Nekropolenarbeiter. Auch aus der Spätzeit liegt eine große Zahl von Quellen vor, doch sind die Angaben zur Sklaverei hier spärlicher als in den Texten der vorangegangenen Epochen; (b) Auffallend an den Texten aus dem administrativen Bereich ist ihr ausgeprägt »empirischer« Charakter: Während in der schönen Literatur Ägyptens selbst Einzelfiguren paradigmatische Funktion zukommt (so arbeiten die Autoren der Weisheitsliteratur alle mit pseudoepigraphischen Namen; Sinuhe ist der typische Beamte des Mittleren Reiches, der hin und her gerissen ist zwischen seiner Hingabe an den Herrscher und dem Wunsch nach Selbstbehauptung; Wenamun steht symbolisch für die Enttäuschung der Ägypter über den Verlust ihrer zentralen politischen Stellung usw.), gilt die Aufmerksamkeit in den Verwaltungstexten ausschließlich dem einzelnen Ereignis, und einen Gesetzeskodex oder ein Wirtschaftsdekret wie jene, die man in der klassischen Antike, insbesondere im römischen Altertum, vorfindet, würde man vergeblich suchen.

Folglich sind wir gezwungen, uns allein auf die induktive Analyse zu stützen, wobei wir häufig gezwungen sein werden, das, was wir einem einzigen Dokument entnehmen können, zu verallgemeinern. Vertrauen können wir jedoch auf die Tatsache, daß unser Wissen über das alte Ägypten, so fragmentarisch es auch erscheinen mag, statistisch gesehen repräsentativ ist: Das Nichtvorhandensein schriftlicher Quellen zu einem bestimmten gesellschaftlichen Aspekt spiegelt sehr wahrscheinlich die Tatsache wider, daß dieser Aspekt in der ägyptischen Kultur nicht vertreten oder insgesamt gesehen wenig relevant war, wohingegen eine Überfülle von Quellenmaterial zu einem bestimmten Phänomen in der Regel als ein Anzeichen für die große Bedeutung desselben gelten darf.

## Das Alte Reich

Betrachten wir zunächst einmal kurz die strukturellen Merkmale der ägyptischen Gesellschaft zu Beginn ihrer urkundlich belegten Geschichte. Im sogenannten *Dahschur-Dekret* (*Urk.* I 209–23), in welchem König Pepi I. aus der 6. Dynastie (ca. 2332–2283 v. Chr.) festlegt, wieviele Personen und welche unveräußerlichen Güter zu den Pyramidenanlagen des Königs Snofru aus der 4. Dynastie (ca. 2613–2589 v. Chr.) gehören sollen, wird dargelegt, aus welchen Gruppen sich die Führungsschicht des Alten Reichs zusammensetzte: Zu ihr gehörten »Königinnen«, »Fürsten«, »Adlige« und »Beamte« (D*srjw.w*), ihnen zu Diensten standen die »Untergebenen« oder »Abhängigen« (*mrj.t*; ebd., 210, 14–17). Der im Alten Reich tatsächlich wahrgenommene soziale Gegensatz war also der zwischen »Beamten« und »Abhängigen«; auf ideologischer Ebene entsprach diesem Gegensatz die Unterscheidung zwischen »Adel« (*p'.t*) und »Volk« (*rḫj.t*), welche in der religiösen Literatur durch die gesamte ägyptische Geschichte hindurch Bestand haben sollte. Hinzu kamen (als sich in der 5. Dynastie in Heliopolis der Sonnenkult durchsetzte) die »Sonnenpriester« (*ḥnmmw.t*), und diese ideelle Dreiteilung der ägytischen Gesellschaft blieb unverändert bis zum 2. Jahrhundert n. Chr., wie der spätägyptische Papyrus von Oxyrhynchos zeigt, der in ägytischer Sprache mit dem griechischen Alphabet unter Hinzufügung einiger demotischer Zeichen geschrieben ist: Der »Adel«, das »Volk« und die »Priesterschaft«, seit der Zeit des Alten Reiches die drei Pole der ägyptischen Gesellschaft, sind hier noch lebendig in den Begriffen *pē, lḫē* und *ḥameu*. Doch handelte es sich bei keiner dieser Gruppen um geschlossene soziale Klassen oder »Kasten«, wie sie in Indien bestanden, sondern um flexible Einteilungen, und wie aus der autobiographischen Inschrift des Henqu in Deir el-Gebrawi (6. Dynastie) hervorgeht, war jedem einzelnen Mitglied dieser Gruppen die Möglichkeit gegeben, seinen ursprünglichen Status zu verbessern: »Was diejenigen betrifft, die in anderen Städten abhängige Arbeiter [*mrj.w*] in meinen Diensten gewesen waren, so wurden sie hier zu Beamten [*srjw*]« (ebd., 78, 6–7). »Abhängiger Arbeiter« steht hier nicht für »Sklave«, sondern bezeichnet die große Masse des Volkes, die die meiste Zeit in der Landwirtschaft tätig war (Eigentümer des Bodens war der König, d. h. der Staat), jedoch von Zeit zu Zeit zum Pflichtarbeitsdienst für den Staat eingezogen wurde. Bisweilen waren diese »Abhängigen« auch als Arbeiter angestellt; man bedenke, wie viele Arbeitskräfte zur Errichtung der Pyramiden des Alten Reiches notwendig gewesen waren. Auf die Organisation des Pyramidenbaus geht beispielsweise das früheste datierte Graffito aus Wadi Hammamât ein (ebd., 148, 16–149, 10):

Auftrag, den der Älteste Königssohn, Gottessiegler, General der Expedition [*mšꜥ*, »Heer«, »Truppen«] Djati, genannt Kainefer, ausgeführt hat.

Ich pflegte bei den Menschen zu helfen am Tage des Kampfes, pflegte vorauszusagen in meinem Rat, wann der Tag der Einziehung zum Pflichtwehrdienst kommen wird. Ich habe mich ausgezeichnet in der Menge und habe diese Arbeit für Imhotep ausgeführt, mit 1 000 Männern vom Königspalast, 100 Nekropolenarbeitern, 1 500 Pionieren und 50 Technikern.

Seine Majestät hat diese vielfältige Truppe aus der Residenz kommen lassen. Ich führte diese Arbeit aus nach den Erfordernissen bei jedem Ding, während Seine Majestät 50 Rinder und 200 Ziegen für die tägliche Verpflegung zur Verfügung stellte.*

In anderen Fällen wurden die »Abhängigen« oder »Untergebenen« als Soldaten eingesetzt und mußten zu den langen Expeditionen nach Nubien oder Libyen aufbrechen, von denen hohe Würdenträger der 6. Dynastie wie Uni oder Herchuf erzählen (ebd., 101, 9–102, 8):

Seine Majestät bekriegte die asiatischen Sandbewohner und sammelte ein Heer von vielen Zehntausenden aus ganz Oberägypten, südlich von Elephantine und nördlich von Aphroditopolis an, aus Unterägypten überall auf beiden Seiten [...], aus der Befestigung [...], aus dem Innern der Festungen [...], aus den Erzet-Nubiern, den Meza-Nubiern, den Jam-Nubiern, den Wawat-Nubiern, den Ka'u-Nubiern und aus dem Lande der Libyer.
(Erman 1987, S. 623)

Aus den »Schutzdekreten« wie dem oben erwähnten *Dahschur-Dekret* erfahren wir überdies, daß ein ziemlich großer Teil der Bevölkerung vom

* Zitiert unter Berücksichtigung von: Hamm. M 206 in: Schenkel, 1965, S. 27–28. (Anm. d. Übers.)

Arbeitsdienst befreit war. Es handelte sich dabei um jene Personen, die ausschließlich in einer königlichen Grabanlage (der »Pyramidenstadt«) oder in einer privaten oder religiösen Stiftung Dienst tun sollten. Auch hierbei ging es eher um ein »Dienen« denn um »Sklaverei« im eigentlichen Sinne, was sich daran ablesen läßt, daß sich innerhalb der Gruppe der vom Arbeitsdienst befreiten Persoen dieselbe soziale Gliederung entwickelte, auf die wir zuvor bereits hingewiesen haben: Auf der einen Seite gab es jene, die den Titel *ḫntj-š* (»Vorsteher des Sees«) trugen (eine Schicht, zu der in zunehmendem Maße auch Priester und Beamte gehörten, die sich von der Befreiung vom Arbeitsdienst ökonomische Vorteile erhofften); auf der anderen Seite gab es »Abhängige« (*mrj.t*), die den »Vorstehern« untergeordnet waren und nach ihren Anweisungen arbeiteten:

Meine Majestät hat befohlen, diese beiden Pyramiden zu seinen Gunsten zu befreien von der Ausführung jeglicher Bauarbeit des Königshauses in alle Ewigkeit,
von der Ausführung jeglicher Fronarbeit irgendeiner Stelle des Hofes in alle Ewigkeit,
von jeglicher Zwangsarbeit auf das Geheiß irgendwelcher Leute in alle Ewigkeit,
vom Dienst jeglicher Zwangsarbeit auf das Geheiß irgendwelcher Leute in alle Ewigkeit.
Meine Majestät hat befohlen, zu seinen Gunsten zu befreien alle Domänenpächter dieser beiden Pyramidenstädte
vom Geleit aller Boten zu Wasser, zu Lande, stromab, stromauf.
Meine Majestät hat befohlen, daß kein Feldpflüger dieser beiden Pyramidenstädte gesetzt wird an einen Dienst des Pflügens für das Gesinde irgendeiner Königin, irgendeines Prinzen oder einer Prinzessin, irgendeines Freundes oder Vornehmen außer für die Domänenpächter dieser beiden Pyramidenstädte (ebd., 210, 7–17; Wolf 1978, S. 186).

Ich habe die Befreiung dieser Grabkapelle und all dessen, was an Personal [*mrj.t*] und an Groß- und Kleinvieh dazugehört, angeordnet. Gegen sie darf man keinerlei Forderung geltend machen. Was einen jeglichen Gesandten in Richtung Süden betrifft, so erlaubt mein König nicht, daß diese Kapelle die Kosten für seine Reise und die für die Leute trägt, welche im Gefolge einer königlichen Gesandtschaft reisen. Seine Majestät, mein König, hat angeordnet, daß die Grabkapelle davon befreit ist. Seine Majestät erlaubt nicht, daß diese Grabkapelle mit irgendeiner Steuer für die königliche Residenz belegt wird (ebd., 214, 2–17).

Schon seit dem Alten Reich gab es neben der ägyptischen Bevölkerung auch die ausländischen Kriegsgefangenen (*sqr.w-ʿnh* genannt, »lebenslang gebunden«). Es ist bekannt, daß es seit der Zeit Snofrus (2613–2589 v. Chr.) große Militärexpeditionen nach Nubien gegeben hat, deren Ziel es war, Arbeitskräfte zu rekrutieren, die in der heimischen Wirtschaft eingesetzt werden konnten. Der ideologische Aspekt dieser Razzien wird deutlich in den sogenannten »Ächtungstexten«, Formeln zur Abwehr des Bösen, die in kleine Terrakotta-Figuren eingeritzt wurden, welche jene ausländischen Fürsten repräsentierten, deren Macht man neutralisieren wollte, oder auch in dem Ritual des »Feindetötens« und in den Darstellungen der Kriegsgefangenen auf den Reliefs der Pharaonentempel aus allen Epochen der ägyptischen Geschichte, in denen die Gefangenen mit auf dem Rücken zusammengebundenen Händen erscheinen. Die Kriegsgefangenen bzw. die bei den Razzien gemachten Gefangenen aus den besetzten Gebieten (in erster Linie Nubien, später dann auch Asien und Libyen) stellten die größte Gruppe jener Menschen dar, auf die seit dem Mittleren Reich die Bezeichnung »Sklave« angewendet wurde (ebd., 103, 7–104, 3):

> Dieses Heer kehrte in Frieden zurück,
> nachdem es das Land der Wüstenbewohner zerstört hatte.
> Dieses Heer kehrte in Frieden zurück,
> nachdem es das Land der Wüstenbewohner geplündert hatte.
> [...]
> Dieses Heer kehrte in Frieden zurück,
> nachdem es ihre Truppen in großer Zahl gefangengenommen hatte.

Diese Feldzüge oder Razzien im Ausland wurden von den Herrschern oder von den örtlichen Nomarchen durchgeführt, deren Erstarken später zum Zerfall des memphitischen Staates führte und deren »provinzielle« Haltung am deutlichsten in der Kultur der Ersten Zwischenzeit zum Ausdruck kam. Diese neue Führungsschicht brachte ihre Wertvorstellungen mit Vorliebe in autobiographischen Texten zum Ausdruck, jenem literarischen Genre, aus dem sich sowohl die Wahrheitsliteratur als auch die erzählende Literatur entwickelte. In diesen Texten ist eine Entwicklung hin zu einer »meritokratischen« Gesellschaft belegt, was einerseits als Anzeichen für die Entstehung eines gehobenen Mittelstandes zu werten ist, der im Mittleren Reich dann die Schicht der Gebildeten stellen sollte (jene Schicht, die auch das Publikum für die literarischen Werke darstellte, welche im Mittleren Reich zu formaler Vollendung gelangten), und andererseits zu einer beträchtlichen Erweiterung des sozialen Spektrums führte, da hierdurch die Entstehung von Formen individueller Knechtschaft begünstigt wurde (ebd., 217, 3–5): »Ich habe für ihn [d.h. für den König] auch zwanzig Jahre lang seine persönliche Besitztümer verwaltet. Ich habe niemals jemanden so stark geschlagen, daß er unter meinen Händen zu Boden gefallen wäre. Ich habe niemals jemanden zu einem Sklaven gemacht [*b3k*]«, erzählt der Baumeister Nechebu (6. Dynastie) und bestätigt damit indirekt, daß es solche Formen der Zwangsausübung gegeben hat, auch wenn er dabei den Terminus *b3k* verwendet, der zunächst einmal nur allgemein die Abhängigkeit vom König bezeichnete und somit auf *alle* Ägypter bezogen war: »Vom König mehr geschätzt, gepriesen, geliebt sein ›als jeder andere seiner Diener‹« ist eine der häufigsten Stilfiguren in den Autobiographien der Würdenträger des Alten Reiches (vgl. ebd., 52,5; 81,6; 84,1; 99,4). Und wie eine bildliche Darstellung dieser Entwicklung mutet es an, daß in dem bereits erwähnten autobiographischen Text Henqus aus Deir el-Gebrawi das Verb *b3k* (»jemanden zu einem Sklaven machen«) von einem Determinativ begleitet ist (d.h. einem hieroglyphischen Zeichen, das die semantische Klasse angibt, zu welchem der Begriff, auf den es sich bezieht, gehört), das einen sitzenden Mann darstellt, dessen Hals von einem Joch umschlossen ist (ebd., 77,4; vgl. Davies 1902, Tf. 24,9): »Ich habe niemals eine Eurer Töchter zu einer Sklavin gemacht.«

Dies läßt darauf schließen, daß in Ägypten der Brauch, Menschen zwangsweise zu Sklaven zu machen, gegen Ende des Alten Reiches damit seinen Anfang nahm, daß Beamte der Staatsverwaltung Mädchen aus dem Volk mißbräuchlich anwarben. Ein noch deutlicheres Anzeichen des vollzogenen sozialen Wandels war jedoch die Tatsache, daß gerade zu der Zeit jener Begriff aufkam, den der Ägyptologe mit dem Ausdruck »Sklave« zu übersetzen pflegt: *ḥm*. Dieses Wort wird in einem der seltenen frühen Texte, in dem es vorkommt, von einem Determinativ begleitet, das auf einen sitzenden Mann oder eine sitzende Frau mit einer Keule verweist – dem Phonogramm (d.h. einem hieroglyphischen Zeichen, welches eine Phonemfolge darstellt) des Wortes *ḥm* (Fischer 1958, 131–37): »Was einen jeden Adligen, einen jeden Beamten und einen jeden Würdenträger betrifft, der [...] einen meiner Sklaven oder eine meiner Sklavinnen bestimmt, der einen meiner Totenpriester [...], der [...] durchführt [...].«

Dieses Determinativ ähnelt jenen, die im Alten Reich bisweilen im Zusammenhang mit jenen Ausdrücken verwendet wurden, die, wie wir oben gesehen haben, den Zustand des »Dienenden« (*b3k*) oder den des »Abhängigen« (*mrj.t*) bezeichnen, d.h. auf Gruppen von Arbeitern oder Soldaten oder auf die Namen fremder Völker wie die »Nubier« oder die »Asiaten« angewendet wurden. Daher können wir annehmen, daß während des Alten Reiches der Zustand des Unterworfenseins ganz allgemein abhängige Arbeit bezeichnete, d.h. die Art von Arbeit, die von der Masse der in der Landwirtschaft tätigen Bevölkerung geleistet wurde, zu welcher die Hofkreise den einzigen Gegensatz bildeten. Hingegen wurde durch die Entstehung einer neuen Sozialstruktur gegen Ende dieser Epoche (auf die neuen Gegebenheiten wird in dem Abschnitt über das Mittlere Reich näher eingegangen) das Aufkommen der Sklaverei als eine extreme Form der Zwangsarbeit begünstigt. Auch die Pyramidentexte, das erste theologische Textkorpus des alten Ägypten, das eine Sammlung der mit dem Tod des Königs zusammenhängenden Mythen und Rituale enthält, belegen auf indirekte Weise diese Entwicklung, wenn in den späteren Fassungen der Formel 346, so bei Merenre (ca. 2283–2269 v. Chr.) und Pepi II. (ca. 2269–2184 v. Chr.), die »Schlächter« (*sšm.w*) aus dem Text der Pyramide des Teti von Beginn der 6. Dynastie (2345–2333 v. Chr.) durch »Sklaven« (*ḥm.w*) ersetzt werden:

»[Formel zum Rezitieren:] Geister [...] sind in Buto, Geister waren von je her [...] in Buto,
Geister werden sein in Buto und der Geist des [verstorbenen Königs] ist (auch) in Buto [...],
rot wie [...] die Flamme, lebend[ig] wie [...] der Käfergott.
Man soll heiter sein, man soll heiter sein!
Ein Mahl für mich, ihr Schlächter!« (Pyr. 561)*

In diesem Zusammenhang ist auch die Tatsache zu sehen, daß der Ausdruck *ḥm* bis dahin nur in Komposita vorgekommen war, die Funktionen aus dem Bereich des Religiösen (*ḥm-nṯr*, »Diener Gottes«) oder des Totenkultes (*ḥm-k3*, »der für den Totenkult Zuständige«) bezeichneten, wohingegen die frühesten Belege für die Verwendung des Wortes in seiner neuen Bedeutung (aus der Zeit des Übergangs von der 5. zur 6. Dynastie) auf den realen gesellschaftlichen Bereich bezogen sind (»Ich habe niemals über irgend jemanden etwas Schlechtes gesagt, weder über den König noch über seine Diener«, in: *Urk.* I 233, 13–14). Der erste Ausdruck, der die für einen Sklaven typischen Merkmale aufweist, ist das

* Zitiert in Anlehnung an: Sethe 1937, S. 55. (Anm. d. Übers.)

Kompositum *ḥm-nzw*, »Diener des Königs« (vgl. Davies 1901, Tafel 16; Lepsius 1849, II, S. 107): »Das Sieben des Getreides durch die Diener des Königs.« Auch die Tatsache, daß nach einer flüchtigen Erwähnung in der 6. Dynastie (Kairo 54994, vgl. Bakir 1952, S. 14f.) in den Quellen nicht mehr davon die Rede ist, daß Menschen »erworben« oder »gemietet« werden (*jsw.w*), damit sie die Funktion des Totenpriesters ausüben, zeugt davon, daß in der ägyptischen Gesellschaft die Tätigkeit des einzelnen eine zunehmende Spezialisierung erfuhr. Es läßt sich somit feststellen, daß von einem »Sklaven« als besonderer gesellschaftlicher Kategorie erst gegen Ende der memphitischen Zeit die Rede sein kann: Erst zu diesem Zeitpunkt war der Sklave nicht mehr nur jemand, der im Dienste eines anderen stand, sondern stellte einen neuen sozialen Typus dar, für den der Zustand des Unterworfenseins unter die Autorität eines anderen charakteristisch war.

## Das Mittlere Reich

Diese Entwicklung scheint in der sogenannten »Ersten Zwischenzeit« (2260–2601 v. Chr.) zum Abschluß zu kommen. Unter dieser Bezeichnung wird in der Ägyptologie die Zeit zwischen dem Alten und dem Mittleren Reich verstanden, eine Epoche, in der sich eine Vielzahl tiefgreifender Veränderungen vollzog, so auf dem Gebiet der Religion (wo sich in den Sargtexten die Dimension des Ethischen und die Theologie des »Ba« durchsetzte), auf dem Gebiet der Kultur (wo eine echte Literatur entstand, in welcher der dialektische Gegensatz zwischen dem Gewissen des einzelnen und den Erwartungen der Gesellschaft thematisiert wurde), auf dem Gebiet der Politik (wo die Provinzen, anders als zur Zeit des stark zentralistischen memphitischen Staates, erheblich an Macht gewannen) und im Bereich der Wirtschaft (wo aufgrund der Tatsache, daß das Nilhochwasser mehrmals hintereinander zu gering ausfiel, eine Umverteilung des Reichtums erfolgte). Es war eine Epoche, in der sich das Spektrum der sozialen Schichten beträchtlich erweiterte.

Aus dieser Zeit stammen auch die ersten Belege für einen Kaufhandel, bei dem »Arbeiter« (*b3k.w*) den Eigentümer wechseln: In einem Fall erwirbt jemand drei »Arbeiter« und sieben »Arbeiterinnen« zusätzlich zu denen, die er von seinem Vater geerbt hat (Daressy 1915, S. 207f.), und in einem anderen erweitert jemand seinen Besitz um zwanzig »Köpfe« (Clère/Vandier 1948, Nr. 7). Doch ist wichtig festzustellen, daß ungeachtet aller sozialen Unterschiede jeder Ägypter, auch der Sklave, nun als »Mensch« begriffen wurde (*rmṯ*), als ein Individuum, dem eine eigene menschliche Würde zuerkannt wurde, auch wenn er im Dienste eines anderen stand (Merer-Stele, MNK-XI-999, 7–8): »Ich habe Ochsen gekauft, ich habe Menschen gekauft, ich habe Felder gekauft, ich habe Kupfer gekauft«, oder auch (Stele BM 1628, 13–15): »Die Männer, die im Dienste meines Vaters Mentuhotep standen, waren bei uns zu Hause geboren worden und gehörten dem Vater und der Mutter meines Vaters. Auch meine Männer stammen aus dem Besitz von meinem Vater und meiner Mutter, und außer diesen, die mir gehören, habe ich welche mit meinen eigenen Mitteln erworben.«

In der komplexer gewordenen Gesellschaftsstruktur des Mittleren Reiches neigte der einzelne in zunehmendem Maße dazu, sich mit seiner Arbeit zu identifizieren. So wird von dieser Zeit an auf den Stelen von Privatpersonen in der Regel neben dem Namen des Betreffenden auch der Beruf angegeben, und auf literarischem Gebiet fanden diese Entwicklungen in der oben bereits erwähnten *Satire der Berufe* ihren Niederschlag. Der Durchschnittsägypter war nun nicht mehr, wie noch im Alten Reich, ein bloßer »Abhängiger« oder »Untergebener« (*mrj*), der wann immer nötig zum Arbeitsdienst für den Staat eingezogen werden konnte; als ein Individuum, das sich einerseits seiner gesellschaftlichen Stellung, andererseits seiner Fähigkeiten bewußt war, konnte er sich nun aus seiner Position befreien, indem er eine Zeitlang Dienst als Priester (*w'b*) tat und so zu einem freien »Kleinbürger« (*nḏs*) aufstieg (MNK-XI-999, 10–11): »Ich habe es nicht zugelassen, daß ihr Wasser die Felder eines anderen überschwemmte, ebenso wie es sich für einen tüchtigen Bürger geziemt, dafür zu sorgen, daß seine Familie über genügend Wasser verfügt.«

Die Kehrseite der Medaille ist jedoch, wie der *Satire der Berufe* und den unten angeführten Versen der *Lehre für Merikare* zu entnehmen ist, die umgekehrte Entwicklung, die dahin ging, daß diejenigen, die einfache, von einem »Bürger« abhängige Bauern oder Handwerker geblieben waren, im Mittleren Reich der einen oder anderen Form von Zwangsarbeit unterlagen (oder aber eine entsprechend hohe Steuer zahlen mußten), während die Angehörigen der Führungsschicht, die von der Steuer ausgenommen waren, verwaltungstechnisch unter dem Begriff »Beamte« geführt wurden (Merikare 100–102):

Seine Befestigungen (dort) sind kampfbereit, seine Truppen sind zahlreich,
die Hörigen [*mrj.w*] darin wissen die Waffen zu führen,
nicht zu reden von den Freien [*w'b*] darin.
Der Bereich von Memphis zählt im ganzen 10000 Mann,
Bürger und Freie [*nḏs.w*], die keine Abgaben zu zahlen haben [*w'b nn b3k.w=f*].
Die hohen Beamten [*srjw.w*] dort stammen noch aus der Zeit der Residenz,
(seine) Grenzen sind fest, seine Bollwerke stark [...].
(Brunner 1980, S. 150)

Daß der »Kleinbürger« einen für das Mittlere Reich charakteristischen sozialen Typus darstellt, ist auch daran erkennbar, daß man in den literarischen Texten dieser Zeit dazu neigte, ihn anachronistisch auch in vorangegangene Epochen hineinzuprojizieren, in denen er jedoch, wie bereits gezeigt wurde, soziologisch nicht relevant war: Man denke etwa an den »Bürger« Djedi aus den Erzählungen des Papyrus Westcar (s. S. 228–29), der sich, wie der Erzähler berichtet, von zwei Sklaven (»Dienern«) massieren läßt. Zusammen mit dem allgemeinen Aufstieg der Schicht der freien wie der abhängigen Arbeiter, die nunmehr an einen öffentlichen Dienst »gebunden« (entsprechend der ursprünglichen Bedeutung des Wortes *mrj*) oder als *Diener* bei einem Privatmann tätig waren (wobei sie dann häufig als *ḏ.t*, »Angestellte«, bezeichnet wurden), vergrößerte sich auch das soziale Gefälle zwischen den Arbeitern auf der einen und den Sklaven auf der anderen Seite, d.h. jenen Gruppen von »Zwangsrekrutierten« (*ḥsb.w*), »Deserteuren« (*tšj.w*) oder »königlichen Dienern« (*ḥm.w-nzw*), von denen in den Verwaltungsurkunden des Mittleren Reiches so häufig die Rede ist. Hinter den beiden erstgenannten Begriffen lassen sich die Soldaten und die Bauern erkennen, die für eine bestimmte Zeit zur Zwangsarbeit im Dienste der militärischen, architektonischen und landwirtschaftlichen Unternehmungen des Staates verpflichtet wurden. Die meisten Belege hierfür finden sich zum einen in den Kahun-Papyri und den Papyri Reisner, in denen die Zwangsrekrutierten vor allem als Grubenarbeiter erscheinen, die für die architektonischen Unternehmungen des Staates in den Steinbrüchen eingesetzt werden (man stößt hier häufig auf »Listen der *ḥsb.w*, die den Stein für die Pyramide abbauen«; vgl. Kahun-Papyri, Tf. 15, 14 und 31,25), zum anderen im Verwaltungstext des Papyrus Brooklyn (vgl. Hayes 1955, S. 39f., 76f.), in dem es heißt, sie seien für eine bestimmte Zeit zum Dienst auf den Domänen (*ẖbs.w*) verpflichtet worden. Wenn sie flohen oder desertierten, wurden sie mit lebenslanger Zwangsarbeit bestraft (ebd., Tf. VI, 57): »Befehl an das Große Gefängnis, ergangen im Jahr 31, am fünften Tag des dritten Sommermonats. Nach dem Urteil des Gerichtes soll er mit allen Angehörigen seiner Familie zu lebenslanger Arbeit auf den Domänen verurteilt werden.«

Auch für die Gruppe der *ḥm.w-nzw* (das weibliche Pendant hierzu bildet der Ausdruck *ḥm.wt*, »Sklavinnen«, ohne weiteren Zusatz) liegen uns die Belege des Papyrus Brooklyn vor. Bei den »königlichen Dienern« handelte es sich um Ägypter, die das Schicksal der Asiaten teilten, welche infolge militärischer Feldzüge oder durch Handelstransaktionen Sklaven geworden waren: Ursprünglich Gefangene, die in den meisten Fällen wegen des Versuches, aus Ägypten zu fliehen, festgehalten worden waren, wurden sie schließlich einem Privatmann als »Eigentum« zugeteilt. Eine besonders lebendige Darstellung der Situation des Flüchtlings in einem literarischen Text (nicht zuletzt aufgrund eines strengeren Einsatzes der Polizei durch die Zentralregierung war die Zahl der Flüchtlinge im Mittleren Reich im Vergleich zu den vorangegangenen Epochen relativ hoch) findet man in der Erzählung des Sinuhe, in welcher, wenn auch indirekt, mehrmals darauf hingewiesen wird, daß immer wieder Bevölkerungsgruppen aus verschiedenen – sozialen, ökonomischen, politischen – Gründen versuchten, aus Ägypten zu fliehen (Sinuhe B 29–43):

> Als ich anderthalb Jahre dort verbracht hatte,
> holte mich Ammunenschi,
> also der Herrscher des oberen Retenu,
> und sprach zu mir: »Du wirst es gut bei mir haben,
> und hörst die Sprache Ägyptens.«
> Er sagte dies, weil er meine Gesittung kannte.
> Er hatte von meinem Können gehört,
> Ägypter hatten (ihm) von mir erzählt, die dort bei ihm waren.
> Dann sprach er zu mir: »Wie bist du in diesen Zustand geraten?
> Ist etwas in der Residenz vorgefallen?«
> Da sagte ich zu ihm: »Der König Sehetepibre ist zum Horizont gegangen,
> und man kann nicht wissen, was danach geschehen wird.«
> Ich erzählte, nicht ganz korrekt:
> »Als ich mit einem Heer aus dem Libyerland zurückkam,
> da machte man mir Meldung. Mein Herz wurde schwach,
> mein Geist war nicht mehr froh in meinem Leib,
> er sandte mich auf den Weg der Flucht.
> Man redete nicht über mich, ich wurde nicht angespien,
> keine Lästerung fiel, und mein Name wurde nicht im Mund des

(öffentlichen) Ausrufers gehört.
Ich weiß nicht, was mich in dieses Land gebracht hat –
es ist wie der Plan eines Gottes [...].
(Hornung 1978, S. 25 f.)

Obgleich sie nominell dem Staat beziehungsweise dem König gehörten (deshalb auch die Bezeichnung »königliche Diener«), wurden die gefangenen Flüchtlinge ebenso wie die asiatischen Sklaven der Aufsicht eines Herrn unterstellt, der sie verschenken, vererben oder verkaufen konnte (Papyrus Brooklyn, Tf. 14, 26–31; Kahun-Papyri, Tf. 12, 6–11; vgl. auch Tf. 13):

Die fünfzehn Menschen [*tp.w*, »Köpfe«] und Gefangenen, die mir gehören [ẖnmw=j, »die mit mir verbunden sind«] sollen meiner Frau Senebtisi geschenkt werden, zusätzlich zu den sechzig, die ich ihr das erste Mal gab. Diese Schenkung mache ich an meine Frau, dies soll hinterlegt werden im Saal des Ausrufers der Südstadt, als ein Vertrag, der mein Siegel und das meiner Frau Senebtisi trägt.

Ich übertrage diese Eigentumsrechte an meine Frau, die Herrin der östlichen Gebiete Schefut, die Tochter des Sopdu, auch Teti genannt; sie umfassen alles, was mir mein Bruder Anchren, der Siegelbewahrer der Vorsteher der Arbeiten überlassen hat; sie schließen jeden Besitz ein, wo immer er sich auch befinden mag, den mir mein Bruder überlassen hat. Und sie wiederum kann ihn unter den Söhnen, die sie mir geschenkt hat, an denjenigen weitergeben, dem sie will. Ich überlasse ihr auch die vier Asiaten, die mir mein Bruder Anchren, Siegelbewahrer der Vorsteher der Arbeiten, überlassen hat, und sie kann sie ihrerseits unter ihren Söhnen an denjenigen weitergeben, dem sie möchte.

Im Gegensatz zum königlichen Diener oder Asiaten wurde der Arbeiter oder Bedienstete (*b3k*), der sich einer Dienstverletzung schuldig gemacht hatte, zwar des Hauses verwiesen, jedoch nicht verkauft; dies wird belegt durch die Korrespondenz des Heqanacht, eines Grundbesitzers aus dem frühen Mittleren Reich (um 2000 v. Chr.), der auch während seiner »Dienstreisen« die Verwaltung seiner Güter selber überwachte, indem er briefliche Anweisungen an seine Familie übermittelte (Heqanacht I 13v–14): »Laß die Sklavin [*b3k.t*] Senen – paß gut auf! – noch an demselben Tage aus dem Hause jagen, an dem du diesen Brief erhältst. Wehe, wenn sie auch nur einen Tag länger in meinem Hause bleibt! Du hast ihr erlaubt, diejenige, die mit mir zusammenlebt, schlecht zu behandeln!«

Daß Sklavinnen in einem solchen Maße in die Familie integriert waren, daß sie ihr Gleichgewicht gefährden konnten, zeigt auch der im folgenden zitierte »Brief an einen Toten«, der uns als Inschrift auf einem

Gefäß aus der Ersten Zwischenzeit überliefert worden ist und in welchem der Verfasser seinen verstorbenen Vater und dessen Mutter bittet, dafür zu sorgen, daß seine Frau Seni, die aufgrund der Einmischung zweier Sklavinnen tief verstört sei, ihm einen Sohn schenke; dabei werden die Schwierigkeiten, welche zwischen dem Paar entstanden sind, dem übelwollenden Einfluß der beiden Sklavinnen zugeschrieben (Oriental Museum Chicago 13945, 3–7):

Hier wird dir dieses Gefäß gebracht, über welches deine Mutter entscheiden soll. Es ist tröstlich, daß du derjenige bist, der es ihr darreicht. Gib, daß mir ein gesunder Junge geboren wird. Du bist doch ein machtvoller Geist. Was nun diese beiden Sklavinnen, Nefertjentet und Itjai betrifft, die der Seni so viel Böses angetan haben, mache ihre Einmischung unwirksam und wende mir zuliebe jeglichen gegen meine Frau gerichteten übelwollenden Einfluß ab, denn du weißt, daß ich sie brauche! Weise sie zurück, weise sie zurück!

Zwar war der Sklavenstatus erblich, wie auch aus der Tatsache hervorgeht, daß Dedisobek, der Sohn der Sklavin Ided, ebenfalls ein Sklave war (*ḥm*: vgl. Gauthier-Laurent 1931, 107–25); doch schloß dies für den Sklaven nicht die Möglichkeit aus, einen höheren Bildungsstand zu erlangen (Kahun-Papyri, Tf. 35, 10–13): »Durch diese Mitteilung soll mein Herr davon in Kenntnis gesetzt werden, daß man sich um deinen königlichen Diener Uadjhau bemüht und ihm das Schreien beibringt, ohne daß man ihm gestattete zu fliehen.« Anders als bei den Zwangsrekrutierten, deren Fluchtversuch mit lebenslanger Zwangsarbeit geahndet wurde, wurde ein »königlicher Diener«, der zu fliehen versuchte, mit dem Tode bestraft (ebd., Tf. 34, 17 ff.): »Ich habe den Sklaven Sobekemhab wiedergefunden, der geflohen war, und ich habe ihn dem Gefängnis übergeben, damit das Urteil vollstreckt werde. [...] Er wird daher im Saal des Ausrufers zum Tode verurteilt werden.«

Die große Vielfalt der von den Sklaven ausgeführten Tätigkeiten verweist uns erneut auf einen Punkt, auf den wir bereits oben hingewiesen haben, als davon die Rede war, daß der Typus des Sklaven in der ägyptischen Literatur keine Erwähnung findet: die Tatsache nämlich, daß das Sklaventum in Ägypten weniger ein »horizontales« Phänomen, also ein autonomer Status war, als vielmehr ein »vertikales«, d. h. der Zustand der Unfreiheit innerhalb eines jeweiligen Berufsstandes. So werden uns die »königlichen Diener« einmal als Bauern, einmal als Bedienstete, dann wieder als Schuster vorgestellt, und die »Sklavinnen« erscheinen als Friseusen, Gärtnerinnen oder Weberinnen. Dasselbe gilt für die asiatischen Sklaven, die man von den anderen nur unterscheiden kann, weil ihren Namen, die in manchen Fällen, vor allem in der zweiten Generation, ägyptische sind, der Völkername vorangestellt wird: »die Asiatin Aduna und ihr Sohn Anchu« (Hayes 1955, S. 87 ff.). Sowohl die Anzahl dieser Sklaven als auch die Tatsache, daß ihr sozialer Status an die Kinder weitervererbt wurde, unterstützen die Annahme, daß die Position eines »königlichen Dieners« und die eines asiatischen Sklaven vergleichbar waren: Von den siebenundneunzig Dienern, die in der Liste, welche sich auf dem Verso des Papyrus Brooklyn befindet, als demselben Eigentümer zugehörig aufgeführt werden, sind mindestens dreiunddreißig Ägypter!

## Das Neue Reich

Nach Ende des Mittleren Reiches erscheint der Status des Sklaven relativ gefestigt. Ein Dokument, das auf die Zweite Zwischenzeit zurückgeht – jene Epoche, in der die Ägypter durch die Invasion der Hyksos gezwungen waren, sich auf eine lange militärische Auseinandersetzung mit der asiatischen Welt einzulassen, die für das gesamte Neue Reich kennzeichnend sein sollte – erhellt unter anderem einige juristische Aspekte des Sklavenstatus; in diesem Dokument wird die Überlassung einer Sklavin, die bis dahin sowohl der öffentlichen Hand als auch einem Privatmann zugewiesen war, an die Bürgerschaft erörtert (Pap. Berlin 10470, 1,5–2,9):

Amenemhet, Bürgermeister der Stadt, Wesir und Oberaufseher der Sechs Großen Höfe, sendet diesen Befehl an Heqaib, den Ausrufer von Elephantine: »Ein Befehl ist ergangen vom Hofe des Wesirs im ersten Jahr der Chu-baq-Zeit, am 27. Tag des ersten Sommermonats. Der Befehl betrifft folgende, vom Verwalter Itefseneb, dem Sohn Heqaibs, vergebrachte Bitte: ›Senbet, die Tochter Senmuts, ist eine Sklavin [*hm.t*], die zum Dienstpersonal [*ḏ.t*] der Bürger Elephantines gehört, aber sie ist auch eine Sklavin des Sanchu, Sohn des Hebsis, meines Herrn. Man möge sie an mich oder an die Bürgerschaft abtreten, gemäß der von ihren Eigentümern getroffenen Entscheidung.‹« Die Folgerung ist, man solle so verfahren, wie es ihre Eigentümer bestimmen. So lauten die Befehle [...]. Vom Hof des Wesirs ist eine Antwort auf diese lederne Schriftrolle gekommen, in der es heißt: »Man hat die Anwälte der Stadt über das, was du schreibst, befragt. Sie erklären sich damit einverstanden, daß die Sklavin Senbet gemäß der von ihren Eigentümern getroffenen Entscheidung an die Stadt abgetreten wird. Die diesbezüglich von unserem Bruder, dem Verwalter Itefseneb, vorgebrachte Bitte wird angenommen.« Sie müssen nun einen diesbezüglichen Eid ablegen, und die Anordnungen müssen der Sklavin Senbet mitgeteilt werden.

Das Interessante und Neuartige dieses Textes liegt zum einen in der Bedeutung, die hier der »Bürgerschaft« als Instanz zur Verwaltung des öffentlichen Eigentums zukommt (diese übernimmt genau die Funktion, die im Mittleren Reich in bezug auf den »königlichen Diener« nominell vom König ausgeübt wurde), zum anderen in der hier aufgezeigten Möglichkeit, sich (vielleicht auch über eine Heirat) aus dem Sklavenstatus zu befreien und »Bürgerin« zu werden. Hieraus wird ersichtlich, daß die Stellung des Sklaven vergleichbar war mit der des Freigelassenen im alten Rom. In der Geschichte des Pharaonenreiches waren Zeiten sozialen Wandels stets von zwei Aspekten gekennzeichnet: einem emanzipatorischen, innovativen und einem bürokratischen, restriktiven. Man denke nur an das, was sich zu Beginn des Mittleren Reiches ereignete, als die Entstehung einer neuen, freien Mittelschicht auf politischer Ebene von der Stärkung der Zentralregierung begleitet war, was viele zur Auswanderung oder Flucht aus dem Land veranlaßte, oder an das, was im 14. Jahrhundert v. Chr. in Amarna passierte, wo die Religionsreform des Echnaton einherging mit der brutalen Unterdrückung aller neben dem Königshof entstandener Machtzentren. Ebenso ging auch die Eröffnung derartiger juristischer Möglichkeiten für den Sklaven einher mit der Konsolidierung des Sklavenstandes als nunmehr integralem Bestandteil der ägyptischen Gesellschaft. Als Folge davon verschwand allmählich die Schicht der »Untergebenen« oder »Abhängigen«, die nicht zum Sklavenstand gehörten.

In der Geschichte der Wortbedeutungen kommt es nicht selten vor, daß ein Ausdruck, der ursprünglich im Vergleich zu einem anderen positiv konnotiert war, eine neutrale Bedeutung annimmt. In einem solchen Falle entsteht das Bedürfnis, einen neuen, ausdrucksvolleren Terminus zu prägen. Als Beispiel hierfür ließe sich die Nivellierung des italienischen Ausdrucks *donna* (»Frau«; von lat. *domina*, »Herrin«, »Gebieterin«) auf die ursprüngliche Bedeutung von lat. *femina* (»Frau«, »Weib«) anführen; nachdem dieser letztgenannte Ausdruck im italienischen *femina* eine abschätzige Bedeutung angenommen hatte, wurde an die Stelle von *donna/domina* mit dem Ausdruck *signora* (»Dame«) ein neuer, positiver semantischer Pol gesetzt. In einem ähnlichen Prozeß verlor in der

18. Dynastie (ungefähr 1570–1293 v. Chr.) der Ausdruck *mrj* nach und nach die neutrale Bedeutung »Untergebener«, »Abhängiger« und bezeichnete schließlich Funktionen, die denen des königlichen Dieners zur Zeit des Mittleren Reiches sehr ähnlich waren. Dies zeigt sich zum Beispiel darin, daß der Pharao seine Bediensteten an einen Privatmann »verschenken« konnte: Der hohe Beamte Minmose zum Beispiel erhielt vom König 150 Untergebene (»Hörige«) als Lohn dafür, daß er für die Gründung zahlreicher Tempel gesorgt hatte (*Urk.* IV 1444, 1–8):

> Diese [nun], die ich genannt habe, – in ihnen spannte ich den Meßstrick* und [leitete ich die großen Denkmäler – in] trefflicher Arbeit für die Ewigkeit, [mit denen] mein [Herr] die Götter [befriedigte ... ] [ ... ]. Meine Klugheit hatte für ihn Bestand. Es pries [mich Seine Majestät wegen meiner Tüchtigkeit und er beförderte] mich vor [ ... ] [den übrigen Beamten], indem mir 150 Hörige gegeben wurden, Geschenke, [ ... ] Kleider, [ ... ] und alle guten [Dinge] des Königshauses, Felder, Weinberge, allerlei Herden. (Helck 1961, S. 100)

Diese juristische Abwertung der freien lokalen Arbeitskräfte ist das deutlichste Anzeichen dafür, daß sich in dieser Zeit als Folge der seit der zweiten Hälfte der 18. Dynastie verfolgten Außenpolitik eine globale Umwälzung in der Sozialstruktur vollzog: Das militärische Engagement Ägyptens in Asien und die Handelsbeziehungen mit der asiatischen Welt führten nun eine hohe Zahl von Asiaten nach Ägypten, die als Kriegsbeute oder auf dem Sklavenmarkt erworben worden waren; Ägypten war in der späten Bronzezeit der größte Kunde auf dem vermutlich von asiatischen Beduinen kontrollierten Sklavenmarkt des Nahen Ostens (man denke nur an die Josephsgeschichte aus der Bibel, deren Protagonist an ismaelitische Händler verkauft wurde, die auf dem Weg nach Ägypten waren; *Genesis* 37). So verschwanden die »königlichen Diener« und »Fronarbeiter«, die kennzeichnend waren für eine Sozialstruktur, welche (wie die des Mittleren Reiches) auf die politische (und polizeiliche) Kontrolle im Innern gegründet war. Statt dessen wurden zunehmend ausländische Arbeitskräfte benötigt, um die durch den eindrucksvollen Militärapparat verursachten hohen Ausgaben decken zu können. Schon die Äußerungen General Ahmoses, des Sohnes der Abina, in dessen Autobiographie in el-Kab (*Urk.* IV, 1–11) sich die detaillierteste erhaltene Schilderung der Vertreibung der Hyksos und der Errichtung der 18. thebanischen Dynastie unter Ahmose (1575–1550 v. Chr.), Amenophis I.

* Die Schilderung bezieht sich auf die Zeremonie der Tempelgründung. (Anm. d. Übers.)

(1550–1528 v. Chr.) und Thutmosis I. (1528–1510 v. Chr.) findet, sind bezeichnend und helfen uns zu verstehen, wie sich im frühen Neuen Reich die ausländischen Sklaven zu einer neuen sozialen Gruppe entwickelten: Ahmose brüstet sich wiederholt damit, daß der König ihm stets gestattet habe, die Asiaten, die er als Kriegsbeute mitbrachte, als Sklaven zu behandeln. Auch in den stereotypen Darstellungen der Welt des Militärs finden stets Sklaven Erwähnung (Papyrus Anastasi III, 6,2 ff.):

Komm, ich will dir von einem unglücklichen Beruf berichten, dem des Kavallerieoffiziers. Durch den Vater seiner Mutter wird er dem Stall zugeteilt, zu welchem fünf Sklaven [*ḥm.w*] gehören. Von diesen sind ihm zwei zugeteilt, doch diese beachten ihn überhaupt nicht [...]. Die Leute kommen, um den Proviant abzuholen: da beginnen seine Qualen, er wird zu Boden geworfen und hundertfach geschlagen.

Diese Entwicklung fand erst ihren Abschluß, als sich Ägypten in der zweiten Hälfte der 18. Dynastie als imperiale (und imperialistische) Militärmacht durchsetzte. Dies zeigt sich daran, daß zu Beginn des Neuen Reiches die Bediensteten, die der König als Lohn verschenkte, noch manchmal mit Ausdrücken bezeichnet wurden, die zur Zeit des Mittleren Reiches in Gebrauch waren, wie »Köpfe« oder »Leute« (vgl. Habachi 1950, 13–18: »Er wurde im ›Haus der Belohnung‹ durch eine Schenkung von 20 Männern und 50 Aruren Land belohnt«), und daß noch in den Annalen Thutmosis' III. (1490–1436 v. Chr.) die ausländischen Kriegsgefangenen »Männer [*rmṯ.w*] in Gefangenschaft« und die für den Dienst in den Tempeln bestellten Diener, die sich ebenfalls aus den Reihen dieser Ausländer rekrutierten, wie im Mittleren Reich »abhängige Personen« genannt wurden (ebd., 172,5; 207,9; 742,14; 1102). Seit Amenophis III. (1405–1367 v. Chr.) jedoch ist im Zusammenhang mit der Zwangsarbeit im Tempel nur noch von »Sklaven und Sklavinnen« [*ḥm.w, ḥm.wt*] die Rede. Zu dieser Zeit entstand überdies ein Topos, der auch in der darauffolgenden 19. Dynastie (1293–1185 v. Chr.) häufig auftauchen sollte (ebd., 1649, 6–8; vgl. Kitchen: 1968, I, 2,15; 23,6; Papyrus Harris I, 8,9; 47,10; 58,3; 59,5; 60,3): »Sein See [d. h. der See des Tempels] war voll wegen des großen Hochwassers, war voller Fische und Vögel, ohne Blumen; sein Arbeitshaus war voller Sklaven und Sklavinnen, und es waren darunter die Kinder der Fürsten aller fremden Länder, eine Kriegsbeute Seiner Majestät.«

Ende der 18. Dynastie war das Sklaventum in der ägyptischen Gesellschaft so weit verbreitet, daß der Ausdruck *ḥm* sogar auf die Uschebti angewendet wurde, jene kleinen Diener- oder Helferfiguren aus Holz, Ton oder Fayence, die einen wichtigen Bestandteil der Grabbeigaben darstellten (von ihnen erwartete man, daß sie im Jenseits Arbeitsleistungen für den Verstorbenen ausführten). So verwundert es auch nicht, daß Sklaven von Personen, deren sozialer Status eher als bescheiden gelten darf, für eine bestimmte Zeitspanne an andere »vermietet« werden konnten; Grund für die zeitweilige Überlassung eines Sklaven konnte sogar sein, daß der Betreffende sich Kleidung anschaffen mußte, wenngleich der Mietpreis objektiv gesehen zu hoch erscheint (Papyrus Berlin 9784, 1–10):

Im Jahr 27, am 20. Tag des dritten Sommermonats, unter der Herrschaft Seiner Majestät des Königs Ober- und Unterägyptens Nebmaatre, dem Sohn des Rê Amenophis [III.], dem es gewährt werden möge, jeden Tag wie sein Vater Rê ewig zu leben. Der Tag, an dem Neb-mehi, ein Priester des Tempels des Amenophis, bei dem Priester Mesis vorsprach und sagte: »Ich bin ohne Kleider: ordne an, daß man mir den Gegenwert für zwei Tage Arbeit meiner Sklavin Harit gibt.« Da gab ihm der Priester Mesis ein *d3jw*-Gewand, das einen Wert von dreieinhalb *shati* hatte, und ein *sḏw*-Gewand, das einen Wert von einem halben *shati* hatte. Dann kam er erneut zu mir und sprach: »Gib mir den Gegenwert für vier Tage Arbeit der Sklavin Henut.« Daraufhin gab ihm der Priester Mesis Getreide [...] im Wert von 4 *shati*, sechs Ziegen im Wert von 3 *shati* und Silber im Wert von 1 *shati*, insgesamt also Waren im Wert von 12 *shati*. Aber zwei Tage, an denen die Sklavin Henut arbeitete, waren besonders heiß; deshalb gab er mir auch im Beisein mehrerer Zeugen Meriremetjuef für zwei Tage Arbeit und den Sklaven Neh-sethi für zwei Tage Arbeit.

In der Ramessidenzeit entwickelte sich das Verhältnis zwischen Sklaven und Herrn dann auch zu einem in Musterbriefen häufig aufgegriffenen Topos (Papyrus Lansing 11,3): »Ich möchte meinem Gebieter so dienen, wie der Sklave [*ḥm*] seinem Herrn dient.« Sowohl den »Miszellen«, einer für den Schulgebrauch konzipierten Anthologie mit Beispielen verschiedener Textsorten (Briefe, Hymnen, Gebete), als auch den historischen und autobiographischen Texten zufolge wurden die Sklaven entweder als Kriegsbeute gewonnen oder unter den jungen Adligen der von den Ägyptern besetzten Gebiete ausgesucht:

Ich habe eine große Anzahl von denen, welche mein Schwert verschont hatte, als Gefangene mitgebracht, vor meinen Pferden mit auf dem Rücken zusammengebundenen Händen, und Zehntausende ihrer Frauen und Kinder, und Hunderttausende von ihrem Vieh. Ich habe ihre Führer in Festungen gesperrt, die meinen Namen tragen, und dazu habe ich die Führer der Bogenschützen und die Stammesführer getan, die mit einem Brandmal versehen und zu Sklaven gemacht wurden. Ihnen wurde mein Name eintätowiert, und auch ihre Frauen und Kinder wurden auf die gleiche Weise behandelt (Papyrus Harris I 77, 4–6).

Als wir gesiegt hatten, wurden die Kriegsgefangenen Seiner Majestät übergeben, damit man sie nach Ägypten brachte. Die fremde Frau wurde unterwegs ohnmächtig und klammerte sich an den Hals des Soldaten (Papyrus Lansing 10, 3–5).

Mit äußerster Sorgfalt, Genauigkeit und großem Können bemühten sie sich, alles vor der Ankunft des Pharao, deines guten Herrn, vorzubereiten: Brot, Eier, Fleisch, Kuchen und Torten sowie Weihrauch, süßes Behenöl, *dft*-Öl aus Zypern, feinstes Öl aus Hatti, *jnb*-Öl aus Zypern, Öl aus Babylonien, aus Amurru, aus Tachsi, Behenöl aus Mitanni und die zahlreichen übrigen Ölsorten aus dem Hafen, um sein Heer und seine Kavallerie einzusalben. Und außerdem Ochsen, kastriertes Vieh aus dem Westen [...], silberne Gefäße und Teller, die unter dem Fenster bereitgestellt wurden, Sklaven aus Karka und junge Männer aus einem Priestergeschlecht, die geeignet sind, Hausdiener Seiner Majestät zu werden, [...] kanaanäische Sklaven aus Syrien, stattliche junge Männer und schöne Nubier aus Kusch, welche den Wedel tragen sollen (Papyrus Anastasi IV, 15, 1 ff.).

In der ersten Hälfte des Neuen Reiches war der König noch der juristische Eigentümer des ausländischen Gefangenen (man denke an die Bezeichnung »königlicher Diener«, die im Mittleren Reich auf die gefangenen Flüchtlinge angewendet wurde), und er bestimmte auch, ob dieser an einen Privatmann verschenkt werden sollte oder nicht. Sein Vermögen an Ochsen und Rindern betrachtend, das auf den Wänden seiner Grabkammer in Theben dargestellt war, sagt der Schatzhausvorsteher Maja (Zeit des Haremhab, 1335–1308 v. Chr.):

[Dies ist, was] gegeben [wurde] als Gunstbeweis beim König, dem Gelobten des Guten Gottes, den der Herr der beiden Länder wegen seines Charakters liebt, dem [Wedel]träger [zur Rechten] des Königs, Schatzhausvorsteher Maja, dem Gerechtfertigten, aus den Gefangenen, die S[eine] M[ajestät] bei den Asiaten erbeutet hat. »Nimm sie dir«, sagte der Souverän. (*Urk.* IV 2163, 7–11, Helck 1961, S. 424)

Später entwickelte sich im Neuen Reich eine Rechtsprechung, die einerseits darauf ausgerichtet war, das Eigentumsrecht am Sklaven, der nun von Privaten erworben oder veräußert werden konnte, zu kodifizieren (im Papyrus Kairo 65739 aus der Ramessidenzeit wird zum Beispiel ein langer Rechtsstreit zwischen einem Soldaten und einer Frau um das

Eigentum an zwei syrischen Sklaven geschildert), und andererseits darauf, dem Sklaven rechtlichen Schutz zu gewähren. Verwaltungsurkunden belegen, daß der Sklave Eigentum besitzen konnte. Der Papyrus Wilbour aus der Zeit Ramses' V. (1145–1141 v. Chr.) von der 20. Dynastie, das für Angaben bezüglich der Vermessung und Verteilung des Bodens wichtigste administrative Verzeichnis der Pharaonenzeit, in welchem mehrmals auch Sklaven unter den Eigentümern der zu vermessenden Grundstücke genannt wurden, führt uns in seinem strengen bürokratischen Stil vielleicht am deutlichsten vor Augen, daß zwischen freien Bürgern und Sklaven tatsächlich eine rechtliche Gleichstellung erreicht worden war (Papyrus Wilbour 26, 34–38):

Vermessung der Grundstücke westlich der Horusscheune:
im Besitz des Sklaven Panebtjan 3 Aruren, 1, 1½ Maß Getreide;
im Besitz der Frau Tabasa 3 Aruren, 1, 1½ Maß Getreide;
im Besitz des Gefolgsmannes der Scherden Pacharu 3 Aruren, 1, 1½ Maß Getreide;
im Besitz des Priesters Paranachte 5, 1, 1½ Maß Getreide.

Überdies hatte der Sklave ein Recht auf faire Behandlung vor Gericht. So wurde etwa eine Sklavin, die sich des Diebstahls schuldig gemacht hatte, lediglich dazu verurteilt, den doppelten Wert der Diebesbeute zurückzuzahlen (Papyrus Leiden 352: Černý, 1937, 186–89). In Zusammenhang mit derartigen neuen juristischen Möglichkeiten ist auch die Emanzipation der Sklaven zu sehen, die im Grunde nur das symmetrische Pendant zur Existenz der Sklaverei als fester Bestandteil der pharaonischen Gesellschaft darstellte. Seit der Zeit des Neuen Reiches sind uns Verwaltungsurkunden überliefert, in denen eine Reihe von rechtlichen Möglichkeiten der Emanzipation aufgezeigt wird, die oftmals auf dem Prinzip des *do ut des* beruhten, d. h. so gestaltet waren, daß sowohl der Sklave als auch sein Herr Vorteile daraus zogen. Dies gilt etwa für den Fall jenes Sklaven, der sich bereit erklärte, eine behinderte Nichte seines Herrn zu heiraten (*Urk*. IV, 1369, 4–16):

Jahr 27 unter der Majestät des Königs von Ober- und Unterägypten Mencheperre, dem Leben und Dauer gegeben werde, des Sohnes Rê Thutmosis' [III.], Herrscher der Wahrheit, wie Rê ewiglich. Es trat als Barbier des Königs Sa-Bastet vor die Pagen des Königspalastes mit den Worten: »Mein Sklave, ein Mann, der mir gehört, mit Namen Ameniu, den ich eigenhändig gefangengenommen hatte, als ich den Herrscher begleitete [...]. Nicht wurde er je geschlagen, nicht wurde er in einem Tor des Königs [festgesetzt]. Ich gab ihm die Tochter meiner Schwester Nebet-Ta zur Frau, mit Namen Ta-Kemnet [»die Blinde«]. Sie hat mit meiner Frau und auch mit der Schwester zusammengelebt; sollte er ausziehen, so ist der nicht ohne Besitz. Wenn er [...] eine Strafabrechnung gegen meine Schwester macht, so darf er durch niemand daran jemals gehindert werden.«*

Die Emanzipation konnte auch an Formen der Adoption durch den Privatbürger gebunden sein, in dessen Dienst der Sklave stand; dies geht zum Beispiel aus einem Dokument aus der Ramessidenzeit hervor, in dem geschildert wird, wie eine unfruchtbare Frau Kinder, welche ihrem Manne von einer Sklavin geboren worden waren, als ihre eigenen annimmt. Hierdurch wird bestätigt, was wir in bezug auf das Mittlere Reich festgestellt haben: Da es zu jener Zeit ein solches Verfahren nicht gab, ist anzunehmen, daß die rechtliche Zugehörigkeit zum Sklavenstand erblich war (Adoptionspapyrus, 16r–1v):

»Wir kauften die Sklavin Dinihetiri, und sie gebar diese drei Kinder, einen Jungen und zwei Mädchen, zusammen drei. Und ich habe sie an Kindes statt angenommen, ernährt und aufgezogen, und bis zum heutigen Tag haben sie mir niemals etwas zuleid getan; im Gegenteil; sie haben mich gut behandelt, und ich habe außer ihnen keine Söhne oder Töchter. Und der Oberaufseher der Ställe Pendiu, der als mein jüngerer Bruder verwandtschaftlich mit mir verbunden ist, ist in mein Haus gezogen und hat Taimennut, die älteste Schwester, zur Frau genommen. Und ich habe ihn für sie angenommen, und er ist heute mit ihr zusammen. Ich habe ihr also die Freiheit im Lande des Pharao verschafft, und wenn sie einen Sohn oder eine Tochter auf die Welt bringt, werden auch sie in gleicher Weise freie Bürger im Lande des Pharao sein, da sie bei meinem Bruder, dem Oberaufseher der Ställe Pendiu, meinem jüngeren Bruder, sein werden. Und die anderen beiden Kinder werden zusammen mit der ältsten Schwester im Hause des Oberaufsehers der Ställe Pendiu, meines jüngeren Bruders, leben, den ich heute genauso wie sie als meinen Sohn adoptiere.«

Der hier verwendete Ausdruck »die Freiheit verschafft« ist eine Übersetzung des ägyptischen Terminus für »frei gemacht [*nmḥj*] im Lande des Pharao«, der seit dem Mittleren Reich auf diejenigen angewandt wurde, die als eine Art Leibrente vom Staat und oft auch als Belohnung für geleisteten Militärdienst ein Stück Land erhielten, das auf diese Weise zumindest *de facto* zu ihrem Eigentum wurde. Gegen Ende des 2. Jahrtausends endete das militärische Engagement Ägyptens im Ausland, und im ersten Jahrtausend sollte dann, wie wir noch sehen werden, aus dieser sozialen

* Zitiert in Anlehnung an: Helck 1961, S. 64. (Anm. d. Übers.)

Gruppe eine jener streng abgegrenzten »Klassen« entstehen, welche die zeitgenössischen griechischen Autoren in der ägyptischen Gesellschaft erkennen zu können glaubten. Eine weitere Möglichkeit für den Sklaven, die Freiheit zu erlangen, bestand darin, vom König »gereinigt« zu werden (*sw'b*) und dann als freier Mann in den Tempeldienst zu treten. Am deutlichsten wird dieser Sachverhalt in der sogenannten »Restaurationsstele« des Tutanchamun (1347–1339 v. Chr.) formuliert:

Es zimmerte Seine Majestät [...] die Barken [der Götter] auf dem Nil aus neuem Zedernholz vom besten des Libanon, vom Ausgewählten [...] [des Libanon], beschlagen mit Gold vom Besten der Fremdländer, so daß sie den Nil erhellen. Es reinigte Seine Majestät Sklaven und Sklavinnen, Sängerinnen und Tänzerinnen, die vorher Mahlsklavinnen im Königshaus gewesen waren, indem ihre Arbeit für den Palast verrechnet wurde und für das [Schatz]haus des Herrn der beiden Länder. Ich ließ sie geschützt und befreit sein für die Väter, alle Götter, da es mein Wunsch ist, sie zufriedenzustellen dadurch, daß [ich] tue, was deren Ka wünscht, denn sie beschützen das Land Ägypten.« (*Urk.* IV 2030, 1–11).*

Es lohnt die Mühe, den zur Bezeichnung der Befreiung aus dem Sklavenstand gebräuchlichen Ausdruck *sw'b* (»reinigen«) einmal näher zu betrachten. Wie oben ausgeführt, wurde mit *w'b* im Mittleren Reich die Situation des »Bürgers« (*nḏs*) bezeichnet, der durch Übernahme einer priesterlichen Funktion vom Pflichtdienst für den Staat befreit wurde. In gewissem Sinne erweist sich die semantische Entwicklung dieses Ausdrucks als ein Indiz für eine generelle kulturhistorische Entwicklung: Bezog sich das Phänomen der »Reinigung« in der aristokratischen und sozusagen »nilozentrischen« Gesellschaft des Mittleren Reiches lediglich auf den Aufstieg eines einzelnen vom Status einer »abhängigen Person« zu dem eines »Bürgers«, so schloß es nun, in der kosmopolitischen Gesellschaft des imperialen Ägypten, auch den Wechsel vom Sklavendasein zum bezahlten Tempeldiener ein. In der komplexer gewordenen Gesellschaft des Neuen Reiches bezeichnete dieses Wort nicht mehr allein das Phänomen, daß ein einzelner Ägypter seine soziale Position verbesserte, sondern es bezog sich auch auf die Situation der ausländischen Sklaven als soziale Gruppe. Demnach vollzog sich hier ein Prozeß, wie er bei allen Phänomenen der »Demokratisierung« in ähnlicher Weise anzutreffen ist: Auf der einen Seite werden neue Möglichkeiten des sozialen Aufstiegs geschaffen, auf der anderen Seite verringert sich zuneh-

* Zit. in Anlehnung an: Helck 1961, S. 367 (Anm. d. Übers.)

mend der Abstand zwischen der kulturellen Elite und den übrigen Gruppen der Gesellschaft. So entwickelte sich zu Beginn des Neuen Reiches der Tempeldienst neben dem Militärdienst zu einem der beiden Dienste, die der ägyptische Bürger in regelmäßigen Abständen für den Staat abzuleisten hatte. Hält man sich dies vor Augen, so wird deutlich, daß die Existenz der Sklaverei nicht notwendigerweise als Indiz für eine Gesellschaft gewertet werden kann, die eine despotischere politische Struktur aufweist als eine Gesellschaft, welche das Sklaventum (noch) nicht kennt, zumal dieses im Ägypten des Neuen Reiches paradoxerweise als Anzeichen für eine Entwicklung der Sozialstruktur in »demokratischem« Sinne zu werten ist.

Doch einer der für den modernen Betrachter störenden Aspekte dieser »Bürokratisierung« des Sklaventums ist, daß es »Sklavenhäuser« gab, die anscheinend der »serienmäßigen Produktion« von Nachkommen dienten: Wir haben ja sowohl aus der Tatsache, daß im Mittleren Reich die Bezeichung »Sklave« auf den Sohn eines Sklaven angewendet wurde, als auch aus dem Faktum, daß im Neuen Reich ausdrücklich auf die Freilassung von Kindern einer Sklavin hingewiesen wird, den Schluß gezogen, daß die Zugehörigkeit zum Sklavenstand in Ägypten in der Regel erblich war. Von diesen »Sklavenhäusern« ist uns eine bildliche Darstellung aus dem Grab des Rechmire in Theben aus der 18. Dynastie überliefert (Davies 1943, Tafel 23); des weiteren liegt uns ein philologischer Beleg aus einem weiteren bedeutenden Verwaltungstext der Ramessidenzeit, dem Papyrus Harris I, vor, in welchem sich eine Auflistung der Besitztümer der größten ägyptischen Tempel findet. In dem Gebet für Ptah, welches den Abschnitt über den Tempel in Memphis einleitet, wird eine »reine Frauensiedlung« erwähnt, die offenbar der Produktion von Sklaven diente (Papyrus Harris I 47, 8–9):

> Ich habe für Dich große Dekrete mit geheimen Wörtern erlassen, die im ägyptischen Archiv registriert sind, aus Felsblöcken gemacht, die mit dem Meißel bearbeitet wurden; und ich habe auf immer und ewig für den Dienst in Deinem erhabenen Tempel und die Verwaltung Deiner »reinen Frauensiedlung« gesorgt. Ich habe ihre Kinder, die zuvor bei anderen Diensten zerstreut waren, [an einem Ort] gesammelt und sie für Dich, für den Dienst im Ptah-Tempel, bestimmt, als ein für sie bis in alle Ewigkeit gültiger Befehl.

Als Sklave galt jedoch offenbar nur der Fremde, der in den Sklavenstand abgesunken war. Ägypter, die aufgrund ökonomischer Schwierigkeiten oder eines Gerichtsurteils die Rechte an ihrer Person an den Staat abtraten, wurden mit dem allgemeineren Ausdruck »Dienender«, »Diener« (*b3k.w*) bezeichnet, doch dürften deren Lebensbedingungen und soziale Position denen der Sklaven recht ähnlich gewesen sein (Papyrus Anastasi V 19, 6ff.):

Und weiter: Am Abend des neunten Tages des dritten Sommermonats wurde ich vom Großen Saal des Königspalastes ausgeschickt, diese beiden Sklaven zu verfolgen. Als ich, am zehnten Tag der Sommerzeit, das Gebiet von Tjeku erreichte, sagte man mir, daß eine Botschaft aus dem Süden gemeldet habe, sie kämen hier am zehnten Tag der Sommerzeit vorbei. Als ich die Festung erreichte, berichtete man mir, daß der Stallknecht mit der Nachricht aus der Wüste gekommen sei, daß sie die nördliche Grenzmauer des Turmes des Seti-Merneptah-der-wie-Seth-geliebt-wird passiert hätten. Wenn Ihr meinen Brief erhaltet, schreibt mir von ihnen. Wer hat sie aufgespürt? Welcher Wachtposten hat sie ausfindig gemacht? Welche Männer sind hinter ihnen her? Setzt mich über alles in Kenntnis, was ihnen widerfahren ist. Wieviele Männer habt Ihr ihnen nachgeschickt? Auf Wiedersehen.

»Diener« (*b3k*) scheint somit eine allgemeinere Bezeichnung zu sein, deren Bedeutung auch den Status des ausländischen Sklaven (*ḥm*) einschließt. Es darf in diesem Zusammenhang nicht vergessen werden, daß gemäß der biblischen Überlieferung, in der Ägypten quasi antonomasisch als »Haus der Knechtschaft« gesehen wird, die Ägypter, wenn sie aufgrund einer Hungersnot in wirtschaftlicher Not waren, sich freiwillig für die Sklaverei entscheiden konnten, indem sie ihren Besitz und sich selbst an den Staat verkauften (*Genesis* 47, 13ff.). In einem im Turiner Museum aufbewahrten Dokument erörtert ein Priester namens Amenchau aus Medinet Habu in seinem zweiten Heiratsvertrag, den er nach dem Tode seiner ersten Frau abschließt, das Schicksal einiger Sklaven: neun überschreibt er den Kindern seiner ersten Frau, vier überläßt er seiner zweiten Frau, die jedoch erst nach dem Tod des Ehemanns oder im Falle einer Scheidung zur einzigen Eigentümerin wird. Interessant ist das Turiner Dokument zum einen, weil in ihm neben den örtlichen Sklaven in einem fragmentarisch erhaltenen Abschnitt auch eine ausländische Sklavin (*ḥm.t*) genannt wird, zum anderen, weil auch die beiden Ehefrauen Amenchaus als Freigelassene bezeichnet werden. Sie tragen den Titel »freie Bürgerin« (*'nḫ.t nj.t n".t*), der uns auf das oben bereits erwähnte Dokument verweist, in dem geschildert wird, wie die »Bürgerschaft« von Elephantine dem Antrag auf Freilassung stattgibt, der von einer Sklavin vorgelegt wurde, die unter anderem Eigentum der Stadt war. Noch aufschlußreicher aber erscheint uns in diesem Zusammenhang die Formulierung, welche der Wesir wählte, um sein Einverständnis mit den Klauseln des Ehevertrags des Amenchau zum Ausdruck zu bringen (Papyri Turin 2021, 2,11–4,1):

Auch wenn sie nicht seine Frau wäre, sondern nur eine Syrerin oder Nubierin, die er liebte und der er einen Teil seines Eigentums abtreten wollte, wer könnte denn für nichtig erklären, was er gemacht hat? So seien denn der Bürgerin Anoksenedjem jene vier Sklaven gegeben, die ihr und Amenchau gehören, zusammen mit allem, was er in Zukunft mit ihr erwirbt, mit allen Dingen, die er abzutreten sich bereit erklärt hat, indem er sprach: »Meine zwei Drittel neben ihrem Achtel, und keiner meiner Söhne und keine meiner Töchter wird diese Vereinbarung in Frage stellen, die ich heute für sie getroffen habe.«

Ebensowenig wie den ausländischen war es offenbar den ägyptischen Sklaven verboten, Eigentum zu besitzen (vgl. das Testament Naunachtes, in: Černý 1945, S. 39–53). Sie stellten sozusagen eine Art Subproletariat dar, das den Quellen zufolge einerseits den Sklaven, andererseits aber den Bauern und Handwerkern, also dem gegen ein Entgelt arbeitenden Proletariat gleichgestellt war. Wir stehen hier demnach vor einem weiteren Beispiel für jenes typisch ägyptische Phänomen der Verschleierung der Sklaverei, die in den überlieferten Quellen niemals in aller Ausführlichkeit beschrieben, sondern stets nur in ihren grundlegenden Zügen skizziert wird. Zu Beginn des Neuen Reiches lesen wir in den Briefen eines gewissen Ahmose Peniati, dem wir eines der wenigen Verwaltungsarchive der 18. Dynastie verdanken, daß die Mutter einer [ägyptischen] Sklavin (*b3k.t*) sich darüber beschwert, daß ihre Tochter von dem Herrn, dem sie diese anvertraut hatte, an einen Dritten abgetreten worden war. Dies rechtfertigt die Annahme, daß die ägyptischen Sklaven, anders als die ausländischen, in der Regel nicht Gegenstand von Handelsgeschäften, sondern lediglich für einen bestimmten Dienst vorgesehen waren. Die Frage wird schließlich dem Gericht vorgelegt und erweist sich als überaus komplex:

[Dies ist,] was Ahmose Peniati zu seinem Herrn, dem Schatzmeister Tai spricht: Warum ist die Sklavin, die bei mir war, weggebracht und einem anderen gegeben worden? Bin ich denn nicht dein Diener, der Tag und Nacht deinen Befehlen gehorcht? Gestatte es mir, den Betrag zu zahlen, der ihrem Wert entspricht, denn sie ist noch ein Kind und nicht in der Lage, im Dienste eines anderen zu arbeiten. Oder möge mein Herr anordnen, daß ich selber die Arbeiten verrichte, mit denen sie wie jede beliebige Sklavin meines Herrn betraut wird, denn die Mutter des Mädchens hat mir geschrieben und sich darüber beschwert, daß ich es zugelassen habe, daß ihre Tochter weggebracht wurde, obwohl sie doch hier bei mir war; sie sagt, daß sie darauf verzichtet habe, bei meinem Herrn Einspruch dagegen zu erheben, weil das Mädchen ja in meiner Obhut war, so als wäre es meine Tochter. So hat sie sich bei mir beschwert (Papyri Louvre 3230, 2).

Dies ist eine Mitteilung, um dich über die Frage jener Sklavin zu informieren, die jetzt dem Adligen Teti anvertraut ist. Er ließ also Abui, den Oberaufseher der Bediensteten, zu sich kommen, und übergab ihm folgende Botschaft: »Bringe den Streit mit ihm vor Gericht, denn er hat nicht auf die Aussagen Ramoses, des Oberaufsehers der Landarbeiter, geantwortet. Was die Frage der Sklavin des Adligen Mininephis betrifft, so will er nicht auf meinen Ratschlag hören, daß die Frage den Richtern vorgelegt werde.« (Papyri Britisches Museum 10107, 3–12).

Auch diesen Verwaltungstexten läßt sich entnehmen, daß die ägyptische Gesellschaft zur Zeit des Neuen Reiches in eine Vielzahl von Berufsgruppen gegliedert war, innerhalb derer die »Sklaven« jeweils die unterste Schicht bildeten; es setzt sich hier also ein Prozeß fort, der im Ansatz bereits in den Verwaltungstexten des Mittleren Reiches erkennbar war. In den stilistischen Antithesen der *Satire der Berufe* aus der klassischen Zeit ging es im Grunde noch um den Gegensatz zwischen der freien, aristokratischen Welt, wie sie durch die Figur des Schreibers verkörpert wurde, und den »Abhängigen« in allen Berufen der ägyptischen Gesellschaft; in den »Miszellen« tauchen diese Antithesen mit etwas anderer Schwerpunktsetzung wieder auf: Nun wird die Tätigkeit des Schreibers an sich gegenüber allen anderen Berufen positiv hervorgehoben, und zwar ungeachtet ihres sozialen Prestiges, obgleich dieses in einigen Fällen beträchtlich gewesen sein muß (man denke etwa an die hohe gesellschaftliche Stellung des Propheten oder des Priesters, von denen im dritten der unten zitierten Abschnitte die Rede ist).

Sieh es mit eignen Augen an, die Berufe liegen hier vor dir.

Der Wäscher steigt den Tag lang hinauf und hinab, alle seine Glieder werden müde, wenn er täglich die Kleider seines Nachbarn weiß wäscht und ihre Flecken auswäscht. Der Ziegelmaurer ist mit Erde beschmiert wie einer, dessen Angehörige gestorben sind [...]. Der Schuster ist mit Gerbstoff beschmiert, und sein Geruch ist leicht zu erkennen [...]. Der Kranzbinder macht Blumensträuße, um die Untersätze der Krüge zu schmücken. Er verbringt die Nacht mit Arbeit, als wäre die Sonne schon über ihm aufgegangen. Die Handelsmänner fahren stromab und stromauf und sind beschäftigt, um die Dinge von einer Stadt zur anderen zu tragen [...]. Der Handwerker auf dem Zimmerplatz trägt das Holz und legt es hin.

Gibt er die Arbeit für gestern erst heute ab, wehe dann seinen Gliedern. Der Vorarbeiter steht hinter ihm und sagt zu ihm böse Worte. Ein Handlanger auf dem Felde ist härter daran als jeder andere Beruf. Den Tag über schleppt er sich mit seinem Gerät und muß fest bei seinem Schrein bleiben (Papyrus Lansing 4,2 ff; Freiherr v. Bissing 1955, S. 67).

Der Schreiber landet an dem Damm, wenn er die Ernte aufschreibt: Türhüter begleiten ihn mit Stöcken und Neger mit Peitschen. Es heißt: Gib Korn! »Es ist keines da!« Da wird er ausgestreckt geschlagen, wird gebunden und in den Kanal geworfen, da versinkt er und ertrinkt. Seine Frau wird vor ihm gebunden, seine Kinder sind gefesselt, seine Nachbarn lassen sie im Stich und fliehen davon. Alles ist zu Ende, Korn gibt's keines (ebd., 5,7 ff.).

Der Gottesdiener ist Landarbeiter, der Web-Priester [...] führt seinen Dienst durch und verbringt die Zeit, dreimal täglich sich im Fluß zu waschen, wobei er weder zwischen Winter oder Sommer unterscheiden kann, noch ob es stürmt oder regnet (Papyrus Anastasi II, 7,6–7,7; Helck, Otto, Westendorf 1982, Sp. 1091).

## Die Spätzeit

In der ägyptischen Gesellschaft des ersten Jahrtausends v. Chr. trat das bereits erwähnte Phänomen, daß die Sklaven keinen eigenen gesellschaftlichen Stand konstituierten, sondern innerhalb der verschiedenen Berufsgruppen jeweils die unterste Schicht bildeten, noch deutlicher zutage als zuvor. Wir haben soeben gesehen, daß zur Zeit des Neuen Reiches die Sklaven (bei denen es sich im wesentlichen um Kriegsgefangene und um auf dem Sklavenmarkt erworbene Asiaten handelte) zu einem grundlegenden Element der ägyptischen Sozialstruktur geworden waren, ohne daß jedoch der Sklave als eigener sozialer Typus in die Literatur Eingang gefunden hätte. Mit dem Niedergang der imperialen Macht und dem zunehmenden Rückgang des ägyptischen Einflusses in Asien während der Eisenzeit nahm auch die Zahl der im Niltal gehaltenen Sklaven merklich ab. Die Ausländer in Ägypten lebten nun in selbständig organisierten Gruppen zusammen (man denke etwa an die Entstehung der Kolonien und die Gruppen der griechischen, semitischen und karischen Söldner in Naukratis oder Elephantine).

Belege für Sklaverei im eigentlichen Sinne lassen sich seit Beginn des ersten Jahrtausends nachweisen, auch wenn ihre Zahl, verglichen mit der

Überfülle der Belege, die uns aus der Ramessidenzeit vorliegen, bezeichnenderweise äußerst niedrig ist. So liegt uns z. B. eine Inschrift vor, in welcher der Libyerfürst Scheschonq, der »große Führer der Maschwasch« und spätere Begründer der 22. Dynastie in Bubastis (946–712 v. Chr.; als solcher nannte er sich Scheschonq I.), erklärt, er wolle in Abydos eine fromme Stiftung gründen, die sich der Pflege der Grabanlage seines Vaters Nemrut annehmen solle; in dieser Inschrift wird unter den Bediensteten der Stiftung ein Bauer erwähnt, der vier Sklaven (*ḥm.w*) unter sich hatte – »insgesamt fünf Männer mit einem Gesamtwert von vier *Deben* und einem *Kite* Silber«, so die Formulierung im charakteristischen bürokratischen Stil (Stele Kairo JE 66285, 13–14). Nach dieser Epoche erscheint der Terminus *ḥm* in Verwaltungsurkunden nicht mehr.

In der Spätzeit liegt demnach erneut eine ähnliche Situation vor, wie wir sie für den Beginn der Geschichte des Pharaonenreiches konstatiert haben, als der Status des Sklaven nicht formal kodifiziert war und Sklaven nur Erwähnung fanden, wenn vom Königshof oder von den Tempeln die Rede war. Es überrascht also nicht, daß im 5. Jahrhundert v. Chr. Herodot, der sich als erster im Abendland mit der ägyptischen Kultur befaßte, unter den »sieben Kasten der Ägypter« (*Aigyptíōn heptà génea*), die er als charakteristisch für die Gesellschaft der Spätzeit aufführt, den Sklaven nicht erwähnt (2, 164): »Die Ägypter haben sieben verschiedene Kasten. Die eine heißt die Priesterkaste, die zweite die Kriegerkaste; dann folgen die Rinderhirten, die Schweinehirten, die Krämer, die Dolmetscher, die Schiffer. Soviel Klassen gibt es in Ägypten, und ihre Namen haben sie nach ihren Berufen« (Herodot 1959, S. 172). Ebensowenig überrascht es uns, daß Platon einige Jahrzehnte später eine in vielerlei Hinsicht ähnliche Analyse der ägyptischen Gesellschaft vornimmt; in dem Werk *Timaios* erklärt ein ägyptischer Priester dem athenischen Gesetzgeber Solon die Gesetze seines Landes (24 a–b):

> [...] du wirst hier zahlreiche Beispiele von solchen finden, die damals bei euch gegolten haben: erstens einmal, daß es einen Stand [*génos*] der Priester gibt, der von den anderen abgesondert ist; dann die Handwerker, von denen jeder Stand für sich allein und nicht mit den anderen zusammen sein Gewerbe treibt, sowie den der Hirten und der Jäger und den Bauern. Vor allem aber ist dir sicher aufgefallen, daß hier der Stand der Krieger von allen anderen getrennt ist und daß er von Gesetzes wegen keinen anderen Auftrag hat, als sich um die Kriegführung zu kümmern (Platon 1969, S. 201 f.).

Für die Römerzeit dann stellte Diodorus Siculus (I, 73–74) fest, daß es in der ägyptischen Gesellschaft neben den Kriegern drei weitere Klassen freier Bürger gebe, nämlich die Hirten, die Bauern und die Handwerker. Wie ist nun diese von griechischer Seite gelieferte Interpretation der ägyptischen Gesellschaftsstruktur zu verstehen? Die drei wichtigsten sozialen Gruppen, die sich nach dem Zerfall des ägyptischen Weltreichs herausbildeten, waren die Priester, die Soldaten und die Bauern (im weitesten Sinne zu verstehen als »die in der Landwirtschaft Tätigen«). Die Priester verwalteten (sozusagen mit Exklusivrecht) einen eigenen Wirtschaftszweig (die Tempel), der inzwischen als ökonomischer Faktor wesentlich größere Bedeutung erlangt hatte als der Hof; bei den Berufssoldaten handelte es sich um Söldner, die im Dienste der jeweiligen Herrscher standen; bei den Landwirten und Hirten handelte es sich um die *nmḥ.w*, d.h. gewissermaßen um die Erben jener »Freien im Lande des Pharao«, die zur Zeit des Neuen Reiches durch die Zuteilung eines Stück Landes die wirtschaftliche Unabhängigkeit von der Zentralregierung erlangt hatten. In einer Gesellschaft, deren politische (aber nicht unbedingt auch kulturelle) Horizonte enger geworden waren und die sich geographisch erneut auf das Gebiet um den Nil beschränkte, war für die Sklaverei kein Platz mehr. An die Stelle des Sklaventums, das vor allem für wirtschaftlich expandierende Gesellschaften kennzeichnend ist, traten nun Formen der »Klientel«, die zum einen in den Beziehungen zwischen dem einzelnen und seiner Berufsgruppe sichtbar wurden (Beziehungen, die so eng waren, daß sie dem griechischen Betrachter als Anzeichen für nach außen hin streng abgegrenzte soziale Klassen erschienen), zum anderen in dem häufig vorkommenden Handel mit Sklaven (wobei auch hier wieder der Terminus *b3k*, »Dienen«, verwendet wird).

Die Verträge aus der Saiten- und Perserzeit liefern uns hierfür zahlreiche Beispiele, wobei ein Unterschied zwischen dem Status der Ägypter und dem der Ausländer hier nicht mehr festzustellen ist. Aus diesen Verträgen geht hervor, daß der Sklave einer Reihe von gesetzlichen Beschränkungen unterworfen war, daß jedoch die Möglichkeit bestand, von diesen Beschränkungen befreit zu werden; des weiteren wird deutlich, daß die Zugehörigkeit zum Sklavenstand oftmals auf einer freiwilligen Entscheidung des einzelnen beruhte, der wirtschaftliche Protektion wünschte, wobei allerdings auch ideologische Beweggründe eine Rolle spielen konnten. Dies deutet darauf hin, daß es sich hierbei eher um eine Form der Klientel handelte und nicht um Sklaverei im eigentlichen

Sinne (Louvre E 706 3r–7; vgl. Bakir 1952, Tafel 17; Griffith 1909, III, S. 52 ff.):

Du hast es so eingerichtet, daß ich einverstanden bin, zu diesem Preis deine Sklavin zu werden. Ich bin nun deine Sklavin, und niemand wird mich mehr von dir fortbringen können, und ich werde mich nicht mehr befreien können [d.h.: »*nmḥ* werden«]; ich werde immer in deinen Diensten bleiben, zusammen mit meinen Kindern, auch in dem Fall, daß mir Geld, Getreide oder sonst irgendein Eigentum des Landes abgetreten wird.

Die Sklavin Tapnebtynis, Tochter des Sebekmeni und der Mutter Esoeri, sprach vor meinem Herrn Sobek, dem Herrn von Tebtynis, dem großen Gott: »Ich bin deine Sklavin, zusammen mit meinen Kindern und den Kindern meiner Kinder. Ich werde niemals frei [*nmḥ*] sein in deinem Tempel, für alle Ewigkeit. Du wirst mich beschützen, du wirst für meinen Unterhalt sorgen, du wirst mich behüten, du wirst mich gesund erhalten, du wirst mich vor jedem männlichen oder weiblichen Geist bewahren, vor jedem Mann in Trance, vor jedem Epileptiker, vor jedem Ertrunkenen, vor jedem Betrunkenen, vor jedem Alptraum, vor jedem Toten, vor jedem Mann aus dem Fluß, vor jedem geistig Verwirrten, vor jedem Feind, vor jeder roten Sache, vor jedem Unglück, vor jeder Pest« (Papyrus BM 10622, 7–14).

Der Ausdruck *nmḥ*, der im Mittleren Reich die Person bezeichnete, welche keinen rechtlichen Schutz genoß (eine Verwendungsweise, die auf die ursprüngliche Bedeutung des Wortes, »verwaist«, zurückging), gegen Ende des Neuen Reiches auf den kleinen, von Steuern befreiten Landbesitzer angewendet wurde und schließlich die Befreiung aus dem Sklavenstand bezeichnete, scheint auch am besten geeignet, um diesen kurzen historischen Abriß über die Sklaverei in Ägypten zum Abschluß zu bringen. Aus den griechischen Papyri Ägyptens geht hervor, daß sich allmählich der hellenistische Typus des Sklaventums durchsetzte, für den Kriegsbeute, der Erwerb von Sklaven aus dem syrisch-palästinensischen Raum (vgl. die Zenon-Papyri), das Absinken in den Sklavenstand aufgrund von Verschuldung und – bei Sklaven, die im Hause des Herrn geboren worden waren – die Erblichkeit des Sklavenstatus kennzeichnend waren. Hingegen erscheint in den autochthonen Texten der Ptolemäerzeit der Dienst im Tempel als die am häufigsten auftretende (und auch freiwillig gewählte) Form der Sklaverei: Dem »frei Geborenen« stand nun der »im Tempel Geborene« gegenüber. In den Tempeln, die nunmehr die letzte Bastion rein ägyptischen Brauchtums in einer dem Synkretismus geweihten Gesellschaft darstellten, wurden die religiösen Texte einer jahrtausendealten Tradition sorgsam gehütet, überarbeitet und auf den Wänden notiert, bis schließlich auch sie dem neuen, christlichen Ägypten weichen mußten.

## Schlußfolgerung

Die hier unternommene Analyse der Rolle, welche die Figur des Sklaven im alten Ägypten spielte, erfüllt historiographisch gesehen eine dreifache Funktion: Zunächst einmal dient sie dazu, die Bedeutung und Tragweite einer Reihe grundlegender sozialer Veränderungen erkennbar werden zu lassen, die sich in der pharaonischen Gesellschaft im Laufe ihrer dreitausendjährigen urkundlich belegten Geschichte vollzogen: von der Pyramidengesellschaft der memphitischen Zeit bis hin zu der zunehmend vom Leistungsprinzip geprägten Gesellschaft des Mittleren Reiches (ein Wandel, der auch eine Reihe humanistischer Fragestellungen aufwirft), vom bürokratischen Zentralismus der Ramessidenzeit bis hin zur Entstehung in sich geschlossener Berufsgruppen als »soziale Klassen« in der Spätzeit. Sodann trägt diese Analyse zur Kritik einer These bei, die hier als die »Evolutionsthese« im Studium der Menschheitsgeschichte bezeichnet werden soll. Diese These besagt, daß die Errungenschaften der Kulturen des klassischen Altertums in sozial-, wirtschafts- und rechtsgeschichtlicher Hinsicht das, was die Kulturen des östlichen Mittelmeerraums in der Bronze- und Eisenzeit erreicht hatten, weit übertrafen. Tatsächlich lassen sich jedoch im pharaonischen Ägypten in Abhängigkeit von den jeweiligen ökonomischen und geistesgeschichtlichen Bedürfnissen zu verschiedenen historischen Zeitpunkten verschiedene Arten des »Sklaventums« feststellen: So fehlt im Alten Reich, in dem sich die gesamte Gesellschaft in absoluter Abhängigkeit von der Kontrolle durch den Staat befand, ein spezieller Sklavenstatus; im Mittleren Reich werden ein solcher Status und auch die Existenz »politischer« Sklaven anerkannt; im Neuen Reich ist eine Überfülle ausländischer Sklaven zu beobachten, und im ersten Jahrtausend v. Chr. entstehen verschiedene Formen von mehr oder weniger freiwillig angenommener Sklaverei. Schließlich ermöglicht diese Analyse, eine »Sozialgeschichte« der ägyptischen Kultur zu schreiben und die Funktionsweise eines komplexen sozialen Mechanismus aus der Welt des alten Orients zu untersuchen. Der Historiker nimmt hierbei allerdings auch erstaunlich moderne Züge wahr (so das Mißtrauen in die Kodifikation von Gesetzesnormen und die Vorliebe für eine kasuistische Rechtsprechung: man denke an das angelsächsische Rechtssystem im Vergleich zum römischen oder napoleonischen Recht), so daß diese Untersuchung dazu anregt, auch die Grundlagen der abendländischen Kultur einer erneuten kritischen Betrachtung zu unterziehen.

Kapitel 8

# Der Fremde

Edda Bresciani

Im Jahre 1961 schrieb Sergio Donadoni über die Einstellung, mit der die alten Ägypter den fremden, jenseits der eigenen Landesgrenzen lebenden Völkern und Gesellschaften begegneten, unter anderem: »Ein Weltreich stört sich nicht weiter an ihnen, mögen wir sie auch als Beschränkung empfinden: Es sieht in ihnen nichts als ein dunkles, ungeordnetes Chaos, das lediglich den negativen Rahmen für den [eigenen] politisch geeinten und geschlossenen Kosmos darstellt.«

Durch die gesamte Geschichte des Pharaonenreiches hindurch wurde diese Konzeption als nützliches Instrument königlicher Herrschaft aufrechterhalten: Es war die Pflicht des Pharao, des Garanten der Weltordnung bei den Göttern, gegen Störenfriede vorzugehen; diese aber, die nichtägyptischen Völker, die im Süden, Osten und Westen des ägyptischen Reiches lebten, waren »Besiegte« *per definitionem*, schon bevor überhaupt ein Kampf stattgefunden hatte. Szenen und Symbole, in denen die Feinde in ihrer Gesamtheit dargestellt sind – etwa die »Neun Bogen« –, tauchen in der ägyptischen Geschichte als Beispiel und Mahnung immer wieder auf, noch bis in die griechisch-römische Zeit hinein, und die Gestalten der Besiegten, auf immer und ewig »getreten«, finden wir auf den Sockeln der Königsstandbilder, unter den Sohlen der königlichen Sandalen, auf dem Boden und unter den Balustraden der Paläste.

Schon in den *Pyramidentexten* begriff sich das geschichtliche, ethnozentrische Ägypten als Mitte der Welt: als »Auge des Horus« war Ägypten von Gott dazu bestimmt worden, eine Nation, ja *die* Nation, die für Horus-Pharao geschaffene Nation zu sein:

Die Tore über dir erheben sich schützend.
Sie öffnen sich nicht den Bewohnern des Abendlandes,
sie öffnen sich nicht den Bewohnern des Morgenlandes,
sie öffnen sich nicht den Bewohnern des Südens,
sie öffnen sich nicht den Bewohnern des Nordens! [...]
Sie öffnen sich für Horus! Er ist es, der sie erschaffen hat,
er ist es, der sie gehoben, der sie gerettet hat
vor allen Angriffen, die Seth gegen sie richtete!
(*Pyr.* 1588–1606)

Hier haben wir eine frühe, mythologische Rechtfertigung für die Unterscheidung zwischen Ägypten und seinen Nachbarn in allen vier Himmelsrichtungen, zwischen dem Reich des Horus, Ägypten, wo eine vollkommene Ordnung herrscht, und dem Reich Seths – den »Fremdländern«, dem Reich des »Andersartigen«, der Unordnung.

Das Pharaonenreich wurde politisch und rituell vor den Fremden geschützt, die sich dagegen wehrten, dem glücklichsten aller Staaten – Ägypten – einverleibt zu werden: Die politisch-magischen Operationen, durch welche die feindlich gesinnten Ausländer unschädlich gemacht werden sollten, sind belegt in den sogenannten Ächtungstexten aus dem Alten Reich, die auf in Giza und Saqqara gefundenen Gefäßen und kleinen Tonfiguren notiert sind, und in denen die Namen von Ländern und Fürsten in Nubien und Asien erwähnt werden, die »zusammen mit ihren besiegten [Untertanen] [man lese: »mit den Untertanen, die unweigerlich besiegt werden werden«] exorziert werden müssen:

Jeder Rebell dieses Landes, jeder Mensch, jeder Beamte, jeder Untertan, jeder Mann, jeder Kastrierte, jede Frau, jeder Führer, jeder Nubier, jeder Kämpfer, jeder Bote, jeder Verbündete und jeder Bundesgenosse eines jeden fremden Landes, der sich widersetzt und sich in Wawat, in Satju, in Irtjet, Jam, Ianech, Masit, Kaau befindet, oder der eine Verschwörung anzettelt oder durch wie auch immer geartete böse Worte gegen Ober- und Unterägpten Unruhen heraufbeschwört, [wird] für immer [vernichtet] werden.

Spezielle Rituale dieser Art sind nicht nur für das Alte, sondern auch für das Mittlere Reich belegt; sie zeugen davon, daß man schon damals konkrete, durch eigene Anschauung gewonnene Kenntnisse von Geographie, Politik, Toponomastik und von den afrikanischen und asiatischen Sprachen besaß, daß man auch die Fürsten der Gebiete, über welche der Pharao die Herrschaft beanspruchte und auch tatsächlich ausübte, kannte, Fürsten, von denen man allerdings befürchtete, daß sie Aufstände und Verschwörungen anzetteln könnten. In den wenigen Fällen, in denen von der Ächtung Personen mit ägyptischen Namen betroffen sind, könnte es sich um Ausländer handeln, die bereits seit längerer Zeit in Ägypten ansässig waren, oder auch um ägyptische Untertanen, die vom rechten Weg abgekommen und »Rebellen« geworden waren.

Besiegt und ihrer Unrechtstaten überführt, blieb den »Fremden« keine andere Wahl, als sich in Gehorsam zu üben: Ob sie nun als Unterworfene und loyale Untertanen in ihrem eigenen Lande blieben, ob sie dem Pharao voller Eifer die Reichtümer ihres Landes zukommen ließen oder ob sie nach Ägypten gebracht wurden, damit sie dem König oder seinem Tempel dienten, sie fanden im wohlgeordneten politischen System des Pharaonenstaates eine Position und Aufgabe, die für sie im Sinne jener loyalitätsorientierten Philosophie, welche Sesostris I. in Wadi el-Hudi in Nubien so deutlich formulierte, sogar nützlich war: »Jeder Iuntiu [Nomade] aus Nubien, der sich dazu bekennt, ein Untertan im Sinne eines Dieners zu sein, der nach der Macht dieses vollkommenen Herrschers handelt – sein Geschlecht wird ewig Bestand haben.«

Daß die fremden Länder im Vergleich zu Ägypten als andersartig und »seltsam« empfunden wurden, haben die alten Ägypter mit Interesse und Verwunderung bemerkt, beschrieben, dargestellt. Diese Andersartigkeit wurde zurückgeführt auf eine Reihe von anthropologischen und ethnographischen Merkmalen und geographischen und hydrographischen Besonderheiten. Nichtsdestoweniger ging man – zumindest in den ausführlichen Darstellungen, die uns seit Mitte der 18. Dynastie überliefert worden sind, aufgrund derer jedoch nicht ausgeschlossen werden kann, daß im täglichen Umgang miteinander auch Vorurteile auftraten – davon aus, daß die Fremden gleichermaßen ihren Platz in der Schöpfung des göttlichen Demiurgen hatten: »Atum ist es, der die Menschen erschaffen hat,/der ihr Wesen unterschieden und ihnen Leben gegeben hat,/der jedem von ihnen eine andere Hautfarbe gegeben hat« (Papyrus Boulaq 17, *Hymne an Amun-Rê*). Und an den Gott gewandt rezitierte man:

> Du hast die Erde erschaffen nach deinem Belieben [...].
> Die Länder Syrien und Nubien und das Land Ägypten –
> Du setztest jedermann an seinen Ort
> Und schufst, wessen sie bedürfen.
> Jeder hat seine Speise, und seine Lebenszeit ist (ihm) zugemessen.
> Ihre Zungen sind durch Sprachen geschieden

Und ebenso ihre Gestalten;
(Auch) ihre Hautfarbe ist verschieden –
Ja, du unterscheidest die Völker!
Du schufst den Nil in der Unterwelt
Und führtest ihn (herauf) nach deinem Belieben,
Um die Menschen am Leben zu erhalten, du, ihrer aller Herr! ...
Alle fernen Länder – du machtest, daß (auch) sie leben.
Du setztest einen Nil an den Himmel [den Regen], daß er zu ihnen hinabsteige
Und auf den Bergen Wellen schlage wie das Meer
Und ihre Äcker tränke mit ihrem Bedarf.
Wie herrlich sind deine Pläne, du Herr der Ewigkeit!
Den Nil am Himmel übergabst du den Bergländern [den Fremdvölkern],
Dem Wild aller Bergländer, das auf seinen Füßen läuft.
Den Nil aber, der aus der Unterwelt kommt, (gabst du Ägypten ...).
(*Hymne an Aton*, Grab des Ai in el-Amarna; Erman 1987, S. 463 f.)

Die fremden Länder mit ihren exotischen Erzeugnissen wurden, wie man aus den *Tausend Liedern an Amun* erfährt, erschaffen, damit sie die Tempel und Lagerhäuser Ägyptens bereicherten:

Die Fremdländer steigen hinab zu dir mit Kostbarkeiten, und [alle] Feinde [leben] in Schrecken vor dir. Die Bewohner von Punt [...] kommen zu dir, und dir grünt [sogar] das Gottesland [...] aus Liebe zu dir. [Sie bringen] dir Tribut mit Drogen [Weihrauch], um deinen Tempel festlich zu machen mit Festgeruch. Die Bäume des Weihrauchs [Harzes] bringen [dir] die Myrrhen hervor [...]. Für dich werden die Zedern auf den Bergen des Libanon] zum Wachsen gebracht, [um] deine ehrwürdige Barke Woser-hêt (»Mit starkem Bug«) zu zimmern. Die Berge liefern dir Steine, um die Tore [deines Tempels] zu verschönern. Schiffe sind auf dem Strom, und Boote auf dem Ufer, beladen, um vor dich zu fahren (Roeder 1959, S. 283).

Die im Neuen Reich gängige Vorstellung von Ägypten als einem universalen, alle Rassen umfassenden Land ist sehr anschaulich im Grab Sethos' I. in Theben dargestellt: Asiaten, Neger, Libyer und Ägypter, alle in ihre charakteristische nationale Tracht gekleidet, schreiten vorwärts unter der Aufsicht des Horus, alle auf dieselbe Weise, derselben Bestimmung im Jenseits entgegen, die ihnen von der Religion verheißen worden ist.

In den meisten Fällen trugen die Ausländer, die sich als Angehörige der königlichen Leibwache oder als Soldaten in Ägypten niedergelassen hatten, weiterhin ihre nationale Tracht. Ihre charakteristischen Kopfbedeckungen und ihre Paraden stellten in Ägypten – ebenso wie die Ankunft exotischer Kaufleute und die Züge der Tributbringer aus fremden Ländern – ein häufig bewundertes Schauspiel dar.

Die Soldaten der nubischen Militärabteilungen, die seit der Zeit des Alten Reiches von den Ägyptern in Dienst genommen wurden, trugen die für sie typischen Waffen (Pfeil und Bogen, Streitaxt), legten breite Gürtel mit Rautenmustern an, die von der Hüfte herabhingen, und umbanden ihr krauses Haar mit Bändern. Die libyschen Söldner behielten die Angewohnheit bei, sich den Körper tätowieren zu lassen, und trugen bis zu vier Federn im Haar. Die Männer der Scherdenabteilungen wiederum (die Scherden waren eines der sogenannten Seevölker), die in der Leibgarde Ramses' II. dienten, fielen durch ihre Koteletten, ihren gekräuselten Schnurrbart, ihre runden Helme und Schilder und ihre mit Metallbeschlägen versehenen Kasacken auf.

Die Darstellung, die in den »Tributszenen« der Grabanlagen hoher Beamter des Neuen Reiches von der Ankunft der »Tributpflichtigen« aus der Ägäis gegeben wird, ist überaus eindrucksvoll. Die Details, an denen etwa der »Kreter« erkennbar ist (langes, gewelltes Haar, bis zu den Knien reichendes Schuhwerk, über und über verzierte Haut, mit Quasten geschmückte Röcke), sind mit einer solchen Genauigkeit ausgeführt, daß kein Zweifel darüber bestehen kann, daß die ägyptischen Künstler diese exotischen Modelle leibhaftig vor sich hatten. Im übrigen wandten sich die Maler und Bildhauer – warum auch nicht? – mit Vorliebe der bunten Palette der ethnischen Besonderheiten zu und fanden Gefallen daran, bestimmte harte Züge an den Negern und die eindrucksvollen Nasen einiger semitischer Völker karikierend zu überzeichnen.

Die Entdeckung, daß Asiaten und Nubier eine unterschiedliche Augenfarbe besaßen, wurde in einem medizinischen Text aufgegriffen, in dem eine Geburtenprognose gegeben wird:

> Du mußt bei Tageslicht in die Augen der Frau schauen, und wenn du feststellst, daß eines ihrer Augen so ist wie die Augen der Asiaten und das andere so wie die Augen der Nubier, so wird [diese Frau] nicht gebären; aber wenn [beide Augen] dieselbe Farbe haben, dann wird sie gebären (Papyrus Berlin 3038, Rs. 2, 1–2).

In einem von Amenophis II. eigenhändig geschriebenen Brief, den er seinem nubischen Vizekönig schickte (Usersatet, der ihn auf eine Stele hat übertragen lassen, welche in Semna im Sudan gefunden wurde), finden sich neben den für einen Pharao gewissermaßen obligatorischen hochmütigen Bemerkungen über die Asiaten und Nubier (wobei die Bezugnahme auf die ebenso einleuchtende wie pragmatische Analyse vom »niederträchtigen« Charakter der Asiaten, die Cheti II. mehr als ein halbes Jahrtausend zuvor seinem Sohn Merikare vorlegte, mehr als deutlich ist) auch amüsante – und amüsierte – Sticheleien über den Harem voller exotischer Frauen, an denen sich sein hoher Beamter erfreute, des weiteren die Empfehlung, sich vor den nubischen »Magiern« in acht zu nehmen (auf dieses in Ägypten weit verbreitete Vorurteil werden wir noch zurückkommen) sowie Betrachtungen darüber, daß die afrikanischen Untertanen für Vertrauensaufgaben in Ägypten nicht zuverlässig genug seien, da sie nicht in der Lage seien, Aufgaben zu erfüllen, die über die eines Lagerverwalters hinausgingen:

Abschrift des Befehls, den Seine Majestät mit eigener Hand selbst [dem Vizekönig Usersatet] ausfertigte. Seine Majestät befand sich in der südlichen Residenz im Männerhaus Pharaos, als er dasaß, trinkend und sich einen guten Tag machend.

Siehe, man bringt dir diesen Befehl des Königs, der groß an Schwertschlag ist, mit starkem Arm, tapfer mit seiner Kraft, der [die Nordbewohner] bändigt und [die Südvölker] an allen ihren Orten [fällt]. Es gibt keinen Feind in irgendeinem Land.

Du aber sitzest [fernab in Nubien], ein Tapferer, der in allen Fremdländern Beute machte, ein Wagenkämpfer, der für Seine Majestät [...] [Amenophis] erbeutete, der Nahrina [niederwarf], [...], [dem Land der Hethiter] Anweisungen geben ließ; der Herr einer Frau aus Babylon und einer Dienerin aus Byblos, eines jungen Mädchens aus Alalach [in Syrien] und einer alten Frau aus Araphha.

Diese Völker Asiens [...], sind aber nichts wert; wozu sollen sie gut sein?

Eine weitere Mitteilung aber dem Vizekönig:

Traue ja nicht den Nubiern, sondern hüte dich vor ihren Leuten und ihren Zauberern! Sieh doch diesen Diener eines kleinen Mannes, den du geholt hast, um ihn zum Beamten zu machen, obwohl das kein Beamter ist, den du Seiner Majestät hättest melden dürfen. [...]

Hör also nicht auf ihre Worte und kümmere dich nicht um ihre Botschaften.« (*Urk*. IV, 1343–44).*

Kam einer aus Kusch, so war dies in den Augen der Schullehrer alles andere als eine Garantie für hohe Lernfähigkeit. Es ist bezeichnend, daß in einer der Schülerhandschriften des Papyrus Bologna (Pap. Bologna, 1094, 3, 5–3, 10) dem Schüler, der sich zu lernen weigert, der Affe als Beispiel vorgeführt wird: »Sogar der Affe vermag den Worten zuzuhören, obwohl er aus Kusch hierher gebracht wurde.«

Es ist keine Entdeckung der modernen Anthropologie, daß »der Mensch das ist, was er ißt«. Schon für die Ägypter stellten die Art, die

* Zitiert in Anlehnung an: Helck 1961, S. 50. (Anm. d. Übers.)

Qualität und die Zubereitungsart der Nahrung ebenso wie die Kleidung ein Kriterium für die Unterscheidung der Völker dar.

Die Beduinen, die Sinuhe willkommen heißen, setzen ihm Speisen vor, die anders sind als die ägyptischen, Speisen, die in Milch gekocht worden sind: »Es wurde viel Dattelwein für mich gemacht, und für alle gekochten (Speisen) wurde Milch verwendet.« Doch als er nach Ägypten zurückkehrt, wird Sinuhe wieder zum Ägypter, indem er sich (real wie metaphorisch) vom Habitus des Beduinen befreit:

> [...] Seine Majestät sprach zur Königin:
> »Schau, der Sinuhe ist gekommen –
> ein Asiat, ein Geschöpf der Beduinen!«
> Sie schrie laut auf, und die Königskinder brüllten alle zusammen.
> Dann sagten sie zu Seiner Majestät:
> »Er ist es nicht wirklich, o König, mein Herr.«
> Doch Seine Majestät sprach: »Er ist es, wahrhaftig!«
> [...]
> Ich wurde in das Haus eines Königssohnes gebracht.
> Wunderbares gab es dort: es hatte ein Badezimmer,
> Spiegel und Schmuck aus dem Schatzhaus [...].
> Jeder Diener kam seiner Pflicht nach.
> Man ließ die (Spur der) Jahre an meinem Leib vorübergehen,
> ich wurde enthaart, und meine Haare wurden zusammengefegt,
> eine (ganze) Ladung wurde der Wüste übergeben,
> dazu die Beduinen-Kleider.
> In feinstes Leinen wurde ich (nun) gekleidet,
> mit bestem Öl gesalbt,
> auf ein Bett wurde ich zur Ruhe gelegt.
> Ich gab den Sand denen, die in ihm wohnen,
> und das (schmierige) Baumöl dem, der sich damit salbt.
> (Hornung 1978, S. 37f.)

In einem gelehrten und geistreichen Artikel hat Serge Sauneron schon vor vielen Jahren gezeigt, wie wenig die Ägypter von der Küche ihrer südlichen Nachbarn hielten. Auch wenn die Zeugnisse alle aus der Spätzeit oder einer noch späteren Epoche stammen, so besteht doch kein Zweifel, daß sich diese Ansicht im Laufe der vielen Jahrhunderte des Kontakts und des Zusammenlebens zwischen beiden Völkern herausgebildet hat. In einer demotischen Erzählung (Setne II.), deren Protagonist Setne (Setem) Chaemwese ist, der Sohn Ramses' II., kommt ein Magier aus Kusch nach Ägypten, um die Zauberer des Pharao zu einem Magiewettstreit herauszufordern, bei dem es darum geht, einen Brief zu lesen, ohne den versiegelten Papyrus, auf den er geschrieben worden war, aufzurollen. Nachdem er Nubien als das »Land der Harzfresser« bezeichnet hatte, ordnete der Pharao an, daß für den Gast Räume bereitgestellt und »Schweinereien [zum Essen] nach dem äthiopischen Geschmack« zubereitet werden sollten.

In einem anderen Text, der sich in Esna befindet und auf das Zeitalter Trajans zurückgeht, wird erklärt, daß der weise Gott und Weltenschöpfer Chnum die Erzeugnisse der fremden Gebiete unterschiedlich gestaltet und Speisen geschaffen hat, die der körperlichen Konstitution der Nubier angemessen sind:

[Chnum] hat die Erzeugnisse der Fremden in ihrem Land so geschaffen, daß sie einen Tribut haben, den sie ausführen können;
der Herr der Töpferscheibe [gemeint ist Chnum, den man sich hier als Töpfer vorstellt] ist auch ihr Vater,
der Gott Tenen [ein Gott der Erde], der alles erschaffen hat, was es auf ihrem Boden gibt,
hat für sie jene Art von Nahrung gemacht, die von den Leuten des [nubischen] Landes Ib-hat [geschätzt] wird und die geeignet ist, ihren Körper zu ernähren.

In einer anderen demotischen Erzählung (Petubastis-Erzählung, Papyrus Straßburg, 15, 20–21) wird Minebemaat, dem Fürsten von Elephantine, vorgeworfen, er sei ein »harzfressender Neger«. In Anbetracht des Überflusses an landwirtschaftlichen Erzeugnissen, den der Nil den Ägyptern bescherte, wurde auch die Knappheit an Nahrungsmitteln als Unterscheidungskriterium zwischen diesen und den umherziehenden Fremden herangezogen: Der nomadische Asiat mußte immerzu von einem Ort zum anderen ziehen, um neue Nahrung zu finden, und die Völker Libyens, »irren«, wie es auf der Stele des Merneptah in Karnak heißt, »ständig umher und müssen jeden Tag kämpfen, um ihre Mägen füllen zu können.«

Belege für den Einlaß von Fremden in die vom Pharao regierte Welt finden sich bereits in den »Annalen« des »Palermosteins« sowie auf anderen Denkmälern der Zeit. Nubier und Libyer, als »lebende Gefangene« bezeichnet, die bei kriegerischen Aktionen oder Razzien festgenommen worden waren, gelangten damals in recht großer Zahl in das Niltal. In bezug auf den ersten Herrscher der 4. Dynastie, Snofru, ist auf dem »Palermostein« von 7000 Gefangenen »aus dem Nubierland« die Rede, die zusammen mit 200 000 Stück Groß- und Kleinvieh erbeutet worden seien. In bezug auf die darauffolgende Dynastie heißt es auf dem »Palermostein«, daß zur Regierungszeit Sahures große Mengen wertvoller Mineralien aus den Nachbarländern und vom Sinai (den »Terrassen des Türkises«) sowie exotische Stoffe aus Punt (so z.B. Weihrauch, Elektrum, Malachit, Hölzer usf.) nach Ägypten gekommen seien. Die Reliefs des Grabtempels Sahures in Abusir zeigen uns mit nahezu photographischer Exaktheit die physische Konstitution, die Kleidung und die charakteristischen Tätowierungen einiger Militärführer aus verschiedenen Gebieten Libyens, die gefangengenommen und mit ihren Familien und ihrem Vieh nach Ägypten gebracht worden waren. Was die erbeuteten Tiere betrifft, so werden folgende Zahlen angegeben: 123 400 Rinder, 223 200 Esel, 232 413 Ziegen, 243 689 Schafe. Die Tatsache, daß die Gefangenen in einem Atemzug mit dem Vieh genannt werden, deutet darauf hin, daß die Herrschaft des Pharao über andere Länder »ökonomisch« motiviert war. Der Zugang zu den Reichtümern – den Bodenschätzen, Tieren, Pflanzen, den menschlichen Arbeitskräften und dem handwerklichen Können – war das, was den Pharao interessierte und was ihm, so meinte man, aufgrund göttlicher Gnade auch zustand. Im Grabtempel von Abusir kann man auch lesen, daß der Gott Asch, »der Herr von Libyen«, zu Sahure sagt: »Ich bringe dir alle guten Dinge, die es in diesem Lande gibt.« In anderen Szenen werden der Gottheit auch Äußerungen in den Mund gelegt wie: »Ich gebe dir alle feindlichen Völker mit allen Vorräten, die es in allen fremden Ländern gibt«, und »Ich gebe dir alle fremden Länder des Westens und des Ostens, alle Iuntiu [nubische Nomaden] und Mentiu [asiatische Nomaden] aus jedem Land.«

Aus der Regierungszeit desselben Königs stammt der (ebenfalls in den Darstellungen von Abusir zu findende) Hinweis darauf, daß die Asiaten auf dem Weg über das Meer nach Ägypten kamen; dabei handelte es sich nicht um Gefangene, sondern offensichtlich um Kaufleute aus Byblos: Männer und Jungen grüßen von Bord der Schiffe begeistert den Pharao: »Gegrüßet seiest du, o Sahure, Gott der Lebenden! Wir sehen deine Schönheit!«; »Gegrüßet seiest du, o Sahure, der geliebt wird von Thot, dem Herrn der Fremdländer!«

Die Hieroglyphengruppe, die einer oder zwei Personen eines jeden Schiffes zugeordnet ist, ist vermutlich nicht (wie Boreux in seinen *Études de nautiques égyptienne* vorschlägt) im Sinne von »Signalgeber«, »Quartiermeister und Signalgeber« zu verstehen; vorzuziehen wäre hier der

Vorschlag A. H. Gardiners, die Zeichen im Sinne von »Dolmetscher« zu interpretieren, eine Deutung, die von H. Goedicke teilweise wieder modifiziert worden ist: Er möchte diesen Hieroglyphen eine allgemeinere Bedeutung zuordnen und versteht sie im Sinne von »der Fremde«, der als Söldner in das ägyptische Heer eingetreten ist.

Eine Übersetzung durch den allgemeinen Begriff »der Fremde«, wie sie von Goedicke bevorzugt wird, scheint jedoch dort nicht möglich zu sein, wo die Zeichen mit Bezug auf die Titel zweier Hofärzte des Alten Reiches verwendet werden. Der den Internisten Iri betreffende Satz ist zu lesen als »der, der die Symptome des Urins in der Blase erkennt«; im Falle des anderen Arztes namens Chui lautet die korrekte Übersetzung: »der, der die Symptome des versteckten Tumors [?] erkennt«. Es handelte sich um Fachleute der inneren Medizin, die in der Lage waren, die pathologische Sprache des Körpers zu interpretieren und in eine für alle verständliche Sprache, das Ägyptische, zu übertragen.

Die Existenz von »Dolmetschern«, von »Fremden, die Ägyptisch sprechen können«, ist in Zusammenhang damit zu sehen, daß Ägypten schon sehr früh intensive Handelsbeziehungen auf internationaler Ebene pflegte. Demnach ist also anzunehmen, daß man in der oben erwähnten Darstellung aus der Zeit des Sahure, auch um die Szene realistisch erscheinen zu lassen, schriftlich darauf hinweisen wollte, daß es auf jedem der aus Asien in die ägyptischen Häfen einfahrenden Schiffe einen »Ägyptischsprechenden« in der Besatzung gab, der die Rufe der Fremden zu Ehren des Pharao übersetzte und auf diese Weise allen verständlich machte.

Aus dem Alten Reich liegen uns zahlreiche Belege dafür vor, daß es eine Schicht von zweisprachigen Ausländern (»Dolmetschern«) gab – hatten sie ausländische Eltern oder stammten sie aus Mischehen? –, die in die ägyptische Gesellschaft integriert waren und ihr Können beruflich einsetzten. Im »Dahschur-Dekret« (*Urk.* I, 209, 16) werden Gruppen solcher Dolmetscher erwähnt, die aus nubischen Gebieten wie Medjai, Jam und Irtjet stammten und möglicherweise zu den ebenfalls in dem Dekret erwähnten »befriedeten Nubiern« gehörten (*Urk.* I, 211, 3.10). Wahrscheinlich standen erstere wie auch letztere in ägyptischen Diensten und wurden als »Kundschafter« und »Dolmetscher« während der Expeditionen in den Sinai, nach Nubien und auf das Rote Meer eingesetzt, deren Leitung häufig hohe Beamte wie Herchuf, Pepinacht und Sarenput, der Gauvorsteher von Elephantine, übernahmen; sie führten – teils zu militärischen, teils zu Handelszwecken – ergiebige Missionen in afrikanische Gebiete durch, von denen sie exotische Erzeugnisse und Einheimische mitbrachten. Der berühmte Tanzzwerg, den Herchuf dem Kindkönig Pepi II. mitbrachte, war ein Pygmäe aus Jam, dem Gebiet südlich des 2. Katarakts.

Wenn der »Dolmetscher« später, mit Ausnahme einiger weniger Fälle im Neuen Reich, nicht mehr unter den Berufen aufgeführt wird, so ist dies möglicherweise in Zusammenhang mit neuen Umgangsformen sowie mit der Tatsache zu sehen, daß die sprachlichen Kontakte zwischen Ägyptern und Ausländern in den verschiedenen Provinzen des ägyptischen Imperiums und in Ägypten selbst zunehmend enger geworden waren.

Hinweise auf eine spezielle Schicht von »Dolmetschern« finden sich erst wieder im 7. Jahrhundert v. Chr., als, wie Herodot (2, 154) ausführt, nach dem Willen Psammetichs I. eine solche Berufsgruppe gebildet wurde, um die Kenntnis des Griechischen in Ägypten zu verbreiten.

Durch die Inschrift des Uni (*Urk.* I, S. 98 ff.) ist bereits seit der 6. Dynastie belegt, daß eine große Zahl von Nubiern dem ägyptischen Heer angehörte, das mit vielen tausend Soldaten, nicht allein aus Ober- und Unterägypten, sondern auch »aus Irtjet in Nubien, Medjai in Nubien und aus dem Land Libyien« wiederholt siegreiche Expeditionen gegen »die, die auf dem Sand leben«, die nomadisierenden Beduinen aus dem Gebiet um den Karmel, führte.

Seit dem Alten Reich wurden Gruppen oder Einzelpersonen afrikanischer Herkunft – Nubier oder Kuschiten, bei denen es sich nicht notwendigerweise und nicht ausschließlich um »Kriegsgefangene« handelte – als Arbeitskräfte, die der einheimischen Arbeiterschicht gleichgestellt waren, in die ägyptische Gesellschaft integriert; dies zeigt sich zum Beispiel an den Einwohnern von Punt, den Männern wie den Frauen, die im Mittleren Reich als Bedienstete im Palast von Gurob (Moeris = *Mr-wr*) im Faijum oder als Söldner arbeiteten. Die soziale Akzeptanz und kulturelle Assimilation wurden im Falle der Nubier und der Menschen aus Punt durch die grundlegende ethnische Verwandtschaft begünstigt, doch waren sie bei den echten Negern aus Kusch, den Einwohnern aus Napata, die seit Mitte der 18. Dynastie, als die Straßen nach Darfur und Kordofan der unmittelbaren Kontrolle des Pharao unterstanden, in großer Zahl nach Ägypten einströmten, nicht minder stark. Einige Zahlen mögen dies verdeutlichen: Aus den »Annalen« Thutmosis' III. (*Urk.* IV,

S. 708 ff.) geht hervor, daß zwischen dem 37. und dem 41. Regierungsjahr mehr als 200 Gefangene aus Kusch nach Ägypten gebracht wurden, unter ihnen auch die vier Söhne des Fürsten von Irem. In der 19. Dynastie nennt Ramses II. in Amara sogar eine Zahl von siebentausend Gefangenen aus afrikanischen Gebieten.

Die Gefangenen wurden in Ägypten auf verschiedene Weise eingesetzt; sie konnten in den Dienst des Palastes, eines Tempels oder auch eines königlichen Grabtempels gestellt werden. Aus einer Reihe kleiner Gedenkstelen aus dem Grabtempel Thutmosis' IV. in Qurna geht hervor, daß sich die Afrikaner aus dem »elenden Land Kusch« und die »Syrer, die von Seiner Majestät in der Stadt Gezer gefangengenommen worden waren«, in Siedlungen in der Nähe des Grabtempels niedergelassen hatten; diese Leute wurden für spezielle Arbeiten eingesetzt: die Afrikaner als Bedienstete im Südflügel des Grabtempels Thutmosis' IV. (in den Küchen sowie in der Bäckerei, dem »Haus des Brotes«), die Palästinenser, seit alters Experten im Weinbau, im Bereich des Nordflügels des Tempels (in den Weinkellern oder dem »Haus des Weins«).

Einen Hinweis darauf, daß man Nubier und Asiaten vornehmlich in dienende Positionen hineindrängte, geben uns jene fein gearbeitetem Löffelchen aus Holz oder Elfenbein zum Auftragen von Salben, die im Neuen Reich entstanden: Ihrem Griff hat man die Form eines Dieners gegeben (es handelt sich dabei um einen Nubier, Neger oder Asiaten), der sich unter der Last eines großen Kruges oder einer Amphore beugt: Der Behälter, der von einem Deckel mit einem Zapfen verschlossen wird, bildet das Salbgefäß.

Während der Ersten Zwischenzeit, in der 11. Dynastie, gab es in Gebelein in Oberägypten eine Siedlung nubischer Söldner, von der wir dank jener ungefähr zwanzig erhaltenen Stelen wissen, die in bezug auf ihre Ornamentik, die religiösen Elemente und die in Hieroglyphen geschriebenen Texte zwar konventioneller Art sind, sich jedoch durch die Darstellung der Personen, denen diese Stelen gewidmet sind, und ihrer Familien auszeichnen: Die nubischen Soldaten haben krauses Haar, das häufig von einem Band zusammengehalten wird; manchmal steckt darin auch eine Nadel (oder ein Stück Knochen?); an den Enden des langen Gürtels sieht man gelegentlich Fransen oder Tierschwänze; in der Hand halten sie Pfeil und Bogen, das Symbol ihres Berufsstandes. Auf den Stelen der Nubier in Gebelein sieht man stets ein oder zwei Hunde, Freunde und Kampfgenossen der Soldaten (nicht verzeichnet sind jedoch die

Namen dieser Hunde; hierin unterscheiden sie sich von den libyischen Hunden jenes berühmten, im Kairoer Museum aufbewahrten Reliefs aus dem Grab Antefs II. in Deir el-Bahari – es stammt aus derselben Zeit wie die Stele von Gebelein –, die allesamt libysche Namen tragen). Die Frau des »Nubiers Sunu« (Stele Boston MFA, 03.1848) war wahrscheinlich Ägypterin; ihr Sohn, der Nebeska hieß, war ebenfalls Soldat und trägt auf der Stele die nubische Nationaltracht. Die gesamte Familie des »Nubiers Tjenenu« (Stele Turiner Museum, Supplement 1270), d.h. er und seine vier Brüder, waren Berufssoldaten, und alle werden auf der in Gebelein gefundenen Stele in ihren nationalen Kostümen dargestellt.

Die aus dem Gebiet der Medjai am 2. Katarakt stammende Söldnergruppe erlangte zur Zeit der Herrschaft der Mentuhotep besondere Bedeutung und wurde auch in der 12. Dynastie weiterhin als Elitetruppe geschätzt. Später sollte der Terminus Medjai zur Bezeichnung einer speziellen Polizeitruppe in Gebrauch bleiben, die häufig in den Tempeln Dienst tat.

Doch traten durchaus nicht alle Afrikaner in die Armee ein; viele Freigelassene oder »Adoptierte« wurden Ägypter und schafften den sozialen Aufstieg, so der Nubier Ameniu, der während eines Feldzugs Thutmosis' III. gefangengenommen und vom Herrscher an seinen Barbier Sa-Bastet abgetreten wurde (dieser rühmt sich mit den Worten: »Ich habe ihn eigenhändig gefangengenommen, als ich meinen Herrscher begleitete«); Ameniu heiratete die Nichte des Barbiers und lebte glücklich und zufrieden. Das Dokument zur Anordnung der Freilassung (erhalten auf einem Papyrus des Louvre) wurde im 27. Regierungsjahr Thutmosis' III. abgefaßt, »vor den ›jungen Männern des Kap‹«, den Pagen des Königspalastes, und dies offenbar, weil die Nubier, die zum Kap gehörten (und die in der Regel aus der gehobenen Schicht stammten und gebildet waren), gegenüber anderen, weniger begünstigten Nubiern eine Art »konsularischer« Schutzfunktion ausübten.

Dies deutet auf zweierlei hin: Zum einen darauf, daß es im alten Ägypten im Grunde keine rassisch bedingten Vorurteile gab; zum anderen darauf, daß eine Politik der kulturellen Assimilation betrieben wurde, die darauf ausgerichtet war, die »Besiegten« den Siegern anzugleichen. Schon seit dem Mittleren Reich wurden im »Kap« der Königspaläste neben den Söhnen des Pharao und der Adligen auch die Söhne der nubischen Führer und Adligen aufgenommen und aufgezogen, und im Neuen Reich kamen auch noch die Söhne der Asiaten hinzu. Die fremden

»Pagen des Kap« machten Karriere in Ägypten, am Hofe, in der Verwaltung und in der Armee, oder sie kehrten in ihre Heimat zurück und sorgten für die Aufrechterhaltung der politischen und kulturellen Bande mit dem Pharaonenstaat.

Der »Kap« am Hofe des Königs hatte die Funktion eines »Männerharems« oder »reinen Männerclubs«; es war ein Ort, den der Pharao aufsuchte, um sich zu entspannen, um zu trinken und sich mit Freunden zu treffen. Wir wissen dies aus dem oben zitierten Brief Amenophis' II. an seinen nubischen Vizekönig: »Seine Majestät befand sich in der südlichen Residenz im Männerhaus Pharaos [dem »Kap«], als er dasaß, trinkend und sich einen guten Tag machend« (*Urk.* IV, 1343–44). Einer dieser jungen afrikanischen »Männer des Kap« ist Heqanefer, der zur Zeit des Tutanchamun Fürst von Miam war; man findet ihn dargestellt in den Malereien des thebanischen Grabes des Vizekönigs von Kusch, Huj, als Teil eines exotischen Umzugs, der sich anschickt, dem Pharao die Ehre zu erweisen. Heqanefer trägt ein gemischtes, halb afrikanisches, halb ägyptisches Kostüm (doch in seinem Grab in Nubien wird er als Ägypter dargestellt). Die jungen Fürsten in seiner Begleitung, die »Pagen des Kap« werden sollen, sind bereits ägyptisch gekleidet. Die afrikanische Prinzessin, in ein schneeweißes, plissiertes Leinenkostüm gekleidet, soll wahrscheinlich in den Frauenharem eintreten; unklar bleibt die Identität jener vornehmen Schwarzen, die in ein prächtiges Gewand in ägyptisch-barbarischem Mischstil gekleidet ist, der auf eine Herkunft aus gehobenen meroitischen Kreisen hinweist; sie wird auf einem von Ochsen gezogenen Wagen gebracht; möglicherweise ist sie eine Braut des Fürsten von Miam oder desjenigen von Wawat, oder sie soll ebenfalls in den Harem des Pharao aufgenommen werden.

Eine bestimmte Gruppe von Ausländern (es handelte sich hierbei vor allem um Nubier und Kuschiten) war in Ägypten besonders geachtet: die Magier. Selbst die Göttin Isis, die auch eine »Magierin« war, bezeichnete sich als »Nubierin«, und in den magischen Texten wurden nubischen Namen und Formeln – die unverständlich waren und deshalb umso wirkungsvoller erschienen – eine besondere Macht zugesprochen.

In der Grabkapelle Haremhabs in Gebel es-Silsile, in der dargestellt ist, wie eine nach Nubien entsandte Expeditionstruppe siegreich, mit zahlreichen Gefangenen im Schlepptau, zurückkehrt, sieht man auch vier nubische Magier, die einen mit Gesten unterstrichenen, von Gesang begleiteten Zaubertanz aufführen (zugunsten des Pharao, so wäre zu hoffen...). Die nubischen Magier waren mächtig und infolgedessen gefährlich, wenn man sie sich zu Feinden machte. Hier fühlt man sich an die Empfehlungen erinnert, die Amenophis II. diesbezüglich seinem nubischen Vizekönig gab (s.o., S.9).

In einem Papyrus magischen Inhalts (Leiden 343–345, Z. VI, 8) findet sich ein Hinweis auf mächtige palästinensische Magier, »die Leute von Altaqana, die mit den Schlangen sprechen«, und im medizinischen Papyrus Ebers, der auf die 18. Dynastie datiert werden kann, ist davon die Rede, daß es in Ägypten einen Mann aus Byblos gab, der ein Fachmann für Medizin war: »Ein anderes Heilmittel für die beiden Augen, das [mir] ein Asiat aus Byblos mitgeteilt hat« (Papyrus Ebers 63,8–11; v. Deines, Grapow, Westendorf 1958, S. 59). Das hier angesprochene Rezept enthält auch den ältesten bekannten Beleg für den Gebrauch des Wortes »ibnu«, »Alaun«, im Ägyptischen; daß es einem »Asiaten aus Byblos« zugeschrieben wird, könnte ein Indiz dafür sein, daß sowohl der Terminus als auch die Verwendung dieser Substanz zu medizinischen Zwecken ihre Wurzeln nicht in der ägyptischen Tradition haben, sondern aus dem Nahen Osten nach Ägypten gekommen sind.

Der Ruf der nubischen Magier reicht bis in die griechisch-römische Zeit hinein. Ein Hinweis findet sich, wie wir bereits gesehen haben, in der zweiten der demotischen Erzählungen des Setne-Chaemwese-Zyklus, in welcher davon die Rede ist, daß ein Magier aus Äthiopien (Kusch) an den Hof kommt, um die ägyptischen Zauberer zu einem Magiewettstreit herauszufordern, bei dem ein versiegelter Papyrus gelesen werden soll.

Die nomadischen Beduinen – Hirten, die an den Grenzen Ägyptens im Ostdelta und in dem Gebiet um das Wadi Tumilat umherzogen – waren den Ägyptern vertraut und von ihnen in den meisten Fällen schon seit jeher freundlich aufgenommen worden. In der *Prophezeiung des Neferti* aus der 12. Dynastie allerdings liest man: »Demütig sollen sie [die Asiaten] um Wasser flehen, um ihre Herden zu tränken« (Hornung 1990, S. 111).

Seit dem Mittleren Reich nahm die Zahl der Asiaten immer stärker zu. Malerische Karawanen zogen aus dem Nahen Osten nach Ägypten: Mit verblüffender Detailgenauigkeit wird etwa in den berühmten Malereien der Grabanlage des Chnumhotep in Beni Hasan (ungefähr 1900 v. Chr.) die Ankunft eines gesamten Beduinenstammes dargestellt – Männer und Frauen, Esel, die mit Bogen, Äxten, Speeren und nach nichtägyptischer

Art gebauten Harfen aus Holz beladen sind, geführt von ihrem Häuptling Abischar, der mit einer gewissen Großspurigkeit als »Heqa Hasut«, »Herrscher der Fremdländer«, bezeichnet wird.

Unter den Zimmerleuten sind die »Fenech« zu erwähnen, ein Ausdruck, der seit dem Alten Reich zweifelsohne auf die Zimmerleute des waldreichen Libanon angewendet wurde, auch wenn er später in einer weniger präzisen Verwendungsweise auf die verschiedenen Küstenregionen Asiens bezogen wurde; in der Ptolemäischen Zeit schließlich entsprach der hieroglyphische Begriff »Fenech« dem griechischen *Phoinikè*.

In Dokumenten aus der Zeit des Mittleren Reiches finden sich Verzeichnisse von Syrern, die neben den neu aufgenommenen ägyptischen auch ihre ursprünglichen Namen bewahrt haben; es handelte sich in der Regel um Götternamen wie Reschef, Schamasch, Anat, Baal und Baalat. Doch schon damals nahmen die Ausländer zum Teil ägyptische Namen an, was ihre Identifizierung wesentlich erschwerte oder gar unmöglich machte.

In der 13. Dynastie hat vermutlich die Tatsache, daß der Syrer Chendjer (»Eber«), ein ehemaliger Söldner der im Dienst des Pharao stehenden Truppenkontingente, den Thron usurpierte, dem Ausländerzustrom Auftrieb gegeben. Es ist wohl unnötig, an dieser Stelle ausführlich auf die Folgen des Eindringens und der Ansiedlung von Asiaten in Ägypten infolge der Hyksos-Herrschaft im Delta einzugehen. In dieser Zeit stellte in der Hauptstadt Auaris der Sturmgott Baal, Baal-Sutech, der später als Seth in das ägyptische Pantheon aufgenommen werden sollte, die offizielle Gottheit dar, ein Gott, der bereits im ägyptischen Osiris-Mythos als »wenig vertrauenswürdig« erscheint, folglich »verbannt« wird und außerhalb des ägyptischen Territoriums, in den Fremdländern, herrschen muß.

Zur Zeit der Hyksos-Herrschaft zerfiel das Land erneut in seine beiden Hälften, das Niltal und das Delta, was nahezu einem Rückfall in das Chaos der vorgeschichtlichen Zeit gleichkam. Über die Ostgrenze waren die asiatischen Invasoren in das Land eingedrungen, die sich, hinter dem Rücken der oberägyptischen Herrscher, mit dem Fürsten von Kusch verbündeten, mit dem sie gemeinsame Interessen verbanden. Es handelte sich um eine höchst ungewöhnliche Situation, die Kamose, der Fürst von Theben, mit treffenden Worten charakterisierte, als er sich gegen seine Ratgeber wandte, die die Dinge lieber so belassen wollten, wie sie waren: »Ich wüßte gern, was meine Macht überhaupt bedeutet, wenn ein Führer in Auaris ist und ein anderer in Kusch. Untätig sitze ich hier zusammen mit einem Asiaten und einem Nubier, während jeder von beiden seinen Anteil an Ägypten hat und das Land mit mir teilt.« (Carnarvon-Tafel)

Was folgte, war ein »Befreiungskrieg«, in dem die Thebaner zahlreiche Siege errangen. Er endete mit der Vertreibung des Feindes, der bis nach Palästina verfolgt wurde, und mit der »Wiederherstellung der Ordnung« im wiedervereinigten Ägypten. In der Schilderung der Eroberung von Auaris, der Hauptstadt der Hyksos, wird vor allem auf die Frauen der Hyksos hingewiesen, die eine reizvolle Beute für die Sieger darstellten:

Ich bemerkte auf der Terrasse deine Frauen, die durch die Zinnen hindurch den Hafen betrachteten; sie rührten sich nicht, als sie mich hörten, streckten jedoch ihre Nasen auf ihren Mäuerchen hervor, so wie junge Käuzchen in ihrer Höhle, und sagten: »Es ist aus« (Stelen des Kamose in Karnak).

Die Eroberung von Auaris und dem dortigen Hafen mitsamt seinen Schiffen und seinen Reichtümern sowie die Gefangennahme der Einwohner werden von Kamose des langen und breiten gerühmt:

Dein Herz ist gebrochen, du elender Asiat! Ich trinke den Wein aus deinem Keller, den Wein, den die Asiaten, die nun meine Gefangene sind, für mich gekeltert haben [...].

Ich habe deine Frauen in Boote geworfen, ich habe deine Pferde gefangen. Kein einziges Brett habe ich den dreihundert Schiffen aus grünem Zedernholz gelassen, die voll beladen waren mit Gold, Lapislazuli, Silber, Türkis, unzähligen kupfernen Äxten, ferner mit Öl, Weihrauch, Fett, Honig, *Ituren*-Holz, dem Holz des Johannisbrotbaums, *Sepni*-Holz, mit allen wertvollen Hölzern und allen guten Erzeugnissen Syriens (Stelen des Kamose in Karnak).

In den langen Jahren jedoch, in denen Theben und Auaris ohne gewaltsame Zusammenstöße eine friedliche Koexistenz führten, hatten sich die Eindringlinge, die sich in Ägypten niedergelassen hatten, die ägyptische Kultur angeeignet. Der Brief, den der von Kamose abgefangene Bote dem Fürsten von Kusch hätte überbringen sollen, war »geschrieben von der Hand des Fürsten von Auaris«, offensichtlich auf Ägyptisch (dagegen hatte sich etwa der Bote des Fürsten von Nahrina, der von Amenophis II. abgefangen wurde – Amenophis berichtet davon in der Memphisstele –, einen tönernen Brief um den Hals gehängt, in den der Text offensichtlich in Keilschrift eingeritzt war). Sehr interessant ist auch die Beobachtung, daß Apophis in seinem Brief dem Herrscher von Theben vorwirft, ihn hinterrücks angegriffen zu haben, ohne ihn vorher zu warnen, und ihn auf seinem eigenen Territorium überfallen zu haben, ohne selber angegriffen worden zu sein: So wirft der »Barbar« dem Ägypter barbarisches Verhalten vor...

In den darauffolgenden Jahrhunderten ägyptischer Herrschaft in Asien kamen neben den von Kaufleuten verkauften Sklaven und Sklavinnen auch zahlreiche Kriegsgefangene in das Niltal, die in die ägyptische Gesellschaft aufgenommen und zum Teil auch als Siedler fest ansässig wurden. Eine Inschrift Ramses' II. in Abu Simbel (es handelt sich um den Kommentar zu einer Szene, in der gezeigt wird, wie der Pharao Libyer tötet) liefert uns wichtige Informationen über die Praxis, die besiegten Völker aus einem Gebiet des Reiches in ein anderes zu überführen beziehungsweise sie durch Vertreibung aus ihren angestammten Gebieten zu deportieren:

> Der vollkommene Gott, der die Neun Bogen tötet,
> der die nördlichen Länder überwältigt,
> der in diesen Ländern mächtig ist,
> der das Land Nubien in das nördliche Land
> und die Asiaten nach Nubien bringt.
> Er hat den asiatischen Schasu das westliche Land zugewiesen
> und den Libyern die asiatischen Hügel,
> und hat die Festungen, die er erbaute,
> mit den Menschen gefüllt, die er mit seinem starken Arm gefangen hat.

Hinweise darauf, daß es in Ägypten in der Gegend um Oxyrhynchos semitische Kolonien gab, finden sich für die Zeit Ramses' II. im Papyrus Wilbour (III, S. 44 ff.): Neben den Orten, die im Zusammenhang mit Pflügearbeiten erwähnt werden, werden hier die Orte Pa-en-Schasu (die Schasu, die sich dort niedergelassen hatten, verehrten die Göttin »Hathor«), Per-Baalat (»Der Tempel der Göttin Baalat«), Charu (»Syrien«) und Na-Charu (»Der Sitz der Syrer«) genannt; andere Ortsnamen, die ebenfalls in diesem Dokument vorkommen, wie Pa-en-Medjai und Pa-en-Nehesu, verweisen darauf, daß es auch Siedlungen von Medjai und Nubiern gab.

Zur Zeit Scheschonqs III. gab es in Aphroditopolis eine Gemeinschaft von halbnomadischen Schasu, die aus Mittelsyrien stammten; es ist sehr wahrscheinlich, daß es sich dabei um eine jener Soldaten- oder Gefangenenkolonien handelte, die zur Ramessidenzeit gegründet worden waren. Ebenfalls zur Zeit der Bubastiden existierte nördlich von Aphroditopolis eine Siedlung von Söldnern der Scherden.

Über eine lange Zeit hinweg wurde kontinuierlich eine große Zahl von Gefangenen, die man bei Feldzügen in Asien gemacht hatte, in Ägypten aufgenommen. In manchen Fällen lassen sich hierzu anhand amtlicher Dokumente quantitative Angaben machen: Amenophis II. brachte als Kriegsbeute eines einzigen Feldzugs 838 Frauen, 550 *Marijannu*-Streitwagenkämpfer mit ihren 240 Frauen, 328 Fürstenkinder und 2790 Sänger der Fürsten aller Fremdländer mitsamt ihrem Schmuck mit. In dem kriegerischen Feldzug seines 9. Regierungsjahres (1440 v. Chr.) brachte dieser Pharao sogar eine noch größere Zahl von Personen mit nach Ägypten:

Fürsten von Syrien [Retenu]: 127; Brüder von Fürsten: 179; Hapiru: 3600; gefangene Schasu-Beduinen: 15200; Charu-Syrier: 36300; Leute aus Nuhasseh [Aleppo], die lebend gefangengenommen wurden: 15070; ihre Angehörigen: 30652. Insgesamt 89600 Personen (Stele von Mitrahine – CGC 6301).

Auch wenn man beim Nachrechnen feststellt, daß die hier angegebene Summe ungenau ist und die tatsächliche Zahl der Gefangenen um zehntausend übersteigt, so ist sie dennoch beeindruckend, und sie läßt deutlich werden, daß Personen von höchst unterschiedlichem sozialen Status und aus den verschiedensten Volksgruppen nach Ägypten gebracht wurden.

Beeindruckend ist auch die große Zahl der ausländischen Frauen, die zur Zeit des Neuen Reichs nach Ägypten kamen, von denen, die für den Harem des Pharao oder den hochstehender ägyptischer Persönlichkeiten gedacht waren, bis hin zu den Weberinnen, den Dienstmädchen, den Sängerinnen und Tänzerinnen.

Die Freudenhäuser wurden mit exotischen Attraktionen bereichert, auch wurde dort nun mit Instrumenten musiziert, die zuvor in Ägypten unbekannt gewesen waren. Die nubischen Tänzer wurden begleitet von Trommeln und Tamburinen; die libyschen, erkennbar an den drei Federn auf ihrem Kopf (sie sind uns aus den Reliefs in Deir el-Bahari bekannt), führten rituelle Tänze auf, die dem modernen »Stöcketanz« ähnelten und zu den Schlägen zweier Bumerangs getanzt wurden.

In Luxor findet sich in der Darstellung einer Szene des Opetfestes eine Gruppe von asiatischen Sängern, die als »die Sänger von Chepeschit« bezeichnet werden; in der Umgebung von Theben finden wir in Haremsszenen, die in Karnak in Felsblöcke aus der Armanazeit gemeißelt sind, auch nubische Sängerinnen dargestellt, und syrische Sängerinnen, die an ihren Gewändern mit übereinandergelagerten Falbeln erkennbar sind, sehen wir in anderen Haremsszenen, die in die Wände der Grabkammer Ais und der Tutus in el-Armana gemeißelt wurden.

Der Einfluß des Nahen Ostens auf die Kleidung und die Mode in Ägypten erreichte Mitte der 18. Dynastie schließlich auch den Pharao, Amenophis III., von welchem uns eine außergewöhnliche, schlangenförmig gebogene Statue erhalten geblieben ist (sie wurde in Theben gefunden und befindet sich nun in New York im Metropolitan Museum of Arts): Sie zeigt den Herrscher eingehüllt in ein langes, asiatisches Gewand mit fransigen Rändern, die Hände vor dem Körper ineinandergekreuzt in einer Haltung, die an die zeitgenössischen elamitischen, oder besser, babylonischen Statuen erinnert.

Auch die in die Tunika Tutanchamuns eingewebten Motive lassen den Einfluß nahöstlicher Ornamentik erkennen. Spätestens in der Amarnazeit wurde auch eine Neuerung in der Art und Weise eingeführt, in der das Bier getrunken wurde: Man verwendete hierfür nun einen rechtwinkligen Siphon, wie uns eine Stele aus dem Ägyptischen Museum in Berlin zeigt, die von einem syrischen Soldaten namens Terera gestiftet wurde. Zur Zeit des Neuen Reichs übernahm Ägypten von den östlichen Nachbarn auch neuartige Waffen, Gefäßformen, neue Handwerkstechniken wie jene zur Herstellung von Glasbehältern sowie neuartige Methoden zum Bau von Schiffen und Wagen.

Die Vorliebe für das Fremdartige und Ausländische griff auch auf die Botanik und die Raumgestaltung über: Zur Zeit der 18. Dynastie wurde der Granatapfel in Ägypten heimisch, und unter Hatschepsut wurden ganze Weihrauchbäume mitsamt den Wurzeln aus Punt geholt; Thutmosis III. »eroberte« bei seinen militärischen Feldzügen nach Asien auch außergewöhnliche Pflanzen, die er untersuchen und abbilden ließ (ganze Pflanzen, Blätter, Blüten und Samen – das älteste Herbarium der Welt); die Darstellung dieser Pflanzen auf einer Wand des Königstempels in Karnak ist als »Der Botanische Garten Thutmosis' III.« bekannt.

Die Beispiele für einen asiatischen Einfluß in der ägyptischen Literatur sind nicht sehr zahlreich, doch in einer Reihe von Fällen unbestreitbar. Dies gilt etwa für die *Erzählungen von Anat und Seth*, die Geschichte über *Astarte und das Meer* und die (allerdings außerhalb Ägyptens, im libanesischen Tal der Pinien spielende) Episode von der Freundin des Bata, die vom Meer heftig begehrt wird (im *Brüdermärchen* des Papyrus D'Orbinay); ein weiteres Beispiel ist jene Anspielung (im Papyrus Anastasi I, 23.7) auf ein offenbar allgemein bekanntes Erlebnis des Fürsten Qadjerdi (*Qdrdj*) von Ascher, der von einem Bären verfolgt wird und gezwungen ist, sich auf einen Baum zu flüchten. Die Entdeckung mythologischer Erzählungen auf den El-Armana-Tafeln (so z. B. *Aadapa und der Südwind, Nergal und Aresch-kigal*; Amarna, hrsg. von Knudtzon, S. 356 f.), deutet darauf hin, daß auch in Keilschrift geschriebene literarische Texte gelesen wurden. Da es, wie aus den Archiven von el-Armana hervorgeht, eine rege Korrespondenz zwischen Ägypten und dem Nahen Osten gab, die in Keilschrift geführt wurde, muß es am Hof Menschen gegeben haben, die Keilschrift schreiben und lesen konnten – ein Umstand, der im übrigen auch durch den Fund eines Wörterbuches in el-Amarna bestätigt wird, in dem ägyptische Wörter in Keilschrift phonetisch transkribiert sind.

Zur Zeit des Neuen Reiches umfaßte die ägyptische Armee eine wachsende Zahl ausländischer Söldner. Man braucht sich nur die Auflistung der zur Zeit Ramses' II. zu einer Expedition nach Phönizien entsandten Truppen (wie sie sich der Verfasser des *Satirischen Briefes* [Papyrus Anastasi I] vorstellte) in Erinnerung zu rufen, um die organisatorische Unterlegenheit des Gegners zu begreifen: »Die Truppen, die du vor dir hast, umfassen 1 900 Mann: 520 Scherden, 1 600 Qeheq [aus Libyen], 100 Maschwasch [Libyer], 880 Nubier, im ganzen 5 000, die Offiziere nicht mit eingeschlossen.«*

Obwohl die Ägypter die Länder des Nahen Ostens inzwischen gut und auch aus eigener Anschauung kannten, kam es vor, daß Schreckensnachrichten über die Ausländer kursierten. Auch in dem soeben erwähnten *Satirischen Brief* (Papyrus Anastasi I, 23, 7–8) werden die Gefahren, die eine Reise nach Syrien mit sich brachte, in den lebhaftesten Farben geschildert:

»Sieh, da ist der Engpaß, der von den Schasu [Beduinen] heimgesucht wird, die sich im Gehölz verstecken; einige von ihnen sind, vom Kopf bis zu den Füßen, 4 oder 5 Ellen groß [2,5 bis 3 m!]; ihr Gesichtsausdruck ist grimmig, ihr Herz ist nicht freundlich, und auf Schmeicheleien hören sie nicht.«**

Unter den Feinden, die nach den militärischen Siegen der 19. Dynastie als Gefangene nach Ägypten gebracht worden waren, werden auch die »Be-

* Vgl. auch: Erman 1923, S. 284 f. (Anm. d. Übers.)

** Vgl. Erman 1923, S. 290. (Anm. d. Übers.)

wohner des Landes Hatti«, d.h. die Hethiter, genannt, die in der Darstellung ägyptischer Künstler mit bartlosem Gesicht, Doppelkinn und langem, lockigem Haar erscheinen. Gegen Mitte des 13. Jahrhunderts waren die beiden Länder aufgrund der gewandelten historischen Situation gezwungen, das bis dahin zwischen ihnen bestehende Verhältnis neu zu gestalten und nunmehr friedliche Beziehungen zu unterhalten, eine Entwicklung, die ihren Höhepunkt im Abschluß eines bilateralen (und zweisprachig abgefaßten) Friedensvertrags zwischen Ramses II. und dem König der Hethiter fand. Die langen Verhandlungen über diesen Vertrag führten dazu, daß sehr häufig hethitische Boten und Gesandte nach Ägypten kamen, um »Frieden und Brüderlichkeit« herzustellen, wie es in der in Hieroglyphen niedergeschriebenen Version des Vertrags heißt, der uns aus Theben bekannt ist. Als Zeugen dieser Übereinkunft zwischen den beiden alten Feinden wurden auch die Gottheiten beider Länder bemüht, und zwar tausend aus jedem Land: Für die Hethiter waren es unter anderem der Sonnengott, der Himmelsgott, die Sonnengöttin von Arinna, der Sturmgott und die Flußgötter des Reiches Hatti; für die Ägypter werden unter anderem Amun, Rê, Seth, die männlichen und weiblichen Götter und die Flüsse und die Berge des Landes Ägypten genannt.

Als sich der Hethiterkönig Hattusilis III. gegen Ende der Regierungszeit Ramses' II. entschloß, eine seiner Töchter dem Pharao als Braut zu überlassen, füllten sich Piramesse (»Ramsesstadt«) und das Ostdelta mit Hethitern. Glaubt man der »Heiratsstele«, die in eine Seitenwand des Ramsestempels in Abu Simbel eingemeißelt ist, so brachte die Prinzessin eine prächtige Mitgift mit (»Gold, Silber, Bronze, Sklaven, unzählige Pferdegespanne, Vieh, Ziegen, Tausende von Hammeln, es nahm kein Ende«) und wurde von hethitischen Fürsten begleitet. Die Beschreibung der freundschaftlichen Beziehungen zwischen Ägyptern und Hethitern, die sich auf der »Heiratsstele« findet, mag ein wenig verwirrend sein, wenn man bedenkt, wie häufig in ägyptischen Texten die Verachtung für »das elende Land der Hatti« zum Ausdruck gebracht worden war. Doch folgte man sicherlich sowohl mit der neuen Sympathie als auch mit der alten Verachtung nur den jeweils gültigen Konventionen:

Siehe, die Tochter des großen Herrschers von Hatti kam nach Ägypten, und die Infanterie, die Wagen und die Honoratioren Seiner Majestät gaben ihr das Geleit, zusammen mit der Infanterie, den Wagen und den Honoratioren aus Hatti. Sie aßen und tranken zusammen, eines Sinnes wie Brüder, ohne sich gegenseitig zu stören.

Die hethitische Prinzessin, »deren Gesicht so schön war wie das einer Göttin«, bezauberte das Herz des Pharao, der für sie, die königliche Braut, den ägyptischen Namen »Maathorneferure« (»Die die Schönheit des Rê schaut«) wählte und ihn anstelle des hethitischen benutzte.

Da sich im Zuge der wachsenden Ausbreitung des politischen Einflusses Ägyptens schon seit dem Alten Reich, und später dann in immer größerem Ausmaß, auch die ägyptischen Gottheiten verbreiteten (zunächst Thot und Hathor im Sinai und in Byblos sowie Hathor in Punt), verwundert es nicht, daß auch Ägypten die fremden Gottheiten der angrenzenden Länder und Regionen »einführte« und in den eigenen Pantheon aufnahm; dabei wurden in manchen Fällen der ursprüngliche Name, das Aussehen, die Gewänder und die ursprünglichen Mythen unverändert gelassen, während in anderen Fällen (bei Gottheiten, die bereits durch sehr weit zurückreichende Kontakte in Ägypten bekannt waren) die Assimilation so weit ging, daß die ursprünglichen Merkmale kaum mehr auszumachen waren (dies gilt etwa für die Göttin Neith und den Gott Ha, die aus Libyen übernommen wurden, sowie für den Gott Sopdu [Soped] aus dem asiatischen Raum).

Der nubische Gott Dedun, »der dem Land der Nubier vorsteht«, und bereits in den *Pyramidentexten* erwähnt wird, blieb auch in der Zukunft auf die Gebiete südlich von Assuan beschränkt; er unterwarf sich gewissermaßen der Macht des Pharao, dem er exotische afrikanische Erzeugnisse überbrachte. Die Löwenmaske und die Kopfbedeckung des zwergenhaften Schutzgottes Bes vermitteln einen umgeschmälerten Eindruck von den »Merkwürdigkeiten« der exotischen Magie.

Was die asiatischen Gottheiten betrifft, so kamen diese, wie nicht anders zu erwarten, zusammen mit den asiatischen Völkern nach Ägypten.

Der Siegeszug der in Ägypten aufgenommenen syrisch-palästinensischen Götter fällt, ebenso wie andere kosmopolitisch zu nennende Phänomene, in die Zeit des Neuen Reiches: Reschef und Baal sind Kriegsgötter, und auf den ägyptischen Denkmälern tragen sie stolz ihr exotisches Nationalkostüm, das sich von dem der in pharaonischen Diensten stehenden Söldner nicht unterscheidet. Hauron, den man mit der Großen Sphinx identifizierte, wurde in Giza mindestens seit der Zeit Amenophis' II. verehrt; als Gott der Amurru-Hirten wurde Hauron mit einem eintönigen Gesang auf Ägyptisch und in der Amurru-Sprache angerufen, damit er die Herden vor dem Wolf und anderen gefährlichen Tieren beschütze (dieser mit ägyptischen Schriftzeichen niedergeschriebene

Gesang ist uns überliefert im Papyrus Harris, einem Papyrus magischen Inhalts).

Ausgehend von dem Gebiet um Memphis, in welchem sich eine Vielzahl von militärischen und zivilen Kolonien der Syrer und Palästinenser befand, breitete sich im Neuen Reich der Kult der »nackten Göttin« Qadschu (Qadesch) aus, die als Gemahlin des Ptah in dessen Tempel aufgenommen wurde (auch die Götter folgten der Mode, fremdländische Frauen in ihren Harem aufzunehmen!). Astarte wurde zu der Zeit Amenophis' II., als die Menschen ihr als »reitende Göttin« und Kriegsgottheit besondere Verehrung zuteil werden ließen, zur »Herrin von Perunefer« erklärt; Perunefer (»Gute Reise«) war ein Flußhafen in der unmittelbaren Nähe von Memphis, der auch Schiffswerften und Arsenale umfaßte und ein wichtiges Zentrum für asiatische Einwanderer, Kaufleute, Handwerker und Söldner war.

Die Statue der Astarte von Ninive, der man Heilkräfte zusprach, gelangte sogar bis zum kranken Amenophis III.; sie wurde ihm von Tusratta, dem König von Mitanni, zugesandt. Auch der Anat-Kult hatte in Piramesse Fuß gefaßt; Ramses II. nannte sich »geliebt von Anat«.

Aus dem Orient kam auch die »Asiaten-Krankheit« nach Ägypten (»die der Aamu«); zur Heilung derselben wurde ein Rezept vorgeschlagen; welches darin bestand, daß man über einigen Heilmitteln eine magische Formel sprach, in der unter anderem auch Seth, der Gott der Fremdländer, vorkam:

Beschwörungsformel für die Asiaten-Krankheit: »Wer ist kenntnisreich wie Rê? Wer ist kenntnisreich ebenso? Dieser Gott, der den Leib (*h.t*) mit Holzkohle ankohlt, um den obersten Gott [die Ursache der Krankheit] zu packen. Wenn, wie Seth das Meer beschworen hat, Seth dich ebenso beschwört, [du] »Asiaten«-Krankheit, dann sollst du dich nicht regen im Körper des [...] [Soundso], geboren von der [...] [Soundso]« (Papyrus Hearst 170, 11, 12–15).*

Vielleicht durfte man ja zu dieser »Asiaten-Krankheit« nur in ihrer eigenen, fremden Sprache sprechen. Deshalb wurde den ägyptischen Ärzten die Formel gezeigt, »die in einem solchen Fall von den Einwohnern des Landes Keftiu [den Kretern] verwendet wird: Saantakapapiuaia-aiamaantarakukara» – eine so barbarische Anhäufung von Silben mußte ja wirksam sein!

Bereits seit längerem ist bekannt, daß in der Ramessidenzeit die Ausländer, insbesondere die Semiten, in der ägyptischen Gesellschaft eine

* Zit. in Anlehnung an: v. Deines/Grapow/Westendorf 1958, S. 258 (Anm. d. Übers.)

noch aktivere Rolle zu spielen begannen als zuvor. So wurde zum Beispiel errechnet, daß in dieser Epoche die Hälfte aller uns bekannten »königlichen Mundschenke [*udepu*]« ausländischer Abstammung waren. Die gesellschaftliche Position des *udepu* war alles andere als niedrig, sie setzte auf seiten des Herrschers ein großes Maß an Vertrauen in die Loyalität seines Untergebenen voraus (es waren allerdings vier Mundschenke ausländischer Herkunft an einer Palastverschwörung gegen Ramses III. beteiligt).

Die Einwanderer mit der höchsten sozialen Stellung waren die »Fürstenkinder«, die – entsprechend einer bewußt verfolgten Politik, die Thutmosis III. in einer Äußerung formulierte, die häufig im Zusammenhang mit den Beziehungen zwischen Ägypten und dem Nahen Osten in der 18. Dynastie zitiert wird – als Geiseln nach Ägypten gebracht, in einen Harem oder ein »Männerhaus« (Kap) gesteckt und ägyptisch erzogen wurden, um so in ihnen, wenn sie einst in ihre Länder zurückkehrten, treue Untertanen zu haben, die ihren Beherrschern gegenüber auch aufgrund ihrer Bildung und Erziehung wohlgesonnen wären. Hinzu kam die Praxis der sogenannten »diplomatischen Ehen«, durch welche Prinzessinnen und Damen hoher Abstammung aus allen Reichen des Nahen Ostens in die Harems der Pharaone gebracht wurden. Eine fremdländische Braut zu haben wurde so zu einer Mode, die auch von Privatleuten nachgeahmt wurde.

In den Quellen lassen sich die Ausländer leicht ausmachen, wenn sie oder ihre Angehörigen nichtägyptische Namen tragen: Jupa, der Sohn des Urhija, ist Hurriter, ebenso Lullu, Sohn des Buka; einen hurritischen Namen – Papaia – hat auch der Großvater Pasers, der Wesir unter Sethos I. war; die Mutter des Wesirs Neferrenpet hieß Qafraiat, ein semitischer Name, der möglicherweise bedeutet: »Diejenige mit den blonden Haaren«; die Mutter des Mundschenks Pentaur hieß Aurati und seine Schwester Lukascha (Kairo-Stele, Provisorische Nummer 12/6/24/17); Semiten sind auch der Oberste Zeichner Bania, der Maler Qefaa (Theben Nr. 140), der Goldschmied Pa-tjai-Baal, die Schiffszimmerleute Aarasu und Bania (Papyrus Petersburg 1116 B 16). Namen wie Ischtar-ummi (»Astarte ist meine Mutter«; *Urk.* IV, 11, Nr. 63), Ynusa, Baal-mahar und Uarna weisen eindeutig auf die semitische Herkunft ihrer Träger hin. Auch Personennamen, die ausländische Ortsnamen enthalten, geben uns nützliche und sichere Hinweise, so Par-Luka (»Der Lykier«), Pen-Hazor (»Der aus Hazor«) oder Pa-assur (»Der Assyrer«).

Doch schon seit frühesten Zeiten gaben die Einwanderer ihren Kindern ägyptische Namen, um so deren Herkunft zu verschleiern. Typisch für das Neue Reich waren Fälle wie die des Pa-ameru (»der Amurru«) oder seiner Frau Karen, die ihren beiden Kindern ägyptische Namen gaben: Der eine, namens Meryre, wurde Oberstallmeister Thutmosis' III., der zweite trug den Namen Useretmin.

In bezug auf die Namengebung unter den Fremden wurde festgestellt, daß in der 18. Dynastie bevorzugt ägyptische Namen mit dem Element »Heqa« (wie zum Beispiel »Heqanefer«) verwendet wurden, während man in der Ramessidenzeit lieber auf Personennamen zurückgriff, in denen der Name des Pharao vorkam: So änderte der Portier Akber seinen Namen in »Ramsesnacht« (»Ramses ist mächtig«) um, und Ramsesempra, genannt Meri-Iun (»Geliebt von Heliopolis«), eine bedeutende Persönlichkeit am Hof, »Erster Mundschenk, Wedelträger zur Rechten des Königs, Erster Bote Seiner Majestät«, hieß ursprünglich Ben-Azan aus Zeri-Basani (letzteres ist ein Ort östlich des Sees von Tiberias).

Tutu, »Erster Diener Echnatons im Aton-Tempel«, »Erster Diener Echnatons in der Barke«, »Vorsteher aller Handwerksarbeiten des Herrn der beiden Länder«, »Vorsteher aller Bauarbeiten Seiner Majestät«, »Vorsteher des Silbers und des Goldes des Herrn der beiden Länder«, »Vorsteher des Schatzhauses«, »Führer des ganzen Landes«, war ein treuer Gefolgsmann Echnatons, der diesem nach el-Amarna folgte; aufgrund seines Namens (»Tutu« entspricht dem semitischen »Dudu«) ist, wohl nicht zu Unrecht, vermutet worden, daß er mit jenem Dudu identisch sei, der uns aus den Amarna-Briefen bekannt ist, die der Amurru-König Aziru, der Sohn des Abdi-Asirta, nach Ägypten gesandt hatte. Diese Vermutung scheint auch dadurch bestätigt zu werden, daß Tutu sich in einer Inschrift seines offenen Grabes in el-Amarna als einen Mann darstellt, der die Worte der ausländischen Boten versteht und sie dem Hof übersetzen kann:

> Was die Boten aus allen Fremdländern betrifft,
> so war ich jeden Tag im Palast
> und hinterbrachte dem Hof ihre Worte.
> Ich kam wieder heraus [zu den Boten] als königlicher Gesandter
> mit allen Vorschriften Seiner Majestät (*Urk.* IV, S. 2017).*

* Eine deutsche Übersetzung der Inschriften aus dem Grab des Kammerherrn Tutu findet sich in: Helck 1961, S. 356 ff. (Anm. d. Übers.)

Ein weiterer sehr interessanter Fall ist der Sarbainas (oder Sarbacharas), genannt Abi, der in der Stadt Perunefer nicht nur als Amun-Prophet, sondern auch als Prophet semitischer Gottheiten wie Baal und Astarte wirkte; er lebte wahrscheinlich Mitte der 18. Dynastie und wurde in Saqqara beigesetzt.

Der Semit Aper-ia (oder Aper-el), der Ende der 18. Dynastie lebte (sein Felsengrab wurde vor kurzem in Saqqara entdeckt und von A. Zivie erforscht, wobei hochinteressante Ergebnisse zutage gefördert wurden), war sogar bis zum Wesirat aufgestiegen, dem höchsten Verwaltungsamt des ägyptischen Staates. Er drängt sich hier unweigerlich der Vergleich mit der biblischen Geschichte von Joseph in Ägypten (*Genesis* 37–50) auf.

Beim gegenwärtigen Stand der Forschung kann nicht mit absoluter Gewißheit festgestellt werden, wann das jüdische Volk nach Ägypten kam und wann der Auszug aus dem Land erfolgte. In der Heiligen Schrift bildet Ägypten den Hintergrund für das Wirken bedeutender Persönlichkeiten. Zu nennen wären hier zum Beispiel Abraham, der mit Sara das grüne Delta, den Inbegriff des Gelobten Landes, erreichte, oder Joseph, der, von den Ismaeliten als Sklave nach Ägypten verkauft, zum Eigentum des Potiphar, zum Beamten des Pharao und zum Führer der Garden wurde, dann zum Haushofmeister Potiphars aufstieg und schließlich vom Pharao zum Wesir ernannt wurde. Zu erwähnen wäre in diesem Zusammenhang schließlich noch der ägyptisierte Moses.

Folgt man der Bibel (*Genesis* 15,13), so haben die Juden lange Zeit (mehr als vier Jahrhunderte) in Ägypten gelebt, bis sie von Moses aus dem Delta hinausgeführt wurden. Bis heute wurden jedoch in den ägyptischen Quellen keinerlei Hinweise auf die Juden als eine besondere Volksgruppe gefunden; zweifellos waren sie nur eine der zahlreichen Gruppen von Asiaten, die sich in Ägypten niedergelassen hatten, wo sie – warum auch nicht? – unter anderem als Ziegelbrenner und Maurer arbeiteten. Das Wort »Hapiru« (auch »Habiru«, eine Bezeichnung für Semiten, die offenbar eine Art mobiler Arbeitskräfte darstellten und ununterbrochen in Asien wie in Ägypten umherzogen) erinnert zwar an die Bezeichnung »Hebräer«, doch gibt es bislang keinerlei Beweise dafür, daß diese beiden Völkernamen identisch sind.

Wie bereits erwähnt, stellte die libysche Rasse der pharaonischen Überlieferung zufolge eine der vier Weltbevölkerungen dar. Tatsächlich konzentrierten sich alle Interessen Ägyptens bis zur 19. Dynastie im wesentlichen auf Nubien und Kusch und auf die Gebiete im Innern sowie an der Küste Asiens. Die Herrschaft über die in Libyen lebenden Halbnomaden beschränkte sich jedoch auf Versuche, durch Abschreckungsmaßnahmen und Razzien, bei denen Gefangene und Vieh abtransportiert wurden, die ständigen, hinterlistigen Übergriffe auf das Delta und auf die Oasen des westlichen Wüstengebiets zu unterbinden.

In der 19. Dynastie wurde der Druck, der von den Tjehenu in Libyen ausging, die sich zudem noch mit weitaus besser gerüsteten und aggressiveren Stämmen verbündet hatten, an der Grenze zum Delta zu einer echten Bedrohung und zwang Merenptah zum Eingreifen. In der »Großen Inschrift von Karnak« finden sich anschauliche Beschreibungen der vorangegangenen schleichenden Invasion durch die libyischen Völker und ihrer neuen, gefährlichen Aggressivität sowie Bemerkungen voller Verachtung über die »Seevölker«, die »keine Vorhaut haben«, also offensichtlich beschnitten waren. Der Führer der Eindringlinge erscheint als der »elende Führer von Libyen Merirui (*Mrwj*), Sohn des Did (*Djd*)«, von denVerbündeten heißt es, sie seien »Scherden, Scheklesch und Akawascha von den [fremden] Ländern im Meer [*n p3 ym*], die keine Vorhaut haben; sie sind getötet worden, und es wurden ihnen, da sie keine [Vorhaut] hatten, die Hände weggenommen«, erwähnt werden des weiteren die Luka und die Turscha. Mit den Libyern hatten sich demnach Gruppen jener »Seevölker« verbündet, die später, zur Zeit Ramses' III., wenn auch vergeblich, versuchen sollten, über die Ostgrenze und von der Mittelmeerküste aus in das Delta einzudringen.

Merenptah erzürnte sich über die Ägypter, die die Fremden schon seit langer Zeit ohne jegliche Gegenwehr gewähren ließen:

> Ägypten wurde den Invasoren aus allen Ländern überlassen,
> die Neun Bogen konnten an seinen Grenzen plündern.
> Die Rebellen können jeden Tag in das Land eindringen [...],
> [so daß die Libyer] mehrmals in die ägyptischen Felder
> am Großen Fluß [dem Nil] eingedrungen sind,
> [das Land] Tage und Monate besetzt gehalten haben,
> die Hügel der Oase erreicht haben [...],
> sie kamen aus dem Gebiet von Farafra:
> Dies ist, so heißt es, seit der Zeit des Königs belegt
> in den Quellen aus alten Zeiten.
> Man war nicht in der Lage gewesen, sie wie Würmer [zu vernichten],
> es war nicht möglich gewesen, ihre Truppen zu überwältigen,
> weil sie den Tod lieben und das Leben hassen,

und ihr Herz sich erregt gegen die Leute, die [...] können [?].
Sie verbringen die Zeit damit, das Land zu durchstreifen,
und kämpfen jeden Tag, um ihre Bäuche zu füllen;
sie kommen nach Ägypten, um Essen für ihre Münder zu suchen
[...].

In derselben Inschrift rühmt sich Merenptah stolz seines Sieges über den Führer der Libyer, der »so eilig [floh], daß er seine Sandalen, seinen Bogen und seinen Köcher liegen ließ«, und dessen Lager die Sieger völlig leerräumten: Sie nahmen alle seine Güter, seine Frauen und seine Möbel mit nach Ägypten. Dank der Siege des Königs brauchte man nun im Delta die Fremden aus Libyen nicht länger zu fürchten, und man hörte dort auch keine fremden Sprachen mehr:

Man lebt nun wirklich angenehm und glücklich,
man läuft ungehindert auf der Straße,
weil es keine Natur mehr im Herzen der Menschen gibt;
die Festungen sind sich selbst überlassen,
die Brunnen sind [wieder] geöffnet
[...].
Es ertönt kein Schrei mehr in der Nacht:
»Halt! Da kommt einer, da kommt einer, der eine ausländische
Sprache spricht« (Israelstele).

Bisher hatten sich die Libyer, auch aufgrund ihres Nomadenlebens, dem Zugriff der Ägypter stets entziehen können; doch nun war auch für sie der Zeitpunkt gekommen, sich endgültig in die pharaonische Weltordnung einzufügen: Ramses III. konnte sich rühmen, die Libyer als Besiegte nach Ägypten gebracht zu haben, wo sie einer Art kultureller »Gehirnwäsche« unterzogen wurden, die zur Folge hatte, daß sie zusammen mit ihrer Muttersprache, die sie durch das Ägyptische ersetzten, auch alle nationalistischen Ambitionen vergaßen:

Nachdem man sie nach Ägypten gebracht hatten, wurden [die Gefangenen] in eine Festung gesteckt [...]. In ihrem Dienst für den König hörten sie die Sprache der Ägypter; der König erreichte es, daß sie ihre eigene Sprache vergaßen und kehrte ihre Sprachen um (LD III, 218).

Das Heer, das Ramses III. gegen die Libyer entsandte, setzte sich zusammen aus ägyptischen Truppen und aus Söldnergruppen der Schardana, aus Philistern (auch die Philister/Palästinenser wurden zu den »Völkern im Meer« gerechnet), aus syrischen Schasu und aus Nubiern.

Die Scherden waren bereits seit der Zeit Amenophis' III. als Söldner nach Ägypten gekommen; daß sich dieses Volk als Söldner verdingte, wird dadurch bestätigt, daß die Scherden in den Kriegen gegen die Hethiter unter den Feinden der Ägypter zu finden waren, und daß sie, ebenso wie die ursprünglich aus Kreta stammenden Philister (*Pereset*), seit den Zeiten Merenptahs zu den Verbündeten der Libyer gehörten.

Nach der 21. Dynastie gelangte eine fremdstämmige Dynastie nach der anderen auf den Horusthron; zunächst waren es libysche Herrscher, dann folgte eine Dynastie aus Kusch, dann eine äthiopische aus Napata – ein »unerhörtes« Phänomen, dessen Tragweite jedoch insofern gemildert wurde, als sich diese »Ausländer« bereits akkulturiert hatten.

Scheschonq I., der Begründer der 22. Dynastie, entstammte einer alteingesessenen Siedlerfamilie aus Herakleopolis, welche die »Führer der Ma« gestellt hatte (»Ma« ist eine Abkürzung von Maschwasch; es handelt sich um eben jene Maschwasch, die im Sold des Pharao gestanden hatten, aber auch Verbündete der von den Ramessiden besiegten Feinde Ägyptens gewesen waren); die Führer der Maschwasch, deren Stammvater ein Libyer mit dem barbarischen Namen Bui-uaua war, hatten sich in Bubastis niedergelassen.

Es erscheint beinahe als Ironie der Geschichte, daß Ägypten ausgerechnet zur Zeit der Herrschaft jener Fremden mit den »barbarischen« Namen Scheschonq und Osorkon neben einem gewissen Gleichgewicht im Innern und einem Wirtschaftsaufschwung, der unter anderem an der bemerkenswerten Bautätigkeit jener Zeit ablesbar ist, durch eine Reihe von Bündnissen im asiatischen Raum und durch Aktionen zur Eindämmung der aggressiven Bestrebungen der Assyrer auch neues Prestige auf internationaler Ebene erlangte.

Doch die Angst vor Gefahren, die von »verschiedenen« Feinden ausgingen, war noch nicht beseitigt; man entwickelte in dieser Epoche »Orakelamulette«, die ihre Träger vor allen denkbaren Gefahren schützen sollten: »vor der Magie der Syrer [Charu], vor der Magie der Äthiopier, vor der Magie der Nubier, vor der Magie der asiatischen Schasu, vor der Magie der Puti aus Libyen, vor der Magie der Leute aus Ägypten.«

In diesem Kontext können mit der Bezeichnung Charu sowohl die seßhaften Palästinenser als auch bereits die an der phönizischen Küste lebenden Völker gemeint sein; die Bezeichnung Schasu konnte sich auf die nomadisierenden Semiten östlich des Deltas und im Ostjordanland beziehen, also zum Beispiel auf die Araber, die Keniter, die Midianiter, die

Edomiter und Amalekiter, oder vielleicht auch bereits die Bevölkerung des jüdischen Israel.

Auch der Begründer der 24. Dynastie, Tefnacht von Sais, entstammte einer mächtigen Familie von »Führern der Maschwasch«; er hatte sich um das Jahr 730 v. Chr. zum »Großen Führer der Libyer und Großen Fürsten des Westens« erklärt, bevor er sich, den Ambitionen des Königs von Napata, des Kuschiten Pianchi (oder Pije, wenn man dem jüngsten Vorschlag zu einer Veränderung der bislang üblichen Schreibweise folgen will), entgegentretend, zum König ausrief. Es war ein Schwarzer, der sich hier, nach einem siegreichen und triumphalen Marsch durch das ganze Niltal, als Herrscher von Kusch und Ägypten durchsetzte und in Memphis das Jubiläum der Pharaonen feierte.

Es ist zweifellos beeindruckend, daß in der offiziellen Darstellung Pianchis, der sich bewußt am Vorbild der großen Pharaonen des Neuen Reiches orientierte, die Eroberung Ägyptens durch den Herrscher von Kusch – jenes fernen Landes, in welches die Siege des Pharao viele Jahrhunderte zuvor die ägyptische Kultur eingebracht hatten – als ein Kreuzzug gegen jene Ägypter erscheint, die sich dem Ratschluß des Gottes Amun, des Gottes von Theben und von Napata, widersetzt hatten – ein Ratschluß, der besagte, daß dem König von Kusch die Herrschaft über alle Länder eingeräumt werden solle:

> Amun von Napata hat mir erlaubt, die Herrschaftsgewalt
> über alle Gebiete auszuüben,
> so daß derjenige, zu dem ich sage: »Du bist König«,
> [es sein wird],
> aber derjenige, zu dem ich sage: »Du bist nicht König«,
> [es nicht sein wird].
> Amun von Theben hat mir die Herrschaftsgewalt über Ägypten gegeben,
> so daß derjenige, zu dem ich sage: »Du bist gekrönt«,
> es sein wird,
> aber derjenige, zu dem ich sage: »Du bist nicht gekrönt«,
> es nicht sein wird;
> die Städte all derer, denen ich meine [wohlwollende]
> Aufmerksamkeit zugewendet habe,
> werden nicht zerstört werden, zumindest nicht durch meine Hand.
> Es sind die Götter, die den König ernennen,
> obgleich auch die Menschen einen König ernennen können;
> ich bin durch Amun [zum König] ernannt worden.
> (Gebel Barkal, Stele 26)

Im Ägypten des 7. Jahrhunderts oblag es den Kuschiten, die Ostgrenze gegen fremde Eindringlinge zu verteidigen: Schabaka entsandte ein Heer, das Hesekiel beistehen sollte (es war allerdings ein sehr schwacher Beistand, der in der Bibel verglichen wird mit »einem zerbrochenen Rohr, das in die Hand dessen eindringt, der sich darauf stützt«); Taharqa kämpfte tapfer, bevor er vor dem Angriff des Assyrerkönigs Assurbanipal zurückwich, der mit seinem aus Phöniziern, Syrern, Zyprioten sowie Ägyptern aus dem Delta gebildeten Heer bis nach Theben vordrang. Tatsächlich waren die ägyptischen Fürsten im Norden durchaus bereit, mit dem assyrischen Feind zusammenzuarbeiten, um sich so der als unerträglich empfundenen Herrschaftsgewalt Napatas zu widersetzen.

Über die assyrische Herrschaft in der Provinz Ägypten liegen uns keine direkten, auf Denkmälern überlieferten Quellen vor; dennoch sind die Methoden bekannt, welche die Assyrer bei der Verwaltung Ägyptens anwandten. Sie ähnelten denen, die die Ägypter zur Zeit des Imperiums bei den nubischen und asiatischen Untertanen anwandten: diese wurden als Geiseln genommen und ägyptisch erzogen. Diesem Modell folgend, deportierten die Assyrer die jungen Ägypter der tributpflichtigen Gemeinden und der Vasallenstädte nach Ninive, ließen ihnen dort eine assyrische Erziehung angedeihen und zwangen ihnen neue, assyrische Namen auf. So wurde etwa der Name des Fürsten von Sais, Psammetich, der der Sohn des Necho und späterer Begründer der 26. Dynastie war, zu Nabuschizibanni »assyrisiert«. Nicht zufällig war Psammetich I., der aufgrund seiner Beziehungen zu den Assyrern auch die Möglichkeit hatte, nützliche Kontakte zu den Herren der anderen Vasallenstaaten zu knüpfen, derjenige, der schließlich, die Schwäche Napatas sowie die Tatsache ausnutzend, daß die Aufmerksamkeit der Assyrer auf etwas anderes gerichtet war, die Freiheit und Unabhängigkeit Ägyptens wiedergewann, wobei er sich die notwendige militärische Vorherrschaft durch die Aushebung von Söldnern unter den Ioniern und den Karern in Anatolien sicherte.

Den Kontakten zwischen dem griechischen Kulturkreis und Ägypten vor dem Hellenismus gingen, wie allseits bekannt, die Beziehungen Ägyptens zur Welt der minoischen und später der mykenischen Kultur voraus. Seit der 18. Dynastie erschienen die Einwohner des alten Kreta in ägyptischen Darstellungen als Importeure von Waren, d.h. sie wurden gemäß der Konventionen der pharaonischen Ikonographie als Tributbringer dargestellt; die ägyptischen Maler haben sie mit dem üblichen

Geschick und Sinn für das ethnographische Detail mit charakteristischen Gesichtszügen, Haartrachten, Kleidern und hochgeschnürtem Schuhwerk ausgestattet und ihnen charakteristische Gegenstände in die Hand gedrückt. Auf diesem Gebiet sind nach wie vor die vor einigen Jahren veröffentlichten Studien Jean Vercoutters maßgebend. Bekanntlich werden die Mykener in ägyptischen Texten als Keftiu (die Kaftor der Bibel) bezeichnet; die Keftiu (aus der ägäischen Welt und auch aus den Ländern an der syrischen Küste) zählten im Neuen Reich zu denjenigen, die Ägypten als Kaufleute und als Überbringer verschiedener »Tribute« besuchten.

Die Küsten und Häfen Ägyptens waren den griechischen Zeitgenossen Homers nicht unbekannt. Man denke etwa an die Schilderungen, die in der *Odyssee* von den Landungsversuchen des Odysseus gegeben werden, der im Grunde (auch wenn er in das 8. Jahrhundert zu datieren ist) ein ähnlicher Pirat war wie die Angehörigen der »Völker im Meer«. Bekannt ist auch, daß es im Linear B* mehrere Belege für den geographischen Namen *Aigyptiu* gibt, in dem man die griechische Bezeichnung für Ägypten, *Àigyptos*, wiedererkennen kann. Auf das 7. Jahrhundert geht auch die Gründung von Naukratis, dem bedeutendsten Zentrum des nunmehr intensiv betriebenen und gut organisierten griechisch-ägyptischen Handels, zurück.

Die Söldner aus Ionien und Karien (die »ehernen Männer« jener vielfach zitierten Textstelle bei Herodot, 2, 152–53) waren von Psammetich mit verlockenden Löhnen und dem Versprechen gewonnen worden, daß sie Ländereien (*stratòpeda*) erhalten würden, auf denen sie sich würden ansiedeln können. Das Ägypten der Saitenzeit war für die Menschen des griechischen Kulturkreises das Land, in dem der Söldner zu Reichtum gelangen konnte: Vor nicht allzu langer Zeit wurde in Priene eine ägyptische Statue mit griechischem Text gefunden, die von einem ionischen Soldaten aus der Zeit Psammetichs I. gestiftet wurde; sie stellt einen ganz außergewöhnlichen Beleg für die Tatsache dar, daß man in jener frühen Zeit mit der griechischen wie mit der ägyptischen Kultur gleichermaßen vertraut war, und verweist überdies auf die Beziehungen zwischen Ägypten und dem griechischen Einflußbereich in Kleinasien, die sich in der Folge für das alte Griechenland als so fruchtbar erweisen sollten. Zur Zeit

* Eine zur Zeit der kretisch-mykenischen Kultur auf Kreta, den Inseln des Ägäischen Meeres und auf dem Peloponnes gebräuchliche Schrift. Es handelt sich um eine Silbenschrift, die aus einer vermutlich von den ägyptischen Hieroglyphen beeinflußten Bilderschrift hervorgegangen ist. (Anm. d. Übers.)

der 26. Dynastie genoß Ägypten noch ein solches Prestige, daß für griechische Intellektuelle und Philosophen eine Ägyptenreise obligatorisch war.

Die berühmten Inschriften von Abu Simbel, die auf Griechisch, Karisch und Phönizisch niedergeschrieben wurden, belegen, daß sich das Heer Psammetichs II. aus einer Vielzahl ethnischer Gruppen zusammensetzte. Ionier und Karer lebten auch in den darauffolgenden Jahrhunderten weiterhin in Memphis, so daß selbst Alexander der Große dort noch ihre Nachfahren, die »Hellenomemphiten« und die »Kariomemphiten«, vorfand.

Die Eroberung durch Kambyses im Jahr 525 v. Chr. verwandelte das Niltal in eine Satrapie des persischen Reiches. Das Ägypten des 6. und 5. Jahrhunderts, das Herodot bereiste, stellte, mehr noch als das jener glorreichen Zeiten, in denen das Weltreich noch ein »ägyptisches« war, einen mehrsprachigen Vielvölkerstaat dar: vom persischen Satrapen, der in der Regel der Familie des Großkönigs angehörte und mit seinem Gefolge und den Verwaltern seiner Güter und des königlichen Schatzes in Memphis residierte, bis hin zu den unzähligen Schreibern, Richtern, Provinzgouverneuren (*fratarak*), den Garnisonen von Soldaten, den vielen Söldnern, Exporteuren, Händlern, insbesondere phönizischen. Die Amtssprache der Provinzen des persischen Reiches (und infolgedessen auch Ägyptens) war das Aramäische, das auf Ägyptisch »(As)syrisch« genannt wurde. Auf Anordnung Darius' I. wurden auch die ägyptischen Gesetze aus der Zeit »vor dem 44. Regierungsjahr des Amasis« aus dem Demotischen in das Aramäische übersetzt (Papyrus Bibliothèque Nationale Paris, Nr. 215 Rs.).

In den Gebieten der Grenzgarnisonen, von Migdol in Marea bis nach Elephantine im Süden, lebten Menschen verschiedener Nationalitäten, die alle unterschiedliche Kulte und Religionen hatten; so entstanden überall in Ägypten Tempel und Kultstätten für die ausländischen Gottheiten. Zur Zeit der persischen Herrschaft gab es in Assuan Kapellen für den Kult des Nabo, des Melkat Schiamin und des Banit, und auf der Nilinsel Elephantine hatten die jüdischen Siedler einer Soldatenkolonie schon vor der Eroberung durch Kambyses (möglicherweise zu der Zeit, als Kyros das Edikt erließ, das den Flüchtlingen aus Israel die Rückkehr aus Babylon ermöglichte, oder aber bereits zu der Zeit Psammetichs II.) einen Tempel für Yaho errichtet.

In den Jahrzehnten nach Abschüttelung der persischen Herrschaft wurde Ägypten zum Vertrauten und Verbündeten für jeden Feind des Perserkönigs; so strömten im Niltal alle möglichen Verbündeten und Verbannten zusammen, bis das Land schließlich von Alexander dem Großen erobert wurde.

Für die Zeit der libyschen Herrschaft, für die Eroberung durch die Äthiopier, insbesondere aber für die brutalen Invasionen zunächst der Assyrer und dann der Perser, auf welche die Eroberung durch Alexander den Großen, die Herrschaft der Ptolemäer und die der Römer folgten, fanden die Ägypter, da es sich ja hierbei um Angriffe gegen den »Horusthron« handelte, eine mythologisch motivierte Interpretation: Sie sahen darin die »Rückkehr des Seth«, der aus Ägypten vertrieben und in das Land der Asiaten verbannt worden war, nun aber »erneut sein Unwesen zu treiben und zu rauben begann«, in der Gestalt des assyrischen Eroberers, in der des Kambyses und der des Xerxes. Der rituelle Exorzismus, die Vernichtung der Stellvertreterfigur des Seth, des Gottes des Chaos, durch magisches Feuer, war das letzte Mittel, das den besiegten Ägyptern noch blieb:

> Weiche zurück, du niederträchtiger Rebell,
> dessen Vordringen von Rê aufgehalten wurde! [...]
> Du wirst dich Ägypten nicht mehr nähern.
> Du wirst in den fremden Ländern umherirrend sterben,
> du wirst nicht mehr in die Gestade des Horus eindringen,
> in jenes Reich, das ihm zugesprochen worden war!
> (»Ritual gegen Seth-Apophis«, *Urk.* VI, 17, 22ff.)

Ähnliche Rituale, die Ägypten vor den fremden Eindringlingen schützen sollten und an die zwei Jahrtausende zuvor entstandenen Ächtungstexte erinnern, finden sich auch in Edfu in dem »Buch, um die [feindlichen] Menschen zu lähmen«:

> Alle Fürsten aller asiatischen Länder,
> all ihre großen Männer, all ihre Würdenträger,
> all ihre Soldaten, all ihre Magier,
> all die Magierinnen, die bei ihnen sind [...],
> die sagen, daß sie sich mit den Rebellen
> gegen den Pharao verbünden werden.
> (Edfu, V, 132, 5–6)

In Dendara wurden zusammen mit den Invasoren aus fremden Ländern auch die Magier und die Ruchlosen exorziert, die die Krypta hätten entweihen können:

Ort, dessen Geheimnis verborgen ist,
für den Fall, daß die Asiaten von der Festung hinabsteigen.
Die Phönizier [Fenech] werden sich ihm nicht nähern,
die Griechen [Haunebut] werden dort nicht eintreten,
die Sandbewohner werden dort nich umherziehen,
der Magier wird dort seine Funktion nicht ausüben,
seine Pforten werden sich einem Ruchlosen nicht öffnen.
(Dendara, Zweite Krypta)

Doch inzwischen war es zu spät, um die Pforten Ägyptens noch zu schließen…

Den »besiegten« Ägyptern jener Zeit blieben die Phantasien, die ihnen ihr Nationalstolz eingab: Kambyses, so raunte man, sei der Sohn des Apries, des letzten rechtmäßig eingesetzten Pharao; und Alexander der Große sei wohl der »Sohn Amuns«, aber zugleich auch der Sohn Olympias und Nektanebos' II., jenes Pharao und Magiers, der vor dem Perserkönig Artaxerxes nach Nubien geflohen war.

Kapitel 9

# Der Tote

Sergio Donadoni

Betrachtet man das reichhaltige Material, welches in den Museen zusammengetragen wurde, die sich der Sammlung ägyptischer Denkmäler widmen, könnte man – wenn auch zu Unrecht – bisweilen den Eindruck gewinnen, daß Grab und Begräbnis im Mittelpunkt der ägyptischen Kultur gestanden haben. Dies ist jedoch nur eine Folge der bisherigen Ausgrabungspraxis in Ägypten: Der Zugang zu den Städten des alten Ägypten blieb den Archäologen weitgehend verwehrt, sei es, daß die alten Orte sich über die Jahrhunderte hinweg als bewohnte Zentren gehalten haben, sei es, daß sie tief unter den Schlammschichten verborgen sind, die der Nil seit Jahrtausenden bei seinem alljährlichen Hochwasser hinterläßt. Während die Zeugnisse des Lebens nur schwer zugänglich sind, sieht die Situation für die Gräber völlig anders aus. Sie befinden sich in der Wüste, weitab von den überschwemmten Gebieten, und sind klimatischen Bedingungen unterworfen, welche die Erhaltung der Materialien, die an jedem anderen Ort der Zerstörung anheim gefallen wären, durchaus gestatten. Dies hat die praktische Archäologie allzu lange dazu verführt, ihr Hauptaugenmerk auf das Auffinden neuer Objekte zu richten.

Die archäologischen Denkmäler, die Zeugnisse der Toten, gewinnen durch den großen Schreibeifer der alten Ägypter für uns noch an Bedeutung und Plastizität (dies ist auch der Grund, weshalb die Forschung ihnen stets besondere Aufmerksamkeit widmete): Die Ägypter haben große Mengen Papier und ganze Wände mit religiösen Texten beschriftet, die sich auf die Toten und das Jenseits beziehen. So ist es uns möglich, uns aus erster Hand ein differenziertes Bild von ihren mythischen Vorstellungen, ihren Ritualen, ihrem Verständnis von Leben und Tod zu machen, was in dieser Weise für keine andere Kultur der antiken Welt gilt.

Eine im Grunde weltlich gesinnte, rational und pragmatisch denkende Zivilisation, die sich an ihrer eigenen ausgelassenen Vitalität erfreute, erscheint uns durch den Zufall, der die Überlieferung des Quellenmaterials bestimmte, in einem völlig anderen Licht, und kein Werk, das sich die Beschreibung dieser Kultur zum Ziel setzt, kann darauf verzichten, einen Großteil der Darstellung jenen Aspekten zu widmen, die mit Tod und Jenseits in Zusammenhang stehen.

Auch wir können uns diesem Sachzwang nicht entziehen. Doch geht es uns hier nicht darum, von der religiösen Anthropologie zu handeln, die uns erklärt, aus welchen Elementen sich der ägyptische Mensch zusammensetzt, welcher dieser Elemente den Tod überleben und wie dies geschehen kann; ebensowenig wird hier von den zahlreichen – teils widersprüchlichen, teils sich gegenseitig bestätigenden – eschatologischen Vorstellungen die Rede sein, und wir werden auch nicht versuchen, den Sinn der zahlreichen Totentexte bis ins letzte Detail zu entschlüsseln, die uns, nach Epochen gestaffelt, in Formelsammlungen oder jenen »Jenseitsführern« begegnen, die als Ausdruck der religiösen Spekulationen der Priester zu werten sind.

Was uns hier interessiert, ist vielmehr die Tatsache, daß ein Mensch auch nach seinem Ableben in der Gesellschaft der Lebenden sozusagen strukturell noch verankert bleibt, daß er dort, auch wenn er schon längst kein aktives Mitglied dieser Gesellschaft mehr ist, in entscheidender Weise auf Ereignisse und Gegebenheiten einwirkt. Der »Tote, der sich des Lebenden bemächtigt«, ist ein Phänomen, das unsere Aufmerksamkeit verdient; tatsächlich hat der Tote, mag er im Bewußtsein der von Schmerz und Trauer gepeinigten Angehörigen auch längst ein »Davongegangener« sein, diese Welt noch nicht verlassen, sondern handelt noch in ihr, freilich durch einen Willen, wie er ihm eignete, als er noch lebendig und sich dessen sehr wohl bewußt war, daß er einst ein Toter sein würde (wie wir noch sehen werden, gab es jedoch auch Fälle, in denen der Tote tatsächlich als Toter handelte).

Der Forschungsbereich ist hier somit wesentlich enger gefaßt als traditionell üblich; doch hätten wir vollends auf diese Darstellung verzichtet, so wäre das Bild, das wir in diesem Band von einer Vielzahl sozialer Typen des alten Ägypten zeichnen, zweifellos unvollständig gewesen.

Sind jene, die die Vergangenheit erlebt und erlitten haben, als konkrete Vertreter dieser Vergangenheit im Bewußtsein der Lebenden präsent, so entsteht zwischen denen, die heute leben, und denen, die einst lebten, ein Gefühl der Verbundenheit; je mehr wir im Laufe der Zeit über diese Vergangenheit in Erfahrung bringen, desto deutlicher wird uns, was wir ihr eigentlich schuldig sind, und es wird uns klar, daß die Tradition ein wichtiger Anhaltspunkt für unser Handeln ist.

Eine Kultur, die mit solch unermüdlicher Aufmerksamkeit auf die eigene Vergangenheit blickt wie die ägyptische, ist sich zeitlicher Kontinuität besonders deutlich bewußt, und es entgeht ihr auch nicht, wenn sich etwas, das längst vergangen zu sein scheint, erneut Geltung verschafft oder auch nur als Erinnerung bemerkbar macht.

Hierdurch erklärt sich auch, daß in Ägypten die Trennwand zwischen der Welt des Diesseits und der des Jenseits, für die man in den Kulturen der Antike besonders sensibel war, sehr viel dünner war als anderswo.

Um uns dies vor Augen zu führen, genügen einige typische Beispiele, die sich allerdings nach Belieben erweitern ließen. In dem berühmtesten Werk der ägyptischen Literatur erzählt der Protagonist Sinuhe die lange Geschichte seines an Abenteuern reichen Lebens. Es ist eine Erzählung in der ersten Person, und doch schließt sie, nachdem die eigentliche Geschichte bereits zu Ende ist, mit dem Satz: »Ich blieb in der Gunst des Königs, bis der Tag des Hinscheidens gekommen war.«

Nicht viel anders verhält es sich mit der Einleitung zum Protokoll des Prozesses über die Ermordung Ramses' III., in der von der Einsetzung des Gerichts die Rede ist, das sich des Falles annehmen soll: Derjenige, der es einsetzt, ist der tote König selbst, der bereits eine andere Welt betreten hat und für die Verschwörer nicht mehr erreichbar, aber offenbar durchaus noch in der Lage ist, in der Gesellschaft, der er nicht mehr angehört, selber handelnd tätig zu werden.

Hierin zeigt sich ein Aspekt der reichen eschatologischen Phantasie der Ägypter, die sich stets sehr konkrete Vorstellungen vom Jenseits zu machen pflegten. Zwar erschien ihnen das Jenseits nicht unbedingt als ein Ort der Zuflucht, doch immerhin als eine Welt, die in ihren Eigenschaften erfaßbar, in ihren Merkmalen beschreibbar war, eine Welt, von der sich Wege-Führer anfertigen ließen, welche eine vollständige Liste all der Formeln enthielten, mit deren Hilfe man mit den nichtmenschlichen Wesen, denen man dort in jedem Falle begegnen würde, in Kontakt treten und auf ihre Fragen antworten konnte. In dieser Vorstellungswelt stellte der Tod potentiell nicht mehr als eines von zahlreichen Naturereignissen dar. Eine solche Einordnung ermöglicht eine optimistische Weltsicht, die von der Vorstellung ständiger Wiederkehr und Verjüngung ausgeht, wie sie sich im Wechsel von Tag und Nacht, im Sonnenzyklus, im Vegetationszyklus, im Mondzyklus und im Zyklus des Nilhochwassers zeigen. In den ältesten Grabtexten, die uns vorliegen – sie stammen aus dem Innern der Königspyramiden der 6. Dynastie (ca. 2000 v. Chr.) –, finden sich häufige Hinweise auf diese immer wiederkehrenden Erscheinungen, und wir spüren nicht nur, daß es sich hierbei um ein, wenn man so will, »beruhigendes« Denkmodell handelte, sondern daß all dem eine dialektische Weltsicht zugrundelag: »Sie sagen dir: ›Geh, damit du wiederkehrst! Schlaf, damit du erwachst! Stirb, damit du lebst!‹« (*Pyr.* 1975)

Sterben ist ein Moment der Existenz: Die prähistorische Zeit (womit allerdings die Zeit bezeichnet wird, in welcher der Herrscher geboren wurde, für den die Formel rezitiert wird) ist als das Zeitalter beschrieben worden, in dem »der Himmel noch nicht entstanden war, [...] die Erde noch nicht entstanden war, [...] die Menschen noch nicht entstanden waren, [...] der Tod noch nicht entstanden war« (*Pyr.* 1466 b/d; Sethe 1962, V, S. 413).

»Dasein« bedeutet auch »sterben«; es ist deshalb die Voraussetzung für jenes »sterben, um zu leben«, von dem in der ersten der oben zitierten Formeln die Rede ist.

Dieser – wenn man so will – kosmische Optimismus schloß andere Auffassungen des Todes natürlich keineswegs aus. Bezeichnenderweise hat man festgestellt, daß in den *Pyramidentexten* Verben, die den Vorgang des Sterbens bezeichnen, nur in verneinter Form vorkommen. Hinzu kommt, daß das Weiterleben nach dem Tod möglicherweise mit einer völligen Umkehrung der bisherigen Lebensverhältnisse verbunden war. So wird zum Beispiel in einer Zauberformel darauf hingewiesen, daß der König »süß ist für die Lebenden und bitter für die Toten«. In diesem Lichte sind auch jene alten, stets aufs neue wiederholten Formeln zu sehen, die den Toten davor bewahren sollen, mit dem Kopf nach unten zu laufen, seinen eigenen Urin zu trinken oder sich von seinen Exkrementen zu ernähren. Auch diese Umkehrsituationen sind das Ergebnis eines auf strenger Folgerichtigkeit aufgebauten dialektischen Denkens. Diese Vorstellungen sind aber zweifellos weitaus weniger erbaulich als die obenerwähnten von einer Wiedergeburt nach dem Tode.

Im folgenden soll nun eine Reihe von Texten vorgestellt werden, in denen von Menschen die Rede ist, die den Trost durch die Mythologie zurückweisen. Entstanden sind diese Texte zu verschiedenen Zeitpunkten, die sich nahezu über die gesamte Geschichte des Pharaonenreiches verteilen, vom Ende des 3. Jahrtausends v. Chr. bis in die christliche Epoche.

Einer dieser Texte ist das *Harfnerlied*, das sich (wie in dem Papyrus zu lesen ist, auf dem es uns überliefert wurde) an einer Wand der Grabkammer des thebanischen Königs Antef befand, der um das Jahr 2100 v. Chr. lebte:

Geschlechter schwinden und vergehen [...] Was sind ihre Stätten? Ihre Mauern sind gefallen. Ihre Plätze sind nicht mehr, als wären sie nie gewesen. Keiner kommt von dort, daß er ihren Zustand künde, daß er künde, was sie brauchen, und unser Herz beruhige, bis wir gelangen zu dem Ort, zu dem sie vergangen sind [...]. Kränke dein Herz nicht, bis jener Tag der (Toten)klage zu dir kommt. Der »Herzensmüde« [d.i. der Verstorbene] hört nicht ihre Rufe, ihre Rufe retten niemanden aus dem Grabe (Hornung 1978, S. 80 f.).

Am anderen Ende der ägyptischen Überlieferung steht jener bereits in die Zeit der griechischen Herrschaft zu datierende Text, in dem tragischer Schauder vor der Welt des Jenseits spürbar wird. Er repräsentiert gleichsam die Summe aller literarischen Versuche vom *Harfnerlied* an, die dieses große Thema zur Sprache bringen:

Der Westen ist das Land der Stumpfheit; eine ewige Dunkelheit ist der Aufenthaltsort derer, »die im Jenseits sind«. Ihre Beschäftigung ist schlafen: Sie wachen nicht auf, um ihre Brüder zu sehen, sie sehen weder ihre Väter noch ihre Mütter an; ihre Herzen vergessen ihre Frauen und ihre Kinder.

Das Lebenswasser, in dem die Nahrung für jedes Leben ist, ist Durst für mich. Es kommt nur zu dem, der auf der Erde ist. Ich bin auch durstig, wenn Wasser in meiner Nähe ist [...]. Der Tod – »Komm!« ist sein Name, und er ruft jedermann zu sich. Und sie kommen sofort zu ihm, auch wenn ihr Herz vor ihm vor Schrekken zittert. Niemand unter den Göttern und unter den Menschen sieht ihn. Die Großen sind ebenso in seiner Hand wie die Kleinen [...]. Er raubt lieber den Sohn aus dem Schoße der Mutter als den Alten, der sich in seiner Nähe bewegt [...].

Ihr, die ihr auf diesen Friedhof kommt! Opfert mir Weihrauch über der Flamme und Wasser zu allen Himmelsfesten!

Der unerwartete Schluß, in dem um eben jene rituellen Opfer gebeten wird, deren Nutzlosigkeit der Verfasser gerade erst konstatiert hat, ist vielleicht nichts anderes als der höchste Ausdruck der Bitterkeit. Doch in der Welt der Ägypter, in der Harmonie und Gleichgewicht herrschten, forderte das schmerzliche Bewußtsein des Verlöschens eine andere Sichtweise geradezu heraus. So wurde der Tod auch zur Erlösung für den, der vom Leben bezwungen wurde. In demselben kulturellen Kontext (wenn auch nicht in genau dieselbe Zeit) wie das *Harfnerlied* sind auch die Klagen jener beiden Menschen einzuordnen, die das Vertrauen in die menschliche Gesellschaft verloren haben und ihrem Wunsch Ausdruck verleihen, zu sterben und dieser Welt zu entfliehen. Ein Lebensmüder, der am Zustand dieser Welt verzweifelt, spricht schließlich folgende Worte zu seiner Seele, mit der er eine lange Unterredung darüber geführt hat, ob es ratsam sei, sich mit der Bösartigkeit der Welt einfach abzufinden:

> Der Tod steht heute vor mir
> wie der Duft von Weihrauch,
> wie Sitzen unter dem Segel am Tag des Windes.
> Der Tod steht heute vor mir
> wie der Duft der Lotosblüten,
> wie Wohnen am Rand der Trunkenheit.
> [...].
> Der Tod steht heute vor mir
> wie der Wunsch eines Menschen, sein Heim wiederzusehen,
> nachdem er viele Jahre in Gefangenschaft verbrachte.
> (Hornung 1978, S. 79f.)

Ein Unglücklicher, dem es nicht gelingt, sein Recht vor den weltlichen Richtern geltend zu machen (obwohl offensichtlich ist, daß er im Recht ist), schickt sich an, in den Freitod zu gehen und spricht: »Die Annäherung eines Durstigen an den Brunnen; das Hinstrecken des Mundes des kleinen Kindes der Milch entgegen: das ist der Tod, den man zu sehen wünscht.«

Doch neben diesem entschlossenen Wunsch nach dem Tod, der stets in unruhigen Zeiten hörbar wird und durchaus einer Kritik an den politischen und sozialen Verhältnissen gleichkommt, gibt es auch Äußerungen bar jeglicher mythologischer Einflüsse, in denen in aller Gelassenheit über die letzte Bestimmung des Menschen nachgedacht wird. Der bedeutendste Text dieser Art, der zu einem thebanischen Grab der 18. Dynastie gehört, steht in klarem Widerspruch zum *Harfnerlied* (das, wie man sich erinnern wird, in seiner ursprünglichen Form ebenfalls eine Grabinschrift gewesen war):

Ich habe die Lieder gehört, die sich in den Gräbern der alten Zeit befinden, und habe vernommen, was sie sagen; sie verherrlichen das Dasein auf Erden und schmähen das Land der Toten. Doch weshalb sollte man eine solche Haltung gegenüber dem Land der Ewigkeit einnehmen, dem gerechten und korrekten, das ohne Schrecken ist? Kampf wird dort verabscheut, und es gibt dort niemanden, der sich gegen seinen Kameraden wappnet. Dieses Land, das keine Feinde hat – all unsere Angehörigen ruhen dort seit der Zeit des Ersten Mals [d.i. seit der Schöpfung]. Die Millionen und Abermillionen, die auf die Welt kommen, sie aller werden dorthin kommen. Es kann nicht sein, daß einer in Ägypten bleibt; nicht einen einzigen gibt es, der nicht hierher käme. Das, was man auf der Erde tut, hat die Dauer eines Traums; doch zu dem, der in den Westen kommt, sagt man: »Willkommen, gesund und unversehrt!«

So ist ein ständiges Schwanken zwischen einem instinktiven Pessimismus und dem Streben nach Gelassenheit und Vertrauen feststellbar. Der Tod verhält sich wie »ein Jäger in der Wüste« (*Pyr.* 851 b), er fängt die Lebenden mit seiner Schlinge, als wären sie Wild (Anchnesneferibre, 2, 132); zugleich aber verwandelt er den Menschen in einen »Leuchtenden Geist« und versetzt ihn in die verzauberte Welt der zahlreichen ägyptischen Elysien.

Die Vorstellungen der Ägypter vom Leben nach dem Tode sind demnach vor dem Hintergrund mythologischer Konzeptionen und menschlicher Gefühle zu sehen. Jede tiefergehende Empfindung wird sogleich in eine Reihe von schöpferischen Versuchen auf dem Gebiet der religiös-philosophischen Spekulation, der Ethik, der Literatur umgesetzt. Dies müssen wir uns vor Augen halten, wenn wir begreifen wollen, welche sozialen Funktionen der Figur des Toten in der ägyptischen Gesellschaft zukamen. Obgleich der Tote die Welt des Diesseits bereits verlassen hatte – nicht mehr »auf seinen Füßen lebte«, wie man zu sagen pflegte – er war in ihr auf direkte oder indirekte Weise noch immer tätig.

Eine wichtige Unterscheidung muß jedoch vorausgeschickt werden: Die Feststellungen, die über verstorbene Könige getroffen werden können, decken sich in keiner Weise mit denen, die für ihre jeweiligen Untertanen gültig sind. Der Tod eines Königs war mehr als nur der Tod eines Menschen, er war etwas Außergewöhnliches und Einmaliges, dem gewissermaßen paradigmatischer Wert zukam (hierauf wird jedoch in einem anderen Beitrag dieses Bandes näher eingegangen).

Das deutlichste Anzeichen für diesen Unterschied ist das Erscheinungsbild des Grabes: Die Königsgräber sind immer anders als die Gräber der Untertanen. Doch sobald ein Modell des Königsgrabes ausgedient hatte, wurde es dem Volk überlassen. So füllten sich, als das Felsengrab an die Stelle der Königspyramide trat, die Nekropolen mit Pyramiden, jener Denkmalsform, die Privatpersonen bis dahin nicht hatten verwenden dürfen. Ähnliche Feststellungen ließen sich auch in bezug auf die Grabdekoration und die in den Gräbern notierten Texte treffen.

Für die älteste Zeit jedenfalls stellen die verschiedenförmigen Gräber das eindeutigste Zeugnis und die ergiebigste Quelle für unsere Untersuchungen dar. Wir werden sehen, daß auch die Fähigkeit der Toten, auf das Schicksal der Lebenden einzuwirken, im Grunde nur durch das Grab gegeben war. Die ganz Elenden verschwanden im Nichts des Todes, wurden in den Fluß geworfen wie die Tiere. Die etwas weniger Elenden hingegen wurden »in die Wüste geworfen«, nachdem man sie, wie es in einem Text heißt, »ihrer Häuser beraubt« hatte. So ärmlich ihre Gräber auch waren, sie zeugten doch durch die dort hinterlegten Opfergaben von dem Band, das zwischen ihnen und den Lebenden noch bestand, und sie zeigten auch, daß diese Toten noch die Fähigkeit besaßen, Dinge, die für die Lebenden von Nutzen waren, zu gebrauchen.

Doch natürlich sind nicht dies die Fälle, die unsere Untersuchungen voranbringen. Von Interesse für die Forschung sind vor allem die Gräber von Personen, die eine wesentlich höhere Stellung in der hierarchisch gegliederten Gesellschaft des alten Ägypten einnahmen. Schon in den ältesten »Lehren« der ägyptischen Literatur, die Fürsten und Wesiren der Pyramidenzeit zugeschrieben werden, heißt es, man solle »ein Haus gründen« und zugleich ein Grab vorbereiten. Wenn im *Harfnerlied* ausdrücklich auf diese Lehren Bezug genommen und ihre Vergeblichkeit betont wird, so ist dies vor dem Hintergrund der großen Unsicherheit zu sehen, die die auf die Pyramidenzeit folgende Feudalzeit brachte. Doch sobald die ägyptische Gesellschaft in ihre geordneten Bahnen zurückgefunden hatte, wurde der Pessimismus des *Harfnerliedes* angefochten (ein Textbeispiel hierfür haben wir zitiert), und man begann auch wieder, darauf hinzuweisen, daß es dringend notwendig sei, für die eigene Beerdigung vorzusorgen. So finden wir etwa bei Ani, einem Weisen aus der Zeit des Imperiums, eine sowohl von Gelassenheit als auch von einer gewissen Melancholie geprägte Sichtweise, die wesentlich komplexer und differenzierter ist als die seiner selbstbewußten Vorgänger der alten Zeit; und auch von der Bitterkeit, die aus den früheren Texten spricht, gegen die er Stellung nimmt, ist hier nichts mehr zu spüren:

> Statte deinen Platz im Friedhof wohl aus,
> und die Sargkammer, die deinen Leichnam bergen wird.
> Stell dir das vor Augen als eine Pflicht, die zählt.
> Wer es so macht wie die großen Alten,
> die jetzt in der Unterwelt ruhen:
> kein Tadel kann den treffen, der so handelt.
> Es ist gut, dich zu rüsten;
> wenn dann ein Bote kommt, dich zu holen,
> so soll er dich bereitfinden, an deinen Ruheplatz zu gehen;
> dann sage: »Ja, hier kommt einer mit, der sich auf dich
> vorbereitet hat.« (Brunner 1988, S. 202).

Doch auch noch zur Zeit der griechischen Herrschaft – in der Epoche des hellenistischen Kosmopolitismus! – wird in einem demotischen Text der Ratschlag gegeben, das eigene Land möglichst nicht zu verlassen, da man sonst Gefahr läuft, das Grab zu verlieren, das man in der Heimat hätte haben können: »Wer fern von seinem Lande stirbt, wird [nur] aus Barmherzigkeit beerdigt« (Papyrus Insinger).

Das Grab ist das Haus, in dem sich der Tote aufhält, und in vielen Fällen weist es auch eine Struktur auf, die der eines Hauses entspricht. Ein Teil des Grabes ist für das soziale Leben seines Besitzers vorgesehen. Hier versammeln sich seine Erben, hier werden ihm die jeweils passenden zeremoniellen Opfer dargebracht. Der Grabschmuck erfüllt hier eine Vielzahl von Funktionen und ist so aufwendig wie möglich gestaltet. Dieser Teil entspricht dem *diwân* des orientalischen Hauses. Ihm steht der *harím* gegenüber, dem in diesem Fall der geheime Teil des Grabes entspricht, in welchem der tote Körper ruht; um ihn herum sind all die Dinge angeordnet, die er für sein geheimnisvolles Leben nach dem Leben benötigt. Dies ist das Grundschema, das in den verschiedenen Epochen der ägyptischen Geschichte entsprechend dem jeweils vorherrschenden Brauch abgewandelt wird. Die Varianten reichen von dem perfekten Nachbau eines Wohnhauses in der alten Zeit (in dem es sogar eine Toilette gibt) bis hin zu Versuchen, den *harîm* in den Bereich des Mythologischen zu übertragen, wie aus den auf das Jenseits anspielenden Darstellungen hervorgeht, die von einem bestimmten historischen Zeitpunkt an nachweisbar sind – Darstellungen, in denen das Jenseits ganz konkret mit der Grabkammer gleichgesetzt wird.

Wird das Grab als Wohnhaus begriffen, so kann es seinen Zweck nur erfüllen, wenn auch tatsächlich jemand darin wohnt. So wird der einzelne

Mensch mit seinem Abgang von dieser Welt nicht etwa zu einem Nichts, sondern ihm wird durch den Übergang in eine potentielle Ewigkeit sogar zusätzliche Lebenskraft verliehen. Diese Auffassung äußert sich konkret zum einen darin, daß die Leiche sorgfältig zurechtgemacht wird (ein Brauch, der schon bald in die Praxis der Mumifizierung mündet); zum anderen zeigt sie sich, was noch bezeichnender ist, darin, daß man dem Verstorbenen durch Wörter und Bilder eine Art Gedächtnis mitgibt. Die ägyptische Plastik ist größtenteils von dem Bestreben bestimmt, einer bestimmten »Seele« (wenn man sie so nennen will), die einen unverkennbaren Namen trägt, einen physischen Anhaltspunkt zu geben. Die Statue ist kein Denkmal, das zum Gedenken an den Verstorbenen errichtet wird, sondern eine spezifische Ausprägung der Person selbst, weshalb sie auch über eine ihr eigene Vitalität verfügt. Ihre Bestätigung findet diese Tatsache darin, daß man über der Statue einen Ritus zu vollziehen pflegte, der dazu diente, ihr »den Mund zu öffnen«, so wie man es auch mit der mumifizierten Leiche zu tun pflegte (sog. »Mundöffnungsritual«). Dies muß man sich vor Augen halten, wenn man verstehen will, wo die Wurzeln der ägyptischen Plastik liegen und weshalb sie sowohl Typisierungstendenzen als auch Tendenzen zur realistischen Darstellung aufweist.

Dem entspricht auch, daß durch die Nennung von Name und Titel des Verstorbenen ein ganz bestimmtes Individuum angerufen wird. Im Laufe der Zeit wird die Anrede allerdings zunehmend länger, da immer mehr Einzelheiten hinzugefügt werden. Einerseits handelt es sich dabei um allgemein (und traditionell) als lobenswert betrachtete Aspekte, andererseits werden einzelne (zum Teil auch typische) Ereignisse aus dem Leben des Betreffenden geschildert, oder – wie in einigen berühmten Ausnahmefällen – gar die ganze Biographie von der Geburt bis zum Tod.

Die Parallelität der figürlichen Darstellungen und der Texte über den Verstorbenen läßt darauf schließen, daß beide, einmal abgesehen von den durch sie repräsentierten künstlerischen Werten, letztlich dieselbe Funktion erfüllen. Die Lebensfähigkeit dessen, der bereits die Grenze zum Jenseits überschritten hat, liegt nun, da er keine neuen Handlungen mehr vollziehen kann, allein im Greifbarwerden einer Erinnerung – einer Erinnerung allerdings, die für sich selbst genommen gültig und weder von den Gefühlen noch vom Gedächtnis der Noch-Lebenden abhängig sein möchte.

In Ägypten gab es durchaus eine Vorstellung von »Ruhm«. Dies zeigt eine Äußerung wie die folgende: »Ich habe die Worte des Imhotep und die des Djedefhor gehört, die wie Sprichwörter angeführt werden, Worte, die immer gültig sein werden.« Ein anderer (Neferti) schloß seine literarische Prophezeiung mit den Worten: »[...] wer weise ist, wird mir Wasser spenden, wenn er sieht, daß meine Prophezeiung sich erfüllt hat« (Hornung 1990, S. 111). Doch das Überleben nach dem Tod, das dem Menschen durch das Grab gesichert wurde, war von anderer Art: Es war sozusagen ein Überleben »in erster Person«, das von der Gnade anderer unabhängig war. Das Standbild im Grab exisitierte tatsächlich, und die biographischen Erzählungen, ob kurze oder lange, beginnen mit dem Pronomen »ich«. Es handelt sich also nicht um Darstellungen durch andere, sondern um Autobiographien. Ein Grabstein oder eine Statue wie jene, die die Gräber unserer Kirchen schmücken und einen friedlichen ewigen Schlaf versinnbildlichen sollen, wären nach ägyptischer Auffassung undenkbar. In Ägypten wohnt die Statue mit offenen Augen in ihrem Haus, wo sie ihre Gäste erwartet; die Texte an den Wänden geben wieder, was der Hausherr seinen Besuchern sagen möchte.

Es wäre vielleicht eine allzu mechanistische Sicht, wollte man behaupten, daß bestimmte künstlerische Versuche auf dem Gebiet der Plastik wie der Literatur hier ihren Ursprung haben (auch wenn in gewisser Weise jedes Kunstwerk ein Gelegenheitswerk ist, wie einmal jemand äußerte, der sich in diesen Dingen auskennt); doch dies ist es nicht, was uns hier interessiert. Worauf es ankommt, ist die Feststellung, daß auch, wer der Welt des menschlichen Alltags bereits entzogen worden ist, nichtsdestoweniger *da ist*.

Dieses *Dasein* hatte erheblichen Einfluß auf das Leben im Diesseits, wurde gar zu einem Teil desselben. Dies vor allem in ökonomischer Hinsicht: Der Lebende, der wußte, daß er eines Tages zu den Toten gehören würde, verwendete einen Teil seines Vermögens, um für jene Bedürfnisse vorzusorgen, die er später als Toter haben würde. So mußte er zum Beispiel sicherstellen, daß nach seinem Tod die Opfergaben, die bei einer Vielzahl von Anlässen in seinem Grab dargebracht werden mußten, auch tatsächlich gespendet wurden. Zuvor jedoch mußte er erst einmal für die Errichtung des Grabes sorgen; dies war eine sehr komplizierte Arbeit, bei der Maurer, Steinhauer, Baumeister, Maler und Schreiber eingesetzt werden mußten. In den autobiographischen Inschriften wird oft darauf hingewiesen, daß all diese Handwerker ordnungsgemäß bezahlt worden seien, und daß niemand gezwungen worden sei, gegen seinen Willen zu arbeiten; in anderen Fällen wird erwähnt, daß Teile des Grabes (insbesondere jene, die aus wertvollen Materialien gefertigt waren wie Assuân-Granit oder jener schneeweiße, feste Kalkstein aus Tura) ein Geschenk des Königs für erwiesene Dienste seien, oder daß der Hof Bedienstete als Arbeiter zur Verfügung gestellt habe. Für den Hinweis darauf, daß der Grabbesitzer ein Geschenk des Königs erhalten habe, fand man eine feste Formel, die bald allgemein gebräuchlich wurde. All dies bedeutete jedoch, daß ein Teil des Vermögens nicht für Belange des täglichen Lebens verwendet werden konnte, sondern für etwas ausgegeben werden mußte, das im Grunde in erster Linie dem Prestige diente – eine Praxis, die das Wirtschaftssystem des alten Ägypten nicht unerheblich belastete.

Wenden wir uns nun den Maßnahmen zu, mit denen das Weiterleben des Toten im Jenseits gewährleistet werden sollte, so ist als erstes die Mumifizierung zu nennen, ein Verfahren, bei dem technische Fähigkeiten, Kenntnisse der Anatomie und Chemie und die Durchführng von Ritualen eine Rolle spielten. Die Einzelheiten sollen uns hier nicht weiter interessieren. Hingewiesen sei nur auf zweierlei: Zum einen handelte es sich um einen Brauch, der als ganz wesentlich erachtet wurde (was nicht verwunderlich ist, denn es war unerläßlich, um den Toten als Persönlichkeit konkret und materiell zu erhalten). Zum anderen brachte dieses Verfahren erhebliche Kosten mit sich. Schon bei Herodot, der diesen Brauch als erster schilderte, finden wir im Zusammenhang mit seiner Darstellung der verschiedenen Möglichkeiten der Mumifizierung auch einen Hinweis auf die jeweiligen Preise.

Über die Kosten des Verfahrens und die damit verbundenen Kulthandlungen liegen uns nicht genügend Informationen vor, um quantitative Angaben machen zu können. Doch für die Ptolemäerzeit wissen wir durch einige thebanische Archive, daß es damals Beerdigungsinstitute gab, die die Mumifizierung geschäftsmäßig betrieben. Uns ist bekannt, daß die Vertreter dieser Institute ihre Zuständigkeitsbereiche untereinander aufteilten, Meinungsverschiedenheiten bezüglich der Auslegung ihrer Verträge dem Richter vorlegten, den Raub oder die Verlegung von Mumien anzeigten und sich in einem Fall auch wegen eines Diebstahls an die Polizei wandten, bei dem sie den erlittenen Schaden auf 10 Talente bezifferten (ein Betrag, von dem, so wurde errechnet, fünf Personen ein ganzes Jahr leben konnten). Die Mumifizierung stellte also in dieser Epoche einen regelrechten Industriezweig dar, und es ist anzunehmen, daß es in älteren Epochen nicht viel anders zuging.

Sehr viel umfangreicher und genauer sind die Informationen, die uns über den Preis der Särge vorliegen. In den Dokumenten der ramessidischen Handwerkersiedlung Deir el-Medineh, eine wahre Fundgrube für Informationen über das Alltagsleben der Ägypter, werden zahlreiche Arten von Särgen und deren jeweilige Preise angeführt, darüber hinaus die Preise anderer Gerätschaften, die bei der Beerdigung eine Rolle spielten. Die Preise können natürlich je nach Art und Qualität der betreffenden Gegenstände variieren, doch einige Standardpreise lassen sich durchaus bestimmen. Ein normaler Holzsarg kostete zwischen 20 und 30 *deben* (1 *deben* entspricht in diesen Berechnungen 91 Gramm Kupfer); hinzu kamen 8 bis 12 *deben* für die Ausschmückung des Sarges (es gibt jedoch auch Beispiele für wesentlich teurere Dekorationen bis zu 200 *deben*). Andere Arten von Särgen (so etwa die menschengestaltigen – sogenannte Anthropoide – oder die aus einem Stück gefertigten) hatten etwas andere Durchschnittspreise. Doch die Angaben, die wir hierzu machen können, sind nicht sehr detailliert; sie beziehen sich jeweils nur auf eine bestimmte Zeit und ein bestimmtes geographisches Gebiet und lassen sich keinesfalls auf alle Epochen der ägyptischen Geschichte übertragen.

Durch die Mumifizierung und das Einbetten der Mumie in den Sarg sollte die Grundlage für das Weiterleben des Menschen nach dem Tod geschaffen werden; doch diese Praktiken stellten sozusagen erst die Vorarbeit dar. Da man sich vorstellte, daß die Mumie das Grab bewohne wie die Menschen ihre Häuser, war es auch notwendig, das Grab entsprechend auszustatten.

In der ältesten Zeit handelte es sich bei diesen Grabbeigaben wenn auch nicht ausschließlich, so doch in der Regel um Dinge, die der Erhaltung und Pflege des Körpers dienten: Behälter mit verschiedenen Eßwaren, Salben, Frisiergeräte und ähnliches. Hinzu kamen Gegenstände des persönlichen Gebrauchs, zu denen in manchen Fällen auch wertvolle und prachtvolle Schmuckstücke gehörten, so bei den Grabbeigaben der Fürstinnen der 12. Dynastie in Dahschur und Illahun; aus diesen Gräbern stammen die vielleicht schönsten Goldschmiedearbeiten der Ägypter.

Mit dem Anstieg des Lebensstandards im Niltal stiegen mit der Zeit auch die Bedürfnisse des Toten, der für sein Leben im Jenseits alles benötigte, was zum Alltagsleben eines Ägypters gehörte. So wurde auch die Grabausstattung immer vielfältiger und umfaßte schließlich nahezu alles, was man in einem normalen Wohnhaus vorfinden konnte. Als Beispiel dafür, was einem toten Paar alles zustand, das einer relativ hohen gesellschaftlichen Schicht angehörte, sei eine Liste der Gegenstände angeführt, die in dem Grab des königlichen Baumeisters Cha und seiner Frau Merit gefunden wurden, die zur Zeit der 18. Dynastie in Theben lebten. Ihr Grab wurde glücklicherweise ungeplündert und in einem sehr guten Zustand vorgefunden; sein Inhalt wurde auch nicht, wie es bei anderen Gräbern geschehen ist, nach seiner Entdeckung in alle Winde zerstreut.

Das Grab, eines der Prunkstücke des Ägyptischen Museums in Turin, war in Wirklichkeit nur eines von vielen. Folgende Gegenstände waren darin enthalten: Zunächst einmal wären die Särge der Eheleute zu nennen, drei für den Ehemann, zwei für die Frau (es handelte sich um ineinandergesteckte Schachtelsärge, die mit Leinentüchern von 15 Metern Länge und zwei Metern Breite umwickelt waren). Hinzu kamen eine kleine Holzstatue des Cha, ein sorgfältig ausgeschmücktes *Totenbuch* und zwei Uschebtis, jene kleinen Helferfiguren, die dem Toten im Jenseits alle anstrengenden Arbeiten abnehmen sollten. Dies waren Gegenstände, die in jedem Grab vorhanden sein mußten. Alle anderen Funde jedoch gehörten nicht zum funerären Bereich, sondern waren Gegenstände des Alltagslebens. So gab es etwa eine Truhe, welche die persönlichen Gegenstände des Ehemannes enthielt: eine Ledertasche mit fünf bronzenen Rasiermessern, eine Zange, einen Schleifstein, ein Gefäß aus Alabaster, in dem sich eine Creme befand, zwei bronzene Nadeln, einen hölzernen Kamm, mehrere Röhrchen mit Stibium, zwei Fußringe aus Email, eine Feldflasche mitsamt der Schnur zum Aufhängen, einen Trichter aus bemaltem Ton, einen hellblauen Emailbecher, einen zylinderförmigen Behälter aus Silber, einen Silberbecher, ein Sieb aus Silber und eines aus Kupfer, zwei Schreiberpaletten mitsamt der zugehörigen Pinsel, vier Stößel zum Zerreiben der Farbe, ein Schreibtäfelchen aus Holz, eine biegsame Elle, ein Futteral für eine Waage, einen Bohrer, eine Schreineraxt, einen Meißel aus Bronze und drei Paar Ledersandalen. Des weiteren gehörten zu seinem Eigentum eine Reisematte, mehrere Spazierstöcke, ein kleiner Behälter mit Toilettenutensilien und eine Truhe mit Wäsche, die ungefähr fünfzig Unterhosen, sechsundzwanzig Lendenschurze, siebzehn leichte Tuniken für den Sommer und eine schwere für den Winter sowie vier Leinentücher enthielt.

Zu der Grabausstattung seiner Frau gehörten eine Perücke mit geflochtenem Haar in einem hölzernen Schutzbehälter, Bronzenadeln, Haarnadeln aus Knochen, ein Kamm aus Holz, ein Umhang mit Fransen (der »Morgenmantel« der Merit), Alabastergefäße mit Parfüm, Gefäße aus Silber, aus Glas und anderes mehr.

Doch außer diesen persönlichen Gegenständen wurden in dem Grab auch allerlei Möbel und Hausrat gefunden, so ein Stuhl mit Lehne (auf dem sich eine kleine Statue des Cha befand), ein knappes Dutzend verschiedener Hocker, zwei kleine Holztische, vier Tische aus getrocknetem Schilfrohr und Papyrus, zwei Betten mit Kopfstützen, dreizehn Truhen (bei fünf von ihnen handelte es sich um Nachahmungen von Modellen mit Einlegearbeietn), Bettücher, Handtücher, Teppiche, eine Bronzekanne zum Händewaschen mit der dazugehörigen Schale, Gefäße und andere Gegenstände aus Bronze. Hinzu kamen die Lebensmittelvorräte: Brot, Wein, Öl, Milch, Mehl, geröstete und gesalzene Vögel, gesalzenes Fleisch und getrockneter Fisch, des weiteren alle Arten von geschnittenem Gemüse, ferner Zwiebel, Knoblauch, Kümmel und Wacholder zum Würzen und Obst – Trauben, Datteln, Feigen und Nüsse der *dum*-Palme.

Schließlich sind auch noch die Geschenke der Freunde zu erwähnen: ein Schachbrett, wertvolle Stöcke und – als Geschenke des Königshauses – eine Situla aus Silber und eine Elle aus Gold.

Dieses bunte Gemisch von Gegenständen aller Art finden wir auch in den Begräbnisszenen dargestellt, die einige Gräber der thebanischen Nekropole schmücken. Hier sieht man, wie der Sarg, dem die Angehörigen des Verstorbenen und laut klagende Frauen folgen, zu einem endgültigen Bestimmungsort gebracht wird, und wie gleichzeitig eine lange Schlange von Menschen vorüberzieht, die die verschiedensten Gegenstände – Möbel, Schachteln und Schmuck – herbeitragen. Dieser prachtvolle Leichenzug wurde als nicht minder wichtig erachtet als die Totenfeier, von der man glaubte, daß sie dem Toten von Nutzen sei. Der Verstorbene wurde also mit allen Dingen versorgt, von denen man annahm, daß er sie würde gebrauchen können (ein erstaunlicher Beweis für die feste Überzeugung, daß der Tote mit den Gütern dieser Welt nach wie vor etwas anfangen konnte). Für die anderen war der prunkvolle Aufmarsch zugleich ein Zeichen des Prestiges, das der Verstorbene genoß: Jemand, dem eine solche Überfülle von Gütern dargebracht wurde, konnte nur eine bedeutende Persönlichkeit sein.

Sowohl die Ausgaben für die Konservierung des Körpers des Toten als auch die für die Zusammenstellung der Grabbeigaben wurden natürlich aus derselben geistigen Haltung heraus getätigt, doch ökonomisch gesehen nahm der Tote damit Einfluß auf zwei völlig verschiedene Vorgänge:

Im erstgenannten Fall ging es darum, daß für eine erbrachte Leistung eine Vergütung gezahlt wurde; im zweiten hingegen wurden Gebrauchsgüter einfach aus dem Verkehr gezogen, was einer Vernichtung von Reichtum gleichkam.

Doch war dies nicht die einzige Art, in welcher der Tote – eben weil er tot war – auf die wirtschaftlichen Verhältnisse Einfluß nehmen konnte. Zu den ältesten und gewissermaßen auch wichtigsten Opfergaben gehörten, wie bereits ausgeführt, Lebensmittel: Die Speiseopfer zeugen von dem Glauben der Ägypter, daß der Tote noch zu unserer Welt gehöre. Ein Teil der Opfergaben wurde im unterirdischen Lagerraum der Grabstätte hinterlegt; diese mußten durch weitere, in regelmäßigen Abständen dargebrachte Opfer ergänzt werden. In der ältesten erhaltenen Formelsammlung der Ägypter, den *Pyramidentexten*, sind uns die Worte überliefert, die die fast schon zu einem Ritus gewordene Opferhandlung begleiteten; sie wurden vom Sohn an den Vater gerichtet, während er diesem Brot und Bier darreichte. Bei diesen Sprüchen dürfte es sich mit um die ältesten Texte der Sammlung handeln.

In dem Grab einer Dame, die zur Zeit der 2. Dynastie lebte, fanden Archäologen eine vollständige Mahlzeit, die auf grob gearbeiteten Tontellern serviert war und folgende Speisen umfaßte: aus Spelt gebackenes Brot, Gerstensuppe, Fisch, eine Taube, eine Wachtel, zwei Nieren, ein Rippenstück vom Ochsen, Haxe vom Ochsen, überbackene Feigen, Beeren, Süßwaren mit Honig, eine Milchspeise und Wein. Für die späteren Jahrhunderte ließe sich eine Vielzahl von ähnlichen Beispielen anführen. In Ägypten war es überdies Sitte, neben den tatsächlich bereitgestellten Speisen Listen der dargebrachten Opfergaben im Grab anzubringen, die auch Mengenangaben enthielten. In der Regel ist in diesen Listen, die sich unweit der an den Grabkammerwänden dargestellten Opfertischszene befanden, die Rede von 1000 Broten, 1000 Krügen Bier, 1000 Ochsen, 1000 Gänsen usw.

Neben dieser Magie der Worte bemühte man (wenn wir es einmal vereinfacht ausdrücken) auch die Magie der Formen: Die Wände der Grabkammer wurden mit Darstellungen geschmückt, in denen die Darbringung symbolischer Speiseopfer für den Verstorbenen gezeigt wird, und in späterer Zeit gesellten sich hierzu Bilderzyklen, in denen die einzelnen Stufen geschildert wurden, welche die Opfergaben zu durchlaufen hatten, bevor sie ihre endgültige Form erreichten (das heißt, gezeigt wurden die Stufen von der Aussaat des Getreides bis zur Entstehung des Brotes oder der Abfüllung des Bieres).

Hier wurde die Notwendigkeit, den Namen eines einzelnen Menschen, nämlich den des Grabbesitzers, lebendig zu erhalten, zum Anlaß für einen großangelegten künstlerischen Versuch, nämlich die Darstellung eines mehrstufigen Prozesses in Form einer »Bildererzählung – eine der großen Errungenschaften der ägyptischen Kunst seit ihrer frühesten Zeit.

Doch die Opfergaben hatten nicht nur symbolische, rituelle oder gar magische Bedeutung, sondern waren auch eine ganze konkrete Realität, deren Fortbestand gesichert werden mußte. Um die ständige Versorgung mit Opfergaben zu gewährleisten, wurde eine Art Stiftung für den Totenkult eingerichtet: Ein Stück Land wurde zur Verfügung gestellt, von dessen Ertrag in der Zukunft die Totenspenden bezahlt werden sollten. Dargebracht werden sollte diese Spende von einer Person, die man als »Totenpriester« bezeichnen könnte (»Diener des Geistes«, wie man auf Ägyptisch zu sagen pflegte) und die für den Totenkult verantwortlich war; der Totenpriester konnte, mußte aber nicht der »geliebte Sohn« des Verstorbenen sein. Von ihm erwartete man, daß er sein Leben lang bestimmte Aufgaben erfüllte, und damit die Kulthandlungen nicht bei seinem Tode endete, war er verpflichtet, das Stück Land, das ihm zur Bestreitung der Kosten gewährt worden war, an einen seiner Söhne weiterzugeben (ganz entgegen der sonst in Ägypten üblichen Praxis, das Erbe zwischen allen Nachkommen aufzuteilen). So blieb das Stiftungsvermögen, das ausschließlich für den Totenkult zu verwenden war, bei der Vererbung vom Vater auf den Sohn ungeteilt.

Die ältesten Stiftungen dieser Art waren offensichtlich Geschenke des Königs an Persönlichkeiten vom Hofe. Diese erhielten somit vom Königshaus nicht nur einen Teil der Grabanlage, sondern bekamen auch gleich die finanziellen Mittel zur Verfügung gestellt, die erforderlich waren, um auch in Zukunft den Totenkult durchführen und Opfergaben spenden zu können.

Es ist also kein Zufall, daß die ältesten Stiftungen Namen erhielten, in denen der Name des Königs vorkam. Mit der Zeit änderte sich dies jedoch, und die Stiftungen wurden nicht länger vom Königshaus getragen (woran erkennbar ist, daß zunehmend Privatleute über Immobilienbesitz verfügten).

Welchen Bedingungen sich ein Totenpriester unterwerfen mußte, damit ihm die Stiftungsgüter anvertraut wurden, geht deutlich aus der Inschrift eines Privatmannes hervor (sein Name ist nicht überliefert worden), der zur Zeit der 4. Dynastie lebte; an der Wand seiner Grabkammer schildert er die Vereinbarungen mit seinem Totenpriester folgendermaßen:

Ich erlaube nicht, daß ein Totenpriester jemals das Feld, die Leute und alle anderen Dinge, die ich ihm für die Darbringung des Totenopfers hier [d.h. im Grab] zur Verfügung gestellt habe, an irgendjemanden verkauft oder irgendjemandem testamentarisch vererbt, ausgenommen seinem einzigen Sohn (*Urk.* I, 12).

Dies ist nicht der einzige Text dieser Art; doch ist er insofern juristisch bedeutsam, da aus ihm – wie ein Jurist betonte – hervorgeht, daß ein Privatmann die Möglichkeit hatte, dafür zu sorgen, daß sein Wille zu einem Zeitpunkt rechtlich verbindliche Wirkungen erzeugte, zu dem er selber gar nicht mehr am Leben war. Interessant ist auch zu sehen, in welcher Form die Verpflichtungen gegenüber den Toten erfüllt wurden: Die zum Grab gebrachten Opfergaben wurden vom Toten nur in einer recht geheimnisvollen Weise verzehrt, bei der die Menge der dargebrachten Speisen sich nicht verringerte. Diese konnten deshalb an ein anderes Grab und auch an mehr als einen Toten weitergeleitet werden (Opferumlauf), bis sie schließlich in die Hand des Priesters gelangten. Zu berücksichtigen ist ferner, daß jedem die Möglichkeit offenstand, gleichzeitig mehrere Gräber zu versorgen oder auch an einem Königsgrab Dienst zu tun, wo sich ein größerer Gewinn erzielen ließ.

Über eine bestimmte Gruppe von Totenpriestern eines Königstempels der memphitischen Zeit liegen uns umfangreiche Auszüge aus in Papyri überlieferten Verwaltungsurkunden vor, aus denen hervorgeht, daß es sich hierbei um ein recht komplexes Unternehmen handelte. Was die Privatstiftungen anbelangt – die uns hier eher interessieren, da die Könige nicht immer die Regel repräsentierten –, so können wir eine Reihe von Verträgen heranziehen, die der Gaufürst von Assiût, einem mittelägyptischen Gau, mit seinem Totenpriester abschloß; diesem wurde unter anderem aufgetragen, dafür Sorge zu tragen, daß die übrigen Verträge über Lieferungen seitens der Priesterschaft des Stadttempels an das Grab eingehalten wurden:

Der Fürst, der Nomarch, das Oberhaupt der Propheten Djefaihapi* sagt zu seinem Totenpriester: »Siehe, all die Dinge, die ich mit diesen Priestern vereinbart habe, unterstehen deiner Kontrolle. Siehe, tatsächlich ist es der Totenpriester eines Menschen, der sich um die Angelegenheiten dieses Menschen kümmert und für die Darbringung der Opfergaben sorgt. Siehe, ich habe dafür gesorgt, daß du

* »Djefaihapi« ist die neuere Lesung für »Hapidjefa«. (Anm. d. Übers.)

weißt, was ich den Priestern gegeben habe für das, was sie mir dafür geben. Gib acht, daß nichts davon weggenommen wird. Mögest du dafür sorgen, daß dein Sohn und Erbe, der das Amt des Totenpriesters für mich erben wird, jedes Wort vornehmen kann, das ich ihnen bezüglich meines Vermögens gesagt habe. Siehe, ich statte dich mit Feldern, mit Leuten, mit Vieh, mit Gärten aus wie jeden Beamten von Assiût, damit du den Ritus für mich mit frohem Herzen vollziehen kannst. Du stehst über allen meinen Angelegenheiten, die ich deiner Autorität unterstellt habe. Siehe, dies liegt schriftlich vor dir. Diese Dinge werden deinem einzigen geliebten Sohn, der an der Spitze deiner anderen Söhne die Funktionen des Totenpriesters für mich ausüben wird, zur Nutznießung überlassen; sie können nicht vermindert werden, und er darf sie nicht unter seinen Söhnen aufteilen, gemäß dem Wort, das ich vor dir gegeben habe. [...] Vertrag abgeschlossen von dem Fürsten, dem Oberpropheten Djefaihapi, dem Gerechtfertigten, mit der Beamtenschaft des Tempels. Am achtzehnten Thot, dem Tag des *Wag*-Festes, wird man ihm Brot und Bier geben.

Verzeichnis dessen, was sie ihm geben müssen:

| Verzeichnis der Personen | Krüge Bier | Fladen | Weißbrote |
|---|---|---|---|
| Prophetenvorsteher | 4 | 400 | 10 |
| Diener ([*sḏ*]m) | 2 | 200 | 5 |
| Vorsteher der Geheimnisse | 2 | 200 | 5 |
| Stolist | 2 | 200 | 5 |
| Vorsteher des Speichers | 2 | 200 | 5 |
| Vorsteher der Vorhalle | 2 | 200 | 5 |
| Leiter der Totenstiftung | 2 | 200 | 5 |
| Schreiber des Gotteshauses | 2 | 200 | 5 |
| Opfertischschreiber | 2 | 200 | 5 |
| Vorlesepriester | 2 | 200 | 5 |

Indem er ihnen dafür gibt: 22 Tage des Tempels, aus seinem Eigentum seines väterlichen Gutes und nicht aus dem Eigentums des Fürstengutes, und zwar:
Vier Tage dem Prophetenvorsteher;
zwei Tage einem jeden von ihnen.

Siehe, er sagt zu ihnen: »Wohlan, ein Tag des Tempels entspricht einem Dreihundertsechzigstel des Jahres. Wenn ihr aber alles teilt, was [jeden Tag] in diesen Tempel kommt an Brot, Bier und Fleisch, so ist das, was ein Dreihundertsechzigstel des Brotes, des Bieres und aller Einkünfte des Tempels ausmacht, bestimmt für einen von diesen Tagen des Tempels, die ich euch gebe.

Wohlan, es ist mein Eigentum aus dem Haus meines Vaters und nicht das Eigentum des Fürstengutes, denn ich bin der Sohn eines *Web*-Priesters wie jeder von euch.

Wohlan, diese Tage stellen einen Ersatz für jede zukünftige Beamtenschaft des Tempels dar, dieweil sie mir dieses Brot und Bier liefern, welches sie mir geben.« Und sie waren zufrieden.*

Es handelte sich um eine komplizierte Aufstellung mit einer sehr vielfältigen Verteilung der Pflichten, die sich an Vertragspartner unterschiedlicher sozialer Stellungen aus verschiedenen Berufsgruppen richtete.

Eine nähere Betrachtung dieser Dokumente zeigt, daß durch den Totenkult Nutzrechte etabliert wurden, die sich schließlich unweigerlich in Besitz und im Laufe der Jahrhunderte in Eigentum verwandelten. Dies führte zu einer strukturellen Veränderung der ägyptischen Gesellschaft. Die Entstehung neuer Rechtsverhältnisse führte in manchen Fällen auch zu neuen politischen Verhältnissen, so etwa, wenn die Bediensteten der königlichen Stiftungen vom System der Besteuerung und der Pflichtdienste ausgenommen wurden und so eine echte Autonomie vom Staat erlangten. Als Beispiel sei im folgenden ein Dekret Pepis II. angeführt, das sich auf eine Stiftung in Dahschur bezieht, die für einen König eingerichtet wurde, der lange vor Pepis Zeit geherrscht hatte (dieses Faktum ist wichtig, da es deutlich macht, über welch lange Zeit diese Maßnahmen wirksam blieben):

Die Bediensteten der Stiftung des Snofru dürfen auf keinen Fall von ihrer normalen Beschäftigung abgelenkt werden. Es ist verboten, sie für Pflichtdienste oder bei den königlichen Bauvorhaben einzusetzen [...]. Außerdem wird besagte Stiftung von den Steuern befreit, mit denen Kanäle, Bassins und Gräben sowie Zuchttiere und Bäume belegt sind. Des weiteren wird sie von den Pflichtdiensten befreit, die auch die Unterbringung der auf der Durchreise befindlichen königlichen Boten am Ort umfassen.

Das Ende der memphitischen Monarchie wurde nicht unwesentlich von der Tatsache beeinflußt, daß durch selbstverwaltete Stiftungen und die Einräumung von Nießbrauchrechten für Einzelpersonen und Tempel, die die zentralisierte Staatsstruktur in Frage stellten, die königliche Macht allmählich ausgehöhlt wurde. Darüber hinaus sind noch andere Tatsachen zu berücksichtigen, wenn man sich nicht mit einer allzu vereinfachten Sicht der historischen Entwicklung begnügen möchte. Doch der tiefgreifende Einfluß, den die mit Grabpflege und Totenkult zusammenhängenden Bräuche auf die wirtschaftlichen Verhältnisse des Landes aus-

* Zit. unter Berücksichtigung von: Erman, »Zehn Verträge aus dem mittleren Reich«, in: *ZÄS* 20, 1882, S. 159ff. (Anm. d. Übers.)

übten, ist ein weiteres Zeichen für die wichtige Rolle, die dem Toten in der ägyptischen Gesellschaft zukam, ist Ausdruck seiner unzerstörbaren Lebenskraft, eine Lebenskraft, die ihm von der Kultur verliehen worden war, zu der er gehörte.

Dieses System, das sich als so folgenschwer erweisen sollte, änderte sich schließlich zur Zeit der ägyptischen Weltmachtstellung, als Trankopferrituale an die Stelle der vom »Totenpriester« ausgeübten Funktionen traten. Doch auf andere Weise nahmen die Toten auch weiterhin Einfluß auf die Verteilung des Reichtums, wenn auch nur passiv und – wenn man so will – auf dem Weg über eine Art Schattenwirtschaft, die gewissermaßen das von der Wirtschaft der Prätention und des Prestiges gewaltsam zerstörte ökonomische Gleichgewicht ansatzweise wiederherstellte. Die Güter, die durch ihre Hinterlegung in der Grabkammer dem normalen Wirtschaftskreislauf entzogen worden waren, kamen zum Teil erneut in Umlauf und erlangten wieder einen Wert, der nicht bloß ein symbolischer war. Anders formuliert: Da es in den Gräbern Reichtümer gab, traten Grabräuber auf den Plan.

Das Aufbrechen der Gräber war im alten Ägypten schon seit der frühesten Zeit eine gängige Praxis. Dies ist zum einen archäologisch belegt, zum anderen wissen wir davon aus Schriftstücken, in denen sich Verurteilungen solcher Grabschändungen und -plünderungen finden. Am bekanntesten und am besten belegt sind jene Fälle von Grabräuberei, die sich gegen Ende des Neuen Reiches ereigneten. Diese waren so schwerwiegend und ereigneten sich so häufig, daß man sich schließlich entschloß, eine große Zahl von Königsleichen aus ihren Gräbern zu entfernen und sie in einem gemeinsamen Versteck vor den Grabräubern in Sicherheit zu bringen. Dieses Versteck war so gut gewählt und so sicher, daß es erst Ende des letzten Jahrhunderts wiederentdeckt wurde (auch dieses Mal von Grabräubern). Allerdings fehlten darin auch all jene Beigaben, die die offiziellen Gräber so anziehend für Plünderer machten und dadurch die Ruhe der Verstorbenen gefährdeten. Alles in allem ist es kein Zufall, daß die Leichen zahlreicher, uns aus der Geschichte bekannter Persönlichkeiten so lange unentdeckt blieben, bis die archäologische Forschung – und infolgedessen auch der Markt – begann, Dingen einen Wert zuzumessen, die man bis dahin nicht beachtet hatte (die uns hier gebotene Möglichkeit, die – wenn auch mumifizierten – Gesichtszüge nahezu legendärer Herrscher zu betrachten, ist fast einzigartig in der Geschichte).

Von der Plünderung der Königsgräber berichten uns die erhalten gebliebenen Protokolle von den Verhören der Räuber, deren Geständnisse allerdings bisweilen erpreßt und nicht immer wahr waren. Erst die bei der Entdeckung der Schätze des Tutanchamun-Grabes gemachten Erfahrungen ermöglichen es uns, die ganze Tragweite der von den Grabräubern gegebenen Schilderungen zu erkennen:

Wir öffneten die (äußeren) Sarkophage und die (inneren) Särge, in denen sie lagen, und fanden die ehrwürdige Mumie des Königs, mit einem Sichelschwert ausgerüstet. Zahlreiche Amulette und Schmuck aus Gold lagen um seinen Hals. Seine Goldmaske bedeckte ihn. Die ehrwürdige Mumie des Königs war ganz mit Gold überzogen. Seine Särge waren innen und außen mit Gold und Silber geschmückt und mit jeder Art von Edelsteinen eingelegt.

Wir rissen das Gold ab, das wir an der ehrwürdigen Mumie des Gottes fanden, gleichzeitig (das der) Amulette und des Schmuckes, die um seinen Hals lagen, und das der Särge, in denen er ruhte. – Die Königin fanden wir ganz in der gleichen Weise (ausgestattet), und wir rissen ebenso alles ab, was wir an ihr fanden, und legten (zuletzt) Feuer an ihre Särge. Wir nahmen auch die Beigaben, die wir bei ihnen fanden, d. h. die Dinge aus Gold, Silber und Bronze.

Dann teilten wir zwischen uns (acht Dieben), teilten das Gold, das wir bei den beiden Göttern gefunden hatten, (nämlich) an ihren Mumien, an ihren Amuletten, Schmucksachen und Särgen, in acht Teile (Brunner-Traut 1987, S. 238).

Natürlich waren mit einem Eindringen in solche Gräber große Risiken und Schwierigkeiten verbunden. Da es dennoch gelang, muß angenommen werden, daß die Grabräubereien mit der Duldung zahlreicher Menschen, darunter gewiß auch hochgestellter Persönlichkeiten, erfolgten. Das stillschweigende Einverständnis erstreckte sich auf derartig große Personengruppen, daß man fast annehmen könnte, in bestimmten Epochen hätte die gesamte Bevölkerung von Unternehmungen dieser Art gelebt. In einem Papyrus aus dem 17. Regierungsjahr Ramses' IX. werden in sieben Spalten Grabräuber angeführt, die Metalle aus Königsgräbern entwendeten. Unter ihnen befinden sich Schreiber, Händler, Schiffer, Tempelwächter und Sklaven hochgestellter Persönlichkeiten, doch sie alle werden lediglich im Zusammenhang mit der Entwendung geringer Mengen Bronze erwähnt. Der Löwenanteil, der auch weitaus wertvollere Metalle umfaßte, wurde gewiß nicht den kleinen Leuten zugestanden, die den Fahndern ins Netz gingen, sondern fand den Weg in ganz andere Hände. So mußte man ständig befürchten, daß die Gräber aufgebrochen und geschändet, durch ungehöriges Benehmen und lautes Geschrei entweiht wurden, eine Befürchtung, der man schon in der frühesten Zeit des ägyptischen Königreiches in einer Reihe von Formeln Ausdruck verliehen hatte, die man in die Wände der Gräber meißelte. Der Tote verspricht darin denen Erfolg und Unterstützung, die Opferformeln sprechen, wenn sie an seiner Grabstätte vorbeikommen. Doch von hier war der Schritt nicht mehr weit zu regelrechten Drohungen, die gegen jene gerichtet wurden, die den Zorn des Toten erregten: Ihnen, so heißt es da, »werde ich den Hals umdrehen wie einer Gans.« Noch bedrohlicher erscheint folgender Ausspruch: »Das Krokodil möge sich im Wasser gegen ihn wenden, die Schlange möge sich auf der Erde gegen ihn wenden! Wenn jemand etwas gegen dieses [Grab] unternimmt, so werde nicht ich es sein, der etwas gegen ihn tut, sondern Gott wird ihn richten« (*Urk.* I, 23); und an anderer Stelle heißt es: »Es wird ein Gericht über ihn gehen durch den Großen Gott« (*Urk.* I, 73). Ursprünglich war dieser Große Gott der König, da er der Herr der Nekropole war; doch mit der Zeit wurde er als eine kosmische Gottheit begriffen, die in der Lage war, Ungerechtigkeiten zu rächen und dafür zu sorgen, daß diejenigen, die sich hilfesuchend an sie wandten, zu ihrem Recht kamen.

Das Gericht, auf das der Tote im obigen Zitat hinweist, war vermutlich kein irdisches Gericht, und doch ging man davon aus, daß es zumindest das Verhalten der Menschen beeinflussen konnte, die seine für die Zukunft angedrohten Strafen fürchteten.

Parallel zum Zusammenbruch des Systems der Totenpriesterschaft nahmen im Neuen Reich auch die Bitten, die an die Hinterbliebenen gerichtet wurden, einen anderen Ton an; nun wurde weniger auf Recht und Gesetz gepocht als vielmehr an das Gefühl appelliert. So wurden etwa mit der an den Besucher gerichteten Bitte, die Opferformel zu sprechen, folgende Erklärungen verbunden:

> Ich sage, [...] ein Vorlesen ist es nur, ohne [weitere] Konsequenzen. Es ist kein Fluch und kein Streit darin, es ist kein Streit mit einem anderen, es ist keine Unterdrückung eines Armen in seiner Zeit [...]. Es ist eine angenehme Rede, die Zufriedenheit vermittelt, und das Herz wird nicht satt, ihr zuzuhören. Es ist ja nur ein Hauch des Mundes [...]. Es wird euch gut gehen, wenn ihr es tut (*Urk.* IV, 510).*

Hier werden, recht deutlich erkennbar, die Bedürfnisse der Toten auf eine ganz andere Weise zu der Gesellschaft der Lebenden in Beziehung ge-

* Zit. in Anlehnung an: Blumenthal/Müller/Reineke 1984, S. 104–105. (Anm. d. Übers.)

setzt. Um uns über diesen Aspekt ein vollständigeres Bild zu machen, müssen wir in unseren Überlegungen noch einmal zurückgehen und eine Reihe anderer Betrachtungen anstellen.

Abgesehen von den massiven Auswirkungen auf ökonomischem Gebiet, von denen oben die Rede war, wurde der Einfluß der Toten auf die Gesellschaft auch auf subtilere Weise spürbar, dort, wo die Toten als eine Art Vorbild oder zumindest als der Zielpunkt erschienen, auf den die Idealvorstellungen der Gesellschaft gerichtet waren.

In der Pyramidenzeit hatte man es verstanden, die Einzigartigkeit des Königs bis auf seine überirdische Bestimmung hin auszudehnen. Die einfachen Menschen waren für die Erde bestimmt, die Könige für den Himmel: »Die Menschen verstecken sich, die Götter fliegen davon« (*Pyr.* 459c). Man stellte sich vor, daß der König als Toter zum Gott der Toten, Osiris, wurde und so eine Auferstehung erlebte. Dieses glorreiche Schicksal sollte durch Riten und Rituale gewährleistet werden, die allein dem König vorbehalten waren. Doch das Weiterleben des Königs als Gott wurde quasi zu einer Schutzgarantie für sein gesamtes Gefolge, das die eigenen Gräber (die sich in Aussehen und Struktur von dem des Königs unterschieden) um jenen Ort herum gruppierte, an welchem die göttliche Natur des Königs ewigen Bestand erlangte – die Pyramide. Auf diese Weise konnte der Herrscher auch weiterhin für das Wohl derer sorgen, mit denen er Umgang gepflegt hatte und die mehr als alle anderen das Recht besaßen, ihm auch jetzt noch nahe zu sein.

Wiederholt haben uns die Ägypter ihre Vorstellungen vom Ende dieser Welt geschildert. Typische Zeichen des Untergangs sehen sie darin, daß Gräber verwahrlosen und verfallen und daß jene Texte, die die Verwandlung des Königs in Osiris ermöglichen, für die Allgemeinheit zugänglich werden. In einem System, in dem die Zentralregierung an Einfluß verloren hatte und Energien sich Bahn brachen, die zuvor in der einheitlichen Staatsstruktur kanalisiert gewesen waren, verlor die hierarchische Ordnung von einst ihre Gültigkeit. Nun stand jedem die Möglichkeit offen, Positionen zu erreichen, die in einer nach objektiven Kriterien gegliederten Standesgesellschaft für die meisten undenkbar gewesen waren. So stellte sich die Frage nach der Gleichheit, die Frage, ob es eine Gerechtigkeit an sich gibt, die unabhängig ist vom Willen eines Höherstehenden, auch wenn dieser quasi göttlichen Status hatte wie der Pharao.

Diese potentielle Nivellierung der gesellschaftlichen Hierarchie, die zugleich auch bedeutete, daß die Autonomie des einzelnen größere Geltung erlangte, wurde in typischer Weise in der Tatsache sichtbar, daß im Zuge der allgemeinen Verbreitung der zunächst nur auf den König bezogenen Rituale und eschatologischen Vorstellungen nun jeder die Hoffnung hegen konnte, nach seinem Tod ein »Osiris zu werden«: Der Name dieses Gottes stand von nun an allen Toten zu, sie wurden nun ausnahmslos alle eins mit ihm.

Diese Utopie der Gleichheit, in der alle mit Blick auf die überirdische Welt in gleicher Weise erhöht wurden, machte sich auch in der Welt des Diesseits auf vielfältige Weise bemerkbar. Zu einem »Osiris zu werden« bedeutete ja, an der Natur des Königs teilzuhaben, weshalb der Tote sich auch entsprechenden Riten zu unterziehen hatte. Doch nicht nur das: Er mußte sich im Jenseits, ebenso wie es von den Königen verlangt worden war, einer Prüfung unterziehen, um feststellen zu können, ob seine Erhöhung in den Stand der Göttlichkeit gerechtfertigt war. Dies wiederum bedeutete, daß er vor seinem Tod einen Lebenswandel geführt haben mußte, der am Maßstab der »Gerechtigkeit« orientiert gewesen war.

So wurde aus der himmlischen Utopie eine irdische, die Utopie von einer absoluten Unschuld des Individuums und einer Gesellschaft, in der die Rechte und Pflichten des einzelnen geschützt waren (sie wurden nun auf das »Gesetz« zurückgeführt und nicht mehr auf den unbeständigen Willen eines einzelnen Herrschers).

Hatte sich der Einfluß des als menschlich begriffenen Toten über zahlreiche verschlungene Pfade in der Gesellschaftsstruktur und in den wirtschaftlichen Gegebenheiten bemerkbar gemacht, so führte die Konzeption des göttlichen Toten zu Veränderungen in den Idealen des Alltagslebens, die einen Zerfall der seit frühester Zeit überlieferten Vorstellungen vom Zusammenleben in staatlicher Gemeinschaft verursachten. Erstmals wurde festgelegt, was an und für sich »gut« sei, und der Maßstab für das, was erlaubt war, bestimmte sich danach, was dem Wohl des Nächsten förderlich war (dies läßt sich der amtlichen Liste entnehmen, in welcher alle Sünden angeführt wurden, in bezug auf die der Tote, so glaubte man, vor dem Jenseitsgericht ausdrücklich seine Unschuld beweisen mußte).

Beziehen sich die Aspekte, die wir soeben aufgezeigt haben, auf den Toten allgemein im Kontext seiner persönlichen Entwicklung als Glied der Gesellschaft, so gibt es darüber hinaus eine Reihe von Gesichtspunkten, die speziell die Seele des Toten und ihre Verbindung zu bestimmten Einzelpersonen der irdischen Welt betreffen.

Solche Begegnungen waren zu ganz bestimmten Anlässen vorgesehen: an den Totenfesten. An diesen Tagen versammelten sich die Angehörigen des Verstorbenen am Grab, brachten Opfergaben dar und nahmen zusammen ein Festmahl ein, das durch Tänze, Musik und Gesänge aufgelokkert werden konnte. Der Tote wurde in das Mahl miteinbezogen, denn man glaubte, daß er, auch wenn er nicht mehr zu dieser Welt gehörte, den Zusammenhalt der Familie, die sich auf ihn zurückführte, garantierte.

In den Inschriften bitten die Toten darum, daß man ihrer zu einer Vielzahl von Anlässen gedenkt. Zwar decken sich die Listen dieser Anlässe weder in bezug auf die angegebenen Tage noch in bezug auf die angegebenen Orte, doch wird offensichtich durchweg darum gebeten, daß man der Toten zu allen größeren Festen gedenken und ihnen ein Opfer darbringen möge (allerdings werden auch kleinere, ständig wiederkehrende Feste erwähnt; so war nicht nur von Neujahr die Rede, sondern auch vom Monats-, Halbmonats- und Dekadenbeginn usf.). Es ist nicht anzunehmen, daß man davon ausging, daß die Lebenden und die Toten tatsächlich bei einer solchen Vielzahl von Festen zusammenkommen konnten. Doch scheint es, daß einigen festlichen Anlässen, so etwa dem vom Neuen Reich bis in die Spätzeit belegten thebanischen »Talfest«, tatsächlich die Funktion zukam, eine Verbindung zwischen den beiden Welten – der des Diesseits und der des Jenseits – herzustellen, in denen die Ägypter lebten.

Für die Spätzeit und insbesondere für die Ptolemäerzeit ist belegt, daß sich Menschen, die ähnliche Tätigkeiten ausübten, zu Kultgemeinschaften zusammenschlossen. Die Menschen, die sich zu diesen Gemeinschaften zusammenfanden, mußten sich an eine Reihe von Regeln halten; zu deren wichtigsten gehörten die Bestimmungen, die die Pflichten gegenüber den verstorbenen Mitgliedern der Gemeinschaft betrafen. Einige der Verpflichtungen waren praktischer Art, andere zielten eher darauf ab, den Angehörigen des Verstorbenen materiellen und psychischen Beistand zu leisten:

> Wenn ein Mitglied im Verlauf des Jahres stirbt, so werden wir es beweinen und zur Nekropole geleiten. Jedes Mitglied der Gemeinschaft wird 5 *deben* als Beitrag zu seiner Bestattung beisteuern, und 10 Totenanteile werden an seine Hinterbliebenen gezahlt. Wir werden den Sohn des Toten oder seinen Vater, seinen Schwiegervater oder seine Schwiegermutter mit uns nehmen und mit ihnen zusammen trinken, damit ihr Herz wieder fröhlich wird.

Der Tod wird hier verstanden als eine Aufforderung zu barmherziger Solidarität.

Am deutlichsten kommt die Lebendigkeit des Verstorbenen, seine nach wie vor bestehende Fähigkeit, in das Leben einzugreifen, in der typisch ägyptischen Praxis zum Ausdruck, eine Korrespondenz mit den Toten zu führen.

Die größte Gruppe der Totenbriefe stammt noch aus der frühesten Zeit, der Zeit vor der ägyptischen Großmachtstellung. Manche dieser Briefe wurden auf gewöhnlichem Schreibmaterial wie Papyrus oder Leinen notiert. Doch häufig wurde der Text auch auf einen Tonteller geschrieben, und man darf annehmen, daß dies der Teller war, auf dem die Opfergabe dargereicht wurde; ihr würde sich, so glaubte man, der Geist des Toten nähern, der sich von ihr ernährte, und bei dieser Gelegenheit konnte er auch die Bitten lesen, die an ihn gerichtet wurden.

Die Lektüre von Privatbriefen ist immer eine schwierige Angelegenheit, und sie wird umso schwieriger, je weiter die Texte zeitlich und räumlich von uns entfernt sind. So sind uns auch diese *Totenbriefe*, in denen in der Alltagssprache auf Vorgänge Bezug genommen wird, die sich zu Lebzeiten des Empfängers ereigneten, oftmals nicht bis in alle Einzelheiten verständlich. Was jedoch deutlich wird, ist, daß derjenige oder, häufiger noch, diejenige, die sich entschließt, zu diesem äußerten Mittel zu greifen und den Toten um Gehör zu bitten, Dinge auf dem Herzen hat, für die äußerst dringend überirdische Hilfe benötigt wird, da der Bittsteller die schmerzliche Erfahrung gemacht hat, daß er selber nicht in der Lage ist, die Angelegenheit mit gewöhnlichen Mitteln in der Realität des Alltags zu lösen.

Während einerseits der Tote versucht, durch die Inschriften noch gewissermaßen juristische Beziehungen zu den Lebenden aufrechtzuerhalten (so wenn er ihnen Gutes wünscht oder ihm mit einem Prozeß droht, in dem er als Ankläger auftritt), wendet sich andererseits der Lebende an den Toten mit der Bitte einzugreifen, um Dinge im Leben der Familie zu regeln, die sich offensichtlich nicht so entwickeln, wie vermutlich der Tote (und auch der Bittsteller) es gewünscht hätte.

Auch wenn es schwer fällt, alle Einzelheiten zu rekonstruieren und eindeutig zu klären, so wird bei einem Brief wie dem folgenden doch deutlich, daß von Interessenkonflikten die Rede ist, die den Schreiber als eine gesellschaftlich nicht völlig unbedeutende Persönlichkeit ausweisen:

[Es ist] eine Schwester, die zu ihrem Bruder spricht, ein Sohn, der zu seinem Vater spricht! Dein Zustand ist der Zustand dessen, der einige Millionen Male lebt.

Möge Ha, der Herr des Westens [d.h. des Landes der Toten], für dich handeln, so wie sie es wünschen! Möge Anubis, der Herr des Grabes, für dich handeln, so wie sie es wünschen. Dies ist eine Erinnerung daran, daß der Gesandte des Behesti an das Bett kam, als ich neben deinem Kopfe saß; sie ließen Ii, den Sohn des Irti, rufen, um ihn dem Gesandten des Behesti zu empfehlen, und du sagtest: »Schütze ihn!«, aus Furcht vor dem alten Ii [...]. Doch siehe, jetzt ist Wabuet zusammen mit Isesi gekommen. Sie haben dein Haus zerstört. Sie hat alles genommen, was dort war, um Isesi zu bereichern, denn sie wollten deinen Sohn arm machen, um Isesi zu bereichern [...]. Wird dein Herz demgegenüber kalt bleiben? Ich wünschte, du würdest lieber den zu dir nehmen, der hier vor dir steht, als zuzulassen, daß dein Sohn dem Sohn des Isesi untergeordnet wird. Wecke deinen Vater Ii gegen Behesti, erhebe dich und eile ihm entgegen. Du kennst den, der hierher gekommen ist, um ein Urteil über Behesti zu erlangen [...]. (Kairo Nr. 25975)*

Der gärende Haß, das Eingreifen von oben, um Rechte und Privilegien festzulegen – all dies ist uns in seiner vollen Tragweite aus dem Briefwechsel des Totenpriesters Heqanacht mit seiner Familie aus der Zeit des Mittleren Reiches bekannt. So lebendig ist diese Korrespondenz geblieben, daß sie, wie man sich erinnern wird, von Agatha Christie für einen berühmten Kriminalroman verwendet werden konnte. Im oben zitierten Brief liegt eine ähnliche Situation vor, nur gab es hier keinen anderen Weg mehr, Autorität geltend zu machen, als den, die Toten der Familie wieder zu erwecken, damit sie unabhängig von jeder Gerichtsverhandlung Urteile fällten.

Ein weiteres Beispiel, das von dem großen Vertrauen zeugt, das die Ägypter in die Fähigkeit der Toten hatten, auch weiterhin Einfluß auf das Leben ihrer noch auf der Erde weilenden Verwandten zu nehmen, liefert uns ein Schriftstück aus einer sehr viel späteren Epoche, der Ramessidenzeit. In diesem Brief werden die Dinge sozusagen von der anderen Seite, das heißt aus der Sicht dessen, der Opfer eines solchen Wirkens der Toten ist, geschildert. Der Brief wurde auf einen Papyrus geschrieben und an eine weibliche Holzfigur gebunden, die möglicherweise als Mittlerin zum Jenseits begriffen wurde. In ihm wendet sich ein Witwer an den Geist seiner verstorbenen Frau, von dem er heimgesucht wird, und klagt, daß er zu Unrecht verfolgt werde. Um dies zu beweisen, führt er in einer überaus lebendigen und ausdrucksvollen Darstellung all die Beweise seiner Liebe und Hingabe an, die er ihr in ihrem gemeinsamen Eheleben erbracht hat; und es ist in diesem Fall der Lebende, der ein Jenseitsgericht

* Vgl. A. Gardiner / K. Sethe, 1928, S. 1 u. passim. (Anm. d. Übers.)

anruft, damit es eine Entscheidung fälle und ihm die verdiente Seelenruhe zurückgebe:

An den machtvollen Geist Anch-iri [Name der Frau].
Was habe ich dir nur Böses getan, daß ich in diesen schlimmen Zustand geraten bin, in dem ich mich befinde?
Was habe ich dir getan? Was du tust, ist dies, daß du Hand an mich legst, obwohl ich nichts Böses gegen dich getan habe. Seit ich mit dir als Gatte lebte bis zum heutigen Tag, was habe ich getan, das ich verbergen müßte?
Was habe ich dir getan? Was du getan hast, ist derart, daß ich dich verklagen muß.
Was habe ich dir getan? Ich werde jetzt die Klage gegen dich einreichen...
vor der göttlichen Neunheit des Westens [Jenseits], und man wird zwischen dir und mir auf Grund der Anzeige richten...
Was habe ich dir getan? Ich habe dich zur Frau genommen, als ich ein junger Mann war, und ich blieb bei dir, während ich alle meine Ämter durchlief. Ich blieb bei dir und habe dich nicht verstoßen. Ich habe dein Herz niemals betrübt. So verhielt ich mich, als ich ein junger Mann war. Und als ich all meine bedeutenden Staatsämter durchlief, verstieß ich dich nicht, indem ich mir sagte: »Sie ist immer bei mir gewesen« – so sagte ich [»und so soll sie auch jetzt bei mir bleiben«]...
Und jetzt, wahrhaftig, erträgst du nicht, daß mein Herz ruhig wird. So muß ich mit dir prozessieren, und man wird erkennen, wer Unrecht und Recht hat.
Bedenke doch, als ich Offiziere für das Heer des Pharao und sein Wagenkorps ausbildete, sorgte ich dafür, daß sie kamen und sich vor dir auf die Erde niederwarfen; und sie brachten lauter schöne Dinge, um sie vor dir niederzulegen.
Ich verbarg nichts vor dir während deiner Lebenstage.
Ich habe dich weder leiden lassen noch gekränkt. Mein Verhalten zu dir war immer das eines Kavaliers. Oder hast du je gefunden, daß ich dich nach der Art eines Bauern mißachtet hätte, indem ich in ein fremdes Haus eingetreten wäre?...
Und als man mich in die Position brachte, in der ich [jetzt] bin, wurde es mir zwar unmöglich, in meiner gewohnten Weise [aus dem Dienst] heimzukommen, aber ich verfuhr wie einer meines Ranges, der zu Hause ist, mit meinem [mir als Löhnung zugeteilten] Öl, der Verpflegung und meinen Kleidern: Sie wurden mir gebracht, und ich gab sie nicht – statt an dich – an eine andere Frau, indem ich gedacht hätte: »Der Mensch ist mir jetzt lieb geworden«. Ich habe dich also nicht mißachtet. Aber wahrhaftig, du erkennst das Gute, das ich dir getan habe, nicht an. Ich schreibe dir, um dich wissen zu lassen, was du anstellst.
Als du [damals] krank warst an der Krankheit, die du durchgemacht hast, sandte ich dir einen Oberarzt; er behandelte dich und tat alles, was du verlangt hast.
Als ich dann mit Pharao gen Süden zog und dieser Zustand [Tod] bei dir eintrat, verbrachte ich acht Monate, ohne regelrecht zu essen oder zu trinken [...].

Als ich dann nach Memphis zurückkam, erbat ich Urlaub vom Pharao und ging dorthin, wo du warst, und ich weinte laut, zusammen mit meinen Leuten [dem Gesinde], vor meinem Wohnviertel. Ich spendete Kleider und Leinen, um dich [als Mumie] einzuwickeln; ich ließ viele Stoffe weben und unterließ nichts an Gutem, das dir hätte getan werden können.
Bedenke, ich habe nun drei Jahre allein gelebt, ohne in irgendein Haus einzutreten, obwohl es sich nicht gehört, einen wie mich dazu zu veranlassen.
Bedenke, ich habe dies um deinetwillen getan. Doch du vermagst nicht, Gutes von Bösem zu unterscheiden. So mag zwischen dir und mir gerichtet werden.
Bedenke schließlich, ich bin keiner von den Frauen hier im Hause nahegekommen (Brunner-Traut $^{4}$1987, S. 177 u. 180).

Aus dem Schluß des Briefes könnte man den Eindruck gewinnen, daß der Witwer die Absicht hat, sich wieder zu verheiraten, und daß er zuvor das Verhältnis zu seiner vorigen Frau klären und sich von dem starken Groll befreien möchte, den sie gegen ihn zu hegen scheint. Die Unbefangenheit, mit der auch in diesem Beispiel Irdisches und Überirdisches miteinander verbunden wird, zeigt, wie selbstverständlich für die Ägypter die Vorstellung des Ineinandergreifens beider Welten war.

Der letzte Fall, den wir hier anführen müssen, ist vom Ansatz her noch komplizierter. Neschons war die Frau eines Hohenpriesters des Amun, der sich zum König erklärt hatte (Pinodjem II.), und die Tochter einer hochgestellten Persönlichkeit aus dem Delta, die sich ebenfalls zum König erklärt hatte (Smendes II.). Als sie starb, dürfte sich der Witwer, der eine Ehe eingegangen war, die ganz offensichtilch dynastischen Interessen diente, seiner Position angesichts der neuen und schlecht kontrollierten Macht ganz und gar nicht sicher gewesen sein, die seine Frau eben dadurch erlangte, daß sie die Machtspiele dieser Welt weit hinter sich gelassen hatte. Seine Stellung als Priester ausnutzend, erreichte er, daß sein Gott Amun ein Orakel verkündete, in welchem er erklärte, er habe die Prinzessein zu einer Gottheit erhoben und dafür gesorgt, daß ihr im Westen, dem Reich der Toten, alle Opfergaben zur Verfügung stehen, die dort den Göttern zustehen; er fügte hinzu, die Gottheiten des Ortes hätten ihr einen würdigen Empfang bereitet.

Dafür, daß sie so behandelt wurde, wie es ihrer doppelten königlichen Abstammung als Tochter und als Frau eines Herrschers angemessen war, werde sich die Prinzessin, so das Orakel des thebanischen Gottes, gegenüber ihrem noch lebenden Gatten und allen Menschen und Gütern, die mit ihm verbunden sind, ruhig und wohlwollend verhalten.

Dieser lange Text, der uns auf einem Papyrus und einer Tafel überliefert worden ist, war in Form eines Götterdekrets abgefaßt. Man setzte demnach als sicher voraus, daß das Urteil zugunsten des Ehemannes ausfallen würde, sollte sich zwischen ihm und seiner verstorbenen Frau Ähnliches ereignen wie zwischen dem obenerwähnten Witwer und seiner Frau Anch-iri.

Die Fälle, die wir geschildert haben, zeigen, welch große Macht die Toten über die Erde hatten. Zwar hatten sie die Welt des Diesseits bereits verlassen, doch konnten sie zurückkehren, um Rache zu üben, wobei sie weniger als Richter denn als Henker erschienen. Es ist also einleuchtend, daß in den magischen Schutzformeln in die Aufzählung der feindlichen Mächte und Wesen stets auch »jeder Tote und jede Tote« aufgenommen wurde, denn vor ihnen mußte man ebenso geschützt werden wie vor jedem anderen »Feind«. Die so ruhig und harmlos erscheinende Nekropole der alten Ägypter barg in Wirklichkeit archetypische Schrecken, die nur zum Teil gebändigt werden konnten. Eben weil sie von den Lebenden so sehr gefürchtet wurden, stellten sich einige der Toten in ihren Idealbiographien nicht nur als Menschen dar, die zu ihren Lebzeiten fromm und wohltätig gewesen waren, sondern betonten auch, daß sie den Lebenden jederzeit mit Rat und Tat zur Seite stehen konnten. So prahlte zum Beispiel ein gewisser Djedhor, der zu Beginn der griechischen Herrschaft in Ägypten lebte, daß er den Beinamen »der Retter« getragen habe; zu seinen Lebzeiten habe er in seiner Stadt mehr als einmal einen Menschen vor dem Schlangenbiß gerettet, und auch jetzt, als Toter, stehe er mit seinem über und über mit Zauberformeln beschrifteten Standbild denen, die ihr Vertrauen in ihn setzten, noch zur Verfügung.

Der Verweis auf die wohltätige Statue war (wenngleich sich hierfür noch weitere Beispiele anführen ließen) nicht die einzige Art und Weise, in der diejenigen, die nicht mehr in dieser Welt waren, den Lebenden aus dem Jenseits oder doch zumindest von einer anderen Ebene des Daseins aus ihre Hilfe anboten. Einige Menschen, die als sehr weise galten, wurden zu Göttern: In einigen Fällen können wir die Geschichte ihrer Vergöttlichung sogar genau verfolgen, da wir sie einerseits aus Dokumenten kennen, die sie selber als Menschen hinterlassen hatten, und andererseits wissen, wie sie in den Augen ihrer Nachfahren auch aus sehr viel späterer Zeit erschienen. Dies gilt unter anderem für den Vertrauten des Djoser (er lebte gegen Ende der Frühzeit) und den Vertrauensmann Amenophis' III., die beide zu beliebten Gottheiten wurden. Während diese Menschen ihre Vergöttlichung ihrer vorbildlichen Lebensführung zu verdanken hatten, hing sie bei anderen mit der Art und Weise ihres Todes zusammen. Dies galt etwa für jene, die im Nil ertranken und so einen Teil des Osiris-Mythos wiederholten. Sie wurden automatisch in den Rang einer Gottheit erhoben, so daß ihnen Tempel geweiht und Gebete an sie gerichtet werden konnten.

Diese Dinge sprengen jedoch bereits den Rahmen dessen, was wir uns für den vorliegenden Beitrag vorgenommen hatten; sie führen uns weg vom Bereich des Sozialen und hin zu dem des Religiösen im weiteren Sinne.

Unberücksichtigt bleiben muß in dieser Darstellung auch eine Reihe von literarischen Quellen, die von den Beziehungen zwischen Lebenden und Toten handeln (sei es, daß die Toten die Lebenden aufsuchen, sei es, daß sie von letzteren in ihren Gräbern besucht werden) oder von mehr oder weniger freiwilligen Besuchen im Jenseits. Zwar ist dieses breitgefächerte, sehr anschauliche und zuweilen auch verführerisch abenteuerlich anmutende Material in vielerlei Hinsicht hochinteressant; doch wäre es sehr gewagt, wollte man diese Texte als realistische Quellen über das Jenseits heranziehen, jene Welt der »Verschiedenen« oder (in eine andere Realität) »Hinübergegangenen«, welche als konkret existent begriffen wurde. Der Ausdruck »verscheiden« bzw. »(in eine andere Realität) hinübergehen« ist hier übrigens kein Euphemismus, sondern im wörtlichen Sinne zu verstehen.

Denn in diesem Ausdruck spiegelt sich die starke Leidenschaft der Ägypter, eines Volkes, für das die Dinge des täglichen Lebens und die Wirklichkeit solch große Bedeutung hatten, daß es nicht an einen Bruch zwischen dem irdischen Leben und einem Nicht-Leben nach dem Tod glauben konnte (oder wollte). Noch heute stellen die Gräber des alten Ägypten das wertvollste, ausdrucksvollste und lebendigste Zeugnis des zu jener Zeit an den Ufern des Nil pulsierenden Lebens dar.

Kapitel 10

# Der Pharao

Erik Hornung

Die soziale Pyramide der Menschheit, wie die Ägypter sie gesehen haben, gipfelt im König. Er ist den Göttern am nächsten, gehört eigentlich schon in ihre Welt, ist von ihnen »nicht zu unterscheiden«. In bestimmten Fällen tritt er den Menschen als ein Gott gegenüber, der kultische Verehrung empfängt.

In erster Linie aber ist er selber Träger des Kultes und damit Vertreter der Menschheit gegenüber den Göttern. Die Wände, Pfeiler und Säulen der ägyptischen Tempel sind über und über bedeckt mit Kultszenen, in denen der König vor den Gottheiten des Landes opfert und betet. Er kann nicht in allen Tempeln präsent sein, sondern muß kultische Funktionen an Priester delegieren; aber der Priester kann sich vor den Göttern allein dadurch legitimieren, daß er an Stelle des Königs den Kult zelebriert.

Kein Privatmann, sondern allein der König kann kultische Bauten errichten, erneuern oder erweitern. Deshalb wird noch in den Tempeln der griechisch-römischen Zeit Ägyptens im Auftrag »Pharaos« gebaut, der jetzt ein Ptolemäer oder ein römischer Kaiser ist. Hier liegt der Grund für die Kontinuität dieser Institution, die seit den Hyksos zahlreiche Fremdherrschaften überdauert hat. Erst durch den Sieg des Christentums wurde der Pharao als »Sohn Gottes« durch einen anderen Gottessohn ersetzt, der über allen Herrschern steht.

Bis zu diesem Zeitpunkt – dreieinhalb Jahrtausende lang – ist die Institution des ägyptischen Königtums niemals in Frage gestellt worden. Sie hat Krisen erlebt, vor allem nach dem Ende des Alten Reiches und in der Amarnazeit, aber selbst verhaßte fremde Herrscher wie Hyksos und Perser profitierten von der religiösen Bedeutung des Pharaos, die seine Person sakrosankt machte. Eine Kritik am Amt wurde niemals artikuliert, und Kritik an der Person des Herrschers wird erst in späten Quellen wie der »Demotischen Chronik« deutlich ausgesprochen; allerdings werden einige Könige wie Cheops oder Pepi II. schon in früheren Erzählungen eher negativ charakterisiert.

Aber nicht nur in der Religion, auch in der Kunst und in der Geschichte Altägyptens steht die Figur des Pharao im Mittelpunkt. Wir sprechen von der »pharaonischen« Zeit vor Alexander dem Großen, und unsere Einteilung der ägyptischen Geschichte beruht auf Dynastien von Herrschern. Auch Kunst und Literatur orientieren sich am Königtum, arbeiten im staatlichen Auftrag. Und selbst dort, wo wir einen Einblick in die Welt der »Kleinen Leute«, in untere soziale Schichten erhalten, steht die Gestalt des Pharao allgegenwärtig im Hintergrund: für ihn wird gearbeitet, von ihm empfängt man den Lebensunterhalt, auf ihn setzt man religiöse Hoffnungen. So ist die Geschichte Ägyptens immer noch in erster Linie Pharaonengeschichte.

Die Person des Königs ist in der älteren Zeit völlig verdeckt von seiner Rolle und von dem Ritual, das ihn umgibt. Schon der individuelle Name, den er bei seiner Geburt erhält, hat oft programmatischen Charakter und enthält ein religionspolitisches Programm; das gilt z.B. für die mit Rê (dem Namen des Sonnengottes) gebildeten Namen seit der 4. Dynastie, oder die Amun-Namen der 12. und der 18. Dynastie (Amenemhat = »Amun ist an der Spitze«, Amenhotep = »Amun ist zufrieden«). Spätestens im Neuen Reich wird die Geburt des Königs vom Schleier eines Mythos bedeckt. Der Gott Amun persönlich nimmt die Gestalt des Vaters an, um mit der Königin den künftigen König zu zeugen. Bildzyklen und Texte (vor allem von Hatschepsut in Deir el-Bahari und Amenophis III. im Tempel von Luxor) schildern das Ereignis, die Geburt des halbgöttlichen Kindes, seine Anerkennung durch Amun und seine Aufzucht durch göttliche Ammen. Häufige Formulierungen sprechen davon, daß der König schon »im Ei« zur Herrschaft berufen ist.

Bei seiner Thronbesteigung wird der Name des Königs zu einer fünffachen Titulatur erweitert, die sich während des Alten Reiches herausbildet. An der Spitze steht der Horusname, der bis in prähistorische Zeit zurückreicht. Er kennzeichnet den König als irdische Erscheinung des falkengestaltigen Himmelsgottes Horus, als einen »Horus im Palast«. Neben Löwe und Stier ist der Falke der wichtigste tierische Aspekt des

Pharao, der sich im Neuen Reich gelegentlich als Mischwesen mit Falkenflügeln oder sogar mit einem Falkenkopf darstellen läßt. »Der Falke ist zum Himmel geflogen« heißt die Formulierung beim Tod des Königs.

Im Neuen Reich verbinden alle Könige den Titel »Horus« mit dem Element »Starker Stier« und weisen damit auf diese uralte Erscheinungsform des Königs, die er bereits auf der Narmerpalette hat. In Stiergestalt erscheint gelegentlich auch der Gott Seth, die andere göttliche Macht, die sich im König verkörpert; Pharao gilt als »Horus und Seth«, er vereint in seiner Person die streitenden Brüder. Aber Horus ist der Sieger in diesem Streit, und Seth hat niemals einen festen Platz in der Königstitulatur gefunden, denn als gewalttätiger Gott und Mörder des Osiris spielte er immer wieder eine negative Rolle. Dagegen gewann der Horus-Aspekt des Königs durch den Osirismythos seit der 5. Dynastie zusätzliche Bedeutung: da Horus nun als Sohn des Osiris galt und jeder König durch seinen Tod zu einem »Osiris« wurde, war der regierende Horus-König nun auch der mythische Sohn seines Vaters.

Der zweite Königstitel ist mit dem Element *Nebti*, »Die beiden Herrinnen«, gebildet und meint konkret die beiden Schutzgöttinnen von Ober- und Unterägypten: die geiergestaltige Nechbet und die Kobraschlange Uto (*Uadjit*). Daß sich auch weibliche Mächte in der männlichen Person des Pharao verkörpern, ist nicht ungewöhnlich; das bekannteste Beispiel ist die Dualität von Sachmet und Bastet, dem schrecklichen und dem gnädigen Aspekt der Gottheit, die der König in sich vereint, so wie die streitenden Brüder Horus und Seth in ihm zum Ausgleich kommen. Der Ägypter denkt gern in Dualitäten, die erst zusammen das Ganze bilden, und der König vereinigt vor allem die Dualität der beiden Landeshälften Ober- und Unterägypten.

Der dritte Titel wird als »Goldname« bezeichnet (früher auch »Goldhorus-Name«). Auch er weist auf die Falken-Natur des Königs, aber Gold ist symbolisch auch das Material, aus dem Götter und Götterbilder geformt sind. Im einzelnen ist die Bedeutung dieses Titels noch umstritten.

Der eigentliche Thronname, der seit dem Mittleren Reich immer den Namen des Sonnengottes Rê enthält, ist mit dem vierten Titel verbunden: *Nesut-biti* »König von Ober- und Unterägypten«, also König des ganzen Landes, mit dessen Vereinigung für den Ägypter die Geschichte beginnt. Der Thronname dahinter wird in eine »Kartusche« eingeschlossen, ein Oval, das eigentlich ein geflochtenes Amulett darstellt, das den Namen des Königs auf allen Seiten schützend umgibt. In Hieroglypheninschriften heben sich diese Namens-Kartuschen des Königs deutlich vom übrigen Text ab und waren daher auch ein wichtiges Hilfsmittel bei der Entzifferung der Schrift.

In eine zweite Kartusche wird der Geburtsname des Königs eingeschlossen, den er auch nach der Thronbesteigung weiterführt. Seit der 4. Dynastie ist damit der Titel »Sohn des Rê« verbunden. In seinen Beinamen gilt der König auch als »Sohn« vieler anderer Gottheiten, aber nur die Beziehung zum Sonnengott kommt in der »offiziellen« Titulatur zum Ausdruck; ebenso bleibt die überaus häufige Bezeichnung des Pharao als »Bild« des Sonnengottes auf die Beinamen beschränkt. An der Fülle der Beinamen, die den König wie eine leuchtende Wolke umgeben und von Inschrift zu Inschrift wechseln, lassen sich die Akzente ablesen, die jede Zeit in ihrer Auffassung vom Königtum gesetzt hat. Solche Epitheta wie »Der alle Länder durch seine starke Kraft erobert« oder »Der Wahrheit entstehen läßt und Lüge vernichtet« oder »Der Nil Ägyptens, der das Land in seiner Vollkommenheit überschwemmt« zeigen, was man vom Pharao erwartet und erhofft, aber sie sagen nichts über die individuelle Persönlichkeit des Herrschers aus.

Neben den »offiziellen« Bestandteilen der Titulatur und den wechselnden Beinamen verwenden die königlichen Inschriften noch eine Vielzahl weiterer Titel und Bezeichnungen für den Herrscher. Er ist ein »Herr der Beiden Länder«, ein »Herr der Kronen« und »Herr des Kultes«, aber auch schlicht ein »Guter Gott«. Seine Bezeichnung als »Pharao«, die in das Alte Testament und noch in die koptischen Texte des christlichen Ägypten Eingang gefunden hat, ist seit dem Neuen Reich üblich. Sie bedeutet wörtlich »das große (oder: größte) Haus«, meinte also ursprünglich die Palastanlage und wurde dann auf die Institution und die Person des Königs übertragen – analog wie »die Hohe Pforte« oder »das Weiße Haus« zur Bezeichnung einer Institution wurden.

Der Ausdruck *hem.ef*, den wir durch »Seine Majestät« wiedergeben, ersetzt sehr oft Titel und Name des Herrschers. Da das Wort *hem* nicht nur den König, sondern auch Sklaven bezeichnet, nimmt man an, daß es die leibliche Anwesenheit, die Person des Königs bezeichnet; griechische Inschriften verwenden dafür den Titel *basileus*. Gern spricht man vom König auch in unpersönlichen Wendungen – »man belohnte«, »man befahl«, »man sandte aus«, etc.

Der Ornat, den der Pharao trägt, unterscheidet ihn deutlich von den übrigen Menschen, zeigt aber viele Ähnlichkeiten mit dem Ornat der Götter. Während Ägypter, im Gegensatz zu den bärtigen Asiaten, fast immer glattrasiert dargestellt werden, tragen Götter und Könige einen langen Zeremonialbart, der bei den Göttern unten gebogen, beim König gerade herabhängt und an einem Band befestigt ist. Aber da der verstorbene König zu Osiris wird, trägt auch er in Darstellungen den Götterbart, und umgekehrt wird der Gott Ptah fast immer mit dem geraden Königsbart abgebildet.

Das einzige Kleidungsstück, das der Pharao in der älteren Zeit trägt, ist der Schendjut genannte Schurz, dessen Name noch heute in der Bezeichnung *sindone* für das Leichentuch in Turin fortlebt. Er ist sehr kurz, meist plissiert und hat ein trapezförmiges Mittelstück; eine etwas jüngere Schurzform weist ein dreieckiges, vorstehendes Mittelstück auf. Beide Formen sind vom Schurz der Götter und der Beamten deutlich unterschieden. Während noch römische Kaiser in ihrer Rolle als Pharao in dieser archaischen Schurztracht dargestellt werden, trägt der König schon im Neuen Reich gern einen glatten, langen Schurz und bedeckt auch den Oberkörper mit einer Art Hemd oder Weste. Bei seinem Jubiläumsfest (Sedfest) ist er in einen kurzen, enganliegenden Mantel gekleidet.

Wichtigster Bestandteil des königlichen Ornates aber sind die Kronen, von denen schon früh eine ganze Anzahl in den Darstellungen erscheint. Die Weiße Krone, die zu Oberägypten gehört, ist eine hohe Kappe aus weichem Material (vielleicht Leder), die sich nach oben verjüngt und in einem runden Knauf endet. Ihr gegenüber steht die Rote Krone für Unterägypten, eine oben abgeflachte Kappe, zu der ein spiralig eingerollter »Draht« aus unbekanntem Material gehört. Beide Kronen werden zusammen zur »Doppelkrone« kombiniert, die den Träger als König von ganz Ägypten kennzeichnet. Im Neuen Reich ist die helmartige Blaue Krone besonders beliebt, auch sie eine Lederkappe, die mit Metallplättchen verziert ist. Sie kommt ausschließlich beim König vor, während die anderen Kronen auch von Göttern getragen werden. Daneben gibt es noch eine Reihe von Federkronen, die in der Spätzeit zu überladenen Kompositkronen ausgestaltet werden, mit Hörnern und Uräus-Schlangen verziert, die im Prinzip zu jeder Krone gehören können. Bis heute hat sich keine Krone im Original gefunden, so daß wir allein auf die Darstellungen angewiesen sind und nicht wissen, welche Formen wirklich getragen wurden.

Sehr häufig trägt der Pharao statt der Krone ein Kopftuch – ein gestreiftes, rechteckiges Tuch, das dicht über der Stirn auf den Kopf gelegt und durch ein Stirnband festgehalten wird; die vorderen Zipfel des Tuches liegen auf der Brust, die hinteren werden zu einem Zöpfchen gedreht, das in den Rücken fällt. Vor allem bei Statuen zieht man das Kopftuch den Kronen vor, und in seltenen Fällen begegnet auch die Kombination von Kopftuch und Krone. Zum Kopftuch gehört wiederum die Uräus-Schlange als weiteres Symbol der Königsherrschaft; durch den »Feuerhauch« ihres Giftes wehrt sie alle feindlichen Mächte von der Person des Königs ab. Selbst wenn der König nur mit einer Perücke erscheint, die in Ägypten von Frauen wie von Männern getragen wird, ist er durch den Uräus deutlich von allen anderen Menschen unterschieden.

Seit den ältesten Darstellungen trägt der König einen umgebundenen Stierschwanz, der auf seine Herrscherrolle als Stier hinweist. Auch mit einem Pantherfell kann er erscheinen, aber nur dort, wo er bestimmte priesterliche Funktionen ausübt. An den Füßen trägt er häufig Sandalen, und aus dem Grabschatz Tutanchamuns kennen wir auch Handschuhe, die offenbar zur Ausrüstung der Streitwagenfahrer gehörten. Die beiden wichtigsten Machtattribute, die Pharao in seinen Händen hält, sind der alte, gebogene Hirtenstab und die sogenannte »Geißel«, die vielleicht ein Fliegenwedel ist. Vom König hat auch Osiris als Herrscher der Toten diese Attribute übernommen.

Mit dem Königsornat ist der Pharao in eine bestimmte Rolle gekleidet, die seine Titulatur und seine Beinamen genauer umschreiben. Dazu tritt zweifellos ein ausgefeiltes Hofzeremoniell, von dem wir jedoch wenig wissen; nur selten, wie in der Erzählung des Sinuhe, wird eine Audienz am Königshof beschrieben. Aber wir dürfen Diodor (I, 70) glauben, daß der gesamte Tagesablauf des ägyptischen Königs bis in kleinste Einzelheiten hinein genauestens geregelt war. Dazu zeigen uns altägyptische Quellen, von welchen Tabu-Vorschriften er umgeben war. So überliefert der Priester Rawer in einer Inschrift seines Grabes in Giza eine für ihn sehr gefährliche Episode, die unter König Neferirkare in der 5. Dynastie spielt: bei einer kultischen Zeremonie wird er von der Keule des Königs zufällig berührt, worauf der König feierlich erklären muß, daß es ohne Absicht geschah und dem Priester keinen Schaden bringen solle. Wie die Götter ist auch der Pharao in eine Aura magischer Wirkung gehüllt. Wenn man sich dem König nähert, dann in Proskynese, beim »Küssen der Erde«, wie es ägyptisch heißt.

Hinter der Rolle, die sie zu spielen hat, tritt die individuelle Person des Herrschers völlig zurück. Dazu kommt, daß auch in der bildenden Kunst Ägyptens der König nicht als Individuum, sondern als Idealtyp gestaltet wird; von Ramses II., der über 66 Jahre regiert hat, gibt es kein Altersbildnis, er erscheint auch als 80jähriger in der jugendlichen Kraft, die zum Idealbild des Königs gehört. Selbst die »realistischen« Königsbildnisse vom Ende der 12. Dynastie und aus der Amarnazeit sieht man heute nicht mehr als Porträts dieser Könige an, sondern aus Ausdruck einer gewandelten Auffassung vom Königtum.

Nur vereinzelte schriftliche Dokumente aus dem Alten Ägypten erlauben einen direkten Zugang zur Persönlichkeit eines Pharao. Im Gegensatz zur reich entwickelten Gattung der Beamtenbiographien, aus der auch die Erzählung des Sinuhe hervorgegangen ist, hat kein ägyptischer König eine Biographie hinterlassen. Dagegen gibt es zwei Lehren, die königlichen Verfassern zugeschrieben sind und in denen der Pharao direkt zu seinem Sohn und Nachfolger spricht. Es sind die Lehre für Merikare, einem König der 10. Dynastie, und die Lehre von Amenemhat I. für seinen Sohn Sesostris I. aus dem Anfang der 12. Dynastie. In beiden finden wir sehr persönliche Aussagen und sogar das Eingeständnis, in bestimmten Situationen versagt zu haben. Amenemhat beschreibt sogar das Attentat auf ihn und spricht von seiner Wehrlosigkeit und dem Verrat seiner Vertrauten; daher ruft er seinen Sohn zum Mißtrauen auf, während Merikare zur Milde ermahnt wird. Auch der Vater Merikares weiß, daß ein König mit inneren und äußeren Feinden leben muß, aber er warnt vor zu harter Bestrafung und preist die »Zunge«, also die überzeugende Rede, als Waffe des Königs. In beiden Lehren darf man eine Art Regierungserklärung des Nachfolgers erblicken, die auf den politischen Erfahrungen des Vorgängers beruht und ihm in den Mund gelegt wird.

Zu den direkten Zeugnissen individueller Könige gehören auch einige Briefe, die durch ihre »Publikation« in Gräbern oder auf Stelen von Beamten erhalten blieben; originale Entwürfe zu königlichen Briefen oder Kopien davon haben sich nur im Keilschrift-Archiv von Tell el-Amarna erhalten, aus der Zeit von Amenophis III./IV., dazu weitere in den Archiven der hethitischen Hauptstadt Boghazköi. Unter den »publizierten« Briefen, die wir erwähnten, ragen zwei besonders hervor. Pepi II. läßt im zweiten Jahr seiner 94jährigen Regierung, also sicher noch als Kind, an seinen Expeditionsleiter Herchuf nach Nubien schreiben:

Befehl des Königs an den Einzigen Freund, Vorlesepriester, Vorsteher der Dolmetscher Herchuf.

Ich habe Kenntnis erhalten von diesem deinem Brief, den du zu Händen des Königs an die Kammer geschrieben hast, um uns wissen zu lassen, daß du glücklich aus dem Lande Iam (in Nubien) herabgestiegen bist mit dem Heer, das bei dir ist. Du hast in deinem Brief gesagt, daß du alle großen und guten Gaben mitgebracht hast, die Hathor, die Herrin von Imaau, dem Ka des Königs von Ober- und Unterägypten Neferkarê (Pepi II.), der bis in alle Ewigkeit leben möge, geschenkt hat.

Du hast in diesem deinem Brief gesagt, daß du einen Zwerg der Gottestänze aus dem Lande der Horizontbewohner mitgebracht hast, das Gegenstück eines Zwerges, den der Siegler des Gottes Bawerdjed aus Punt zur Zeit des Königs Isosi geholt hat. Du hast zu Meiner Majestät gesagt: »Niemals wurde ein Gleicher wie er durch irgendeinen andern gebracht, der vordem Iam bereist hat.« Fürwahr, du verstehst wirklich zu tun, was dein Herr wünscht und lobt. Fürwahr, du verbringst den Tag und die Nacht, indem du dich sorgst zu tun, was dein Herr wünscht, lobt und befiehlt. Seine Majestät wird alle deine zahlreichen trefflichen Wünsche erfüllen, so daß es ewig angenehm sein wird (noch) dem Sohn deines Sohnes, so daß alle Leute sagen, wenn sie hören werden, was Meine Majestät dir (dann) getan haben wird: »Gibt es etwas gleich jenem, das dem Einzigen Freund Herchuf getan worden ist, als er aus Iam herabstieg, wegen der Wachsamkeit, die er an den Tag legte, um zu tun, was sein Herr wünscht und lobt?« Komm also sogleich stromab zum Hof. Laß (alles liegen und stehen) und bringe diesen Zwerg mit dir, den du aus dem Lande der Horizontbewohner lebend, heil und gesund geholt hast für die Gottestänze, um zu erfreuen und zu erheitern das Herz des Königs von Ober- und Unterägypten Neferkarê, der ewig leben möge.

Wenn er mit dir in das Schiff herabsteigt, beauftrage zuverlässige Leute, die hinter ihm sind zu beiden Seiten des Schiffes und die aufpassen, daß er nicht ins Wasser fällt. Wenn er schläft in der Nacht, beauftrage zuverlässige Leute, die bei ihm schlafen in seinem Zelt. Kontrolliere zehnmal in der Nacht. Meine Majestät wünscht diesen Zwerg zu sehen mehr als die Gaben des Sinai und Punts. Wenn du zum Hofe gelangst, indem dieser Zwerg lebend, heil und gesund bei dir ist, dann wird Meine Majestät dir Größeres erweisen als das, was dem Siegler des Gottes Bawerdjed zur Zeit des Königs Isosi erwiesen worden ist, wegen des Herzenswunsches Meiner Majestät, diesen Zwerg zu sehen (Bresciani 1969, S. 26 f.).

Selbst in der Stilisierung durch einen Hofbeamten spiegelt sich hier die kindliche Freude des jungen Königs, daß nach über hundert Jahren endlich wieder ein Pygmäe aus dem Inneren Afrikas nach Ägypten »importiert« wird, um als tanzender Zwerg nicht nur Funktionen im Kult zu erfüllen, sondern auch den königlichen Hof zu erheitern. Erwartungsvoll mahnt er Herchuf zur Eile, aber noch mehr zur Sorgfalt, damit der

Zwerg sicher die Residenz erreicht, wo reiche Belohnung den erfolgreichen Beamten erwartet. Dieser hat aus Freude über den so persönlichen Brief des Königs den vollen Wortlaut in die biographische Inschrift seines Grabes in Assuan aufgenommen.

Ein Beamter des Neuen Reiches, der Vizekönig von Nubien, Usersatet, hat einen persönlichen Brief Amenophis' II. an ihn auf einer Stele am zweiten Katarakt verewigt, die sich jetzt in Boston befindet. Die Situation ist hier ganz anders: der alternde König erinnert den einstigen Kampfgefährten an gemeinsame Abenteuer in Vorderasien, läßt aber auch deutliche Kritik an der Amtsführung des Vizekönigs erkennen. So ist das Schreiben ein Zeugnis für den sehr persönlichen Stil Amenophis' II. im Umgang mit den hohen Beamten, die er aus dem Kreis seiner Jugend- und Kampfgefährten ausgewählt hat:

(Jahr 23 ...) Abschrift des Befehles, den Seine Majestät selber, mit eigener Hand, für den Vizekönig Usersatet ausgefertigt hat. Seine Majestät befand sich in der Residenz ... als er dasaß, trinkend und sich einen Festtag machend.

Siehe, man bringt dir diesen Befehl des Königs ... der du fern in Nubien weilst, ein Tapferer, der in allen Fremdländern Beute machte, ein Wagenkämpfer ..., der Syrien niederwarf ..., du Herr einer Frau aus Babylon und einer Dienerin aus Byblos, eines jungen Mädchens aus Alalach und einer alten Frau aus Arapcha. Diese Leute von Techsi (in Syrien) sind aber nichts wert – wozu sollen sie gut sein?

Eine weitere Mitteilung aber an den Vizekönig: traue ja nicht den Nubiern, sondern hüte dich vor ihren Leuten und ihren Zaubereien. Sieh doch diesen Diener eines kleinen Mannes, den du geholt hast, um ihn zum Beamten zu machen, obwohl das kein Beamter ist, den du Seiner Majestät hättest vorschlagen dürfen; oder wolltest du auf das Sprichwort anspielen »Fehlt ein Kriegsbeil aus Gold, eingelegt mit Bronze, dann tut's auch ein fester Knüppel aus Akazienholz«? Hör also nicht auf ihre Worte und kümmere dich nicht um ihre Botschaften!

Manchmal lassen auch die »offiziellen« Inschriften sehr persönliche Meinungen und Handlungen des Königs erkennen. Kamose hat auf seiner Siegesstele in Karnak eine höchst lebendige Schilderung seiner Kämpfe gegen die Hyksos gegeben; Ramses II. berichtet in ungewöhnlicher Form über die Schlacht von Kadesch gegen die Hethiter und macht sich zum Sprecher seiner konsequenten Friedenspolitik, die schließlich zu Vertrag und Heiratsbündnis mit den bisherigen Feinden führte. Seit kurzem erst kennt man eine Stele, auf der König Taharqa (25. Dynastie) über einen Wettlauf seiner Truppen von einem Militärlager in der Nähe von

Memphis bis in das Fayum berichtet. Er selber hat zeitweise an dem Lauf teilgenommen und belohnt seine Soldaten mit einem großen Festmahl.

Weiter als in solche biographischen Details führt uns ein Material, das so konkret, wie es überhaupt denkbar ist, den Kontakt zur Persönlichkeit einzelner Herrscher herstellt. Im Ägyptischen Museum in Kairo werden die einbalsamierten Körper einer stolzen Serie von Königen des Neuen Reiches aufbewahrt und, mit Unterbrechungen, auch immer wieder pietätlos zur Schau gestellt. Während die Körper von Alexander d. Großen und von Augustus zu Staub zerfallen sind, sind diese über tausend Jahre älteren Herrscher für uns immer noch physisch greifbar, mit Haut und Haar und mit den Anzeichen ihrer einstigen Krankheiten.

Schon die Könige des Alten Reiches sind mumifiziert worden, doch haben sich nur spärliche Überreste ihrer Bestattung erhalten, und die frühen Ausgräber haben auf das anthropologische Material kaum geachtet. Auch aus dem Neuen Reich besäßen wir wahrscheinlich nur die Mumie aus dem intakten Grab Tutanchamuns, wenn nicht die Priesterschaft der 21. Dynastie um das Jahr 1000 v. Chr. die damals noch vorhandenen Mumien der Könige in zwei Verstecke umgebettet hätte. Das eine der beiden Verstecke, eine Seitenkammer im Grab Amenophis' II., wurde erst 1898 von der ägyptischen Altertümerverwaltung entdeckt; das andere, ein kleines Grab südlich des Talkessels von Deir el-Bahari, war bereits 1871 von Einheimischen gefunden worden, denen Maspero als Direktor der Altertümerverwaltung zehn Jahre später das Geheimnis des Verstecks entreißen konnte. 1881 wurden die Königsmumien in einem wahren Triumphzug von Luxor nach Kairo gebracht, wo sie eine Weile in einem eigenen Mausoleum und schließlich in einem separaten Raum des Ägyptischen Museums ruhten.

So ist die körperliche Hülle von bedeutenden Herrschern wie Thutmosis III., Sethos I. und Ramses II. immer noch greifbar; durch genaue Untersuchungen wurden körperliche Merkmale, Krankheiten, Todesursache und sogar Blutgruppe festgestellt. Wir wissen, daß Thutmosis III. 1,62 m groß und von zierlicher Gestalt war und daß er im Alter von etwa 70 Jahren gestorben ist. Amenophis III. litt im Alter unter starken Zahnbeschwerden (während Amenophis I., Thutmosis III. und Ramses IV. tadellose Zähne hatten), dazu an Fettleibigkeit. Bei Siptah ließen sich die Folgen einer Kinderlähmung feststellen, bei Ramses V. eine Pockenerkrankung, an der er jung gestorben ist. Auffällig ist, wieviele dieser Pharaonen an Arthritis gelitten haben.

Im Gegensatz zum stilisierten Idealbild der Kunst kommt man bei den Mumien so nahe wie möglich an das wirkliche Aussehen vieler Könige heran und erfährt biographische Details, die keine andere Quelle nennt. Aber die Aussagekraft dieses anthropologischen Materials ist doch begrenzt, und schon bei der Bestimmung des Sterbealters läßt sich mit den gegenwärtigen Mitteln kein eindeutiges Ergebnis erzielen. Vor allem sagt die leere Hülle der Mumie nichts über das Denken und Fühlen der Menschen aus, die sie einst ausgefüllt haben; so bleibt man für die Biographie und die Wertung dieser Persönlichkeiten doch auf andere Quellen angewiesen.

Die Inschriften der Könige und ihrer Beamten sagen dazu enttäuschend wenig; sie setzen sehr oft andere Akzente, als wir erwarten. Die entscheidende Schlacht von Megiddo, in der Thutmosis III. eine feindliche Koalition zerschlägt, wird von diesem in seinen »Annalen« nur in drei Versen »erzählt«:

> Da wurde Seine Majestät machtvoll an der Spitze seiner Truppen;
> (Die Feinde) sahen, daß Seine Majestät machtvoll wurde,
> und sie flohen in wirrem Durcheinander nach Megiddo hinein,
> mit Gesichtern voller Furcht.

Dagegen berichtet dieser Annalist ausführlich über die Beratungen des Königs mit seinem Heer und über den Aufmarsch der Truppen vor der Schlacht. Über die Schlacht von Kadesch, die Ramses II. 200 Jahre später gegen die Hethiter schlug und die keineswegs ein ägyptischer Sieg war, werden in Texten und in Bildern wesentlich mehr Details gegeben. Das gehört zum Stil einer neuen Zeit, die die uralte symbolische Szene vom »Niederschlagen der Feinde« durch detailreiche Darstellungen der Kämpfer des Pharao gegen seine Feinde ersetzt. Die ausführliche Beschreibung der Schlacht von Kadesch, die beinahe zu einer Katastrophe für die Ägypter geführt hätte, diente Ramses II. aber auch zur Durchsetzung seiner Friedenspolitik. Hinter dieser Politik, die zweifellos gegen viele Widerstände durchgesetzt werden mußte, stand die Persönlichkeit des Königs, der seiner Zeit einen stabilen Frieden brachte, der erst durch den Vorstoß der Seevölker beendet wurde.

Eine sehr persönliche Prägung der Politik durch den König läßt sich ebenso aus den Quellen für die Zeit Amenophis' IV. (Echnaton) ablesen, auch schon für seinen Vater Amenophis III. Aber das sind relativ seltene Ausnahmefälle, und meist wird die Persönlichkeit eines Pharao für uns nicht faßbar.

Als ein beliebiges Beispiel greifen wir Ramses IV. heraus, der einer historisch relativ gut dokumentierten Epoche angehört. Er wurde um 1200 v. Chr. geboren – nicht als Prinz, da seine Familie noch nicht zur Herrschaft gelangt war. Erst nach dem möglicherweise (gewaltsamen) Tod der Königin Tausret begründete sein Großvate Sethnacht die 20. Dynastie, regierte aber nur ganz kurz und wurde dann von Ramses III. gefolgt, dem Vater unseres Pharao. Wie die anderen Prinzen wirkte der künftige König bei den Kämpfen gegen Libyer und Seevölker mit und konnte so militärische Erfahrungen sammeln. Es scheint, daß Ramses III. sich lange Zeit nicht entschließen konnte, welchen seiner Söhne er als Thronfolger designieren sollte. Seine Entscheidung für Ramses führte zu einer Haremsverschwörung, die einen anderen Prinzen, Pentawer, auf den Thron bringen wollte. Der alte König wurde ermordet, aber weiteren Erfolg hatten die Verschwörer nicht; sie wurden gefangengesetzt und abgeurteilt, und Ramses IV. konnte sich als neuer König durchsetzen.

Zweifellos bedurfte es großer Tatkraft und Geschicklichkeit, um diese Staatskrise zu meistern und die Herrschaft des neuen Pharao zu sichern. Deren Legitimität und Anerkennung durch die Götter wird in ungewöhnlichen Dokumenten hervorgehoben, wie dem Großen Papyrus Harris in London. Andere Dokumente berichten über die Aburteilung der Verschwörer, die der König einem Sondergerichtshof aus 12 Beamten überträgt. Gegen die Korruption, die auch bei diesem Prozeß zutage tritt, setzt Ramses IV. in seiner Königstitulatur ein Regierungsprogramm, das den Begriff der *Maat*, der gerechten Ordnung und Harmonie, ganz besonders hervorhebt.

Da er von seinem Vater eine stabile außenpolitische Lage übernehmen konnte, konnte er sich ganz den Werken des Friedens widmen, wozu für den Pharao vor allem das Errichten von Bauten gehört. In die Steinbrüche des Wadi Hammamat wurden immer wieder große Expeditionen entsandt, im 3. Regierungsjahr über 8000 Mann. Bei der großzügigen Anlage seines Totentempels in Theben-West griff der König auf ältere Bauten zurück und beschränkte sich an anderen Orten darauf, schon vorhandene Bauten durch den Zusatz seiner Kartuschen zu »usurpieren«, wie es auch in anderen Zeiten der ägyptischen Geschichte geschieht. Die beschränkten Möglichkeiten der späten 20. Dynastie erlaubten es Ramses IV. nicht, die schöpferische Rolle des Pharao als Bauherr voll zur Geltung zu bringen. Vollenden konnte er nur seine Grabanlage im Tal der Könige, hat aber dabei ein neues Konzept verwirklicht, das unter seinen Nachfolgern nachwirkte.

Grundriß und Dekoration des königlichen Grabes wurden von Regierung zu Regierung neu festgelegt; oft ging es dabei nur um geringfügige Änderungen und Erweiterungen, in anderen Fällen aber um eine gründliche Neugestaltung. Offen ist die Frage, wie weit der König selber Einfluß auf solche Entwicklungen nahm, ob also das neue Konzept auf eine direkte Weisung von Ramses IV. zurückgeht, oder ob ein beratendes Gremium von Beamten und Priestern tätig wurde. Aus den Inschriften des Königs erfahren wir von seinen religiösen und geistigen Interessen; er forscht in alten Schriften, die im »Lebenshaus« aufbewahrt werden, und achtet zugleich auf die strenge Einhaltung religiöser Gebote. So kann man sich gut vorstellen, daß er sich auch persönlich um die Neugestaltung des Königsgrabs gekümmert hat. In genialer Weise wurde die Anlage insgesamt verkürzt und vereinfacht, dafür aber in den verwendeten Maßen erweitert, so daß sich insgesamt der Eindruck eines repräsentativen »Grabpalastes« ergibt, der auch neue Elemente der Dekoration enthält. Als der König nach 6jähriger Regierung 1149 v. Chr. begraben wurde, war die Anlage fertiggestellt – angesichts der Korruption, von der wir immer wieder in den Akten der Zeit hören, eine erstaunliche Leistung.

So läßt sich in der gut dokumentierten Ramessidenzeit die Persönlichkeit eines Herrschers wenigstens in Umrissen erahnen. Das gilt auch für den bedeutenden Ramses II. – neben Echnaton und Hatschepsut einer der wenigen Pharaonen, über die bisher eine Monographie veröffentlicht wurde (Kitchen 1980). Vor allem für das Alte Reich sind die Quellen zu spärlich, um eine Königs-Monographie zu rechtfertigen. Allerdings treten Snofru und Cheops, die ersten Könige der 4. Dynastie, in der späteren literarischen Überlieferung als klar gekennzeichnete Persönlichkeiten hervor. Poetische Werke des Mittleren Reiches (Pap. Westcar, Neferti, Lehre für Kagemni) schildern Snofru als einen gütigen, wohltätigen Pharao, der eine natürliche Autorität ausstrahlt und mit seinen hohen Beamten ganz kollegial umgeht; im Gegensatz dazu wird sein Sohn Cheops eher als Despot geschildert, wie er auch in der antiken Überlieferung erscheint. Aus zeitgenössischen Quellen kennen wir beide Könige in erster Linie als Erbauer der Pyramiden, wobei Cheops zwar die größte, Snofru aber die meisten Pyramiden (drei große und mehrere kleine) errichtet hat, so daß die Deutung als »Despot« nicht mit dem Pyramidenbau allein zusammenhängen kann.

Während der König der offiziellen Inschriften »niemals schläft«, sondern Tag und Nacht um das Wohlergehen des Landes besorgt ist, tritt uns der »roi des contes«, wie ihn Posener genannt hat, sehr viel menschlicher entgegen; er langweilt sich und sucht Vergnügungen (Pap. Westcar), er sucht die Zukunft zu erforschen (Neferti) oder sein Leben zu verlängern (Pap. Vandier), und in der Erzählung von Neferkare und Sisene tritt er sogar als homosexueller Liebhaber auf, der nachts zu einem seiner Generäle ins Zimmer steigt. Hier sind wir weit entfernt von der erhabenen Göttlichkeit des Pharao, aber Bildostraka der Ramessidenzeit scheuen auch vor einer Satire auf das Königtum nicht zurück, ohne diese Institution deshalb in Frage zu stellen; die gleiche Epoche zeichnet ja auch von den Göttern ein sehr »menschliches« Bild (Streit von Horus und Seth, List der Isis).

Die vom Ursprung her rein männliche Institution war flexibel genug, auch Frauen in der Rolle des Pharao zuzulassen. Stellung und politischer Einfluß der Königin waren in den einzelnen Epochen der ägyptischen Geschichte sehr unterschiedlich. Als Regentin für einen unmündigen König konnte sie zu allen Zeiten die wirkliche politische Macht ausüben, ohne Pharao zu sein. Es gab immer nur eine einzige »Große königliche Gemahlin«, die im Idealfall Schwester oder Halbschwester des Königs war; dieser besaß daneben noch eine große Zahl von Nebengemahlinnen, aber für die Thronfolge war die Abstammung von der Hauptgemahlin ein entscheidender Faktor, und hier lag auch die Legitimation für einen weiblichen Pharao.

Bereits die 1. Dynastie weist die überragende Frauengestalt der Königin Merithneith auf, die wahrscheinlich während der Unmündigkeit des Königs Den die Regentschaft führte. Sie erhebt Anspruch auf eine ganze Reihe von königlichen Privilegien, so die Verdoppelung des Grabes und die Errichtung von eigenen Stelen und Statuen. Aber sie führt keinen Horus-Titel und keine eigene Zählung nach Regierungsjahren, tritt also noch nicht als regierender Pharao auf. Es gibt nur drei Königinnen, die diesen Schritt mit Sicherheit gewagt haben: Nofrusobek am Ende der 12. Dynastie, Hatschepsut in der 18. und Tausret am Ende der 19. Dynastie. Ein vierter, unsicherer Fall (Nitokris) gehört in das Ende des Alten Reiches.

Nofrusobek folgte ihrem Bruder Amenemhat IV. in der Herrschaft, weil offenbar kein männlicher Erbe vorhanden war. Auf dem Torso einer Statue im Louvre hat sie über ihr Frauengewand den männlichen Ornat des Pharao, Kopftuch und Königsschurz, gezogen; in ihrer Titulatur nennt sie sich einen »weiblichen Horus«, womit sie wiederum deutlich als Frau in der männlichen Rolle des Pharao auftritt. Auch Hatschepsut, die deutlich an ihre Vorgängerin anknüpft, betont am Anfang noch ihre Weiblichkeit und vermeidet den üblichen Horusnamen »Starker Stier«; im weiteren Verlauf ihrer mehr als 20jährigen Regierung aber wird sie immer stärker zum männlichen Pharao, obwohl sie mit Thutmosis III. einen männlichen Mitregenten neben sich duldet. Tausret übernimmt schon als Königin viele königliche Privilegien, regiert aber erst nach dem Tod ihres Sohnes Siptah konsequent als Pharao.

Einen besonderen Fall bilden die »Gottesgemahlinnen« des 8. bis 6. Jahrhunderts v. Chr., die an Stelle des Königs die Herrschaft in Oberägypten ausüben. Es sind Angehörige des Königshauses, die offiziell als »Gemahlin« des thebanischen Gottes Amun gelten, daher unverheiratet bleiben und ihre Nachfolgerin durch Adoption bestimmen. Sie treten mit einer eigenen, aber verkürzten Königstitulatur auf, zählen eigene »Regierungsjahre«, errichten Tempel und königliche Grabbauten und gestalten ihre Verwaltung weitgehend nach dem Vorbild der königlichen Verwaltung. So weist ihre Institution große formale Ähnlichkeiten zur Herrschaft des Pharao auf, bedeutet aber in der Realität kein echtes Königtum, wie es die genanten Königinnen des Mittleren und Neuen Reiches ausgeübt haben.

Hatschepsut hat ihre Herrschaft als weiblicher Pharao in dreifacher Weise legitimiert. Zum ersten durch ihre göttliche Herkunft, wonach sie als leibliche Tochter des Amun gilt, geboren von einer irdischen Königin, aber gezeugt von einem göttlichen Vater. In ihrem Totentempel in Deir el-Bahari ist dieser Mythos in einer ausführlichen Sequenz von Bildern dokumentiert. In 17 Szenen wird das wunderbare Geschehen vor Augen gestellt – die Begegnung des Amun mit der Königin, die Formung des Kindes durch den Gott Chnum, Geburt, Namensgebung und Betreuung des Kindes durch göttliche Ammen, schließlich seine feierliche Anerkennung durch Amun. Einen zweiten vollständigen Zyklus hat Amenophis III. im Tempel von Luxor überliefert; es muß noch mehr Parallelen gegeben haben, und Spuren dieser ägyptischen Königsideologie finden sich noch bei Alexander d. Großen, der sich als Sohn des Amun verkünden läßt.

Neben dem Mythos ihrer göttlichen Herkunft gründet Hatschepsut die Legitimation ihrer Herrschaft auch auf ihren irdischen Vater Thutmosis I.; sie behauptet, bereits von ihm zur Herrschaft berufen zu sein.

Dazu gab ihr die Abstammung von seiner Hauptgemahlin Ahmes einen klaren Vorteil gegenüber ihrem Mitregenten Thutmosis III., der Sohn einer Nebengemahlin war. Als dritte Legitimation betrachtet sie eine direkte Berufung durch den Gott Amun, der bei einer der großen Festprozessionen durch Orakel seinen Beschluß verkündet, Hatschepsut solle Königin sein. Entsprechende Darstellungen zeigen ihn, wie er der vor ihm knienden Königin selber die Krone aufsetzt und ihr damit die Herrschaft verleiht.

Diese Formen der Legitimation gelten im Neuen Reich im Prinzip für alle Könige. Im Mittleren Reich haben die Herrscher der 12. Dynastie mit Erfolg versucht, durch ein festes System von Mitregentschaften die Kontinuität ihrer Herrschaft zu sichern. Auch im Neuen Reich wurde die Institution der Mitregentschaft benutzt (so bei Hatschepsut und Thutmosis III.), wobei die Ramessiden durch eine weniger »offizielle« Form versuchen, die ideale Funktion von *einem* regierenden Herrscher aufrechtzuerhalten – der jüngere Partner erhält keine eigene Titulatur und keine eigene Jahreszählung, dafür den Titel eines »Generalissimus«. Die fremden Dynastien der Spätzeit gehen bei der Erbfolge zum Teil ganz andere, unägyptische Wege; von den Libyern wird der Staat in viele Teilreiche aufgesplittert, um möglichst viele Familienangehörige an der Herrschaft zu beteiligen, bei den Äthiopiern geht das Königtum auf den Bruder und von diesem auf einen Neffen über. Im ptolemäischen Königshaus kommt noch einmal das System der Mitregierung zu Ehren, jetzt aber bevorzugt mit weiblichen Partnern.

Der ägyptische Idealfall ist zu allen Zeiten, daß sich jedes Amt, auch das des Pharao, vom Vater auf den Sohn vererbt. So ist es im Mythos vom Königtum vorgegeben: gegen alle Widerstände erringt Horus das Erbe seines Vaters Osiris, die gewaltsame Usurpation des Thrones durch den feindlichen Bruder Seth hat keinen Erfolg und kann nur vorübergehend die Erbfolge stören. Die Regel ist, daß ein neuer Herrscher auch eine neue Generation repräsentiert und daß keine Generation übergangen wird. Stirbt ein Kronprinz vor seinem Herrschaftsantritt, so tritt nicht einer seiner Söhne, sondern ein jüngerer Bruder an seine Stelle; so ist Merenptah der 14. Sohn seines Vorgängers Ramses II. Dabei geht die Reihenfolge nicht streng nach der Anciennität, sondern Söhne einer bestimmten Hauptgemahlin werden bevorzugt, erst danach Söhne von anderen Gemahlinnen. Ramses III. konnte sich offenbar sehr lange nicht entschließen, welchen seiner Söhne er als Nachfolger einsetzen sollte – ein Grund für die Haremsverschwörung, die sein Leben beendete.

Auch wenn die eine »Große königliche Gemahlin« keinen Sohn gebar, gab es fast immer Söhne von anderen Gemahlinnen, wenn der König nicht sehr jung starb. Hatte er nur Töchter, wie im Falle von Echnaton, dann gewannen die Schwiegersöhne eine wichtige Position und wurden wie leibliche Söhne behandelt. Tutanchamun wurde durch seinen frühen Tod gehindert, eine neue Dynastie zu begründen, aber in anderen Fällen ist der Schwiegersohn eines Königs auch Begründer einer neuen Dynastie. Dabei folgen wir immer noch der Dynastie-Einteilung, die der Priester Manetho unter Ptolemaios II. vorgenommen oder aus älteren Quellen übernommen hat. Nicht alle, aber die meisten seiner 30 Dynastien entsprechen der Herrschaft einer Familie, die dann durch legale Bestimmung eines Nachfolgers oder durch Usurpation an eine andere übergeht.

In der Frühzeit und im frühen Alten Reich wurden alle führenden Positionen der Verwaltung mit Angehörigen der herrschenden Familie besetzt; der höchste Beamte (Wesir) mußte ein Königssohn sein, und der höchste Rangtitel *repat* bezeichnet sehr wahrscheinlich die Zugehörigkeit zu dem weitverzweigten Clan, der die Herrschaft ausübt und alle Macht kontrolliert. Im späten Alten Reich geht der Einfluß der Königsfamilie kontinuierlich zurück, und die Prinzen spielen im Mittleren und im Neuen Reich kaum noch eine Rolle.

Da niemals mit Sicherheit feststand, welcher von den Prinzen einmal König wird, war ihre Erziehung einheitlich – der Thronfolger wurde in der Palastschule zusammen mit allen anderen Prinzen erzogen, dazu mit den Söhnen ausländischer Fürsten und mit künftigen Beamten, denen er auf Grund der gemeinsamen Erziehung besonders vertraute. Erzieher am Königshof zu sein war eine sehr verantwortungsvolle Aufgabe, die verdienten Beamten übertragen wurde. Grundlage jeder Ausbildung war die Kenntnis der Schrift, die das Studium der »klassischen« Literatur ermöglichte. In den Prophezeiungen des Neferti wird berichtet, wie König Snofru Papyrusrolle und Schreibgerät aus dem Kasten nimmt, um persönlich aufzuzeichnen, was der weise Neferti zu sagen hat. Daneben steht die sportliche Erziehung – unsere Quellen berichten von Bogenschießen und Schwimmen, dazu allgemein von der militärischen Ausbildung in der »Arbeit des (Kriegsgottes) Month«. Amenophis II., der »sportliche König«, berichtet besonders ausführlich über seine körperlichen Leistungen, mit denen er alle Soldaten seines Heeres übertraf.

Für Könige des Neuen Reiches war auch der Umgang mit Pferden und Wagen selbstverständlich – zunächst zum Kampf und zur Jagd, in der Amarnazeit als Mittel der schnellen Fortbewegung ganz allgemein; in der älteren Zeit wurde der König in der Sänfte getragen oder fuhr im Schiff. Reitend darf man sich Pharao niemals vorstellen, denn das Pferd wurde nur als Zugtier benutzt.

Auf jeden Fall darf man mit einer gründlichen geistigen und körperlichen Ausbildung des Pharao rechnen. Durch das Studium der Texte wuchs er auch in seine religiösen Aufgaben hinein – wir haben das am Beispiel Ramses' IV. bereits gesehen. Wie weit aber der Pharao schon vor seiner Thronbesteigung auf seine göttliche Rolle vorbereitet wurde, geht aus den Quellen nicht hervor; die Behauptung, er habe eine förmliche »Einweihung« erfahren, ist immer wieder aufgestellt, aber niemals wirklich begründet worden. Wenn in Königsinschriften und Hymnen betont wird, der Pharao kenne geheime Mysterien, sei auch mit den arcana des Sonnenlaufs vertraut und »weise schon im Ei«, dann sind das Aussagen über die Göttlichkeit seines Amtes, nicht über das menschliche Individuum. Was dieses an Wissen für sein hohes Amt brauchte, konnte ihm nur eine entsprechende Erziehung vermitteln.

Welche Hoffnungen mit dem Herrschaftsantritt eines neuen Königs verbunden waren, zeigen am besten die Hymnen auf die Thronbesteigung, wie wir sie aus dem Neuen Reich für Merenptah und für Ramses IV. kennen:

> O schöner Tag! Himmel und Erde sind in Freuden,
> du bist der gute Herr Ägyptens!
>
> Die geflohen waren, sind heimgekehrt in ihre Städte,
> die sich versteckt hatten, sind herausgekommen;
> die hungerten, sind satt und froh,
> die dürsteten, sind trunken;
> die nackt waren, sind in feines Leinen gekleidet,
> die schmutzig waren, strahlen.
> Die in Gefangenschaft waren, sind freigelassen,
> die gefesselt waren, freuen sich;
> die Streitenden in diesem Lande,
> sie sind zu Friedfertigen geworden.
>
> Ein hoher Nil ist aus seinem Quelloch getreten,
> um die Herzen des Volkes zu erfrischen.
>
> Die Witwen, ihre Häuser stehen offen, sie lassen die Wanderer ein;

die Dirnen jauchzen
und singen ihre Jubellieder,
[...]
Männliche Kinder sind geboren für eine gute Zeit,
(denn) ein Hervorbringer von Generationen und Generationen
ist der Herrscher für allezeit.

Die Schiffe, sie jauchzen auf der Flut, sie brauchen keine Taue:
sie landen mit Segel und Ruder.
Sie sind gesättigt mit Freude, seitdem da gesagt wurde:
»Der Könige von Ober- und Unterägypten Hekamaatre,
er trägt die Weiße Krone wieder!
Der Sohn des Re Ramses,
er hat das Amt seines Vaters empfangen!«

Das ganze Doppelreich sagt zu ihm:
»Schön ist Horus auf dem Thron seines Vaters Amun-Re,
des Gottes, der ihn aussendet, des Schützers
dieses Herrschers, der jedes Land erobert!«
(Bresciani 1969, S. 425 f; übers. v. Jan Assmann)

So wird Ramses IV. besungen, und im entsprechenden Hymnus auf Merenptah wird noch betont, daß *Maat*, die richtige, ideale Ordnung in Gesellschaft und Natur, zurückgekehrt ist und das Unrecht bezwungen hat, so daß, wie es am Schluß heißt, »man in Lachen und Staunen lebt«. Vom Pharao erwartet man, daß er die Taten des Schöpfergottes wiederholt und die Welt in ihren idealen Anfangszustand zurückbringt. Die Bezeichnung »Gott« erscheint in seiner Titulatur, die Darstellungen erheben ihn immer wieder in die Sphäre der Götter, und der Ägypter erhofft sich von ihm die Wirkung einer Gottheit.

In ihrer Begegnung mit dem ägyptischen Königtum stand die ältere Ägyptologie noch zu sehr im Banne der antiken Autoren, für welche der Pharao ein orientalischer Despot unter vielen anderen war, der zur eigenen Glorifizierung Pyramiden auftürmen läßt oder in der »Sesostris-Legende« als hellenistischer Welteroberer auftritt. Erst 1902 hat Alexandre Moret den »Religiösen Charakter des pharaonischen Königtums« deutlich herausgearbeitet und damit die bis heute andauernde Diskussion um die »Göttlichkeit« Pharaos in Gang gesetzt. Dabei ist immer wieder von den »zwei Naturen« des Königs die Rede, denn neben seiner göttlichen ist auch seine menschliche Natur nicht zu übersehen, von der wir schon gesprochen haben. Diese menschliche Natur hat besonders Georges Posener in seiner 1960 erschienenen Studie (vgl. die Bibliographie) wieder neu betont, während andere Autoren sich ganz auf den göttlichen Aspekt beschränkten.

Die beliebte, aber unglückliche Bezeichnung »Gottkönig«, die schon Moret (»le roi dieu«) geprägt hatte, stellt zu undifferenziert den göttlichen Aspekt in den Vordergrund. Der Pharao ist Mensch, aber sein Amt göttlich, oder anders gesagt: er ist Mensch in der Rolle eines Gottes. Er ist ja auch Priester, ist Diener der Götter, vertritt ihnen gegenüber die ganze Menschheit. Dazu kommt weiter, daß in Ägypten jeder Mensch »Gott« werden kann – die Verstorbenen gelten generell als »Götter«, weil sie nach ihrem Tod die gleiche jenseitige Sphäre bewohnen, wie die »echten« Götter. Es gibt Hypothesen, wonach das ägyptische Wort für »Gott« (*netjer*) ursprünglich nur den toten König bezeichnet habe; aber das Besondere am Pharao ist ja, daß er im Unterschied zu allen anderen Menschen schon als Lebender ein Gott, sozusagen der »Gott auf Erden« ist!

Die Göttlichkeit des ägyptischen Königs ist daher schwer zu definieren, und man wird am besten von den originalen Text- und Bildzeugnissen der pharaonischen Zeit ausgehen. In ihnen lassen sich mehrere, ganz verschiedene Arten von Aussagen über das Verhältnis des Königs zur Welt der Götter unterscheiden: 1. Pharao ist ein Gott; 2. Pharao ist Sohn eines Gottes, 3. Pharao ist Bild eines Gottes; 4. Pharao ist »geliebt« oder »begnadet« von den Göttern. Nur die beiden ersten Aussagen finden sich in der »offiziellen« Titulatur, die beiden anderen spiegeln sich vor allem in Beinamen. Die Liebe (*merut*) und Gnade (*hesut*), die von den Göttern auf den König ausstrahlen, kennzeichnen das besondere Vertrauensverhältnis zwischen ihnen; oft wird betont, daß ein Gott oder eine Göttin den regierenden Herrscher »mehr lieben« als alle seiner Vorgänger.

In der 4. Dynastie trägt Djedefre, der Nachfolger des Cheops, als erster König den Titel »Sohn des Rê«, also des Sonnengottes. Spätere Beinamen kennzeichnen Pharao auch als Sohn des Amun, von Ptah und von vielen anderen Göttern und Göttinnen, und in den Inschriften wird er von den verschiedensten Gottheiten als »mein Sohn« oder »mein geliebter Sohn« angeredet. Der Mythos von der göttlichen Abkunft Pharaos zeigt, daß er ganz konkret als »Sohn« des Sonnengottes zu verstehen ist und von ihm gezeugt wurde, wie es bereits der Papyrus Westcar aus dem Mittleren Reich von den ersten Königen der 5. Dynastie überliefert. Aber wenn der König in der Ramessidenzeit »Sohn des Seth« genannt wird – eines Gottes, der im Mythos keinen Sohn hat –, dann ist damit eher eine allgemeine Wesensgemeinschaft gemeint: durch seine kriegerische Natur erweist sich Pharao als wesensgleich mit dem kriegerisch-gewalttätigen Gott Seth, und die Aussagen »Sohn des Seth« meint dann nichts anderes als »er ist wie Seth« oder »er ist ein Seth« (wenn er gegen die Feinde kämpft). Diese Ebene des Vergleichs meinen sicher auch die nichtköniglichen Personennamen »Sohn des (Gottes/der Göttin) X« oder »Tochter des (der) X«, die im Alten Reich noch fehlen, aber im Mittleren Reich sehr beliebt sind; dabei ist es immer noch eine offene Frage, was für eine religiöse Aussage gemeint ist, wenn nichtkönigliche Eltern ihr Kind »Tochter des Amun« nennen.

Die Bezeichnung »Bild Gottes« wird nur in der Lehre für Merikare allen Menschen zuteil (wie in der Genesis), danach aber auf den König eingeschränkt; im Alten Reich fehlt sie noch ganz. In der 13. Dynastie wird sie zu einer neuen Definition des Pharao als »Lebendes Abbild des (Sonnegottes) Rê auf Erden« und in den verschiedensten Variationen auch im Neuen Reich in der Spätzeit benutzt; dabei standen den Ägyptern etwa 20 verschiedene Bild-Begriffe zur Verfügung, mit denen sich auch feinere Bedeutungsnuancen ausdrücken ließen. »Bild« kann somit auch Zeichen, Statue, Kultbild meinen. In der offiziellen Titulatur war dieser Aspekt des Pharao bereits durch die Definition als »Sohn des Rê« abgedeckt, die Inschriften setzen immer wieder »Sohn« und »Bild« in Parallele; so ist Amenophis III. für Amun-Rê »mein geliebter Sohn, der aus meinen Gliedern hervorgegangen ist, mein Abbild, das ich auf Erden eingesetzt habe« (*Urk.* IV 1676). Der irdische Sohn gleicht dem göttlichen Vater in jeder Hinsicht – in der Gestalt, im Handeln, im Wesen, aber auch in der sozialen Stellung, im Rang, den er einnimmt. Dabei wird der Pharao nur ganz selten, in der Ramessidenzeit belegt, als »Stellvertreter« eines Gottes bezeichnet, weil man darin wohl doch eine Rangminderung sah.

Wie durch seine Kultbilder und durch heilige Tiere kann Gott auch durch den Pharao auf Erden wirken. Die Texte steigern sich bis zu einer völligen Identifizierung des Königs mit den Göttern. So wird Amenemhat III. in der »Loyalistischen Lehre« des Mittleren Reiches nacheinander als Sia, Re, Hapi, Chnum, Bastet und Sachmet bezeichnet, also auch mit Göttinnen gleichgesetzt. Hier liegt jedoch keine »Inkarnation« von Gottheiten im König vor, sondern im Kontext der gesamten Eulogie auf den König wird klar, daß der Pharao in seiner Rolle als Ernährer Ägyptens ein Hapi (Nilüberschwemmung) für die Menschen ist, als Landesvater ein Chnum (der die Menschen auf der Töpferscheibe bildet), in seinem Zorn die schreckliche Sachmet und in seiner Milde die befriedete Bastet, so wie er im Kampf der Kriegsgott Month ist. Diese Götternamen umschreiben stichwortartig die Rolle, die der Pharao auf Erden spielt.

Auf der gleichen Ebene liegen die Bezeichnungen und Darstellungen des Königs als Tier. Die wichtigsten und seit Beginn der geschichtlichen Zeit belegten Königstiere sind Löwe, Stier und Falke, später treten noch die Mischformen Sphinx und Greif hinzu, wobei der Greif die Löwen- und die Falkennatur des Königs miteinander verbindet. Der Stier verkörpert für den Ägypter nicht nur Fruchtbarkeit, sondern in erster Linie Herrschaft; deshalb heißt Osiris »Stier des Westens«, andere Götter »Stier des Himmels«. In Triumphszenen, die auf Skarabäen und Skaraboiden des Neuen Reiches beliebt sind, schreitet der König als Stier über einen am Boden liegenden Feind hinweg, aber er kann als Triumphator auch die Gestalt von Löwe, Sphinx und Greif annehmen, und in dieser Austauschbarkeit wird sogar das Pferd als neues königliches Tier einbezogen.

Vor allem aber wird die Falken-Natur des Königs in Inschriften wie in Darstellungen immer wieder herausgestellt. Seit Beginn der geschichtlichen Zeit gilt der Pharao als falkengestaltiger Horus; seine Titulatur beginnt mit dem Horus-Namen, und man sieht ihn als »Falken im Palast«, also als Horus auf Erden. Chephren prägte den bekannten Statuentyp des Königs im Schutz des Horus-Falken, der in Variationen bis zum Ende der pharaonischen Zeit fortlebt, noch Nektanebos II. wird nicht nur im Schutz des großen Falken dargestellt (Statue in New York), sondern als »der Falke« göttlich verehrt. Unter den Darstellungen zeigt der Statuentyp des »Königs im Falkenkleid« besonders eindrucksvoll die Durchdringung des Pharao mit der Falkennatur des Horus – die Statuen zeigen nach vorne das Bild des Königs in seinem Ornat, nach hinten die Flügel des Falken; weniger kühn wird der gleiche Aspekt des Pharao durch zahlreiche Falken-Attribute ausgedrückt, die zu seinem Ornat gehören. Ramses II. läßt sich in seiner vergöttlichten Gestalt gern falkenköpfig darstellen, meint aber damit nicht Horus, sondern den Sonnengott Rê-Harachte.

Mit keiner anderen Gottheit wird der ägyptische König so oft und so vollständig gleichgesetzt wie mit dem Sonnengott Rê. Dieser tritt in den drei ersten Dynastien noch kaum hervor, gewinnt aber in der 4. Dynastie auf einmal überragende Bedeutung, und in der 5. Dynastie errichtet jeder

König neben seiner Pyramide ein eigenes Heiligtum für Rê. Djedefre, der Sohn und Nachfolger des Cheops, definiert das Verhältnis zwischen König und Sonnengott, indem er den Titel »Sohn des Rê« annimmt, den künftig alle Könige tragen. Seine Nachfolger wählen Thronnamen, die Aussagen über Rê enthalten, und auch in Beinamen wird das enge Verhältnis Pharaos zu Rê auf verschiedenste Art umschrieben; seit den Pyramidentexten ist der Sonnengott überdies die beherrschende Göttergestalt im königlichen Jenseits.

Im Mittleren Reich häufen sich Beiworte, die den Pharao als »Sonnenkönig« sehen – als »Sonnenscheibe der Menschen, welche die Finsternis von Ägypten vertreibt«, als »Sonne der Fremdländer« oder als den, »der die Beiden Länder erleuchtet«. Aber den Höhepunkt des »solaren« Königtums bildet doch das Neue Reich, das in Texten wie der »Sonnenlitanei« bestrebt ist, eine völlige Identität des verstorbenen Königs mit der Sonne zu erzielen. Diese Identität ist eine dreifache: »Ich bin du, und du bist ich, deine Seele (*Ba*) ist meine Seele, dein Lauf ist mein Lauf durch die Unterwelt«, spricht der Pharao zu Rê. Diese Identität mit der Sonne, die ja jeden Morgen verjüngt und neugeboren der Unterwelt, dem Reich der Toten, wieder entsteigt, gibt die sicherste Gewähr für ein Fortleben im Jenseits; deshalb wird die Dekoration der Gräber im Tal der Könige von der nächtlichen Unterweltsfahrt der Sonne beherrscht, überall begegnet man Darstellungen des Sonnengottes in seiner Barke oder in Gestalt der Sonnenscheibe.

Bereits der lebende König strebt die Identität mit dem Sonnengott an und läßt sich seit Amenophis II. von seinen Beamten zurufen »Du bist Rê!« Amun, der »König der Götter«, spricht zu Amenophis III.: »Ich habe dich als Rê der Beiden Ufer (= Ägypten) eingesetzt«; der gleiche König scheint der erste zu sein, der seinen Namen in die Sonnenscheibe setzt und damit auch bildlich seine Gleichsetzung mit dem Sonnengott dokumentiert.

Offenbar ist es dieser solare Aspekt des Pharao, der seit Amenophis III. zur göttlichen Verehrung des lebenden Königs führt. Denn Pharao ist zwar von Anfang an von Ritualen umgeben, die vor allem bei seiner Einsetzung und beim Jubiläumsfest (Sedfest) vollzogen werden, aber zum Objekt eines Kultes wird er eigentlich erst durch seinen Tod, der ihn zu einem Gott und konkret zu einem »Osiris« macht. Erst jetzt aber begegnet das Phänomen, daß der regierende König vor seinem eigenen, vergöttlichten Bild opfert. Bevorzugter Ort dieser Verehrung ist das Gold-

und Sonnenland Nubien, das von Ägypten aus gesehen dem Sonnenaufgang am nächsten liegt. Dort erbaut Amenophis III. den Doppeltempel von Solebe und Sedeinga für die göttliche Verehrung seiner selbst und seiner Gemahlin Teje; Tutanchamun folgt in Faras diesem Beispiel, und Ramses II. erbaut neben dem Doppeltempel von Abu Simbel eine ganze Reihe weiterer Tempel im fernen Nubien, um sich dort als Sonnenkönig verehren zu lassen. Sein Kultbild, dem er dort selber opfert, wird falkenköpfig und mit der Sonnenscheibe dargestellt (daneben auch menschenköpfig mit Sonnenscheibe) und erhebt so den König bildlich zum Sonnengott.

Diese kultische Verehrung des lebenden Königs wird vor allem mit Kolossalstatuen verbunden, die eigene Kultnamen erhalten und einen selbständigen, göttlichen Aspekt des Pharao verkörpern. Ihre Namen erscheinen auch auf Skarabäen, aber in der Kleinkunst der Siegel wird die Vergöttlichung gerne durch die Darstellung des Königs in der Kultbarke ausgedrückt, die nach der Amarnazeit durch eine Sänfte ersetzt wird; wie ein Götterbild bei der Prozession, wird der Pharao hier auf den Schultern von göttlichen oder menschlichen Wesen dahingetragen, angetan mit allen Attributen des Königtums. Wie die Sonne wirkt er allein durch sein »Erscheinen« auf den Gang der Welt ein. In der Kultbarke kann sein Bild durch seinen Namen ersetzt werden, in den Szenen der Prozession bleibt er oft anonym.

Das sonnenhafte Wesen des Pharao konnten die Ägypter ganz real verstehen. Wie die Sonne »erleuchtet« er Ägypten durch Denkmäler, die er überall im Lande errichtet. »Du hast gewaltige Denkmäler in meinem Tempel errichtet, du hast Karnak erleuchtet durch Werke der Ewigkeit, wie die Sonne, wenn sie am Morgen erstrahlt«, spricht Amun im Großen Säulensaal von Karnak zu seinem »lieben Sohn« Sethos I. Weithin leuchten die Bauten Pharaos durch das Land, Ägypten ist »überflutet« von dem Glanz, der von seinen Tempeln ausstrahlt, und wird zugleich »festlich gestimmt«. Die leuchtenden Farben der Tempelreliefs, die Vergoldung der Obeliskenspitzen und anderer Bauteile, die kostbaren, glattpolierten Steine der Statuen – sie alle tragen zu diesem Glanz des »Sonnenkönigs« bei. Wie das schöpferische Licht gestaltet er die Welt und läßt sie für seine Untertanen aufleuchten.

Und wie die Lichtstrahlen die Finsternis vertreiben, vertreibt er die Feinde Ägyptens, wo immer er erscheint. Sein Bild, gern an den Außenmauern der Tempel oder in Steinbruchgebieten angebracht, hat apotropäische Wirkung und hält die Mächte der Finsternis fern. Die gleiche Wirkung soll seine Darstellung auf Skarabäen und anderen Werken der Kleinkunst erzielen. Im Neuen Reich wird er gern als treffsicherer Bogenschütze gepriesen und dargestellt – wie die Sonne mit ihren Strahlen »schießt« und alle Feinde vertreibt, entsendet der Pharao, im Streitwagen dahinstürmend, seine Pfeile, die unfehlbar treffen.

Der tiefere Sinn, der dieses »solare« Wirken des Pharao bestimmt, wird in einem Text Thutmosis III. deutlich ausgesprochen: das Land soll so sein, »als ob Rê (selber) in ihm als König wäre« (*Urk.* IV 1246), oder noch einfacher »wie zur Zeit des Rê«, als der Sonnengott noch selber auf Erden herrschte, oder »wie bei der Schöpfung«, als er die Welt ins Leben rief. Darauf läuft es hinaus, wenn der Pharao als Sonne wirkt und handelt: er wiederholt die Taten des Schöpfergottes, beseitigt alle Trübung, die seit der Schöpfung eingetreten ist, bringt die Welt in ihren ursprünglichen, vollkommenen Zustand zurück. Er spielt die Rolle des Schöpfergottes auf Erden. Ramses II. heißt in einer Inschrift in Tanis »der die Welt aufs neue gründet wie bei der Schöpfung«, und auf der »Restaurationsstele«, welche die Amarnazeit beendet, wird vom jugendlichen Tutanchamun behauptet: »Er hat die Unordnung... vertrieben, so daß die Ordnung (*Maat*) an ihrem Platze bleibt. Er läßt die Lüge ein Abscheu sein, so daß die Welt wie bei ihrer Schöpfung ist«. Daher die Hoffnung bei jeder Thronbesteigung, daß alles Übel beseitigt, daß die Welt aufs neue vollkommen wird!

Diese Königsideologie zeichnet ein Idealbild, das aber spürbar in die Realität der altägyptischen Geschichte hineinwirkt. Viele der überlieferten Feldzüge entspringen keiner politischen oder wirtschaftlichen Notwendigkeit, sondern sind nichts anderes als ein rituelles »Niederschlagen der Feinde« durch Pharao, der sich möglichst bald nach seinem Regierungsbeginn als Triumphator über feindliche Mächte erweisen muß, um seiner Rolle zu genügen. Daher sind auch von friedliebenden Herrschern wie Hatschepsut und Echnaton solche militärischen Demonstrationen überliefert.

Ein weiteres Mittel, feindliche Mächte zu besiegen, ist die Jagd, denn die gejagten und getöteten Tiere gelten als Feinde des Pharao. In den Darstellungen stehen Jagd und Kampf auf gleicher Ebene, etwa auf der bemalten Truhe Tutanchamuns, wo nur das Gewimmel der menschlichen oder tierischen »Feinde« variiert wird, während die große Gestalt des bogenschießenden Königs im Streitwagen, von seinen Soldaten begleitet, unverändert bleibt. Auf einem Ring Amenophis' II. im Louvre kämpft der Pharao auf der einen Seite gegen Feinde, auf der anderen Seite erschlägt er einen Löwen; auch der berühmten Wildstierjagd Ramses' III. am südlichen Ende des Pylons von Medinet Habu entspricht am nördlichen Ende eine Kampfszene. Im Rahmen der »Tributszenen«, die eigentlich den Handelsverkehr mit dem Ausland dokumentieren, werden dem König immer wieder auch exotische Tiere wie Elefanten, Giraffen und Bären zugeführt. Ihre Darstellung unterstreicht die Herrschaft des Pharao bis zu den fernsten Gegenden der geordneten Welt, aber sie wurden ganz real auch in Zoologischen Gärten am Königshof gehalten, um durch ihre Anwesenheit die gleiche Funktion zu erfüllen.

So wie die ägyptischen Darstellungen von Kampf und Jagd die große Gestalt des Pharao beherrschend in den Mittelpunkt stellen, nennen die Texte ihn »wirkungsvoller als Millionen Soldaten« oder »eine Mauer für sein Heer« und sprechen nahezu ausschließlich nur von seiner Aktion; die Namen von Generälen oder anderen Unterführern werden in königlichen Inschriften nicht genannt. Ramses II. schildert die Schlacht von Kadesch so, als habe er ganz allein, nur mit Hilfe seines Gottes Amun, die Hethiter und ihre Verbündeten in Schach gehalten und das Kampfglück gewendet, nachdem sein Heer versagt hatte und sich in einen Hinterhalt locken ließ. Aber diese Stilisierung des Geschehens, die ganz der ägyptischen Königsideologie entspricht, wird für ihn Grundlage einer sehr realen Friedenspolitik, welche die kriegerische Konfrontation der beiden damaligen Großmächte überwindet und nach langen Verhandlungen zu einem Friedensvertrag, schließlich sogar zu einem Heiratsbündnis führt – all das zweifellos gegen den starken Widerstand einer Kriegspartei, die auf ihr Feindbild von den »elenden Asiaten« nicht so schnell verzichten konnte.

Zur Königsideologie gehört auch, daß Pharao keine Angriffs- und Eroberungskriege führt, sondern stets auf die Provokation und »Rebellion« seiner Gegner reagiert. Ramses II. greift nur die an, »die seine Grenze verletzt haben«, und einen typischen Kriegsgrund umschreibt die Formulierung »Man kam, um Seiner Majestät zu melden: das elende Land Kusch ist im Begriff, sich zu empören«. In einem dialektischen Gegensatz zu dieser Scheu vor Angriffskriegen steht die häufig verwendete Formel, daß der König »die Grenzen Ägyptens erweitert«; hier wirkt eine andere ideologische Forderung, das Motiv von der »Erweiterung des Bestehenden« (siehe unten). Zumindest seit dem Mittleren Reich erhebt der Pharao durchaus Anspruch auf die Weltherrschaft, »alle Länder und alle Fremdländer« unterstehen ihm, und im Neuen Reich kann man von einem ägyptischen Imperium sprechen, das Palästina, Syrien, Libanon und große Teile des heutigen Sudan miteinschließt. Die Weltherrschaft des Pharao wird gern auch mythisch umschrieben – sie reicht im Süden bis zum »Horn der Erde«, im Norden bis zur Urfinsternis oder zu den Stützen des Himmels, umgreift also die gesamte geordnete Welt, bis zu den Grenzen der Schöpfung; in einer einfachen Formel ist der König »Herr dessen, was die Sonnenscheibe umkreist«.

Kriegsherr und Bauherr, das sind die beiden wichtigsten Aspekte des Pharao in seinem geschichtlichen Wirken. In der Titulatur wird immer wieder auf das Errichten von »Denkmälern« (*menu*) Bezug genommen – das können Bauten, Stelen, Obelisken, Statuen, aber auch eine neue Königsresidenz (Echnaton) oder Werke der Kleinkunst sein. Solche »Denkmäler« zu schaffen, ist speziell Aufgabe des Königs und gehört wiederum zu seiner Rolle als Schöpfergott auf Erden. Um dieser Rolle zu genügen, beginnt jeder König, wenn immer möglich, gleich nach seiner Thronbesteigung mit großen Bauvorhaben, so daß wir auch aus relativ kurzen Regierungen oft eine erstaunliche Fülle von Denkmälern besitzen. Ramses II. der über 66 Jahre regiert hat, hat uns bereits aus seinem ersten Regierungsjahr mindestens drei große Bauinschriften hinterlassen und offenbar sogleich mit mehreren gewaltigen Tempelbauten begonnen: Abydos, Abu Simbel, das Ramesseum, dazu die Erweiterung des Tempels von Luxor, die Vollendung des Großen Säulensaals von Karnak, die Errichtung einer gewaltigen Grabanlage im Tal der Könige und alle die Stelen und Statuen, die zu solchen Bauten gehörten. Und das alles neben seinen Feldzügen gegen die Hethiter, bevor sich seine Friedenspolitik auszuwirken begann!

Ähnlich wunderbare Leistungen kennen wir aus dem Alten Reich von König Snofru, der große und mehrere kleine Pyramiden errichten ließ, und im Neuen Reich tritt auch Amenophis III. als großer Bauherr auf, der überdies eine unglaubliche Zahl von Götter- und Königsstatuen anfertigen ließ, darunter über 700 Statuen der Göttin Sachmet. Eine solche Anspannung aller Kräfte des Landes war allerdings nicht in jeder Regierungszeit möglich. Viele Könige begnügten sich mit einem eher symbolischen »Errichten von Denkmälern«, indem sie bei schon bestehenden Bauwerken und Obelisken Inschriften hinzufügten oder sogar nur Kartuschen ihrer Vorgänger abänderten, um die entsprechenden

Denkmäler sich selber zuzuschreiben; solche »Usurpationen« galten nicht als feindlicher Akt, sondern als durchaus legitim und wiederum im Einklang mit der Königsideologie.

Seine Rolle als Schöpfer verpflichtete jeden König, Neues zu schaffen, über das von den Vorgängern Geleistete hinauszugehen, wie bei den Feldzügen »die Grenzen zu erweitern«. Dieser Aufgabe kommt die Konzeption des ägyptischen Tempels in idealer Weise entgegen – im Gegensatz zum griechischen Tempel ist er niemals abgeschlossen, sondern kann fortgesetzt und erweitert werden. Die einzelnen Elemente des Axialtempels – Säulenhalle, Hof, Pylon, Tore – können beliebig vervielfacht werden. So kann ein König neue Tempel errichten, aber auch bestehende Tempel um neue Elemente erweitern. An den Tempelanlagen von Karnak ist über 2000 Jahre lang gebaut worden. Diesen Zwang, etwas Neues hinzuzufügen, bezeichne ich als Regel von der »Erweiterung des Bestehenden«.

Diese Regel war zweifellos schon im Alten Reich wirksam und bestimmte die Entwicklung der Pyramide; seit dem Mittleren Reich gehört sie zum Regierungsprogramm eines jeden ägyptischen Königs. Der Verfasser der königlichen Lehre für Merikare wünscht sich einen Nachfolger, der ihn übertrifft und »das vermehrt, was ich erreicht habe«, und selbst vom jungen Tutanchamun heißt es, »er ging über das hinaus, was seit der Zeit der Vorfahren erreicht worden war«. In der gleichen Inschrift, die diese Formulierung enthält, bestimmt der König, daß die Zahl der Tragstangen für das Prozessionsbild des Gottes Amun von elf auf dreizehn, für das Kultbild des Ptah von sieben auf elf erhöht wird; auch in solchen Maßnahmen wird die »Erweiterung des Bestehenden« vollzogen, ebenso bei der Vermehrung der Opfer und oder beim Hinzufügen neuer Festtage für die Götter.

Am deutlichsten aber zeigen die Bauten die systematische, sorgfältig überlegte Erweiterung. Als Beispiel kann man neben den Tempeln auf die Entwicklung des Königsgrabes im Neuen Reich hinweisen. Die ältesten, noch sehr bescheidenen Anlagen im Tal der Könige bestehen nur aus wenigen kleinen Räumen, aber von Regierung zu Regierung werden sie an Größe und an Reichtum der Dekoration erweitert, bis hin zu den »Grabpalästen« der Ramessidenzeit, die über hundert Meter tief in den Kalksteinfelsen führen und vollständig mit bemaltem Relief dekoriert sind. Grundriß und Dekorationsprogramm zeigen eine stetige Vergrößerung und Vermehrung – die Zahl der Räume und gelegentlich auch die Zahl der Pfeiler wird erhöht, Maße werden verändert, neue Motive in die

Dekoration eingefügt; parallel dazu zeigen auch die Sarkophage der Könige eine Entwicklung zu immer größeren und immer reicher dekorierten Formen.

Die stetige Erweiterung führte an Grenzen, die wir heute als »Grenzen des Wachstums« kennenlernen. Zu Beginn der 20. Dynastie war das Königsgrab so riesig geworden, daß eine weitere Steigerung nicht mehr möglich oder nicht mehr sinnvoll schien. Ramses IV. öffnete in dieser Situation neue Wege, indem er die notwendige Erweiterung bei den Maßen vornahm. Er verzichtete auf Pfeiler, auf einen Teil der Räume und der Dekoration und machte das Grab insgesamt kleiner, dafür aber die Korridore breiter und höher, so daß sich insgesamt ein sehr repräsentativer Eindruck ergibt. Damit war die Grenze noch einmal hinausgeschoben und die Entwicklung weitergeführt.

Die Dynamik dieses Prozesses entspringt der tiefen Einsicht der Ägypter, daß alles Lebendige immer wieder der Erneuerung, der Regeneration bedarf. Das geschieht alljährlich bei den großen Festen, in denen Pharao eine wichtige Rolle spielt; als die Residenz nach der Amarnazeit permanent im Norden liegt (Memphis und Ostdelta), kommt er doch jährlich nach Theben, um am Opetfest teilzunehmen, der großen Prozession der Götterbarken von Karnak nach Luxor und zurück. Im Fest für den Gott Min wurde auch der Herrschaftsantritt des Königs erneuert, wurden Vögel in alle vier Himmelsrichtungen ausgesandt, um die Erneuerung der Herrschaft der ganzen Welt zu verkünden.

Das wichtigste Königsfest aber war das Sedfest, das wenig glücklich als »Jubiläum« bezeichnet wird. Seit Beginn der Geschichte belegt und gestaltet es die Idee, daß sich Macht und Herrschaft in jeder Generation grundlegend erneuern müssen; darüber hinaus ist es zum Sinnbild von Erneuerung überhaupt geworden, auch im Jenseits. Daher sind die meisten Sedfeste, die in den Quellen erwähnt oder auch dargestellt werden, nur als Hoffnung und Wunsch zu verstehen, ohne Bezug auf ein real gefeiertes Fest. Pharao soll, unabhängig von der Dauer seiner Regierung, »Millionen« oder »Hunderttausende« von Sedfesten feiern, wobei seine jenseitige Existenz eingeschlossen ist. Von wenigen, besonderen Ausnahmen abgesehen, fand die wirkliche Feier nach 30 Regierungsjahren statt, also nach Ablauf einer Generation, und wurde dann in kürzeren Abständen von drei oder vier Jahren wiederholt.

Wirklich greifen lassen sich vor allem die drei Sedfeste, die Amenophis III. in seinem Palast von El-Molgata (Theben-West) gefeiert hat, bezeugt durch zahllose beschriftete Lieferungen an den Palast, durch besondere Serien von Statuen und durch datierte Darstellungen (Grab des Cheruef). Von Ramses II. kennen wir aus seiner langen Regierung 14 Sedfeste, die jeweils durch hohe Beamte »verkündet« wurden; doch fehlen hier die konkreten Zeugnisse wie in El-Molgata, denn die Paläste der ägyptischen Könige sind sehr viel schlechter erhalten als ihre Grab- und Tempelbauten. Auch für Ramses III. kennen wir nur die Vorbereitungen zum Fest und können vermuten, daß er kurz vor der ersten Wiederholung ermordet wurde.

Das Ritual des Festes ist am ausführlichsten in Szenenfolgen von Niuserre (5. Dynastie) und Osorkon II. (22. Dynastie) gestaltet, dazu im »Dramatischen Ramesseumpapyrus«, den man auf das Sedfest von Sesostris I. bezieht. Im Mittelpunkt steht einerseits das Begräbnis einer Königsstatue, die den altgewordenen König verkörpert, andererseits eine Wiederholung der ursprünglichen Thronbesteigung und Krönung für den »verjüngten« König, der in einem Kultlauf vor den Göttern seine physische Kraft demonstriert. In El Molgata hat sich sogar die Empore mit 30 (!) Stufen gefunden, auf welcher Amenophis III. beim Sedfest thronte.

Umstritten ist immer noch, ob dieses Fest einen ursprünglichen rituellen Königsmord abgelöst hat. Auf jeden Fall wird hier wieder die menschliche Natur des Pharao sichtbar. Die ihm innewohnende Kraft erschöpft sich mit der Zeit und bedarf einer totalen Erneuerung, damit die Ordnung in Staat und Natur nicht zusammenbricht. Die Tragödie eines altgewordenen, erstarrten Machtmonopols beschreibt der Mythos von der »Vernichtung des Menschengeschlechts« aus der Amarnazeit. Dort ist es der Sonnengott Rê, der zu Beginn noch direkt auf Erden herrscht, über Menschen und Götter, dann aber eine Krise der Schöpfung auslöst, »denn Seine Majestät war alt geworden«, und in dieser Situation empören sich die Menschen gegen ihn und müssen grausam bestraft werden, durch das feurige »Auge« des Sonnengottes. Dieser rettet einen Rest der Menschheit (es ist die ägyptische Fassung der Sintflut-Erzählung), verzichtet aber auf die weitere Herrschaft auf Erden und läßt sich von der Himmelskuh zum Himmel emportragen. So wird auch Rê erst durch eine Rebellion und schmerzliche Erfahrung dazu gebracht, die Herrschaft einer jüngeren Generation abzugeben.

Eine solche »Abdankung«, wie der Mythos sie beschreibt, ist für keinen Pharao überliefert. Sie wurde durch die Idee des Sedfestes, der rituellen Erneuerung, überflüssig gemacht; dazu sorgte in vielen Fällen die Institution der Mitregentschaft für einen rechtzeitigen Übergang von einer Generation zur anderen. Der altgewordene letzte Ramesside, Ramses XI., verordnete dem von Krisen erschütterten Staat eine »Ära der Wiedergeburt«, die ihn jedoch nicht überdauert und das Ende des Neuen Reiches nicht verhindert hat. Um zu dokumentieren, daß sich die ganze Natur mit dem Königtum erneuert, werden in Sedfest-Jahren besonders hohe Nilüberschwemmungen registriert; schon der Annalenstein in Palermo verzeichnet für das Sedfest des Den in der 1. Dynastie eine Rekordhöhe, und Amenophis III. sucht die gleiche Fiktion zu erwecken (Grab des Chaemhat). Manipulation der Geschichte? Wie die ägyptische Kunst ein ideales Bild des Menschen gibt, so zeichnen die ägyptischen Annalen ein ideales Bild der Geschichte, in der nicht das Zufällige, sondern das Notwendige geschieht.

Die Harmonie zwischen Staat und Natur, die heute ein so großes Problem bildet, war im Alten Ägypten, trotz gelegentlicher Naturkatastrophen, niemals in Frage gestellt. Der Staat aber war identisch mit Pharao. Er hat seine Bauten in die Natur eingefügt und sie schöpferisch gestaltet, ohne ihr Gewalt anzutun; selbst die gewaltigen Pyramiden wirken wie ein Teil der Natur. Natur und Staat ruhen auf der gemeinsamen Basis der *Maat*, der alle sozialen Schichten, auch das Königtum, verpflichtet sind. Auf sie gründen sich nicht nur Gerechtigkeit und Wahrheit, sondern jedes kosmische und soziale Leben. Wie die Götter betont Pharao immer wieder, daß er »von Maat lebt«, also diesem Prinzp verpflichtet ist; im Bilde wird der gleiche Gedanke durch die Szene vom »Darbringen der Maat« ausgedrückt: der König reicht den Göttern eine kleine Figur der hockenden Göttin, mit dem Zeichen der Feder auf dem Haupt.

Im sozialen Bereich soll das Prinzip der *Maat* verhindern, daß dem Schwachen Unrecht geschieht, auch hier ist sie ein Prinzip des gerechten Ausgleichs. Sie gegen widerstrebende Kräfte und gegen das natürliche »Recht des Stärkeren« durchzusetzen ist Aufgabe des Königs. Schon die »Lehre für Merikare« spricht davon, daß Herrscher eingesetzt wurden, »um den Rücken des Schwachen zu stärken«, und als Beispiel für die sozial Benachteiligten werden immer wieder Witwen und Waisen genannt, denen der besondere Schutz des Staates gelten soll. Im Rechtswesen tritt der Pharao zwar nicht als Richter auf, es gab keine formelle Appellation an ihn, doch durften ohne seine Zustimmung keine Körperstrafen vollzogen werden, weder Hinrichtung noch Abschneiden von Nase und Ohren.

Die Fähigkeit des Königtums, sich zu erneuern und das Bestehende zu verändern, schuf ein Gegengewicht gegen die Bürokratie und verhinderte, daß das pharaonische Ägypten zu einem reinen Verwaltungsstaat erstarrte. Auch die Entstehung eines einflußreichen Klerus konnte bis in relativ späte Zeit verhindert werden, da der König die höchsten Priester selber ernannte und in diesen Rängen eine Erblichkeit des Amtes verhinderte. Auf der anderen Seite war die weitreichende Macht des Pharao in das universale Prinzip der *Maat* eingebunden und konnte nicht so leicht in Despotie und Willkür übergehen. Echnaton hat mit seinen Machtmitteln und mit Berufung auf die *Maat* vorübergehend eine Umgestaltung des Staates bewirkt und eine neue Religion eingesetzt, aber es gelang ihm nicht, seiner »Perestroijka« Dauer zu verleihen, sie hat ihn nicht überlebt, die traditionelle Religion erwies sich als stärker.

Die Verpflichtung zum sozialen Ausgleich hat das ägyptische Königtum nicht daran gehindert, sich von der übrigen Menschheit deutlich abzugrenzen, wobei es sich auf seinen göttlichen Aspekt berufen konnte. Es entwickelte die Grabform der Pyramide, die außer dem König nur der Königin zugestanden wurde, dazu königliche Verehrungstempel und eigene königliche Totentexte. Nach dem Ende des Alten Reiches machte eine erste Welle der »Demokratisierung« viele dieser Privilegien für alle verfügbar; aber die Pyramide blieb noch bis zum Beginn des Neuen Reiches ausschließlich königliche Grabform, erst dann wurde sie vom Königtum aufgegeben und sofort von den Beamten als nunmehr »erlaubte« Bauform übernommen. Für den neuen Typ des königlichen Felsgrabes im Tal der Könige wurden wieder separate Totentexte geschaffen, die Unterweltsbücher, die bis zum Ende des Neuen Reiches nur dem König zur Verfügung standen; zusätzlich wurde noch ein komplexes System von »königlichen« Maßen entwickelt, die nur im Königsgrab Verwendung fanden. Bei den Statuenformen ist es vor allem der Sphinx, dessen Verwendung außerhalb des Königshauses undenkbar war, meint er doch den Pharao in seinem göttlichen Aspekt, als löwengestaltigen Wächter und Triumphator.

Bei der Schaffung von neuen Formen und Ideen sehen wir, wie eigentlich stets das Königtum vorangeht, während die Beamtenschaft in einem gewissen zeitlichen Abstand folgt. Das gilt für Grab-, Sarg- und Statuenformen, aber auch für die religiöse Literatur und vieles andere. Selbst der später so populäre Tierkult scheint seine Anfänge am Königshof zu haben. So ist der Pharao immer wieder der Motor der geschichtlichen Entwicklung.

Wir stehen hier vor einer Institution, die nicht nur eine der ältesten, sondern auch der dauerhaftesten in der menschlichen Geschichte ist. Sie hat über 3000 Jahre lang bestanden, ohne je ernsthaft in Frage gestellt zu werden. In erstaunlicher Weise wurden über tausend Jahre lang auch alle Fremdherrscher integriert und in »echte« Pharaonen umgeformt; noch Kaiser Trajan tanzt in den Darstellungen des Tempels von Esna vor ägyptischen Gottheiten und erfüllt damit die notwendige religiöse Rolle des Pharao als Mittler zwischen der Menschen- und der Götterwelt. Obwohl sich die Ägypter in Zeiten eines schwachen Königtums anderen Mittlerwesen zuwandten, heilige Tiere und vergöttlichte Tote verehrten oder sich direkt an die Götter wandten, blieb diese religiöse Funktion des Pharao bis zum Sieg des Christentums erhalten.

Die immer problematische Herrschaft von Menschen über Menschen hatte hier eine Form gefunden, die bei aller Machtfülle nicht zur Unterdrückung führte. Im altägyptischen Staat konnten sich schöpferische, produktive Kräfte entfalten, denen wir die großen Leistungen dieser Kultur verdanken. Der Pharao war in eine klar umschriebene Rolle eingebunden, die selber die schöpferischen Kräfte wachrief: er sollte als Schöpfergott auf Erden wirken und dabei die menschliche Unzulänglichkeit durch seine göttliche Natur überwinden.

Kapitel 11

# Frauen

Erika Feucht

Nur wenige Quellen geben uns Einblick in das Leben der Frauen. Die meisten sind Zeugnisse aus der Sicht der Männer. Sie stammen von deren Denkmälern oder aus Lehren, Mythen und Erzählungen, die sie verfaßt haben. Die Denkmäler wurden weitgehend von einer privilegierten Klasse errichtet, und wir können durch sie einen Blick auf Ehefrauen, Mütter und Töchter in ihrem Bezug zu Königen, Beamten und Priestern werfen, müssen uns jedoch bewußt sein, daß sie nur das ideale Leben im Sinne der Maat* widerspiegeln. Im Alltagsleben wird die Wirklichkeit anders ausgesehen haben. Über das tägliche Leben und die Rechte von Frauen aus einer mittleren oder unteren Schicht erfahren wir anfangs kaum etwas. Erst die vom Mittleren Reich an erhaltenen und immer zahlreicher werdenden Rechtsurkunden und Briefe auf Papyri lassen als kleine Mosaiksteinchen ein wenn auch noch sehr fragmentarisches Bild erkennen.

Auf den Darstellungen in den Gräbern ihres Mannes wird die Frau als vollwertige, am Leben ihres Mannes im Diesseits und im Jenseits teilnehmende Persönlichkeit gezeigt. Sie mußte zu keiner Zeit der ägyptischen Geschichte ihren Körper verbergen. In den Darstellungen werden seine Reize betont.

Das männliche Wunschbild einer Frau sehen wir in der Geliebten beschrieben:

> »Die Tugendleuchtende, Strahlenhäutige, mit Augen, die klar blicken,
> mit Lippen, die süß sprechen. Sie hat kein Wort zuviel.
> Mit hohem Hals und strahlender Brust

---

* Göttin der Wahrheit, Gerechtigkeit und Weltordnung

hat sie echtes Lapislazuli im Haar.
Ihre Arme übertreffen das Gold,
ihre Finger sind wie Lotuskelche.
Mit schweren Lenden und schmalen Hüften,
sie, deren Schenkel um ihre Schönheit streiten,
edlen Ganges, wenn sie auf die Erde tritt.«
(Schott 1950, S. 39)

Dieses Bild der Frau begegnet uns in allen Epochen der altägyptischen Geschichte, wohingegen der Mann, wenn auch überwiegend jugendlich, gelegentlich in der Würde seines Amtes mit vollen Körperformen und Speckfalten gezeigt wird. In ein eng anliegendes, von breiten Trägern gehaltenes Gewand gehüllt, das die schlanken Körperformen voll zur Geltung bringt, tritt die Frau uns im Flach- und Rundbild von frühester Zeit bis zum Beginn des 14. Jhs. entgegen. Als das Gewand an Volumen gewinnt, geschieht das keineswegs, um den Körper zu verhüllen, sondern um seine Reize hervorzuheben. Das fließende, gefältete bis plissierte Gewebe ist von einer solchen Feinheit, daß es die Körperformen, selbst den Bauchnabel und die Bauchfalte durchscheinen läßt. Zeigen uns Abbildungen den Mann kahl rasiert, mit kurzer oder längerer Perücke, so trägt die Frau zu allen Zeiten volles, langes Haar, das, wenn nötig, durch Haarpartien aus echtem Haar, Pflanzenfaser und später auch Wolle ergänzt oder durch Perücken vorgetäuscht wird. Die Augen betont sie wie der Mann durch breite Schminkstriche. Hierbei sei jedoch angemerkt, daß die Schminke mit ihren antiseptischen Bestandteilen – Bleiglanz bei der schwarzen, Kupfergrün bei der grünen Farbe – gleichzeitig vor dem noch heute weit verbreiteten Trachom schützte.

Ist hier auch das vom Mann geprägte Idealbild der Frau dargestellt, so werden ebenfalls einfache Frauen nie entwürdigend dargestellt, selbst wenn sie in der Hitze der Backstube ihren Oberkörper wie die Männer entblößt haben.

Obwohl Amenophis III. selbst zwei Mitanniprinzessinnen mit viel Freude in seinen Harem aufgenommen hat, verweigert er dem Fürsten von Mitanni eine ägyptische Prinzessin mit der Begründung, »von alters her ist eine Königstochter von Ägypten an niemanden gegeben worden“ (Knudtzon 1915, S. 73). Hier wird nicht nur die Überlegenheit des Ägypters über den Ausländer zum Ausdruck gebracht, sondern auch die Wertschätzung der anverwandten Frauen, denen ein Leben unter den Barbaren nicht zugemutet werden kann.

Petosiris, der bis in die Zeit der Eroberung durch Alexander des Großen lebte, beschreibt seine Einstellung zu seiner Frau in seinem Grab mit den Worten:

> »Seine Frau, seine Geliebte,
> Herrin der Liebenswürdigkeit, süß in der Liebe,
> geschickt in der Rede, angenehm in ihren Worten,
> trefflichen Rates in ihren Schriften,
> alles, was über ihre Lippen kommt, ist wie die Arbeit der Maat,
> vollkommene Frau, hoch angesehen in ihrer Stadt,
> die allen die Hand reicht und sagt, was gut ist,
> die wiederholt, was man gern hört, die allen Freude bereitet,
> über deren Lippen nichts Böses kommt, sehr beliebt bei allen.«
> (Lefèvre 1923, S. 85 und 101)

Die Frau dieses in seiner Stadt bedeutenden Mannes von hohem priesterlichen Stand wird hier in ihrer Weiblichkeit und ihren geistigen Fähigkeiten als Partnerin ihres Mannes beschrieben. Wie er hat sie Kontakt zur Außenwelt und kann sich durch ihr positives Wirken das Ansehen der Stadt erwerben. Ähnlich klingen bereits Äußerungen, die vereinzelt knapp zweitausend Jahre früher, in der späten 6. Dynastie, in Gräbern von Männern über ihre Frauen zu lesen sind. Neben den üblichen Aussagen, sie sei »geliebt von ihrem Mann« oder »gerechtfertigt bei ihrem Mann«, gibt es Inschriften wie: sie sei »eine, die schön spricht und die Liebe süß macht in Gegenwart ihres Mannes«, oder »... groß war ihr Ansehen bei mir. Nie sagte sie einen Satz, der mein Herz abstieß, und nie war sie böse, solange sie jugendfrisch im Leben war«, aber auch »eine, die die Menschen schätzen« oder »die, die ihre ganze Stadt liebt«. Diese kleinen Bemerkungen sind den späteren Worten des Petosiris über seine Frau erstaunlich ähnlich. Erscheint in den ersten Aussagen das holde, dem Manne wohlgefällige, weibliche Wesen, so wird in den letzten beiden auch ihre Wertschätzung durch ihre Mitmenschen geschildert. Ihr Wirken im sozialen Umfeld wird zweimal mit ähnlichen Worten beschrieben, wie sie uns aus autobiographischen Inschriften von Männern seit der späten 6. Dynastie in der Betonung ihrer Fürsorge für die Armen geläufig sind, wenn es heißt, die Frau sei eine, »die Brot dem Hungrigen und Kleidung dem Nackten gibt«, oder in einer Abwandlung zu dem üblichen männlichen Epitheton »einer, der die Witwe und Waise schützt«, sie sei eine, »die dem Herzen der Waisen Gutes tut.«

Diodor behauptet, die Ägypterin hätte in der Ehe Macht über ihren

Mann. Dieser Eindruck konnte bei den Griechen entstehen, die sich in den Jahrhunderten vor und nach Christi Geburt in Ägypten angesiedelt hatten und unter der Herrschaft der Ptolemäer und Römer einen großen Anteil an den Bewohnern Unterägyptens ausmachten. Denn im Gegensatz zur Ägypterin mußte sich die griechische Frau ihr Leben lang in abgeschiedenen Gemächern ihres Hauses aufhalten und sich ihren häuslichen Aufgaben widmen, während der Mann außerhalb des Hauses nicht nur seinen beruflichen Verpflichtungen nachging, sondern sich mit seinesgleichen traf, zu Hetären ging und seine sexuellen Bedürfnisse bei Dirnen auslebte. Die Griechin konnte sich nicht frei bewegen und brauchte in Rechtsgeschäften einen Vormund, während die Ägypterin ein freies Leben führte und über ihre Angelegenheiten selbst entscheiden konnte. Die Bewegungsfreiheit hatte bereits Herodot zu der Aussage geführt, die Ägypter hätten den Brauch der Menschheit umgedreht, z. B. gingen Frauen zum Markt und betrieben Handel, während die Männer zu Hause blieben und webten. Wenn das auch nicht ganz der Wahrheit entsprach, so werden wir sehen, daß auch Männer webten; und Frauen feilschen auf dem Markt mit den Händlern, bzw. Marktfrauen bieten ihre Ware feil. Auch müssen die Frauen der arbeitenden Klasse nicht von den Männern getrennt werden. In der Backstube, der Weberei oder beim Worfeln auf dem Feld arbeiten beide nebeneinander.

In einem im zweiten Jahrhundert nach Christi Geburt verfaßten Papyrus heißt es, die Göttin Isis habe den Frauen die gleiche Macht verliehen wie den Männern. Wie weit die altägyptischen Quellen diesen Eindruck bestätigen, sei im folgenden untersucht.

Eine verheiratete Frau der mittleren und gehobenen Gesellschaftsschichten wird weitgehend ihren Verpflichtungen als Frau und Mutter nachgekommen sein. Bereits ihre helle Hautfarbe deutet darauf, daß sie sich überwiegend im Haus aufhielt, während der Mann seiner Arbeit außerhalb des Hauses nachging. Im Zweibrüdermärchen erwartet die Frau ihren Mann, wenn er vom Feld nach Hause kommt, gießt ihm Wasser über die Hände und zündet das Licht an. Im Sklavinnenkaufprozeß schildert die Frau, wie sie in das Haus ihres Mannes einzog und zu weben und ihre Kleider zu nähen begann. In ihrem siebten Ehejahr kaufte sie eine Sklavin, die ihr von einem Händler angeboten worden war. Weder hierbei noch bei einem späteren Prozeß spielt ihr Mann eine Rolle, sie war frei handlungs- und rechtsfähig.

Die häuslichen Aufgaben konnten sich auf den auswärtigen Besitz des

Mannes erstrecken. Der voller Liebe in der 20. Dynastie verfaßte Nachruf des Schreibers der Arbeitersiedlung von Deir el-Medineh, Butehaiamun, den er seiner verstorbenen Frau Achtai ins Grab legte, zeigt, daß in der Familie eines Beamten, der durch seine dienstlichen Aufgaben weitgehend in Anspruch genommen wurde, die Verantwortung für das persönliche Gut auch außerhalb des Hauses von der Frau bis zu den physischen Leistungen in der Feldarbeit und der Sorge um das Vieh mitgetragen wurde:

»Ach du Schöne ohnegleichen,
du, die du das Vieh nach Hause brachtest,
dich um unser Feld kümmertest,
während alle Arten schwerer Lasten auf dir ruhten,
obwohl es für sie keine Stütze gab, sie abzusetzen...«
(Černý 1973, S. 369f.)

In den ägyptischen Weisheitslehren wird der Mann dazu angehalten, seine Frau gut zu behandeln, da der Erfolg einer glücklichen Ehe stark von seinem Verhalten seiner Frau gegenüber abhänge. Im Alten Reich geht Ptahhotep dabei von dem allgemeinen menschlichen Wohlbefinden aus:

»Wenn es dir gut geht, gründe ein Haus und liebe deine Frau,
fülle ihren Bauch und kleide ihren Rücken,
Salben sind ein Heilmittel ihrer Glieder,
erfreue ihr Herz, solange du lebst,
sie ist ein fruchtbarer Acker für ihren Herrn.
Streite nicht mit ihr vor Gericht.
Halte sie fern, Macht zu haben.
Ihr Auge ist ein Sturm, wenn sie blickt...
so wirst du sie in deinem Haus halten.«
(Lichtheim I, S. 69)

Ani hingegen hat im Neuen Reich die überall zu beobachtenden Verhältnisse im Auge, wenn er dem Mann rät, seine Frau im Hause nicht herumzukommandieren, sondern ihren Wert anzuerkennen und Streit zu vermeiden, um harmonisch mit ihr zusammen zu leben (Lichtheim II, S. 143). Er spricht dabei von »ihrem Haus« und betont dadurch, daß es ihre Domäne als Hausherrin ist. Die Bedeutung, die eine Frau für ihren Mann hat, wird ein Jahrtausend später auch von Anchscheschonqi und im Papyrus Insinger hervorgehoben. Eine kluge Frau mit edlem Charakter, die ihre Kinder gut erziehe, ersetze weltlichen Wohlstand. Man solle

Streit mit seiner Frau vermeiden und sie auch dann nicht verstoßen, wenn sie keine Kinder gebären könne. Der Ausspruch des Anchscheschonqi »Wären doch das Herz einer Frau und das ihres Mannes fern von Streit« zeigt die realistische Einschätzung einer Ehe. Daneben werden jedoch auch böse Frauen geschildert und welche Auswirkungen sie auf das Wohlergehen eines Mannes haben. Vor der verführenden, den Mann bedrohenden Frau wird gewarnt, und Erzählungen spiegeln die geheimen Wünsche und Ängste des Mannes, der auf eine solche Frau stößt, wider. Über die Gefahren, die eine Frau durch den Mann ausgesetzt sein kann, erfahren wir nichts.

Das Ideal einer als Lebensgemeinschaft betrachteten Ehe bringt im Neuen Reich ein Witwer in einem Brief an seine verstorbene Ehefrau, durch die er sich bedroht fühlt, zum Ausdruck. Er habe sie jung geheiratet und sei ihr treu geblieben, als er es zu hohem Ansehen gebracht habe. Er habe ihr nichts verheimlicht und sie nicht wie ein Bauer betrogen. Er habe sie fürsorglich behandelt und mit allem versorgt. Als er eine hohe Position erlangt habe, sei er nicht so oft fort gewesen, wie er gewollt hätte. Als sie krank geworden sei, habe er den besten Arzt kommen und sie nach ihren Wünschen behandeln lassen. Acht Monate habe er gefastet, als er auf Reisen mit dem Pharao von ihrem Tod erfahren habe. Nach seiner Rückkehr in die Residenz Memphis habe er sich vom König beurlauben lassen, sie öffentlich beweint und würdig bestatten lassen. Selbst nach ihrem Tod habe er alleine gelebt, obwohl das für einen Mann nicht richtig sei.

Allein die Tatsache, daß der Witwer sein vorbildliches Verhalten hervorhebt, zeigt, daß nicht alle Ehen so verlaufen sind. Die Bedeutung, die eine Frau und eine Familie für einen Mann hatte, wird jedoch immer wieder hervorgehoben, und der Mann wurde als voll mitverantwortlich für das Gelingen seiner Ehe betrachtet. Allerdings wird die Überlegenheit des Mannes über seine Frau angestrebt, wenn Ptahhotep rät, seiner Frau keine Macht zu überlassen, und Anchscheschonqi dem jungen Mann empfiehlt, seine junge Frau, die in unseren Augen bei ihrer Heirat bald nach Eintritt der Reife noch ein Kind war, nach seinen Wünschen zu formen, sie finanziell abhängig zu halten und ihr nicht so zu vertrauen wie seiner Mutter.

Gegen Mißhandlungen durch ihren Mann war eine Frau gesetzlich geschützt. In einem Rechtsfall aus der 20. Dynastie muß ein Mann schwören, seine Frau nicht mehr zu verprügeln, andernfalls würde er 100 Stockhiebe erhalten und alles verlieren, was er mit ihr erworben habe.

Männer verbrachten dienstlich oft Monate fern von ihren Familien, sei es zur Verwaltung des Landes, bei Bauvorhaben des Pharaos, auf Feldzügen oder Expeditionen, zur Arbeit auf den Gütern ihrer Herren oder beim Froneinsatz. Nicht anders ging es Handelsreisenden. Einfache Männer mußten sich häufig eine Arbeitsstelle außerhalb ihres Dorfes suchen und kamen nur gelegentlich nach Hause. Wenn sich auch die Männer bemühten, für ihre Frauen und Kinder während der Zeit ihrer Abwesenheit zu sorgen, so waren die Frauen dann weitgehend auf sich gestellt und für sich und ihre Kinder verantwortlich. Sie mußten sich mit Alltagsdingen selbst herumschlagen und Angelegenheiten, die zu erledigen waren, in Eigenverantwortung regeln; ein älterer Sohn konnte sie entlasten.

Den Prozeßakten aus der Arbeiter- und Handwerkersiedlung von Deir el-Medineh entnehmen wir, daß das Familienleben nicht immer so einträchtig verlief, wie es die Weisen empfahlen. Streit zwischen Eltern und Kindern, unter Ehegatten, Ehebruch und Vergewaltigungen wurden vor Gericht verhandelt. Eine Frau schickt ihrer Schwester Gerste mit der Bitte, ihr Brot zu backen und dieses ihr zuzuschicken, da ihr Mann sie verstoßen wollte, weil weder ihre Mutter noch Geschwister für sie sorgten, während andere Frauen täglich Lebensmittel von ihren Angehörigen bekämen. Dies zeigt, wie weit auch noch verheiratete Frauen von ihren Blutsverwandten abhingen. Verständlich werden damit auch die Eheverträge späterer Zeit, in denen der Mann sich verpflichtet, für seine Frau zu sorgen oder ihr einen gewissen Anteil an Getreide alljährlich zukommen zu lassen. Der Alltag des einfachen Bürgers wird mit seinen Sorgen in beschränkten und engen Verhältnissen auch das Familienleben beeinflußt haben.

## Ehe und Familie

Wir haben keinen Hinweis auf ein Verbot vorehelicher Beziehungen zwischen jungen Leuten. Ein sicher belegtes Wort für Jungfrau gab es im Ägyptischen nicht. Bei der Bewegungsfreiheit der Frau kannten sich die jungen Männer und Frauen wohl meist vor der Eheschließung, und, glaubt man der Liebesdichtung, so waren voreheliche Kontakte nicht ausgeschlossen, doch durch das frühe Heiratsalter gering gehalten. Ob die Paare der Spätzeit, die ihre Eheverträge erst abschlossen, als bereits die ersten Kinder geboren waren, schon verheiratet waren oder unverheiratet beieinander wohnten, können wir heute nicht mehr feststellen.

Der weise Ptahhotep rät im 25. Jh. v. Chr. dem Jüngling, zu heiraten und einen Sohn zu zeugen, wenn er es zu Ansehen gebracht habe. Ungefähr eintausend Jahre später empfiehlt Ani in seiner Lehre, jung zu heiraten und in jungen Jahren Kinder zu zeugen. Der Mann sollte jedoch fähig sein, seine Familie zu ernähren. Dazu wird der Beamtenanwärter nach Abschluß der Ausbildung mit ungefähr zwanzig Jahren in der Lage gewesen sein. Dieses Alter nennt auch der weise Anchscheschonqi im 1. Jh. v. Chr. seinem Sohn als Heiratsalter.

Die Mädchen hingegen heirateten meist nach Erlangen der Pubertät mit zwölf bis fünfzehn Jahren. Der weise Ptahhotep verbietet einem Mann, mit einer Frau zu schlafen, die noch nicht reif ist, und Padiese schickt den Verehrer seiner noch unreifen Tochter fort. Er bittet ihn, erst wieder zu kommen, wenn sie die Reife erlangt habe und er als Priester des Amun eingesetzt worden sei und damit eine existentielle Grundlage für eine Ehe geschaffen habe. Bei dem frühen Heiratsalter der Frau mag nicht nur die Ausnützung der Fruchtbarkeitsperiode, sondern auch die Vermeidung vorehelicher Beziehungen eine Rolle gespielt haben.

Wenn auch ein Papyrus aus dem Jahre 163 v. Chr. die Beschneidung einer Griechin nach ägyptischer Sitte erwähnt, als sie das Heiratsalter erreicht hatte, ist der einzige altägyptische Text, aus dem die Beschneidung von Mädchen herausgelesen wurde, völlig unklar. Nach Auskunft griechischer Autoren wurde den Mädchen mit vierzehn Jahren die Clitoris entfernt, um Erregung durch Reibung der Kleider zu vermeiden. Außerdem wurde so die Lust am Beischlaf und an vorehelichen Beziehungen genommen. Der Ausspruch des Anchscheschonqi hingegen, ein Mann, der seine Frau sexuell vernachlässige, sei Schuld am Mißlingen einer Ehe, spricht gegen eine Beschneidung von Frauen. Denn interessanterweise wird hier der Frau nicht nur die Freude an der sexuellen Seite des Ehelebens zugebilligt,sie wird auch als Hauptfaktor für das Gelingen einer Ehe betrachtet. Durch die Beschneidung, die allerdings in Ägypten in jüngster Zeit verboten wurde, wird der islamischen Frau gerade diese Seite der ehelichen Gemeinschaft versagt. Das Recht dazu wird nur dem Mann eingeräumt. Die Gefühle der Frau, die ihm jederzeit zur Verfügung zu stehen hat, sind dabei nebensächlich.

Bei der Gattenwahl ihrer Kinder werden die Eltern ihren Einfluß geltend gemacht haben, doch scheinen sie auf die Zuneigung der Kinder

Rücksicht genommen zu haben, denn Liebe wurde zwischen Eheleute vorausgesetzt. Hierauf deutet die Bezeichnung der Ehefrau als »seine geliebte Frau« oder »seine geliebte Schwester«, wenn das Paar auf Darstellungen gemeinsam gezeigt wird. Bereits Ptahhotep hat dem Mann nahegelegt, seine Frau zu lieben und gut zu behandeln.

Die Weisung des Anchscheschonqi an seinen Sohn, keine gottlose Frau zu heiraten, dagegen die Empfehlung, seiner Tochter einen vernünftigen Mann zu suchen, deuten darauf, daß in dieser Zeit dem Jüngling bei der Brautsuche mehr Freiheit zugestanden wurde als dem bedeutend jüngeren Mädchen.

Wir wissen wenig über Eheschließungen in pharaonischer Zeit. Sie wurden nicht vor einer staatlichen oder religiösen Behörde vollzogen, sondern waren offensichtlich eine reine Privatsache. Um die Hand seiner zukünftigen Frau mußte der Mann bei ihrem Vater anhalten und mit ihm den Ehevertrag abschließen, der auch von ihm verwahrt wurde. War der Vater bereits verstorben, wurde er durch einen männlichen Anverwandten oder die Mutter des Mädchens vertreten. Diese auch heute weit verbreitete Sitte soll verhindern, daß die meist noch sehr junge Frau von dem um mehrere Jahre älteren Mann übervorteilt wird oder einen Mann mit schlechtem Ruf oder aus sozial niedrigeren Schichten heiratet. Seit dem späten 6. Jh. v. Chr. unterzeichneten beide Ehepartner den Vertrag selbst; jeder bewahrte ein Exemplar davon auf, oder der Vertrag wurde bei einer öffentlichen Behörde oder in einem Tempel deponiert. Damit war die Frau gleichberechtigte Vertragspartnerin ihres Mannes.

Die Eheverträge regeln die Verhältnisse der Frau und ihrer Kinder. Sie konnten deshalb nur unter Paaren mit einem gewissen Besitzstand abgeschlossen werden. Mag dieser, der häufig nur aus einem Bett, einem Kupferkessel, Getreide, einem Esel oder ähnlichem bestand, uns noch so gering erscheinen, die Mehrzahl der Bevölkerung wird weniger gehabt haben, so daß die meisten keinen Vertrag abgeschlossen haben werden. Die frühen Verträge sind sehr unterschiedlich. In einem Beispiel aus der 19. Dynastie wird der Frau ein Drittel, den Kindern zwei Drittel des Vermögens des Mannes zugesprochen. Dies scheint die Grundlage auch der späteren Verträge zu sein.

Die aus der Zeit des 6. Jhs. v. Chr. bis in die Römerzeit zahlreich auf uns gekommenen Eheverträge zeigen deutlich, daß Monogamie die Norm war, denn beide Ehepartner konnten erst nach einer Scheidung wieder heiraten. Ungefähr zwanzig Prozent dieser Verträge wurden zwischen

Paaren abgeschlossen, die bereits Kinder hatten. Wie die rechtliche Lage der Frau davor war, ist uns nicht bekannt.

Die Verträge basieren auf Mitteln, die meist der Mann einbringt und die der Frau nach einer Scheidung zustehen. Bekannt ist die reale oder fiktive Frauengabe oft geringen Wertes, die zu verdoppeln sich der Mann im Scheidungsfall verpflichtet, oder eine Morgengabe zur Anschaffung von Haushaltsgeräten, die der Frau bei einer Scheidung zustanden. Auch konnte der Mann seine Habe und den Zugewinn seiner Frau und ihren Kindern übertragen und selbst nur das Nießrecht behalten. Im Falle einer Veräußerung ist er jedoch auf die Zustimmung der Frau beziehungsweise der Frau und seiner Kinder angewiesen. Daneben kann die Frau dem Mann eine Summe übergeben, um seine Frau zu werden. Dadurch wird der Mann verpflichtet, sie zu unterhalten. Im Scheidungsfall muß er ihr die gesamte Summe zurückzahlen. Ist er dazu nicht in der Lage, hat er weiterhin für ihren Unterhalt zu sorgen.

Die der Frau auf diese Weise gesicherten Mittel reichten bei der ärmeren Bevölkerung in der Regel genausowenig wie das Erbe ihres Mannes, sie und ihre Kinder über längere Zeit zu ernähren. Sie bildeten jedoch die Grundlage für eine neue Ehe, gegebenenfalls auch für die Versorgung während einer Überbrückungszeit.

In die Eheverträge konnten Verstoßungsklauseln aufgenommen werden, die dem Mann, war seine Frau unschuldig, im Scheidungsfall Sonderverpflichtungen auferlegten. Diese konnten beispielsweise aus dem Doppelten die der Frau bei der Eheschließung zugesicherten Frauengabe, aus einem Drittel seiner Habe (nahm der Mann eine neue Frau aus bis zu zwei Dritteln), aus einem Drittel oder auch dem Ganzen des während der Ehe erworbenen Zugewinns oder gar 100 Stockhieben bestehen. Verließ die Frau den Mann ohne seine Schuld, ging sie ihrer Anrechte teilweise oder voll verlustig. Hatte sie Ehebruch begangen, erhielt sie gar nichts.

Einem einfachen Mann blieb nach seiner Scheidung, die ihm durch Scheidungsklauseln noch erschwert werden konnte, kaum etwas, so daß er bei einer Wiederheirat wenig oder nichts in die Ehe einbringen konnte und mit seiner neuen Frau auf seinen Verdienst angewiesen war. Er wird nur dann, wenn er inzwischen eine höhere Position und damit ein höheres Einkommen erlangt hatte, besser dagestanden haben als bei seiner ersten Eheschließung. Wohlhabenden Männern wird dagegen genügend für eine neue Ehe verblieben sein.

Die übliche Form einer Ehe war die patrilokale Ehe, d. h. die Frau zog aus dem Haus des Vaters in das Haus des Mannes. Lebte er noch bei seinen Eltern und konnte er sich noch kein eigenes Haus leisten, zog das junge Paar in das Haus seiner Eltern. Damit wurde die meist noch sehr junge Frau aus ihrer Familie herausgerissen und von ihrem Mann oder ihm und seiner Familie abhängig. Die matrilokale Ehe, bei der der Mann in das Haus der Frau zog oder sich auf gelegentliche Besuche bei seiner Frau beschränkte, sind die Ausnahme. Nach einer Scheidung kehrte die Frau in das Haus ihrer Eltern zurück oder zog, soweit vorhanden, zu einem männlichen Blutsverwandten.

Ehen wurden meist in gleichen sozialen Kreisen geschlossen, wenn auch Standesüberschreitungen möglich waren. Im bürgerlichen Bereich waren Geschwisterehen die Ausnahme. Erst in der Spätzeit sind sie belegt, aber auch dann nur unter Halbgeschwistern. Im Königshaus kommen Ehen zwischen Geschwistern mit verschiedenen Müttern, doch gleichem Vater bereits in pharaonischer Zeit gelegentlich vor, unter Vollgeschwistern sind sie auch dort selten. In ptolemäischer Zeit werden Ehen unter Vollgeschwistern sowohl im Königshaus als auch unter Bürgerlichen üblich. Nur römischen Staatsbürgern war die Geschwisterehe untersagt, und als im Jahre 212 n. Chr. durch die constitutio Antoniniana allen Ägyptern das römische Bürgerrecht verliehen wurde, wurde auch ihnen die Eheschließung unter Geschwistern verboten. Aus Familienarchiven der Spätzeit geht jedoch hervor, daß in dieser Zeit Ehen zwischen Onkel und Nichte oder Cousin und Cousine durchaus üblich waren.

Obwohl Herodot behauptet, nur Priester seien monogam, die anderen Ägypter polygam gewesen, trifft dies nur begrenzt zu. Einehen waren die Regel. Dies lag nicht nur an den finanziellen Möglichkeiten des Mannes, sondern auch an der Wertschätzung der Frau.

Seit dem Alten Reich wird auf den uns überlieferten Denkmälern – Gräbern, Stelen, Statuen – von Männern die Ehefrau »seine Frau« genannt, wodurch ihrer Zugehörigkeit zu ihm Ausdruck verliehen wird. Seit dem Neuen Reich deutet die Bezeichnung »seine Schwester« darauf, daß sie wie eine Blutsverwandte zu seiner Familie gezählt wurde. Seit dem Mittleren Reich oder bereits etwas früher trug die Hauptgemahlin, die dem Haushalt vorstand, die Bezeichnung »Herrin des Hauses« wie einen Titel. Sie kann neben »seine Frau« stehen und wird vermutlich auch nach dem Tod des Ehemannes beibehalten. Nebenfrauen galten als von ihm »Versorgte«. Verhältnisse mit Abhängigen scheinen ihm erlaubt gewesen zu sein. Welche Rechte diesen Frauen und ihren Kindern zustanden, ist uns unbekannt.

Mehrehen waren, zumindest zeitweise, hauptsächlich in der wohlhabenden Klasse möglich. Einige sind uns aus der 1. Zwischenzeit und dem Mittleren Reich, vor allem bei den Gaufürsten, bekannt. Bei den in den Beamten- und Priestergräbern des Neuen Reiches genannten verschiedenen Gattinen scheint es sich jedoch um aufeinanderfolgende Frauen gehandelt zu haben. Im Königshaus trat die Hauptgemahlin als Königin in Erscheinung, Nebengemahlinnen hatten keine offizielle Funktion. Im bürgerlichen Bereich hatten die erste Gemahlin und ihre Kinder mehr Rechte als ihr folgende oder Nebenfrauen und deren Kinder. Hierauf ist vermutlich die Sitte im Mittleren Reich, seine Abstammung von der Mutter anzugeben, zurückzuführen, denn dadurch wird der Stand in der Familie mit allen seinen Rechten angedeutet. Möglicherweise galt damals schon die uns erstmals in einem Ehevertrag aus der 19. Dynastie, dann auch in der Spät- und der Ptolemäerzeit mehrfach überlieferte Konvention, wonach die erste Frau Anrecht auf ein Drittel des Vermögens des Ehemannes hatte und die Kinder die verbleibenden zwei Drittel erbten. Einer zweiten Frau und deren Kindern stand der während der Dauer ihrer Ehe erworbene Teil zu. Hatte der Mann sich nicht durch einen Ehevertrag gebunden, konnte er testamentarisch anderweitig über seinen Besitz bestimmen. Bestimmte Anrechte der Frau und der Kinder scheinen jedoch bestanden zu haben. Mutterrechtliche oder matrilineare Züge sollten wir daher in den Filiationsangaben nicht sehen, insbesondere da in Erzählungen aus der gleichen Zeit die Abstammung vom Vater angegeben und im Alten Reich die Beziehung zur Mutter nur in wenigen Fällen erwähnt wird.

Die Frau konnte über ihre eigene, von ihren Eltern ererbte oder selbst erworbene Habe frei verfügen. Ihr Ehemann konnte diese zwar verwalten, doch nicht verkaufen; im Scheidungsfall mußte er sie ihr voll zurückerstatten. Die Verfügungsgewalt über den ihr bei einer Scheidung zustehenden Besitz oder über das Erbe ihres verstorbenen Mannes stand ihr ebenfalls zu. Sie konnte ihren Kindern unterschiedliche Teile vermachen und bei größerem Vermögen festlegen, daß es in der direkten Linie weiter zu vererben sei. Hatte eine Frau kein Testament aufgesetzt, ging ihr Besitz an ihre Kinder, ihr Mann hatte kein Anrecht darauf.

Die aufgeführten Konventionalstrafen zeigen jedoch, wie sehr die Frau von ihrem Mann wirtschaftlich abhängig war. Zwar wurde eine unverheiratete, geschiedene oder verwitwete Frau nicht diskriminiert, auch konnte sie (wieder)heiraten, doch unabhängig konnte sie nur leben, wenn sie eigenes Vermögen oder ein Einkommen besaß, andernfalls war sie bald auf ihre Angehörigen und deren Möglichkeiten und Wohlwollen angewiesen. Wurde sie im Haus ihrer Eltern oder in das Haus eines männlichen Angehörigen aufgenommen, hatte sie zwar ein Dach über dem Kopf, war jedoch mit ihren Kindern von denen abhängig, die sie aufnahmen. So war das Los einer solchen Frau aus einfachen Verhältnissen sicher häufig schwer. Haushaltslisten des Mittleren Reiches entnehmen wir, daß im Haus eines Mannes nicht nur seine Mutter, sondern auch seine Großmutter, Tanten und Schwestern, teilweise mit ihren Kindern, wohnen konnten. Dies wird die Möglichkeiten des Mannes und seiner eigenen Familie in der Regel stark eingeschränkt haben. Einer geschiedenen oder verwitweten Frau mit kleinen Kindern wird ein Lebenserwerb, besonders wenn sie nichts erlernt hatte, schwergefallen sein. Wie unten gezeigt werden wird, hat auch kaum eine Frau einen Beruf ausgeübt, der ihr ein Leben im Stand ihres Gemahls ermöglicht hätte. Bedenkt man das frühe Heiratsalter der Frauen, so kann die Geschiedene oder Verwitwete selbst noch sehr jung und unerfahren gewesen sein, so daß sie wohl leicht Opfer von Betrug und schlechter Behandlung wurde. Gab es niemanden, der sie aufnahm, wird ihr Los sehr bedauernswert gewesen sein. Gelegentlich sehen wir Frauen beim Stoppeln auf dem Feld, worauf auch die Anweisung des Amenemope, eine Witwe nicht vom Feld zu vertreiben, zielt. Deshalb gehörte es auch zu den Tugenden Wohlhabender, sich der Witwen und Waisen anzunehmen.

Bei Ehebruch mit einer verheirateten Frau drohten sowohl dem Mann wie der Frau drastische Strafen wie Tod, Verbannung, Verstümmelung von Nase und Ohren, 1000 Schläge oder Zahlung hoher Geldbeträge. Die Frau wurde hier als Besitz des Mannes betrachtet, die ihm legitime Erben gebären sollte. Zwar wurde in den uns überlieferten Erzählungen auch die Todesstrafe vollzogen, im täglichen Leben war man jedoch weniger streng. Darauf deutet eine Gerichtsakte aus dem Arbeiterdorf von Deir el-Medineh, in der einem Mann unter Androhung der Verbannung nach Nubien, des Abschneidens von Nase und Ohren ein weiterer ehebrecherischer Verkehr mit einer verheirateten Frau untersagt wird. Als er rückfällig wird, wird er ein zweites Mal verwarnt, diesmal unter Strafandrohung von Steinbrucharbeiten in Elephantine. Wir erfahren aber nichts vom Vollzug einer der bei der ersten Verurteilung angedrohten Strafen, auch ist keine Rede von einer Strafe für die Frau. In einem anderen Fall konnte ein Domänenvorsteher allerdings nur mit Mühe aufgebrachte Dorfbewohner daran hindern, das Haus einer Frau, die seit acht Monaten mit einem verheirateten Mann verkehrte, zu stürmen und sie zu verprügeln. Er scheint dagegen dem Mann geraten zu haben, sich von seiner Frau scheiden zu lassen, um anschließend in das Haus seiner Geliebten zurückzukehren. Diese offensichtlich unverheiratete Frau wird als Verführerin für den Ehebruch des Mannes verantwortlich gemacht. Wenn wir auch nicht wissen, ob der Wut der Menge noch andere Ursachen zugrunde lagen, zeigt der Rat an den Mann, wie leicht ein Mann eine Scheidung verlangen konnte und wie wichtig die Verstoßungsklauseln in den Eheverträgen waren.

Der Sinn der Ehe lag in der Nachkommenschaft. Ein Sohn sollte dem Vater im Amt folgen, mit seinen Geschwistern für seine kranken oder alten Eltern sorgen, nach ihrem Tod die Beisetzung durchführen und ihren Totenkult sichern, um »ihren Namen am Leben zu erhalten«.

Im Alten Ägypten wußte man, daß Unfruchtbarkeit sowohl auf die Frau als auch auf den Mann zurückzuführen ist. Man versuchte, sie durch Gebete und Gelübde an Götter oder durch Zaubermittel zu beheben. Mangelnder Kindersegen wurde nicht als Grund einer Scheidung angesehen, wird aber häufig dazu geführt haben. Zu schnelle Kinderfolge trachtete die Ägypterin durch Empfängnisverhütungsmittel, die, wie inzwischen erwiesen, nicht alle erfolgslos waren, zu vermeiden. Beispielsweise scheint eine Spülung mit Sauermilch oder die Mischung von Akazienspitzen, Koloquinte, Datteln und Honig eine ähnliche Wirkung wie die noch heute benutzten, auf Milchsäure basierenden Gels zu haben. Auch der in die Scheide eingeführte, mit Essig getränkte Kameldung wird wie heute verwendete Schwämmchen gewirkt haben. Vermutlich hatten die altägyptischen Menschen bereits beobachtet, daß das Stillen in den ersten fünf Monaten eine erneute Empfängnis hinauszögert, wenn die Wirksamkeit auch danach stark nachläßt. Ihnen war der Zusammenhang zwischen Begattung, Ausbleiben der Blutung und Schwangerschaft bewußt. Veränderungen an der Brust, im Gesicht, der Wechsel der linea alba zur linea fuchsia oder auch Übelkeit wurden beobachtet, inneres und äußeres Abtasten konnten Auskunft über die Größe und den Stand der Gebärmutter geben. Selbst das heute noch, auch in Europa, praktizierte Befeuchten von Gerste und Weizen mit dem Harn einer Schwangeren hat bei 40 % der modernen Versuche ein Sprießen des Getreides ergeben, während das mit dem Harn von Männern und nicht schwangeren Frauen befeuchtete Getreide nicht keimte. Eine Geschlechtsbestimmung, wie es der ägyptische Text beschreibt, ist auf diese Weise jedoch nicht vorzunehmen.

Dem altägyptischen Sonnenkalender folgend, rechnete man im Alten Ägypten mit einer Schwangerschaftsdauer von neun, dem griechischen Mondkalender entsprechend mit zehn Monaten. Der Mutterleib galt als das Gefäß, in dem sich der Same des Mannes durch die Milch der Mutter entwickle und damit das Kind Teile von beiden Eltern erhielt. Einer alten Überlieferung zufolge stammte das Herz, Sitz von Gefühl, Charakter und Verstand, von der Mutter ab; eine viel spätere besagt, daß die Knochen aus dem Samen des Vaters, Haut und Fleisch aus der Milch der Mutter im Mutterleib gebildet werden, eine Vorstellung, die von griechischen Autoren übernommen wurde und sich bei einigen afrikanischen Stämmen erhalten hat. Der Fötus galt bereits im Mutterleib als lebendes Wesen und wurde den Göttern zum Schutz anempfohlen. Frühgeburten wurden bestattet.

In einer auf dem Dach des Hauses oder neben ihm aufgestellten Wochenlaube kam die Frau auf Ziegeln in Kniestellung hockend – später auch im Gebärstuhl – und von Hebammen unterstützt nieder. Die zwei anschließenden Wochen ihrer Reinigungszeit verbrachte sie hier. Amulette und Zaubersprüche für Mutter und Kind sollten beide vor Krankheit und Tod schützen, denn viele Mütter starben im Kindbett, und die Kinder überlebten häufig nicht das Kleinkindalter. Diese Sprüche verdeutlichen den verzweifelten Kampf, den Mütter um ihr krankes Kind führten, und die leidvollen Klagen über früh verstorbene Kinder geben beredt Auskunft über das enge Verhältnis und die Liebe der Mutter zu ihrem Kind.

Starben Mutter und Kind gemeinsam, konnten sie zusammen bestattet werden. Auch ältere Kinder konnten mit ihrer Mutter oder ihrem Vater zusammen ins Grab gelegt werden. Überlebte das Kind, wurde ihm gleich nach der Geburt ein Name gegeben, der von beiden Eltern ausgewählt wurde. Daneben gab es einen Namen, der ihm offensichtlich allein von der Mutter verliehen wurde.

Die Stillzeit konnte bis zu drei Jahren betragen. Vermutlich hatte man im Alten Ägypten bereits die besseren Überlebenschancen eines über längere Zeit gestillten Kindes erkannt. Ammen konnten das Stillen übernehmen. Sie traten durch ihre Milch in ein Verwandtschaftsverhältnis zu ihrem Ziehkind. So glaubte man, göttliche Ammen übermittelten dem König ihre göttlichen Kräfte durch ihre Milch. Weltliche Ammen wurden mit in den Familienkreis aufgenommen und waren hoch geschätzt. Die Amme eines Königs stammte aus einer geachteten Familie und wurde so hoch angesehen, daß beispielsweise Thutmoses III. die Tochter seiner Amme heiratete. Vermutlich kannten sie sich von Kind an und waren, wie die Tochter einer königlichen Amme und Mutter des Wesirs Rechmire mit den Königskindern, zusammen erzogen worden. Sicher wirkte sich das auf die Karriere ihrer eigenen Kinder und ihrer Gatten positiv aus. Letztere ließen ihre Frauen oder Mütter in ihren Gräbern mit dem Prinzen auf dem Schoß abbilden. In Privatgräbern oder auf Stelen erscheint die Amme gelegentlich neben ihrem Ziehkind. Vermutlich nahm sie auch an der Erziehung des heranwachsenden Kindes teil, denn männliche Erzieher wurden ebenfalls mit dem mit der Brust determinierten Wort Amme tituliert. In der Zeit der Römer wurden Ammenverträge über eine Stillzeit von achtzehn Monaten bis zu zwei Jahren abgeschlossen. Die Kinder konnten den Ammen anschließend bis auf drei Jahre überlassen werden. Sie nahmen, wie später in Europa üblich, die Kinder zu sich ins Haus, durften in der Zeit jedoch kein anderes Kind stillen und keinen Verkehr mit einem Mann haben. Interessanterweise handelte es sich bei den Kindern nicht um Kinder des Vertragschließenden, sondern um Kinder, die in die eigene Familie aufgenommen worden waren. Es waren vermutlich die Kinder eines verstorbenen Anverwandten oder Findelkinder, aber auch Kinder der Haussklaven oder als Sklaven gekaufte Kinder. Eigene Kinder wurden im Haus von der Mutter aufgezogen, und nur in Ausnahmefällen wurden für diese Ammen, die ins Haus kamen, verpflichtet.

Die Mutter kümmerte sich nicht nur um das Kleinkind, sondern achtete auch auf seine Erziehung. In der im 14 Jh. v. Chr. entstandenen Lehre des weisen Ani heißt es, sie schicke ihr Kind in die Schule und sorge für es zu Hause; Anchscheschonqi ermahnt über eintausend Jahre später seinen Sohn: »Heirate keine gottlose Frau, damit sie deine Kinder nicht schlecht erziehe,« und in der Chaemweseerzählung erkundigt sich die Mutter bei dem Lehrer, ob ihr Sohn dumm sei. Als Dank schuldete das Kind seiner Mutter Liebe und Ehrlichkeit und sollte im Alter und nach dem Tod für sie sorgen.

Die Mutter eines unehelichen Kindes wurde wie eine Prostituierte verachtet.

Das Ideal des altägyptischen Menschen ist ein glückliches Familienleben. Der Wert der Familie und das Vereintsein mit ihr im Leben wie im Tod wird in Wort und Bild hervorgehoben. Liebe zwischen den Ehegatten und zwischen Eltern und Kindern wurde vorausgesetzt. Die Kleinfamilie wurde als soziale Einheit angesehen. Ihre Zusammengehörigkeit galt als so eng, daß Frauen und Kinder in der Zeit Ramses' III. den Forderungen ihrer Männer und Väter durch ihre Anwesenheit bei einem Streik Nachdruck verliehen haben, und bei einem Vergehen des Mannes konnten sie für ihn haftbar gemacht werden.

Die Zusammengehörigkeit der Familie spiegelt sich in den Grabanlagen und Denkmälern der gehobenen Klasse wider. Sie wurden zu Lebzeiten errichtet, und die Kinder waren verpflichtet, ihre Eltern standesgemäß zu bestatten und ihren Totendienst zu vollziehen. Für die dazu benötigten Mittel sorgten die Eltern. Nur die wenigsten Frauen konnten sich eine eigene Grabanlage leisten. Als Teil ihres Mannes wurden sie mit ihm zusammen bestattet und auf seinen Denkmälern an seiner Seite aufgeführt. Damit war auch für ihr Überleben im Jenseits gesorgt. Gräber, vor allem aus dem Alten Reich, in denen ein Mann zwar seine Kinder mit darstellen läßt, seine Frau jedoch nicht erwähnt, lassen auf Scheidungen schließen. Bei einer Trennung in Unfrieden konnte der Mann sogar so weit gehen, Nennung oder Darstellung seiner Frau im Flachbild oder an seiner Seite bei einer ursprünglich als Paar gefertigten Statue fortmeißeln zu lassen. Damit war sie im Jenseits von ihrem Mann und ihren Kindern getrennt.

Wird in den Gräbern des Mannes seine Frau als Teil von ihm an seiner Seite dargestellt, so ist auffällig, daß in den wenigen Gräbern, die Frauen für sich oder als Trakt im Grab ihres Gatten erbauen lassen konnten, ihr Mann gar nicht erscheint. Besonders deutlich kommt dies in der Anlage des Mereruka zum Ausdruck. Während sich Mereruka mit seiner Frau und seinen Kindern in seinem Teil des Grabes darstellen läßt, erwähnt seine Gemahlin, eine Prinzessin, ihn nicht einmal; ihr Sohn wird hingegen mit ihr abgebildet. Dieser wiederum führt in seinem Grabbereich weder seinen Vater noch seine Mutter auf.

Mit ihren Kindern begleitet die Dame der Oberschicht ihren Mann bei der Inspektion seiner Güter und Werkstätten. Auf diese Weise war sie laufend über seine Angelegenheiten informiert und dadurch in der Lage, wie wir den Urkunden des Neuen Reiches entnehmen können, ihn während seiner Abwesenheit zu vertreten und für ihn Entscheidungen zu fällen. Die Kinder, Söhne wie Töchter, wurden von klein auf in die Aufgaben eingeführt, die sie selbst einmal übernehmen sollten.

Am sportlichen Vergnügen des Mannes konnte die ganze Familie teilnehmen. Beim Fisch- und Vogelfang gleiten Frau und Kinder mit dem das Wurfholz schwingenden und mit dem Speer zustechenden Mann im Nachen durch das Papyrusdickicht.

Auf Darstellungen von Gelagen sitzen die Ehegatten zu bestimmten Zeiten nach Geschlechtern getrennt, zu anderen genießen sie das Leben gemeinsam, wie es ihnen in den Harfnerliedern des Neuen Reiches empfohlen wird: »Feiere einen schönen Tag, ... während die Frau deines Herzens neben dir sitzt.« Beim Totenmahl sitzt sie ihm gegenüber oder an seiner Seite. Zu zweit oder mit ihren Kindern nimmt das Paar Gaben entgegen. In der Ramessidenzeit, als die Darstellungen immer mehr das Leben im Jenseits zum Thema haben, tritt es als Paar vor die Götter, vor das Jenseitsgericht, oder beide verrichten zusammen die Arbeiten in den Elysischen Gefilden.

Getrennt von ihren Männern vertreten die Frauen bei Bestattungen die Gefühlswelt. In verzweifelter Klage raufen sie sich das Haar und zerreißen sich das Gewand, Klageweiber begleiten den Trauerzug, während die Männer in würdevoller Ruhe dahinschreiten. Erst nach der Zeit von Amarna sehen wir gelegentlich Männer ihren Gefühlen freien Lauf lassen.

## Ausbildung, Rechte und Berufstätigkeit von Frauen

Im Alten Ägypten wünschte man sich Kinder beiderlei Geschlechts. Dies entnehmen wir Aussagen des Dankes über die glückliche Geburt eines Sohnes oder einer Tochter, die in Namen enthalten sind. Ebenso sind Zaubersprüche oder Fürsprachen bei Göttern überliefert, mit deren Hilfe den Frauen männlicher und weiblicher Nachwuchs erbeten wird. War auch ein Sohn zur Übernahme des väterlichen Amtes notwendig, so waren Töchter ebenfalls willkommen. Die vor allem dem Sohn zukommende Verpflichtung, die Eltern zu bestatten, konnte auf eine Tochter oder einen Fremden übertragen werden.

Kindsaussetzung und -tötung wurde schärfstens verurteilt und kam höchstens in allerschwersten Zeiten vor. Beides war zwar bei den später in Ägypten lebenden Griechen üblich, wobei es meist Mädchen traf, entsprach aber keinesfalls der ägyptischen Ethik. Der Bericht Herodots, die Ägypter würden alle Kinder ernähren, die ihnen geboren werden, wird auf Tatsachen beruhen.

Kinder galten bis zu ihrem zehnten Lebensjahr als unwissend und daher unschuldig. Bei der Hitze liefen die Kleinen nackt herum. Auf Familiendarstellungen des täglichen Lebens erscheinen die Mädchen – häufig mit zarter Andeutung von Brüsten, im Neuen Reich auch der dunklen Pubis – meist in der Nähe der Mutter, seltener beim Vater, die Söhne werden hingegen neben dem Vater gezeigt; doch nehmen beide in gleicher Weise am Leben ihrer Eltern teil. Im Alten Reich begleiten sie ihre Eltern bei der Inspektion der Güter, im Neuen Reich beim Götterkult.

Bei den Heranwachsenden wird eine Trennung erfolgt sein, denn Gruppen von Mädchen üben sich im Tanz, Ballspiel oder in der Akrobatik, während die Spiele der Jungen auf Geschicklichkeit und Schnelligkeit abzielen. Die Töchter werden jetzt mehr in die Aufgaben der Mütter einbezogen worden sein, während die Knaben von ihren Vätern, an örtlichen Schulen oder an Residenz- beziehungsweise an Palastschulen in dem Beruf, den sie einmal ausüben sollten, unterwiesen wurden. Die berufliche Ausbildung der Beamtenanwärter erfolgte durch Lehrer, die die väterliche Rolle übernahmen. Die uns überlieferten Lehren richten sich alle an Jungen, über Mädchenerziehung erfahren wir nichts. Es wird daher allgemein angenommen, daß Mädchen nicht zur Schule geschickt wurden. Der Zugang zu schulischem Wissen war ihnen jedoch nicht verwehrt. Anders sind die Briefe von oder an Frauen der Arbeitersiedlung von Deir el-Medineh nicht zu erklären. Wie D. Sweeney nachweisen konnte, machten sie 14 % der 470 dort erhaltenen Briefe aus und haben, im Gegensatz zur überwiegend dienstlichen Korrespondenz der Männer, private Angelegenheiten zum Inhalt, die ungern einem Schreiber oder Vorlesenden anvertraut worden wären. Wir können daher davon ausgehen, daß sie von den Frauen selbst verfaßt bzw. gelesen worden sind. Wie und wann sich die Frauen dieses Wissen angeeignet haben, ist unbekannt. Bedenkt man, daß nach moderner Schätzung 0,3–1 % der altägyptischen Bevölkerung schriftkundig war, so ist nicht anzunehmen, daß die Frauen das Lesen und Schreiben nebenbei von ihren Brüdern erlernt haben. Bei der Reichhaltigkeit der ägyptischen Schriftzeichen müssen sie fachkundigen Unterricht erhalten haben. Wie wir noch sehen werden, waren sie auch in ihren Aufgaben nicht allein aufs Haus beschränkt, sondern nahmen Anteil am Leben ihrer Ehemänner.

Können wir bereits bei einem Bruchteil der Frauen der Mittelschicht gewisses schulisches Wissen voraussetzen, so wird der Anteil bei den Frauen der Oberschicht höher gewesen sein. Frauen, die ein weltliches oder priesterliches Amt ausgeübt haben, werden die gleichen Voraussetzungen erfüllt haben wie die Männer in entsprechenden Ämtern. Die »Sängerinnen des Amun« bzw. die »große Unterhalterin des Amun«, die sich im Grab ihrer Gatten mit der Schreibpalette haben abbilden lassen, werden im Schreiben nicht nur dilettiert haben, sondern die Schreibkunst wird von ihnen in überdurchschnittlichem Maße beherrscht worden sein und daher in ihrem Leben einen hohen Stellenwert eingenommen haben. Von der Vollkommenheit der Gemahlin des Petosiris, bei der auch der »gute Rat in ihren Schriften« hervorgehoben wird, war oben bereits die Rede.

Prinzessinnen wurden gewiß von den hohen Staatsbeamten, die als männliche »Amme« ihre Erziehung übernommen haben, in die Staatsgeschäfte und die Fächer allgemeinen Wissens einer zukünftigen Königin oder Gemahlin eines Prinzen bzw. eines Beamten im hohen Staatsamt eingeführt. Hierzu hat sicher auch das Lesen und Schreiben gehört. Weibliche »Ammen« werden sie nicht nur gestillt, sondern die Heranwachsenden auch in weiblichen Verhaltensweisen unterwiesen haben.

Möglicherweise zeugt eine umstrittene Darstellung einer Schreibpalette neben der Prinzessin Idut aus dem 24. Jh. v. Chr. davon, daß die Prinzessin schreiben konnte. Schreibpaletten, die zwei Töchtern Echnatons und Nofretetes gehört haben, sind aus dem 14. Jh. v. Chr. auf uns gekommen, und im Setnaroman nimmt die Prinzessin Ahure das von ihrem Bruder gestohlene Buch des Gottes Thot und liest darin.’

Allein die Tatsache, daß die Göttin der Schreibkunst eine Frau war und es einmal von Isis heißt, ihr Vater habe ihr das Wissen beigebracht, deutet darauf, daß im Alten Ägypten schulisches Wissen nicht als reine Männerdomäne betrachtet wurde, aus der Frauen ausgeschlossen waren. Zwar zielte die Ausbildung von Beamten- und Priestertöchtern nicht auf die Berufswelt der Väter wie die der Söhne, doch war ihnen bei entsprechender Ausbildung nicht verwehrt, einen überwiegend von Männern ausgeübten Beruf zu ergreifen. Es handelt sich jedoch immer um Ausnahmen. Obwohl der Titel Schreiber für Beamte allgemein üblich war, sind uns erst aus der 11. und 12. Dynastie einige Frauen bekannt, die den Titel einer einfachen Schreiberin geführt haben, und erst knapp anderhalb Jahrtausende später, in der 26. Dynastie, ist er bei einer Schreiberin, die im Dienst der Gottesgemahlin Nitokris stand, wieder belegt.

Bürgerin oder Städterin war seit dem Mittleren Reich eine geläufige Bezeichnung für die verheiratete oder verwitwete Ägypterin. Im Gegensatz zur Griechin war sie in ihren eigenen Angelegenheiten völlig unabhängig von ihrem Mann. Seit der Mitte des dritten Jahrtausends v. Chr. bestätigen Urkunden das freie Verfügungsrecht lediger wie verheirateter Frauen über ihren Besitz. Er ging nicht bei der Heirat in die Verfügungsgewalt des Mannes über, wie es in Europa noch lange der Fall war. In England hat die Frau dieses Recht zum Beispiel erst 1888 durch den *Married Women's Property Act* erhalten. In vielen Gebieten Deutschlands lag noch bis zur Einführung des Gleichberechtigungsgrundsatzes durch das DGB 1953, soweit nicht ausdrücklich ein Sondergut der Frau bestellt wurde, die Verwaltung und Nutznießung am eingebrachten Gut der Frau und an ihrem Arbeitserwerb beim Ehemann, der als Haupt der Ehe die ehelichen Lasten zu tragen hatte. Die Frau durfte ohne Genehmigung des Mannes ihr Vermögen weder veräußern noch mit Verbindlichkeiten belasten. Erst nach seinem Tod übernahm sie die Verwaltung des Gesamtgutes.

Die ägyptische Frau konnte bereits im Alten Reich nicht nur erben und vererben, sie konnte auch ohne Zustimmung ihres Mannes Eigentum erwerben, einen Beruf ausüben, weltliche und religiöse Ämter verwalten und Einkommen beziehen. Die Empfehlung des weisen Ptahhotep an den angehenden Beamten »Streite nicht mir ihr vor Gericht, halte sie fern, Macht zu haben,« weist bereits auf das Recht, das der Frau in der Familie selbst gegenüber ihrem Mann eingeräumt wurde und das uns durch Urkunden bestätigt wird. Gerichtsklagen wegen Mißhandlung oder Aussagen im Interesse ihres Kindes gegen ihren Mann sowie eine Klage wegen Unterschlagung gegen den Vater sind uns bekannt. Auch klagt ein Vater gegen seine Tochter oder eine Tochter verpflichtet sich, für die Unterschlagungen ihres Vaters doppelt aufzukommen. Gerichtliche Aussagen oder Urkundenunterzeichnungen durch einfache Bürgerinnen sind außerdem in den zahlreichen anderen Urkunden des Neuen Reiches enthalten; und im 12. Jh. v. Chr. treten zwei Bürgerinnen als Schöffinnen im örtlichen Tribunal von Deir el-Medineh auf, ein Recht, das der deutschen Frau noch keine hundert Jahre zusteht. Ihre Kinder oder minderjährigen Geschwister konnte die Ägypterin vor Gericht vertreten und als Treuhänderin für sie eingesetzt werden.

Wie oben gezeigt wurde, konnten Frauen in die Berufswelt ihrer Männer soweit eingeführt worden sein, daß sie während seiner Abwesenheit seine dienstlichen Obliegenheiten übernehmen und seine Sachen verwalten konnten. Haben sie auch in diesen Fällen vermutlich nach seinen Anweisungen verfahren, so mußten sie sich in seinen Aufgaben soweit auskennen, daß sie dazu in der Lage waren. Sie traten voll rechtsfähig in ihren Angelegenheiten auf. Selbst auf die Entscheidung ihres Mannes konnte eine Frau Einfluß ausüben, machte doch ein Mann auf Einspruch seiner Frau die Kündigung eines Pachtvertrags wieder rückgängig.

In gleicher Weise waren Frauen voll straffähig. So erhielt einmal eine Frau die gleiche Strafe von 100 Stockhieben wie drei Männer, die mit ihr verurteilt wurden.

Eine Frau, die selbst ein Amt innehatte, hatte die gleiche Entscheidungs- und Befehlsgewalt wie ein Mann. Im Neuen Reich, zu einer Zeit schwacher Herrscher, als die Lohnzahlungen ausblieben und es in Theben zu Streiks kam, trug beispielsweise eine »Vornehmste der Musizierenden und Tanzenden des Amun-Re« die Verantwortung für die Versorgung der Nekropolenarbeiter und konnte einem Truppenkommandanten das Eintreiben von Getreide und seine Verteilung an die Betreffenden befehlen. Auf Befehl der Sängerin des Amun Nesimut verteilte ihr Hausvorsteher vermutlich Getreiderationen an Leute, die in der Ummauerung von Medinet Habu lebten, und Nedjemet, die ebenfalls dieses Amt bekleidete, wurde sogar vom General des Pharao in geheimer Sache beauftragt, mit zwei anderen Beamten nach einem Verhör die Todesstrafe an zwei Polizisten zu vollziehen und sie anschließend bei Nacht im Nil zu versenken. Niemand durfte von dieser Angelegenheit etwas erfahren. Diese Frauen, oft Gemahlinnen, Schwestern oder Töchter hochstehender Beamter oder Priester, hatten sicher häufig mehr Macht, als allgemein angenommen wird.

Einer 1143 v. Chr. im Papyrus Wilbour aufgezeichneten Liste über Landverteilung entnehmen wir, daß 11 % der aufgeführten Ländereien Bürgerinnen gehörten. Spätere Urkunden über von Frauen erteilte Aufträge, u. a. Geldverleihung – selbst an den eigenen Ehemann –, Erwerb, Verkauf oder Vermietung von Landbesitz oder Sklaven, zeigen uns, wie frei und selbständig Frauen in wirtschaftlichen Angelegenheiten waren.

In ptolemäischer Zeit haben verarmte Frauen sich und ihre Kinder gegen Unterhalt versklavt. Andere haben ihre Kinder zur Adoption freigegeben oder zur Arbeit verdingt. Auf letzteres weist vielleicht bereits ein Brief aus ramessidischer Zeit. Ahmose schreibt seinem Vorgesetzten Penjati, man habe ihm eine kleine Dienerin genommen, die noch ein Kind sei, das keine Arbeit kenne. Daraufhin habe sich die Mutter des Mädchens bei ihm beschwert, da sie ihm ihre Tochter »als Kind« anvertraut habe. Er verspricht, die Kraft einer Dienerin im Austausch für das Mädchen zu geben.

Das Los der Bäuerin und Arbeiterin wird dem ihres Mannes in nichts nachgestanden haben. Über die Ärmsten von ihnen wurde bereits in den Kapiteln über den Bauern und den Sklaven gesprochen. Von Kind an haben sie ihren Eltern geholfen. Aus Dekreten zur Befreiung vom Frondienst erfahren wir indirekt, daß Männer wie Frauen dazu zwangsverpflichtet werden konnten.

War ein Mann fähig, seine Familie zu ernähren, wird die Hauptaufgabe der Frau im Führen des Haushaltes und Versorgen der Kinder gelegen haben. Reichte sein Einkommen nicht aus, mußte sie entweder zu Hause oder auswärts Arbeiten übernehmen, um sich ein Zubrot zu verdienen. Dabei blieb ihr die Sorge für ihren Haushalt und ihre Kinder. Sehen wir doch im Küchenbetrieb des Nianchchnum und Chnumhotep und des Ti kleine Kinder, die sich an der Korn mahlenden Mutter festhalten oder eine Frau, die ihr Kind stillt, während sie die Glut unter den Backformen anfacht.

Männer und Frauen können der Herrschaft aufwarten. In Darstellungen des Alten Reiches werden Frauen nur als Bedienung von Frauen abgebildet, im Neuen Reich legen sie auch Männern beim Gastmahl einen Blütenkragen um oder reichen ihm einen Trunk.

Darstellungen in Gräbern zeigen uns Arbeiter und Handwerker in den Wirtschaftsbetrieben der Wohlhabenden, des Königs oder der Tempel. Nur an wenigen Arbeiten nehmen Frauen teil. Es handelt sich vor allem um Verrichtungen, die ihr als Hausfrau geläufig waren und die in geschlossenen Räumen ausgeführt wurden. Nur selten gehen sie einer Aufgabe im Freien nach. In Wirtschaftsbetrieben konnten fast alle Frauenarbeiten von Männern übernommen werden, während Frauen nicht in die Wirkungskreise der Männer eindrangen.

In der dritten Dynastie gab es im Königspalast ein »Haus der Müllerinnen«, ein »Haus der Weberinnen« und ein »Haus der Wäscherinnen«. Auch später ist die Korn mahlende Magd ein beliebtes Motiv im Flachbild und in der Rundplastik, doch werden gelegentlich auch Männer bei dieser Tätigkeit dargestellt. In den Großküchen arbeiten beide beim Backen und Bierbrauen nebeneinander; Fisch und Fleisch wird dagegen nur von Männern gekocht und getrocknet. Die Oberaufsicht über die Weberinnen führten bereits im Alten Reich Frauen wie Männer. Fast ausschließlich Frauen bedienten noch im Mittleren Reich den waagerechten Webstuhl, während Männer neben ihnen den Faden spannen. Erst als sich im Neuen Reich der schwerer zu bedienende senkrechte Webstuhl durchsetzte, übernehmen Männer diese Domäne. Das Los des Webers sei schlechter als das einer Frau, heißt es in der Berufssatire, was Aufschluß gibt über die schweren Arbeiten, die Frauen zu leisten hatten. Als im Neuen Reich der »Harem« – dem die selbständigen Wohnbereiche der Königsmutter, der Königsgemahlinnen und der Prinzessinen der verschiedenen Generationen mit ihrem zahlreichen Gefolge angehörten – von Lahun nach Gurob verlegt wurde, entstanden in Gurob eine rege Textilmanufaktur und Verarbeitungsbetriebe für die hergestellten Stoffe. Beides konnte zu Hause oder von gefangenen Asiatinnen in Arbeitshäusern unter Aufsicht und Anleitung hochstehender Damen durchgeführt werden, doch lag die Oberaufsicht auch hier überwiegend in männlicher Hand.

Seit dem späten Alten Reich wuschen Männer die Wäsche an den Ufern des Nils, wo Gefahren durch Krokodile drohten. Die Arbeiten im Freien, die Feldbestellung, das Fisch- und Vogelfangen mit dem Netz, die Jagd und Tierzucht waren Aufgabe der Männer, zum Worfeln oder Ausreißen des Flachs wurden Frauen hinzugezogen. Die Früchte des Feldes oder fertige Produkte großer Wirtschaftsbetriebe brachten Frauen und Männer in Dörfler- oder Domänenprozessionen ihrem Herren. Die Grabdarstellungen spiegeln jedoch nur den Betrieb auf den Gütern der Wohlhabenden wider. Besaß ein Durchschnittsbürger ein Stück Land oder Tiere, so mußten häufig auch die Frauen mit anpacken. Dies geht aus dem oben zitierten Brief des Butehaiamun und aus Texten der späteren Zeit hervor.

Frauen in gehobenen Stellungen sind nur selten zu finden. Die Mutter des Cheops war als »Leiterin der Schlächter des Akazienhauses« zwar verantwortlich für die Schlachtopfer zum Kult ihres verstorbenen Gemahls, doch wird sie nie einem Schlachthaus nahe gekommen sein, sondern die Aufgaben delegiert, sich der ordentlichen Durchführung versichert und die mit diesem Titel verbundenen Pfründe genossen haben.

Frauen, denen Verantwortung übertragen wurde, standen im Alten Reich überwiegend im Dienst einer weiblichen Angehörigen des Königshauses. Eine der Besitzungen der Königin mit all seinem Verwaltungs- und Arbeitspersonal vorstehende »Haus-« oder »Domänenvorsteherin« wird genauso viel organisatorisches Talent besessen haben wie eine »Aufseherin der Totenpriester der Königsmutter«, die die Aufsicht über das Personal, die Ländereien und Produktionsbetriebe zur standesgemäßen Versorgung der hohen Dame auch im Jenseits ausübte. Wie diese Frauen genoß eine »Vorsteherin der Ärzte« das Vertrauen einer Königsmutter.

Neben Verwaltungsposten in Haushalten von Prinzessinnen oder hohen Beamten konnten Frauen mittlere Positionen im königlichen Palast oder an seinem Totentempel übertragen werden; damit waren bedeutende Privilegien verbunden. Die einträglichsten leitenden Posten hatten jedoch Männer inne. Selbst den Tänzerinnen, Akrobatinnen und Sängerinnen im Palast und dem Frauenhaus des Königs standen bedeutend mehr Männer vor als Frauen.

Die Einnahmen dieser Frauen werden denen ihrer männlichen Kollegen entsprochen haben, verfügt doch Neferreses, die »erste königliche Tänzerin«, daß ihr aus ihren täglichen Einnahmen im Palast ein Grab erbaut und der damit verbundene Totendienst eingerichtet werde.

Wurden bereits im Alten Reich die gehobenen Posten nur zu einem geringen Teil von Frauen eingenommen, so ändert sich dies im Mittleren Reich, als nach einer längeren Zeit politischen Machtverfalls und wirtschaftlichen Niedergangs der Staat sich erst allmählich neu festigen konnte, radikal zuungunsten der Frauen. Jetzt können Frauen nur noch niedrige Aufseher- und Verwaltungsaufgaben übernehmen. Die Aufsicht über Güter oder Personen scheint ihnen nur noch selten überantwortet worden zu sein.

Die gleiche Erkenntnis vermitteln die priesterlichen Amtstitel. Der Anteil von Frauen in diesen Berufen war ebenfalls sehr gering. In einer Sammlung von 100 Namen mit ihren priesterlichen Titeln aus dem Alten Reich sind beispielsweise nur drei Frauen enthalten, und unter dem zahlreichen Personal der Totenstiftung des Königs Neferirkare sind nur drei Frauen als Sängerinnen bekannt. Eine Studie zu siebzehn Gottheiten des Alten Reiches hat ergeben, daß nur dreien von ihnen Frauen aus der königlichen Familie oder Ehefrauen hoher Beamter oder Priester gedient haben. Eine Regel ist dabei nicht zu erkennen. Sind für die Göttin Neith nur Priesterinnen belegt, so hatten die Göttinnen Bastet, Seschat und

Maat ein rein männliches Personal. Thot hingegen dienten nach der Beleglage nur Königinnen. Hathor hatte zwar ein überwiegend weibliches Personal aus oberen und mittleren Schichten, doch die Aufsichtsposten wurden ausnahmslos von Männern geführt. Bis in die Zeit der 11. Dynastie und später wieder im Neuen Reich waren selbst Prinzessinnen und Königinnen nicht mehr als einfache Hathorpriesterinnen, während nur wenige Männer auf gleicher Stufe mit ihnen standen. Königinnen versahen im Alten Reich oft den Dienst bei mehreren Göttern. Die Aufsicht über ein Priesterkollegium führten sie jedoch nie. Dies war Männern vorbehalten. Auch konnte das einfache Priesterinnenamt nicht vererbt werden, das Amt eines Aufsehers oder Vorstehers war hingegen erblich.

Worin die Aufgaben der Priesterinnen bestanden, wird uns nicht überliefert. Der Zusatz »Musikantin der Hathor« oder die Darstellungen, die diese Frauen beim Rasseln des Sistrums oder des Menits zu Ehren einer Gottheit zeigen, hat zu einer geringschätzenden Wertung ihrer Hauptaufgabe, dem Musizieren, geführt. Man sollte diese Rolle jedoch nicht als nebensächlich und unbedeutend betrachten, handelt es sich doch um die wesentliche Kultfunktion, eine Gottheit zu besänftigen, zu erfreuen und wohl zu stimmen, um den Gang der Welt zu erhalten. In den Pyramidentexten und später tritt selbst der König singend, rasselnd und tanzend vor Hathor.

Den Eindruck von Kultmusikantinnen erwecken auch die Damen der höheren Gesellschaft, die seit dem Neuen Reich als »Sängerin« oder »Musikantin« einer lokalen oder überregionalen Gottheit dienten und in Phylen organisiert ihren Monatsdienst übernehmen mußten, aber nicht den Priesterinnentitel trugen. Viele Frauen der Thebanischen Beamten oder Priester waren »Sängerinnen des (Reichsgottes) Amun«. Unter Leitung der »Größten« unter ihnen, meist einem Mitglied des Königshauses oder einer Gemahlin eines Hohenpriesters, traten sie zu Ehren des Gottes Amun auf.

Bereits im Alten Reich können wir die Gemahlinnen Pepis II., im Neuen Reich Frauen des Königshauses oder Frauen hoher Würdenträger bei Opferhandlungen beobachten. Diese Funktion, die eigentlich dem König oder seinem Stellvertreter zukam, deutet auf das hohe Ansehen dieser Frauen.

Außer zum Götterkult konnten Prinzessinnen als Totenpriesterinnen für ihren verstorbenen Vater oder Großvater fungieren; Ehefrauen und Töchter versorgten mit den Söhnen den toten Privatmann. Sie sicherten damit nicht nur die Versorgung des Verschiedenen, sondern waren selbst durch die Einkünfte aus den Totenstiftungen versorgt.

In ptolemäischer Zeit begegnet uns wieder der Titel einer »Priesterin der Hathor« bei Gemahlinnen von Hohenpriestern. Auch dienten Frauen jetzt den Gaugöttern, und die uns sonst nur aus dem Alten Reich bekannten Totenpriesterinnen sowie Priesterinnen in Tierkulten gewinnen immer mehr an Bedeutung. Ihr Anteil entspricht dem der Männer in allen Positionen. Sie ziehen den gleichen Gewinn aus ihren Ämtern wie ihre männlichen Kollegen. Wie diese werden auch die Frauen in den höheren Ämtern die tägliche Arbeit Angestellten überlassen und die beträchtlichen Einnahmen kassiert haben.

Bereits aus dem Mittleren Reich sind uns Gottesgemahlinnen verschiedener Götter bekannt. Am Anfang des Neuen Reiches von Ahmesnofretere mit einem Priesterinnenkollegium ausgestattet, wird das Amt der »Gottesgemahlin des Amun« im Neuen Reich weitgehend von der Gemahlin oder einer Tochter des regierenden Königs versehen. Die Gottesgemahlin übernimmt die gleichen Funktionen wie ein Hoherpriester und trägt dazu bei, den Gang der Welt zu erhalten. Ihrem Amt gehörte ein ganzer Stab an, der unter Aufsicht eines Domänenvorstehers die mit dem Amt verbundenen Ländereien und Wirtschaftsbetriebe verwaltete.

Als sich in der 21. Dynastie, d.h. im 11. Jh. v. Chr., in Theben um die Priesterschaft des Amun ein Staat im Staate bildet, entsendet der weitab im Norden des Landes regierende König eine seiner Töchter, erst als Gemahlin des Hohenpriesters, später als eigenständige Gottesgemahlin, nach Theben, um durch eine Allianz mit der Priesterschaft seine Macht zu festigen. Unter der Herrschaft der Äthiopen und Saiten adoptiert die amtierende Gottesgemahlin die Tochter des regierenden Königs als ihre Nachfolgerin. Mit Muth, der Gemahlin des Gottes Amun gleichgesetzt, regiert die Gottesgemahlin im thebanischen Gottesstaat mit ähnlichen Machtbefugnissen wie der König, bleibt ihm jedoch untergeben. Zwei von ihnen üben wie der König das höchste Priesteramt aus, das des Hohenpriesters des Amun. Im Beamtenstab, der die Besitztümer der Gottesgemahlin verwaltet hat, waren auch Frauen, von denen uns große Grabanlagen erhalten sind. Sie zeigen, daß diese Frauen wie ihre männlichen Kollegen über hohe Posten und die damit verbundenen Einnahmen verfügt haben.

## Königinnen

Eine Königin hatte wie in den alten vorderasiatischen Kulturen eine hervorgehobene Stellung, die durch ihr Verhältnis zu ihrem Mann oder ihrem Sohn geprägt war. Sie mußte nicht, konnte aber königlicher Abstammung sein. Die Hauptgemahlin eines Königs hatte einen eigenen Hausstand mit Ländereien und einen eigenen Verwaltungsapparat. Für ihren Tod wurde eine standesgemäße Grabanlage errichtet, und das erforderliche Personal, das die Totenstiftungen bewirtschaftete und den Totendienst würdig vollzog, stand für ihr Nachleben zur Verfügung. Ob eine Nebengemahlin des Königs der Hauptgemahlin unterstellt war, ist nicht mit Sicherheit nachzuweisen.

Eine Königsmutter, sei sie Haupt- oder Nebengemahlin des verstorbenen Königs oder als Stammutter eines neuen Geschlechts nicht mit einem König verheiratet gewesen, wurde von ihrem Sohn in hohen Ehren gehalten. Bereits in den Annalen der Frühzeit wird ihr Name neben dem ihres Sohnes, dem regierenden König, aufgeführt, und bis in die Mitte der 18. Dynastie rangiert sie vor der Königin, der Gemahlin ihres Sohnes. In der Ramessidenzeit verliert sie ihre Bedeutung.

In der dreitausendjährigen Geschichte Ägyptens ragen mehrere starke Königinnen hervor. Ihre Anzahl ist jedoch ebenso gering wie die der Frauen in leitenden Positionen. Wenn Manetho behauptet, der König der 2. Dynastie Ninetjer-Binothris habe entschieden, daß Frauen das Königsamt übernehmen dürften, so wird das auf einer alten Überlieferung beruhen. Manetho selbst führt in seiner 500 Herrscher umfassenden Königsliste nur vier regierende Königinnen auf, die uns auch sonst als einzige Alleinregierende bekannt sind. Nach Manethos Tod kommt Kleopatra hinzu. Daneben traten Königinnen als Regentinnen für einen noch unmündigen Thronfolger auf, und erste königliche Gemahlinnen, die an der Seite des Königs hervorgehoben werden, sind uns bekannt.

Bereits in der 1. Dynastie haben zwei Königinnen, Neithhotep und Meretneith, die Regentschaft für den noch minderjährigen Thronfolger übernommen. In der 6. Dynastie führten die Gemahlinnen Pepis I., beides Töchter des Gaufürsten Chui und Schwestern des unter ihrem Gemahl und unter ihnen das Wesirat ausübenden Djau, die Regierung für ihre noch nicht volljährigen Söhne, die erste bis zum Tod des Merenre, die zweite vom 6. Lebensjahr bis zur Volljährigkeit Pepis II. Da Pepi II. auf dem Schoß seiner Mutter als Kind im vollen Königsornat dargestellt ist, wird er deutlich als Herrscher herausgestellt. In Ermangelung eines männlichen Thronfolgers herrschten jeweils die Gemahlinnen des letzten Königs am Ende des Alten und des Mittleren Reiches, Nitokris und Sobeknofru, bis Thronprätendenten die Macht übernahmen.

Nach dem Tod ihres Gemahls Tao II. gelingt es offensichtlich Ahhotep I., die Hyksos nach schweren Kämpfen, in denen ihr Sohn Kamose fiel, aus Oberägypten zu vertreiben und an der Seite ihres mit elf Jahren auf den Thron gekommenen zweiten Sohnes Ahmose, wieder Ruhe herzustellen. Ahmose spricht von ihr als die:

> »die die Angelegenheiten kennt, die für Ägypten sorgt.
> Sie sammelte seine [d. h. Ägyptens] Beamten und beschützte es.
> Sie brachte seine Flüchtlinge zurück und vereinigte seine Auswanderer.
> Sie beruhigte Oberägypten und vertrieb seine Rebellen ...«
> (Urkunden IV, 21)

Auch die Gemahlin des Ahmose, Ahmes-Nofretari, hat nach seinem frühen Tod die Regierungsgeschäfte bis zur Volljährigkeit ihres Sohnes Amenophis I. geführt. Sie muß besonders segensreich für das Land gewirkt haben, da sie noch bis spät in die Ramessidenzeit hinein mit Amenophis I. zusammen göttliche Ehren genoß. Beide waren Königstöchter, erste königliche Gemahlinnen und Mütter des Thronfolgers.

Hatschepsut, Tochter Thutmoses' I. und erste königliche Gemahlin Thutmoses' II., hatte ihrem Gatten nur eine Tochter geschenkt. Auch sie, eine starke Frau, übernahm erst die Regentschaft für den minderjährigen Thutmoses III., Sohn einer Nebenfrau ihres Gatten, die entweder früh verstorben oder von Hatschepsut zur Seite gedrängt worden war. Sie verheiratete ihn mit ihrer Tochter Neferneferure. Durch ihre Bindung an die beiden vorhergehenden Könige wird sie über eine starke Gefolgschaft verfügt haben, die es ihr ermöglichte, sich bald zur Königin krönen zu lassen, während Thutmoses neben ihr ein Schattendasein führen mußte, bis er nach ihrem Tod zu einem der expansivsten Herrscher Ägyptens wurde.

Nicht königlicher Abstammung war hingegen Mutemwia, die als Nebenfrau Thutmoses' IV. für ihren mit zwölf Jahren auf den Thron gelangten Sohn Amenophis III. die Regierungsgeschäfte führte. Wie Hatschepsut erlangte noch einmal eine Ägypterin die Herrschaft über das Land. Tausret, Gemahlin Sethos' II., trat für Spitah erst als Regentin auf, ließ sich aber bald selbst krönen. Ob Siptah eines natürlichen Todes gestorben oder von ihr beseitigt worden war, ist unbekannt.

Drei weitere Königinnen, die von ihren Gatten hoch geschätzt wurden, seien noch erwähnt. Zwei von ihnen waren nicht königlichen Geblüts. Teje muß voll in die Regierungsgeschäfte Amenophis' III. eingeweiht worden sein, denn Tuschratta, Fürst von Mitanni, schreibt nach dessen Tod ihrem Sohn Amenophis IV. – Echnaton, er solle sich an seine Mutter wenden, denn sie kenne die Abmachungen zwischen ihm und seinem Vater. Auch ihr schreibt er in diesem Sinne.

Für Nofretete wird bereits in den ersten Regierungsjahren ihres Gemahls ein eigener Tempel zu Ehren des neuen Reichsgottes Aton, als dessen Tochter sie angesehen wird, in Karnak errichtet. Sie und Echnaton gelten als Schu und Tefnut, das erste Götterpaar der Schöpfung. Mit dem König und ihren Töchtern zusammen erscheint sie bei allen öffentlichen Anlässen und fördert mit ihm den Kult des von ihm über alle Götter gestellten Gottes Aton. Wie ihre Schwiegermutter Teje wird sie der Göttin Maat angeglichen und kann wie Teje in der Pose des die Feinde vernichtenden Königs erscheinen.

Nofretari muß von ihrem Gatten Ramses II. sehr geschätzt worden sein. Zwar wurde sie auf seinen Statuen klein neben ihm abgebildet, doch ehrte er sie durch einen Tempel, den er neben dem seinen in Abu Simbel errichten ließ, und ihr Grab ist eines der am schönsten ausgeschmückten im Tal der Königinnen zu Theben.

Die letzte Königin auf dem ägyptischen Thron ging aus dem von Alexander dem Großen eingesetzten Geschlecht der Makedonier hervor, das als Ptolemäus I.–XIV. über 300 Jahre Ägypten regierte. Die beiden letzten Ptolemäer standen bis zu ihrem Tod als Gatte bzw. als Mitregent an der Seite ihrer älteren Halbschwester Kleopatra, die als letzte Herrscherin Ägyptens das Land vergeblich vor der Oberherrschaft Roms durch ihre Verbindung mit Julius Caesar und Mark Anton zu bewahren versuchte.

Durch die Stellung ihres Gemahls gelangten diese Frauen in ihre hervorragende Position. Mit Unterstützung der ihr nach seinem Tod treu bleibenden Gefolgschaft konnten einige die Regentschaft für den minderjährigen Thronfolger übernehmen oder, in Ermangelung eines solchen, die Macht selbst ausüben. Nur Hatschepsut und Tausret konnten während ihrer Zeit als Regentinnen ihre Macht so stark erweitern, daß sie den Thronfolger ganz zur Seite drängten und die eigentliche Herrschaft ausüben konnten. Allein Hatschepsut konnte dabei den rechtmäßigen Herrscher an ihrer Seite bestehen lassen, so daß er erst nach ihrem Tod zur Macht gelangte. Interessanterweise ist sie auch die einzige Königin, die nach einer Übergangszeit in ihren Darstellungen und Inschriften als Mann auftrat.

Die Thronfolge lief in pharaonischer Zeit keinesfalls, wie seit Bachofen noch heute in Schriften über das Matriarchat behauptet wird, über die Frau. Mehrere Königsmütter aus bürgerlichem Haus sind uns bekannt. Auch läßt sich die Theorie nicht aufrechterhalten, daß ein Königssohn, dessen Mutter nicht königlichen Geblüts war, eine Prinzessin heiraten mußte, um seine Thronfolge zu sichern. Von Matrilinearität kann daher keine Rede sein.

## Die Götterwelt

Dem dualistischen Denken der altägyptischen Menschen entsprechend, bestand die Götterwelt aus Männern und Frauen. Es gab Urgottheiten männlichen und weiblichen Geschlechts. Der Schöpfergott, wenn auch männlichen Geschlechts, war androgyn, als Mutter und Vater zugleich schuf er das erste Götterpaar. Ebenso wurden die Nil- und Fruchtbarkeitsgötter als Mann mit weiblichen Brüsten dargestellt. Die Ägypter kannten keine Mutter Erde. Das Paar Himmel und Erde wurde in der dritten Generation des Schöpfungsmythos durch die Göttin Nut und den Gott Geb verkörpert, die fruchtbare Erde, aus der die neue Frucht emporsproß, durch den Gott Osiris.

Im Alten Ägypten war ein dominierender Gott unbekannt; das ägyptische Pantheon spiegelt die reale Welt wider. Götter wie Göttinnen genossen bedeutende oder weniger bedeutende Kulte. Sie konnten für sich stehen oder zu Paaren zusammengeschlossen werden; gelegentlich wurde den Paaren ein Kind, in den Kosmologien der Urgötter auch mehrere Kinder zugeordnet. Die Partner dieser Götterverbindungen konnten gleichbedeutend sein und außer als Mitglied einer Familie eine eigene Rolle spielen, wie z.B. Osiris, Isis und Horus oder Ptah, Sachmet und Nefertem. Daneben gab es Gottheiten, deren zugeordneter Partner unbedeutend war. Als prominentestes Beispiel seien Amun und Amaunet erwähnt. Während sich Amun aus einem Lokalgott zum Reichgott entwickelt, gewinnt seine, wie bereits aus ihrem Namen ersichtlich, ihm zum Urbeginn als Partnerin geschaffene Gemahlin Amaunet keine große Eigenständigkeit.

Osiris, der von seinem Bruder ermordete Herrscher Ägyptens, wird als Herr des Jenseits die wichtigste Gestalt im Totenglauben der Ägypter. Isis, seine über seinen Tod hinaus treu ergebene Schwestergemahlin, zieht den posthum empfangenen Horus alleine groß und setzt sich für seine Rechte als Erbe seines Vaters ein. Als Idealbild der weltlichen Gattin und Mutter gewinnt sie nicht nur als Muttergöttin in der Spätzeit zunehmend an Bedeutung. Von Feministinnen wird sie gerne als Zeugin eines ägyptischen Matriarchats in Anspruch genommen. In ihrer Rolle als Mutter verweist sie die Frau jedoch, genauso wie die Muttergottes der Christen, in die, mit Lévi Strauss »natürliche« Sphäre des Hauses, wodurch sie von der »kulturellen« öffentlichen Sphäre der Gesellschaft in der Außenwelt ferngehalten wird.

Der Zusammenschluß von Ptah, Sachmet und Nefertem erfolgt hingegen erst sekundär im Neuen Reich, nachdem alle drei Gottheiten eine eigene Tradition hinter sich hatten. Interessant ist die Entwicklung der Löwengöttin Sachmet. Von einer schützenden, den König stillenden Muttergottheit behält sie zwar die Züge einer sanften Katze bei, wird daneben jedoch zur wütenden Löwin, die an der Seite des Königs seine Feinde schlägt oder auf Wunsch ihres alt gewordenen Vaters Re das gegen ihn revoltierende Menschengeschlecht vernichtet, bis sie in seinem Auftrag wieder besänftigt wird, bevor sie ihre Aufgabe vollenden kann. In beiden Fällen dient sie dem Mann, verhilft dem König wie Re zum Sieg über seine Widersacher und wird für ihn zur rasenden Mörderin. Im Auftrag ihres Vaters wird sie aber wieder beschwichtigt, die vernichtenden Eigenschaften verbleiben ihr jedoch als Göttin der Krankheiten und Seuchen.

Gab es auch bedeutende Göttinnen, die einen Kult genossen haben, so waren die größten Gottheiten männlichen Geschlechts. Keine Göttin hat es zur Reichsgöttin gebracht, wenn auch die Landesgöttinnen Ober- und Unterägyptens – gleichzeitig Kronengöttinnen des Königs –, der Geier und der Uräus, weiblichen Geschlechts waren. Unter den großen Göttinnen seien erwähnt die Kriegsgöttin Neith, die Göttin der Freude und Liebe, die als Nekropolengöttin den Verstorbenen aufnimmt und ihn als Himmelsgöttin wiedergebiert, Hathor, die getreue Gattin und fürsorgende Mutter Isis, die sanfte und wütende Sachmet, die Schreibergöttin Seschat, die Göttin Muth u. a. m. Sie alle genossen einen eigenen Kult und waren hochangesehen.

# Fazit

Ziehen wir den Schluß aus der geschilderten Quellenlage, so gelangen wir zu der Erkenntnis, daß Frauen im Alten Ägypten zwar geachtet waren, ihre Rechtslage positiv war, jedoch waren sie keinesfalls gleichberechtigt mit den Männern. Selbst wenn es in Ägypten einen hohen Anteil an weiblichen Gottheiten gab, kann man nicht – mit Sanday – daraus schließen, daß die Frauen eine hohe gesellschaftliche Stellung innehatten.

In allen sozialen Schichten waren Frauen weitgehend von den Männern ihrer Familie abhängig, wenn sie auch ihnen gegenüber eigene Rechte beanspruchen konnten. Doch wie viele von ihnen werden ihre Rechte gekannt oder gewagt haben, rechtlich gegen einen von ihnen vorzugehen? Sie lebten im Haushalt ihres männliches Anverwandten, ihres Vaters, Ehemanns, Sohnes oder Bruders. Nur durch von ihren Eltern, ihrem Ehemann oder ihren Kindern erhaltene Mittel, in den wenigsten Fällen durch eigenen Erwerb, konnten sie Unabhängigkeit erlangen. In weltlichen sowie priesterlichen Berufen standen ihnen nur beschränkte Möglichkeiten offen, und auch in diesen wurden sie weitgehend Männern unterstellt. Leitende Positionen erlangten selbst Mitglieder des Königshauses kaum. Die Frauen der herrschenden Klasse hatten zwar im Verhältnis zum gemeinen Volk einen hohen Status sowohl auf gesellschaftlichem wie auf religiösem Gebiet, die Macht haben sie aber nur in den seltensten Fällen ausgeübt. Die wenigen Frauen, die Machtpositionen eingenommen haben, verdankten es ihrer sozialen Einbettung als Ehefrau, Mutter oder Tochter eines Mannes von hohem Rang, und in vielen Fällen übten sie die Macht im Interesse des Mannes (Regentin, Gottesgemahlin) aus. Ausnahmen gab es auch damals, wie es sie zu jeder Zeit in von Männern dominierten Gesellschaften gab und gibt.

Vergleichen wir die Rechte der Frau der damaligen Zeit mit denen der islamischen Frau heute, so gelangen wir zu erstaunlich vielen Übereinstimmungen, aber auch Unterschieden. Wie im Alten Ägypten hat die heutige Ägypterin das Recht auf ein Erbe ihrer Eltern. Ihr steht jedoch nur halb soviel zu wie ihren Brüdern. Der Anteil kann in alter Zeit variieren. Da die heutige Ehe auf Gütertrennung basiert, hat wie in pharaonischer Zeit allein die Frau das Verfügungsrecht über ihre Habe. Auch die von ihren Eltern erhaltene Aussteuer verbleibt der Frau, selbst wenn die Scheidung auf sie zurückgeht. Bereits in alter Zeit war die heute übliche Morgengabe bekannt, die der Mann zum kleineren Teil vor der Hochzeit, zum Mehrfachen nach einer Scheidung zahlen muß. Den ersten Teil erhalten heute die Brauteltern zur Anschaffung von Kleidern u. ä. für die Braut. Im Alten Ägypten erhielt die Frau sowohl den ersten als auch den zweiten Teil selbst. Vom Erbe ihres Mannes stehen der Mohammedanerin nur ein Achtel zu, seinen Kindern sieben Achtel; die altägyptischen Eheverträge beinhalten ein Verhältnis von eins zu zwei. Die islamische Braut kann in den Ehevertrag ihr Recht auf Scheidung aufnehmen lassen, was meist von Frauen, die wohlhabender als ihre Männer sind, verlangt wird. Ist ihr dieses Recht nicht vertraglich zugesprochen worden, kann sie zwar die Scheidung einreichen, verliert dann jedoch all ihre Ansprüche an den Mann. Im Alten Ägypten war dies nur der Fall, wenn sie Ehebruch begangen hatte. Wir kennen jedoch nicht die Rechte einer Frau, die keinen Ehevertrag abgeschlossen hatte.

Wie früher kann der heutige Ägypter auf seine eigene Habe zugunsten seiner Frau und seiner Kinder vertraglich verzichten. Auch kann die Frau, wie damals, im eigenen Interesse oder im Interesse ihrer Kinder gerichtlich gegen ihren Vater oder ihren Ehemann vorgehen. Richterliche Funktionen können ihr jedoch, im Gegensatz zur pharaonischen Bürgerin, nicht übertragen werden. Ein Vater kann nach islamischem Recht für seinen Sohn wie für seine Tochter einen Ehevertrag abschließen. Ist er verstorben, muß ein männlicher Verwandter, Bekannter oder ein fremder Mann den Vertrag unterzeichnen. Im Alten Ägypten stand auch der Mutter dieses Recht zu. Der Mann war in pharaonischer Zeit bereits Verhandlungspartner des Vaters der Braut, bis auch diese im 6. Jahrhundert das Recht dazu bekam. Zwar kann die Ehe heute nur mit Zustimmung der Betroffenen vom Iman geschlossen werden, doch wissen das viele junge Leute gerade auf den Dörfern nicht. Selbst wenn sie es wissen, verbietet das Gewohnheitsrecht einem Kind, dem Vater zu widersprechen. Sollte es die Ehe verweigern oder sollte eine Frau in einem Rechtsstreit gegen ihren Vater oder Ehemann vorgehen, wird sie von der Gesellschaft diskriminiert. Wieweit die Frau im Alten Ägypten ähnlichen gesellschaftlichen Zwängen unterlag, ist heute nicht mehr festzustellen. Doch scheinen manche Vergehen, deretwegen eine Frau ihren Vater oder ihren Ehemann in der Dorfgemeinschaft von Deir el-Medineh vor das Richterkollegium gebracht hat, zu gering, als daß sie deswegen eine Diskriminierung durch ihre Familie oder durch die Dorfgemeinschaft riskiert hätte. Die sozialen Zwänge, die die islamische Frau dem Mann auch gegen ihr Recht unterwirft, scheinen die Frau im Alten Ägypten nicht belastet zu haben. So war ihre Position stärker als die ihrer Geschlechtsgenossin heute.

# Literatur

(Die mit einem * gekennzeichneten Werke sind in der italienischen Originalausgabe nicht aufgeführt.)

## Monographien und Nachschlagewerke


Assmann, Jan, *Ma'at. Weisheit, Staat und Unsterblichkeit im Alten Ägypten*, München: Beck, 1990*

Assmann, Jan, *Stein und Zeit. Mensch und Gesellschaft im Alten Ägypten*, München: Fink, 1991*

Brunner-Traut, Emma, *Die Alten Ägypter. Verborgenes Leben unter Pharaonen*, Stuttgart [u. a.]: Kohlhammer, $^4$1987*

Brunner-Traut, Emma, *Kleine Ägyptenkunde. Von den Pharaonen bis heute*, Stuttgart [u. a.]: Kohlhammer, $^2$1988*

Donadoni Roveri, A. M. (Hrsg.), *Das Alte Ägypten*. Ägyptisches Museum Turin

1. *Das Alltagsleben*, Turin 1987*
2. *Die religiösen Vorstellungen*, Turin 1988
3. *Kunst als Fest*, Turin 1989*

Eggebrecht, Arne, *Das alte Ägypten. 3000 Jahre Geschichte und Kultur des Pharaonenreiches*, München 1984*

Erman, Adolf, *Ägypten und ägyptisches Leben im Altertum*. Neu bearb. von Hermann Ranke, Hildesheim: Gerstenberg, 1987 (Reprograph. Dr. d. Ausg. Tübingen 1923)*

Gardiner, A. H., *Geschichte des alten Ägypten*. Aus dem Englischen übers. von Eckart Kissling, Stuttgart: Kröner, 1965*

Helck, W./Otto, E./Westendorf, W. (Hrsg.), *Lexikon der Ägyptologie*, Wiesbaden 1975 ff.*

Helck, W./Otto, E., *Kleines Wörterbuch der Ägyptologie*, Wiesbaden $^2$1970 ($^1$1959)*

James, T. G. H., *Pharaos Volk. Leben im alten Ägypten*. Aus dem Engl. übers. von Hanna Jenni, Zürich/München 1988*

Posener, Georges, *Knaurs Lexikon der ägyptischen Kultur*, München/Zürich 1980*

Wolf, Walther, *Kulturgeschichte des Alten Ägypten*, Stuttgart: Kröner, $^2$1977*

# Quellen in deutscher Übersetzung

## *Griechische und Römische Antike*

*Diodors von Sizilien historische Bibliothek*. Übers. von J. F. Wurm

Herodot, *Historien*. Hg. H. W. Haussig, übers. v. A. Hornefer, neu hrsg. u. erläutert von W. F. Otto, Stuttgart [2]1959, [1]1955

Herodot, *Historien*. Hg. H. W. Haussig, übers. von A. Hornefer, Stuttgart 1971

Krenkel, W. (Hg.), *Römische Satiren*, Darmstadt 1976

Philo von Alexandria, *Werke*. Hg. L. Cohn, übers. von J. Heinemann, Breslau 1910

Platon, »Timaios«, in: *Spätdialoge*, Bd. II. Eingeleitet von Olof Gigon, übertragen von Rudolf Rufener, Zürich/Stuttgart 1969

Plinius der Ältere, *Naturgeschichte*

## *Ägypten*

Assmann, Jan, *Ägyptische Hymnen und Gebete*, Zürich/München 1975

Bissing, Fr. W. Freiherr von, *Altägyptische Lebensweisheit*, darin: »Mahnworte eines ägyptischen Weisen, des Inpuuer«, Zürich 1955

Blumenthal, E./Müller, J./Reineke/W. F. (Hg.), *Urkunden der 18. Dynastie*. Übersetzung zu den Heften 5–16, Berlin 1984

Brunner, Hellmut, *Altägyptische Weisheit, Lehren für das Leben*, darin: »Die Klagen des Cha-cheper Re-seneb«, Zürich/München 1988

Erman, Adolf, *Die Literatur der Ägypter. Gedichte, Erzählungen und Lehrbücher aus dem 3. und 2. Jahrtausend v. Chr.*, Leipzig 1923

Helck, W., *Urkunden der 18. Dynastie*, Berlin 1955–61

– *Urkunden der 18. Dynastie*. Übersetzung zu den Heften 17–22, Berlin 1961

– *Die Prophezeiung des Nfr.tj.*, Wiesbaden 1970

Hornung, Erik, *Gesänge vom Nil*, Zürich/München 1990

– *Meisterwerke altägyptischer Dichtung*, darin: »Die Erzählung des Sinuhe«, »Das Harfnerlied des Antef«, »Die Gedichte des ›Lebensmüden‹«, Zürich/München 1978

Schenkel, W., *Memphis, Herakleopolis, Theben: Die soziographischen Zeugnisse der 7.–11. Dynastie Ägyptens*, Wiesbaden 1965

Sethe, Kurt, *Die altägyptischen Pyramidentexte*, 4 Bde., Leipzig 1908–22

– *Urkunden des Alten Reiches*, Leipzig [2]1933

– *Urkunden der 18. Dynastie*, I., Leipzig 1914

– *Urkunden der 18. Dynastie*, Berlin/Graz [2]1961

– *Übersetzung und Kommentar zu den altägyptischen Pyramidentexten*, Glückstadt 1937

– *Übersetzung und Kommentar zu den altägyptischen Pyramidentexten*, Hamburg 1962

# Der Bauer

Ayrout, H., *Fellahs d'Égypte*, Kairo 1952
Blackman, W. S., *The Fellahin of Upper Egypt*, darin: »Ancient Egyptian Analogies«, London 1927
Bresciani, E., *Letteratura e poesia dell'Antico Egitto*, 2. Aufl., Turin 1969
Caminos, R. A., *A Tale of Woe*, Oxford 1977
– *Late Egyptian Miscellanies*, London 1954
Cimmino, Franco, *Vita quotidiana degli Egizi*, Mailand 1985
Dawson, W. R., *Matician and Leech*, darin: »Ancient Egyptian Medicine« und »Drugs and Doses«, London 1929
Donadoni Roveri, A. (Hg.), *Civiltà degli Egizi: La vita quotidiana*, Turin 1987
Dykmans, G. L., *Histoire économique et sociale de l'ancienne Égypte*, 3 Bde., Paris 1936–37
El-Latif, A., *Relation de l'Égypte*, Paris 1810
Erman, A., *Ägypten und ägyptisches Leben im Altertum*, darin: »Die Landwirtschaft«, Tübingen 1885, bearb. von Hermann Ranke, Tübingen 1923
Harpur, Y., *Decoration in Egyptian Tombs of the Old Kingdom*, London/New York 1987
Hartmann, F., *L' Agriculture dans l'ancienne Egypte*, Paris 1923
Helck, W./Westendorf/W. (Hg.), *Lexikon der Ägyptologie*, Bd. V, darin: »Heilkunde und Heilmethoden« und »Heilmittel« sowie W. Guglielmis, »Reden und Rufe«, Wiesbaden 1983
Henein, N. H., *Mari Girgis, village d'Haute Égypte*, Kairo 1988
James, T. G. H., *Pharao's People*, London 1984 (dt.: *Pharaos Volk*, aus dem Englischen von H. Jenni, Zürich/München 1988)
Griffith, F. L., *The Tomb of Paheri* (in einem Band mit Naville, Ahnas el-Medineh, London 1984)
Klebs, L., *Die Reliefs des Alten Reiches*, Heidelberg 1915
*Die Reliefs und Malereien des Mittleren Reiches*, Heidelberg 1929
*Die Reliefs und Malereien des Neuen Reiches*, Heidelberg 1934
Kruchten, J. M., *Le Décret de Horemheb*, Brüssel 1981
Levèvre, G., *Essai sur la médicine égyptienne de l'époque pharaonique*, Paris 1956
– *Le Tombeau de Petosiris III.*, Kairo 1923
Lichtheim, M., *Ancient Egyptian Autobiographies Chiefly of the Middle Kingdom*, Freiburg/Göttingen 1988
– *Ancient Egyptian Literature*, Berkeley/Los Angeles 1973
Maqrîzî, *Description topographique et historique de l'Égypte*, übers. von U. Buriant, Kairo/Paris 1895–1920
Montet, P., *La vie quotidienne en Égypte au temps des Ramsès*, Paris 1958 (dt.: *So lebten die Ägypter vor 3000 Jahren*; aus dem Französischen von W. Hein, Stuttgart 1960)

– *Les scènes de la vie privée dans les tombeaux égyptiens de l'ancienne Empire*, Straßburg-Paris 1925
Préaux, C., *L'Économie royale des Lagides*, Brüssel 1939
Rostovtzeff, M., *The Social and Economic History of the Hellenistic World*, 3 Bde., Oxford 1967 (dt.: *Gesellschafts- und Wirtschaftsgeschichte der hellenistischen Welt*; aus dem Englischen von G. und E. Bayer, Stuttgart Bd. 1 und 2, 1955; Bd. 3, 1956)
– *The Social und Economic History of the Roman Empire*, 2 Bde., 2. Aufl., Oxford 1957 (dt.: *Gesellschaft und Wirtschaft im römischen Kaiserreich*, aus dem Englischen von L. Wickert, Heidelberg 1953)
The Sakkarah Expedition, *The Mastaba of Mereruka*, II., Chicago 1938
Vandier, J., *Manuel d'archéologie égyptienne*, Bd. V und VI, Paris 1969 und 1978

## *Der Handwerker*

Allam, Schafik, *Das Verfahrensrecht in der altägyptischen Arbeitersiedlung von Deir el-Medineh*, Tübingen 1973
Bogoslovsky, E. S., »Hundred Egyptian Draugtsmen«, *ZÄS*, 107, 1980, S. 89–116
Borchardt, L./Ricke, H., *Die Wohnhäuser in Tell el-Amarna*, 1980
Bruyère, B., »Rapport sur les fouilles de Deir el-Médineh«, *FIFAO I/1*, II/2, III/3, IV/3, V/2, VI/2, VII/2, VIII/3, X/1, XIV, XV, XVI, XX, XXI et XXVI, 1924–1953
Černý, J., »A Community of Workmen at Thebes in the Ramesside Period«, *Bd. E* 50, 1973
– »Papyrus Salt 124 (BM 10055)«, *JEA*, 15, 1929, S. 243–258
– »The Valley of the Kings«, *Bd. E* 61, 1973
Chartier-Raymond, M., »Notes sur Maghara (Sinaï)«, *CRIPEL* 10, 1988, S. 13–22
Davis, W., »Artists and Patrons in Predynastsic and Early Dynastic Egypt«, *SAK*, 10, 1983 S. 119–139
Drenkhahn, R., »Die Handwerker und ihre Tätigkeiten im alten Ägypten«, *Ägypt. Abh.*, 31, 1976
Gardiner, A. H., *Ancient Egyptian Onomastica*, Oxford 1947
Hayes, W. C., *Ostraca and Name Stones from the Tomb of Senenmut (no. 71) at Thebes*, 1942
– »A Selection of Thutmoside Ostraca from Der el-Bahari«, *JEA*, 46, 1960, S. 29–52
James, T. G. H., *The Hekanakhte-Papers and Early-Middle-Kingdom Documents*, 1962, S. 85–86
Kemp, B. J., *Amarna Reports*, I–IV, 1984–1987

Midant-Reynes, B., »Contribution à l'étude de la société prédynastique: le cas du couteau ›ripple-ware‹«, SAK, 14, 1987, S. 185–224
Petrie, W. M. F., *Kahun, Gurob und Hawara*, 1890 Saleh Abd el-Aziz, »Excavations around Mycerinus Pyramid Complex«, *MDAIK* 30, 1974, S. 131–154
Schiaparelli, E., *La tomba intatta dell'architetto Cha nella necropoli di Tebe*, Turin 1927
Simpson, W. K., *P. Reisner I*, 1962: *II*, 1965; *III*, 1969; *IV*, 1986
Smith, W. S., *A History of Egyptian Sculpture and Painting in the Old Kingdom*, Oxford 1974
Stadelmann, R., *Syrisch-Palästinensische Gottheiten in Ägypten*, Leyde 1967
Steinmann, F., »Untersuchungen zu den in der handwerklich-künstlerischen Produktion beschäftigten Personen und Berufsgruppen des Neuen Reichs«, *ZÄS*, 107, 1980, S. 137–157; 109, 1982, S. 66–72 und 149–156
Valbelle, D., »›Les ouvriers de la Tombe‹, Deir el-Médineh à l'époque ramesside«, *Bd. E*, 96, 1985
Ventura, R., *Living in a City of the Dead*, Göttingen 1986
Vercoutter, J., »The Gold of Kush, Two Gold Washing Stations at Faras East«, *Kush*, 7, 1959, S. 120–153
Wilson, J. A., »The Artist of the Egyptian Old Kingdom«, *JNES*, 6, 1947, S. 231–249

## *Der Schreiber*

Albright, W. F., »The Egyptian Correspondance of Abimilki, Prince of Tyre«, in: *Journal of Egyptian Archeology*, 23, 1947, S. 190–303
Bresciani, E., »Testi lessicali demotici inediti de Tebtuni presso l'Istituto papirologico G. Vitelli di Firenze«, in: *Festschrift E. Lüddeckens (Grammata Demotika)*, Würzburg 1984, S. 1–10
Chassinat, E., »Un interprète égyptien pour les pays cananéens«, in: *Bulletin de l'Institut Français d'Archéologie Orientale*, 1, 1901, S. 98 ff.
Derchain, Ph., »Encore le monothéisme«, LXIII, 1988, S. 77–85
Devauchelle, D., »Remarques sur les méthodes d'enseignement du démotique«, in: *Festschrift E. Lüddeckens (Grammata Demotika)*, Würzburg 1984, S. 47–59
Edel, E., *Ägyptische Ärzte und ägyptische Medizin am hethitischen Königshof* Opladen 1976
Erman, A., »Amenophis, Sohn des Paapis«, in: *Zeitschrift für Ägyptische Sprache*, 15, 1877, S. 147
Gardiner, A. H., »Hieratic Papyri in the British Museum, III Series«, in: *The Chester Beatty Gift*, Oxford 1935

– *The Ramesseum Papyri*, Oxford 1955
– »The Mansion of Life and Master of King's Largess«, in: *Journal of Egyptian Archeology*, 24, 1938, S. 83–91
– »The House of Life«, ivi, S. 157–79
Griffith, F. Ll., *Two Hieroglyphic Papyri from Tanis*, London 1889
Habachi, L., »The ›House of Life‹ of Bubastis«, in: *Chronique d'Égypte*, XLVI, 1971, S. 59–71
Helck, W., *Der Einfluß der Militärführer in der 18. ägyptischen Dynastie*, Leipzig 1939 (Untersuchungen zur Altertumskunde und Geschichte Ägyptens; 14)
– *Die Beziehungen Ägyptens zu Vorderasien im 3. und 2. Jahrtausend v. Chr.*, Wiesbaden ²1971
Heykal, F., *Two Hieratic Funerary Papyri of Nesmin*, Brüssel 1970
Junker, H., *Giza*, Wien 1929–1955, 12 Bde. [=» Bericht über die von der Akademie der Wissenschaften in Wien auf gemeinsame Kosten mit Dr. Wilhelm Pelizaeus unternommenen Grabungen auf dem Friedhof des AR bei den Pyramiden von Giza«]
Kaplony-Heckel, U., »Schüler und Schulwesen in der ägyptischen Spätzeit«, in: *Studien zur Altägyptischen Kultur*, 1, 1974, S. 227–43
Kitchen, K. A., *Ramesside Inscriptions, Historical and Biographical*, Oxford 1968, 7 Bde.
Koenig, Y., »Notes sur la découverte des papyrus Chester Beatty«, in: *Bulletin de l'Institut Français d'Archéologie Orientale*, 81, 1981, S. 41–43
Luft, U., »Zur Einleitung der Liebesgedichte«, in: *Zeitschrift für Ägyptische Sprache*, 99, 1973, S. 108–16
Pestman, P. W., »Who were the Owners in the ›Community of Workmen‹ of the Chester Beatty Papyri?«, in: Demarée, R. J./Janssen, J. J. (Hg.), *Gleanings from Deir el Medina*, Leiden 1982, S. 155 ff.
– »Lo scriba privato Amenothes, figlio di Panas. Tre documenti provenienti dall'archivio di Totoes«, in: *Papyrologica Lugduno-Batava*, 23, Leiden 1985, S. 167–97
Pieper, M., »Zum Setna-Roman«, in: *Zeitschrift für Ägyptische Sprache*, 67, 1931, S. 71–74
Posener, G., *Littérature et politique dans l'Égypte de la XII^e dynastie*, Paris 1956
Posener-Kriéger, P., *Les archives du temple funéraire de Néferirkarê Kakai*, Kairo 1976
Roccati, A., *La littérature historique sous l'Ancien Empire égyptien*, Paris 1982
Schlott, A., *Schrift und Schreiber im alten Ägypten*, München 1989
Schlott, S., *Die Deutung der Geheimnisse des Rituals für die Abwehr des Bösen*, Wiesbaden 1954
Sethe, K., *Die altägyptischen Pyramidentexte*, Leipzig 1908, 3 Bde.

## *Der Beamte*

Brugsch, H. K., *Die Aegyptologie. Abriss der Entzifferungen und Forschungen auf dem Gebiete der aegyptischen Schrift, Sprache und Altertumskunde*, Leipzig 1891

Brunner, H., *Altägyptische Erziehung*, Wiesbaden 1953

Caminos, R. A., *A Tale of Woe from a Hieratic Papyrus in the A. S. Pushkin Museum of Fine Arts in Moscow*, Oxford 1977

Fecht, G., *Der Moskauer »literarische Brief« als historisches Dokument*, in: »Zeitschrift für ägyptische Sprache und Altertumskunde«, 87, 1962, S. 12–31

Gardiner, A. H., *Ancient Egyptian Onomastica*, 3 voll., Oxford 1947

Perepelkin, J., *Privateigentum in der Vorstellung der Ägypter des Alten Reichs*, Paris 1956

Posener, G., *Littérature et politique dans l'Égypte de la XII^e dynastie*, Paris 1956

Posener-Kriéger, P., *Les archives du temple funéraire de Néferirkarê-Kakai (Les papyrus d'Abousir)*, 2 voll., »Publications d'IFAO, Bibliothèque d'étude«, 65, 1–2, Le Caire 1976

Vandier, J., *La famine dans l'Égypte ancienne*, »Recherches d'archéologie, de philologie et d'histoire«, 7, Le Caire 1936

Vergote, J., *Joseph en Égypte, Genèse chap. 37–50 à la lumière des études égyptologiques récentes*, Louvain 1959

## *Der Priester*

Assmann, J., *Ägypten. Theologie und Frömmigkeit einer alten Hochkultur*, Stuttgart 1984*

Donadoni, S., *La religione dell'Antico Egitto*, Bari 1959

Donadoni Roveri, A. M. (Hg.), *Das alte Ägypten*/Ägyptisches Museum Turin. Bd. 2: *Die religiösen Vorstellungen*, Turin 1988

Gauthier, H., *Le personnel du dieu Min*, Kairo 1931

Kees, H., *Totenglauben und Jenseitsvorstellungen der alten Ägypter*, Leipzig 1926 (2., neubearb. Aufl. Berlin 1956)

– *Der Götterglaube im alten Ägypten*, Leipzig 1941

– *Das Priestertum im Ägyptischen Staat vom Neuen Reich bis zur Spätzeit*, Leiden/Köln 1953

– *Die Hohenpriester des Amun von Karnak von Herihor bis zum Ende der Äthiopienzeit*, Leiden 1964

Leclcant, J., *Enquêtes sur les sacerdoces et les sanctuaires égyptiens à l'époque dite »éthiopienne«*, Kairo 1954

– *Montouemhat*, Kairo 1961

Lefebvre, G., *Le tombeau de Pétosiris*, Kairo 1923–24
– *Histoire des grands prêtres d'Amon de Karnak jusqu'à la XXI*[e] *Dynastie*, Paris 1929
Moret, A., *Le rituel du culte divin journalier en Égypte*, Paris 1902
Otto, E., *Die biographischen Inschriften der Ägyptischen Spätzeit. Ihre geistesgeschichtliche und literarische Bedeutung*, Leiden 1954
Sauneron, S., *Les prêtres de l'Ancienne Égypte*, Paris 1961

## *Der Soldat*

Anthes, R., »Eine Polizeistreife des Mittleren Reiches in die westliche Oase«, in: *ZÄS* 65, 1930
Christophe, L. A., »L'organisation de l'armée égyptienne à l'époque ramesside«, in: *Revue du Caire*, 39, Nr. 207, S. 387–405
Curto, S., *s.v.* »Krieg«, in: *Lexikon der Ägyptologie*, III, Spalten 745–86
Decker, W., *Sport und Spiel im Alten Ägypten*, München 1987
Faulkner, R. O., »The Battle of Megiddo«, in: *Journal of Egyptian Archaeology*, 28, 1942, S. 2–15
– »Egyptian Military Organization«, in: *Journal of Egyptian Archaeology*, 39, 1953, S. 32–47
Griffith, F. L., Catalogue of the Demotic Papyri in the John Rylands Library, I–III, Manchester 1909
Helck, H. W., *Der Einfluß der Militärführer in der 18. ägyptischen Dynastie*, Leipzig 1939 (Neudruck: Hildesheim 1964)
Kadry, A., *Officers and Officials in the New Kingdom*, Budapest 1982
Kruchten, J. M., *Le Décret d'Horemheb*, Brüssel 1981
Kuentz, Ch., *La Bataille de Qadesh*, Kairo 1928
Säve Söderberg, T., *The Navy of the 18. Dynasty*, Uppsala 1946
Schulman, A. R., *Military Rank, Title and Organization in the Egyptian Middle Kingdom* , Berlin 1964
Stadelmann, R., *Die Abwehr der Seevölker unter Ramsse III.*, Freiburg/München 1966
Wolf, W., *Die Bewaffnung des altägyptischen Heeres*, Leipzig 1946

## *Der Sklave*

Abd El-Mohsen Bakir, »Slavery in Pharaonic Egypt«, *Supplément aux ASAE*, 18, Kairo 1952
Berlev, O. D., in: *Bibliotheca Orientalis*, 22, 1965, S. 263–269

Blackman, A. M., »The Stela of Shoshenq, Great Chief of the Meshwesh«, in: *Journal of Egyptian Archaelogy*, 27, 1941, S. 83–95
Bresciani, E., »I Semiti nell'Egitto di età saitica e persiana«, in: *Atti del convegno »Egitto e Società Antica«*, Mailand 1985, S. 93–104
Caminos, R. A., *Late-Egyptian Miscellanies*, London 1954 (Brown Egyptiological Studies; 1)
Černý, J., »Restitution of, and penalty attaching to, stolen property in Ramesside times«, in: *Journal of Egyptian Archaelogy*, 23, 1937, S. 186–89
– »Le caractère des oushebtis d'après les idées du Nouvel Empire«, in: *Bulletin de l'Institut Français d'Archéologie Orientale*, 41, 1942, S. 105–33
– »The Will of Naunakhte and the Related Documents«, in: *Journal of Egyptian Archaelogy*, 31, 1945, S. 29–53
– »The Stela of Merer in Cracow«, in: *Journal of Egyptian Archaelogy*, 47, 1961, S. 5–9
–/ Peet, T. E., »A Marriage Settlement of the Twentieth Dynasty: An Unpublished Document from Turin«, in: *Journal of Egyptian Archaelogy*, 13, 1927, S. 30–39
Clère, J. J./Vandier, J., »Textes de la Première Période Intermédiaire et de la XIème Dynastie«, Brüssel 1948 (Bibliotheca Aegyptiaca; I, 10)
Cruz-Uribe, E., »Slavery in Egypt during the Saite and Persian Periods«, in: *Revue Internationale des Droits de l'Antiquité*, 29, 1982, S. 47–71
Daressy, G., »Une stèle de l'Ancien Empire maintenant détruite«, in: *Annales du Services des Antiquités de l'Égypte*, 15, 1915, S. 207–208
De Garis Davies, N., »The Rock Tombs of Deir el Gebrâwi I–II«, *Archaeological Survey of Egypt*, 11–12, London 1902
– »The Rock Tombs of Sheikh Said«, *Archaeological Survey of Egypt*, 10, London 1901
– *The Tomb of Rekh-mi-Re' at Thebes*, New York 1943, 2 Bde. (Publications of the Metropolitan Museum of Art, 11)
Erichsen, W., *Papyrus Harris I*, Brüssel 1933 (Bibliotheca Aegyptiaca; 5)
Fischer, H. G., »An Early Occurrence of *hm* ›servant‹ in Regulations Referring to a Mortuary Estate«, in: *Mitteilungen des Deutschen Archäologischen Instituts, Kairo*, 16, 1958, S. 131–37
Gardiner, A. H., »Four Papyri of the 18th Dynasty from Kahun«, in: *Zeitschrift für Ägyptische Sprache und Altertumskunde*, 43, 1906, S. 27–47
– *The Admonitions of an Egyptian Sage*, Leipzig 1909
– »A New Letter to the Dead«, in: *Journal of Egyptian Archaeology*, 16, 1930, S. 19–22
– »A Lawsuit Arising from the Purchase of Two Slaves«, in: *Journal of Egyptian Archaeology*, 21, 1935, S. 140–46
– *Late-Egyptian Miscellanies*, Brüssel 1937 (Bibliotheca Aegyptiaca; 7)
– »Adoption Extraordinary«, in: *Journal of Egyptian Archaeology*, 1940, S. 23–29

– *The Wilbour Papyrus*, London 1941–52, 4 Bde.

Gauthier-Laurent, M., »Quelques objets égyptiens du Musée de Langres«, in: *Bulletin de l'Institut Français d'Archéologie Orientale*, 30, 1931, S. 107–25

Glanville, S. R. K., »The Letters of Aahmose of Peniati«, in: *Journal of Egyptian Archaeology*, 14, 1928, S. 294–312

Griffith, F. L., *Catalogue of the Demotic Papyri in the John Ryland Library, I–III*, Manchester 1909

Habachi, L., »An Inscription at Aswan Referring to Six Obelisks«, in: *Journal of Egyptian Archaeology*, 36, 1950, S. 13–18

Hayes, W. C., *A Papyrus of the Late Middle Kingdom in the Brooklyn Museum*, New York 1955 (Wilbour Monographs; 5) (Repr. Brooklyn 1972)

Helck, W., *Urkunden der 18. Dynastie*, Berlin 1955–61

– »Die soziale Schichtung des ägyptischen Volkes im 3. und 2. Jahrtausend v. Chr.«, in: *Journal of the Economic and Social History of the Orient*, 2, 1959, S. 1–36

– »Wirtschaftsgeschichte des alten Ägypten im 3. und 2. Jahrtausend v. Chr.«, in: *Handbuch der Orientalistik*, I, 1, 5, 1975

– »Kriegsgefangene«, in: *Lexikon der Ägyptologie*, III, Spalten 786–788

– »Sklaven«, in: *Lexikon der Ägyptologie*, V, Spalten 982–987

James, T. G. H., *The Heqanakhte Papers and other Early Middle Kingdom Documents*, New York 1962 (Publications of the Metropolitan Museum of Art; 19)

Kitchen, K. A., *Ramesside Inscriptions*, I, Oxford 1968

Lepsius, C. R., *Denkmaeler aus Aegypten und Aethiopien*, Berlin 1849–58, 12 Bde.

Loprieno, A., *Topos und Mimesis. Zum Ausländer in der ägyptischen Literatur*, Wiesbaden 1988 (Ägyptologische Abhandlungen; 48)

Osing, J., *Der spätägyptische Papyrus BM 10808*, Wiesbaden 1976 (Ägyptologische Abhandlungen; 33)

Peet, T. E., »Two Eigtheenth Dynasty Letters: Papyrus Louvre 3230«, in: *Journal of Egyptian Archaeology*, 12, 1926, S. 70–74

Pernigotti, S., »I più antichi rapporti tra l'Egitto e i Greci (secoli VII–IV a. C.)«, in: *Atti del convegno »Egitto e Società Antica«*, Mailand 1985, S. 75–91

Posener, G., *Littérature et politique dans l'Égypte de la XIIème dynastie*, Paris 1956

Posener-Kriéger, P., *Les archives du temple funéraire de Néferirkarê-Kakai (les papyrus d'Abousir)*, Kairo 1976, 2 Bde. (Bibliothèque d'Étude, 65)

Roccati, A., »Il quotididano degli Egiziani attraverso i papiri di Torino«, in: *Atti del convegno »Egitto e Società Antica«*, Mailand 1985, S. 41–46

Seidl, E., *Einführung in die ägyptische Rechtsgeschichte bis zum Ende des Neuen Reiches*, Glückstadt 1951 (Ägyptologische Forschungen; 10)

Simpson, W. K., *Papyrus Reisner, I. The Records of a Building Project in the Reign of Sesostris I*, Boston 1963

Smither, P. C., »The Report Concerning the Slave-girl Senbet«, in: *Journal of Egyptian Archaeology*, 34, 1948, S. 31–34
Thompson, H., »Two Demotic Self-dedications«, in: *Journal of Egyptian Archaeology*, 26, 1941, S. 68–78
Westermann, W. L., *Upon Slavery in Ptolemaic Egypt*, New York 1929
Westermann, W. L., »Sklaverei«, in: *RE Suppl.*, VI, Spalte 894 ff.

## *Der Fremde*

Ampolo, C./Bresciani, E., »Psammetico re d'Egitto e il mercenario Pedon«, in: *Egitto e Vicino Oriente*, 11, 1988, S. 237–52
Barns, J. W., *Egyptians and Greeks*, Oxford 1966
Bietak, M., *Avaris et Pi Ramesse*, Oxford 1981
Bresciani, E., (Hg.), *Letteratura e poesia dell'antico Egitto*, Turin 1970
Bresciani, E., »La satrapia d'Egitto, in: *Studi classici e orientali*, 7, 1958, S. 132–88
– »The Persian Occupation of Egypt«, in: *Cambridge History of Iran*, II, S. 502–28
– »La morte di Cambise ovvero dell'empietà punita«, in: *Egitto e Vicino Oriente*, 4, 1981, S. 217–31
– »Presenze fenicie in Egitto«, in: Atti del convegno. *Momenti precoloniali nel Mediterraneo antico*, Rom 1988
De Davis, N., *The Rock Tombs of El Amarna, VI-Tombs of Parennefer, Tutu and Aj*, London 1908
v. Deines, H./Grapow, H./Westendorf, W., Übersetzung der medizinischen Texte, Berlin 1958
Desroches Noblecourt, Chr., »Les Enfants du Kep«, in: *Actes XXI Congrès Orientalistes*, Paris 1947, S. 68–70
– *La femme au temps des Pharaons*, Paris 1986
Donadoni, S. (Hg.), *Testi religiosi egizi*, Turin 1970
– »Gli egiziani e le lingue degli altri«, in: *Vicino Oriente*, 3, 1980, S. 1–14
– »L'Egitto arcaico come ecumene«, in: *Studi classici e orientali*, 10, 1961, S. 97–101
– »Egei e Egiziani«, in: *Le origini dei greci*, hrsg. von D. Musti, Rom/Bari [2]1986, S. 214–15
Diroton, E., »Le nationalisme au temps des Pharaons«, in: *Pages d'Égyptologie*, 1957, S. 375–86
Fischer, H., »The Nubian Mercenaries«, in: *Kush*, 9, 1961, S. 44–80
– »Milk in Everything Cooked«, in: *Egyptian Studies*, 1, 1976, S. 97–100
Garbini, G., »Il semitico di Nord-Ovest nell'età del bronzo«, in: *Oriens Antiqui Collectio*, XIII, 1978, S. 172–73

Gardiner, A. H., *Ancient Egyptian Onomastica*, Oxford 1947, 3 Bde.
Giveon, R., *Les Bédouins Shosou des documents égyptiens*, Leiden 1971
Goedicke, H., »The Title mr a in the Old Kingdom«, in: *Journal of Egyptian Archaeology*, 46, 1960, S. 60–64, sowie in: *Journal of Egyptian Archaeology* 52, 1966, S. 172–74
– »Papyrus Anastasi VI, 51–61«, in: *Studien zur Altägyptischen Kultur*, 14, 1987, S. 83–98
Habachi, L., *The Second Stela of Kamose and His Struggle Against the Hyksos Ruler and His Capital*, Glückstadt 1972
Hayes, W. C., *A Papyrus of the Late Middle Kingdom in the Brooklyn Museum (Pap. Brooklyn 35.1446)*, Brooklyn 1955
Helck, W., *Untersuchungen zu den Beamtentiteln des ägyptischen Alten Reiches*, Glückstadt 1954
– *Zur Verwaltung des Mittleren und Neuen Reiches, Leiden*/Köln 1958
– *Die Beziehungen Ägyptens zu Vorderasien im 3. und 2. Jahrtausend v. Chr.*, Wiesbaden 1962
– »Wirtschaftsgeschichte des alten Ägypten im 3. und 2. Jahrtausend v. Chr.«, in: *Handbuch der Orientalistik*, I, 1, 5, 1975
– »Entwicklung der Verwaltung als Spiegelbild historischer und soziologischer Faktoren«, in: Donadoni, S. (Hg.), *Le fonti indirette della storia egiziana*, Rom 1963, S. 59–80
– »Nochmals zu Ramses' III. Seevölkerbericht«, in: *Studien zur Altägyptischen Kultur*, 14, 1987, S. 129–45
Hölscher, W., *Libyer und Ägypter*, Glückstadt [u. a.] 1937
Janssen, J., »Foncionnaires sémites au service de l'Égypte«, in: *CHHdE*, 26, 1951, S. 50ff.
Jonckheere, F., *Les Médicins de l'Égypte pharaonique*, Brüssel 1958
Kakosy, L., »Les sciences à l'époque saite et perse«, in: *Annales Universitatis Budapestiensis, Sect. Class.*, 3, 1975, S. 17–22
– »Nubien als mythisches Land im Altertum«, in: *Annales Universitatis Budapestiensis, Sect. Hist.*, 8, 1966, S. 3–10
Keeler, D., »Die Asienkarawane von Beni Hassan«, in: *Studien zur Altägyptischen Kultur*, 14, 1987, S. 147–65
Koenig, Y., »La Nubie dans les Textes magiques«, in: »L'inquiétante Étrangeté, in: *Revue d'Égyptologie*, 38, 1987, S. 105–10
Leclant, J., *Les relations entre l'Égypte et la Phénice du voyage d'Ounamon à l'expédition d'Alexandre*, Beirut 1968
– »Astarté à cheval d'après les représentations égyptiennes«, in: *Syria*, 37, 1960, S. 19–67
Linage, J. de. »L'acte d'établissement et le contrat de mariage d'un ›esclave‹ de Thoutmosis III, in: *Bulletin de l'Institut Français d'Archéologie Orientale*, 37, 1937, S. 217–34

Lloyd, A. B., »Nationalist Propaganda in Ptolemaic Egypt«, in: *Historia*, 31, 1982, S. 33–55
Loprieno, A., *Topos und Mimesis. Zum Ausländer in der ägyptischen Literatur.* Wiesbaden 1988 (= Ägyptologische Abhandlungen; 48)
Lorton, D., »The So-Called ›Vile‹ Enemies of the King of Egypt«, in: *Journal of the American Research Center in Egypt*, 10, 1973, S. 65–70
Osing, J., »Ächtungstexte aus dem Alten Reich«, in: *Mitteilungen des Deutschen Archäologischen Instituts, Kairo*, 32, 1976, S. 133–85
Posener, G., *La première domination perse en Égypte*, Kairo 1936
– *Princes et Pays d'Asie et de Nubie*, Brüssel 1940
– *Cinq figurines d'envoûtement*, Kairo 1987
Roccati, A., *La Littérature historique sous l'Ancien Empire égyptien*, Paris 1982
Roeder, G., *Die ägyptische Götterwelt*, Zürich/Stuttgart 1959
Sauneron, S., »L'avis des Egyptiens sur la cuisine soudanaise«, in: *Kush*, 7, 1959, S. 63–70
– »La différentiation des Languages d'après la tradition égyptienne«, in: *Bulletin de l'Institut Français d'Archéologie Orientale*, 60, 1960, S. 31–41
Säve Söderberg, T., *Ägypten und Nubien: ein Beitrag zur Geschichte altägyptischer Außenpolitik*, Lund 1941
Stadelmann, R., *Syrisch-Palästinensische Gottheiten in Ägypten*, Leyden 1967
Uphill, E. »The Nine Bows«, in: *Ex Oriente Lux*, 19, S. 395–419
Vercoutter, J., *L'Égypte et le monde égéen préhellenique*, Kairo 1956
– »Le Pays Irem et la pénétration égyptienne en Afrique«, *Livre du Centenaire de l'IFAO*, Kairo 1980
– »Image du Noir dans l'Égypte ancienne«, in: *Meroitica*, 5, 1979, S. 19–22
Vandier, J., »Quatre steles de soldats«, in: *Chronique d'Égypte*, 35, 1943, S. 22–29
Vergote, J., *Joseph en Égypte*, Louvain 1959
Yoyotte, J./Masson, O., »Une Inscription ionienne mentionnant Psammétique Ier«, in: *Epigrahica anatolica*, 11, 1988, S. 171–179
Zivie, A., Aper-El et ses voisins, in: *Memphis et ses nécropoles au Nouvel Empire*, Paris 1988, S. 103–12
Zeissl, H. von, *Äthiopier und Assyrer in Ägypten*, Glückstadt/Hamburg/New York 1944

## *Der Tote*

Brunner, H., »Der Tote als rechtsfähige Person«, in: *Zeitschrift Deut. Morg. Ges.*, 105 (N.F. 30), 1955
Faulkner, R. O., *The Ancient Egyptian Pyramid Texts translated into English*, Oxford 1969

Gardiner, A. H., *The Attitude of the Ancient Egyptians to Death and the Dead*, Cambridge 1935
–/Sethe, K., *Egyptian Letters to the Dead*, London 1928
Grapow, H., »Der Tod als Räuber«, in: *Zeitschrift für Ägyptische Sprache*, 72, 1936, S. 76
Hornung, E., *Das Totenbuch der Ägypter*, Zürich/München 1979
Kees, H., *Totenglaube und Jenseitsvorstellungen des Alten Ägypten*, Leipzig 1926
Sander Hansen, C. E., *Der Begriff des Todes bei den Ägyptern (Med. Kgl. Vid. Selsk. – Medd. 29.2)*, Kopenhagen 1942
Scharff, A., *Das Grab als Wohnhaus in der ägyptischen Frühzeit*, München 1947
Sottas, H., *La préservation de la propriété funéraire dans l'ancienne Égypte avec le recueil des formules d'imprécation*, Paris 1913
Spencer, A. J., *Death in Ancient Egypt*, Harmondsworth 1982
Zandee, J., *Death as an Enemy According to Ancient Egyptian Conceptions*, Leyden 1960

## *Der Pharao*

Assmann, J., *Der König als Sonnenpriester*, Glückstadt 1970
– »Krieg und Frieden im alten Ägypten: Ramses II. und die Schlacht bei Kadesch«, *mannheimer forum* 83/84, 1983, S. 175–231
Barta, W., *Untersuchungen zur Göttlichkeit des regierenden Königs*, Berlin 1975
von Beckerath, J., *Handbuch der ägyptischen Königsnamen*, Berlin 1984
Blumenthal, E., *Untersuchungen zum ägyptischen Königtum des Mittleren Reiches, I (Die Phraseologie)*, Berlin 1970
Bonhême, M.-A./Forgeau, A., *Pharaon. Les secrets du pouvoir*, Paris 1988
Bresciani, E., *La Letteratura e poesia dell'antico Egitto*, 2.Aufl., Turin 1969
Brunner, H., *Die Geburt des Gottkönigs*, Wiesbaden 1964, $^{2}$1986
Decker, W., *Die physische Leistung Pharaos. Untersuchungen zu Heldentum, Jagd und Leibesübungen der ägyptischen Könige*, Köln 1971
– *Sport und Spiel im Alten Ägypten*, München 1987
Frankfort, H., *Kingship and the Gods*, Chicacgo 1948, Reprint 1978
Goedicke, H., *Die Stellung des Königs im Alten Reich*, Wiesbaden 1960
Grimal, N.-Ch., *Les termes de la propagande royale égyptienne de la XIX$^{e}$ dynastie à la conquête d'Alexandre*, Paris 1986
Habachi, L., *Features of the Deification of Ramesses II*, Glückstadt 1969
Hornung, E., »Pharao ludens«, *Annales Eranos* 51, 1982, S. 479–516
– *Tal der Könige. Die Ruhestätte der Pharaonen*, Zürich/München 1982, $^{5}$1990
Hornung, E./Staehlin, E., *Studien zum Sedfest*, Genève 1974

Jacobsohn, H., *Die dogmatische Stellung des Königs in der Theologie der alten Ägypter*, Glückstadt 1939

Keel, O., »Der Pharao als ›Vollkommene Sonne‹«, *Scripta Hierosolymitana*, 28, Jerusalem 1982, S. 406–512

Kitchen, K. A., Pharaoh Triumphant. The Life and Times of Ramesses II, Warminster 1982; *Lexikon der Ägyptologie* III, Wiesbaden 1980, S. 461–664

Moftah, R., *Studien zum ägyptischen Königsdogma im Neuen Reich*, Mainz 1985

Moret, A., *Du caractère religieux de la royauté pharaonique*, Paris 1902

Müller, H., *Die formale Entwicklung der Titulatur der ägyptischen Könige*, Glückstadt 1938

Posener, G., *De la divinité du Pharaon*, Paris 1960

Radwan, A., »Zur bildlichen Gleichsetzung des ägyptischen Königs mit der Gottheit«, *Mitteilungen des Deutschen Archäolog. Instituts, Abt. Kairo*, 31, 1975, S. 99–108

– »Einige Aspekte der Vergöttlichung des ägyptischen Königs«, *Ägypten – Dauer und Wandel*, Mainz 1985, S. 53–69

Ratié, S., *La Reine-Pharaon*, Paris 1972

Vernus, P./Yoyotte, J., *Les Pharaons*, Paris 1988

Wiese, A. B., *Studien zum Bild des Königs auf Skarabäen und verwandten Siegelamuletten*, Fribourg/Schweiz und Göttingen 1990

Wildung, D., *Die Rolle ägyptischer Könige im Bewußtsein ihrer Nachwelt, I*, Berlin 1969

– »Göttlichkeitsstufen des Pharao«, *Orientalistische Literaturzeitung 68*, 1973, S. 549–565

## *Frauen*

Bryan, B. M., »The Etymology of Ḫnr ›Group of Musical Performers‹«, *Bulletin of the Egyptological Seminar* 4, 1982, 35 ff.

– »Evidence for Female Literacy from Theban Tombs of the New Kingdom«, in: *Bulletin of the Egyptological Seminar* 6, 1984, 17 ff.

Černý, J., *A Community of Workmen at Thebes in the Ramesside Period*, Bibliothèque d'Etude L, 1973.

Feucht, E., »Gattenwahl, Ehe und Nachkommenschaft im Alten Ägypten«, in: Müller, E. W. (Hg.), *Geschlechtsreife und Legitimation zur Zeugung*, Freiburg/München 1985

– »Die Stellung der Frau im Alten Ägypten«, in: Martin, J./Zoepffel, R. (Hg.), *Aufgaben, Rollen und Räume von Frau und Mann* I, Freiburg/München 1989, 239 ff.

– *Das Kind im Alten Ägypten. Die Stellung des Kindes in Familie und Gesellschaft nach Altägyptischen Texten und Darstellungen*. Frankfurt/M., im Druck

Fischer, H. G., »Administrative Titles of Women in the Old and Middle Kingdom«, in: *Egyptian Studies I*, Varia, New York 1976, 69 ff.
– *Egyptian Titles of the Middle Kingdom, A Supplement to Wm. Ward's Index, II & III: corrections & comments, fasc. 2*, New York 1985
– *Egyptian Women of the Old Kingdom and the Heracleopolite Period*, New York 1989
Gitton, M., *Les divines épouses de la 18e dynastie*, Paris 1984
Graefe, E., *Untersuchungen zur Verwaltung und Geschichte der Institution der Gottesgemahlin des Amun vom Beginn des Neuen Reiches bis zur Spätzeit*, Ägyptologische Abhandlungen 37, Wiesbaden 1981
Gusus, W., K. Wechselberger (Übs.), *Das Familiengesetzbuch in Ägypten, Institutionales Ehe- und Kindschaftsrecht*, Bergmann und Ferid Verlag, Kairo 1982
Janssen, J. J., *Hieratic Papyri in the British Museum VI, Late Ramesside Letters and Communications*, London 1991, 28 ff.
Knudtzon, J. A., *Die El-Amarna-Tafeln* I, Leipzig 1915
Lefèvre, G., *Le tombeau de Petosiris* I., Kairo 1923
Lesko, B. (Hg.), *Women's Earliest Records from Ancient Egypt and Western Asia*, Brown Judaic Studies 166, Brown University 1989
Lévi Strauss, C., *Les Structures élementaires de la parenté*, 2. Aufl. 1967
*Lexikon der Ägyptologie*, Wiesbaden 1975 ff., s.v. Ehe, Eheurkunden, Erbe, Frau, Frauenheilkunde und -sterblichkeit, Götter ff., Harim, Harimsdame, Harimsverschwörung, Kind, Kinderlosigkeit und -wunsch, Königin, Königinnentitel, Königsmutter, Mutter
Lichtheim, M., *Ancient Egyptian Literature* I, 1975; II 1976; III 1980, Berkeley/Los Angeles/London
Lüddeckens, E., *Ägyptische Eheverträge*, Ägyptologische Abhandlungen I, Wiesbaden 1960
Masciardi, M. M./Orsolina Montevecchi, *I Contratti di Baliatico, Corpora Papyrorum Graecarum 1*, Milano 1984
Nord, D., »›The term ḫnr or musical performers‹«, in: *Studies in Ancient Egypt, the Aegean and the Sudan*, 1981, 137 ff.
Pestman, P. W., *Marriage and Matrimonial Property in Ancient Egypt*, Papyrologica Lugduno-Batava IX, Leiden 1961
Pomeroy, S. B., »Women in Roman Egypt«, in: P. Foley (Hg.), *Reflections of Women in Antiquity*, New York/London 1981
– *Women in Hellenistic Egypt*, New York 1984
Reiser, E., *Der königliche Harim im Alten Ägypten und seine Verwaltung*, Wien 1972
Robins, G., »A critical examination of the theory that the right to the throne of Ancient Egypt passed through the female line in the 18th dynasty«, in: *Göttinger Miscellen 62*, 1983, 67 ff.
Samson, Julia, *Nefertiti and Cleopatra*, 2. Aufl., London 1987
Schlegel, A., *Sexual Stratification*, New York 1977

Schmitz, B./Steffgen, U. (Hg.), *Waren sie nur schön? Kulturgeschichte der Antiken Welt 42*, Mainz 1989
Schott, S., *Altägyptische Liebeslieder*, Zürich 1950
Schulz, P. H., *Frauen im Alten Ägypten*, Bergisch Gladbach 1987
Seidl, E., *Einführung in die Ägyptische Rechtsgeschichte bis zum Ende des Neuen Reiches*, Ägyptologische Forschungen 10, Glückstadt, 2. Aufl. 1951
– *Ägyptische Rechtsgeschichte der Saiten- und Perserzeit*, Ägyptologische Forschungen 20, Glückstadt 1956
– *Ptolemäische Rechtsgeschichte*, Ägyptologische Forschungen 22, Glückstadt 1962
Sweeney, D., »Women's Correspondence from Deir el-Medineh«, Vortrag gehalten beim VIth International Congress of Egyptology in Turin 1991. Für die Zusendung ihres Manuskriptes danke ich der Referentin.
Troy, L, *Patterns of Queenship in Ancient Egyptian Myth and History*, Uppsala 1986
Ward, W. A., *Essays on Feminine Titles of the Middle Kingdom und Related Subjects*, Beirut 1986
Watterson, B., *Women in Ancient Egypt*, Stroud. Gloucestershire 1991
Wenig, St, *Die Frau im Alten Ägypten*, Leipzig 1967
Wesel, U., *Der Mythos vom Matriarchat*, Frankfurt/M., 6. Aufl. 1990

# Autorinnen und Autoren

*Oleg Berlev*, geb. 1933, studierte Ägyptologie an der Universität Leningrad und arbeitet im dortigen Institut für Orientalische Studien.

*Edda Bresciani* ist Professorin für Ägyptologie an der Universität Pisa und Herausgeberin der Zeitschrift für Ägyptologie und Orientalistik *Egitto e vicino Oriente*. Ihr Forschungsschwerpunkt ist die Geschichte Ägyptens während der persischen Herrschaft.

*Ricardo A. Caminos*, geb. 1915 in Buenos Aires (Argentinien); seit 1980 emeritierter Professor für Ägyptologie an der Brown University, Providence, USA. Caminos leitete viele Forschungsexpeditionen nach Ägypten und in den Sudan. Zahlreiche Publikationen und Artikel für die Encyclopaedia Britannica und für das Lexikon der Ägyptologie.

*Sergio Donadoni* ist emeritierter Professor für Ägyptologie an der Universität Rom. Forschungsexpeditionen führten ihn nach Mittelägypten und in den Sudan. Er veröffentlichte zahlreiche Arbeiten über ägyptische Kunst-, Religions- und Literaturgeschichte.

*Erika Feucht*, geb. 1938 in Berlin, studierte in Berlin, München und Hamburg und promovierte 1965 in München; bis 1974 übernahm sie die Redaktion des Lexikons der Ägyptologie (hg. v. E. Otto, W. Helck); 1977 wurde sie stellvertretende Leiterin des DFG-Projekts »Ramessidische Beamtengräber in Theben«; 1979 übernahm sie die Leitung der Sammlung des Ägyptologischen Instituts der Universität Heidelberg; nach ihrer Habilitation 1982 vertrat sie Lehrstühle in Marburg und Wien und wurde 1987 in Heidelberg zur Professorin ernannt.

*Erik Hornung*, geb. 1933 in Riga, Lettland, studierte Ägyptologie in Tübingen und Göttingen. Seit 1967 ist er Professor für Ägyptologie in Basel. Er veröffentlichte zahlreiche Arbeiten zur ägyptischen Geschichte und Religion.

*Antonio Loprieno*, geb. 1955 in Bari, war freier Dozent für Ägyptologie in Göttingen und ist seit einigen Jahren Professor für Ägyptologie an den Universitäten Perugia und Los Angeles.

*Sergio Pernigotti* ist Professor am Institut für Alte Geschichte der Universität Bologna.

*Alessandro Roccati*, geb. 1941 in Turin, war lange Jahre am Museo Egizio di Torino beschäftigt und lehrt seit 1987 an der Universität Rom. Roccati unternahm Forschungsreisen in den Sudan und nach Ägypten; widmet sich vor allem dem Fachgebiet der Papyrologie.

*Sheikh Ibada al Nubi* ist freier Gelehrter mit langjähriger Erfahrung in ägyptologischen Studien und Mitglied des Institut d'Egypte.

*Dominique Valbelle*, geb. 1947 in Paris, ist Professorin für Alte Geschichte (Ägyptologie) an der Universität Lille. Sie ist die Begründerin und Leiterin der »Mission Archéologique Franco-Egyptienne« in Nord Sinai.